Enschede
Gronau
Witte Venn
Zwillbrocker Venn
Ahaus
Vreden
Coesfeld
Anholt
Borken
Bocholt
Raesfeld
Dorsten
Rheine
Hörstel
Dörenther Klippen
Steinfurt
Emsdetten
Greven
Heiliges Meer
Ibbenbüren
Osnabrück
Tecklenburg
Lengerich
Füchtorf
Emsauen
Rieselfelder
Telgte
Warendorf
Münster
Billerbeck
Hohe Mark
Dülmen
Haltern
Hullerner Heide
Olfen
Lüdinghausen
Nordkirchen
Oelde
Beckum
Liesborn
Recklinghausen
1
2
3
4
5
6

Unterwegs mit

Markus Terbach

Jahrgang 1974, Sozialwissenschaftler und Germanist. Vor beinahe zehn Jahren zog es ihn aus dem Ruhrgebiet, wo er aufgewachsen ist und studiert hat, nach Münster. Nach einem Studium der Germanistik und Sozialwissenschaften hat er als Soziologe an der Ruhr-Universität Bochum gearbeitet sowie als Journalist für verschiedene Tageszeitungen, Wochenzeitungen und Magazine. Seit 2006 arbeitet er als Gymnasiallehrer und hat einen Lehrauftrag an der Fakultät für Sozialwissenschaft der Ruhr-Universität Bochum.

Als Kind des Ruhrgebiets wurde mir das Münsterland schon früh als Ziel für Ausflüge am Wochenende schmackhaft gemacht. An sehr schönen, altersgerechten Freizeitangeboten mangelte es nicht. Irgendwie war auch immer wieder eine besondere Shopping-Möglichkeit für die Mütter dabei und den Vätern schmeckten im Gasthof Gerichte, die daheim niemand zubereiten wollte. All das gibt es heute noch.

Im Erwachsenenalter änderte sich natürlich mein Blick auf Münster und das Münsterland, nicht zuletzt durch Freundinnen und Freunde, die an der Uni Münster studierten und nach dem Studium in der Region blieben. So konnte ich feststellen, dass es neben den Familien aus dem Ruhrgebiet inzwischen eine große Zahl von Radtouristen gibt, die im Münsterland unterwegs sind, aber auch Kulturbegeisterte, die als Gäste der Museen und Freilichtbühnen mit ihrem Besuch für zufriedene Gesichter bei den Machern, den Touristik-Experten und der Kommunalpolitik sorgen. Unter sie alle mische ich mich immer wieder gerne. Machen Sie mit!

Viel Spaß in Münster und dem Münsterland!

Was haben Sie entdeckt?

Haben Sie ein besonderes Restaurant, ein neues Museum oder ein nettes Hotel entdeckt? Wenn Sie Ergänzungen, Verbesserungen oder Tipps zum Buch haben, lassen Sie es uns bitte wissen!

Schreiben Sie an: Markus Terbach, Stichwort „Münster & Münsterland"
c/o Michael Müller Verlag GmbH | Gerberei 19 | D – 91054 Erlangen
markus.terbach@michael-mueller-verlag.de

Münster & Münsterland

Markus Terbach

2. Auflage 2024

Inhalt

Münster

Billerbeck
Nottuln
Lüdinghausen
Haltern
Nordkirchen

Westmünsterland ▪ 140

Die Region wurde zu einer der strukturstärksten von Nordrhein-Westfalen. Eine vielfältige Museumslandschaft hält die Erinnerung lebendig und schlägt die Brücke zur Gegenwart. Dazu gibt es Schlösser satt und ein Naturschutzgebiet, in dem Flamingos heimisch sind.

Nordmünsterland ▪ 202

Vom Fluss Ems, dem Mittellandkanal und dem Dortmund-Ems-Kanal ist die Region seit fast 125 Jahren geprägt. In einer der kleinsten Kreisstädte Deutschlands liegt mit Schloss Burgsteinfurt der neben Schloss Nordkirchen eindrucksvollste Adelssitz der Region.

Tecklenburger Land ▪ 240

Östlich von Rheine erhebt sich der Hügelrücken des Teutoburger Waldes und verschafft Richtung Süden Panoramablicke auf das Münsterland. Die ehemalige Bergbaustadt Ibbenbüren und die Industriestadt Lengerich bilden den Kontrast zur idyllischen Landschaft.

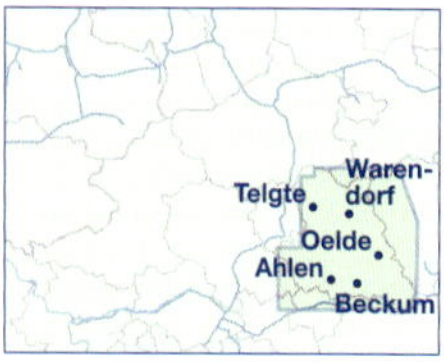

Ostmünsterland ▪ 272

Einer der bekanntesten Wallfahrtsorte Deutschlands, Auenlandschaften, Adelssitze und eine ehemalige Bergbaustadt – östlich von Münster lassen sich alle Facetten der Region auf engstem Raum kennenlernen, ein ideales Revier für Münsterland-Einsteiger.

Wandern im Münsterland ▪ 350

GPS-kartierte Touren sind mit dem Symbol GPS gekennzeichnet. Download der GPS-Tracks inkl. Waypoints unter mmv.me/52838

Verzeichnisse ▪ 380

Was haben Sie entdeckt?

Haben Sie ein besonderes Restaurant, ein neues Museum oder ein nettes Hotel entdeckt? Wenn Sie Ergänzungen, Verbesserungen oder Tipps zum Buch haben, lassen Sie es uns bitte wissen!

Schreiben Sie an: Markus Terbach, Stichwort „Münster & Münsterland"
c/o Michael Müller Verlag GmbH | Gerberei 19, D – 91054 Erlangen
markus.terbach@michael-mueller-verlag.de

Preise Übernachten
(DZ inkl. Frühstück in der Hauptsaison)

€	bis 70 Euro
€€	70–110 Euro
€€€	110–150 Euro
€€€€	über 150 Euro

Preise Essen
(ein Hauptgericht)

€	bis 12 Euro
€€	12–20 Euro
€€€	20–28 Euro
€€€€	über 28 Euro

nachhaltig, ökologisch, regional

meinTipp Die besondere Empfehlung unseres Autors

Schloss Anholt zählt zu den schönsten Schlossanlagen in der Region

Orientiert

in Münster und im Münsterland

Die Region im Profil

Das Münsterland …

Wer ins Münsterland kommt, empfindet schnell Entspannung. In der Metropole Münster ist von Großstadt-Hektik allenfalls in der Rushhour etwas zu spüren, und auch in den Umlandorten geht alles ziemlich unaufgeregt seinen Gang. Die Einheimischen nehmen sich die Zeit, die Arbeit und die Dinge des Alltags ohne Hast zu erledigen.

Die Region im Nordwesten von Nordrhein-Westfalen ist Heimat von etwa 1,7 Mio. Menschen. Um die Metropole Münster mit ihren knapp 320.000 Einwohnern herum liegen die Kreise Coesfeld, Borken, Steinfurt und Warendorf.

… hat eine selbstbewusste Metropole

„Provinzialhauptstadt" war der Titel, mit dem sich Münster von 1815 bis 1946 schmücken konnte. Als es mit Preußens Gloria und der Existenz der Provinz Westfalen vorbei war, wurde immer darauf gehofft, dass der Gang der Geschichte der Stadt noch einmal eine weitaus bedeutendere Rolle zuweisen würde. Schließlich war hier (und in Osnabrück) 1648 der Westfälische Friede geschlossen worden, der die Staatenordnung Westeuropas, wie wir sie bis heute kennen, auf den Weg brachte. Doch daraus wurde nach Gründung des Landes Nordrhein-Westfalen nichts, denn zur Landeshauptstadt wurde Düsseldorf.

Die Aufteilung der Landesbehörden brachte Münster mit Regierungspräsidium und Landschaftsverband sowie Oberfinanzdirektion und Landesverfassungsgericht aber eine Reihe von Behörden und machte die Stadt zu der Beamten- und Universitätsstadt, die sie bis heute geblieben ist. Eine ganz auf Münster ausgerichtete Regionalplanung sorgte dafür, dass mehrere überregional bedeutende Museen in der Stadt angesiedelt wurden, dazu ein großes Theater mit allen Sparten im Programm. „Münster, Stadt der Wissenschaft und Lebensart", lautet daher nicht umsonst der Claim der seit vielen Jahren wachsenden Stadt.

… ist eine Parklandschaft mit Schlössern und Burgen

Wer das Münsterland erkundet, wird sofort die landschaftlichen Unterschiede zwischen seinen einzelnen Teilen erkennen. Von Norden kommend passieren Zugreisende einen Tunnel unter dem Hügelrücken des Teutoburger Waldes hindurch und landen im Tecklenburger Land. Von vielen Aussichtspunkten aus lässt sich der Blick auf die

Münsterländer Parklandschaft genießen.

Das Ostmünsterland steht ganz klar im Zeichen der Pferdezucht, des Ackerbaus und der Obstplantagen. Ein kleiner Hügelrücken, der Stromberg, bildet die Wasserscheide zwischen Ems und Lippe und liefert auch hier eine idyllische Aussicht auf die flache Landschaft.

Im Südmünsterland geben sich die Schlösser, Burgen und Herrenhäuser gewissermaßen die Klinke in die Hand: Die „100-Schlösser-Route" zählt zu den beliebtesten Radrouten Deutschlands und macht natürlich am Schloss Nordkirchen Station, dem „Versailles Westfalens". Ein weiterer bekannter Adelssitz ist die Burg Hülshoff, wo die Dichterin Annette von Droste-Hülshoff einige Zeit lebte. Im parkartigen Merfelder Bruch bei Dülmen ist die letzte Wildpferdeherde Nordeuropas zu finden.

Den Blick ins Westmünsterland machen die Baumberge, das „Gebirge" des Münsterlandes mit Gipfeln bis zu 190 m Höhe, möglich. Auch dort bestimmen Pferde, Äcker, Ställe und Obstwiesen die Szenerie.

… war einst auch Industrieregion

Besonders das Westmünsterland war über Jahrhunderte von der Textilherstellung geprägt, Tuchwaren der erste „Exportschlager" der Region. Verkauft wurden sie lange Zeit von den „Tüötten", die als reisende Kaufleute durch halb Europa zogen. Ab etwa 1850 florierte etwas mehr als ein Jahrhundert lang die industrielle Textilherstellung. Seit den 1980er-Jahren ist sie bis auf wenige spezialisierte Betriebe verschwunden und der Strukturwandel geschafft.

Das gilt auch für das Tecklenburger Land, wo die Zeche in Ibbenbüren 2018 schloss. Die Anfänge des Steinkohlenbergbaus reichen dort bis in das 16. Jh. zurück.

Begünstigt durch die Textilindustrie ist die Herstellung von Farben und Lacken bedeutsam geworden. Bis heute werden zudem Steinbrüche und Zementwerke betrieben.

… bietet Kulturgenuss und moderne Kulinarik

Da in der Region erfolgreiche Unternehmer als Mäzene mit großem gesellschaftlichem Engagement tätig waren und sind, hat das Münsterland eine Vielzahl von sehenswerten Gebäuden, Museen und Kultureinrichtungen zu bieten. Neben der körperlichen Ertüchtigung kommt hier also auch der Geist nicht zu kurz. Wer sich für Architektur interessiert, findet in großer Zahl interessante Kirchen, Schlösser Burgen und Herrenhäuser.

Das Münsterland war einst eine arme Region, in der auf den Tisch kam, was jahreszeitlich vorhanden bzw. im Winter eingelagert worden war. Heute ist es eine der wohlhabendsten Regionen Deutschlands, die sich den Claim „Das gute Leben" gegeben hat. In vielen Küchen bedeutet das, die Bauernküche modern zu interpretieren und dafür zu sorgen, dass traditionelle Obst- und Gemüsesorten bzw. Speisen trotzdem nicht in Vergessenheit geraten.

Sightseeing und mehr

Erlebnis Kultur

Münster und das Münsterland haben kulturell viel zu bieten. Besondere Highlights sind Schloss Nordkirchen, der Bagno-Park in Burgsteinfurt, die Altstadt von Tecklenburg, die Museen des Landschaftsverbands Westfalen-Lippe, die Kreismuseen in Liesborn, Vreden, Lüdinghausen und das rock'n'popmuseum in Gronau.

Im Sommer warten in jedem Landkreis mehrere Freilichtbühnen auf Gäste sowie weitere Open-Air-Veranstaltungen. In Tecklenburg, der einzigen Profi-Bühne, treten bekannte Musical-Stars auf. Auch in Münster ist, sobald die Temperaturen steigen, immer was los.

Prunkvolle Schlösser

Die Unlust der Fürstbischöfe, sich um die Dinge weiter weg vom Dom zu kümmern, sorgte für die Entstehung des Landadels. Haupterbe aus dieser Zeit sind Wasserburgen, Schlösser und Herrenhäuser in großer Zahl.

Schloss Nordkirchen: Das Schloss mit dem Beinamen „Westfälisches Versailles" ist die größte und bedeutendste Barockresidenz Westfalens. → S. 122

Burg Vischering: Ritterromantik kommt besonders in Lüdinghausen auf, im Park wie innen im Museum. → S. 117

Schloss Steinfurt: Das Schloss auf einer von der Steinfurter Aa umflossenen Insel ist nur der Anfang, denn hinter der Gräfte liegt noch der prächtige Bagno-Park mit der barocken Konzerthalle. → S. 225

Burg Anholt: Wer Ort, Park, Tierpark und Schloss besucht, fühlt sich zurückversetzt in vergangene Zeiten. → S. 198

Schloss Raesfeld: Ein hoher Turm, eine kleine Schlossfreiheit und ein wunderschöner Park – hier ist alles noch etwas homogener als in Anholt. → S. 184

Schloss Senden: Durch ehrenamtliches Engagement verwandelt sich das Gebäude, das an der Schwelle zur Ruine stand, wieder in ein prachtvolles Schloss. → S. 109

Burg- und Mauerruinen

In einer Region voller Adelssitze haben natürlich auch die Liebhaber alter Burgruinen die Qual der Wahl, denn nicht alle Burgen haben die Jahrhunderte schadlos überdauert.

Burg Stromberg: Beim Blick vom Burgberg kommt unweigerlich die Frage auf, warum diese prächtig gelegene Burg aufgegeben wurde. → S. 287

Zwinger Münster: Teil der ehemaligen Stadtbefestigung, dann Hinrichtungsstätte der Nazis. Heute ist der Zwinger ein beeindruckender Gedenkort. → S. 62

Klöster & Kirchen

Das Münsterland ist reich an sakralen Bauten vom Barock bis zur Gegenwart. Mit der westfälischen Hallenkirche gibt es sogar einen speziellen Bautyp aus der Region.

Paulus-Dom in Münster: Bescheidenheit statt prunkvoller Überschwang macht die Bischofskirche aus. → S. 34

Ludgerus-Dom in Billerbeck: Die dem Bistumsgründer gewidmete Kirche liegt in einem Tal in den Baumbergen und dominiert das Stadtbild. → S. 98

Kloster Gravenhorst: Das einstige Kloster ist heute Heimat des Denk-Mal-Ateliers, das sich der Herstellung und Präsentation zeitgenössischer Kunst widmet. → S. 257

Stift Asbeck: Das Stiftsdorf blieb fast komplett erhalten, vom Stift dagegen sind nur noch Teile zu sehen. → S. 155

Kirche Mariä Himmelfahrt in Ahaus: Bis heute ist der Bau umstritten, weil er optisch fatal an die Fassaden einer Kaufhauskette erinnert und deswegen auch St. Horten genannt wird. → S. 150

Antonius-Basilika in Rheine: Der mächtige Bau lässt einen innen und außen staunen. → S. 206

Museen

Neben den vom Landschaftsverband Westfalen-Lippe betriebenen Museen gibt es noch eine ganze Reihe von privaten Förderern und Mäzenen unterhaltene Häuser.

LWL-Museum für Kunst und Kultur: Die Dauerausstellung in Münster präsentiert Gemälde, Grafiken und Skulpturen vom Mittelalter bis zur Gegenwart. Eine Dependance auf Schloss Cappenberg widmet sich dem Leben des Freiherrn vom Stein. → S. 43 und 128

Picasso-Museum in Münster: Das in einem ehemaligen Adelshof untergebrachte Museum zeigt fast alle Grafiken des Künstlers. → S. 44

Burg Hülshoff: Das Leben der Dichterin Annette von Droste-Hülshoff und die Literatur an sich stehen im Mittelpunkt der Ausstellung. → S. 102

Religio in Telgte: Das Museum ist auch für Atheisten und Agnostiker spannend. → S. 308

KULT/Kloster Liesborn: Clevere Schwerpunktsetzung schaffte für beide Häuser je ein Alleinstellungsmerkmal. → S. 162 und S. 291

rock'n'popmuseum in Gronau: Panikrocker Udo Lindenberg kann für seine Idee und sein Geschenk an seine Heimatstadt gar nicht genug gedankt werden. → S. 144

Besondere Bauwerke

Im Münsterland gibt es jenseits von Kirchen, Schlössern, Burgen und Museen eine ebenfalls lange Liste von Baudenkmälern, die für architekturinteressierte Gäste einen Besuch lohnen.

Prinzipalmarkt Münster: Das Ensemble aus historischen Giebelhäusern wurde nach dem Zweiten Weltkrieg originalgetreu wiederaufgebaut. → S. 36

Van-Delden-Bauten in Gronau: Die teilweise sanierten Gebäude erinnern an die Zeit der Textilindustrie. → S. 143

> Über versteckte Kulturorte im Münsterland informiert der Podcast „Mission Weißer Flamingo".

Parks, Auen, Moore

Erlebnis Natur

In der Region gibt es über 400 ausgewiesene Schutzgebiete, eine vielfältige Tier- und Pflanzenwelt, Wild und Greifvögel, die bis nah an städtische Besiedlung heran beobachtbar sind, sowie eindrucksvolle Felsformationen, Moor- und Heidelandschaften.

Einige Naturschutzgebiete sind so einsam gelegen und wenig besucht, dass sie sich bestens für alle eignen, die sich eine Auszeit in der Natur nehmen wollen, besonders die Koffituten bei Hopsten, das Heilige Meer bei Recke und Teile der Emsauen bei Telgte und Rheine.

Naturräumliche Gliederung

Das Münsterland wird vom Teutoburger Wald im Norden und dem Hügelrücken des Strombergs im Osten, dem Fluss Lippe im Süden und den flachen in die Niederlande übergehenden Moor- und Heidelandschaft im Westen begrenzt. Im Herzen der Region liegt mit den Baumbergen ein weiterer Höhenzug, an den sich zur Lippe hin nach Süden die Hohe Mark anschließt. Die Flüsse der Region münden im Norden, Osten und Westen via Ems in die Nordsee, im Süden über den Rhein.

Im Münsterland finden sich viele teilweise schon seit Anfang des 20. Jh. geschützte Gebiete, die jedoch zu klein und zu verschieden sind, um sie zu einem Nationalpark zusammenführen zu können. Mit den Rieselfeldern hat Münster ein großes Naturschutzgebiet, das gerade einmal 6 km vom Stadtzentrum entfernt liegt. Der Naturpark Hohe Mark im Süden der Region erstreckt sich von Olfen im Osten bis fast zum Rhein im Westen und wird seit 2021 über den Fernwanderweg Hohe-Mark-Steig erschlossen. Ein Teil davon, das Waldgebiet Haard, liegt noch südlich der Lippe.

Flusslandschaften

Es gibt keinen großen Strom, der das Münsterland durchfließt, dafür aber eine ganze Reihe kleinerer Flüsse, die an vielen Stellen renaturiert wurden und inzwischen schöne Auenlandschaften bilden.

Steverfloß: Die auf die Lippe zufließende Stever bei Olfen kann mit einem Floß befahren und die Auenlandschaft im Mündungsgebiet so auf besondere Weise genossen werden. → S. 131

Emsauen: Durch Renaturierung hat die Ems zwischen Warendorf und Rheine auf mehreren Abschnitten ihr ursprüngliches Bett zurückbekommen.

Einige Aussichtspunkte laden zur Naturbeobachtung ein. → S. 212, 215 und 309

Moore und Heideflächen

Einige Landstriche im Westmünsterland liegen nur knapp über, bei oder sogar leicht unter Normalnull. Diese besondere Situation hat die Entstehung einer großen Zahl von Mooren befördert, die zur Grundlage für die Grenzziehung mit den Niederlanden wurden. In vielen Mooren wurde lange Torf abgebaut. Heute sind sie beliebte Ausflugsziele, ebenso die Heidelandschaften.

Venner Moor: Kleines, aber feines Moor vor den Toren Münsters, das auch schon mal als Tatort-Filmkulisse diente. → S. 110

Heide in Haltern: Die größten geschlossenen Heideflächen der Region liegen zwischen Haltern und Olfen sowie in Beckum, Lienen und Lengerich. → S. 136

Koffituten: Fast 24 ha des im Tecklenburger Land gelegenen Gebiets stehen unter Schutz, 0,5 ha sind vom Hochmoor geblieben. → S. 264

Klatenberge: Eine Tour durch diese Wacholderheide und den angrenzenden Wald ist eine schöne Erweiterung einer Wanderung durch die Emsauen bei Telgte, die von der Straße Telgte–Westbevern aus unternommen werden kann. → S. 310

Witte Venn: Die besondere Landschaft im Grenzland zu den Niederlanden lässt sich hier in Ruhe erwandern. → S. 151

Felsformationen

Durch Natur und Mensch sind im Münsterland einige interessante Felsformationen geschaffen worden.

Lengericher Canyon: Ein alter Steinbruch, in dem sich tief unten ein See gebildet hat. Wer bei Sonnenschein aufs Wasser blickt, fühlt sich ein wenig an die Karibik erinnert. → S. 251

Dörenther Klippen: Ein toller Ausblick, schöne Wanderwege und etwas Mystik erwartet Reisende ein paar Kilometer südlich von Ibbenbüren. → S. 269

Sandsteinbrüche: Aktiv abgebaut wird noch nahe Havixbeck, wo das Sandsteinmuseum besichtigt werden kann. → S. 104

Parks und Gärten

Wer Gärten liebt, kann eine Reihe beeindruckender Parkanlagen besuchen, nicht nur die der sehenswerten Schlösser.

Promenade: Die ehemalige Stadtmauer Münsters ist 1764 abgetragen, der innere Wassergraben zugeschüttet und ab 1770 eine 4,5 km lange Lindenallee gesetzt worden, die den Stadtkern komplett umschließt. Die Promenade ist eine beliebte Rad- und Joggingstrecke. → S. 34

Saline Gottesgabe: Zusammen mit der Emsaue, dem Zoo und Kloster Bentlage ergibt sich rund um die Saline in Rheine ein schönes stadtnahes Wanderrevier. → S. 207

Vier-Jahreszeiten-Park: Spiel, Spaß und Bildung für alle Generationen bietet der ursprünglich für eine Landesgartenschau gestaltete Park in Oelde. → S. 286

Tipps für den Familienurlaub

Münsterland mit Kindern

Die Erkenntnis, dass Kinder kritische Urlauber sind, ist im Münsterland längst angekommen. Jeder Ort hält Angebote für Kinder bereit, manchmal sogar spezielle Stadtführungen. Kinderprogramme einzelner Museen lassen Familien auch einen Tag ohne Radtour oder einen Regentag problemlos meistern.

Die größeren Hotels in den Landkreisen sind allesamt auf kleine Gäste gut bzw. sehr gut eingestellt, mal durch Spielzimmer, mal durch einen Streichelzoo.

Aktiv in der Natur

Alle größeren Naturschutzgebiete im Münsterland haben inzwischen auch spezielle Angebote für Kinder, insbesondere in den Ferien.

Zwillbrocker Venn: Die Wald-, Wiesen- und Moorlandschaft ist besonders eindrucksvoll für die Beobachtung von Vögeln, einige Monate im Jahr sind hier sogar Flamingos zu bewundern. → S. 163

Steveraue Olfen: Naturbeobachtung geht hier nicht nur vom Wanderweg, sondern auch vom Boot aus – mit fachkundiger Führung, damit man zu Hause erzählen kann, was man alles so gelernt hat in der Natur. → S. 131

Haus Heidhorn: Im Süden von Münster lässt sich durch die Angebote der NABU-Station ganz viel über die Pflanzenwelt im Wald, auf Wiesen und in Teichen erfahren. → S. 78

Tierische Erlebnisse

Neben zwei Zoos locken in der Region mehrere privat betriebene Wildparks.

Allwetterzoo Münster: Der 1974 eröffnete Zoo, der seit 2021 Stück für Stück saniert wird, ist wegen seiner schützenden „Allwettergänge" einer der außergewöhnlichsten Tierparks Deutschlands. → S. 56

Naturzoo Rheine: Hier lohnt der Besuch besonders im August, denn dann brüten die Weißstörche. → S. 207

Wildpark Anholter Schweiz: Nach kurzer Pause gibt es seit 2021 wieder ein Bärengehege. → S. 201

Wildpark Dülmen: Mit etwas Fantasie fühlt man sich hier wie in der kanadischen Wildnis. → S. 113

Wildparks Granat und Frankenhof: Beide Parks ermöglichen es, dem heimischen Wild und in seiner Nähe lebenden kleineren Tieren ganz nah zu kommen. → S. 138 und S. 181

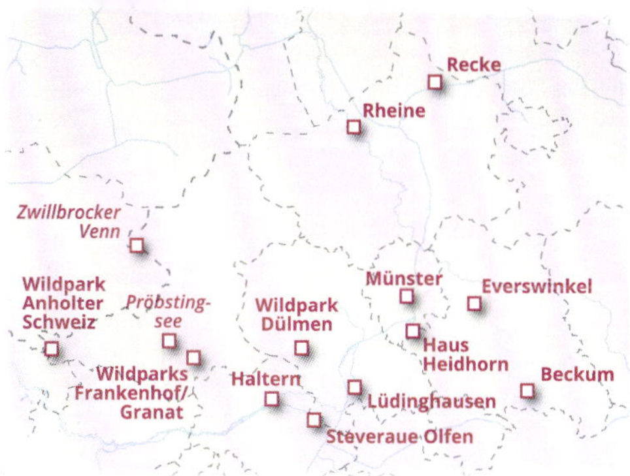

Landleben verstehen

Stadtkindern eine Idee vom Landleben oder überhaupt dem Leben im 19. Jh. in der Region zu vermitteln – das haben sich viele Heimatmuseen auf die Fahnen geschrieben.

Mühlenhof in Münster: Mit seinem Kindermuseum leistet das Freilichtmuseum an Münsters Aasee einen tollen Beitrag. → S. 57

Mitmach-Museum in Everswinkel: Die jungen Gäste bestimmen, was sie kennenlernen wollen. Der Heimatverein hat vieles vorbereitet. → S. 312

Ritter & Römer

Kindern, die gerne in die Rolle von Rittern oder Römern schlüpfen, sollten mit den Eltern nach Lüdinghausen oder Haltern fahren.

Burg Vischering in Lüdinghausen: Die trutzige Rundburg mit Zugbrücke, Schießscharten und Wehrgängen ist beliebtes Fotomotiv und hat ein tolles Angebot für Kinder. → S. 117

Römermuseum in Haltern: Das Museum in Haltern ist sogar auf Erwachsene eingestellt, die sich mal verwandeln wollen. Die Mitmach-Angebote für Kinder und Erwachsene bereichert seit 2023 ein Escape-Room. → S. 137

Sterne & Spiele

Auch ein Blick in die Sterne und ein Tag ohne Langeweile an einer großen Zahl von Spielgeräten drinnen und/ oder draußen ist in der Region möglich.

Naturkundemuseum: Zum Haus gleich neben dem Zoo gehören auch das Planetarium und die Außenstelle am Heiligen Meer in Recke. → S. 56 und S. 265

Ketteler Hof: Die Anlage in Haltern ist der größte Spielplatz der Region mit Angeboten drinnen und draußen. → S. 138

Münster ist Maxi

Maxi-Sand: Im Rathausinnenhof wird jedes Frühjahr ein überdimensionaler Sandkasten aufgebaut, was dafür sorgt, dass zumindest ein Elternteil in Ruhe shoppen gehen kann. Gegen einen kleinen Kostenbeitrag ist diese offene Tagesstätte für alle Gästekinder von 3 bis 10 Jahren geöffnet. Im Winter gibt es ein Indoor-Angebot. → S. 38

Zum Baden & Plantschen

Pröbstingsee: Baden, Paddeln, Rudern, Klettern, Sportplätze – das Angebot ist praktisch zu viel für einen Tag. → S. 175

Beckumer Seen: (Fast) alles, was an Wassersport möglich ist, gibt es an Tuttenbrock- und Phonixsee. → S. 295

Barfußpfad und Freibad Lienen: Der Gang durchs Tretbecken steht am Anfang und Ende des Barfußpfads, ein Spaß für die ganze Familie. Danach kann im Hochsommer rund um den Grillplatz im Freibad für eine Nacht gezeltet werden. → S. 254

Badeseen im Nordmünsterland: Hier sind Freibäder praktisch überflüssig, denn mehrere schöne Badeseen mit Campingplatz anbei stehen zur Auswahl: der Drilandsee in Gronau (S. 146), der Naturbadesee in Saerbeck (S. 218), der Offlumer See in Neuenkirchen (S. 211) und die Haddorfer Seen in Wettringen (S. 210).

Blütenpracht im Park von Schloss Raesfeld im Frühjahr

Unterwegs

in Münster und im Münsterland

Münster

„Fahrradhauptstadt", „Klimahauptstadt", „lebenswerteste Stadt der Welt", „Deutschlands größte Kleinstadt" – mit diesen und anderen Prädikaten schmückte und schmückt sich die Stadt Münster. Machen Sie sich selbst ein Bild vom für viele Einheimische schönsten Ort der Welt.

Münster Information und Zimmervermittlung, Heinrich-Brüning-Str. 8, ✆ 0251-4922710 (Info) und 0251-4922726 (Zimmervermittlung), tourismus@stadt-muenster.de. Mo–Fr 10–18 Uhr und Sa 10–13 Uhr geöffnet. stadt-muenster.de/tourismus/service-und-informationen

Ganz viel Geschichte

Die Metropole der Region ist zunächst einmal ganz viel Geschichte. Ab 1643 wurde die Stadt für fünf Jahre zu einem internationalen Treffpunkt. Die Gesandten fast aller Länder Europas wollten in Verhandlungen und Gesprächen einen Weg finden, die nach der Reformation entstandenen religiösen Konflikte, die dem Kontinent bald ein Vierteljahrhundert Krieg gebracht hatten, zu beenden. Unübersehbar waren für die Regierenden in allen Ländern die wirtschaftlichen und sozialen Folgen des Dreißigjährigen Krieges. Am 15. Mai 1648 war er dann unterzeichnet, der Westfälische Friede. Der erste Schritt war gemacht zur Entwicklung Europas, wie wir es heute kennen und schätzen sollten.

Kunst und Kirchen

Durch die seit 1977 alle zehn Jahre stattfindenden „Skulptur Projekte" ist Kunst im öffentlichen Raum in der Stadt eine Selbstverständlichkeit. 60 Skulpturen lassen sich finden, hauptsächlich in der Altstadt und am Aasee. Damit liegt die Kunst quantitativ in etwa gleich auf mit den Kirchen, die ein großes Spektrum an Stilen und Epochen abdecken.

Fahrräder ohne Ende

320.000 Einwohner hat Münster und die haben 500.000 Fahrräder, mindestens. Sie heißen hier „Leezen", der einst im Hafenumfeld entstandenen (Geheim-) Sprache Masematte wegen. Etwa ein Drittel der Einheimischen ist täglich mit dem Fahrrad unterwegs, weshalb alle, die sich mit dem Auto oder zu Fuß fortbewegen, Vorsicht walten lassen müssen. Besser wird das, wenn bald 14 nachts beleuchtete Velorouten die Stadt mit dem Umland verbinden.

Stadt der Wissenschaft

Die Domstadt kommt auf 11 Hochschulen mit etwa 60.000 Studierenden. Junge Menschen bestimmen das Stadtbild weit mehr als in vergleichbaren Großstädten. Die Uni-Einrichtungen und die Uni-Klinik sind die größten Arbeitgeber der Stadt, bieten über 30.000 Arbeitsplätze.

Was anschauen?

Museen satt, dazu viele historische Gebäude und Kunst im öffentlichen Raum durch die „Skulptur Projekte" – da fällt die Auswahl nicht leicht.

Altstadt-Rundgang: Auf diese Weise werden fast alle populären Sehenswürdigkeiten direkt passiert. **→ S. 33 und S. 355**

St.-Paulus-Dom: Die Bischofskirche ist eines der die Skyline prägenden Gebäude, der höchste Kirchturm steht aber anderswo. **→ S. 34**

LWL-Museum für Kunst und Kultur: Seit der Neueröffnung des beeindruckenden Neubaus vergeht kein Jahr, in dem die an sich schon sehenswerte Dauerausstellung nicht um eine überaus interessante Wechselausstellung ergänzt wird. **→ S. 43**

Wochenmarkt: Samstag vor 10.30 Uhr lässt sich beim Kauf köstlicher lokaler Produkte zur Stärkung für den Tag Münster-Atmosphäre erleben. **→ S. 35**

Aasee: Das Naherholungsgebiet und Freiluft-Sportzentrum ist von der Altstadt schnell erreicht. **→ S. 53**

Hafenviertel: Münster hat mehrere Ausgehmeilen, die interessanteste ist die am Hafen. **→ S. 67**

Was unternehmen?

Eine Radtour muss einfach mit einem Aufenthalt in Münster verbunden sein. Aus dem Stadtzentrum ist es ins Grüne nicht weit.

Dortmund-Ems-Kanal: Vom Hauptbahnhof ist man schnell am Kanal. In der Spargelzeit lohnt die Tour nach Norden bis ins Spargeldorf Gelme zur „Alten Fahrt". **→ S. 80**

Rieselfelder: Nur wenige Städte in Deutschland haben ein innenstadtnahes Naturschutzgebiet zu bieten. Münster zählt dazu. **→ S. 79**

Ems und Werse: An der Stadtgrenze zu Telgte formten Ems, Werse und engagierte Naturschutzinitiativen ein wunderschönes Ausflugsziel. **→ S. 75 und S. 309**

Davert: Nach Süden geht die Stadt ins Ländliche über, wo Wald, Wiesen, Moore und kleine Gewässer erradelt oder erwandert werden können. **→ S. 78**

Was mit Kids?

Maxi-Sand: Wenn die Eltern shoppen wollen, können die Kinder die Zeit im Maxi-Sand oder bei der Kinderbetreuung der Stadt Münster genießen. **→ S. 38**

Allwetterzoo: Ein Tag mit Kindern geht nach einer Fahrt mit der „Solaaris" über den Aasee im Zoo ohne einen Moment der Langeweile vorbei. Notfalls liegen Naturkundemuseum und Planetarium nebenan. **→ S. 56**

Schaustelle Kanal: Wer gerne Schiffe anschaut und Wissenswertes über die deutschen Schifffahrtskanäle erfahren möchte, fährt zur Schleuse am Schifffahrter Damm. **→ S. 66**

Keimzelle der Stadt Münster, der St.-Paulus-Dom

Geschichte

Stadt- und Bistumsgründung

Als Stadtgründer gilt der von Karl dem Großen auf die Reise geschickte christliche Missionar Ludger (auch Liudger bzw. lat. Ludgerus), der im gesamten Münsterland bis heute nicht nur als Kirchenpatron allgegenwärtig ist (Ludgerusbrunnen, Ludgerusweg, Ludgeristraße usw.). Ludgers Ankunft auf dem heutigen Stadtgebiet wird auf das Jahr 793 datiert, gesichert ist die Jahreszahl, die als offizielles Gründungsjahr der Stadt gilt, mangels schriftlicher Zeugnisse allerdings nicht. Vermutlich fand er in der Nähe einer Furt über die Aa eine kleine sächsische Ansiedlung vor, die nach ihrem Sippenoberhaupt Mimigernaford genannt wurde. Nicht weit davon entfernt, auf dem heutigen Domplatz, ließ Ludger ein Missionskloster mitsamt Kirche errichten, um das herum sich eine neue Siedlung und damit die Keimzelle der heutigen Stadt entwickelte.

805 empfing Ludger vom Kölner Erzbischof Hildebold die Bischofsweihe. Als Zentrum des neu geschaffenen Bistums wurde die kleine Siedlung an der Aa zum Ausgangspunkt für die Missionierung der gesamten Region.

Münster wird Fürstbistum

1068 tauchte mit „Monasterium" (= Kloster) erstmals die Urform des heutigen Stadtnamens auf. 1121 wurde die Siedlung von Lothar von Supplinburg belagert und erstmals nahezu vollständig zerstört. Rund fünfzig Jahre später (1170) wurden „Munstre" die Stadtrechte verliehen, kurz darauf (1173) wurde das Bistum zum geistlichen Fürstentum. Der Bischof übte nunmehr auch die Rechte eines Landesherren aus, war also geistlicher und weltlicher Herrscher in Personalunion.

Ab Anfang des 13. Jh. dehnte sich der Herrschaftsbereich der Fürstbischöfe sukzessive aus; bis zum Reformationsjahrhundert war das Fürstbistum Münster zum größten geistlichen Territorium des römisch-deutschen Kaiserreiches herangewachsen. Es war in zwei Teile gegliedert: in das Oberstift im Süden, das alle Gebiete der heute als Münsterland bezeichneten Region abdeckte (mit Ausnahme der Enklaven Grafschaft Steinfurt, Grafschaft Tecklenburg und Herrschaft Gemen), und das Niederstift im Norden, das das Emsland sowie die heute Oldenburger Münsterland genannte Region rund um Cloppenburg und Vechta umfasste.

Die Stadt wurde seit 1278 aber von Vertretern der Bürgerschaft regiert, die sich die Wehr- und Markthoheit hatte verbriefen lassen. Parallel zur landesherrlichen Machtkonsolidierung der Fürstbischöfe entwickelte sich Münster so zu einer florierenden Handelsstadt. In Stein gemeißelter Ausdruck des erstarkten bürgerlichen Selbstbewusstseins war die Lambertikirche, die Ende des 14. Jh. gewissermaßen als bürgerlicher Gegenentwurf zum bischöflichen Dom errichtet wurde. Finanziert wurde sie von wohlhabenden Kaufleuten, deren Solvenz sich u. a. der Mitgliedschaft Münsters im Hansebund verdankte; die erstmalige schriftliche Erwähnung dieser Mitgliedschaft datiert aus dem Jahr 1368. Die Fürstbischöfe residierten in ihren diversen Residenzen im Bistum und hatten ihren Lebens- und Arbeitsmittelpunkt durch die Personalunion mit Kurköln in Bonn.

Von 1450 bis 1457 prägte die Münstersche Stiftsfehde, der Streit zwischen Walram von Moers und Erich II. von Hoya um die Besetzung des Bischofsstuhls, den Gang der Dinge. Der vom Papst beauftragte Nikolaus von Kues sollte derweil Konrad von Diepholz zum Bischof machen. Es entwickelte sich ein bizarrer Kleinkrieg, der schnell die gesamte Region erfasste. Am Ende ernannte der Papst Johann von Pfalz-Simmern zum Bischof, Walram starb 1456, und die anderen an der Fehde beteiligten Adeligen beendeten die Auseinandersetzung mit der Unterzeichnung des Kranenburger Vertrags. Die durch das Haus Moers verursachte Zeit der Bistumsleitung ohne geistliche Impulse hatte ein Ende.

Reformation

Die Reformation erreichte Münster 1529 mit den Predigten des wortgewaltigen Kaplans der St.-Mauritz-Kirche, Bernd Rothmann. Von größeren Teilen der Bürgerschaft wurden seine Predigten wohlwollend aufgenommen, der damals amtierende Bischof Friedrich III. von Wied sah die Dinge anders, belegte Rothmann mit einem Predigtverbot und verfügte seine Ausweisung aus der Stadt. Bürgerschaft und Stadtrat verhinderten das und drangen vehement darauf, die unterschiedlichen Glaubensrichtungen in der Stadt gleichzustellen. Ab etwa 1531 schlug das Pendel dann ganz in die reformatorische Richtung aus. Bereits 1532 waren alle Ratsmitglieder „alten Glaubens" aus dem Stadtrat ausgeschieden und sämtliche Predigerstellen in der Stadt mit Vertretern der Reformation besetzt worden. Bischof war zu diesem Zeitpunkt Franz von Waldeck, der dem Druck der Bürger nachgab und den Münsteranern 1533 das Recht auf Glaubensfreiheit einräumte. Die moralische Autorität der katholischen Kirche war da längst dahin, ebenso viel vom gewonnenen Wohlstand, weil der Handel mit dem nun protestantischen Nord- und Ostseeraum eingebrochen war.

Als von Waldeck einlenkte, hatte sich die reformatorische Bewegung in der Stadt bereits derart radikalisiert, dass die Gewährung von Glaubensfreiheit die Gemüter kaum mehr beruhigen konnte. Den gemäßigten Vertretern der lutherischen Lehre stand eine immer größer werdende Gruppe von Glaubenspuristen gegenüber, die nicht auf Toleranz, sondern auf den fundamentalen Umbruch setzten. Inspiriert waren

Münster | Altstadt → Karte S. 48/49

sie vom radikalen Flügel der Täuferbewegung, der in den benachbarten Niederlanden seit einiger Zeit eine große Dynamik entwickelt hatte. Kernforderung der Täufer, die auch ihren Namen erklärt, war die Abschaffung der Kindstaufe zugunsten der Erwachsenentaufe, doch im Grunde ging es um das große Ganze: „Wir müssen absagen allem, was die Pfaffen tun und treiben: Sakramenten, Messen, der Vesper, der Kindertaufe ..."

Bei den Ratswahlen von 1534 gewannen die Täufer die Mehrheit und die Reformation in Münster geriet für gut ein Jahr auf Abwege. Der letzte Impuls für den Umsturz kam aus den Niederlanden: Im Januar 1534 passierte der einstige Schauspieler, Gastwirt und Tuchhändler Jan van Leyden die Stadtgrenze und schickte sich an, in Münster ein „Neues Jerusalem" zu errichten.

Das Täuferreich

Als Jan Beuckelszoon 1509 in Leiden geboren, war van Leyden Ende der 1520er-Jahre mit den Fundamentalisten der niederländischen Täuferbewegung in Kontakt gekommen, die eine geradezu apokalyptische Glaubensvorstellung pflegte, und hatte sich rasch in deren Dienst gestellt. Er kam – Ironie der Geschichte – gewissermaßen als deren Missionar nach Münster und krönte sich dort selbst zu „König Johann dem Gerechten vom Stuhle Davids". Binnen kürzester Zeit installierte er eine theokratische Endzeit-Diktatur, deren Schergen Kirchen und Klöster verwüsteten, Bücher und Gemälde verbrannten und alle ermordeten, die ihren Absichten im Wege standen. Zu seiner rechten und linken Hand wurden der gebürtige Münsteraner Bernd Knipperdolling und Heinrich Krechting aus Schöppingen, die ihm als Scharfrichter bzw. Stellvertreter dienten.

König Johann schaffte auch das Geld ab und führte die Vielweiberei ein. Er rühmte sich, 16 Ehefrauen zu haben, eine davon richtete er wegen unbotmäßigen Verhaltens eigenhändig hin. Einen Sohn des Fürstbischofs, hervorgegangen aus einem der üblichen Konkubinate, machte er zu seinem Pagen. Alles, was er tat, tat er „im Dienste Gottes des Gerechten".

Mit van Leydens Herrlichkeit war es vorbei, als die Soldaten des Bischofs von Waldeck, der vor der Errichtung des Täuferreiches aus Münster geflohen war, in der Nacht vom 24. auf den 25. Juni 1535 die Stadt stürmten. Zwei Überläufer hatten die Truppen in die Stadt gelassen. Viele Parteigänger der Täufer wurden dabei getötet, van Leyden und Knipperdolling festgenommen. Heinrich Krechting konnte fliehen, an seiner Stelle wurde sein Bruder Bernd festgesetzt. Die drei Galionsfiguren der Täufer wurden wochenlang, auch unter Folter, verhört. Am 6. Januar 1536 fällte das Inquisitionsgericht des Bistums in Wolbeck das Todesurteil, am 22. Januar erfolgte die öffentliche Hinrichtung. Die drei zerfetzten Leiber wurden als Mahnung an die Bevölkerung in Körbe gepackt und gut sichtbar am Turm (→ Kasten S. 39) der Lambertikirche ausgestellt.

Die systematische (und im Grunde bis heute nachhaltige) Rekatholisierung Münsters begann ab 1588, als sich auf Betreiben von Ernst von Bayern – ab 1584 Bischof von Münster – der Jesuitenorden in der Stadt niederließ. Deren vielfältige Aktivitäten sorgten dafür, dass Münster binnen einer Generation nahezu komplett die konfessionellen Seiten wechselte und in seinen „katholischen Urzustand" zurückkehrte: Die letzten verbliebenen Protestanten mussten 1628 die Stadt verlassen.

Westfälischer Friede

Fast alle Staaten Europas hatten sich aus territorialen oder religiösen Gründen Anfang des 17. Jh. in ein Dauermassaker begeben, das alle bisher geführten Kriege in den Schatten stellte. Im Drei-

Münster | Altstadt → Karte S. 48/49

ßigjährigen Krieg (1618–48) starben je nach Schätzung zwischen vier und neun Millionen Menschen, darunter zahllose Zivilisten, die von plündernden Soldaten getötet wurden oder Hunger und Seuchen zum Opfer fielen. Der Krieg verwüstete und entvölkerte ganze Landstriche, auch das heutige Münsterland wurde massiv in Mitleidenschaft gezogen. Münster selbst kam glimpflich davon. Eroberungen und Plünderungen feindlicher Truppen blieben der Stadt erspart, lediglich zweimal (1633 und 1634) sah sie sich Belagerungen ausgesetzt, die sie relativ unbeschadet überstand.

Zu Beginn der 1640er-Jahre reifte bei den Kriegsparteien die Einsicht, dass die vielfältigen Konflikte zwischen den Mächten militärisch nicht zu lösen waren. Ab 1643 nahm man schließlich umfassende multilaterale Friedensverhandlungen auf, um einen Ausgleich zwischen den unterschiedlichen Interessen herzustellen – ein absolutes Novum in der Geschichte Europas.

Als Verhandlungsorte wurden Münster und Osnabrück ausgewählt: Sie lagen nicht so weit voneinander entfernt, waren beide nicht kriegszerstört und in der Lage, 200 Gesandte samt Gefolge aufzunehmen. In Münster versammelten sich die Abgesandten des deutschen Kaisers und die der Könige von Frankreich, Spanien und den Niederlanden. Gespräche mit der „Osnabrücker Seite" fanden immer wieder in der Mitte, im Tecklenburger Land, statt. Da die Probleme vielfältig und die Informationsvermittlung zwischen den Verhandlungsorten in jenen Tagen viel Zeit in Anspruch nahm, zogen sich die Verhandlungen fünf Jahre hin. Am 15. Mai 1648 schließlich wurde der entscheidende Vertrag im Rathaus von Münster unterschrieben. Vorausgegangen war dem Gesamtfrieden ein Spezialfrieden zwischen Spanien und den Niederlanden, der deren 80 Jahre währenden Krieg beendete, unterzeichnet im Krameramtshaus von Münster, heute deshalb Haus der Niederlande. Die Verträge besiegelten u. a. die Unabhängigkeit der Niederlande sowie der Schweiz und das, was bis 1871 die „deutsche Kleinstaaterei" war. Einige Historiker sehen den Frieden aber auch als Keimzelle für die fortan immer föderalistische Orientierung im deutschsprachigen Raum. Die Einwohnerzahl von Münster hatte sich durch die Größe des Gefolges der Delegationen fast verdoppelt, was dem italienischen Nuntius zu dem Bonmot „Die Hölle muss leer sein, denn die Teufel sind alle in Münster" verleitete. Literarisch verarbeitete Günter Grass die Ereignisse, indem er ein Treffen von 23 deutschen Dichtern auf Einladung von Simon Dachs in Telgte konstruierte, bei dem sie sich zum gemeinsamen Verfassen eines Friedensaufrufs entschließen. Der 2015 verstorbene Literaturnobelpreisträger verschlüsselt mit der Erzählung „Das Treffen in Telgte" die realen Treffen der Gruppe 47 nach dem Zweiten Weltkrieg. Sie war dem Gründer der Gruppe, Hans-Werner Richter, zu dessen 70. Geburtstag gewidmet.

Lange Rückständigkeit

Der soziale und wirtschaftliche Aufholprozess sollte nach dem Friedensschluss noch lange dauern. Weitere Kriege warfen die Stadt in ihrer Entwicklung immer wieder zurück. Hierzu zählte auch, dass der 1650 an die Macht gelangte Fürstbischof Christoph Bernhard von Galen mit kriegerischen Mitteln alle Bemühungen Münsters nach Unabhängigkeit und Übergang in den Status einer freien Reichsstadt bekämpfte. Im Siebenjährigen Krieg wurde Münster 1758/59 mehrfach besetzt. Die prächtigen Bauten von Barockbaumeister Johann Conrad Schlaun (→ Kasten S. 124) in der Stadt (Schloss sowie mehrere Kirchen und Adelshöfe) konnten die problematische Lebenssituation vieler Einwohner nur teilweise überdecken, ebenso das von Fürstenberg verfügte Schleifen der Stadtmauer oder die Eröffnung der Universität 1780. Goethe musste bei seinem einzigen Besuch in der Stadt im Jahr 1792 auf einer Kneipenbank schlafen und fand entsprechend drastische Worte in seinen Reiseaufzeichnungen. Manch einer, der sich intensiv mit Annette von Droste-Hülshoff beschäftigt, meint gar, ein intensiver Kontakt zwischen beiden hätte sich ergeben, wenn Münster den Herrn aus Weimar nicht so abgeschreckt hätte.

Kulturkampf

Mit dem Reichsdeputationshauptschluss kam es 1803 zur Säkularisation, der Auflösung des Fürstbistums und damit dem Ende der Herrschaft der Fürstbischöfe. Die Lage in der Stadt wurde nicht viel besser, da den Preußen der gesellschaftlich tief verwurzelte Katholizismus ein Dorn im Auge war. Die Universität stellte ihren Betrieb ein, Investitionen in die öffentliche Infrastruktur hielten sich in Grenzen. Die Bevölkerung benötigte nicht lange, um zu verstehen, welches Spiel da lief, hielt sich aber mit Protest zurück, da sie den kirchlichen Würdenträgern nicht vorgreifen wollte.

Es folgte Napoleons Feldzug und die Etablierung des Code Napoléon. Doch nach seiner Niederlage war Münster den Korsen wieder los und einmal mehr die Notwendigkeit da, die Staaten neu zu ordnen. Als Westfalen 1815 mit den Beschlüssen beim Wiener Kongress wieder ein Teil von Preußen wurde, schauten die siegreichen neuen Herrscher mit einer gewissen Skepsis auf die neuen Staatsbürger, mehrheitlich Katholiken, machten Münster aber zur Hauptstadt der Provinz Westfalen.

Blücher, der 1802 die Stadt einnahm, die Regentschaft des letzten Fürstbischofs beendete und wenige Jahre später Napoleon sein Waterloo erleben ließ, fasste es für sich mit dem Satz zusammen: „Münster und die Münsteraner gefallen mir nicht."

Es stimmte von Anfang an nicht im Verhältnis zwischen Verwaltung, Bürgern und Kirche. Rudolf Virchow prägte für den Streit zwischen Preußen und katholischer Kirche von 1871 bis 1887 den Begriff „Kulturkampf". Reichskanzler Otto von Bismarck sah die Trennung von Staat und katholischer Kirche als längst nicht vollzogen an, zu groß war für ihn noch der Einfluss der organisierten katholischen Minderheit. Durch Gesetze und Verordnungen wollte er das ändern.

In keiner Diözese des gerade gegründeten Deutschen Reiches wurde der Kulturkampf mit einer solchen Schärfe ausgefochten wie im Bistum Münster. Dessen Bischof Johann Bernhard Brinkmann (1813–1889) legte sich derart mit der preußischen Obrigkeit an, dass er erst mit harten Geldbußen, dann mit Pfändungen seines Eigentums bestraft wurde. Beim Vorgehen des preußischen Staates kam es zu teilweise grotesken Situationen. Als Brinkmanns Hab und Gut gepfändet werden sollte, mussten protestantische Arbeiter aus Tecklenburg herbeizitiert werden. Bei den Versteigerungen kauften Katholiken alles auf und brachten es ins Bischofspalais zurück. Es folgte wegen Anstiftung zum Aufruhr gegen die preußische Verwaltung die Verurteilung zu 40 Tagen Freiheitsstrafe, abzusitzen im Kreisgefängnis in Warendorf. Brinkmann flüchtete 1875, unterstützt von der Bevölkerung, in die Niederlande ins Exil. Bis 1883 war jede zweite Pfarrstelle im Bistum durch Amtsenthebung der Geistlichen verwaist. Am 12. Februar 1884 kehrte der Bischof zurück. Es drängten sich über 20.000 Menschen auf dem Domplatz, um ihn vor dem Westportal des Doms enthusiastisch zu feiern.

Der Reichskanzler musste am Ende einlenken. Die Zentrumspartei, politischer Arm der katholischen Kirche, war größte Reichstagsfraktion geworden. Im Sommer 1882 nahmen Preußen und der Vatikan wieder diplomatische Bezie-

Das Tor zum Erbdrostenhof bleibt für Touristen verschlossen

hungen auf. 1887 schloss man Frieden, in Münster in gewisser Weise symbolisiert durch den Bau des Dortmund-Ems-Kanals durch die Stadt hindurch und die Wiedergründung der Universität.

Beamtenstadt mit Industrie

Mit dem Bau des Dortmund-Ems-Kanals nahm die Industrialisierung Ende des 19. Jh. auch in Münster Fahrt auf. Ohne den Kanal hätte es keinen Stadthafen gegeben, keine Betonwerke, keinen Agrarhandel oder Lackherstellung. Heute ist das alte Hafenbecken eine Gastro- und Party-Meile, weil eben doch nicht mehr so viele Güter umgeschlagen werden. Dafür reichen inzwischen die weiteren Flächen im Süden des Hafens und direkt am Kanal.

Kaiser Wilhelm II. stiftete 1902 die zwischenzeitlich geschlossene Universität. Sie ist zusammen mit den anderen Hochschulen größter Arbeitgeber. Durch die heute etwa 50.000 Studierenden ist Münster eine besonders junge Stadt, besitzt eine interessante Gründerszene und bietet an den Hochschulen sichere Arbeitsplätze. Durch den Status als Provinzhauptstadt ist Münster zudem seit der Preußenzeit Beamtenstadt. 1914 lebten erstmals mehr als 100.000 Einwohner in der Stadt. Münster war nun also Großstadt.

Zerstörung und Wiederaufbau

Die Nationalsozialisten konnten im Münsterland lange keinen Fuß an die Erde bekommen, zu stark war die Verwurzelung im Glauben. Der exponierteste Vertreter des politischen Katholizismus, der Zentrumspolitiker Heinrich Brüning, wurde 1930 zum Reichskanzler ernannt. Allerdings konnte auch er den Untergang der Weimarer Republik nicht verhindern. Ab 1933 verschafften sich die Nazis in Münster dann zügig eine Machtposition. Die Mehrzahl der Einheimischen zog sich in die innere Emigration zurück und wurde z. T. durch die Pre-

Münster | Altstadt → Karte S. 48/49

digten des Bischofs Clemens August von Galen wachgerüttelt (→ Kasten S. 325). Zwischen Oktober 1943 und Kriegsende wurden 91 % der Altstadt zerstört. Wegen der Bahnstrecken nach Emden und Hamburg sowie des Dortmund-Ems-Kanals war die Stadt für die Alliierten ein bedeutendes strategisches Ziel. 102 Angriffe wurden gezählt.

Der Weitsicht von Kommunalpolitikern und Kaufleuten war es zu verdanken, dass 1949 der Wiederaufbau der Häuser im Kernbereich im historischen Stil erfolgte. 1956 war der Dom fertig, 1958 das Rathaus. Mit dem Neubau des Theaters, in den die Mauer eines zerstörten Adelshofs integriert wurde, konnte gezeigt werden, wie sich alter und neuer Bau angemessen verbinden lassen. Zudem wurde Münster noch stärker, was es schon vor dem Krieg war: Verwaltungsmittelpunkt Westfalens.

Während die Ereignisse der Studentenunruhen in Münster 1968 eher bescheiden ausfielen (obwohl Ulrike Meinhof im AStA saß), ergab sich die gesellschaftliche Modernisierung mit der viel zitierten westfälischen Zeitverschiebung in den späten 1970er- und frühen 80er-Jahren. Es etablierten sich studentische Kneipen (→ Kasten S. 40), eine zu einer Universitätsstadt einfach dazugehörende freie Kulturszene sowie mit den „Skulptur Projekten" (→ Kasten S. 54) eine Ausstellung, die Münster seitdem in der Kunstwelt fest verankert hat. 2017 fand die fünfte Schau statt, die Zahl der Gäste steigt stetig.

Boomtown mit Mängeln

In der Wirtschaftswunderzeit siedelten sich in größerer Zahl neue Industriebetriebe in Münster an, wenngleich Beamte und Angestellte des öffentlichen Dienstes weiterhin die größte Gruppe unter den Beschäftigten ausmachten. Durch die Zusammenführung von Stadt und weiter Teile des Landkreises Münster bei der Gebietsreform zum 1. Januar 1975 hatte Münster auf einen Schlag 265.000 Einwohner. Einen Wirtschaftsboom gab es durch die Entwicklung neuer Gewerbegebiete und Ansiedlung weiterer Firmen aber erst seit den 1990er-Jahren.

Was die Fläche anbelangt, wurde Münster 1975 mit 303 km² zur zweitgrößten Stadt Nordrhein-Westfalens. Über 300.000 Einwohner hat sie seit einigen Jahren und manchen Einheimischen ist es nun wichtig, Bielefeld zu überholen. Sinnvoller wäre eine lösungsorientierte Beschäftigung mit den drängenden Problemen der Stadt: fehlende Schulplätze, Verkehrsinfarkt, gigantische Immobilienblase und vieles mehr. Um der Immobilienblase entgegenzuwirken, werden gerade zumindest zwei ehemalige britische Kasernengelände zu neuen Wohnstadtteilen entwickelt. Scherze und Spinnereien, besonders die über Bielefeld, helfen nicht weiter, zeugen von einer gewissen Borniertheit. Wie wenig verdichtet die Stadt ist, merkt, wer sie zu Fuß oder mit dem Fahrrad einmal komplett von Gelmer nach Amelsbüren durchquert, was etwa 22 km Strecke sind. Fast 30 km werden es, wenn man von der Stadtgrenze Greven bis zu der mit Ascheberg-Davensberg fährt.

Viele Münsteranerinnen und Münsteraner sprechen auch gerne von der „lebenswertesten Stadt der Welt", seit sie im Oktober 2004 den LivCom-Award in Gold erhielt, für Platz eins unter den Bewerberstädten mit 200.000 bis 750.000 Einwohnern. Leider wird dieses Selbstbild von zu wenigen Einheimischen einmal einer kritischen Betrachtung unterzogen, weshalb Reisende hier und da den Kopf schütteln werden, wenn sie erfahren, was Einheimische so als die großen Probleme des Alltags erachten. Alles, was die Metropolen Berlin, Hamburg, München und Frankfurt beschäftigt, kann hier quasi im

Kleinformat beobachtet werden, zuzüglich langwieriger Diskussionen statt pragmatischer Lösungsideen im zerstrittenen Stadtrat.

Touristen muss all dies aber nicht kümmern. Sie können eine wirklich schöne Stadt in vollen Zügen genießen, wenn, ja wenn sie jenseits der Altstadt das Fahrrad oder die Bahn nutzen, um zu den sehenswerten Orten zu gelangen. Denn nur so lässt sich dem Verkehrsinfarkt trotzen. Der könnte sich verschärfen, da weitere Teile der Altstadt autofrei werden sollen.

Münster | Altstadt → Karte S. 48/49

Münsteraner Bonmots und Eigenheiten

Entweder es regnet in Münster oder eine Kirchenglocke läutet oder beides passiert gleichzeitig – so ein geläufiges Münster-Bonmot. Stimmt nicht, sagen die Meteorologen. Zwar sei die Zahl der Regentage relativ hoch, nicht aber die der Regenmenge. (Was das Glockengeläute angeht, halten sich die Meteorologen bedeckt.) Ebenfalls ein Märchen, genauer gesagt: ein Fernsehmärchen, ist, dass Münster eine signifikant hohe Zahl an Kapitalverbrechen aufweist. Gehen Sie diesbezüglich keinesfalls den TV-Krimis „Tatort" und „Wilsberg" auf den Leim!

Was dagegen auf jeden Fall stimmt und bei einem Besuch in Münster neben dem Satz „Münster ist das Zentrum der Illusion" von Schriftsteller Jan Brandt zwingend beachtet werden sollte, ist Folgendes:

- Hinterfragen Sie nicht, warum Bauprojekte in Münster teilweise über 20 Jahre bis zur ihrer Realisierung benötigen, immer begleitet von einer umfassenden Diskussion des Ob und Wie!
- Vermeiden Sie Gespräche oder Diskussionen über den Hafen, Fahrradstraßen, Tiefgaragen, die autofreie Innenstadt, den Musik-Campus oder Industrieansiedlungen, ganz egal welche politische Einstellung Ihr einheimischer Gesprächspartner hat! Sie haben sonst keine schöne Zeit vor sich.
- Bringen Sie Geduld für den Einkauf mit, insbesondere am Marktstand! In der Bildungsstadt Münster wird viel Zeit auf das kluge Nachfragen und ebenso kluge Erklären verwendet. Zudem werden alle Einkäufe ganz in Ruhe getätigt.
- Geben Sie in den Gasthäusern nicht den arroganten auswärtigen Gast oder den Snob! Nichts mag eine gestandene Gasthaus-Bedienung weniger.
- Nehmen Sie einfach hin, wie sehr manche Einheimische von der Stadt – trotz aller für Außenstehende schnell offensichtlichen Widersprüche – eingenommen sind!
- Und nehmen Sie schließlich auch hin, dass die Einheimischen gerne, aber nicht immer rücksichtsvoll Fahrrad fahren!

Praktische Infos

Information **Münster Information und Zimmervermittlung,** Mo–Fr 9–18 Uhr, Sa 9–16 Uhr, So geschlossen. Die Tourist-Information gibt den Veranstaltungskalender „Münster live" heraus. Heinrich-Brüning-Str. 8, ✆ 0251-4922710 (Info) und ✆ 0251-4922726 (Zimmervermittlung), web.muenster.de/tourismus.html und stadt-muenster.de/tourismus/service-und-informationen.

Information Historisches Rathaus, Di–Fr 10–17 Uhr; Sa/So/Feiertage 10–16 Uhr, Mo geschlossen. Prinzipalmarkt 10, ✆ 0251-4922724, tourismus.muenster.de.

Info-Zentrum mobilé (städtischer Busverkehr), Mo–Fr 9–18 Uhr, Sa 9–14 Uhr, So geschlossen. Berliner Platz 22 (gegenüber vom Hauptbahnhof), ✆ 0251-6941515, stadtwerke-muenster.de/privatkunden/mobilitaet.

Info-Zentrum Bahn (Nah- und Regionalverkehr), Mo–Fr 6.30–19 Uhr, Sa 8–17.30 Uhr, So 10–18 Uhr. Im Hauptbahnhof neben dem Reisezentrum der Deutschen Bahn.

Online-Infos zur Barrierefreiheit gibt's unter muenster-barrierefrei.de: allgemeine Informationen, zahlreiche PDFs zum Download und einen interaktiven Stadtplan.

Stadtführungen In Münster konkurrieren mehrere Anbieter miteinander. Der Wettbewerb hat ein Programm hervorgebracht, das sich vom Einerlei vieler anderer Städte wohltuend abhebt. **StattReisen,** Rothenburg 47, ✆ 0251-4140333, stattreisen-muenster.de. **Stadtlupe,** Windthorststr. 7 (kein Publikumsverkehr), ✆ 0251-59068760 oder -64 (nur Mo–Do 14–16 Uhr), stadt-lupe.de. **k3 Stadtführungen,** Alter Steinweg 31, ✆ 0251-45933, k3.de.

Zudem fährt der **Münsterbus,** ein roter Doppeldecker, vom Domplatz aus zwölf Haltestellen im Stadtzentrum an, die im Hop-on-Hop-off-Verfahren genutzt werden können. ✆ 025 94-9096793, muensterbus.ms.

Mit der Elektrokutsche geht es beim **Prinzipalexpress** los, ✆ 0172-5307832, prinzipal-express.de.

Anreise Das Zentrum des Münsterlandes ist mit der **Bahn** bestens erreichbar, stündlich mit dem IC/ICE aus Hamburg und Dortmund, außerdem vom Frankfurter Flughafen, von Basel, Stuttgart und München aus, sowie zweistündlich mit dem IC aus Düsseldorf, Emden und Frankfurt via Sieger- und Sauerland (sehr viel günstiger als der ICE). Zudem verkehren vier IC/ICE-Züge von/nach Berlin, ansonsten Umstieg in Hamm. Mehrere **Nahverkehrslinien** führen in alle Landkreise rund um Münster. Bocholt ist mit dem Zug nur von Düs-

Weihnachtsstimmung in Münsters „guter Stube", dem Prinzipalmarkt

Schmuckstück mit Fahrradparkhaus

Wäre dieses Buch nicht 2024 erschienen, sondern vor einigen Jahren, würden Sie hier nun eine Suada über den Hauptbahnhof lesen. Doch die von Götz Alsmann einmal als „Klo mit Gleisanschluss" bezeichnete Einrichtung wurde vor wenigen Jahren endlich umfassend renoviert. Nun fühlen sich Reisende schon in der Stadt willkommen, wenn sie den Zug verlassen und nicht erst in der Altstadt. Draußen wartet die erste Besonderheit der Stadt, die Radstation. Anfang der 1990er-Jahre wurde es für eine wahnwitzige Idee gehalten, ein 3000-Plätze-Parkhaus für Fahrräder, im Volksmund Leezen genannt, samt Waschanlage zu bauen. Der „Leezen-Dschungel" am Bahnhof sollte so gelichtet werden. Trotz aller Diskussionen um das Projekt erhielt das Parkhaus keinen Spitznamen, für Münster verwunderlich. Es blieb die Radstation. Heute ist das Leezen-Parkhaus fast immer voll, dazu die Fläche rund um den Bahnhof. Statistisch gesehen hat jeder Einheimische mindestens ein Fahrrad, über 100.000 Räder sind täglich unterwegs. Für den Neubau auf der Rückseite des Hauptbahnhofs ist deshalb ein weiteres Fahrradparkhaus geplant. Weitere Besonderheit: Es gibt im Hafenviertel eine Fahrradfundstation (Industrieweg), wo der Lagerbestand zu festgesetzten Terminen versteigert wird.

seldorf/Wesel und Borken nur von Essen aus erreichbar. Nur mit dem Schnellbus (ohne Fahrradmitnahme) geht es deshalb von Münster u. a. nach Borken, Rhede, Bocholt, Gescher, Stadtlohn, Vreden und Tecklenburg. Alle Linien starten am Hauptbahnhof: Berliner Platz, ✆ 11861 (24-Stunden-Auskunft).

Eine **Autofahrt** am frühen Morgen in die Stadt und am Nachmittag aus ihr heraus ist nicht zu empfehlen. Täglich bilden sich lange Staus. Zudem geraten die Parkhäuser am Samstag regelmäßig an ihre Kapazitätsgrenze. Am besten, man nutzt die **P&R-Parkplätze** an den zentralen Straßen, die in die Stadt führen, und nimmt dann den Bus.

Der Vollständigkeit halber: Etwas über 30 Minuten dauert die Fahrt mit dem Bus vom **Flughafen Münster/Osnabrück** bis zum Hauptbahnhof. Infos unter fmo.de.

Öffentliche Verkehrsmittel Alle Busse aller Linien erreichen irgendwann auf ihrer Fahrt den Hauptbahnhof. Das 90-Minuten-Einzelticket kostet 2,20 € und kann auch über die App der Stadtwerke erworben werden. Der Kauf eines **Tagestickets** (5,40 € im Vorverkauf, 6,40 € im Bus) rechnet sich bei drei Fahrten an einem Tag, die nicht innerhalb von zwei Stunden erfolgen. Ab einem Aufenthalt von über fünf Tagen sollte für einen Monat ein **Münster-Abo** abgeschlossen werden, die nur im Stadtgebiet Münster gültige Variante des Deutschland-Tickets. Sie kostet 29 €, Kauf online über handyticket.de.

Buchtipp

Im Buch „BusGang Münster" von Ulrich Gerbig werden 19 Wanderungen beschrieben, die stadtauswärts an Bushaltestellen starten und in der Altstadt bzw. am Hauptbahnhof enden.

Da im Münsterland kein Verkehrsverbund existiert, sind die Fahrpreise für Überlandbusse und Züge vergleichsweise hoch, wenn man von einer Stadt aus **ins Umland** und wieder zurückfahren will (20,30–31,90 € für das Einzel-Tagesticket und 34,70–47,30 € für das Fünf-Personen-Ticket). Ein Deutschlandticket nutzt einer Einzelperson daher schon ab dem zweiten oder dritten Tag des Aufenthalts, einem Paar oder einer Gruppe von bis zu fünf Personen generell oder ab dem zweiten Tag, an dem Busfahrten über Stadtgrenzen hinweg stattfinden. Kauf online über handyticket.de.

Stadtteilauto Wer sich in Münster einfach motorisieren möchte, kann dies über „Stadtteilauto" problemlos machen. Es gibt über das gesamte Stadtgebiet verteilt Standplätze. Eine Online-Registrierung als Kunde im Vorfeld der Reise über die Homepage wird empfohlen. Büro City, Bahnhofstr. 1 (Ecke Wolbeckerstr.), Mo–Do 9–12 und 12.30–17 Uhr, Fr 9–12 und 12.30–16 Uhr, Sa/So geschlossen. ✆ 0251-383230, stadtteilauto.com.

Fahrradverleih **Radstation Hauptbahnhof,** Mo–Fr 5.30–23 Uhr, Sa/So 7–23 Uhr, Berliner Platz 27a, ✆ 0251-4840170, radstation.de. Eine weitere Radstation des Betreibers gibt es in der Stubengasse.

Radstation Münster Arkaden, Mo–Fr 9–18 Uhr, Sa 9.30–14 Uhr, Königsstr. 7, ✆ 0251-484 12642, arkaden-radstation.de.

Allgemeine Infos unter stadt-muenster.de/tourismus/fahrradstadt.

Ärztlicher Notdienst Der Dienst wird über Notfallpraxen in der Raphaelsklinik in der Altstadt und dem Franziskus-Hospital im Mauritzviertel abgewickelt. Die Dienstzeiten sind: Mo/Di/Do 18–22 Uhr, Mi/Fr 13–22 Uhr, Sa/So/Feiertage in der Raphaelsklinik 8–22, im Franziskus-Hospital 8–21 Uhr.

Kino Die Domstadt zählt zu den deutschen Städten mit dem umfangreichsten Kino-Programm. Gerade die Macher von kleineren Produktionen und Dokumentarfilmen feiern ihre Premieren gerne in Münster oder wollen in der ersten Woche nach der Premiere dort direkt mit dem Publikum ins Gespräch kommen.

Das **Multiplexkino Cinestar** am Hafen bedient den Massengeschmack. Das denkmalgeschützte **Schlosstheater** im Kreuzviertel, das noch eine Filmorgel besitzt, und das Programmkino **Cinema & Kurbelkiste** setzen auf bildungsbürgerlich-alternative Gäste. In beiden Häusern werden nicht alle Filme täglich gezeigt. Die „Queerstreifen" im **Cinema** sind eines der wichtigsten Festivals der LGBTQ-Szene.

Keimzelle eines Weihnachtsrituals ist das Schlosstheater. Alljährlich wird dort der 1967 in Münster gedrehte Film „Alle Jahre wieder" von Ulrich Schamoni, Michael Lentz und Peter Schamoni gezeigt, mit dem das Trio der Stadt und seiner Schulzeit dort ein filmisches Denkmal setzte.

Schwimmbäder Im Vergleich zu anderen Städten ist Münster damit gut ausgerüstet. Sie sind in den Abschnitten zu den einzelnen Stadtvierteln und Stadtteilen erfasst. Ein Freizeitbad mit Saunalandschaft und Wellness-Angeboten hat Münster nicht.

Laufen/Sport Zentrumsnah bietet Münster mit der **Promenade** (der ehemaligen Stadtmauer) eine exzellente Strecke für das Walken oder Joggen am Morgen. Allen anderen Sportarten muss jenseits der Altstadt nachgegangen werden. Das umfangreichste Angebot befindet sich bei den **Sportanlagen der Uni am Aasee-Westufer** (Sentruper Höhe).

Sechsfacher Weihnachtsmarkt

An den Adventswochenenden wird es in Münster richtig, richtig voll, denn nicht einer, sondern seit 2022 sechs Weihnachtsmärkte animieren zum Gang durch die Altstadt. Die Stände finden sich im Rathausinnenhof sowie rund um das Rathaus, an der Lambertikirche, an der Überwasserkirche, am Kiepenkerl, am Aegidiimarkt sowie (geplant) am Harsewinkelplatz. Im Gegensatz zu anderen Städten öffnen die Märkte erst am Montag vor dem ersten Advent und schließen bereits am 22. bzw. 23. Dezember.

Das Schloßtheater, denkmalgeschütztes Kino in Münsters Kreuzviertel

Das Konterfei Picassos als Pflasterkunst gegenüber dem Picasso-Museum

Altstadt

An der Altstadt führt natürlich kein Weg vorbei. Wer sie erkunden will, wird entweder vom wirtschaftlichen oder vom religiösen Zentrum der Stadt starten, also vom Prinzipalmarkt oder vom Dom. Da sie dicht beieinanderliegen, wird der jeweils andere Punkt in der Regel das Ende des Rundgangs sein.

Ein Rundgang durch die Altstadt ist eine angenehme Sache. An Möglichkeiten zur Einkehr mangelt es nicht. Am Mittwoch und Samstag kann man vor dem Start auf dem **Wochenmarkt am Domplatz** gemütlich frühstücken.

Zum Sightseeing kommen vielfältige Shoppingmöglichkeiten. Wer Anschauen und Geldausgeben voneinander trennt, wird leichter alle Sehenswürdigkeiten schaffen. Die einfachste Lösung wäre Sightseeing am Sonntag, aber dann haben viele Gastronomiebetriebe Ruhetag. Vom Flair, das die Altstadt ausstrahlt, geht dann einiges verloren.

Die hier gewählte Reihenfolge der Beschreibung der Sehenswürdigkeiten in der Altstadt lässt einen Start der eigenen Tour am **Dom** oder am **Prinzipalmarkt** zu. Wer am Dom startet, nutzt am Ende seiner Tour die kleine Unterführung vom Dom zur **Lambertikirche** (Domgasse) und schließt dann mit dem Prinzipalmarkt ab. Wer am Prinzipalmarkt startet, läuft am Ende vom **Erbdrostenhof** über die Salzstraße an der Lambertikirche vorbei durch die Domgasse.

Tour 1: Altstadtrundgang Münster mit Aasee-Abstecher → S. 355

Alle Sehenswürdigkeiten auf einer Strecke erkunden.

Promenade

Ein Tag in der Altstadt lässt sich auch sportlich gestalten: mit einem Lauf oder Spaziergang auf der 4,5 km langen Promenade. An ihrer Stelle befand sich seit dem 12. Jh. die Stadtbefestigung. Die ließ 1764 Franz von Fürstenberg abtragen, dabei wurde auch der innere Wassergraben zugeschüttet. Johann Conrad Schlaun (1695–1773), Baumeister von Schloss Nordkirchen (→ S. 122), dem Schloss in Münster (→ S. 54) und einer Vielzahl von Sakralbauten und Herrenhäusern in der gesamten Region, errichtete eine vierreihige Lindenallee. Zudem wurden weitere Flächen an die Bevölkerung zurückgegeben. Im 19. Jh. folgte die Beseitigung fast aller restlichen Wassergräben, und es entstanden kleinere Parkflächen. Heute sind noch Reste der elf Tore und sieben Wehrtürme vorhanden sowie **Buddenturm** (→ S. 61) und **Zwinger** (→ S. 62).

Rechts und links der Promenade gerät eine Reihe von Kunstwerken in den Blick, die im Zusammenhang mit der alle zehn Jahre stattfindenden Ausstellung **„Skulptur Projekte"** entstanden sind.

Am dritten Samstag im Monat ist von Mai bis September **Promenadenflohmarkt.** Außerdem lockt im Sommer an mehreren Tagen die **Grünflächenunterhaltung.** Dann darf an der Promenade nach Herzenslust Musik und Kleinkunst präsentiert werden.

Aaseitenweg

Der zweite interessante Fußweg in der Altstadt ist der Aaseitenweg. In den Baumbergen bei Havixbeck entspringt die Münstersche Aa (es gibt weitere Flüsse gleichen Namens in verschiedenen Städten des Münsterlandes, deswegen der Zusatz). Sie fließt von Südwesten nach Münster hinein, wird durch den Aasee (→ S. 53) künstlich aufgestaut und setzt ihren Weg durch die Altstadt und die nordwestlichen Stadtteile fort, um hinter der Stadtgrenze bei Greven nach 43 km in die Ems zu münden. Vom Zwinger bis zum Aasee verläuft am kleinen Fluss ein innerstädtischer Uferweg. Bester Startpunkt ist die Brücke am Theater. Am Ende kann am Aasee eingekehrt werden. Über die Aegidiistraße läuft man vom Aasee direkt auf das LWL-Museum zu und kann von dort die anderen Sehenswürdigkeiten anschauen, bis man nahe der Diözesanbibliothek zurück an der Aa ist.

St.-Paulus-Dom

Seit der 2012 abgeschlossenen Sanierung strahlt der Baumberger Sandstein wieder und erzeugt bei bestimmten Wetterlagen gerade am Abend eine besondere Atmosphäre. 109 x 27 m misst das 1264 geweihte Gotteshaus, die Türme haben mit 55 und 57 m Höhe vergleichsweise geringe Ausmaße. Romanisch ist das für eine Domkirche eher kleine Mittelschiff, die Anbauten sind gotisch, ebenso die Fenster, was einen Aufenthalt im Dom gerade bei Sonnenschein aufgrund des Lichtspiels lohnenswert macht.

Der heutige Dom hatte zwei Vorgängerbauten: Der erste geht zurück auf Bistumsgründer Ludger und wurde um 1070 durch einen Brand zerstört; der zweite entstand um 1090 und wurde mit der Errichtung des dritten Dombaus (ab 1226) abgerissen, lediglich das Westwerk wurde in den neuen Bau integriert.

Wie der Rest der Altstadt wurde auch der Dom am Ende des Zweiten Weltkriegs schwer zerstört. Auch bezogen auf das Gotteshaus wurde über den Wiederaufbau viel diskutiert und am Ende entschieden, die Westfront, einst reich verziert mit Portal und Fenstern, als schlichte Sandsteinwand mit 16 kreisrunden Fenstern zu gestalten. Ein Schock für die Bevölkerung und den Rat der Stadt. Doch der damalige Bischof Michael Keller setzte die Planung durch. Es gab fortan nur noch einen Zugang von der Seite. Ansonsten ist der Dom im Sinne des Vorkriegszustands rekonstruiert. Die Bevölkerung „rächte" sich mit einer Reihe von wenig schmeichelhaften Bezeichnungen für die neue Westfront, z. B. „Seelenbrause", „Himmelstelefon" oder „Heilig-Geist-Brause".

In den Dom geht es von der Seite aus hinein in das **Paradies.** So nannten Gläubige Vorhallen von Großkirchen, weil diese mit der dort zu sehenden Sakralkunst irdische mit himmlischen Glückseligkeiten verbinden würden. Über dem Eingang sieht man ein Weltgerichtsportal mit Christus als Weltenrichter. In der Mitte ist eine Brabender-Skulptur mit Paulus, dem Patron von Bistum und Dom, Johannes dem Täufer sowie Löwe und Lamm aus der Apokalypse zu sehen. Bis heute konnten nicht alle weiteren Figuren und ihre Bedeutung entschlüsselt werden. Das alte **Westwerk,** also der ehemalige Haupteingang, ist idealer Rückzugsort im Dom, weil viele Besucher sich gleich Richtung Altarraum orientieren.

Die **Astronomische Uhr** von 1540/43 ist frisch renoviert worden. Es gibt nur einen Zeiger, und der läuft in die falsche Richtung. Viel Spaß beim Entschlüsseln! Eine allegorische Darstellung des Todes schlägt alle 15 Minuten die Zeit, Chronos die Stunde. Beim Glockenspiel um 12 Uhr drehen auch die Heiligen Drei Könige eine Runde. Mindestens bis 2071 wird alles genau funktionieren, weil einst so weit im Voraus berechnet wurde.

Ein Stück weiter folgen im Grabkapellenkranz die drei **Galenschen Kapellen** mit dem Grab von Bischof Clemens August Graf von Galen. Dahinter geht es an der Skulptur „Der Bettler" von Ernst Barlach vorbei weiter zur **Domkammer.** Sie ist aktuell geschlossen, eine Renovierung in Planung. Besonders auffällig ist das Prunkgrab des Fürstbischofs Friedrich Christian von Plettenberg (1644–1706), dem Bauherrn von Schloss Nordkirchen.

Auf der Domrückseite findet sich draußen eine **Kreuzigungsszene** der besonderen Art. Unter dem Kruzifix beten Philosophin und Ordensfrau Edith Stein, Mystikerin Anna Katharina Emmerick und Kardinal von Galen, während Wiedertäufer Jan van Leyden sich im Abseits aufhält.

Wichtigster lokaler Festtag ist im Juli die Große Prozession, die auf die Pest von 1382 zurückgeht, bei der 8.000 Menschen starben. Die Gläubigen ziehen durch die Altstadt, um Gottes Schutz vor Unglück zu erbitten.

■ Mo–Sa 6.30–19 Uhr, So bis 19.30 Uhr, Gottesdienstzeiten beachten. Sa um 13.30 Uhr Führungen ab 3 €/Pers., Gruppenführungen (ab 50 €) Mo–Fr 10, 13 und 18 Uhr, Sa 10 und 13 Uhr, Tickets beim Domküster oder zu Führungsbeginn. Terminvereinbarung unter ✆ 0251-4956700, paulusdom.de.

Domplatz

Auf dem Domplatz findet am Mittwoch und Samstag der weit über die Grenzen der Stadt bekannte **Wochenmarkt am Dom** (**18** → Karte S. 48/49) statt. Am Freitag von 12 bis 18 Uhr versammeln sich Bio-Anbieter zum **Ökologischen Bauernmarkt.** Wer einen ruhigen Marktbummel liebt, sollte bei Marktöffnung kurz vor 8 Uhr einen Kaffee trinken, ein belegtes Brötchen essen und sich dann umschauen. Ab 10.30 Uhr wird es für gut zwei Stunden sehr, sehr voll. Parallel dazu gibt es am Freitag einen Markt, und 14 weitere Märkte in den Ortsteilen (wochenmarkt-muenster.de).

An der Südwestecke befinden sich die zwischen 1712 und 1716 errichtete **Kettelersche Doppelkurie** (nach Generalvikar Nikolaus Hermann von Ketteler zu Harkotten) und das **Bischofspalais** von 1732. Auf der Südseite stehen, inzwischen in neuen Gebäuden, Regierungspräsidium und Post, was von den Preußen nach 1815 bewusst so gesteuert worden war, um zu unterstreichen, dass es mit der Macht der Kirche vorbei war.

Prinzipalmarkt

Der mittelalterliche Prachtboulevard, auf dem schon vor dem 12. Jh. Waren angeboten wurden, wird von den Einheimischen liebevoll „gute Stube" genannt. Um das Jahr 1000 hatten sich hier die ersten Kaufleute niedergelassen. Die 48 Häuser mit den charakteristischen Bogengängen entstanden in der Spätgotik und Renaissance, also weit vor denen auf dem Petersplatz in Rom. Papst Alexander VII. hatte sich, als er noch Fabio Chigi hieß, bei den Verhandlungen zum Westfälischen Frieden inspirieren lassen.

Doch im Oktober 1943 lag nach einem Bombenangriff bis auf ein Haus alles in Schutt und Asche, lediglich die Kanalisation war unbeschadet geblieben. Nach dem Krieg war der rasche Wiederaufbau ihres Prinzipalmarktes den Münsteranern ebenso wie der des Domes eine besondere Herzensangelegenheit. Er begann bereits im August 1945 und erfolgte unter Berücksichtigung der historischen Parzellierung und Gebäudegestaltung, nachdem sich Pläne der britischen Besatzer zerschlagen hatten, ihn an anderer Stelle völlig neu errichten zu lassen. Das Innenleben der Giebelhäuser ist freilich pragmatische Nachkriegsarchitektur.

An den äußeren Enden des Prinzipalmarkts zweigen mit der **Salz-** und der **Ludgeristraße** die Haupteinkaufsstraßen der Stadt ab. In der Fortsetzung des Prinzipalmarkts sind mit **Rothenburg** im Süden sowie **Drubbel** und **Roggenmarkt** im Norden die weiteren Shopping-Bereiche zu finden. Auch die **Münster Arkaden** sind geprägt durch eine Reihe eigentümergeführter Traditionsgeschäfte.

Rathaus

Das Rathaus mit seinem hohen Giebel ist das beeindruckendste Gebäude am Prinzipalmarkt und konnte nach seiner Zerstörung im Zweiten Weltkrieg dank privater Geldgeber und Spenden aus der Bevölkerung fast originalgetreu wiederaufgebaut werden. Es stammt aus dem 12. Jh. und war Nachfolger eines schlichteren Fachwerkbaus, seinen so charakteristischen Giebel erhielt

Klo mit Kronleuchter

Es ist bei vielen Menschen schon mit etwas Widerwillen verbunden, auf Reisen eine öffentliche Toilette aufsuchen zu müssen. Auch in Münster auf dem Domplatz war das bis 2007 nicht anders. Dann erfuhr die Öffentlichkeit, dass das Klo auf dem Domplatz zu einem Teil der „Skulptur Projekte 2007" werden würde. Dass der Düsseldorfer Künstler Hans-Peter Feldmann bei seinem Stadtrundgang mit den Kuratoren ausgerechnet diesen Ort für sich entdeckt hatte, sorgte zunächst für Stirnrunzeln. Doch mit Eröffnung der Ausstellung war dann 17 Stufen unter dem Kopfsteinpflaster des Domplatzes ein Luxus-Abort zu finden, wie es ihn wohl kein zweites Mal auf der Welt geben dürfte: ein schickes WC mit moderner und edler Bad-Keramik, kunstvoll gestalteten bunten Fliesen, Bildern, Kronleuchtern. Und das Klo zu Kunst zu machen, verfehlte seine Wirkung nicht. Sachbeschädigungen und unangemessene Nutzung der Räume kommen praktisch nicht mehr vor.

es im 14. Jh. Er gehört zu den bedeutendsten Werken gotischer Profanbaukunst in Europa.

Der Skulpturenschmuck der Fassade ist nicht Verzierung, sondern religiöse Botschaft, nach neueren Erkenntnissen eine Darstellung der Ankunft des Messias. Auf der unteren Fiale sind hornblasende und spähende Wächter dargestellt, in der mittleren die Propheten Moses und Elia. Die obere Fiale zeigt das Erscheinen Christi und Marias unter einem himmlischen Baldachin mit vier musizierenden Engeln. Christus trägt die Weltkugel in der Hand und segnet die Stadt. Unter dem Schrein ist mit Reichsapfel und Zepter wohl Karl der Große dargestellt, denn Bistumsgründer Ludger war ein von ihm ausgesandter Missionar. Darunter sind Reichswappen und zwei Stadtwappen zu sehen. Die unteren Säulenkapitelle kamen beim Wiederaufbau hinzu. Sie zeigen Darstellungen der Täufer, der Jahreszeiten in Verbindung mit der menschlichen Physiognomie und vier Tiere als Symbole für die vier Elemente.

Zwei kleine Gassen neben dem Gebäude führen in den Innenhof und zum neuen Rathausgebäude. Seit 1993 erinnert Eduardo Chillidas Skulptur „Toleranz durch Verständigung" an den Westfälischen Frieden.

Eines der Prunkstücke im Inneren des Rathauses ist der **Friedenssaal.** Hier wurde der Westfälische Friede unterzeichnet, mit dem der Dreißigjährige Krieg beendet, die Gleichstellung der Konfession (Katholiken, Lutheraner, Reformierte) und diverse territoriale Verschiebungen in Europa besiegelt, aber auch ein deutlicher Schritt in Richtung modernes europäisches Staatensystem vollzogen wurde.

Der Friedenssaal ist in nahezu originalgetreuem Zustand erhalten geblieben. Besonders beeindruckend sind Holzvertäfelungen und Kronleuchter sowie die Porträts der obersten Repräsentanten und Gesandten der an den Verhandlungen beteiligten Mächte. Darunter sind die Bildnisse der drei wichtigsten Monarchen Kaiser Ferdinand III. (Heiliges Römisches Reich deutscher Nation), Philipp IV. (Spanien) und Ludwig XIV. (Frankreich), aber auch das des päpstlichen Gesandten Fabio Chigi (später Papst Alexander VII.) und des venezianischen Botschafters Avise Contarini, der bei den Verhandlungen eine wichtige Vermittlerrolle eingenommen hatte. Eindrucksvoll sind auch der massive Richtertisch, die Bürgermeisterbank und der Aktenschrank, dessen Schnitzwerk diverse allegorische und witzige Darstellungen zeigt. Weitere allegorische Darstellungen befinden sich an den Mittelflächen der Fensterpfeiler (die vier Evangelisten) und in den Fensternischen (die sieben freien Künste).

Münsters historisches Rathaus

Im Historischen Rathaus steht zudem der aus dem Jahr 1621 stammende Kamin aus dem Krameramtshaus (→ S. 40). Er erhielt 1648 eine Ofenplatte mit der Inschrift „Pax Optima Rerum", etwas frei übersetzt „Der Friede ist das höchste Gut". Größte Kuriosität ist in einer Vitrine die verdorrte Hand, Herkunft und Bedeutung sind bis heute nicht zweifelsfrei geklärt.

Bleibt die Frage, warum ausgerechnet all diese Dinge die Zerstörung im Zweiten Weltkrieg unbeschadet überstanden haben? Sehr frühzeitig wurde die gesamte Inneneinrichtung an einem sicheren Ort eingelagert.

▪ Di–Fr 10–17 Uhr, Sa/So/Feiertage 10–16 Uhr, Mo geschlossen. Eintritt 2 €, erm. 1,50 €. Gruppen ab 10 Personen müssen sich telefonisch anmelden. Prinzipalmarkt 10, ✆ 0251-4922724.

Stadtweinhaus

Gleich neben dem Rathaus liegt das Stadtweinhaus, erbaut 1615/16 und auch fast originalgetreu wiederaufgebaut. Hier lagerte einst der Wein, da der Rat der Stadt das Monopol auf dessen Verkauf besaß. Außerdem befand sich dort die Stadtwaage, und vom Sentenzbogen genannten Arkadenbogen des Gebäudes aus wurden Bekanntmachungen unters Volk gebracht, Ratsentscheidungen und Gerichtsurteile verkündet. Das Stadtweinhaus dient heute für Sitzungen und Veranstaltungen von Politik und Verwaltung.

Stadthausturm

Bei der Rekonstruktion der Gebäude am Prinzipalmarkt verzichtete man auf einen kompletten Wiederaufbau des 1907 errichteten Stadthauses und beschränkte sich auf dessen Turm. Von 2006 bis Oktober 2020 diente er unter dem Label „Maxi-Turm" als Kurzzeit-Kinderbetreuungsstätte für shoppende oder anderweitig in der Innenstadt beschäftigte Eltern. Nun ist das Angebot zum Syndikatsplatz gewechselt, wo in den Sommermonaten auch der „Maxi-Sand" errichtet wird, ein großer, mit diversen Spielzeugen bestückter Sandkasten. An der Wand des Stadthausturms wurde 1966 das Relief „Friedenstaube" von Rudolf Breilmann angebracht.

Lambertikirche

Die Stadt- und Marktkirche wurde 1375 am Kreuzungspunkt von fünf zentralen Handelsstraßen errichtet, die heute allesamt Fußgängerzone sind. Sie sollte dem Klerus am Dom demonstrieren, zu welchem Wohlstand und welcher Stärke es die Kaufleute gebracht hatten. Die Lambertikirche gilt wegen ihrer Formensprache als mustergültige westfälische Hallenkirche. Mehrere Kunstwerke aus Vorgängerbauten wurden integriert. Hinter dem Tabernakel weist ein Metallstift gen Himmel. Diese „Antenne zu Gott" soll auf Anregung von Joseph Beuys angebracht worden sein. Am First der Westseite sieht man die Evangelisten Lukas und Johannes in ungewöhnlicher, aber vertrauter Gestalt: Goethe als Lukas, der junge Schiller als Johannes. Blickfang am Turm sind die Täuferkörbe, in denen 1536 die Leichen von drei Anführern des Münsteraner Täuferreichs zur Abschreckung aufgehängt wurden. Der Künstler Lothar Baumgarten erweiterte sie um drei Irrlichter. Sie leuchten seit 1987 Nacht für Nacht. Der Titel der nach den „Skulptur Projekten" verbliebenen Installation verweist auf die verirrten Seelen der Täufer, aber auch den fragwürdigen Umgang mit Andersgläubigen. Ein Bodenrelief mit Jordanwasser im Prinzipalmarkt-Pflaster korrespondiert damit. Die Kirche sollte über den barrierefreien Eingang betreten werden, den seit 2022 eine vom christlich-jüdischen Künstler René Blättermann gestaltete neue Glastür schmückt. „L'Or - Zum Licht" heißt das Kunstwerk. Zwölf Symbole mit Bezügen zu Christen- und Judentum sind um das strahlende Gelb der Türmitte sowie in den Fächern über der Tür zu erkennen. Weiterer Anziehungspunkt ist seit 2022 die Lichtinstallation „Himmelsleiter" von Billy Thanner. Deren Innenteil verbleibt nach Ankauf durch Sponsoren im Gotteshaus. Was den Außenteil angeht, bleiben nur Fotos und Videos.

▪ Mittwochs um 15 Uhr startet eine 90-minütige Kirchenführung. Auch für die anderen Gotteshäuser in der Altstadt mit Ausnahme des Doms können über das Kirchenfoyer schräg gegenüber der Lambertikirche Kirchenführungen vereinbart werden: Salzstr. 1, ✆ 0251-399 984650, kirchenfoyer.de.

Münster | Altstadt → Karte S. 48/49

Ein außergewöhnlicher Teilzeit-Job

Formal ist der Oberbürgermeister die herausragende Person in der Stadtverwaltung, doch in Münster ist das etwas anders, denn da gibt es eine besonders herausragende Teilzeitstelle, die seit 2014 Martje Thalmann innehat. Sie ist Türmerin von St. Lamberti, ihr Arbeitsplatz liegt in luftiger Höhe noch oberhalb der Wiedertäufer-Käfige. Dort bläst sie täglich, außer am Dienstag, spätabends von 21 bis 24 Uhr halbstündlich in ihr Horn. Es ist die Nachbildung eines Instruments aus dem 16. Jh., das nur ein tiefes C erzeugen kann. Die Zeit zwischen den Signalrufen lässt sich seit einigen Jahren nach dem Aufstieg über 298 Treppenstufen halbwegs bequem verbringen, weil das Turmstübchen saniert wurde und die Zeitung nicht mehr vor lauter Zugluft durch die Gegend fliegt. Das Hornsignal wird in drei Himmelsrichtungen gegeben, nur nicht nach Osten. Der Grund dafür ist unklar. Wenn kein Brand oder eine andere Gefahr zu sehen ist, werden lange Töne erzeugt. Ansonsten wird die Feuerwehr verständigt und ein Alarmsignal mit mehreren Stakkato-Folgen gegeben. Martje Thalmann, die Musik studiert hat, tritt neben ihrem Job als Türmerin als Musikerin auf und betätigt sich als Autorin. Für die Stadt hält sie Vorträge und forscht zur Stadtgeschichte. Wer Genaueres erfahren will, besucht ihren Internetauftritt: tuermerinvonmuenster.de.

Die Wiedertäufer-Körbe

Krameramtshaus

Das Krameramtshaus gleich hinter der Lambertikirche wurde 1589 als Versammlungsort und Lager hochwertiger Waren errichtet. Da es bei den Verhandlungen für den Westfälischen Frieden das Domizil der Niederländer war, lag nach dem Zweiten Weltkrieg der Zusatzname „Haus der Niederlande" und die Einrichtung des Zentrums für Niederlande-Studien nahe. Die Uni Münster ist der wichtigste Studienort für Niederlandistik in Deutschland.

▪ Kunstausstellungen im Haus sind i. d. R. Mo–Fr 9–18 Uhr, Sa/So/Feiertage 10–16 Uhr zu sehen. Alter Steinweg 6/7, uni-muenster.de/HausDerNiederlande.

Stadtbibliothek

Wie viele Bauprojekte in Münster sorgte auch die neue Stadtbibliothek für heftige Diskussionen. Erst als die Architekten Julia Bolles-Wilson und Peter Wilson das Gebäude quasi in der Mitte teilten und eine Sichtachse auf das Schiff der Lambertikirche entstehen ließen, beruhigten sich die Gemüter. Heute ist die Bibliothek ein Publikumsmagnet und für Touristen zumindest der Blick ins Foyer lohnend. Hinter der Bibliothek steht die 8 m hohe Skulptur „Überfrau" von Tom Otterness.

▪ Mo–Fr 10–17 Uhr, Sa 10–16 Uhr, So geschlossen. Alter Steinweg 11, ✆ 0251-4924242. Dazu fünf Außenstandorte und ein Bücherbus.

Kiepenkerl-Denkmal

Von der Lambertkirche ist es nur ein Stück bis zum Kiepenkerlviertel. Kiepenkerle wurden in Niederdeutschland, etwa vom Sauerland bis hinauf nach Hamburg, umherziehende Händler genannt. In die Städte lieferten sie landwirtschaftliche Produkte wie Eier, Milch oder Geflügel, die Landbevölkerung versorgten sie mit Waren und Nachrichten aus der Stadt. Ihr Name leitet sich von der „Kiepe" ab, einer aus Holz und Korbgeflecht bestehenden Rückentrage, mit der die Kiepenkerle zu Fuß über Land gingen. Den Kiepenkerlen wurde dort, wo die Reihe der Giebelhäuser endet, ein Denkmal gesetzt. Denn hier, rund um die Bergstraße, lebten und arbeiteten einst die Handwerker, die von den Kiepenkerlen auf ihren Verkaufstouren zuerst angesteuert wurden. Das 1896 eingeweihte Denkmal wurde beim Einmarsch der US-Trup-

Von der Schlagzeile zur Studentenkneipe

Wer sich heute die vielseitige Gastronomie und Clubszene Münsters anschaut, wird nicht glauben können, dass die Stadt 1958 bundesweit bekannt wurde, weil der Jura-Student Wilfried Weustenfeld aus Arnsberg im Sauerland in einer Studentenzeitung feststellte: „Cavete Münster!", auf gut Deutsch: „Meidet Münster!" Weiter spricht er von „einer Enklave trister Langweiligkeit. Das auffallendste dieser Stadt ist, dass rein gar nichts los ist. Ade, Lebensfreude, Heiterkeit und Humor." Das saß, und viele deutsche Zeitungen gingen auf das Thema ein. Der Uni-Rektor bezuschusste eine „Studienreise" zur Sichtung der Kneipensituation in anderen Universitätsstädten. Es stellte sich heraus, dass Münster in der Tat Nachholbedarf hatte. Wenig später eröffneten zwei Philosophie-Studenten das erste von Studenten für Studenten betriebene Bierlokal und nannten es „Cavete". Es existiert bis heute und ihm folgten viele weitere.

pen in Münster 1945 zerstört und 1953 als Bronzeguss neu installiert. Eine ursprünglich für die „Skulptur Projekte" 1987 von Jeff Koons geschaffene Kopie des Denkmals in Edelstahl steht heute übrigens im Hirshhorn Museum and Sculpture Garden in Washington, D.C.

Kuhviertel

Während es in der restlichen Altstadt zwischen 18 und 20 Uhr ziemlich ruhig wird, erwacht das Kuhviertel, einst Wohnviertel der Ackerbürger, in der Regel erst am späten Nachmittag und ist dann bis in die Nacht hinein die Ausgehmeile in der Altstadt (1 → Karte S. 48/49). Mittelpunkt des Viertels ist die **Pinkus-Brauerei** mit dem Brauerei-Shop und dem **Pinkus-Denkmal** auf dem Rosenplatz. Sie ist die letzte von einst 150 Brauereien in der Stadt und das hier produzierte Bio-Bier mundet sogar

Filmservice Münsterland und die Folgen

In den 1990er-Jahren kamen die Stadtspitzen von Münster und Umgebung zusammen mit Tourismusexperten zu dem Fazit, dass die Region einfach zu wenig in den Medien präsent sei. Eher aus einer Laune heraus entstand die Idee, Fernsehproduktionen ins Münsterland zu locken. Neben idyllischen Städten hätte die Region mit ihren vielen Wasserschlössern und einer Reihe avantgardistischer Neubauten doch genug Drehorte zu bieten. Und die Menschen in der Region würden Dreharbeiten auch längst nicht so genervt verfolgen, wie es inzwischen in einigen deutschen Großstädten der Fall sei. Rasch war aus mehreren Kassen Geld zur Verfügung gestellt und der Filmservice „Münster.Land" als Projekt des Presseamts der Stadt und des Münsterland e. V. gegründet. Entstanden sind aus dieser Lobbyarbeit neben diversen Fernseh- und Kinofilmen zwei Dauerbrenner im deutschen Fernsehen, die ZDF-Serie „Wilsberg" (ab 1998) und der ARD-Tatort Münster (ab 2002). Die Bevölkerung in Münster nimmt regen Anteil an den Produktionen, weshalb die Lokalpresse auch immer umfassend über die Drehpläne informiert ist. Beide Serien zusammen erreichten Anfang 2021 die 100-Folgen-Marke.

Nachdem die Tatort-Folge „Das Wunder von Wolbeck" 2012 erkennbar im Schatten von Braunkohlekraftwerken am Niederrhein gedreht worden und die Stadt Münster nur in Umschnitten über Stadtpanoramen vorgekommen war, war der Aufschrei groß. Seitdem wird peinlich genau darauf geachtet, auf wie viele nachvollziehbare Sendeminuten Münster je Folge kommt. Die Tatort-Folge „Väterchen Frost", Ende 2019 gesendet und auf dem Weihnachtsmarkt sowie am Mühlenhof gedreht, war ganz nach dem Geschmack der lokalen Fangemeinde. Kleinere Mogeleien in den Filmen werden hingenommen. Dass der Verkehr auf der Einbahnstraße vor dem Wilsberg-Antiquariat eigentlich in die andere Richtung fließt, ist ebenso entschuldigt wie etwa die Nutzung des Rathauses als Polizeipräsidium im Tatort. Amüsiert schauen die Einheimischen auf die Namensänderungen bei Lokalen, Banken und Geschäften.

auf Hawaii. Der vatikanische Gesandte bei den Verhandlungen zum Westfälischen Frieden sah das anders. Er sagte zum obergärigen Altbier der Stadt: „Füge noch etwas Schwefel hinzu, der Höllentrunk ist fertig." Nicht auszudenken, was er wohl zur Altbierbowle gesagt hätte, wo in Zuckerlösung gelegte Früchte ins Bier gegeben werden. Weitere Gastroviertel mit vielfältigem Angebot befinden sich am Alten Steinweg, rund um das Theater, hinter dem Hauptbahnhof (Wolbecker Straße, Hansaring und Hafen), auf der vorderen Warendorfer Straße, im Südviertel und auf dem Germania Campus an der Grevener Straße.

Diözesanbibliothek

Das Bistum Münster ließ die Bibliothek 2003 direkt neben seinem Priesterseminar errichten, Architekt war der Schweizer Max Dudler. Im Zusammenspiel mit Sonne, Wolken und der Überwasserkirche fasziniert das Gebäude immer wieder alle, die sich für Fotografie interessieren. Außergewöhnlich war die Finanzierung, denn obwohl sie auch die Bibliothek der katholisch-theologischen Fakultät ist, wurde sie komplett vom Bistum finanziert. Mit 700.000 Büchern ist sie die größte theologische Fachbibliothek nördlich der Alpen.

Fürstenberg-Statue

Schräg gegenüber der Diözesanbibliothek liegt die **Observantenkirche,** die seit 1961 als evangelische Universitätskirche dient. Bekannt ist sie für ihre regelmäßig stattfindenden Observantenkonzerte.

▪ Mo–Fr 9–18 Uhr, Sa/So geschlossen. Überwasserkirchplatz 2, ✆ 0251-4956380, dioezesanbibliothek-muenster.de.

Liebfrauen-Überwasser

Den Doppelnamen erhielt die Kirche, um deutlich zu machen, dass sie jenseits der Aa und damit außerhalb des Zugriffs des Fürstbischofs lag, in einer Vorstadt mit eigenem Gericht und Markt. Viele sehen in ihr die schönste Hallenkirche Westfalens. Der stumpfe Turm ist als Erinnerung an die Zeit der Wiedertäufer verblieben, die ihn einst hatten absägen lassen. Einen zwischenzeitlichen Neubau hatte 1704 ein Orkan zerstört. Auch entfernten die Wiedertäufer die gotischen Steinfiguren am Westportal. Sie wurden 1898 wiederentdeckt und stehen im LWL-Museum. Das Gotteshaus ist nach dem Dom die älteste Kirche der Stadt. Der erste Kirchenbau wurde 1040 als Teil eines adligen Damenstifts errichtet, das zweiter Siedlungskern der Stadt wurde. Die jetzige Kirche, seit 1340 errichtet und wohl erst zu Beginn des 15. Jh. fertiggestellt, wirkt unheimlich weiträumig. Die 1973 installierten Fenster von Valentin Feuerstein sorgen für ein überaus interessantes Lichtspiel.

Fürstenberghaus

Mit dem Fürstenberghaus beginnt die Kette von Uni-Gebäuden, die sich von hier bis zum Schlossplatz ziehen, wo im Schloss die Verwaltung der Universität zu finden ist. Benannt ist es nach dem gebürtigen Sauerländer Franz von Fürstenberg, dessen Initiative die Gründung der Universität im Jahr 1780 zu verdanken ist. Darüber hinaus machte er sich ganz allgemein für Veränderungen im Bildungswesen stark, etwa für eine Verschärfung der Schulpflicht und eine Neuordnung des gymnasialen Fächerkanons, die den Naturwissenschaften größere Bedeutung verlieh.

Im Fürstenberghaus sind verschiedene Geisteswissenschaften untergebracht. Dahinter folgen Juridicum, die Uni-Bibliothek mit 2,65 Millionen Bänden und der größte Hörsaal. Ansonsten konzentrieren sich die Gebäude der 18 Hochschulen auf die Bereiche rund um den Aasee und hinter dem Schloss. Alle Gastronomiebetriebe rund um die Gebäude sind ganz auf die Studierenden und Lehrenden und ihre Aktivitäten am Tag und am Abend ausgerichtet. Für die Nacht geht es eher ins Kuh- oder Hafenviertel. So ganz nebenbei sind in dem Gebäude-Ensemble auch drei Museen (→ Museumsmeile) untergebracht.

Petrikirche

Die dreischiffige Basilika liegt etwas versteckt hinter Fürstenberghaus und den theologischen Fakultäten am Aaseitenweg. Als ehemalige Jesuitenkirche ist das 1590–97 errichtete Gotteshaus Keimzelle der Universität Münster. Heute dient sie als Kirche und Veranstaltungsort der Katholischen Studierenden- und Hochschulgemeinde Münster.

Museumsmeile

Das Fürstenberghaus und seine Nachbargebäude bilden die Museumsmeile. Ein Gebäudekomplex, dessen wichtigster Teil einst die Landsbergsche Kurie war, ist heute das Geomuseum. Es ist, wie auch das Archäologische Museum und das Bibelmuseum, Teil der Uni.

Das **Archäologische Museum** und das nach 17 Jahren (!) Umbau nun wieder geöffnete **Geomuseum** sind wegen der Skelette von Mammuts, Dinosauriern und diversen Steinfunden einen Besuch wert (17.000 Objekte im Archäologischen Museum, das älteste aus dem 4. Jt. v. Chr.). Das **Bibelmuseum** stellt historisch bedeutsame Bibel-Exemplare aus, u. a. eine vom Autor handsignierte Lutherbibel und eine handschriftliche griechische Fassung des Neuen Testaments von 1550.

Archäologisches Museum: Di–So 10–18 Uhr, Mo geschlossen. Eintritt frei. Buchung von Führungen über die Homepage. Domplatz 20–22, ✆ 0251-8324588, uni-muenster.de/ArchaeologischesMuseum.

Geomuseum: Di–So 10–18 Uhr, Mo geschlossen. Eintritt frei. Pferdegasse 3, ✆ 0251-8333900, uni-muenster.de/Geomuseum.

Bibelmuseum: Di–So 10–18 Uhr, zweiter Fr im Monat bis 22 Uhr, Mo geschlossen. Eintritt frei, kostenlose Führungen So um 15 Uhr und am zweiten Fr im Monat um 20 Uhr. Pferdegasse 1, ✆ 0251-8322580, uni-muenster.de/Bibelmuseum.

LWL-Museum für Kunst und Kultur

Das Haus öffnete 2014 nach fünf Jahren Bauzeit an alter Stelle im neuen Gebäude mit 7.500 m² Ausstellungsfläche. Die historischen Bestände umfassen Kunstwerke seit dem frühen Mittelalter. Besonders bedeutsam sind die Skulpturen von der Front der Überwasserkirche, das Soester Antependium (Hochaltarretabel der Soester St.-Walburgis-Kirche), Skulpturen von Heinrich Brabender sowie die Glassammlung des Freiherrn vom Stein. Aber auch alle wichtigen Epochen ab der Reformation werden so präsentiert, dass der Gang durch die Dauerausstellung ein Gewinn ist. Fast jeder bedeutende Maler des 19. und 20. Jh. ist vertreten. Wechselnde Sonderausstellungen steigerten die Popularität des Museums in den letzten Jahren erheblich. In eigenen Räumlichkeiten stellt der Kunstverein Münster Gegenwartskunst aus. Durch die großen Fenster lassen sich dazu noch tolle Aufnahmen anderer Altstadt-Gebäude machen. Dependancen sind Kloster Bentlage in Rheine und Schloss Cappenberg in Selm (→ S. 128).

■ Di–So 10–18 Uhr, zweiter Fr. im Monat bis 24 Uhr (ab 18 Uhr freier Eintritt), Mo geschlossen. Eintritt 9 € (Dauerausstellung), mit Sonderausstellungen 13 €, erm. 4,50/6,50 €, bis 17 J. frei,

Avantgarde innen und außen: das LWL-Museum für Kunst und Kultur

Führungen ab 50 €, zweistündige Workshops für Kinder für 7 € am Samstag (10.30 Uhr bzw. 14 Uhr) und Sonntag (10.30 Uhr), Ticketkauf dafür nur online. Domplatz 10, ✆ 0251-5907201, lwl-museum-kunst-kultur.de.

Adelshöfe in der Königsstraße

Das ländliche Wasserschloss war der Sommersitz vieler Adeliger im Fürstbistum Münster, für den Winter und Repräsentationspflichten gab es den Adelshof in der Stadt. Einige davon sind an der Königsstraße erhalten geblieben bzw. nach dem Zweiten Weltkrieg wiederaufgebaut worden: der 1546 errichtete **Heeremannsche Hof** (Nr. 47, heute Oberverwaltungsgericht), der **Oersche Hof** (Nr. 42, heute Restaurant und Galerie), der **Sendensche Hof** (Nr. 39, heute Bank) und der von 1784–88 errichtete **Druffelsche Hof** (Nr. 5), der einst Repräsentationsgebäude der Ende der 2000er-Jahre an die Weseler Straße umgezogenen Sparkasse war und in dem sich heute das Picasso-Museum befindet. Etwas versteckt hinter dem Heeremannschen Hof liegt die **Aegidiikirche,** die wegen der 1857 von Edward Steinle geschaffenen Malereien im Nazarener-Stil sehenswert ist.

Kunstmuseum Pablo Picasso Münster

Hinter der Fassade des Druffelschen Hofs ist seit dem Jahr 2000 das Picassomuseum zu finden. Der Kunstsammler Gert Huizinga hatte über viele Jahre fast alle Lithografien von Picasso gesammelt und initiierte mit einer Gruppe von Banken und Unternehmen die Gründung einer Stiftung für die Realisierung und den Betrieb des Museums. Inzwischen werden aus der Sammlung heraus oder über Leihgaben weitere Werke Picassos und Arbeiten anderer bedeutender Künstler ausgestellt, u. a. Chagall, Matisse und Miro. Die Sonderausstellungen sind stets sehr gut kuratiert. Aus dem zweiten Stock lässt sich auf den gegenüberliegenden Platz blicken, wo früher mit dem Kettelerschen Hof ein weiterer Adelshof stand. Wenn der Platz weitgehend leer ist, kann man in der Pflasterung das Gesicht Picassos erkennen. 13.789 Steine ergeben das Konterfei.

▪ Mo–Do und Sa/So 10–18 Uhr, Fr 10–19 Uhr, gesonderte Zeiten an Feiertagen. Eintritt 10 €, erm. 8 €, bis 6 J. frei, Führungen ab 16 €, Sonderführungen für Kinder 5 € (Termine siehe Homepage). Picassoplatz 1, ✆ 0251-4144710, kunstmuseum-picasso-muenster.de.

Boulevard Münster

Direkt gegenüber den Adelshöfen ist das Boulevard Münster zu finden. Die Schauspielerin Angelika Ober verließ 1997 das Ensemble des Stadttheaters und beweist seitdem mit ihrem eigenen Theater, dass auch in einer sich so bildungsbürgerlich gebenden Stadt wie Münster Boulevard-Stücke ein Publikum finden.

▪ Königsstr. 12 (Königspassage), ✆ 0251-414 0400, boulevard-muenster.de.

Ludgerikirche

Die dreischiffige Stufenhallenkirche wurde im 12. Jh. errichtet und zählt zu den nach Kriegszerstörung eindrucksvollsten Rekonstruktionen in der Altstadt. Der achteckige „bekrönte" Turm ist auf vielen Darstellungen der Stadtsilhouette zu sehen. Den Bezug zur Zerstörung hält das von Heinrich Bäumer geschaffene Kruzifix im südlichen Seitenschiff wach. Es zeigt Jesus ohne Arme. „Ich habe keine anderen Hände als die Euren", lautet die Botschaft des Künstlers, der im Krieg beide Arme verloren hatte. Vor der Kirche stellt die Mariensäule einen Bezug zu München her. Sie wurde als Nachbildung der Mariensäule in München vom Münsteraner Kunstmäzen Joseph Hötte junior und seiner Frau gestiftet. Vor der Kirche steht die Skulptur „100 Arme der Guanyin" von Huang Young Bing. Sein Beitrag zur „Skulptur Projekte" 1997 sollte christliche Symbolik und die Konzeptkunst Marcel Duchamps miteinander verbinden. Direkt gegenüber im ehemaligen Apollo-Theater befindet sich das Lifestyle-Kaufhaus von Skater-Ikone Titus Dittmann.

▪ Ludgeristr. 40

Museum für Lackkunst

Bis 1982 war es Heimat des Stadtmuseums. Dann hielt im einstigen Stadtpalais einer Adelsfamilie mit Unterstützung der Firma BASF Coatings ein neues Museum Einzug. Im Frühjahr 2023 erklärte das Unternehmen aber seinen Ausstieg aus dem Projekt und das Museum wurde geschlossen. Die kunsthistorisch bedeutende Sammlung wurde Ende 2023 für den symbolischen Euro an den LWL übertragen. 1250 Objekte der Lackkunst aus Ost- und Südostasien, Europa und der islamischen Welt sollen nun eine neue Heimat im LWL-Museum für Kunst und Kultur finden. Ab 2025 soll die Sammlung dort präsentiert werden.

Stadtmuseum

Über Münsters Stadtgeschichte wird seit 1982 mit einer Dauerausstellung und interessanten Wechselausstellungen informiert, inzwischen hinter der Art-déco-Fassade des ersten Gebäudes von Karstadt in Münster. Bekannteste Exponate sind ein komplett aufgebauter ehemaliger Kolonialwarenladen, ein Café im Stil der 1950er-Jahre, ein Film über das erste Konzert der Rolling Stones in Deutschland, Kopien der Täufer-Körbe und seit dem Umbau der Martinikirche auch Altarbilder von Rubens-Schüler Johann Bockhorst aus dem Jahr 1654.

▪ Di–Fr 10–18 Uhr, Sa/So/Feiertage 11–18 Uhr, Mo geschlossen. Eintritt frei. Führungen müssen zwei Wochen im Voraus über die Homepage angefragt bzw. gebucht werden. Salzstr. 28, ✆ 0251-4924503, stadt-muenster.de/museum.

Servatiikirche

Wer den kontemplativsten und meditativsten Ort in Münster sucht, sollte den kurzen Abstecher zur um 1230 erbauten Servatiikirche machen – es gibt keinen vergleichbaren Sakralbau in der gesamten Region. Die in der Höhe gestufte romanische Halle mit dem Wechsel von Pfeilern und Säulen öffnet den Blick in einen gotischen Hochchor. Die Kirche steht, da sie nie zerstört wurde, noch auf dem ursprünglichen mittelalterlichen Bodenniveau.

▪ Servatiikirchplatz 5

Dominikanerkirche

Viel Betrieb herrscht in dem 2017 profanierten Gotteshaus, das seit Juni 2018 ein Geschenk des Künstlers Gerhard Richter an die Stadt beherbergt: „Zwei graue Doppelspiegel für ein Pendel". Richter installierte in der 29 m hohen Kuppel ein Foucaultsches Pendel mit einer 48 kg schweren Metallkugel. Hinzu kommen vier jeweils 6 m hohe Glastafeln, die paarweise vor den Wänden der Kuppel angebracht sind. In ihnen spiegeln sich die Bewegungen des Pendels, der Kirchenraum und die Besucher in einem Wechselspiel unterschiedlicher Formen. Im ehemaligen Gotteshaus finden seit einer Renovierung auch Kulturveranstaltungen statt. Errichtet wurde das an eine römische Basilika erinnernde Gotteshaus 1705–25 nach Plänen von Lambert Friedrich von Corfey, der auch hier begraben wurde. Vom einstigen Konventsgebäude existiert nur noch die Südfassade.

▪ Mi–So 11–18 Uhr, Mo geschlossen. Eintritt frei. Kostenlose öffentliche Führung an jedem dritten So im Monat um 11.30 und 12 Uhr. Termine für individuelle Führungen buchbar über tportal.toubiz.de/rmuenster/offer. Salzstr. 10, stadt-muenster.de/dominikanerkirche.

Paul Wulf

Axel Prahl, Darsteller des Kommissars Frank Thiel im Münster-Tatort, ist ein durchaus politischer Mensch. So verwundert es nicht, dass er zu den Unterstützern derer gehört, die sich für den Erhalt der Skulptur „Paul Wulf" auf dem Servatiiplatz in der Nähe des ersten Hochhauses von Münster einsetzen. Ein älterer Mann mit Brille und abstehenden Ohren. Das wirkt irgendwie lustig. Doch Paul Wulf (1921–1999) zählte zu den Opfern der Nazi-Herrschaft und wurde durch die Erfahrungen, die er von 1932 bis 1938 als Heimkind sammelte, zu einem Antifaschisten und Aufklärer über den Rassenwahn der Nazis, insbesondere was die Zwangssterilisierung von angeblich erbkranken Menschen betrifft. Er selbst konnte das Heim nur verlassen, weil seine Eltern seiner Zwangssterilisierung wegen „angeborenen Schwachsinns" zustimmten. In Freiheit schloss er sich sofort dem Widerstand gegen die Nazis an und zählte nach Gründung der Bundesrepublik zu den ersten Deutschen, die auf Entschädigung klagten. Intensiv widmete er sich Verbrechen, die Mediziner in der NS-Zeit begangen hatten, und machte sie öffentlich. 2007 entwarf Silke Wagner die Skulptur, zu der auch das immer wieder neue Bekleben mit Zeitungsartikeln gehört, die thematisch die Brücke zum Denken von Paul Wulf schlagen. Nach einem Streit wurde sie abgebaut, 2010 aber von einem Förderverein neu errichtet.

▪ paul-wulf.net

Clemenskirche

Von allen Kirchenbauten, an denen der große Barockarchitekt Johann Conrad Schlaun beteiligt war, ist die zwischen 1745 und 1753 errichtete Clemens-Kirche die prächtigste und architektonisch interessanteste. Der Grundriss ist sechseckig mit Nischen, die konkav-konvex geschwungene Fassade besteht aus Sandstein und roten Backsteinen. Die Innenausstattung ist ganz im Stil des Rokoko von bayerischen Künstlern geschaffen worden. Der damalige Fürstbischof Clemens August war bayerischer Prinz, deshalb ist im Inneren der Kirche viel Himmelblau, die Farbe der Wittelsbacher, zu sehen. Das Inventar wurde direkt aus Franken und Oberbayern nach Münster geschafft. Um es zu schützen, ist die Kirche nur bei Gottesdiensten voll zugänglich. Sonst kann nur durch das Foyergitter geschaut werden.

▪ An der Clemenskirche 14

Erbdrostenhof

Auch der 1757 fertiggestellte Erbdrostenhof ist ein Schlaun-Bau. Er wird gemeinhin als einer der schönsten deutschen Adelshöfe aus dem 18. Jh. angesehen. Der Erbdroste Adolf Heinrich Freiherr von Droste zu Vischering hatte ihn einst beauftragt.

Ungewöhnlich ist die diagonale Platzierung auf dem Grundstück. Unter den Balkonen finden sich allegorische Darstellungen der Monate. Das Gebäude wird vom Landschaftsverband Westfalen-Lippe genutzt und kann nicht von innen besichtigt werden. Einzige Ausnahme sind Veranstaltungen. Bei denen ließe sich dann der Festsaal bewundern, der durch beide Obergeschosse reicht und als weiterer Ausweis von Schlauns Kreativität und Kunstfertigkeit gesehen wird.

▪ Salzstr. 38

Praktische Infos (Altstadt)

→ Karte S. 48/49

Einkaufen Aus der Vielzahl an exzellenten Einkaufsmöglichkeiten Betriebe hervorzuheben, ist in Münster nicht einfach. Im Lebensmittelbereich sind in der Altstadt besonders **Aux Chocolat** und **Aux Macarons 41** (Königstr. 46), die **Butterhandlung Holstein 12** (Münster-Arkaden und Bogenstr. 9) sowie das **Mocca-Haus 28** (Rothenburg 53) zu nennen.

Die nicht zu mittelgroßen Ketten gehörenden, daher etwas höherpreisigen **Bäckereien** mit Filialen in der Altstadt – **Tollkötter 32**, **Krimphove 14** – haben verschiedene „Hausspezialitäten". Probieren Sie sich durch, wenn Sie können.

Mit **Schmedes 33** (Salzstr. 36) hat in der Altstadt noch die Hutmode einen Platz. Zudem gibt es neben dem Traditionshaus **Poertgen & Herder 21** (Salzstr. 56) und **Thalia** (Arkaden) noch mehrere kleine Buchhandlungen in der Altstadt: **Ringold 30** (Ringoldgasse 1), **Hasenstall 34** (Servatiikirchplatz 2), **Rosta 36** (Aegidistr. 12) sowie die Filiale der Buchhandlung Walther König im LWL-Museum.

Essen Wichtig ist, sich über Preise grundständig kundig zu machen, denn einige Betriebe lassen sich den Standort Münster-Altstadt gut bezahlen, was teilweise der Gier der Immobilienbesitzer geschuldet ist. Außerdem gilt für alle Lokale in Münster (auch abseits der Altstadt): Von Donnerstag bis Samstag reservieren!

Von der einst großen Zahl klassischer Konditorei-Cafés sind lediglich drei jenseits der Altstadt erhalten geblieben: das Café Classique (Warendorfer Straße, → S. 66) sowie die Cafés Issel und Mönnig im Südviertel (Hammer Straße, → S. 74).

Mein Tipp **Altes Gasthaus Leve 23**, den Quellen nach ältestes Gasthaus der Stadt. Alle regionalen Klassiker stehen auf der Speisekarte. Hausspezialitäten sind zudem Haxe, Ente und Wildgerichte. Gut ein Dutzend Biersorten sind im Ausschank. Di–Sa 12–24 Uhr, So/Mo Ruhetag. Alter Steinweg 37, ✆ 0251-45595, gasthaus-leve.de. **€€**

Großer Kiepenkerl 6, traditionsreiches Restaurant, seit einigen Jahren unter Leitung der Inhaber der Butterhandlung Holstein. Gasthausküche in der etwas edleren Variante und schmackhaftes Hausbier ziehen viele Gäste an. Am Tibusplatz (Nähe Theater) gibt es den

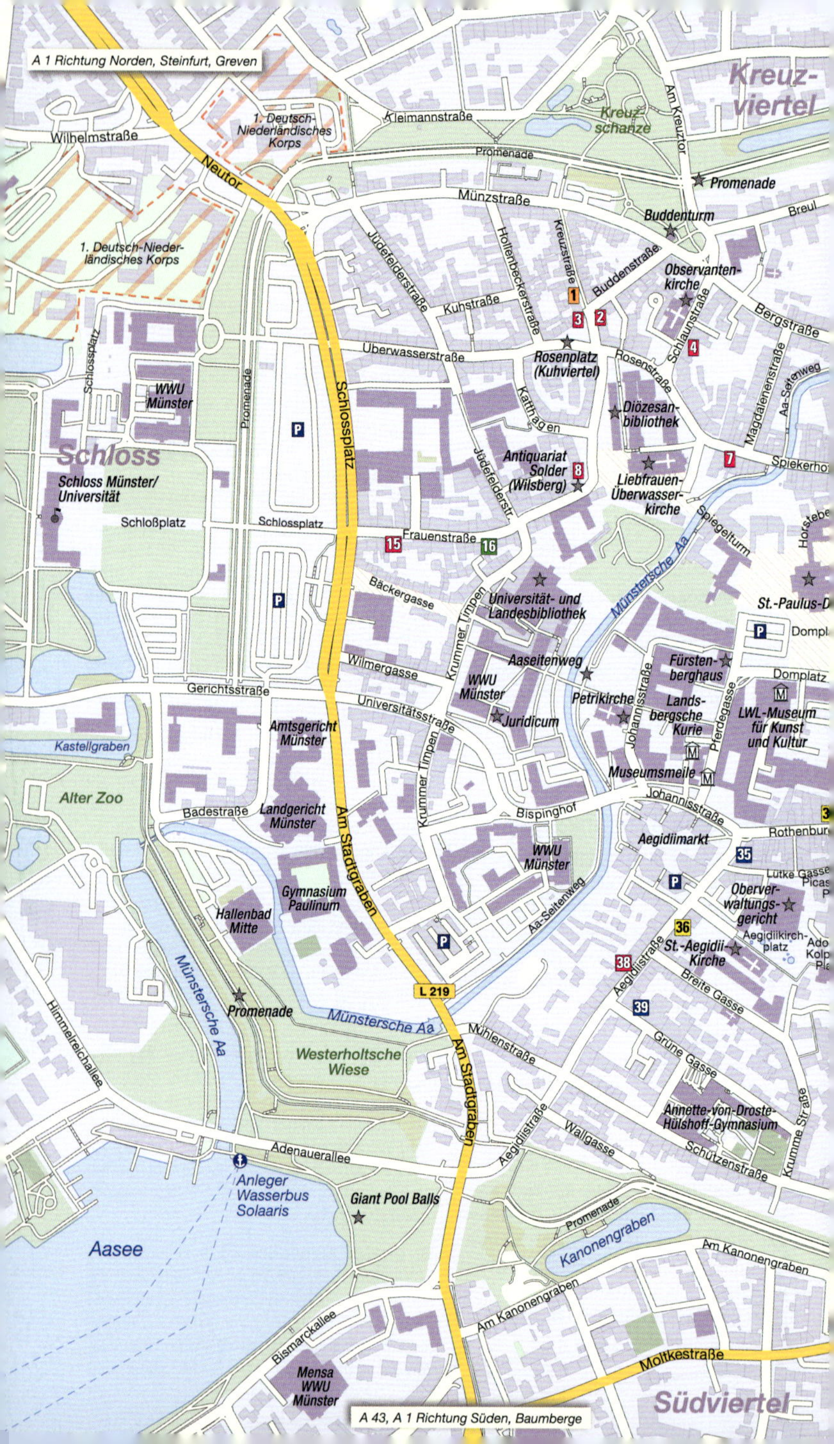

A 1 Richtung Norden, Steinfurt, Greven
Kreuzviertel
Kreuzschanze
Kleimannstraße
1. Deutsch-Niederländisches Korps
Wilhelmstraße
Neutor
Promenade
Münzstraße
Buddenturm
Breul
1. Deutsch-Niederländisches Korps
Jüdefelderstraße
Hollenbeckerstraße
Kreuzstraße
Buddenstraße
Observantenkirche
Kuhstraße
Bergstraße
Schlaunstraße
Überwasserstraße
Rosenplatz (Kuhviertel)
Rosenstraße
Magdalenenstraße
Aa-Seitenweg
Schlossplatz
WWU Münster
Promenade
Schlossplatz
Katthagen
Diözesanbibliothek
Schloss
Antiquariat Solder (Wilsberg)
Spiekerhof
Schloss Münster/Universität
Jüdefelderstr.
Liebfrauen-Überwasserkirche
Schloßplatz
Schlossplatz
Frauenstraße
Spiegelturm
Horsteberg
Bäckergasse
Münstersche Aa
Universität- und Landesbibliothek
St.-Paulus-D
Krummer Timpen
Dompl
Wilmergasse
Aaseitenweg
Fürstenberghaus
Domplatz
WWU Münster
Gerichtsstraße
Petrikirche
Universitätsstraße
Johannisstraße
Landsbergsche Kurie
Pferdegasse
LWL-Museum für Kunst und Kultur
Kastellgraben
Amtsgericht Münster
Juridicum
Alter Zoo
Museumsmeile
Krummer Timpen
Johannisstraße
Landgericht Münster
Bispinghof
Badestraße
Rothenbur
Aegidiimarkt
Am Stadtgraben
WWU Münster
Lütke Gasse
Picas
Gymnasium Paulinum
Aa-Seitenweg
Oberverwaltungsgericht
Hallenbad Mitte
Aegidiikirchplatz
Ado Kolp Pla
St.-Aegidii-Kirche
Aegidiistraße
L 219
Breite Gasse
Münstersche Aa
Promenade
Münstersche Aa
Mühlenstraße
Himmelreichallee
Westerholtsche Wiese
Grüne Gasse
Am Stadtgraben
Annette-von-Droste-Hülshoff-Gymnasium
Aegidiistraße
Wallgasse
Krumme Straße
Adenauerallee
Schützenstraße
Anleger Wasserbus Solaaris
Giant Pool Balls
Promenade
Kanonengraben
Aasee
Am Kanonengraben
Am Kanonengraben
Bismarckallee
Moltkestraße
Mensa WWU Münster
Südviertel
A 43, A 1 Richtung Süden, Baumberge

Übernachten (S. 52)

10 Hotel Busche
27 Hotel Mauritzhof
31 Hotel-Restaurant Feldmann
35 Hotel Central
39 Stadthotel Münster
43 H.ostel
45 Hotel Atlantic

Essen & Trinken (S. 47–52)

2 Rico
3 Pinkus
4 Fischbrathalle
5 Kleiner Kiepenkerl
6 Großer Kiepenkerl
7 Giverny
8 Chay Chay
9 Marcellum
11 Sylt am Bült
13 Coeur D'Artichaut
15 Frauenstraße 24
17 Belegbar
19 Il Panino
20 Ouzeri (S. 62)
23 Altes Gasthaus Leve
29 Frittenwerk
37 Weinbar Ideal
38 Dell'Isola da Leo
42 Restaurant Spitzner
44 Krawummel

Cafés (S. 50–52)

16 Cafe Fam
22 Pension Schmidt
24 1648
40 Alexianer Waschküche

Nachtleben (S. 52)

1 Kneipenmeile Kuhviertel (Cavete und Co.) (S. 41)
25 Kneipenviertel Alter Steinweg
26 Der bunte Vogel

Einkaufen (S. 47)

12 Butterhandlung Holstein
14 Bäckerei Krimphove
18 Domplatz Wochenmarkt (S. 35)
21 Poertgen und Herder Bücher
28 Mocca-Haus
30 Ringold Bücher
32 Bäckerei Tollkötter
33 Hut Schmedes
34 Hasenstall Kinderbücher
36 Rosta Buchladen
41 Aux Macarons/ Aux Chocolat

vegetarischen Ableger „Beetschwester". Tägl. 12–21.30 Uhr. Spiekerhof 45, ✆ 0251-40335, grosser-kiepenkerl.de. **€€€**

Kleiner Kiepenkerl 5, weiteres Traditionsgasthaus der Stadt, in dem sich bei regionalen Speisen und großer Bierauswahl gut verweilen lässt. Hat inzwischen mit dem Mimigernaford auch eine Dependance am Bült. Tägl. 11.30–22.30 Uhr. Spiekerhof 47, ✆ 0251-43416, kleiner-kiepenkerl.de. **€€**

MeinTipp **Macellum 9**, Café mit Kuchen einer lokalen Konditorei, außerdem Eisdiele und italienisches Restaurant, daher zu jeder Tageszeit attraktiv. Interessantes Einrichtungskonzept. Kernöffnungszeit 11–21 Uhr, So nur 12–18 Uhr. Bogenstr. 15, ✆ 0251-97957067, macellum.de. **€€**

MeinTipp **Fischbrathalle 4**, seit 1926 bestehendes, nur am Mittag geöffnetes, sehr spartanisch ausgestattetes Fischlokal, das aufgrund der Qualität der Speisen immer wieder in deutschlandweiten Rankings im Vorderfeld landet. Di–Sa 11–15 Uhr, So/Mo Ruhetag. Schlaunstr. 8, ✆ 0251-43152, fischbrathalle-muenster.de. **€€**

MeinTipp **Chay Chay 8**, aus dem sehr beliebten vietnamesischen Bistro Royals and Rice ist im Sommer 2023 Chay Chay geworden. Vegane asiatische Gerichte stehen nun auf der Speisekarte. Mo u. Mi–Sa 12–16 Uhr und 17.30–21.30 Uhr, So bis 21 Uhr, Di Ruhetag. Frauenstr. 51, ✆ 0251-39633699, chaychay.de. **€**

MeinTipp **Dell'Isola da Leo 38**, kleines, aber feines italienisches Restaurant, dessen Chef Leo Squillace spätestens seit seinem Jahr als Karnevalsprinz zum Münsteraner Original geworden ist. Di–So 17–23 Uhr, Mo Ruhetag. Aegidiistr. 59, ✆ 0251-42235. **€€**

Giverny 7, Fine Dining mit Schwerpunkt auf der französischen Küche. Di–Sa 12–14 Uhr und 18–22 Uhr, So/Mo Ruhetag. Spiekerhof 25, ✆ 0251-511435, restaurant-giverny.de. **€€€€**

Coeur D'Artichaut 13, seit 2023 ganzer Stolz der lokalen Gourmet-Szene, da Patron Frédéric Morel vom Guide Michelin zwei Sterne erhalten hat. Casual Fine Dining ist angesagt, keine Karte, sondern ein festes Menü, das komplett oder in Teilen verspeist werden kann; individuelles Menü auf vorherige Anfrage. Mi–So 18.30–20.15 Uhr, So 12–13.15 Uhr. Mo/Di Ruhetag. Alter Fischmarkt 11a, ✆ 0251-39582823, coeur-dartichaut.de. **€€€**

Café Fam 16, Kaffeebar mit Schwerpunkt auf Healthy Food. Tägl. 10–18 Uhr. Frauenstr. 14, ✆ 0251-26551955, cafe-fam.de. **€€**

Frauenstraße 24 15, Kulturkneipe und guter Ort zum Genießen von authentisch zubereiteten Gerichten der türkischen Küche. Mo–Sa 12–1 Uhr, So Ruhetag. Frauenstr. 24, ✆ 0251-4828739, f24-kneipe.de. **€€**

Café-Weinbar Ideal 37, schmackhafte Tapas und eine gute Weinauswahl bietet das kleine, etwas versteckt gelegene Lokal. Mo–Do 11–23 Uhr, Fr/Sa 10–24 Uhr, So Ruhetag. Beginengasse 12, ✆ 0251-4840000, ideal-muenster.de. **€**

Sylt am Bült 11, der Name deutet es schon an: Hier stehen Fischgerichte im Mittelpunkt. Di–Sa 12–20 Uhr, So/Mo Ruhetag. Alter Fischmarkt 11a, syltambuelt.de. **€€€**

Spitzner im Oerschen Hof 42, feines, inzwischen mit einem Stern dekoriertes Restaurant in einem der ehemaligen Adelshöfe. Di–Sa 18.30–22 Uhr, Sa auch 12–14 Uhr, So/Mo Ruhetag. Königsstr. 42, ✆ 0251-41441550, spitzner-restaurant.de. **€€€€**

Pension Schmidt 22, Hipster-Café neben dem Gasthaus Lewe, für Sozialstudien der Münsteraner Bevölkerung unter 35. Tägl. 10–22 Uhr. Alter Steinweg 37, ✆ 0251-97957050, pensionschmidt.se. **€**

MeinTipp **Pinkus 3**, die Brauerei schenkt ihr Bier in der Biergalerie und in der Altbierküche aus. Beide besitzen eine typisch westfälische Inneneinrichtung und setzen ganz auf Regionalküche. Mo–Fr ab 15 Uhr, Sa 12–24 Uhr, So/Feiertage Ruhetage; Brauereishop Mo–Fr 9.30–17 Uhr und Sa 9.30–13 Uhr. Kreuzstr. 4, ✆ 0251-55567, pinkus.de. **€€**

Krawummel 44, Vegetarier/Veganer-Treffpunkt am Rand der Altstadt. So–Do 11.30–21 Uhr, Sa 11–22 Uhr. Ludgeristr. 62, ✆ 0251-74788117, krawummel.de. **€**

Belegbar / Il Panino 17 / 19, der eine eher deutsch, der andere italienisch, ermöglichen die beiden Betriebe im Sommer eine Auszeit mit Blick auf die Lamberti-Kirche und das Treiben am Rand des Prinzipalmarkts. Belegbar: Mo–Sa 9–16 Uhr, So Ruhetag, Drubbel 20, ✆ 0251-208 88455, belegbar.de. Il Panino: Mo–Sa 10–20 Uhr, So Ruhetag, Salzstr. 61, ✆ 0251-3278080. **€**

Rico 2, Mischung aus Imbiss und Bistro, wo schon seit 1992 auf vegetarische Vollwertküche gesetzt wir. Mo–Fr ab 11.30 Uhr, Sa/So Ruhetag. Rosenplatz 7, ✆ 0251-5979. **€**

Mittwoch und Samstag ist
Wochenmarkt auf dem Domplatz

Frittenwerk 29, hier schlägt das Herz bei allen höher, die Kanada und das dort erfundene Fast-Food-Gericht Poutine lieben. Pommes rot-weiß ist aber auch im Angebot. Mo–Sa 11–21 Uhr, So 12–20 Uhr. Salzstr. 22, ✆ 0251-85700150, frittenwerk.com. €

Auf eine Nennung der großen Zahl weiterer Lokale mit italienischer Küche sowie von Cafés und Kaffeebars sei an dieser Stelle verzichtet. Schauen Sie einfach selbst, welche Pizza, welche Antipasti oder welche Röstung Ihre Favoriten sind. Eine Hervorhebung verdienen das von den Alexianern betriebene **1648** **24** (Dachetage des Rathauses) sowie die **Waschküche** **40** (Bahnhofstr. 6), da sie integrative Betriebe sind.

Nachtleben **Der bunte Vogel 26**, Ende der 1970er-Jahre zusammen mit der Cavete (→ S. 40) eine der Wurzeln der Kneipenkultur in der Stadt. Die Kneipen in Laufweite **25** sind Trends geschuldete Kopien. Di–Do 15–1 Uhr, Fr/Sa bis 3 Uhr, So bis 24 Uhr. Alter Steinweg 41, ✆ 0251-56524, buvo.de. €

Übernachten **Stadthotel 39**, liegt auf halber Strecke zwischen Dom und Aasee. Funktional-moderne Einrichtung, eigenes Parkhaus. Aegidiistr. 21, ✆ 0251-48120, stadthotel-muenster.de. €€€

MeinTipp **Feldmann 31**, wer gerne mitten im Zentrum und dennoch ruhig in einem Hotel schläft, ist hier richtig. Das Restaurant bietet Di–Sa regionale Küche, modern interpretiert und in einem gegenüber den Gasthäusern etwas gediegenerem Ambiente. An der Clemenskirche 14, ✆ 0251-414490, feldmann-muenster.de. €€€

MeinTipp **Mauritzhof 27**, für sein Design preisgekröntes Haus, exzellente Bar und Mi–Sa auch Restaurant. Eisenbahnstr. 17, ✆ 0251-41720, mauritzhof.de. €€€€

Hotel Busche 10, kleines Garni-Hotel mit Blick auf Dom oder Kiepenkerl. Sehr guter Service. Bogenstr. 10, ✆ 0251-46444, hotel-busche.de. €€€

H.ostel 43, mitten in der Altstadt gelegen, bietet es ein Ambiente, das über dem spartanischen Standard vieler Hostels liegt. Verspoel 1, ✆ 0251-49093269, h-hotels.com. €

Hotel Atlantic 45, mit 224 Zimmern, Restaurant, Co-Working-Flächen und Skybar im Dachgeschoss setzt das direkt an der Promenade gegenüber der Engelenschanze gelegene Hotel in der Stadt neue Maßstäbe. Engelstr. 39, ✆ 0251-20800-0, atlantic-hotels.de/hotel-muenster. €€€€

Central Hotel 35, neu eröffnetes Haus gegenüber vom LWL-Museum in der Altstadt, schöne Frühstücks-Lounge und netter Laden für Mitbringsel gleich nebenan. Aegidiistr. 1, ✆ 0251-510150, central-hotel-muenster.de. €€€

Zudem ist zwischen Hauptbahnhof und Engelenschanze der Accor-Konzern mit mehreren seiner Häuser (Ibis Budget, Ibis, Novotel) vertreten. accor.com.

Die Giebelhäuser am Prinzipalmarkt

Lohnender sommerlicher Kulturgenuss, die Aaseerenaden

Rund um den Aasee

Am südwestlichen Rand der Altstadt liegt der Aasee und an seinem Westufer mit der Annette-Alle und der Sentruper Höhe die zwei exklusivsten Wohnviertel der Stadt. Ein Stück nördlich schließen sich Botanischer Garten, Schlosspark und Schloss an, zusammen Erholungsachse in Innenstadtnähe. Gleichzeitig ist der Bereich das sportliche Zentrum der Stadt und das Gebiet, in dem die meisten Studierenden anzutreffen sind: Am Westufer sind die teilweise öffentlich zugänglichen Sportanlagen der Uni untergebracht, am östlichen Ufer befinden sich die Mensa und die Gebäude einiger Geisteswissenschaften. Hinter Himmelreichallee und Botanischem Garten liegen das Uni-Klinikum und weitere Uni-Institute.

Aasee

Wo ab 1936 der Aasee als kleiner, nicht allzu tiefer Stausee zum Hochwasserschutz ausgebaggert wurde, lag bis dahin eine ausgedehnte Sumpffläche. 1957 folgte mit dem Zoo-Neubau eine Erweiterung des Sees, bis 1976 ergänzende Ausbauten. In einem pflanzenreichen Ufergürtel franst der See Richtung Süden aus. Die Sumpf-Vergangenheit ist auch ein Grund für das eher trübe Wasser und das Badeverbot. Der Rundweg beträgt, je nach Wegwahl, zwischen 5 und 6 km. Im Sommer locken am Nordende die „Aaseerenaden" Klassik-Fans auf die Stufen zwischen Segelclub und Gastronomiebetrieben. Außerdem zieht das „Promi-Kellnern", bei dem immer Mitglieder des Wilsberg-Ensembles dabei sind, viele Leute an. Der Aasee ist Frischluft-Schneise der keine zehn Fußminuten entfernten Innenstadt. Wenn der Wind richtig steht, sind auf dem See sogar Schaumkronen zu sehen. 2009 erhielt das Areal die Auszeichnung „Schönster Park Europas". Nordwestlich vom Aasee lag einst der Zoo. Heute steht dort der architektonisch sehr auffällige Bürokomplex einer Bausparkasse. Dahinter liegt die Tuckesburg, das Wohnhaus des exzentrischen Zoogründers Hermann Landois. Größte Attraktion des Sees mit weltweiter Medienpräsenz wurde 2006 ein weißes Tretboot, um das Trauerschwanweibchen Petra zwei Jahre vergeblich warb. Einige Zeit später mussten dann auch Thiel und Boerne in einer Tatort-Folge damit über den See fahren. Am See wurde wegen einer Reihe unschöner Vorfälle auf den Picknickwiesen für den Sommer ein Glasverbot verhängt.

Erst Proteste, dann „Skulpturen-Hauptstadt"

Münster-Gästen begegnen in der Altstadt, entlang der Promenade sowie am Aasee auf Schritt und Tritt Skulpturen. Verantwortlich dafür sind Klaus Bußmann (erst Referent im LWL-Museum für Kunst und Kultur, später Professor für Kunstgeschichte und Direktor des Museums von 1985 bis 2004) und Kasper König (Kurator, Kunstprofessor und Leiter des Museum Ludwig in Köln von 2000 bis 2012). Sie wollten Kunst aus den Museen hinaus in den urbanen Raum bringen und schufen die Ausstellung „Skulptur Projekte".

Als 1974 mit der Plastik „Drei rotierende Quadrate" von George Rickey eine Art Vorbote an der Engelenschanze aufgestellt wurde, gab es erheblichen Protest der Bevölkerung, auch aufgrund des Kaufpreises von 130.000 DM, den die Stadt entrichtet hatte. Man wollte nichts, was einen Bruch zu den vorhandenen Denkmälern und Heiligenstatuen darstellte. Weltoffen war die Stadt damals absolut nicht, sondern sehr, sehr spießig und katholisch. Aber Bußmann, König und ihren Mitstreitern gelang es, die Diskussion in den relevanten Gremien so zu drehen, dass dort angemessen über moderne Kunst geredet wurde und die „Skulptur Projekte" starten konnten. Man war bereit, ein gewisses Risiko einzugehen, den Einheimischen „eine Lektion in Sachen Kunst zu erteilen". 100 Tage lang bereichern nun seit 1977 alle zehn Jahre die Arbeiten von Künstlerinnen und Künstlern aus der ganzen Welt die Stadt, zunächst unter dem Namen „Skulptur.Projekte", seit 2007 ohne Punkt.

Die Einheimischen fremdelten zunächst sehr mit der Ausstellung. Die „Giant Pool Balls" von Claes Oldenburg, heute eines der Markenzeichen der Stadt, mussten 1977 unter Polizeischutz aufgebaut werden. In den Tagen danach versuchten Gruppen von Gegnern immer wieder, sie in den Aasee zu rollen. 1987 wurde eine zitronengelbe Madonnenfigur verschleppt. Ab der dritten Ausstellung war aber Frieden, weil die Einheimischen die Vielzahl ausländischer Gäste, die voll des Lobes waren, bemerkt hatten. Mehr als eine halbe Million Besucher bei der Ausstellung von 2017 unterstreichen den Stellenwert unter Kunstfans. Heute wird eher bedauert, dass nicht alle Objekte in Münster bleiben können, Bürgerinnen und Bürger engagieren sich sogar für den Kauf oder Erhalt von Kunstwerken. Deshalb kehrt in die Nähe des Buddenturms der Eisenman-Brunnen (2017) in leicht veränderter Form wieder zurück und die Chillida-Skulptur ist längst fester Bestandteil des Rathaus-Innenhofs.

Die Künstlerinnen und Künstler kommen in der Regel zwei Jahre im Voraus in die Stadt und benennen dem Kuratoren-Team nach einigen Besuchen den Ort, an dem sie ausstellen wollen. In Zusammenarbeit mit der Stadt und anderen Institutionen bemüht sich das Team dann um die Realisierung.

■ Die in Münster verbliebenen Werke können unter skulptur-projekte-archiv.de auf einer interaktiven Karte angeschaut werden.

Wewerka-Pavillon

Ein Stück zurückgesetzt vom See liegt der 1987 vom Architekten und Künstler Stefan Wewerka für die „documenta 8" geschaffene Pavillon. Er ist das „Schaufenster" der Kunstakademie Münster. Studierende und Kunstschaffende präsentieren dort Arbeiten, die für diesen Raum entwickelt wurden. Dazu ziehen über ein Dutzend Galerien Kunstinteressierte auch in den Jahren zwischen den „Skulptur Projekten" in die Stadt.

▪ Eintritt frei. Kontakt und Information über die Kunstakademie Münster, Leonardo-Campus 2, ✆ 0251-8361100, wewerka-pavillon.de (wenn Ausstellende Content bereitstellen) und kunstakademie-muenster.de.

Solaaris

Im Sommerhalbjahr bringt einen seit 2012 das kleine solarbetriebene Boot von verschiedenen Haltestellen am Aasee aus zum Zoo. Die Fahrt ist etwas teurer als mit dem Bus, aber auch ziemlich entspannt, weil das Boot ganz langsam über das Wasser gleitet. Den Betrieb besorgt die Firma Overschmidt, die auch allerlei andere Aktivitäten auf dem See anbietet.

▪ Tägl. 9–16 Uhr. Fahrpreis streckenabhängig ab 4/5 €, erm. 2,50/4,50 €, Tageskarte 10 €, für Familien 24 €. Annette-Alle 1, ✆ 0251-8493000, overschmidt.de.

Schloss (Universität)

Die heutige Heimat der Universität zählt zu den Schlössern, in denen nie ein Adeliger länger Einzug gehalten hat. Zwar wurde es als fürstbischöfliches Residenzschloss gebaut, doch als es fertig war (1787), war die Zeit der Fürstbischöfe schon fast abgelaufen: 1803 zog die preußische Verwaltung ein. Errichtet wurde das Schloss ab 1767 nach Plänen von Johann Conrad Schlaun, der den Bau als Erfüllung eines Lebenstraums ansah. Schlaun starb allerdings schon sechs Jahre nach Baubeginn. Sein Schüler Wilhelm Ferdinand Lipper führte das Projekt ab 1773 weiter. Sollten Sie von auswärts auf Münster schauen und bei stärkerem Wind immer wieder einen Lichtblitz wahrnehmen, könnte das der goldene Engel auf dem Schlossdach sein. Die Fassade erzählt über dem Haupteingang von Leben und Tod, an den Fenstern von den Monaten und Tierkreiszeichen. Sie ist nach dem Krieg originalgetreu wiederaufgebaut worden und erhält in Kürze eine erneute Restaurierung. Innen ist die pragmatische Architektur eines Verwaltungsgebäudes der 1950er-Jahre zu sehen, denn das Schloss wurde Heimat der Universität, die durch Bombenangriffe all ihre Gebäude verloren hatte.

Etwa 45.000 Studierende hat die Universität Münster. 130 Fächer können in den 15 Fachbereichen der Uni sowie an weiteren Hochschulen studiert werden. Im Zuge der Kolonialismus- und Rassismus-Debatte, die 2020 angestoßen wurde, beschloss die Westfälische Wilhelms-Universität 2023, das Namenspatronat Kaiser Wilhelms II., der die WWU 1902 zu einer Universität erhoben hatte, zu beenden. Inzwischen heißt die WWU nur noch Universität Münster.

Schlossplatz

Er ist ein Parkplatz und war ab 2010 dennoch der umstrittenste Ort der Stadt. Über seine Bebauung oder Nicht-Bebauung wird seit Jahrzehnten gestritten. Hinzu kam dann der Streit um seinen Namen. Er führte 2012 zu einem Bürgerentscheid. Nach entsprechender Expertise der Geschichtswissenschaft sprach sich die Stadtverwaltung für eine Rückbenennung des Hindenburgplatzes in Schlossplatz aus. Die lokale CDU hätte es im Zuge der Abstimmung fast zerrissen. Am Ende setzten sich die Befürworter der Umbenennung durch.

▪ **Feste am Schloss/Schlossplatz:** Am Rosenmontag startet am Schloss der Karnevalsumzug. Im April, Juni und Oktober ist eine Woche Send, die größte Kirmes im Münsterland. An einem Wochenende vor den Sommerferien verwandelt „Münster verwöhnt" den Schlossplatz in eine Gastro-Meile. Anschließend folgen

Sommernachtskino und Open-Air-Konzerte sowie das Reitsport-Event „Turnier der Sieger", am dritten Sonntag im September der Bürgerbrunch: Für einen guten Zweck können Einheimische einen Tisch anmieten und mit sechs oder acht Personen die mitgebrachten Picknickkörbe leeren. Am 3. Oktober ist vor dem Schloss der Zieleinlauf des Radrennens Münsterland-Giro. Der Münster-Marathon endet aber auf dem Prinzipalmarkt.

Botanischer Garten

Johann Conrad Schlaun hatte den Schlossgarten als französischen Barockgarten geplant. Nach Schlauns Tod wurde er als klassizistische Anlage vollendet, die ihrerseits 1854 in einen Englischen Garten verwandelt wurde. Vom Schlossgarten, in dem dreimal am Tag der Klang des Glockenspiels im Schloss zu hören ist, kann die Fassadenkunst an der Rückseite des Schlosses in Augenschein genommen werden, u. a. die Darstellung der Planeten. Am westlichen Ende des Schlossgartens, an der Einsteinstraße, steht das Sanctuarium. Der niederländische Künstler Hermann de Vries ließ für die „Skulptur Projekte" einen 3 m hohen Mauerring aus Backstein errichten, auf dass in ihm Pflanzen frei wachsen können. Einmal jährlich macht eine Gruppe des NABU Inventur. Und dass das mit dem „frei" nicht funktioniert hat, zeigt der hineingeworfene Müll, dessen Menge und Bestandteile bei der Inventur auch ermittelt werden.

Der Botanische Garten mit der 1840 errichteten Orangerie präsentiert 8.000 Pflanzenarten und ist in der Hauptsache wissenschaftliche Einrichtung. Gleichzeitig ist er aber auch Ruheoase für alle, denen es am Aasee zu trubelig ist. Eine Parkuhr am Eingang ermöglicht das Hinterlassen einer kleinen Spende.

▪ Tägl. 9–16 Uhr, im Sommerhalbjahr bis 19 Uhr. Eintritt frei. Keine Mitnahme von Hunden und Zweirädern jeglicher Art. Schlossgarten 3, ✆ 0251-8323827, uni-muenster.de/BotanischerGarten.

Allwetterzoo und Pferdemuseum

Der 1973 eröffnete Allwetterzoo präsentiert 3.500 Tiere von 400 Tierarten und allen Kontinenten. Überdachte Gänge verbinden die Gehege. Wer sich alles anschaut, kommt am Ende auf knapp 5 km Wegstrecke. Seit einigen Jahren wird die etwas in die Jahre gekommene Anlage Stück für Stück aufwendig renoviert, denn die Konkurrenz rundum hat Münster in Sachen zeitgemäßer Zoo zum Teil längst überholt. Es war zuletzt mehr die Kombination mit anderen Angeboten in der Stadt, die auswärtige Gäste in den Zoo lockte. Bei Familien aus Münster und den Nachbarstädten steht er aber weiter ganz hoch im Kurs, wie die Verkaufszahlen von Dauerkarten zeigen. Das 2002 eröffnete, ins Gelände integrierte Pferdemuseum präsentiert auf 10.000 m² Ausstellungsfläche die Natur- und Kulturgeschichte von Mensch und Pferd.

▪ Tägl. 9–17 Uhr, im Frühjahr bis 18 Uhr und im Sommer bis 19 Uhr. Eintritt 18,90 €, erm. 9,90 €, Bildungsangebote über die Homepage buchbar. Sentruper Str. 315, ✆ 0251-89040, allwetterzoo.de. Pferdemuseum, Sentruper Str. 311, ✆ 0251-484270, pferdemuseum.de.

LWL-Museum für Naturkunde mit Planetarium

Das Naturkundemuseum gleich gegenüber vom Zoo bietet immer wieder interessante Sonderausstellungen. Zudem gehört als Außenstandort das Heilige Meer (→ S. 265), ein Erdfallsee im Tecklenburger Land, dazu. Beeindruckend im technisch ganz neu ausgerüsteten Planetarium sind der weltweit größte Ammonit (1,80 m Durchmesser) und ein hinterleuchtetes, 12 m² großes Bild der Milchstraße. Die Ausstellung dort kann vor und nach einer Veranstaltung besichtigt werden.

▪ Di–So 9–18 Uhr bzw. nach Veranstaltungskalender, Mo geschlossen. Eintritt frei im Naturkundemuseum und 4 € (erm. 3,50 €) im Planetarium, bis 5 J. frei, bei Führungen 5 €/ Pers. Aufpreis. Sentruper Str. 285, ✆ 0251-59105, für Führungen und Bildungsangebote ✆ 0251-5916050, lwl-naturkundemuseum-muenster.de.

Das zusammengequasselte Museum

Der Mühlenhof ist das Heimatmuseum Münsters und mit 30 Gebäuden Freilichtmuseum zur Geschichte des bäuerlichen Lebens in der Region. Alles begann Ende der 1950er-Jahre, als Theo Breider mit Freunden beschloss, eine alte Bockwindmühle aus dem Emsland nach Münster zu transferieren, um an die einst 23 Mühlen der Stadt zu erinnern. Die Stadt stiftete ein Grundstück, schließlich arbeitete Breider als Verkehrsdirektor in der Verwaltung und zeichnete für die Förderung des Radfahrens und Radtourismus verantwortlich. Andere Bauten sollten nicht hinzukommen. Doch Breider, ein großes Schlitzohr, ließ alles folgen, was einst zu einem Mühlenensemble gehörte. „Zu einer Mühle gehört doch auch …", argumentierte er. Parallel dazu brache die Bevölkerung historische Maschinen, Werkzeuge und technisches Gerät vorbei. Legendär ist, wie er Politiker bei Besuchen überlistete, um an Genehmigungen zu kommen. „Wollen Sie mir den Gefallen tun, das Herdfeuer zum ersten Mal anzuzünden?", fragte er den Regierungspräsidenten, als der Mühlenhof schon seit Monaten auf die Genehmigung für den Betrieb von Feuerstellen wartete. Ein Nein in Gegenwart eines Gastes aus den Niederlanden sollte natürlich nicht sein. Die Scheite wurden entzündet und Breider nahm das als Genehmigung. 1993 verstarb der „Baumeister des Mühlenhofs", ausgezeichnet mit allem, was Stadt, Land, Bund und der Papst zu vergeben hatten.

■ Tägl. 10–17 Uhr, Sommerhalbjahr bis 18 Uhr, Gastronomie Mo geschlossen. Eintritt 5 €, erm. 3 €, unter 6 J. frei, Familienkarte 13 €. Theo-Breider-Weg 1, ✆ 0251-981200, muehlenhof-muenster.org.

Der Mühlenhof hält wach, was die Region lange prägte

In der Umgebung

Richtung Osten liegt hinter dem See die **Sentruper Höhe** mit den Türmen der 1973–82 gebauten Uni-Klinik als Landmarke. Daran schließt sich in nördlicher Richtung der Stadtteil **Gievenbeck** an, ein in den 1970er-Jahren entstandenes reines Wohnviertel. Es wird in einigen Jahren noch etwas gewachsen sein. Denn nach dem Rückzug der britischen Rheinarmee sind die Oxford-Kaserne und die York-Kaserne (Gremmendorf) geschlossen worden. Auf den Flächen entstehen nun neue Stadtteile, mit deren Fertigstellung ab etwa 2025 zu rechnen ist. Wer sich für Städtebau interessiert, sollte sich an einem der beiden Areale umschauen.

An der Ostseite des Aasees sind eine alte und eine neue Landmarke der Stadt zu finden, die Hochhäuser der **Aaseestadt** (die ersten für Wohnzwecke in Münster) und der „Kristall", der hoch aufragende Turm des Gebäudes der Versicherung LVM. Auf dieser Seite des Sees liegen die größte Mensa der Uni, die **Mensa am Aasee,** und weitere Gastronomiebetriebe. In **Pluggendorf,** so heißt diese Seeseite in ihrem südlichen Teil, befindet sich die als Veranstaltungsort genutzte **Aula am Aasee.**

Gesegelt wird bei (fast) jedem Wetter

Am Südende schließt der Stadtteil **Mecklenbeck** an und im Südwesten **Roxel.** Zwischen Mecklenbeck und Aaseestadt stehen die Bürogebäude vieler Firmen. Eine Fahrt nach Roxel lohnen einige Restaurants.

Praktische Infos (rund um den Aasee)

→ Karte S. 59

Markt Donnerstag am Nachmittag in Albachten und Gievenbeck, Freitag am Nachmittag in Roxel.

Schwimmen und Wellness **Schwimmhalle Mitte 3,** Badestr. 8, ✆ 0251-4841353. **Hallenbad Roxel,** Tilbecker Str. 36, ✆ 02534-8191.

Sport An der Westseite des Aasees befindet sich noch vor Mühlenhof und Zoo der **Sportpark Sentruper Höhe 9,** wo sich so ziemlich allen Sportarten nachgehen lässt, die kein Wasser benötigen. Weitere Sportanlagen der Uni liegen ein Stück entfernt am Horstmarer Landweg. Am Aasee bietet die **Segelschule Overschmidt** Kurse an, ohne Vereinsmitglied werden zu müssen (Annette-Allee 1, ✆ 0251-8493000, overschmidt.de).

Theater Am Aasee ist auch die Heimat des **Charivari Puppentheaters,** Körnerstr. 3, ✆ 0251-521500, charivari-theater.de.

Essen **Schlossgarten Café 1,** einzige Einkehrmöglichkeit nach dem Besuch von Schlossgarten und Botanischem Garten. Mo–Fr 12–17 Uhr, Sa 9–17 Uhr, So 9.30–17.30 Uhr. Schlossgarten 4, ✆ 0251-9879696, schlossgarten.com. €

meinTipp **Moro 112 11,** italienisches Lokal im Clubhaus des Segelclubs Hansa. Hausgemachte Pasta, interessante und leckere Pizza-Kreationen. Das etwas beengte Sitzen schafft Trattoria-Atmosphäre. Schöne Terrasse zum Aasee hin. Tägl. 11–23.30 Uhr. Mecklenbecker Str. 111, ✆ 0251-796765, moro112.de. €€

Spatzl 4, bayerische Küche, sehr gelungen umgesetzt. Mo–Sa 12–1 Uhr, So 12–24. Am Stadtgraben 52, ✆ 0251-46387, spatzl-wirtshaus.de. €€

Zum Himmelreich 5, sicherer Ort für Freunde der Regionalküche und von Standardgerichten. Nachmittags Kuchen und Waffeln. Mi–

Sa 12–22 Uhr, So bis 20 Uhr. Annette-Allee 9, ✆ 0251-80437, zum-himmelreich.de. **€€**

elbēn 8, syrischer Bistro-Imbiss. Sehr authentische Küche. Mo–Sa 11.30–22 Uhr, So 12–20 Uhr. Scharnhorststr. 25, ✆ 0251-28776145. Zweigstellen im Kreuzviertel, Im Messkamp 15, ✆ 0251-16245916, sowie dem Hafen- und Hansaviertel, Wolbecker Str. 114, elben.org. **€**

meinTipp **Le Feu 2**, Flammkuchenspezialist der Stadt, nicht nur für das studentische Publikum attraktiv. Tägl. 12–23 Uhr. Schlossplatz 48, ✆ 0251-28719348, lefeu.de. **€€**

Übernachten Agora 6, äußerst funktional eingerichtetes Hotel mit Blick auf den Aasee. Bismarckallee 5, ✆ 0251-484260, agora-muenster.de. **€€**

meinTipp **Mövenpick 7**, verlässliches Vier-Sterne-Nächtigen am Westufer des Aasees. Leckeres Zürcher Geschnetzeltes im Restaurant. Kardinal-von-Galen-Ring 65, ✆ 0251-89020, movenpick.accor.com. **€€€€**

Jugendgästehaus am Aasee 10, ideales Hostel für alle, die für die Nacht etwas Abstand zum Altstadttrubel vorziehen. Bismarckallee 31, ✆ 0251-530280, jugendherberge.de. **€**

Kreuz- und Martiniviertel

Als Geburtsort eines geläufigen Münster-Klischees, das ein FAZ-Artikel von 2017 auf die Formel „schön, satt und selbstgewiss" gebracht hat, müssen das am Buddenturm beginnende Kreuzviertel und das vom Bült stadtauswärts gehende Martiniviertel gelten. Wer Sozialstudien mag, sollte dieses Biotop liberalen Bürgertums erkunden.

In den zu Beginn des 20. Jh. errichteten Häusern lebten in der 68er-Zeit viele Studenten. Die einst repräsentativen Wohnungen waren inzwischen heruntergekommene Altbauwohnungen geworden. Heute lebt ein Teil der Bewohner von damals immer noch im Viertel, hat aber nach dem Studium einen lukrativen Job angetreten, problemlos Mieterhöhungen nach Sanierungen und Renovierungen mitmachen oder sogar ein Objekt kaufen können. Gediegen geht es hier inzwischen zu, und die Probleme, die andere Städte und ihre Bevölkerung haben, sind ganz weit weg. Der Teil des Martiniviertels zwischen Theater und Hörstertor ist eines der Ausgehviertel von Münster, seine teilweise Autofreiheit in Planung.

Apostelkirche

Die größte evangelische Kirche der Stadt liegt zwar noch innerhalb des Promenadenrings schräg gegenüber vom Theater, wird aber – so katholisch ist Münster dann doch – eher nicht zur Altstadt gezählt. Sie wurde 1270 als erster rein gotischer Sakralbau der Stadt errichtet und ist eine ehemalige Minoritenkirche der Franziskaner. Die Deckenmalerei stammt aus dem 15./16. Jh., das Inventar im Wesentlichen aus den 1970er-Jahren.

▪ Neubrückenstr. 5

Theater Münster

Das Theater der Stadt Münster war einer der ersten Theaterneubauten nach dem Zweiten Weltkrieg und erlangte deutschlandweit Aufmerksamkeit. Der Münsteraner Harald Deilmann und der als Theater-Architekt später sehr populär gewordene Werner Ruhnau schufen von 1952 bis 1956 zusammen mit zwei Kollegen den auch heute noch beeindruckenden Bau. Der Besuch einer Aufführung lohnt, weil der Saal nicht sehr

Erster Theaterneubau nach dem Zweiten Weltkrieg, das Stadttheater

Spenden ermöglichten die Wiedererrichtung des Eisenmann-Brunnens

tief ist und alle Plätze relativ nah an der Bühne liegen. Als Klangraum dient der Dachraum, in dem die Architekten Reflexionskörper für den Nachhall unterbrachten. Doch die mussten verdeckt werden, weshalb sie einen immer wieder faszinierenden Lampenhimmel aus Papierlampen schufen, die damals „in" waren. Von „1001 Lampen" sprachen Spötter, lagen damit aber gar nicht so falsch. Es sind knapp 900. Das Theater Münster ist ein Fünf-Sparten-Haus. Hinzu kommen die Produktionen der Niederdeutschen Bühne und Sinfoniekonzerte.

▪ Neubrückenstr. 63, ✆ 0251-5909100 (Theaterkasse), theater-muenster.com.

Kreuzschanze

Der schönste Teil der Promenade liegt zwischen Buddenturm und Grevener Straße. Der ursprüngliche Wehrturm an der Kreuzung Bergstraße/Münzstraße wurde nach Niederlegung der Stadtmauer als Pulverlager genutzt, Ende des 19. Jh. einige Zeit als Wasserturm. An den Turm grenzt die Kreuzschanze, eine kleine Parkanlage, in der das Marmordenkmal für die Dichterin Annette von Droste-Hülshoff zu finden ist. So zurückgezogen die Droste lebte, so steht auch ihr Denkmal etwas abseits vom Zentrum Münsters. Die private Initiative „Dein Brunnen für Münster" sorgte 2021 für die Rückkehr von Nicole Eisenmans Skulptur „Sketch for a Fountain", eines der meistbesuchten Werke bei den „Skulptur Projekten" 2017. Der Brunnen thematisiert durch die überlebensgroßen, geschlechtslosen Figuren die Themen Gender und Toleranz (deinbrunnen4ms.de).

Kreuzkirche

Die im neogotischen Stil 1902 fertiggestellte Kirche am Hoyaplatz gab dem Viertel seinen Namen. Bis zum Wiederaufbau des Doms nach dem Zweiten Weltkrieg diente sie kurzzeitig als dessen Ersatzkathedrale. Deshalb hielt hier Clemens August Graf von Galen sein einziges Pontifikalamt als Kardinal: Die Würde war ihm erst im März 1946 verliehen worden, im gleichen Monat starb er. Heute ist die Kirche Stadtgespräch, weil die letzten zwei Pfarrer die Gemeinde verließen und mit Kritik an Kirche und Gemeinde nicht sparten.

▪ Hoyastr. 22

Zwinger

Der Zwinger von 1532 gehört zu den bedeutendsten Wehrtürmen im deutschsprachigen Raum. 24 m beträgt sein Durchmesser, die Wand ist 4,60 m dick. Nach seiner Zeit als Wehrturm war er Zuchthaus, Künstlerquartier, Hitlerjugendtreff und Gestapo-Hinrichtungsstätte. Seit den „Skulptur Projekten" 1987 bzw. 1997 ist er Erinnerungsort und Mahnmal für in der Stadt begangene Nazi-Verbrechen. Rebecca Horn schuf „Das gegenläufige Konzert": Ein 12 m tief in die Zisterne fallender Wassertropfen sorgt für eine beklemmende Atmosphäre. Achtung! Nicht barrierefrei.

▪ Juni–Sept. So 14–18 Uhr, ansonsten nur im Zusammenhang mit einer Führung (Termine auf der Homepage). Eintritt 1,50 €, erm. 1 €, bis 12 J. frei, Audioguide 2 €. Promenadenring, ✆ 0251-4924503 (Buchung von Führungen), stadtmuenster.de/museum/museum/zwinger.html.

Lotharinger Kloster

Die ehemalige Chorfrauenkirche wurde 1771–73 nach Plänen von Johann Conrad Schlaun gebaut. Heute lässt sich hier sehr stilvoll heiraten, denn die Räume dienen dem Standesamt Münster als Trauzimmer.

▪ Hörsterstr. 2

Martini-Kirche

Von der ursprünglich dreischiffigen Basilika ist heute nur noch der unterste Teil des Turms übriggeblieben. Im Mittelalter wurde das Langhaus der Basilika durch eine dreischiffige Hallenkirche ersetzt, die 1380 noch durch einen Langchor ergänzt wurde. Seit 2014 ist die Martini-Kirche die Jugendkirche im Bistum Münster.

▪ Martinistr. 6

Wienburgpark

Am Nordende von Kreuz- und Martiniviertel geht es kurz hinter dem Ring ins Grüne über. Eine ehemalige Aue der Aa wurde renaturiert. Der große Spielplatz und die Wasservögel am Teich ziehen viele Familien an.

In der Umgebung

Im **Theater im Pumpenhaus** in der Gartenstraße, das über kein eigenes Ensemble verfügt, werden Produktionen freier Gruppen gezeigt. Direkt gegenüber vom Hauptbahnhof ist in einem ehemaligen Kino das **GOP Varieté-Theater Münster** zu finden. Aus dem Gelände der Germania-Brauerei ist nach dem gescheiterten Versuch der Ansiedlung eines Freizeitbades mit Saunalandschaft der **Germania-Campus** geworden. Hierhin locken am Abend die Gastronomiebetriebe nicht nur Studierende. Mit der Eisbahn kommen in der Weihnachtszeit Jüngere auf ihre Kosten. Wer sich das urbane Wohnen der „besseren Kreise" anschauen möchte, macht noch einen Abstecher zu den **Klostergärten.** Eine Alternative wäre der **Inselbogen** im Geistviertel.

Praktische Infos (Kreuz- und Martiniviertel)

→ Karte S. 63

Schwimmen **Coburg 2**, beheiztes Freibad mit umweltfreundlicher Wärmeerzeugung über Solaranlage. Grevener Str. 125 (DJK-Zentrum), ✆ 0251-62523879.

Sport Am **Wienburgpark** steht Freizeitsportlern ein großes Gelände zur Verfügung. Gute Joggingstrecke.

Essen **La Costanera 14**, peruanische Spezialitäten sowie lateinamerikanische Klassiker werden seit einigen Jahren in einem der ältesten gastronomischen Betriebe der Stadt zubereitet. Di–So 17.30–1 Uhr, Mo Ruhetag. Bergstr. 19, ✆ 0251-28779667, la-costanera.de. €€€

MeinTipp **Rotkehlchen 10**, Bistro und Bar sowie Verkauf von Feinkost-Produkten. Mi–Sa ab 12 Uhr Mittagstisch, ab 16 Uhr regionale Köstlichkeiten in Tapasform, ab spätestens 19.30 Uhr geschlossen. So–Di Ruhetag. Wasserstr. 1–3, ✆ 0251-39487684, rotkehlchen-muenster.de. €€

MeinTipp **Ouzeri 20** (→ Karte S. 48/49), keine Grillteller-Fleischmassen, sondern eine Auswahl vieler kleiner Gerichte und hochprozentiger Getränke, wie sie in einem Mezedopolio in

Griechenland auch zu finden ist. Sehr authentisch, auch geschmacklich. Reservierung an Abenden mit Livemusik nötig. Di–So 17.30–24 Uhr, Mo Ruhetag. Mauritzstr. 22, ☏ 0251-28466887, ouzeri-muenster.de. €€

The James 13, einer von zwei Pubs in Münster mit langer Tradition, mindestens acht Fassbiere von den Inseln im Ausschank. Mo–Sa 18–1 Uhr, So Ruhetag. Hörsterstr. 27, ☏ 0251-484 4712, thejames.de. €

MeinTipp **Nordstern 6**, Traditionslokal von 1908, das seit Jahrzehnten Brathähnchen als Hausspezialität anbietet (sonst steht nicht viel auf der Karte), dazu bis zu ein Dutzend Biersorten vom Fass. Mo–Fr 16–3 Uhr, Sa/So 11–3 Uhr Uhr. Hoyastr. 3, ☏ 0251-22141. €€

MeinTipp **Eßbar 5**, ein Catering-Service bietet in einem ehemaligen Milchladen im Jugendstil-Look einen schmackhaften Mittagstisch sowie einige Delikatessen zum Mitnehmen an. Mo–Fr 11–15.30 Uhr, Sa/So Ruhetag. Ketteler Str. 4, ☏ 0251-532505, kochkunst.com. €

Klamm und Heinrich 9, ist nach Schließung des Gasthauses bei passendem Wetter Mi–Sa von 17 bis 22 Uhr nur noch der schönste Biergarten der Stadt. So–Di geschlossen. Breul 9, ☏ 0251-45830, klammundheinrich.de. €

MeinTipp **BOK – Brust oder Keule 4**, feine französische Küche, wie sie Monsieur Duchemin gefallen hätte. Di–Sa 18–22 Uhr, So/Mo Ruhetag. Melchersstr. 32, ☏ 0251-9179656, brustoderkeule.de. €€€€

MeinTipp **Die Glocke 7**, frisch und lokal lautet das Motto von André Skupin, der einst im Kaiserhof Sterne erkochte. Kleine Karte, Mo/Do 17.30–22 Uhr, Fr–So 12–14.30 Uhr und 17.30–22 Uhr, Di/Mi Ruhetag. Hoyastr. 4, ☏ 0251-93135817, restaurant-die-glocke.de. €€€

SÜLZ Speisehaus 1, ein junges Team bringt am Rand des Wienburgparks interessante Fusion Kitchen auf den Tisch. Mi/Do 15–22 Uhr, Fr 15–23 Uhr, Sa 12–22 Uhr, So 10–22 Uhr, Mo/Di Ruhetag. Wienburgstraße 148, ✆ 0251-59688596, suelz-speisehaus.de. €€€

Alem Mar 11, bestes portugiesisches Restaurant der Stadt. Mo–Sa 18–23 Uhr, So Ruhetag. Neubrückenstraße 28, ✆ 0251-1628530, alemmar2002.de. €€€

Vinothek am Theater 12, in zweiter Generation betriebene Weinbar mit Speisenangebot und Weinverkauf. Mo–Do 12–24 Uhr, Fr/Sa 12–1 Uhr, So 17–24 Uhr. Neubrückenstr. 16, ✆ 0251-9816480, vinothekamtheater.de. €€

Roestbar 8, Mutter aller Kaffeebars in Münster mit inzwischen mehreren Filialen und Präsenz im Supermarkt-Regal. Mo–Sa 9–18 Uhr, So ab 10 Uhr. Nordstr. 2, roestbar.com. €

Übernachten **Factory 3**, extrem stylisches Hotel auf dem Germania-Campus: Boutique-Hotel trifft Industriekultur. An der Germania-Brauerei 5, ✆ 0251-41880, factoryhotel-muenster.de. €€€

Martinihof 15, kleines, modernes Stadthotel im Martiniviertel. Hörsterstr. 25, ✆ 0251-418620, martinihof.de. €€€

Hostel Nordstern 6, kleines Hostel über der legendären Gaststätte. Hoyastr. 3, ✆ 0251-3997315, nordstern-hostel.de. €

Mauritz- und Erphoviertel

Die nordöstlich der Altstadt gelegenen Viertel gehören zu den innenstadtnahen Wohnquartieren mit einer hohen Zahl an Altbauten und Stadtvillen. Sie sind für alle Gäste attraktiv, die Lust auf ein leckeres Abendessen außerhalb der Altstadt haben oder am Dortmund-Ems-Kanal die Seele baumeln lassen wollen.

Dicht an dicht liegen zwischen der Schleuse und dem Hafen im Sommer die Sonnenhungrigen. Sonst wird eine kleine Runde gedreht, zu der auch das Flanieren am Kanal gehört. Im Gegensatz zum Aasee spielt Sehen-und-Gesehenwerden keine so große Rolle. Die Dauerbaustelle Kanalerweiterung trübt seit 2022 leider die Aufenthaltsqualität.

Mauritz-Kirche

Die katholische Stifts- und Pfarrkirche ist der älteste in Teilen original erhaltene Sakralbau der Stadt, das Stift wurde bereits Ende des 11. Jh. gegründet und war der dritte Siedlungsschwerpunkt nach Dom und Überwasserkirche. Im Jahr 1529 hielt Bernd Rothmann, einer der Wegbereiter des Täuferreichs von Münster (→ S. 24), in St. Mauritz erste reformatorische Predigten. Nach ihrer Machtübernahme zerstörten die bilderstürmenden Täufer Stift und Kirche komplett, kurz nach der Niederschlagung des Täuferreichs folgte der Wiederaufbau. Im Zuge der Säkularisation wurde das Stift 1811 geschlossen, es folgte der teilweise Abriss der Stiftsgebäude, erhalten geblieben sind die Stiftskurie, jetzt Pfarrhaus, und Teile der alten Dechanei.

Besonderes Merkmal des dreischiffigen Gotteshauses sind die zwei romanischen Türme (um 1090) an den Seiten und der mächtige, dem Gebäude vorgelagerte Glockenturm (12. Jh., Haube von 1709). Die reichhaltige Innenausstattung stammt hauptsächlich aus der Zeit von 1545 bis 1866. Sie konnte mit einem umfangreichen Kirchenschatz bewahrt werden, weil St. Mauritz im Zweiten Weltkrieg kaum beschädigt wurde. In der angrenzenden Erpho-Kapelle (1470) befinden sich mehrere Epitaphe und Grabmäler, darunter das des namensgebenden Bischofs (Amtszeit (1085–97), der als Gründer oder zumindest Förderer des Stifts gilt.

Außerhalb der Kirche ist eine Kreuzigungsgruppe aus Sandstein zu sehen (1630), die wohl im 1832 abgerissenen Kreuzgang des Stifts gestanden hat. In

der Fastenzeit wird ein aufwendig gestaltetes Hungertuch aufgehängt. Beeindruckend ist das Lichtkreuz des Künstlers Ludger Hinse.

- Sankt-Mauritz-Freiheit 22

Erpho-Kirche

Das Gotteshaus heißt eigentlich Christus-König-Kirche, doch die Gläubigen hatten immer den Namen Erpho im Gedenken an den wahrscheinlichen Gründer des Stifts St. Mauritz präferiert. Er setzte sich als Name für Kirche und Stadtviertel durch. Die von 1928 bis 1930 gebaute Saalkirche, ein wuchtiger Bau aus Werkstein, wurde bei einem Umbau 1972 erheblich verändert, u. a. wurde das Tonnengewölbe verdeckt. In geraden Jahren findet im Gotteshaus immer eine Kunstausstellung statt.

- Ostmarkstr. 21

Villa ten Hompel

Auf den ersten Blick scheint wenig deplatzierter zu sein als die Unterbringung eines Erinnerungsortes für die Gräueltaten der Nazis in einer stattlichen Villa. Doch an eben jenem Ort fand in Münster das Management der Deportation von Juden und – im Nazi-Jargon – „anderen Untermenschen oder Gefahren für den deutschen Volkskörper" statt. Die Beamtenstadt Münster hatte ja die „Schreibtischtäter" dafür.

Von 1880 an stand in der Klosterstraße 8/9 eine Synagoge, die in der Reichspogromnacht niederbrannte. Mit Kriegsende war die Gemeinde ausgelöscht. Lediglich 28 jüdische Bürgerinnen und Bürger aus Münster überlebten den Holocaust. Nach Kriegsende kehrten nur wenige Menschen jüdischen

Glaubens in Stadt und Region zurück, darunter der Warendorfer Viehhändler Hugo Spiegel, Vater des langjährigen Vorsitzenden des Zentralrats der Juden in Deutschland, Paul Spiegel. Seit 1961 gibt es in Münster an der Stelle der alten eine neue Synagoge und eine sehr aktive jüdische Gemeinde.

Von 1954 bis 1968 war in der Villa eine Außenstelle der Bezirksregierung untergebracht, in der Entschädigungsanträge von Nazi-Opfern bearbeitet wurden, 1999 wurde sie zum Gedenkort. Seit dem Gastspiel der Wehrmachtsausstellung sorgt die jeweilige Leitung mit einem so fordernden wie abwechslungsreichen Programm für Strahlkraft weit über Münster hinaus. Die 2012–15 erarbeitete Dauerausstellung „Geschichte - Gewalt - Gewissen" lohnt sehr, weil sie einen anderen Blickwinkel einnehmen kann als Ausstellungen in KZ-Gedenkstätten.

Wie wichtig den Einheimischen die Erinnerung an die Verstrickung der Stadt in den Holocaust ist, zeigt auch die hohe Zahl an Stolpersteinen auf Münsters Gehwegen.

■ Mi/Do 18–21 Uhr und Fr–So 14–17 Uhr, Mo/Di geschlossen, Führungen unter ✆ 0251-4927101. Kaiser-Wilhelm-Ring 28, stadt-muenster.de/villaten-hompel. Homepage der jüdischen Gemeinde: jgms.de.

Straße, Schiene und Kanal treffen auf Münsters Schleuse

Schaustelle Kanal

Ein Stück stadtauswärts unweit der Kanalbrücke Warendorfer Straße befindet sich die Schleuse Münster. Das Wasser- und Schifffahrtsamt hat hier die „Schaustelle Kanal" eingerichtet, die sehr anschaulich über die Schleuse, den Dortmund-Ems-Kanal und den Kanalbau in Deutschland informiert. Der schönste Weg dorthin ist von der Warendorfer Straße der über Dechaneischanze, Mauritz-Lindenweg und Prozessionsweg oder von der Mauritz-Kirche bis zum Kanal und von dort Richtung Norden zur Schleuse.

■ Apr.–Okt. Di–Do 15–18 Uhr und Fr–So 14–18 Uhr, im Winterhalbjahr nur am Wochenende. Eintritt frei. Dingstiege 2, ✆ 0251-239381.

Praktische Infos (Mauritz- und Erphoviertel)

→ Karte S. 65

Markt Dienstag und Freitag am Vormittag an der Ecke Warendorf Straße / Oststraße. Täglich lohnt auch der Einkauf im **Café Classique** **5** gleich um die Ecke.

Schwimmen **Hallenbad Ost** **6**, Mauritz-Lindenweg 101. Rund um die Schwimmhalle befinden sich verschiedene Sportanlagen, die auch von Breitensportlern genutzt werden können.

Essen **El Bodegon** **4**, traditionsreiches Tapas-Lokal gleich neben dem Cinema. Mo–Fr 12–23 Uhr. Sa/So ab 17 Uhr. Warendorfer Str. 43, ✆ 0251-3944396, el-bodegon.de. €€

Mauritz-Eck **2**, reichhaltige Bierauswahl und regionale Küche in klassischem Ambiente. Mo–Fr 11–14 Uhr und 17–24 Uhr, Sa/So Ruhetag. Warendorfer Str. 111, ✆ 0251-35834, mauritzeck.de. €€

mein Tipp **Les Cedres** **1**, libanesische Küche, auch Meze-Essen ist möglich, Reservierung ratsam. Mo–Fr 17–23 Uhr, Fr/Sa 17–24 Uhr, So 17–22 Uhr. Warendorfer Str. 161, ✆ 0251-922 6629, lescedres.de. €€€

mein Tipp **Übernachten** **Haus vom Guten Hirten** **3**, idyllisch gelegenes Hotel in einem ehemaligen Klostergebäude, funktional eingerichtet, kurzer Weg zum Kanal, schnelle Busverbindung in die Innenstadt, viel beachteter Inklusionsbetrieb. Mauritz-Lindenweg 61, ✆ 0251-37870, hotel-guter-hirte.de. €€€

Hafen- und Hansaviertel

Einst galten die beiden Stadtviertel als „üble Gegend“, heute sind sie beliebtes Wohnquartier aller unter 30-Jährigen, die am Abend gerne vor die Tür gehen. Die Zahl der Cafés und Kneipen steigt.

Ein guter Ausgangspunkt für die Erkundung der Viertels ist der Ausgang Bremer Platz des Hauptbahnhofs, wo strenge Einheimische das **Elisabeth-Viertel** verorten. Die Namensgeberin Elisabeth-Kirche ist heute profaniert und dient als Sporthalle und Kindertageseinrichtung. Angefangen direkt am Parkhaus Bremer Platz hinter dem Hauptbahnhof wuchs in den letzten Jahren über die Wolbecker Straße bis kurz vor dem Hansaring eine weitere Gastromeile (**7** →Karte S. 69) heran, der bis zur Dortmunder Straße gefolgt werden kann. Durch sie lässt sich dann bequem das **Hansaviertel** (**14** →Karte S. 69) und von dort der **Hafen** erreichen. Es ist aber auch der größere Schlenker möglich. Dann geht es erst im Ortsteil **„Klein-Muffi“** an der Kanalbrücke Wolbecker Straße rechts ab in Richtung Hafen und Hansaviertel. Der Begriff „Muffi“ war einst Schimpfwort für Holländer, Ende der 19. Jh. wurde er einfach ausgedehnt auf alle Migranten, die im Zuge des Kanalbaus in die Stadt gekommen waren.

Herz-Jesu-Kirche

Das Gotteshaus war 1900 das symbolische Signal der Bewohner des Viertels an den Rest der Stadt, dass sie nicht als die sozial deklassierten Einwohner angesehen werden wollten, und in Richtung der preußischen Obrigkeit ein Statement zum gerade beendeten Kulturkampf. Irgendwie ist es schön, zu wissen, dass im katholischen Münster der höchste Kirchturm (97 m) da steht, wo nicht so betuchte Menschen in Münster überhaupt citynah leben können. Die Herz-Jesu-Kirche war das letzte Gotteshaus, das der berühmte Kirchenarchitekt Wilhelm Rincklake vor seinem Eintritt ins Kloster Maria Laach plante. Vom 4. Advent bis Anfang Februar ist sie wegen einer beeindruckenden Krippenlandschaft einen Besuch wert.

- Wolbecker Str. 121

Hafen

Schon seit den 1970er-Jahren vollzieht sich die Verwandlung des 1899 eröffneten Beckens I des Binnenhafens in einen Ort der Kunst, Kultur und Freizeit sowie der Büros für kreative Köpfe und andere Freigeister. Sie wird, weil über Bauprojekte in Münster immer lange gestritten wird, sicher nicht vor 2030 beendet sein. Der Preis ist das nahezu vollständige Verschwinden des Hafens, wie er im Industriezeitalter existierte. Einige Speicher und Kräne erinnern noch daran. Der Güterumschlag erfolgt heute in einem Nebenbecken oder direkt am Kanalrand.

Die Südseite mit der Kneipenmeile wird **Kreativkai** (**16** →Karte S. 69) genannt, **B-Side** das gegenüberliegende Ufer mit der **Hafenkäserei,** zu der sich noch weitere Gastronomiebetriebe gesellen sollen. Im Sommer wird das Hafenfest mit viel Livemusik gefeiert. In den anderen Arealen finden im Juni bzw. Juli die Festivals Docklands und Vainstream statt. Das Becken II hat noch etwas Güterumschlag. Hier ist die alternative Szene der Stadt rund um den **Hawerkamp** zu Hause. Der Coconut Beach ist die sommerliche Chill-Location für alle, die am Kanalufer den gastronomischen Service vermissen. Zwischendrin liegt, wenn sie nicht gerade auf Tour ist, die **MS Günther.** Der Student Leon Windscheid gewann 2015 die Million bei Günther Jauch und erfüllte sich seinen Traum von einem kleinen Party-Boot, das seit 2016 vom Hafen aus über den Kanal schippert.

Kunsthalle

Im obersten Stock des Speichers II ist die Kunsthalle Münster untergebracht. Zeitgenössische Kunst wird hier in exzellent kuratierten Ausstellungen präsentiert. In den Etagen darunter existieren seit 2004 insgesamt 32 Ateliers. Gleich nebenan entstehen die Endfassungen der Bücher von Prinzessin Lillifee und Hase Felix, der Coppenrath Verlag hat hier sein Domizil.

▪ Di–So 12–18 Uhr, Mo geschlossen. Eintritt frei. Hafenweg 28, ✆ 0251-6744675, kunsthalle muenster.de.

Wolfgang-Borchert-Theater

Das im Dezember 1956 gegründete Theater ist eines der ältesten deutschen Privattheater. Nach Stationen am Prinzipalmarkt, im Bahnhof und am Eingang zum Hafen ist es seit 2014 im Flechtheim-/Rhenusspeicher zu finden. Aber auch in den neuen Räumen mit größerem Platzangebot sind fast alle Vorstellungen ausverkauft, was an interessanten Klassiker-Aufführungen und Gegenwartsdramatik liegt, die der zweite Schwerpunkt ist. Langfristige Planung und Ticketkauf sind nötig. Mit dem Kammertheater **Kleiner Bühnenboden** gibt es im Hansaviertel ein weiteres Privattheater.

Landmarke Fernsehturm

Wolfgang-Borchert-Theater, Flechtheim-/Rhenusspeicher, Am Mittelhafen 10, ✆ 0251-40019, wolfgang-borchert-theater.de.

Kleiner Bühnenboden 10, Schillerstr. 48a, ✆ 0251-661759. Ticketverkauf online über der kleinebuehnenboden.de.

MCC, Cineplex, Jovel

Kern des Messezentrums MCC ist die **Halle Münsterland.** Das 1926 errichtete Gebäude beeindruckt bis heute durch seine Architektur. In seinem Inneren existieren immer noch die Kurven einer Radrennbahn. Die Rolling Stones gaben hier 1965 ihr erstes Konzert in Deutschland. Direkt daneben befindet sich in einem ehemaligen Autohaus mit dem **Jovel** die traditionsreichste Diskothek- und Rockkonzerthalle der Stadt. Die einst berühmt-berüchtigte Kegelparty in der Halle Münsterland gibt es nicht mehr, aber den „Bullenball" der Landjugend. Schon die Vorauswahl der Miss Bullenball wird von den lokalen Medien intensiv begleitet. Das Kino **Cineplex 21** war eines der ersten deutschen Großkinos.

Fernmeldeturm/Gasometer

An der Umgehungsstraße (B 51) liegen zwei weitere Landmarken der Stadt. Für den 1985/86 errichteten Turm (229 m Höhe), der lange Zeit Anlagen von nationaler Bedeutung beheimatete und deshalb nicht zugänglich war, existiert nun die Vision einer Gastronomie auf der größten Kanzeletage. Noch hat sich kein Investor gefunden. Auf 52 m Höhe und 56 m Durchmesser bringt es der von 1954 bis 2005 genutzte Gasometer. Die Zukunft des stillgelegten Erdgasspeichers wird gerade diskutiert.

Hansaviertel
Hohenzollern-Klinik
Luftwaffenkaserne
Sauerländer Weg
Diepenbrockstraße
Sternstraße
Heisstraße
Katharinenstraße
Dorotheenstraße
Sophienstraße
Margaretenstraße
Von-der-Tinnen-Straße
Mindener Straße
Herz-Jesu-Kirche
Wolbecker Straße
Bremer Platz
Hbf Münster Ausgang: Bremer Platz
Schillerstraße
Hamburger Straße
Meppener Straße
Hansaplatz
Emdener Straße
Dortmunder Straße
Hansaring
Querstraße
Ewaldistraße
Hubertistraße
Taubenstraße
Lambertistraße
Kreuz MS-Süd, B 51, Werse
Bremer Straße
Soester Straße
Hafen (Klein Muffi)
Hafenweg
Hafenpromenade
Kunsthalle
Bernhard-Ernst-Str.
Stadthafen
Kanalpromenade - Schleuse, Boniburger Wald
Wolfgang-Borchert-Theater
Am Mittelhafen
B-Side Kreativkai
Albersloher Weg
Kiesekamps Mühle
Hafengrenzweg
Halle Münsterland / Kongresscenter
Am Hawerkamp
Dortmund-Ems-Kanal
Übernachten (S. 71)
2 Flowers Hotel
Essen & Trinken (S. 70)
4 Mero Buddha
5 Peperoni
6 Papa George
8 Bun bites beef
11 Namaste
12 Ristorante Maggio
17 Pasta e Basta
19 Wolters im Speicher
Nachtleben (S. 70/71)
1 Gazelle
7 Kneipenmeile Wolbecker Straße (S. 67)
13 Watusi Bar
14 Kneipenmeile Hansaviertel (S. 67)
15 Boheme Boulette
16 Kneipenmeile Hafenpromenade (S. 67)
18 Hot Jazz Club
22 Jovel Music Hall
23 Heaven/Coconut Beach
24 Fusion Club
25 Sputnikhalle
inkaufen (S. 70)
Asia-Shop
Peperoni
Loja
Hafenkäserei
onstiges (S. 68)
Theater Der kleine Bühnenboden
Cineplex Münster
afés (S. 70)
Gartencafé
Blumen Risse
Telgte, Fernsehturm
Gasometer
Kreuz MS-Süd
Gremmendorf, Albersloh
Hafen- und Hansaviertel
100 m

Praktische Infos (Hafen- und Hansaviertel)

→ Karte S. 69

Markt Mittwoch und Samstag am Vormittag in Konkurrenz zum Domplatz kleine Märkte am Hubertiplatz in „Klein-Muffi" (nahe Herz-Jesu-Kirche), Freitag am Vormittag vor der Margareta-Kirche am Fernsehturm.

Einkaufen Direkt an der Kreuzung Bremer Straße und damit nur 200 m vom Hauptbahnhof entfernt liegt der **Hofladen Heimat Heroes.**

Münster verfügt über eine große portugiesische Gemeinde. Einer der besten Lebensmittelläden für Produkte aus dem südeuropäischen Land ist **Loja 9,** Wolbecker Str. 72. Ein aus sich heraus sehenswerter Asia-Supermarkt liegt ein Stück weiter die Straße rauf, der **Asia-Shop 3,** Wolbecker Str. 27. Zudem gibt es gleich mehrere Läden für orientalische Lebensmittel. Schräg gegenüber vom Asia-Shop befindet sich mit der **Peperoni 5** ein Obst- und Gemüsehändler, der ab dem Mittag ein vegetarisches Tagesgericht verkauft und am Abend immer wieder Kulturveranstaltungen durchführt. Wer Livemusik bieten kann, bekommt das Essen kostenlos (gemuesekultur.de). Die gläserne **Hafenkäserei 20** ist eine der Attraktionen an der B-Side (Südseite) des Hafens.

Schwimmen Wer nicht im Dortmund-Ems-Kanal baden will, was sowieso nur geduldet ist, fährt die Wolbecker Straße ein Stück weiter stadtauswärts zum **Freibad Stapelskotten** (Laerer Werseufer 2, ✆ 0251-311820).

Sport Am Rand des Hafens haben die Ruderclubs der Stadt ihr Zuhause. Aufgrund des Kanalumbaus werden sie neue Domizile beziehen. Noch sind sie an der Bennostraße, der Rheinstraße und der Hansestraße zu finden. Rudergäste sind willkommen.

Essen **Mero Buddha 4,** sehr guter nepalesischer Imbiss, bei dem die Bedeutung des Begriffs „scharf" noch einmal neu definiert werden kann. Dependance in der Altstadt am Verspoel. Di–So 12–22 Uhr, Mo Ruhetag. Wolbecker Str. 31, ✆ 0251-13402357, mero-buddha.de. €

Mein Tipp **Papa George 6,** Kult-Griechenimbiss, bei dem die Wartezeit auf Souvlaki und Bifteki definitiv lohnt. Mo und Mi–So 12–23 Uhr, Di Ruhetag. Wolbecker Str. 51, ✆ 0251-664263, papageorge-ms.de. €

Namaste 11, empfehlenswertes indisches Restaurant hinter dem Hauptbahnhof. Fr–Mi 11–23 Uhr, Do Ruhetag. Hamburger Str. 4, ✆ 0251-87252779, namaste-muenster.de. €€

Bun bites beef 8, sehr interessante Burger-Kreationen in spartanischer Atmosphäre (Sitzbänke). Tägl. 17–22 Uhr. Wolbecker Str. 50, ✆ 0251-39468705, bunbitesbeef.de. €€

Mein Tipp **Maggio 12,** kleine Trattoria fast am Kanal mit hausgemachter Pasta, kleiner Pizzakarte und guter Weinauswahl. Di–So 14.30–22.30 Uhr, Mo Ruhetag. Wolbecker Str. 149, ✆ 0251-53956670, ristorante-maggio.de. €€

Mein Tipp **Wolters im Speicher 19,** türkische Klassiker auf der Standardkarte, dazu eine regional und mediterran inspirierte Wochen- bzw. Monatskarte, sehr gute Weinauswahl. „Ableger" des Lokals an der Hammer Straße. Di–Fr 17–23 Uhr, Sa/So 15–24 Uhr, Mo Ruhetag. Hafenweg 46, ✆ 0251-6743311, wolters-imspeicher.de. €€

Pasta e Basta 17, alles dreht sich in der Hafen-Filiale des italienischen Lokals am Theater um die Nudel, bei deren Produktion vor Öffnung des Lokals durch die Fensterfront sogar zugeschaut werden kann. Dazu wenige weitere Gerichte. Mo–Fr 12–14.30 Uhr und 18–23 Uhr, Sa 17–23.30 Uhr, So 12–23 Uhr. Hafenweg 24a, ✆ 0251-61899963, pasta-e-basta.ms. €€

Mein Tipp **Gartencafé Blumen Risse 26,** versteckt in einem Gartencenter lassen sich die leckeren Kreationen eines Konditors aus Herne erwerben, der einst in Münster sein Handwerk lernte. Das Erdbeertörtchen genießt in der Kundschaft Kultstatus. Mo–Sa 9–19 Uhr, So 11–16 Uhr. Willy-Brandt-Weg 10, wiacker.de/home. €

Nachtleben **Gazelle 1,** Club am Servatiiplatz in traditionsreicher Location unweit des Hauptbahnhofs. Wolbecker Str. 1, ✆ 0251-39637733.

Mein Tipp **Boheme Boulette 15,** eine der beliebtesten Szenekneipen im Viertel. Alleinstellungsmerkmal sind die Mini-Burger und die Absinth-Karte, Sa/So gibt's Fußball. Mo–Do 18–2 Uhr, Fr bis 3 Uhr, Sa 13.30–3 Uhr, So 13.30–1 Uhr. Hansaring 26, ✆ 0251-39630736, boheme-boulette.de. €

Mein Tipp **Watusi Bar 13,** eine der ältesten Bars im Viertel, coole Einrichtung. Di–Sa ab 19 Uhr, So/Mo Ruhetag. Dortmunder Str. 34, ✆ 0251-39630736, watusibar.de. €

Jovel Music Hall 22, einst von Udo-Lindenberg-Kumpel Steffi Stephan gegründet und inzwischen im denkmalgeschützten Gebäude eines ehemaligen Autohauses untergebracht. Albersloher Weg 54, ✆ 0251-201070, jovel.de.

Mein Tipp **Hot Jazz Club 18**, Ziel von Jazz-Fans, die oft von weit her für Konzerte anreisen, auch Gastronomie und Club-Disco, wenn keine Konzerte sind. Hafenweg 26b, ✆ 0251-68667908, hotjazzclub.de.

Heaven/Coconut Beach 23, traditionsreiche Location, die aus dem Hafen I an die Südspitze des Geländes auf der anderen Seite des Hafenbeckens gezogen ist. Ein Grillrestaurant und im Sommer ein großer Biergarten gehören auch zum Club. Am Hawerkamp 29a, ✆ 0151-53538370, heaven-muenster.de.

Sputnikhalle 25, die Konzerthalle und Disco der alternativen Szene in der Stadt. Am Hawerkamp 31, ✆ 0251-662062, sputnikhalle.de.

Fusion 24, Club für die Freunde elektronischer Musik. Am Hawerkamp 31, ✆ 0251-13555484.

Übernachten **Flowers 2**, neues Hotel in den oberen Geschossen eines Hauses auf der Hinterseite des Hauptbahnhofs mit Bar auf der Dachterrasse. Die Kneipen- und Gastroszene rundum ist gerade sehr in. Wolbecker Str. 16a, ✆ 0251-97443972, flowershotels.de/muenster. **€€**

Camping **Campingplatz Münster,** direkt an der Werse und mit dem Rad oder dem Bus nur knapp 15 Minuten von der Innenstadt entfernt. Laerer Werseufer 7, ✆ 0251-311982, campingplatz-muenster.de.

Süd- und Geistviertel

Zwischen dem Ludgerikreisel und der Metzer Straße ist die Hammer Straße, der Mittelpunkt des Südviertels, über die Jahre zu einer Ausgeh- und Shoppingmeile geworden (5 → Karte S. 73). Interessante Lokale sowie kleine, inhabergeführte Geschäfte wechseln sich ab. Hinzu kommen einige architektonisch überaus interessante Bauten. Die Innenstadt von Münster ist, abgesehen von den Gasthäusern, nach Schließung der Geschäfte doch ziemlich ausgestorben. Wem Kreuz- und Martiniviertel zu versnobt sind, das Hansaviertel zu studentisch und das Hafenviertel zu szenig, der macht sich am Abend auf den Weg zur Hammer Straße. Auch der späte Samstagvormittag, wenn es in der City viel zu voll ist, lässt sich dort gut verbringen.

St.-Josef-Kirche

Das 1904/05 gebaute Gotteshaus wurde im Zweiten Weltkrieg fast völlig zerstört, aber danach wieder aufgebaut. Da im Stadtteil bis 1887 keine eigene Kirche existierte und das Gebiet zur Innenstadtkirche St. Lamberti gehörte, befindet sich in ihr keine üppige, sondern eine für im 20. Jh. gebaute Kirchen typische Innenausstattung. Sehr atmosphärisch ist das Verfolgen des Geschehens auf dem Kirchplatz, der trotz fortschreitender Kirchenferne Zentrum des Viertels rund um die Hammer Straße geblieben ist.

Heilig-Geist-Kirche

Der schlichte Bau von 1928/29 genießt unter Architekten hohes Ansehen. Walter Krämer, der den ausgelobten Architekturwettbewerb gewann, greift Architekturformen des Neuen Bauens (Bauhaus Dessau) und der Neuen Sachlichkeit auf, etwa den überdachten Balkon an einer Ecke des frei stehenden Kirchturms. Zuweilen wird Heilig-Geist deshalb als Bauhaus-Kirche bezeichnet, auch wenn die Konzeption von Gropius und Co. nicht konsequent umgesetzt wurde.

Metzer Str. 35

Wasserturm

Der knapp 60 m hohe Turm ist die dritte Landmarke im Viertel. Er wurde 1903 in Betrieb genommen, ersetzte den Buddenturm (→ S. 61) und wurde rasch zu einem weiteren Wahrzeichen der Stadt. Die Stadtwerke verwendeten ihn bis 2017 für Trinkwasserspeicherung und Druckausgleich.

Ein Gründungsmitglied hofft

Es gibt wohl keine deutsche Stadt, in der es zwischen Kommune und Fußballverein ein so ambivalentes Verhältnis gibt wie Münster. Dazu passt, dass ausgerechnet in dem Jahr, in dem die Stadt endlich beschloss, das von 1926 stammende Preußen-Stadion umzubauen, die Fußballer in die vierte Liga abstiegen. Viel Tradition und städtischen Bekenntnissen stehen Tristesse und sportliche Fehlentscheidungen gegenüber. Bis heute wird in Presseartikeln und Medienberichten darauf verwiesen, dass Preußen Münster Gründungsmitglied der Bundesliga war. Unterschlagen wird, dass sogleich der Abstieg folgte, nie wieder der Aufstieg gelang und der Club seit 1981 gerade einmal zwei Jahre in Liga zwei zu finden war. 2006 und 2020 ging es hinab in die Viertklassigkeit. Im Sommer 2023 wurde der SCP wieder Drittligist, nun wird das Stadion endlich in eine moderne Arena umgebaut.

Dabei malten sich, als der SC Freiburg erstmals die Bundesliga aufmischte, viele aus, dass die Preußen als „Freiburg des Nordens" einen ähnlichen Weg gehen könnten, schließlich sei Münster doch auch Uni-Stadt mit viel Hinterland, aus dem sich gute Spieler, Sponsoren und viele Fans rekrutieren ließen. Münster müsste doch auch zu so einer Fußball-Stadt der „etwas anderen Art" werden können.

Doch nichts von dem, was dafür nötig gewesen wäre, klappte so richtig – inklusive der notwendigen Sympathie der politischen Entscheidungsträger dem Fußball gegenüber. Über einen Stadionumbau wurde seit Mitte der 1980er-Jahre diskutiert. Ein Stadion als Teil eines Einkaufszentrums sollte es sein. Die Innenstadt-Kaufleute formierten sich mit Anwohnern und die Sache war 2000 nach einem Gerichtsurteil erledigt. 2008/09 gab es zumindest eine neue Tribüne. Konflikte im Vorstand und Krach mit den Fans, die sogar unter sich rivalisierten, sorgten ab 2015 für Unruhe und am Ende sinkende Einnahmen. Auch auf dem Rasen reichte es irgendwann nicht mehr.

Der SC Preußen Münster hat bis heute nicht den Anspruch aufgegeben, ein quasi „natürlicher" Bestandteil des Profifußballs zu sein. Das ist legitim, da Münster immerhin die zwanziggrößte Stadt der Republik ist.

- scpreussen-muenster.de

Weißenburgsiedlung

Sie liegt ganz in der Nähe des Wasserturms. Wer dort wohnt, verpflichtet sich zum Leben ohne eigenes Auto. Das Image der Siedlung erhielt einen Knacks, als ein Pizza-Bote vor einigen Jahren tätlich angegriffen wurde, weil er sein Motorrad nicht am Rand der Siedlung abgestellt hatte. Vor knapp 100 Jahren entstand in der Nähe mit dem „Grünen Grund" Münsters größte Gartenstadt.

- Freiburger Weg 55, weissenburgsiedlung.de.

In der Umgebung

Am Rand des Südviertels liegt die Hochhaussiedlung **Berg Fidel** mit dem Sportpark, zu dem auch das ganz viel Retro-Charme versprühende Preußen-Stadion gehört. In der Sporthalle begeistern Volleyball-Damen und Basketball-Herren. Die finanziell gebeutelten Preußen-Fußballer arbeiten am Comeback im Profi-Fußball. Im Industriegebiet am Rand des Südviertels (Bohlweg) liegt das Mekka der Skateboard-Fans, Titus Dittmanns Skate- und Konzerthalle **Skaters Palace.**

▪ Dahlweg 126, ✆ 0251-52000555, skaters-palace.de.

Praktische Infos (Süd- und Geistviertel)

→ Karte S. 73

Markt Mittwoch und Samstag in Konkurrenz zum Markt auf dem Domplatz an der Kreuzung Geiststraße / Sentmaringer Weg.

Schwimmen Nach Abriss 2007 soll spätestens ab Frühjahr 2024 im neuen Südbad geschwommen werden können. Weitere Informationen unter stadt-muenster.de/sportamt/baeder.

Einkaufen Wer ein Schleckermaul ist und beim Frühstück auf eine leckere Marmelade nicht verzichten will, sollte die **Marmeladenmanufaktur** **7** in der Blücherstraße besuchen. Empfehlenswert sind außerdem das **Delikatessgeschäft von Agnes Meile** **9** auf der Hammer Straße (es bietet u. a.

schmackhafte Weine und Pralinen), die **Metzgerei Büning 3** sowie die Konditoreien **Issel 2** und **Mönnig 1** ein Stück die Straße hinunter Richtung City.

Sport **Sportpark Berg Fidel,** Am Berg Fidel 51. Teilweise öffentlich zugängliche Sportflächen im Schatten des Stadions.

Essen **Kleine Welt 11,** exzellentes Fischrestaurant am Rand des Duesbergviertels. So und Mi/Do 17.30–22 Uhr, Fr/Sa 17.30–23 Uhr, Mo/Di Ruhetag. Kappenberger Damm 101, ✆ 0251-786188, kleinewelt-ms.de. **€€€**

Litfass 10, Traditionslokal des Viertels, das auch die älteren Bildungsbürger, die rundum leben, gerne ansteuern. Mi–So 17–22.30 Uhr, Mo/Di Ruhetag. Dahlweg 10, ✆ 0251-775371, litfass-muenster.de. **€€**

Spooky's 6, Pub, Rock- und Blueskneipe finden hier zueinander. Legendär ist inzwischen am Sonntag das gemeinsame Tatort-Schauen, dazu Kneipen-Quiz und Bingo. Mo–Fr ab 17 Uhr, Sa/So wg. Fußball früher. Hammer Str. 66, ✆ 0251-43085, spookys.de. **€€**

Unico Bar 4, interessante Kreuzung von italienischer Piazza-Bar und Pizzeria. Günstige Mittagsangebote, große Dolce-Vitrine. Tägl. 9–22 Uhr. Hammer Str. 52, ✆ 0251-39440253, unico-bar-muenster.de. **€€**

Übernachten **Tom und Polly 8,** kleines, aber feines Hostel über der gleichnamigen Kneipe mit empfehlenswerter Küche direkt am Josephs-Kirchplatz. Hammer Str. 67, ✆ 0251-39486390, tomundpolly.de. **€**

Münsters ländliche Stadtteile

Mit der Gebietsreform 1975 vergrößerte sich das Stadtgebiet von Münster erheblich. Allen voran stand bei den Eingemeindungen die 25.000-Einwohner-Kleinstadt Hiltrup, hinzu kamen u. a. noch die dörflich strukturierten Gemeinden Albachten, Angelmodde, Amelsbüren, Handorf, Nienberge und Wolbeck. Ihre Sehenswürdigkeiten lassen sich gut von der Innenstadt aus auf zwei, drei Radtouren buchstäblich erfahren.

Handorf, Wolbeck, Angelmodde

Einst hatte Handorf den Beinamen „Dorf der großen Kaffeekannen". Inzwischen sind fast alle Gastronomiebetriebe verschwunden. Handorf ist Richtung Norden und Osten geprägt durch die Lützow-Kaserne und das Truppenübungsgelände. Teile davon sind wunderschöne Wald- und Wiesenflächen, weshalb die Wege ein beliebtes Wanderrevier und an Wochenenden geöffnet waren. Doch nun werden dort – die Kriege auf der Welt lassen grüßen – auf zunächst unbestimmte Zeit an Wochenenden Reservisten geschult. Alle Flächen und Wege rund um die Kaserne sind gesperrt und militärischer Sicherheitsbereich. Feldjäger patrouillieren und verhängen Bußgelder. Bitte unbedingt die Warnschilder beachten!

Wolbeck wurde als Residenz und Jagdrevier der Fürstbischöfe früh bekannt. Angelmodde schließt als Folge des Baubooms inzwischen direkt westlich an Wolbeck an. Die Flüsse Angel und Werse laufen in kleinen Schwüngen durch Münsters Südosten.

Dyckburg und Boniburger Wald: Die Dyckburg, in der Zeit der Wiedertäufer Hauptquartier des Bischofs Franz von Waldeck, gibt es längst nicht mehr, das von Johann Conrad Schlaun entworfene Haus Dyckburg steht aber noch, ebenso die bei Brautleuten beliebte Dyckburg-Kirche. Auf Schlaun geht der vordere Teil, die Loreto-Kapelle (1735), zurück, getreues Abbild des heiligen Hauses von Loreto nahe Ancona. Seit 1741 wird im Gebäude Gottesdienst gefeiert. Ende des 19. Jh. wurden der heutige Altarraum sowie ein Chorbereich angebaut. Ab und an finden Konzerte statt. Ein Besuch lohnt besonders zur Weihnachtszeit, denn seit 2008 endet an der Kirche der Krippenweg durch den Boniburger Wald, der an der Petronilla-Kirche in Handorf startet. Eine Gruppe stellt ehrenamtlich über 200 Krippen auf.

Ein Friedhof, der auch ein Naturpark ist

Es gibt Friedhöfe, die sind einfach sehenswert, und es ist nicht pietätlos, sich als Tourist auf ihnen zu bewegen. Der **Waldfriedhof Lauheide**, bereits auf dem Stadtgebiet von Telgte gelegen, aber von der Stadt Münster betrieben, zählt eindeutig dazu. Leben und Sterben, Natur und Mensch gehen hier eine Verbindung ein, die auf sich wirken zu lassen lohnt.

Die Geschichte der Lauheide als Grabstelle reicht zurück bis in die Zeit zwischen 2000 und 1500 v. Chr. Hiervon zeugen drei Hügelgräber ganz im Norden des Geländes. Neben diesen ältesten Funden gibt es auch noch Urnengräber, die von 1000 bis 500 v. Chr. stammen. Seit 1905 werden in der Lauheide erst wieder Verstorbene beigesetzt. Durch das 84 ha große Gelände floss einst die Ems. Bei der Renaturierung der Emsauen bemühte man sich um eine Integration des Friedhofs in das Projekt. Die meisten Wege sind deshalb unversiegelt.

Neben seiner Funktion als Friedhof ist der Waldfriedhof Lauheide ein Rückzugsgebiet für gefährdete Pflanzen und Tiere geworden, darunter über 100 verschiedene Vogelarten und zahlreiche seltene Pflanzen. Außerdem leben hier seltene Fledermausarten und geschützte Hornissen, Amphibien und Reptilien. Fast 400 Nistkästen sorgen dafür, dass zu den knapp 50 bereits auf dem Gelände brütenden Vogelarten weitere hinzu kommen.

Neben den 1135 internationalen Kriegsgräbern befindet sich auf dem Waldfriedhof auch der sog. Englische Friedhof, der **Münster Heath War Cemetery**, und führt die Kriegsgräuel noch einmal in besonderer Weise vor Augen.

▪ Lauheide 5, ✆ 02504-932213, stadt-muenster.de/umwelt/friedhoefe/waldfriedhof-lauheide.

Pleistermühle und Werselauben: Von der Kirche St. Mauritz (→ S. 64) verläuft praktisch schnurgerade der Prozessionsweg nach Telgte. Am Pleistermühlenweg geht es zu einem der beliebtesten Wochenendziele der Einheimischen mit Restaurant, Biergarten, Bootsverleih (gutes Revier für eine erste Kanu-Tour) und Minigolfplatz. Idyllisch am Fluss gelegen, wurden einst Lauben errichtet. Sie sind, das macht sie etwas sagenumwoben, heute oft vollwertige Wochenendhäuser, dauerhaft bewohnt und nur zu Höchstpreisen zu haben.

Drostenhof Wolbeck: Ab dem 13. Jh. war die Burg in Wolbeck Residenz der Fürstbischöfe von Münster, während der Täuferherrschaft zusammen mit der Dyckburg Ausweichquartier. Um den idyllischen Park ist ein Streit entbrannt. Der gräfliche Besitzer hat ihn geschlossen, zu häufig kam es zu Beschädigungen der Anlage.

Tiergarten Wolbeck: Das 288 ha große ehemalige Jagdrevier der Fürstbischöfe ist seit 1803 Staatswald und damit einer der ältesten Staatswälder Deutschlands. Bereits 1906 endete in einem Teil die wirtschaftliche Nutzung. 1978 wurden eine Naturwaldzelle und 2011 ein Wildnisgebiet ausgewiesen, 1984 bzw. 2010 Feuchtbiotope angelegt. Ein durch einen Sturm zu Fall gebrachtes Waldgebiet ist seitdem sich selbst und der Beobachtung durch die Forschung überlassen. Schwarzspecht, Eisvogel und viele Amphibien sind inzwischen anzutreffen, die Anlage ist ein lohnenswertes Ziel für Tier- und Pflanzenfotografie. Der Rundweg von 6,2 km Länge führt an 16 Informationspunkten vorbei. Interessant ist auch die Umrundung fast des gesamten Tiergartens auf dem kleinen Wall, der ihn umgibt. Festes Schuhwerk ist unerlässlich, wenn es kurz zuvor geregnet hat.

Gallitzin-Haus: Westlich von Wolbeck liegen die Stadtteile Angelmodde mit dem historischen Dorfkern an der romanischen St.-Agatha-Kirche und Gremmendorf mit dem Gasometer, einer weiteren Landmarke der Stadt Münster. Im Gallitzin-Haus ist eine Dauerausstellung zur Fürstin Amalie von Gallitzin (1748–1806) zu sehen, die den Ideen der Aufklärung etwas abgewinnen konnte und den sog. „romantischen" Katholizismus mitbegründete. Sie stand in regem Austausch mit fast allen Geistesgrößen ihrer Zeit, u. a. Herder, Lavater, Schelling, Claudius und Goethe. Ihr religiös-intellektueller Kreis wurde von Kritikern spöttisch „familia sacra" genannt.

▪ So 10.30–12.30 Uhr, erweiterte Öffnungszeiten bei Sonderausstellungen sowie Führungen. Eintritt frei, Spenden erwünscht. Angelmodder Weg 97, ✆ 02506-6671 (AB), heimatfreunde-angelmodde.de.

Pleistermühle an der Werse

Hiltrup, Amelsbüren, Albachten

Die ersten beiden leiden noch immer darunter, eingemeindet worden zu sein, halten sich für von Politik und Verwaltung chronisch benachteiligt. Dass die Amelsbürener bis 2019 eine eigene Volksbank hatten (dann mit Senden fusioniert), ist eine nette Randnotiz. Gäste erwartet rund um die Orte viel intakte Natur. Die Hiltruper Marktallee ist eine nette Einkaufsstraße mit viel Gastronomie. Amelsbüren und Albachten sind durch Neubaugebiete in den letzten 20 Jahren enorm gewachsen.

St.-Clemens-Kirche: Das 1913 geweihte Gotteshaus liegt etwas von der Marktallee in Hiltrup zurückgesetzt und fällt durch die imposanten Doppeltürme auf. Der Architekt Ludwig Becker wählte einen ungewöhnlichen Stilmix, baute Elemente des Jugendstils ein. Verbaut wurde außen Ibbenbürener

Sandstein, wobei alle Sockel, Gesimse und Fensterwangen aus Kunststein gefertigt wurden. Im Inneren wurde Baumberger Sandstein verbaut. Der rechte Seitenaltar enthält die Urne mit der Asche von Kaplan Bernhard Poether, der in Hiltrup aufgewachsen war, Widerstand gegen die Nazis leistete und 1942 im KZ Dachau starb.

Hohe Geest

St.-Sebastian-Kirche: Die katholische Kirche von Amelsbüren entstand im 12. und 15. Jh. (Langhaus) und wurde bis 1893 immer wieder erweitert und verändert. 1961 wurde Rankenmalerei freigelegt, die signalisierte, dass Decken und Wände des Gotteshauses einmal anders ausgesehen haben müssen. Das Inventar stammt aus dem 15. bis 19. Jh.

Zum Häpper 7

Kunsthaus Kannen / Alexianer: Das Kunsthaus Kannen beherbergt nach der Sammlung Prinzhorn (Heidelberg) eine der umfangreichsten deutschen Sammlungen von Outsider-Kunst, also Kunstwerken, die im psychiatrischen Kontext entstanden sind. Seit den 1980er-Jahren werden hier künstlerisch begabte Patienten gefördert. Der ehemalige Gutshof Kannen ist seit 1887 im Besitz der Alexianer-Brüdergemeinschaft. Er war zunächst eine allgemeine soziale Einrichtung und ist heute Teil einer Fachklinik für Psychiatrie. Das Museum befindet sich in einem 600 m² großen Neubau und verfügt neben dem Ausstellungssaal über Ateliers und eine Bibliothek als integrative Begegnungsstätte für behinderte und nicht behinderte Künstler.

Di–So 13–17 Uhr, Mo geschlossen. Eintritt frei. Alexianerweg 9, ✆ 0251-96620560, kunsthaus-kannen.de.

Angeln, Segeln und der Grund, warum Deutschland 1974 Fußballweltmeister wurde

Der kleine Hiltruper See, in dem nicht gebadet werden darf, bildet zusammen mit dem Waldgebiet Hohe Ward, der Davert und der Emmerbachaue das Naherholungsgebiet in Münsters Süden. Lediglich Segeln und Angeln sind dem gestattet, dem eine Genehmigung ausgestellt wurde. Die Seerunde ist schnell gemacht. Interessant sind vor allem für Familien mit Kindern neben dem Besuch des großen Freibads der Wald-Klima-Lehrpfad (3 km) und der Naturlehrpfad Hohe Ward (13 km), die an der Südseite der NABU-Station Haus Heidhorn eingerichtet wurden. Architekturinteressierte sollten den Abstecher zum 1,5 km im Waldgebiet liegenden Historischen Wasserwerk machen, ein beeindruckender Jugendstilbau.

Für Fußballfans ist das direkt am See gelegene Hotel Krautkrämer wichtig, weil es, genauer gesagt sein Poolbereich, als mitursächlich für den Gewinn der Fußball-Weltmeisterschaft 1974 durch Franz Beckenbauer und Co. angesehen wird. Denn in Hiltrup nächtigte die Nationalmannschaft der Niederlande, genoss den Komfort des wenige Jahre zuvor eröffneten Hotels. Nach dem 2:0-Sieg im Halbfinale gegen die DDR soll im Poolbereich eine ausgelassene Party gefeiert worden sein. „Cruyff, Sekt, nackte Mädchen und ein kühles Bad", titelte die Boulevardpresse. Einen Gegenbeweis konnte oder wollte nie jemand antreten. Einzig der Hotelbesitzer, um das Image des Hauses besorgt, bemühte sich, das Geschehen herunterzuspielen.

Münster | Ländliche Stadtteile → Karte S. 82/83

Tour 2: Vom Hiltruper Bahnhof zum Hiltruper See → S. 357

Am Stadtrand abschalten und die Natur erkunden.

Davert / Haus Heidhorn: Zwischen Hiltrup und Amelsbüren liegt mitten in der Davert das Haus Heidhorn mit der NABU-Station. Sie präsentiert einen Bauerngarten und informiert über das sichelförmig südlich von Münster liegende Moor-, Wald- und Ackergebiet. Interaktive Erlebnisstationen und Aussichtsplattformen sorgen dafür, dass es Kindern nicht langweilig wird. Zwei Naturpfade (3 und 13 km) starten am großen Parkplatz Hiltruper See. Touren bis etwa 25 km Länge sind bei Rad- und Wandertouren Richtung Rinkerode möglich.

▪ Westfalenstr. 490, nabu-naturschutzstation-muensterland.de.

Kinderhaus, Nienberge, Gelmer

Die Zeit der Großwohnsiedlungen bescherte dem dörflichen Kinderhaus einen neuen Stadtteil und über die Jahre zusammen mit dem benachbarten Ortsteil Coerde den Stempel des sozialen Brennpunkts. Inzwischen gibt es Leerstände, sodass Immobilienkonzerne und Stadt über einen teilweisen Rückbau nachdenken. Zwischen Kinderhaus und Coerde liegt die **Speicherstadt,** einst von den Nazis gebautes und nach dem Zweiten Weltkrieg von der britischen Rheinarmee als Lager genutztes Gelände, heute u. a. ein Büropark.

Nienberge und Gelmer sind Dörfer am Rand der Stadt geblieben. Angesichts der riesigen Spargel-Anbauflächen verwundert der Beiname Spargeldorf bei Gelmer nicht. Wen die Baustelle zur Kanalerweiterung reizt, der kann auch jenseits der Spargelzeit nach Gelmer fahren.

Lepramuseum: Der Ortsteil Kinderhaus wurde 1332 erstmals urkundlich erwähnt, nämlich im Zusammenhang mit einem Leprosenheim, das 5 km von der heutigen Altstadt von Münster entfernt zu finden war, „domus leprosocum dicte tor Kinderhus", frei übersetzt „Haus der armen Kinder Gottes". Der Stadtteilname bezieht sich also direkt auf die Patienten, die dort untergebracht waren. Auch erwachsene Leprakranke waren dort isoliert. Gebäude aus den Jahren 1580 und 1618 sind noch erhalten. Patienten waren nachweislich von 1332 bis 1703 im Leprosorium. Das präsentierte Lazarushäuschen stand nachweislich bereits um 1586 an der Handelsstraße von Münster nach Friesland, wo Reisende für an Lepra erkrankte Menschen Spenden hinterlegen konnten. Die Gründung des Lepramuseums geht auf das Jahr 1984 und die Gesellschaft für Leprakunde e. V. sowie die Initiative von zwei Medizinern zurück, einer davon der Kinderhauser Arzt Dr. Diederich Winterhoff. 1986 wurde das Museum im von der Stadt dafür überlassenen Leprosorium eröffnet, u. a. mit Exponaten aus dem Bestand des Stadtmuseums Münster. Über die Jahre kamen viele weitere hinzu, auch durch die Forschungstätigkeit der Gesellschaft. Eine vergleichbare Ausstellung in Europa existiert nur noch auf Kreta, wo die Leproseninsel Spinalonga noch vollständig erhalten ist.

▪ So 15–17 Uhr, im Sommerhalbjahr bis 18 Uhr oder zu Führungen bzw. für museumspädagogische Angebote. Eintritt frei, Spenden erwünscht. Eingeschränkt barrierefrei. Kinderhaus 15, ✆ 0251-525295, lepramuseum.de.

Kath. Kirche St. Joseph: 1449 als Leprosenkirche errichtet und erst nach Schließung des Leprosoriums Gemeindekirche. Die Kirche besitzt viele Inventarstücke aus dem 16. Jh. Es gab zwar einige bauliche Veränderungen, aber der Ursprung des Gotteshauses ist an vielen Stellen noch sicht- und spürbar.

Kristiansandstr. 70

Haus Rüschhaus: Die Anlage in Nienberge war ein Lehngut, wurde 1729 durch den Münsteraner Fürstbischof Friedrich Bernhard Wilhelm von Plettenberg erworben und 1743 von dessen Witwe an Johann Conrad Schlaun verkauft, der es in der Zeit von 1745 bis 1748 nach eigenen Entwürfen zu einem Landsitz ausbaute und zunächst selbst als Sommersitz bewohnte. Das von einer Gräfte umgebene Anwesen ist wie ein bäuerlicher Gräftenhof gestaltet. Hinter dem Hauptgebäude befindet sich die Parkanlage mit strengen geometrischen Formen. Schlaun gelang eine Synthese aus westfälischem Bauernhof und anspruchsvollem Landsitz in französischem Stil. Architektonisch war mancher feudaler Adelssitz nicht so anspruchsvoll gebaut und gestaltet. Erst 1825 erwarb der Vater der Dichterin Annette von Droste-Hülshoff das Rüschhaus. Nach seinem Tod lebte sie dort einige Zeit mit ihrer Mutter und später Nachfahren der Familie. Nach Beseitigung von Kriegsschäden wurde das Haus von der Familie 1949 als Museum geöffnet und an die Droste-Gesellschaft verpachtet. 1979 verkaufte es die Familie an die Stadt Münster, die es 2012 der Annette-von-Droste-Hülshoff-Stiftung übergab. Seitdem sind Burg Hülshoff in Havixbeck (→ S. 102) und das Rüschhaus unter einheitlicher Leitung. Wer über eine Radtour beide Häuser besichtigen will, hat, aus der Innenstadt kommend, bei einem Schlenker um den Aasee auf dem Rückweg knapp 25 km vor sich. Seit Sommer 2021 existiert mit dem Lyrikweg auch eine Wanderstrecke zwischen beiden Häusern.

Mi–So geführte Rundgänge um 11, 12, 13.30, 14.30 u. 15.30 Uhr, Eintritt 5 €, erm. 3,50 €, bis 6 J. frei, Kombiticket mit Burg Hülshoff 8/6 €. Der Park ist Mi–So von 11 bis 16.30 Uhr kostenfrei zugänglich. Die LWL-Museumscard gilt nicht. Am Rüschhaus 81, ✆ 02534-1052, burg-huelshoff.de.

Rieselfelder: Dieses anfangs 233 ha große Naturschutzgebiet liegt am südwestlichen Rand von Gelmer und ist auch aus den Stadtteilen Coerde (Ausflugsgaststätte Heidekrug) und Sprakel (längerer Fußweg) erreichbar. Das Infozentrum der Biologischen Station ist von allen drei Ortsteilen bzw. den Bushaltestellen in etwa gleich weit entfernt. Von 1901 bis 1975 wurden auf einer Fläche von 640 ha die Abwässer der Stadt Münster geklärt. Ab Ende der

Lebensmittelpunkt der Droste nach dem Tod ihres Vaters, das Rüschhaus

1960er-Jahre an betrieben Naturschützer Lobbyarbeit, die nach Bau einer neuen Großkläranlage 1975 zur Umwandlung eines Teils der Fläche in ein Naturschutzgebiet führte. Inzwischen sind zwei Drittel unter Naturschutz. In dem Flachwasserbiotop können von mehreren Aussichtspunkten z. T. höchst seltene Vogelarten beobachtet werden. Etwa 200 sind hier heimisch, weshalb die Rieselfelder Europäisches Vogelschutzgebiet sind. Bei den Vögeln und anderen Arten, die in den Rieselfeldern heimisch sind, ist die Tendenz übrigens steigend. Besser kann Naturschutz nicht funktionieren. Die Straße durch das Areal ist inzwischen zur Anliegerstraße geworden. Von Sprakel/Gelmer ist das betagte Info-Zentrum (Neubau geplant), von Coerde aus der Parkplatz am Ausflugslokal Heidekrug erreichbar. Mit dem Rad sind es aus der Innenstadt etwa 7 km. Auf 15 km kommt, wer Rieselfelder, Alte Fahrt und Bockolter Berge (→ S. 221) miteinander verbindet.

▪ **Informationszentrum,** Coermühle 181, ✆ 0251-161760; Ausstellung im Kuhstall des Rieselfeldhofs, Coermühle 100: So 12–17 Uhr, im Sommerhalbjahr bis 18 Uhr. biostation-muenster.org.

Wersemündung und Alte Fahrt: Nördlich von Gelmer mündet der Fluss Werse in die Ems und führt der Dortmund-Ems-Kanal über die Ems. Hier ist, wie in Olfen, nach dem Kanalausbau die alte Kanalwanne geblieben, „Alte Fahrt Gelmer" genannt. Inzwischen wird der Kanal wieder ausgebaut, und das so idyllische Gebiet wird noch einige Zeit eine große Baustelle sein. Die Planer versprachen aber, dass es danach ein Comeback als *das* Erholungsgebiet im Nordwesten der Stadt geben würde. Darauf hoffen besonders die Fans hüllenlosen Badens, denn hier war Münsters FKK-Badeplatz. Nebenan liegt die Marina Fuestrup (fuestrup.de).

Haskenau: Die Wallburg Haskenau ist eine ehemalige Turmhügelburg und bedeutendstes Bodendenkmal von Münster. Sie liegt nahe der Mündung der Werse in die Ems am Ostrand von Gelmer am Radweg nach Handorf. Nachdem die Erosion dem Bodendenkmal sehr zugesetzt hatte, wurde es 2014 saniert. Funde gehen von einem Bau im 12. Jh. und einer Fläche von 2,5 ha aus. Die letzte Erwähnung findet die Burg 1611 als Schweinestall. Unmittelbar an der Haskenau wurde unter erheblichem Protest aus der Bevölkerung ein Windrad installiert. Hinter Haskenau und Wersemündung liegen, über den Alten Fährweg und die Emsbrücke erreichbar, die Bockholter Berge mit der letzten Wacholderheide der Region. Sie gehören zum idyllischen Ortsteil Gimbte der Nachbarstadt Greven (→ S. 222), der wegen seiner Gastronomiebetriebe ein beliebtes Ausflugsziel ist.

Die Rieselfelder sind ein europaweit bekanntes Naturschutzgebiet

Annette von Droste-Hülshoff

Zusammen mit Bettina von Arnim und Karoline von Günderode steht Annette von Droste-Hülshoff dafür, dass endlich auch Frauen in der deutschen Literatur eine Rolle spielten. Die Droste, wie sie oft schlicht und dabei keineswegs despektierlich genannt wird, ist hinsichtlich ihrer literarischen Biografie sicherlich die beeindruckendste der drei Frauen. Ihre Werke weisen Bezüge zu gleich drei Epochen auf: Realismus, Romantik und Biedermeier.

Schon im Alter von sieben Jahren beginnt sie 1804 auf Burg Hülshoff bei Havixbeck mit dem Verfassen von Gedichten, da freilich noch von der Mutter aufgezeichnet. Die unterstützt sie bei ihrem früh formulierten Ziel, Dichterin zu werden. Es ist die Äußerung überliefert, dass sie aber nicht zu Lebzeiten eine große Dichterin sein wolle, sondern eine, die „nach hundert Jahren noch gelesen" werde. Häufig verbringt sie die Sommerferien bei ihren Großeltern im Weserbergland, wo sie Informationen sammelt, die zu ihrem bekanntesten Werk, der Novelle „Die Judenbuche", führen. Sie lernt dort die Brüder Grimm kennen und entflammt für Heinrich Straube, einen Freund Heinrich Heines. Die Beziehung zerbricht aber als Folge einer Familienintrige 1820. Die Schriftstellerin Karen Duve zeichnet die Zeit der Romanze mit Straube in ihrem Werk „Fräulein Nettes kurzer Sommer" in beeindruckender Weise nach.

Schon vor dem, was Annette von Droste-Hülshoff selbst als „Jugendkatastrophe" bezeichnete und ursächlich für ihr noch stärker zurückgezogenes Leben war, durchlebt sie immer wieder ernste seelische Krisen. Sehr früh schränkt die nur 1,50 m große Frau Kurzsichtigkeit erheblich ein, dazu kommen Erkrankungen der Atemwege. Bei Kuraufenthalten lernt sie u. a. August Wilhelm Schlegel kennen. Gedichte und Versepen bestimmen zunächst ihr Schaffen. Wohnsitz ist inzwischen das Rüschhaus in Nienberge, wohin die Familie nach dem Tod des Vaters 1826 zieht. Sie unternimmt Reisen zu Verwandten im deutschsprachigen Raum. Bemühungen der Familie, eine Heirat zu arrangieren, scheitern. Ihre Schwester heiratet Joseph von Laßberg, weshalb Annette immer wieder nach Meersburg am Bodensee kommt. Die „Judenbuche" schließt sie 1841 ab, 28 Jahre nach den ersten Aufzeichnungen. 1838 beginnt ihre enge Beziehung mit dem 17 Jahre jüngeren Bibliothekar Levin Schücking, dem sie eine Stelle in Meersburg verschafft und der die Veröffentlichung der „Judenbuche" möglich macht. Er wird von Forschern wahlweise als enger Freund, männliche Muse oder Liebhaber bezeichnet. Schücking verlässt Meersburg 1842 und heiratet 1843 eine andere Frau. Dennoch zieht die Droste, auch wegen ihrer Schwester, nach Meersburg und steht bis 1846 in engem Kontakt zu ihm. Ab 1843 erkrankt sie immer wieder schwer und stirbt schließlich im Alter von nur 51 Jahren am 24. Mai 1848. Schücking veröffentlicht ab 1860 die nachgelassenen Werke und besorgt 1878/79 auch die Veröffentlichung der Gesammelten Schriften bei Cotta. Spätestens da wird deutlich, dass ihre gestalterische Kraft die vieler anderer Autorinnen und Autoren übertrifft. Zudem wird sie durch ihr Bemühen um eine selbstbestimmte und unabhängige Lebensgestaltung posthum zu einem Vorbild vieler Frauen.

Osnabrück, Bremen, Flughafen Münster
Greven
Steinfurt, Gronau
Altenberge
Bhf.
Sprakel
2
K 21
4
Häger
Häger Bhf.
B 219
K 13
L 510
K 71
A 1
B 54
7
8
Stiftskirche Hohenholte
Hohenholte
Lepramuseum, Heimatmuseum
9
10
St.-Josef-Kirche
Nienberge
Kinderhaus
Einkaufen (S. 84)
1 Bäcker's Erdbeer- und Spargelhof
3 Hof Lütke Laxen
4 Hof Ontrup
7 Hof Stertmann
8 Gut Kinderhaus
14 Milchhof Große Kintrup
15 Hofladen Schwermann
20 Kräuterhof Rohlmann
24 Obstgarten Wolbeck
25 Hofladen Freitag
27 Onkel Alex (Hiltrup)
Kreuz Münster Nord
12
Haus Rüschhaus
K 22
Burg Hülshoff
Havixbeck
Gievenbeck
L 581
16
Sentruper Höhe
L 843
Aasee
18
17
B 54
Roxel
19
Münstersche Aa
Allwetterzoo
L 843
K 30
Roxel Bhf.
B 54
K 5
Stift Tillbeck, Nottuln, Billerbeck
Münster
B 54
Mecklenbeck
L 551
Albachten
Mecklenbeck Bhf.
L 551
Kreuz Münster Süd
25
Albachten Bhf.
Bösensell
L 885
A 43
L 884
K 60
Senden
Wuppertal
Hiltrup
A 1
Haus Ruhr
31
Münster Hiltrup
St.-Sebastian-Kirche
Kunsthaus Kannen, Alexander
Amelsbüren Bhf.
33
Amelsbüren
Senden, Lüdinghausen
Venner Moor
34
Dortmund

Greven
Marina Fuestrup
Kanalüberquerung & Alte Fahrt Gelmer
K 18
Ems
Vadrup
Gelmer
Rieselfelder (Biologische Station)
Wallburg Haskenau
B 481
Westbevern
Bever
Haus Langen
Dortmund-Ems-Kanal
Emsauen
Waldfriedhof Lauheide
Klatenberge
Ems
K 17
Speicherstadt
K 7
Coerde
St.-Petronilla-Kirche
Handorf
Telgte
Dyckburg-Kirche
Boniburger Wald
Warendorf
Schaustelle Kanal, Schleuse Münster
B 51
Pleister Mühle
Münster
St. Maruritz
Werse
K 16
Gasometer
L 793
B 51
Gremmendorf
K 42
K 36
Wolbeck
L 585
Gallitzinhaus
K 3
L 586
St.-Agatha-Kirche
Angelmodde
K 3
Everswinkel
Dortmund-Ems-Kanal
Heimatmuseum Hiltrup
L 885
Bhf.
St.-Clemens-Kirche
Wolbecker Tiergarten
Angel
Werse
Hohe Ward
L 520
Hiltruper See
L 585
Wald-Klima-Lehrpfad Hohe Ward
Historisches Wasserwerk Hohe Ward
Haus Heidhorn (NABU)
Davert
Drensteinfurt, Hamm
Albersloh
1 km
Stadt Münster Umlandstadtteile
Übernachten (S. 85)
5 Hotel Landhaus Eggert
11 Hotel Hof zur Linde
12 Hotel Schloss Wilkinghege
16 Hotel Bakenhof
19 Parkhotel Hohenfeld
21 Hotel Münnich
32 Seehotel Krautkrämer
34 Hotel am Wasserturm
Essen & Trinken (S. 84/85)
2 Hölt'ne Schluse
6 Heidekrug
8 Gut Kinderhaus
9 Wirtshaus Zur Post
17 Restaurant Ackermann
18 Gaststätte Kortmann
22 Kunsthaus Angelmodde
23 Restaurant Hoffschulte
28 Henriks
33 Altes Gasthaus Freitag
Sonstiges (S. 84)
10 Hallenbad Kinderhaus
13 Bürgerbad Handorf
26 Hallenbad Wolbeck
29 Hallenbad Hiltrup
30 Freibad Hiltrup
31 Eymann Sauna

Praktische Infos (Münsters ländliche Stadtteile) → Karte S. 82/83

Markt Dienstag am Nachmittag in Handorf, Mittwoch am Nachmittag in Wolbeck, Donnerstag am Morgen auf dem Clemes-August-Platz Angelmodde-West, Samstag vor Blumen Dahlmann in Hiltrup-Ost (Osttor 250) sowie Freitag am Nachmittag am Gremmendorfer Weg in Gremmendorf, Freitag am Vormittag auf dem Parkplatz Moränenstraße in Hiltrup, Donnerstag am Vormittag auf dem Idenbrockplatz in Kinderhaus und nachmittags auf dem Hamannplatz in Coerde, Freitag am Vormittag auf dem Kirchplatz in Nienberge.

Einkaufen Einen Wochenmarkt gibt es in Gelmer nicht, aber den unterstützenswerten **Gelmer Markt,** der auch lokale Produkte im Angebot hat, und die Spargelhöfe.

Hof Schwermann 15, Einkaufen auf einem Biohof fast direkt am Werseradweg. Saisonal wechselnde Öffnungszeiten. Werse 29 (am Pleistermühlenweg), ✆ 0251-27077570, hof-schwermann-ms.de.

Milchhof Große Kintrup 14, bekanntester unter den Milchhöfen zwischen Werse und Telgte. Verkaufsautomaten, Blick in Ställe und Milchkammer tagsüber möglich. Kasewinkel 7, ✆ 0251-327933, milch-vom-hof.de.

Hof Ontrup 4, abseits der klassischen touristischen Strecken, erreichbar beim Rückweg von den Rieselfeldern in die Altstadt. Mi–Fr 9–12 Uhr und 14–18 Uhr, Sa 9–15 Uhr. Sprakeler Str. 116, ✆ 0251-2100733, hof-ontrup.de.

Gut Kinderhaus 8, integrativer Betrieb, der seit vielen Jahren auch landwirtschaftliche Produkte verkauft. Di–Fr 9–16.30 Uhr, Sa 11–16.30 Uhr, So 12–17 Uhr. Am Max-Klemens-Kanal 19, ✆ 0251-9210334, westfalenfleiss.de/hofladen.

Hof Stertmann 7, Juni-Okt. täglich geöffnet. Altenberger Str. / Kreuzung Beerwiede, ✆ 02533-3926, stertmann.de.

Bäcker's Erdbeer- und Spargelhof 1, saisonal wechselnde Öffnungszeiten. Gittrup 5, ✆ 0251-324372, spargel-baecker.de.

Hof Lücke-Laxen 3, in der Erdbeer- und Spargelsaison tägl. 8–20 Uhr, mit Hofcafé. Gittruper Str. 43, ✆ 0251-329820, luetke-laxen.de.

Obstgarten Wolbeck 24, neben Obst und Gemüse aus der Region auch große Käseauswahl. Mo/Do/Fr 9–19 Uh, Sa 8–15 Uhr. Münsterstraße 71, ✆ 02506-3181.

Onkel Alex, von der Alexianer-Stiftung eröffnete Läden in Hiltrup und Telgte, die ausschließlich Produkte regionaler Produzenten anbieten und sie z. T. im Stil alter Dorfläden präsentieren. In Hiltrup **27**: Marktallee 41, ✆ 02501-5946050. onkel-alex.de

Kräuterhof Rohlmann 20, neben Kräutern gibt es am Rand von Wolbeck ab dem Spätsommer auch Kürbisse und im Hofladen viele weitere regionale Produkte. Mo–Fr 9–18 Uhr, Sa 9–14 Uhr, So 11–16 Uhr (in der Kürbissaison). Everswinkeler Straße 24, ✆ 02506-3338, kraeuterhof-rohlmann.de.

Hofladen Freitag 25, Biohof im Ortsteil Albachten. Mo–Fr 9–12 Uhr und 14– 18 Uhr, Sa 9–15 Uhr. Sendender Stiege 32, ✆ 02536-8528, hofladenfreitag.de.

Schwimmen **Hallenbad Wolbeck 26,** Brandhovenweg 101, ✆ 02506-1510; ab Sommer 2021 **Bürgerbad Handorf 13,** Hobbeltstraße; **Hallenbad Hiltrup 29,** Westfalenstr. 201, ✆ 02501-3488; **Freibad Hiltrup 30,** Zum Hiltruper See 71, ✆ 02501-16922; **Hallenbad Kinderhaus 10,** Idenbrockplatz 8, ✆ 0251-4925260.

Wellness **Eymann Sauna 31,** aus dem Showroom seiner Schreinerei, in der er auch Saunen baute, machte Klaus Eymann eine öffentlich zugängliche Sauna. Inzwischen ist daraus eine über die Grenzen der Stadt bekannte Anlage geworden, die immer wieder erweitert wird und seit Jahren einen großen Außenbereich besitzt, den FKK-Freunde gerne nutzen. Gropiusstr. 4, ✆ 02501-5777, eymann-sauna.de.

Sport An der Pleistermühle befinden sich der populärste **Minigolfplatz** der Stadt sowie ein **Kanuverleih.** Ein weiterer Kanuverleih ist das **Canu Camp** in Gremmendorf (Homannstr. 64, ✆ 02506-504950) mit angeschlossener Gastronomie Strandhof. Der kann auch für Tagungen und Feiern gemietet werden. ✆ 02571-98273 (Kanu-Verleih).

Reiten Vom Wanderreitparkplatz Hohe Ward (nahe Hiltruper See) aus startet ein 10 km langer Rundkurs.

Essen **Ackermann 17,** exklusives Restaurant in Roxel, das den Weg vor die Tore der

Stadt lohnt. Mi–Fr 18–21.45 Uhr, Sa/So 11.30–14 und 18–21.45 Uhr, Mo/Di Ruhetag. ✆ 02534-1076, restaurant-ackermann.de. **€€€€**

Mein Tipp **Kortmann 18**, Traditionslokal im Stadtteil Roxel. Mi–Sa 17–22 Uhr, Sa/So 11–21 Uhr. Pantaleonstr. 10, ✆ 02534-1044, kortmann-muenster.de. **€€**

Hoffschulte 23, regionale Spezialitäten und Wildgerichte werden in urwestfälischem Ambiente serviert. Do–Sa 17–22.30 Uhr, So 12–14.30 und 17–21 Uhr, Mo/Di/Mi Ruhetag. Alter Postweg 53, ✆ 02506-7462, restaurant-hoffschulte.de. **€€€**

Kunsthaus Angelmodde 22, schmackhaftes Essen in einem ganz besonderen Ambiente. Mi–So 17–22 Uhr, So auch 12–14.30 Uhr, Mo/Di Ruhetag. Angelmodder Weg 80, ✆ 0251-62281, kunsthaus-angelmodde.de. **€€€**

Altes Gasthaus Freitag 33, klassisches Dorfgasthaus in der Ortsmitte von Amelsbüren, auch Hotelzimmer. Mo/Di und Fr–So 17–22 Uhr, So auch 12–15 Uhr, Mi/Do Ruhetag. Davertstr. 40, ✆ 02501-5039, gasthaus-freitag.de. **€€**

Wirtshaus Zur Post Nienberge 9, westfälisches Gasthaus, das westfälisch-bayerische Crossover-Küche bietet. Do–Sa 17–23 Uhr, So bis 21 Uhr, Mo/Di/Mi Ruhetag. Altenberger Str. 8, ✆ 02533-1292, wirtshauszurpost.de. **€€**

Heidekrug 6, Gasthaus am Südwestende der Rieselfelder. Di–Do 12–22 Uhr, Fr 12–23 Uhr, Sa 11–23 Uhr, So 11–22 Uhr, Mo Ruhetag. Coermühle 100, ✆ 0251-1620444, heidekrugmuenster.de. **€€**

Mein Tipp **Henriks 28**, im Restaurant des seit 1848 existierenden Betriebs an der Alten Kirche in Hiltrup lässt sich Regionales etwas edler angerichtet genießen. Di–So ab 17 Uhr, So auch 12–14 Uhr, Mo Ruhetag. Westfalenstr. 148, ✆ 02501-2788-0, henriks-restaurant.com. **€€€**

Gut Kinderhaus 8, der von Westfalenfleiß als Inklusionsprojekt betriebene Hof bietet neben Werkstätten, Fahrradverleih und Hofladen auch ein Café mit Biergarten. Di–Fr 9–16.30 Uhr, Sa 11–16.30 Uhr, So 12–17 Uhr, Mo Ruhetag. Am Max-Clemens-Kanal 19, ✆ 0251-9210330, westfalenfleiss.de/gut-kinderhaus.html. **€**

Hölt'ne Schluse 2, nach dem Tod des langjährigen Besitzers Franz Renfert 2019 holte sein Neffe Dietmar das Kult-Lokal in Sprakel zusammen mit einem Partner durch Renovierung im historischen Stil – das Klohaus ist weiter auf dem Hof – und behutsamer Modernisierung der Speisekarte in die gastronomische Gegenwart. Do–Fr 17–23 Uhr, Sa/So 15–23 Uhr, Mo–Mi geschlossen. Am Max-Klemens-Kanal 303, ✆ 0151-42435430, hoelteneschluse.de. **€€**

Übernachten **Parkhotel Hohenfeld 19**, in einer Parkanlage nahe der Südspitze des Aasees gelegen, ein Platz fürs exklusive Abschalten. Dingbängerweg 400, ✆ 02534-8080, hotel-muenster-hohenfeld.de. **€€€€**

Bakenhof 16, schön modernisiertes Traditionshaus mit gutem Restaurant zwischen Aasee und Roxel. Roxeler Str. 376, ✆ 0251-871210, bakenhof.de. **€€€**

Hof zur Linde 11, Traditionshaus am Rand der Ortsmitte von Handorf. Edle und z. T. historische Einrichtung. Handorfer 1, ✆ 0251-32750, hof-zur-linde.de. **€€€€**

Mein Tipp **Landhaus Eggert 5**, bestes Haus am Platze mitten im Grünen in der Haskenau zwischen Handorf und Gelmer. Idealer Ort zum Abschalten mit kleinem Wellnessbereich und exzellentem Restaurant. Zur Haskenau 81, ✆ 0251-328040, landhaus-eggert.de. **€€€€**

Hotel Münnich 21, traditionsreiches Hotel in Grünlage am Westrand von Gremmendorf, für Tagungen beliebt, kleiner Wellnessbereich, gutes Restaurant mit kleiner Karte. Heeremansweg 11–13, ✆ 0251-61870, hotel-muennich.de. **€€**

Seehotel Krautkrämer 32, mit Blick auf den Hiltruper See oder den Kanal aus allen Zimmern der Seeseite hat das Hotel die idyllischste Lage der Stadt. Die Renovierung soll bald abgeschlossen sein. Zum Hiltruper See 173, ✆ 02501-8050, seehotel.nrw. **€€€€**

Hotel am Wasserturm 34, auf dem Alexianer-Gelände bei Amelsbüren gelegenes Hotel, das, wie alle gastronomischen Projekte der Alexianer, ein Inklusionsbetrieb ist. Alexianerweg 9, ✆ 02501-96623110, hotel-am-wasserturm.alexianer.de. **€€**

Schloss Wilkinghege 12, Schlosshotel, direkt an einem der Golfplätze Münsters. Nostalgischer Charme und moderne Hotellerie gehen hier eine gelungene Verbindung ein. Steinfurter Str. 374, ✆ 0251-144270, schloss-wilkinghege.de. **€€€€**

Münster | Ländliche Stadtteile → Karte S. 82/83

Südmünsterland

Spätestens seit den Wirtschaftswunderjahren ist die Region auf Touristen eingestellt. Die Schlösser, Parks und idyllischen Stadtkerne waren schon da Ziel einer großen Zahl von Wochenendausflüglern aus dem Ruhrgebiet. Entsprechend vielfältig ist das Angebot.

Die Baumberge-Region wird von Baumberge-Touristik vermarktet. Dazu gibt es Tourist-Infos in allen Städten und Gemeinden des Gebiets. Hinzu kommt der Münsterland e. V. mit seinem zentralen Tourismus-Büro.

Baumberge-Touristik c/o Havixbeck Marketing, Hauptstraße 54, 48329 Havixbeck Tel.: 02507-7510, baumberge-touristik.de

Erholung im Wald

Der Drang des Adels, auf die Jagd zu gehen, sorgte dafür, dass es gerade im südlichen Münsterland immer wieder größere Waldgebiete gibt. Mit den Baumbergen und dem Naturpark Hohe Mark sind sogar zwei darunter, in denen dem Naturschutz umfassend Rechnung getragen wird. Die toten Nadelbäume, die als Erbe der letzten viel zu trockenen Sommer überall zu sehen sind, zeigen, wie sinnvoll der Wechsel von einem Wirtschaftswald zu einem Urwald mit den eigentlich heimischen Bäumen ist. Zu ihm könnte es bald wohl keine Alternative mehr geben.

Die Baumberge mit ihrem Buchenbestand weisen seit Jahrzehnten nach, wie reizvoll ein Laubwald ist, der sich in großen Teilen frei entfalten kann. Das vom Baumberge-Verein geschaffene großzügige Wanderwegenetz animiert dazu, das Fahrrad während des Aufenthalts zumindest für einen Tag einmal stehen zu lassen und eine Wandertour zu machen.

Schlösser und Burgen en masse

Weil sich unter den Fürstbischöfen eine Hierarchie aus höherem und niederem Adel bildete, entstand eine ungewöhnlich große Zahl von Herrenhäusern, besonders viele davon sind südwestlich von Münster errichtet worden.

Barocke Pracht

Wer barocke Pracht und mittelalterliche Nüchternheit liebt, bekommt im Südmünsterland viel geboten. Mit dem Schloss Nordkirchen, das sich den Beinamen „Westfälisches Versailles" redlich verdient hat, kann das Münsterländer Barock-Juwel schlechthin bestaunt werden. Hinzu kommen die

mittelalterlichen Burgen, gleich drei davon gibt es in Lüdinghausen.

Was anschauen?

Die neben Münster entscheidenden Orte für die Entwicklung der Region sowie die mit den populärsten Bauwerken dürfen natürlich nicht auf dem Reiseplan fehlen.

Billerbeck: In Billerbeck starb der hl. Ludger, erster Bischof von Münster und Missionar des Münsterlandes. Ihm zu Ehren wurde die das Ortsbild prägende Kirche St. Ludgerus errichtet. Sie ist schon lange das Ziel von Wallfahrern und wird ehrfurchtsvoll Ludgerus-Dom genannt. Bei einem Besuch in Billerbeck kann man gut erfassen, wie tief die religiöse Prägung im Münsterland bis heute ist. → **S. 97**

Schloss Nordkirchen: Das Meisterstück des großen Münsterländer Barockbaumeisters Johann Conrad Schlaun strahlt eine Atmosphäre aus, der sich niemand entziehen kann. → **S. 122**

Lüdinghausen: Mit seinen drei Burgen und den neu gestalteten Parks demonstriert die Stadt, wie sich Denkmal- und Naturschutz vortrefflich miteinander verbinden lassen. Das Ergebnis ist ein toller Erholungsraum für Einheimische und Touristen. → **S. 116**

Was unternehmen?

Im Süden des Münsterlands fällt es schwer, sich zu entscheiden, ob es jetzt die Wanderung oder die Radtour sein soll oder beides womöglich nur das Vorprogramm für eine Kanutour ist.

100-Schlösser-Route: Die Südschleife der 100-Schlösser-Route ab Münster bzw. Senden führt auch an Schloss Nordkirchen vorbei. → **S. 109**

Heidelandschaft: Wer wirkliche Ruhe und Idylle sucht, taucht in die Westruper und Hullerner Heide zwischen Haltern und Olfen ein. → **S. 136**

Bootsfahrt: Im Kanu oder Boot bei Olfen in die Steveraue gleiten und den Lärm der Stadt vergessen. → **S. 131**

Longinusturm: Wandern am Longinus im Herzen der Baumberge ist einer Radtour vorzuziehen, wenn kein E-Antrieb vorhanden ist. → **S. 107**

Was mit Kids?

In fast jeder Stadt und Gemeinde der Region gibt es ein Ziel, das für Kinder spannend und interessant ist.

Wildpark Dülmen: Mit etwas Fantasie fühlt man sich hier wie auf einem Ausflug in die kanadische Wildnis. → **S. 113**

Generationenpark: Im Bahnhof Darfeld an der RadBahn Münsterland werden Aktivitäten geboten, die Spaß für Jung und Alt bringen. → **S. 94**

Römermuseum Haltern: Es ist den Römern nicht nur im Teutoburger Wald viel passiert … Hier in Haltern unterhielten sie einst ein großes Lager, an dessen Stelle heute das Römermuseum über ihre Aktivitäten in Germanien informiert. An jedem dritten Sonntag im Monat ist Familiensonntag mit vielen Mitmach-Angeboten. → **S. 137**

Freilichtbühnen: Im Sommer gehört der Besuch einer Open-Air-Kinderaufführung in Coesfeld, Billerbeck oder Werne einfach dazu. → **S. 92 und 128**

Coesfeld

37.000 Einwohner

Ausgerechnet die Kreisstadt liegt etwas am Rande des Gebiets, ist Eisenbahnknoten im Südwesten des Münsterlands und deshalb für viele Touristen nur Umsteigestation oder Startpunkt einer Tour. Insbesondere Architektur- und Kunstinteressierte sollten es aber anders machen.

Durch Kriegszerstörungen und umstrittene Bauplanung ging bis in die letzten Jahre in Coesfeld leider viel historische Bausubstanz verloren, zuletzt der Bahnhof. Münsterland-Idylle in Form von Fachwerk- und Giebelhäusern ist in der Innenstadt also nicht zu bekommen, dafür entschädigt teilweise sehr gelungene moderne Architektur und Landschaftsgestaltung. Auch im Ortsteil Lette und in der Nachbargemeinde Rosendahl lassen sich einige interessante Entdeckungen machen, und für eine Kleinstadt bietet Coesfeld ungewöhnlich gute Einkaufsmöglichkeiten und ist so ideal für einen Tagesausflug.

Geschichte

Der erste schriftliche Hinweis auf Coesfeld findet sich in einem Text über den hl. Ludger, der am 25. März 809 in der von ihm gegründeten Kirche St. Lamberti gepredigt haben soll (tags drauf starb er im nahe gelegenen Billerbeck, → S. 98). 1197 erhielt Coesfeld die Stadtrechte und fand in der Folge Anschluss an die wichtigen Handelswege in der Region; die Coesfelder Kaufleute machten ihre Geschäfte in erster Linie mit Flachs, Tuch und landwirtschaftlichen Produkten.

Im Dreißigjährigen Krieg war die Stadt mehrmals von Truppen der rivalisierenden Kriegsparteien besetzt mit entsprechenden Folgen für die Bevölkerung. Einen weiteren Tiefpunkt erlebte Coesfeld im Siebenjährigen Krieg (1756–63), als französische Truppen hier ihr Winterquartier aufschlugen und die Stadtbefestigung zerstörten. Viele Bürger hatten vorher die Stadt verlassen, die Häuser standen leer und das städtische Leben lag brach.

Ein Wandel hin zu einer prosperierenden Kleinstadt vollzog sich erst Mitte des 19. Jh., als Textilfabriken sowie eine Papier- und eine Lederfabrik gegründet wurden, dazu Maschinenbaubetriebe und eine Eisengießerei. Im Zweiten Weltkrieg waren die innenstadtnah gelegenen Fabriken Coesfelds mehrfach das Ziel alliierter Bombenangriffe, nach dem letzten großen Bombardement vom März 1945 war die Stadt dann fast vollständig zerstört. Nach dem Wiederaufbau konnte sie an ihre wirtschaftlich erfolgreichen Zeiten anknüpfen und meisterte dank der Branchenvielfalt der hiesigen Betriebe auch die Krise der Textilindustrie in den 1980er-Jahren.

Eine Besonderheit für Coesfeld sind die sog. Nachbarschaften, vereinsähnlich organisierte Zusammenschlüsse der Bewohner einzelner Straßenzüge oder Straßenabschnitte. Sie existieren seit dem Mittelalter und verfolgen den Zweck, verschiedene soziale Aufgaben unmittelbar vor Ort selbst zu regeln.

Anschauen und unternehmen

Neues Rathaus und Markt: Bis zur nahezu völligen Zerstörung am Ende des Zweiten Weltkriegs stand das Rathaus an der Nordseite des Marktplatzes, der Neubau wurde 1955 an seiner Ostseite errichtet. Das Marktkreuz war früher der Ort der Gerichtsbarkeit, heute werden hier nur noch Stadtratsmitglieder vereidigt. Blickfang sind nicht nur die historischen Gebäude, sondern auch die Installation „Konferenz der Elemente" von Jürgen Goertz (1990).

St.-Lamberti-Kirche: Das am Marktplatz stehende Gotteshaus stammt in Teilen aus dem 13. Jh. und erlebte mehrere Bauphasen, eine zum Ende des 17. Jh., was die Einflüsse des holländischen

Der Coesfelder Marktplatz

Klassizismus erklärt. Wallfahrer machen sich auf den Weg zu dieser Kirche, weil in ihr hinter dem Hochaltar das 700 Jahre alte Coesfelder Kreuz, das größte Gabelkreuz Deutschlands, zu sehen ist. Bei Prozessionen zu Pfingsten und im September wird es in besonderer Weise von den katholischen Gläubigen verehrt.

Evangelische Kirche: Das 1673 fertiggestellte und nach seiner Zerstörung im Zweiten Weltkrieg wiederaufgebaute einschiffige Gotteshaus liegt ebenfalls am Marktplatz. Es war ursprünglich eine Jesuitenkirche und ging erst 1969 in den Besitz der evangelischen Kirchengemeinde über. Sehenswert ist der aus der Soester Minoritenkirche stammende Fürstenberg-Altar.

St.-Jakobi-Kirche: Die ursprünglich bischöfliche Kapelle wurde 1195 dem nördlich von Coesfeld gelegenen Kloster Varlar (→ Schloss Varlar, S. 95) übertragen und dann 1258 Pfarrkirche. Nach ihrer Zerstörung 1945 entschied man sich für eine Wiedererrichtung als Ziegelbau im neuromanischen Stil. Unbeschadet gebliebene Teile des Inventars wurden in den Neubau integriert (darunter der um 1230 entstandene Taufstein), einzelne bauliche Reste der Vorgängerkirche sind im Verbindungsgang zwischen frei stehendem Glockenturm und Kirchengebäude ausgestellt. Die später seliggesprochene Nonne Anna Katharina Emmerick wurde in St. Jakobi getauft. Ihr Geburtshaus, eine heute Emmerick-Haus genannte Hofstelle im Ortsteil Flamschen (Richtung Reken/Velen), kann nach Vereinbarung besichtigt werden (✆ 02 541-4461). Nach mehreren Bränden ist eine von ihr angefertigte Kastenkrippe das einzige verbliebene Originalstück. Mittelpunkt ihrer Verehrung ist die Gedenkstätte in Dülmen (→ S. 112).

▪ Kellerstr. 1

Eine Stadt zeigt Haltung

Der Bildhauer Joseph Enseling schuf auf einem ehemaligen Friedhof 1928 ein Ehrenmal für die Gefallenen des Ersten Weltkriegs, das bestens zu dem passt, was in Deutschland fünf Jahre später seinen fatalen Lauf nahm. Infrage gestellt wurde das Denkmal erst in den frühen 1980er-Jahren im Zuge der damaligen Friedensbewegung. Nach einigen Diskussionen verständigte man sich 1992 darauf, das Areal um eine Gedenkstätte für die Opfer des Faschismus zu ergänzen. Beauftragt wurde der in der Nähe von Billerbeck lebende Künstler Jörn Heydemann, dem eine beeindruckende Arbeit gelang. Eine Tafel für in Friedensmissionen getötete Soldaten aus aller Welt kam inzwischen noch hinzu.

Das Theater setzt architektonische und technische Maßstäbe

Stadtschloss: Das 1664/66 entstandene Gebäude war Teil eines Jesuitenklosters und wurde erst 1803 zum Schloss, weil der Fürst zu Salm-Horstmar ein Domizil in der Stadt benötigte. Nach Zerstörung im Zweiten Weltkrieg folgte beim Wiederaufbau die Erweiterung der Anlage um eine Tordurchfahrt und ein zusätzliches Gebäude. Es diente bis 1977 erneut als Kloster, diesmal waren dort Schwestern des Ordens „Unserer lieben Frau“ ansässig. Nach deren Auszug und einem Umbau sind Büros der Stadtverwaltung im Schloss untergebracht. Der Schlosspark wurde 2016 aufwendig umgestaltet und gibt seitdem Gelegenheit zur kleinen Flucht aus dem Trubel auf den Haupteinkaufsstraßen.

▪ Bernhard-von-Galen-Str. 10

Stadtmuseum „DAS TOR“: Das Museum ist seit 1988 im Wallbrückentor untergebracht, dem neben dem Pulverturm (heute Sitz des Heimatvereins) einzigen nach dem Krieg wiederaufgebauten Tor der mittelalterlichen Befestigungsanlage. Der Museumsbetrieb beschränkt sich aufs Wochenende, sonst geht hier das Stadtarchiv seiner Arbeit nach. Themen des Museums sind u. a. die Industrialisierung Coesfelds, die Zeit unter dem Nationalsozialismus und die Wirtschaftswunderjahre. Das Wallbrückentor liegt sehr idyllisch am Rand der Altstadt. Von hier aus lassen sich Berkel-Umflut und Promenade gut erkunden.

▪ Sa/So 14–17 Uhr. Eintritt frei. Mühlenplatz 3, ✆ 02541-9393721, stadtmuseum.coesfeld.de.

Ludgerusburg: Sie ist hauptsächlich Bodendenkmal, es existieren nur noch das Tonnengewölbe hinter der Stadthalle und die Ruine des Torhauses am Eingang zum Stadtpark. Heute befinden sich auf dem Gelände der früheren landesherrlichen Festungsanlage u. a. Theater und Kino.

Theater Coesfeld: Im April 2007 wurde das 623 Plätze fassende Haus, eines der modernsten Theater Europas, eröffnet, Markenname: „konzert theater coesfeld“. Es setzt technisch und architektonisch Maßstäbe. Finanzierung, Betrieb und Programmgestaltung besorgen zwei vom inzwischen verstorbenen Textilunternehmer-Ehepaar Kurt und Lilly Ernsting gegründete Stiftungen. In den Seitenwänden des Saals vorhandene Klappen sowie Drehflügel unter dem Dach lassen sich zeitgenau für die jeweilige Aufführungsform passend einstellen, sodass entweder eine absorbierende, dämpfende oder reflektiere Schallwirkung erzeugt wird. Auf dem Programm stehen Aufführungen aller Sparten sowie Lesungen und Auftritte von Solokünstlern. Tickets sind in der Regel sehr begehrt, eine frühzeitige Reservierung ist deshalb zu empfehlen.

▪ Osterwicker Str. 31, ✆ 0800-5396000 (Tickets), Spontane fragen an der Abendkasse. konzerttheatercoesfeld.de.

Freilichtbühne: 650 Zuschauer finden Platz, und sie sehen jeden Sommer ein Kinderstück sowie Sonderveranstaltungen aus den Bereichen Theater, Musical und Ballett.

▪ Flamschen 22, ✆ 02541-3355, freilichtbuehne-coesfeld.de.

Glasmuseum Lette – Alter Hof Herding: Das Museum ist eine weitere Stiftung der Familie Ernsting. Im erweiterten bzw. umgebauten Alten Hof Herding, der einst vom Hof zu einer Bildungsstätte für Jugendliche wurde, wird zeitgenössische Glaskunst präsentiert. Ein Bauerncafé mit Garten macht es zu einer beliebten Rast während einer Rad- oder Wandertour. Architekturfans sollten sich auch den Firmensitz der Ernstings anschauen, denn an der Planung der Gebäude war u. a. David Chipperfieldbeteiligt. (Industriestr. 2 im Gewerbegebiet Lette).

▪ Mi/Sa 14–17 Uhr und So 11–17 Uhr. Eintritt 3 €, Kinder und Jugendliche frei. Letter Berg 38, ✆ 02546-930511, glasmuseum-lette.de.

Eisenbahnmuseum Bahnhof Lette: Nachdem der Bahnhof 1990 zum Haltepunkt ohne Personal wurde, gründete sich ein Verein, der sich den Erhalt des Stationsgebäudes auf die Fahnen schrieb. Entstanden ist dadurch ein Museum, in dem sich der Eisenbahnbetrieb an einer Nebenbahnstrecke bestens nachvollziehen lässt. Alle technischen bzw. mechanischen Anlagen sind noch erhalten. Das einzigartige Fachwerk-Schrankenwärterhaus wurde ebenfalls integriert. Hinzu kommen Eisenbahn-Devotionalien, eine Modellbahnanlage, eine jährlich wechselnde Sonderausstellung sowie Güterwagen und ein Schienenbusbeiwagen im Außenbereich. Zudem gibt es einen Fahrradverleih. Nicht so gut wie dem Letter Gebäude ging es dem am Bahnhof Coesfeld. Es wurde 2019 kurz vor seinem 110. Geburtstag abgerissen. Das Museum und die Windmühle Lette können über den ausgeschilderten Ortsweg erreicht werden.

▪ Erster So im Monat 14–17 Uhr oder auf Anfrage über die Tourist-Info. Eintritt frei, Spenden erwünscht. Bahnhofsallee 47, bahnhof-lette.de.

Teil der Skulptur „Konferenz der Elemente" von Jürgen Goertz

Praktische Infos

→ Karte S. 93

Information **Coesfeld-Information,** Markt 8 (Rathaus), ✆ 02541-9391017, coesfeld.de.

Verbindungen Am Bahnknoten des südwestlichen Münsterlandes gibt es mindestens stdl. Nahverkehrszüge nach Münster, Ahaus/Gronau/Enschede, Dortmund (über Dülmen) und Essen (über Dorsten); Regiobus nach Gescher und Nottuln, dort Umstieg in Schnellbusse nach Münster, Borken, Bocholt, Vreden, Steinfurt, werktags Bürgerbus.

Stadtführungen Über QR-Codes können ab der Tourist-Info zwei Stadtrundgänge selbstständig mit dem Handy absolviert werden. Hinzu kommen 16 über die Tourist-Info buchbare Angebote.

Markt Dienstag und Freitag am Vormittag.

Einkaufen **Hof Rahmann 5,** alle denkbaren regionalen Spezialitäten aus eigener Produktion oder der von Partnern. Mi–Sa 10–18 Uhr, So/Feiertag 10–17 Uhr, Mo geschlossen. Harle 30, ✆ 02541-659, hof-rahmann.de.

Hofladen Wigger 7, Mo/Di und Do/Fr 9–18 Uhr, Mi 9–13 Uhr, Sa 9–14 Uhr (in der Spargel- und Erdbeerzeit tägl. 9–18 Uhr). Herteler 60, Lette, ✆ 02546-531, familie-wigger.de.

Bauernlädchen Drees 8, u. a. auch Wildverkauf. Di/Mi/Sa 8–13 Uhr, Do/Fr 8–18 Uhr (in der Spargel- und Erdbeerzeit tägl. 8–18 Uhr). Letter Berg 30, ✆ 02546-203, bauernlaedchen-drees.de.

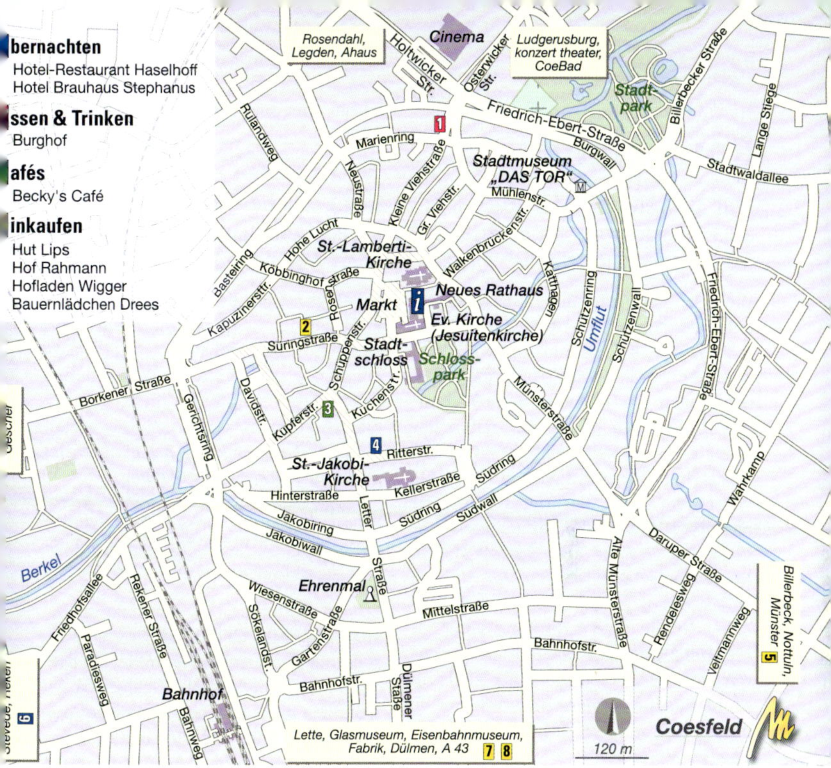

Hut Lips 2, unweit des Marktplatzes findet sich das für eine Stadt der Größe Coesfelds sehr gut sortierte Hutfachgeschäft. Süringstr. 16, ✆ 02541-2508.

Schwimmen **CoeBad**, mit Freibad und Saunabereich. Osterwicker Str. 19, ✆ 02541-929600, coebad.de.

Wandern Sechs Ortswanderwege sind ausgeschildert, zwei davon in Lette.

Radfahren Drei Tagestouren sind ausgeschildert. Verleih über Mietfiets, Bahnhofstr. 1 (Stadtwerke Coesfeld).

Essen **Burghof 1**, das Restaurant des Hotels bietet Regionalküche inkl. Wild und Steaks. Tägl. 11.30–14.30 Uhr und 17–23 Uhr. Große Viehstr. 35, ✆ 02541-72121, burghof-coesfeld.de. €€

MeinTipp **Beckys Café 3**, Chance zum Abschalten bei einem leckeren Kaffee und Kuchen unter altem Baumbestand in einer Seitenstraße der Fußgängerzone. Mo/Di/Do 14–18.30 Uhr, Sa 10–18 Uhr, So 11–16 Uhr. Pfauengasse 4, ✆ 02541-8484767, rebekka-paul.de. €

Corona-Pandemie und Energiekrise bedeuteten das Ende vieler Gastronomiebetriebe in der Stadt. Klassische Ausflugsgastronomie ersetzen nun im Sommerhalbjahr Hofcafés.

Übernachten Empfehlenswerte Hotelerie findet sich in großer Zahl in Coesfelds Nachbarstädten. In der Kreisstadt war das Angebot schon vor der Corona-Pandemie überschaubar.

Hotel Haselhoff 4, Traditionshaus am Rand der Fußgängerzone, Restaurant mit guter Regionalküche. Ritterstr. 13, ✆ 02541-94200, hotel-restaurant-haselhoff.de. €€

Hotel Brauhaus Stephanus 6, der Name sagt schon, wer dort buchen sollte. Overhagenweg 3–5, ✆ 02541-922480, stephanus.eu. €€

Camping **Wohnmobilstellplätze** am CoeBad bzw. am Theater.

Nachtleben **Fabrik**, bis ins Ruhrgebiet hinein populäre Rock-Konzert-Location mit Schwerpunkt auf interessanten Newcomern, Cover-Bands und Indie-Rock-Formationen. Dreischkamp 26, ✆ 02541-82977, fabrik-coesfeld.de.

Rosendahl

11.000 Einwohner

Wer unweit von Münster einen Aktivtag erleben möchte, bei dem auch die für das Münsterland typischen Sehenswürdigkeiten nicht fehlen sollen, macht sich einfach auf den Weg nach Rosendahl.

Die Nachbargemeinde von Coesfeld entstand 1975 aus dem Zusammenschluss der Orte Darfeld, Holtwick und Osterwick. Der neue Ortsname verdankt sich der Existenz von Heckenrosenflächen an mehreren Stellen der Gemeinde. Gekennzeichnet ist die Landschaft aber weniger von Rosen als von einem steten Auf und Ab. Von Ost nach West fließen die Baumberge sachte in das Tiefland aus, das die nahen Niederlande ankündigt. Vor Jahren entschloss sich die Gemeinde, öffentliche Spiel- und Sportangebote zu schaffen, die sich sowohl an durchreisende (Rad-)Touristen als auch an Einheimische richten, und steigerte so besonders den Bekanntheitsgrad bei Tagesausflüglern.

Generationenpark: Die Anlage wurde in Darfeld im ehemaligen Bahnhof errichtet. Das Heimat- und Bürgerhaus informiert über die Region und die stillgelegte Bahnstrecke nach Rheine, die heute als „RadBahn Münsterland" beliebtes Ausflugsziel ist. An Fitnessgeräten oder auf Draisinen kann Sport getrieben werden, ein Gang durchs Wassertretbecken entspannt die vom Radeln müden Beine. Auch in Holtwick und Osterwick gibt es zu sportlicher Aktivität verleitende Parkanlagen. Am Bahnhof startet auch ein schöner Ortsrundweg.

▪ Eintritt frei, Spenden erwünscht. Gastronomie: Fr/Sa 13–18 Uhr und So/Feiertage 11–18 Uhr. Am Bahnhof 21, ✆ 02545-1383, generationenpark-darfeld.eu.

Schloss Darfeld: Es ist seit 1680 im Besitz der Familie des Grafen Droste zu Vischering und dient der Familie seit dem 18. Jh. als Hauptsitz. Das Schloss ist gewöhnlich nicht zugänglich, einzige Ausnahme sind öffentliche Veranstaltungen. Das Gebäude wurde 1612–18 errichtet, bei einem Brand 1899 schwer beschädigt und 1902–04 in der heutigen Form wiederaufgebaut. Die manieristische Fassade im Innenhof, wo die erwähnten Veranstaltungen stattfinden, erinnert noch an den ursprünglichen Bau.

Schloss Darfeld zählt zu den fünf schönsten Schlössern der Region

Schloss Varlar: Nicht zugänglich ist auch das zweite Schloss in Rosendahl. Ursprünglich wurde die Anlage 1123/24 von den Grafen von Cappenberg als Prämonstratenserstift gegründet. 1803 folgte mit der Säkularisierung der Umbau zum Schloss. Die Familie zu Salm übernahm in der Region einen Großteil des umfangreichen kirchlichen Besitzes und nannte sich fortan Salm-Horstmar. Die bis dahin vorhandene ursprüngliche Klosteranlage basierte wohl auf einer noch älteren, von Gräften geschützten Burganlage mit vorgelagerten Versorgungs- und Wirtschaftseinrichtungen. Zwischen 1679 und 1828 wurde die Anlage mehrmals erheblich verändert. Das Schloss wird noch heute von der Fürstenfamilie bewohnt, weshalb Besichtigungen nicht möglich sind.

Holtwicker Ei: Durch das Wachsen des Ortes liegt einer der wichtigsten archäologischen Funde der Region inzwischen in einer kleinen Parkanlage am Rande eines Wohngebiets. Der auf 30 Tonnen Gewicht geschätzte Granitblock, dessen Form an ein Ei erinnert, wurde vor etwa 200.000 Jahren als sogenanntes Rollsteingeschiebe der Gletschermassen aus Värmland in Schweden bis nach Holtwick transportiert. Der Stein ragt etwa zwei Meter aus der Erde und dürfte unter der Erde etwa doppelt so groß sein. Bis die Archäologie sich fachkundig mit dem Stein beschäftigte, lieferte eine Sage die Begründung für seine Existenz: Der Teufel habe mit diesem Fels die Kirche in Holtwick zerstören wollen, diese aber beim Werfen verfehlt.

Kirche St. Fabian und Sebastian Osterwick: Die katholische Kirche St. Fabian und Sebastian in Osterwick wurde in der ersten Hälfte des 13. Jh als Staufische Hallenkirche im gebundenen System errichtet. U. a. durch Pläne von Ludwig Becker kam es von 1904–1908 sowie 1922 zu einer erheblichen Erweiterung. Der Sandsteinbau wird seitdem von einem mächtigen Oktogon dominiert und ist neben dem Billerbecker Dom die wohl markanteste Kirche in den Baumbergen (→ S. 98), denn sie liegt exponiert auf einer Kuppe.

Erdgeschichte anschaulich dargestellt: Holtwicker Ei

Information **Tourist-Information Rosendahl,** Hauptstr. 30, Osterwick, ✆ 02547-770, rosendahl.de.

Verbindungen Der Ortsteil Holtwick liegt an der Bahnstrecke Coesfeld–Ahaus–Steinfurt. Die anderen Ortsteile sind mit Regionalbussen nach Coesfeld und Steinfurt zu erreichen, außerdem Bus durch alle Ortsteile nach Billerbeck.

Einkaufen **Hof Althues,** Eier, Nudeln, Eierlikör sowie lokale Wurst- und Käsespezialitäten. Di/Sa 8–13 Uhr, Mi–Fr 8–18 Uhr. Bleck 11, ✆ 02566-93120, landei-sucht-geniesser.de.

Hofladen Terwei, Di 15–18 Uhr, Mi–Fr 9–13 und 15–18 Uhr, Sa 9–12.30 Uhr. Höven 129, ✆ 02541-880588, hofladen-terwei.de.

Wandern Die ausgeschilderten Wege zu den Schlössern sind zu empfehlen. Auf rund 15 km kommt, wer vom Schloss Varlar über den Kreuzweg an großer und kleiner Kapelle vorbei und wieder zurück zum Schloss wandert.

Radfahren Fünf Touren sind ausgeschildert. Verleih über **(E-)Fahrradspezialist,** Osterwicker Str. 24, ✆ 0157-87301846, e-fahrradspezialist.de.

Übernachten/Essen **Hotel Restaurant Feldkamp,** verbindet historische Bausubstanz mit Hotellerie und Gastronomie von heute. Darfelder Markt 38, ✆ 02545-93040, hotel-feldkamp.homepage.t-online.de. **€€**

Baumberge

Insgesamt sechs Berge – der Westerberg mit dem Longinusturm, der Bartelsberg, der Hoheberg, der Weterberg, der Coesfelder Berg und der Nohnenberg – bilden zusammen das kleine Kalksandstein-Gebirge, auf dem mosaikartig verteilte Wälder und Offenflächen bis heute die Kulturlandschaft formen und ihr den Namen gaben.

Die Baumberge mit dem Westerberg als höchster Erhebung (188,7 m) wurden im Jahr 2007 unter Naturschutz gestellt und sind Teil des europaweiten Naturschutznetzes „NATURA 2000". Das Schutzgebiet umfasst fast 400 ha. Die prägende Waldgesellschaft ist der Waldmeister-Buchenwald. Beeindruckend sind die zahlreichen Quellen und die z. T. sehr tief eingeschnittenen Bachtäler, die es in den Randlagen des Höhenzuges gibt. Der Grund: Die Baumberge sind aus klüftigem Kalkmergel der Kreidezeit (Untercampan) aufgebaut. Durch die Spalten und Klüfte des Gesteins versickert das Niederschlagswasser recht schnell. Es trifft etwas weiter unten auf wasserstauende Schichten und drängt dort wieder an die Bodenoberfläche hinaus. Fünf Flüsse entspringen in den Baumbergen: Steinfurter Aa, Münstersche Aa, Dinkel, Merkel und Vechte.

Der Sandstein wird hier seit mehr als tausend Jahren abgebaut. Er wurde zunächst für Kirchenbauten verwendet und erst ab dem 14. Jh. zunehmend auch für Profangebäude. Baumberger Sandstein wurde zudem für Bauten und Skulpturen in den Niederlanden, Nordeuropa und dem Baltikum verwendet. Prominenteste Beispiele in der Region sind Schloss Darfeld (→ S. 94), Schloss Nordkirchen (→ S. 122) und in Münster der Dom (→ S. 34) sowie die Fassaden am Prinzipalmarkt (→ S. 36). In Deutschland sind der Kölner Dom und der Osnabrücker Dom zu nennen. Zahlreiche Bildstöcke sowie viele Teile der Fassaden, Fenster- und Türeinfassungen von Höfen im Münsterland sind durch den Sandstein geprägt. Von den ehemals fast 30 Steinbrüchen sind heute nur noch zwei in Betrieb. Der Rad- und Wanderweg „Baumberger Sandsteinroute" führt durch alle Baumberge-Gemeinden, weist auf 200 große und kleine Sandsteinbauwerke hin und kann durch Nutzung der Baumbergebahn auch etappenweise absolviert werden.

Beliebtes Ausflugsziel sind die Baumberge schon seit Ende des 19. Jh. Heute ist die Baumberge-Region ein touristischer Verbund der Städte bzw. Gemeinden Billerbeck (→ S. 97), Coesfeld, Havixbeck (→ S. 102), Nottuln (→ S. 106) und Rosendahl (→ S. 94). Der Baumberge-Verein Münster, einer der ältesten deutschen Wandervereine, kümmert sich um die Wanderwege (allein 7 rund um den Longinusturm, dazu knapp 50 in der Region) und bietet auch geführte Touren an. Die Flyer des Vereins zu einzelnen Wanderungen liegen in den Tourist-Informationen aus. Umfassend ist die nur 5,90 € teure „Wander- und Freizeitkarte Baumberge", auf der alle Wanderwege und Sehenswürdigkeiten verzeichnet sind.

▪ Baumberge-Touristik, Willi-Richter-Platz 1, Havixbeck, ✆ 02507-7510, baumberge-touristik.de. Naturschutzzentrum Kreis Coesfeld, Am Hagenbach 11, Nottuln-Darup, ✆ 02502-9012310, naturschutzzentrum-coesfeld.de. Baumberge Verein, Windhorststr. 32, Münster, ✆ 0251-399 97881, baumberge-verein.de/wanderwege.

Billerbecks Dom ist ein in jeder Hinsicht (aus)strahlendes Bauwerk

Südmünsterland → Karte S. 88

Billerbeck

12.000 Einwohner

Eine Kleinstadt mit riesiger, das Stadtbild prägender Domkirche. Was ist da passiert? Münsters Bistumsgründer Ludger starb in Billerbeck und ihm zu Ehren wurde die Großkirche gebaut. Die zentrale Lage und das idyllische Ortsbild brachten dem Wallfahrtsort den Beinamen „Perle der Baumberge" ein.

Eine erste Erwähnung Billerbecks gab es schon vor Ludgers Tod 809. Bis 1815 wurde die Entwicklung immer wieder von den Folgen der (religions)kriegerischen Auseinandersetzungen ausgebremst. So sorgten die Täufer 1548 für einen Stadtbrand.

Als zentraler Ort der Ludgerusverehrung ist Billerbeck stark von Tagesausflügen kirchlicher Gruppen geprägt. Mit dem Dombau sorgten die Wallfahrer dafür, dass der Tourismus lange vor anderen Orten im Münsterland zu einem Faktor wurde. Heute ist Billerbeck touristischer Mittelpunkt der Baumberge-Region.

Wer es ruhiger haben will, sollte sich den gut erhaltenen historischen Stadtkern am frühen Morgen oder ab der Kaffeezeit ansehen, wenn die Tagesausflügler noch nicht da sind bzw. sich langsam wieder auf den Heimweg machen.

Anschauen und unternehmen

Altstadt: Im Gegensatz zu so vielen Städten im Münsterland wurde der Stadtkern von Billerbeck im Zweiten Weltkrieg nicht komplett zerstört. So können hier Gebäude aus sieben Jahrhunderten in nahezu originaler Form angeschaut werden. Nicht zuletzt deshalb dient die Altstadt seit vielen Jahren in schöner Regelmäßigkeit als Filmkulisse, insbesondere der Platz vor der Johanniskirche und einige abzweigende Straßen. In den kleinen Gassen mit den Speicherhäusern lässt sich hervorragend bummeln. Kunst und Schmuck sowie regionale Spezialitäten dominieren beim Angebot. In den 1970er-Jahren waren die Speicherhäuser zum Großteil verlassen und heruntergekommen, sodass die Stadt plante, sie abreißen zu lassen. Der historische Wert der Gebäude wurde zum Glück noch erkannt, seit 1986 stehen sie unter Denkmalschutz. Die Kirche verkaufte sie zumeist an Privatpersonen, die sie liebevoll restaurierten.

Dom: Der Sterbeort des ersten Bischofs von Münster, der in der Abteikirche in Essen-Werden begraben wurde, ist Mittelpunkt der Ludgerusverehrung im Bistum. Die Sterbekapelle im Dom birgt Reliquien des Heiligen. Das Gotteshaus wurde 1892–98 an der Stelle erbaut, wo zuvor eine ältere, im Kern romanische Ludgeruskirche (11. Jh.) gestanden hatte. Baumeister war Wilhelm Rincklake (1851–1927), ein Benediktiner aus der Abtei Maria Laach und zu jener Zeit einer der bedeutendsten Sakralarchitekten im Westen Deutschlands. Er schuf eine neugotische Kirche mit Querschiff und hohem Turmpaar im Westen, das seitdem Wahrzeichen Billerbecks ist. Das Langhaus hat die Grundform einer Basilika, d. h., das hohe Mittelschiff überragt die Seitenschiffe. Wie der Architekt, so haben auch die am Bau beteiligten Bildhauer, Kunstschreiner und Glasmaler Vorbildern der Gotik nachgeeifert, sodass die Ausstattung ein stilistisch homogenes Bild abgibt. 1975 hat es eine geringfügige Umgestaltung gegeben.

▪ Neben Führungen ist auch der Aufstieg in den Glockenturm möglich, Buchung über die Tourist-Information.

Ludgerusbrunnen: Um den Brunnen an der Ludgerusstraße rankt sich eine Legende: Der zufolge traf der hl. Ludger einst auf einem Hof in einer nahe gelegenen Bauernschaft auf eine Bäuerin, die über großen Wassermangel klagte. Daraufhin griff Ludgerus zwei Gänse und steckte sie in den trockenen Brunnen des Hofes. Die Gänse verschwanden, gruben sich durch die Erde und kamen erst an der Stelle des heutigen Ludgerusbrunnens wieder ans Tageslicht. Seitdem sprudelt dort die Quelle. Die Ludgerusfigur am Brunnenrand (Bernhard Meyer, 1954) trägt die Züge des Kardinals Clemens August Graf von Galen, der beim Ludgerusjubiläum 1945 kurz vor Kriegsende eine bewegende Predigt hielt.

Johanniskirche: Die alte Stadt- und Pfarrkirche St. Johannes der Täufer ist ein Juwel für Kunsthistoriker, denn sie gehört zu den bedeutendsten spätromanischen Kunstdenkmälern Westfalens. Das älteste nachweisbare Baudatum der Kirche ist das Jahr 1074, ein Vorgängerbau stammt aber vermutlich bereits aus dem 8. Jh. Der Grundstein für den heutigen Kirchenbau wurde im Jahr 1234 gelegt. Ein gotischer Umbau – gut an den Fensteröffnungen zu erkennen – erfolgte im Jahr 1425. Danach kam es nur zu minimalen Veränderungen. Die Kirche verfügt über eine besonders reiche, kunstgeschichtlich wertvolle Innenausstattung.

▪ Johannikirchplatz 3

Kolvenburg: Das ehemalige Herrenhaus mit dem auffallenden Krüppelwalmdach ist ein typischer Wohnsitz des niederen Adels im Münsterland. Erstmals erwähnt wurde die Kolvenburg 1246. Die Bausubstanz der heute zu sehenden Anlage stammt aus dem 15. und 16. Jh., von den Wirtschaftsgebäuden ist keines mehr erhalten. Bei umfassenden Renovierungsarbeiten zwischen 1958 und 1976 konnten Relikte aus zehn größeren Bauphasen offengelegt werden. 1966 pachtete der Kreis Coesfeld die Anlage und richtete dort das 1976 eröffnete Kulturzentrum des Kreises ein. Zudem ist hier von Mitte März bis Mitte Dezember die Kunstsammlung des Kreises zu sehen. Sie wird zusammen mit wechselnden Ausstellungen präsentiert. Durch eine Neukonzeption ist die Ausstellung, zu der Werke von Picasso, Polke, Feininger und Thadeusz zählen, noch attraktiver geworden.

▪ Di–Sa 13–18 Uhr, So/Feiertage 10–13 Uhr und 13.30–17.30 Uhr, Mo geschlossen. Eintritt 4 €, erm. 3 €, bis 6 J. frei, Familienkarte 9 €, Führungen ab 5 €/Pers. An der Kolvenburg 3, ✆ 02543-1540, kolvenburg.de.

Kloster Gerleve: Von großer, weit über Billerbeck hinausreichender Bedeutung ist die 1901 gegründete Benediktinerabtei. Die ursprünglichen Klostergebäude sind südlich an die mächtige Klosterkirche angebaut. Deren 42 m hohe, weithin sichtbare Türme prägen das Gesamtbild der Anlage. Der Kirchenbau ist eine dreischiffige Basilika im Stil der Neoromanik. Er und die gesamte Klosteranlage wurden, wie der Dom in Billerbeck, vom Architekten Wilhelm Rincklake entworfen und von 1901 bis 1904 gebaut. Zur Abtei gehören ein Exerzitienhaus, eine Jugendbildungsstätte und eine Buchhandlung. Wer Ruhe sucht, aber auch den intellektuellen Austausch, sollte sich hier für einige Tage im Gästehaus Ludgerirast einquartieren. Die Außenanlagen und die Klostergaststätte sind frei zugänglich. Regelmäßig ist gregorianischer Chorgesang Teil von Gottesdiensten oder Andachten.

▪ Gerleve 1, ✆ 02541-8000, abtei-gerleve.de.

Freilichtbühne: Im Jahr 1950 wurde sie von den Billerbecker Bürgern Alex Hesselmann und Bernhard Engbers gegründet. Alljährlich werden im Sommer auf der Naturbühne ein Kinder- und ein Erwachsenenstück aufgeführt, hinzu kommen Gastproduktionen. Im Winter wechselt der Spielort in die Stadtaula und auf die eigene Studiobühne mit integriertem Theatercafé.

▪ Weihgarten 17, ✆ 02542-2010, freilichtbuehne-billerbeck.de.

Praktische Infos

Information **Tourist-Information Billerbeck,** Markt 1, ✆ 02543-7315, billerbeck-muensterland.de.

Verbindungen Mindestens stdl. Nahverkehrszug nach Münster und Coesfeld. Bus in alle Ortsteile von Rosendahl, werktags Bürgerbus

Südmünsterland → Karte S. 88

Kloster Gerleve ermöglicht Privatpersonen eine Auszeit

Ludger, immer wieder Ludger

Ludger (auch Liudger bzw. lat. Ludgerus) wurde um 742 geboren (manche behaupten auch, wie Karl der Große 747/48) und ist bei wohlhabenden christlichen Eltern in Friesland aufgewachsen. Sein geistlicher Lehrer war Gregor von Utrecht, der ihn ab 756 an der Utrechter Domschule unterrichtete. Nach einem zwischenzeitlichen Aufenthalt in York, wo er zum Diakon geweiht wurde, kehrte Ludger für einige Jahre nach Utrecht zurück. Dort erhielt er 775 seinen ersten Missionsauftrag, der ihn in den Raum Deventer in den südwestlichen Zipfel Frieslands führte. Bereits ein Jahr später verlagerte sich seine Missionstätigkeit weiter nach Norden ins friesische Kernland. Wegen der einfallenden Sachsenheere unter Widukind musste Ludger, der inzwischen zum Priester geweiht worden war (777 in Köln), im Jahr 784 aus Friesland fliehen. Er begab sich auf Pilgerreise zunächst nach Rom und dann nach Montecassino, wo er 787 mit Karl dem Großen zusammentraf – so will es zumindest die Legende. Gesichert ist, dass Karl ihm in dieser Zeit die Missionsleitung in den fünf von ihm beherrschten friesischen Gauen übertrug. Denn der fränkische König hatte es zwar vermocht, die Stämme auf friesischem Gebiet militärisch zu besiegen, doch mit ihrer Christianisierung war er gescheitert, reine Waffengewalt hatte dazu nicht ausgereicht.

Um 792 trug Karl der Große dem Friesenmissionar den Bischofsstuhl von Trier an. Ludger lehnte höflich ab und bat darum, seine Missionstätigkeit im westlichen Sachsen fortsetzen zu dürfen. Dort gründete er 793 in einer winzigen Siedlung an der Aa ein Kloster, die Keimzelle der Stadt und des Bistums Münster. Zwölf Jahre später, am 30. März 805, empfing er die Bischofsweihe, sein neu geschaffenes Bistum weihte er dem heiligen Paulus. Doch auch als Bischof verließ ihn nicht der missionarische Eifer. Am Passionssonntag, dem 25. März 809, predigte er morgens noch in Coesfeld, begab sich dann in das nahe Billerbeck, um auch dort zu predigen und die heilige Eucharistie zu feiern. In der folgenden Nacht starb er dort. Im Südturm des Domes wird der Ort seines Sterbens als Wallfahrts- und Gebetsstätte in Ehren gehalten. In seiner Zeit als Missionar des Münsterlandes gründete der hl. Ludger an die vierzig Gemeinden und sorgte für den Bau der ersten Kirchen, später wurden viele Kirchen und Kapellen in der Region ihm geweiht. Seine wichtigste Klostergründung neben Münster liegt etwas außerhalb der Region: die Abtei Werden in Essen an der Ruhr. Sein Wirkungskreis in der Region lässt sich auf dem Ludgerusweg von Coesfeld nach Havixbeck erwandern.

im Ort und zum Stift Tilbeck, der von April bis Oktober auch den Longinusturm (→ S. 107) anfährt.

Stadtführungen 24 verschiedene Führungen, mehrheitlich mit kirchlichem Bezug, können über die Tourist-Info gebucht werden.

Markt Freitag am Nachmittag.

Einkaufen **Spargel- und Erdbeerhof Feilers-Lülf,** Spargel, Erdbeeren und weitere regionale Spezialitäten. Mo–Fr 9–19 Uhr. Temming 16, ✆ 02507-1267, spargel-erdbeerhof.de.

Domkontor, genossenschaftlich organisierter Laden, der ausschließlich Produkte anbietet, die in Billerbeck oder der unmittelbaren Umgebung produziert wurden. Di–Fr 9.30–12.30 u. 14.30–18.30 Uhr, Sa 10–18 Uhr, So 11–18 Uhr.

Wandern Zehn ausgeschilderte Tourenvorschläge hält die Tourist-Info bereit. Für Naturfreunde ist die im **Berkel-Quellgebiet** besonders zu empfehlen, eine schöne Tagestour ist die längste **Wanderung zum Longinusturm.**

Radfahren Vier Rundtouren von 15–18 km Länge sind ausgeschildert, Verleih von Rädern im Bahnhof Billerbeck.

Schwimmen Denkmalgeschütztes **Freibad,** u. a. mit 50-Meter-Becken. Osterwicker Str. 27, ✆ 02543-1001, billerbeck.de/aktivfreibad.

Sport **Sport- und Freizeitzentrum** am Henker Berg mit einer der größten Skateranlagen der Region.

Essen/Übernachten **Weissenburg,** Vier-Sterne-Haus oberhalb des Ortes mit Panoramablick. Beliebtes Tagungshotel, Wellnessbereich, exzellente Gastronomie mit großer Wildkarte, als Folge diverser Anbauten etwas verwinkelt. Gantweg 8, ✆ 02543-750, hotel-weissenburg.de. €€€

MeinTipp **Dom Café Frede,** ein Muss für Torten-Fans ist das Café mit Blick auf die Kinder-Sandkiste am Dom. Di–So 8–18 Uhr, Mo Ruhetag. Markt 3, ✆ 02543-7965, domcafe-frede.de. €

MeinTipp **Trattoria Cox Orange,** schmackhafte italienische Landküche und mehr in historischem Ambiente. Di–Sa 17–22 Uhr, So 12–22 Uhr, Mo Ruhetag. Johannikirchplatz 12, ✆ 02543-2399240, cox-orange-billerbeck.de. €€

MeinTipp **Hotel Domschenke,** historische Bausubstanz trifft gehobene Küche und moderne Hotellerie. Markt 6, ✆ 02543-93200, domschenke-billerbeck.de. €€€

Mertens Ludgerusbrunnen, modernes Haus mit exzellentem Service direkt im Ortskern. Ludgeristr. 46, ✆ 02543-6261, ludgerusbrunnen.de. €€

Camping **Ferienpark Baumberge,** Nurdachhäuser und Mobilheime, Schwimmbad; am Schwimmbad auch Wohnmobilstellplatz. Dörholt 14, ✆ 02543-2100, ferienpark-holtmann.de.

Südmünsterland → Karte S. 88

Historische Bausubstanz umrahmt die Johannis-Kirche

Burg Hülshoff, Geburtsort von Annette von Droste-Hülshoff

Havixbeck

12.000 Einwohner

Burg Hülshoff, der Sitz der Familie der Schriftstellerin Annette von Droste-Hülshoff, das idyllisch gelegene Stift Tilbeck und das Sandsteinmuseum machen die Gemeinde zum zweiten besonders wichtigen Ort in den Baumbergen.

Da die Burg und das Stiftsgelände weit vor den Toren des Ortes liegen, geht es im Stadtkern beschaulich zu. Wer Ruhe, Radtouren und einen Tagesausflug nach Münster miteinander verbinden will, sollte in Havixbeck sein Quartier nehmen. Eine anstiegsreiche Wanderung ermöglichen die umliegenden Stever Berge (→ S. 359).

Anschauen und unternehmen

Kath. Kirche St. Dionysius: Die Kirche wurde vor 1040 als bischöfliche Eigenkirche gegründet, die Pfarre erstmals 1137 urkundlich erwähnt. Der heutige Kirchbau, eine dreijochige Hallenkirche, stammt aus dem 14. Jh. Bei der Errichtung wurden Teile des ursprünglichen Baus integriert, danach gab es nur geringfügige bauliche Veränderungen. Von 1968 bis 1971 wurde die Kirche grundlegend saniert und Ausmalungen in den Gewölben freigelegt, die aber stark beschädigt waren. Ein Großteil des Inventars stammt aus dem 13./14. Jh., relativ jung ist das hölzerne Kruzifix aus der Mitte des 19. Jh.

Der Kirchplatz wurde 2020 umgestaltet und ist nun ein Ort zum ruhigen Verweilen geworden. Mit der geschlossenen Bebauung und dem gotischen Torhaus stellt er ein komplettes Ensemble dar, wie es in der Region nur noch selten zu finden ist. Die Gestaltung von Boden und Wegen akzentuiert das seit der Umgestaltung noch. Alle wichtigen Läden und Werkstätten waren einst in den Häusern rund um die Kirche zu finden.

▪ Kirchplatz 1

Burg Hülshoff: Auf dem kleinen Wasserschloss wurde Annette von Droste-Hülshoff (→ S. 81) geboren. Nach dem Tod ihres Vaters 1826 zog die Dichterin mit ihrer Mutter und ihrer Schwester Jenny in das nur etwa 5 km von ihrem Geburtshaus entfernte Rüschhaus (→ S. 79) um, wohnte hier bis 1846 und verfasste dort auch ihr bekanntestes Werk „Die Judenbuche".

Der 30 ha große Park rund um den Hausteich ist ebenso zugänglich wie der Teil des Haupthauses, in dem das Droste-Museum untergebracht ist. Die 1540–45 errichtete Burg ist das Aushängeschild der Baumberge. Sie steht auf zwei Inseln und ist über Brücken erreichbar. Trauerweiden, Hortensien und Rhododendren dominieren die Parkanlage. Mittendrin steht das Herrenhaus. Im Museum sind u. a. das kleine Empfangszimmer und das große Speisezimmer der Familie mit Gemälden der Vorfahren, kostbare Möbelstücke aus vergangenen Jahrhunderten, die reich bestückte Bibliothek des Hauses und Erinnerungsstücke an Annette von Droste-Hülshoff sowie einige persönliche Gegenstände zu sehen.

Der Park wurde vom Vater der Droste, Clemens August II. von Droste zu Hülshoff, gestaltet. Die Renaissanceanlage mit Wildgehege, Garteninsel und Teehaus ist bis heute erhalten.

Die Erweiterungen der Ausstellungsflächen in den Gebäuden der Burg Hülshoff sind im Spätsommer 2022 abgeschlossen worden. Schon zuvor war aus dem Droste-Museum das „Center for Literature" geworden. Zusätzlich zum Leben und Werk der Droste setzt es sich mit Installationen und anderen außergewöhnlichen Präsentationsformen in den Räumlichkeiten und Gärten der Burg mit literarischen Werken allgemein auseinander. Zudem finden im Sommer auch immer wieder Veranstaltungen im Park statt. Aufgrund des vielfältigen Angebots gibt es zum Preis von 99 € jetzt auch eine Jahreskarte zu kaufen. Der 2021 eingerichtete Lyrikweg von der Burg zum Haus Rüschhaus ist wegen des Verkehrslärms nur per Rad zu empfehlen.

▪ Mi–So 11–18.30 Uhr, Park auch Mo/Di 10–17 Uhr. Eintritt 5 €, erm. 3,50 €, bis 18 J. frei, Gruppenführungen ab 70 €, Kombiticker Rüschhaus 6 €, erm. 5 €. Schonebeck 6, ✆ 02534-1052, burg-huelshoff.de.

Haus Stapel: Das 1827 fertiggestellte Wasserschloss ist eines der größten in

Südmünsterland → Karte S. 88

Klöster und Stifte

Eine Reihe von sehr gläubigen und vermögenden adeligen Familien brachte im Mittelalter die Gründung von Klöstern auf den Weg, bei denen gerne eine eigene Tochter als Äbtissin eingesetzt wurde. Allerdings sorgte die Reformation dafür, dass nicht alle von ihnen Nonnenklöster blieben. An manchen Orten entstanden Kanonissenstifte mit protestantischen Ordensfrauen. Stift Hohenholte und weitere Klöster in der Region, in denen sich nach den Reformationsunruhen eine Ordnung in Richtung einer der beiden Konfessionen nicht mehr herstellen ließ, wurden zu freiweltlichen Damenstiften (Nottuln, → S. 106; Asbeck/Legden, → S. 154; Vreden, → S. 160; Metelen, → S. 234; Langenhorst/Ochtrup, → S. 104, Borghorst, → S. 229). Die Einrichtung in Hohenholte wurde, ebenso wie die anderen, als Folge der Säkularisation aufgehoben. Danach verfielen die Anlagen und mussten größtenteils abgerissen werden. Es existieren an allen Orten noch Gebäudereste bzw. -teile. Im Museum „kult" in Vreden (→ S. 162) wird umfassend über die Stiftsdamen und die verschiedenen Epochen informiert.

Westfalen, wird aber bewohnt und ist der Öffentlichkeit nur an alljährlich stattfindenden Konzerttagen zugänglich. Wegen des authentischen historischen Ambientes diente das Schloss schon mehrmals als Filmkulisse.

▪ Gennerich 18b. Konzertprogramm unter haus-stapel-konzerte.de.

Haus Havixbeck: Etwas im Schatten von Haus Stapel steht dieses ebenfalls privat bewohnte Gebäude mit einem englischen Landschaftspark, bei dem Elemente aus dem Barock noch erkennbar sind. Die Außenanlagen können im Rahmen einer Führung besichtigt werden.

▪ Josef-Heydt-Str. 1

Sandsteinmuseum: Informationen zum „Westfälischen Marmor", wie Einheimische den Sandstein gerne nennen, lassen sich am besten in diesem Museum erhalten, zu dem der Bauernhof Rabert am Rand des Ortskerns umfunktioniert wurde. Auf dem Heuboden finden wechselnde Sonderausstellungen statt.

In der Stiftskirche Hohenholte

▪ Im Sommerhalbjahr Di–So 11–18 Uhr, sonst erst ab 13 Uhr, Mo geschlossen. Eintritt frei, Gruppenführungen ab 50 €. Gennerich 9, ✆ 02507-1596, sandsteinmuseum.de.

Stiftskirche St. Georg Hohenholte: Die Kirche, ein barocker, gewölbter Saalbau von 1738 mit hauptsächlich neoromanischer Ausstattung, ist das einzige Überbleibsel des 1142 von den Benediktinern gegründeten Stifts, das bereits 1188 an die Augustinerinnen überging und 1557 in ein freiweltliches Damenstift umgewandelt wurde. Eine der letzten Stiftsdamen war Jenny von Droste-Hülshoff, die Schwester der Dichterin. Reste des längst abgerissenen Stiftsgebäudes sind im Westteil der heutigen Kirche integriert. Die Ortsmitte mit ihren zwei Cafés ist ein schöner Rast- und Pausenort.

▪ Kirchplatz 1

Stift Tilbeck: Die Anlage, deren zentrales Gebäude natürlich über eine Fassade aus Baumberger Sandstein verfügt, wurde 1881 von Gertrud Teigelkemper als „Private Erziehungsanstalt für epileptische Kinder" gegründet. Das Stift besteht immer noch, und an seiner Zielsetzung, nämlich einen Ort zu haben, an dem Menschen mit Behinderung sinnvoll betreut werden können, hat sich bis heute nichts geändert.

Auf dem Friedhof erinnert die Skulptur „Der gebrochene Engel" von Georg Ahrend daran, dass 228 Stiftsbewohner in der Nazi-Zeit deportiert und vermutlich gezielt getötet wurden.

Landmarke von Stift Tilbeck ist nicht der Kirchturm, sondern ein 35 m hoher Wasserturm. Der Barfußgang auf dem Gelände steht in einem kleinen Wettbewerb mit dem in Lienen (→ S. 254) im Tecklenburger Land um den längsten Barfußpfad Europas. Nach Erweiterungen liegt der in Lienen inzwischen deutlich vorn.

▪ Tilbeck 2, stift-tilbeck.de.

Tour 3: Durch die Stever Berge → S. 359
Abwechslungsreiche Tour auf und an einem Ausläufer der Baumberge zwischen Havixbeck und Nottuln.

Praktische Infos

Information **Tourist-Information Havixbeck,** Willi-Richter-Platz 1 (Rathaus), ✆ 02507-7510, havixbeck.de.

Verbindungen Mindestens stdl. Nahverkehrszug nach Münster und Coesfeld, Regiobus nach Münster, Bus nach Nottuln, werktags Bürgerbus im Ort und zum Stift Tilbeck, der von April bis Oktober auch den Longinusturm anfährt. Achtung! Der Bahnhof liegt 1,5 km vom Ortskern entfernt.

Stadtführungen Sieben Angebote sowie die Möglichkeit zur Planung einer individuellen Tour macht die Tourist-Info. Hier können auch Führungen zu einigen der privat genutzten Herrenhäuser gebucht werden.

Einkaufen **Das schöne Leben,** Conceptstore mit einem ausgewählten Angebot an regionalen Spezialitäten, Kaffee und Tee, Papeterie und skandinavischen Wohnaccessoires. Hauptstr. 63, ✆ 02507-9826810, dasschoeneleben-shop.de.

Der Weingarten, interessante Weinauswahl, dazu Feinkost. Altenberger Str. 10, ✆ 02507-7701, derweingarten.de.

Biohof Herzkamp, Bioprodukte aus eigenem Anbau und von Partnerbetrieben. Di/Fr 9–18 Uhr, Sa 9–13 Uhr. Natrup 26, ✆ 02507-1325, biohof-herzkamp.de.

Brauhausladen der Brauerei Klute, der neben dem Bier auch Produkte anderer heimischer Erzeuger anbietet. Mi–Sa ab 12, So ab 11 Uhr. Poppenbeck 28, ✆ 02507-98390, klutes.de.

Markt Dienstag und Freitag am Nachmittag.

Schwimmen **Freibad Havixbeck,** Kardinal-von-Hartmann-Str. 12, ✆ 02507-7373, freibad-havixbeck.de. Das Hallenbad der Gemeinde (Dirkes Allee 119) ist das Lernschwimmbecken einer Grundschule und hat nur sehr beschränkte Öffnungszeiten.

Wandern **Ludgerusweg** nach Coesfeld mit Übernachtung in Billerbeck als Wochenendtour, mehrere ausgeschilderte **Touren zum Longinusturm.**

Essen **Overwaul,** seit 1765 am Ort und in der dritten Generation in Familienbesitz. Es wird alles angeboten, was die westfälische Küche ausmacht, dazu noch Steaks und „feinere" Speisen. Mi–Sa 12–14 Uhr und 17–21 Uhr, So 12–21 Uhr, Mo/Di Ruhetag. Herkentrup 24, ✆ 02507-1445, landgasthaus-overwaul.de. €€

Haus Füsting, befindet sich seit über 150 Jahren in Familienbesitz und ist ebenfalls eine Institution im Ort. Klassische westfälische Gasthausspeisekarte. Mo/Di/Fr 16.30–22 Uhr, Sa/So 12–14 Uhr und 16.30–22 Uhr, Mi/Do Ruhetag. Masbeck 30, ✆ 02507-1300, hausfuesting.de. €€

mein Tipp **Pannekokenhaus Teitekerl,** hat, wie der Name sagt, hauptsächlich Pfannkuchen im Angebot und insgesamt einen leicht alternativen Touch, spielt mit dem einen oder anderen Regionalklischee. Wer offen für neue Dinge ist, gerne (aus)probiert, ist hier richtig. Auch einige Hotelzimmer. Mo und Mi–So 11–20 Uhr, Di Ruhetag. Lasbeck 43, ✆ 02507-1270, teitekerl.de. €€

mein Tipp **Das Lauschig,** ein junges Gastronomenpaar küsste eine lange geschlossene Ausflugsgaststätte gegenüber vom Stift Tilbeck wach. Schöner Biergarten. Mi–Do 15–22 Uhr, Fr 16–22 Uhr, Sa/So 11.30–22 Uhr, Mo/Di Ruhetag, Tilbeck 3, ✆ 02507-9877778, das-lauschig.de. €€

mein Tipp **Café am Turm,** eine besonders im Sommer äußerst schöne Einkehrmöglichkeit gegenüber der Stiftskapelle mit Kinderspielplatz, Streichelzoo und Liegewiese in Sichtweite. Angeschlossen sind eine Kaffeerösterei und der Stiftsladen, der Produkte aus den Werkstätten anbietet. Mo–Fr 10–18 Uhr, Sa/So ab 10 Uhr. Tilbeck 2, ✆ 02507-981550, stift-tilbeck.de. €

Übernachten **Hotel und Gasthof Kemper,** bietet perfekte Münsterländer Gastlichkeit seit 1726. Altenberger Str. 14, ✆ 02507-1240, hotelkemper.de. €€

Südmünsterland → Karte S. 88

Nottuln

20.000 Einwohner

Weil sich in der Umgebung so viel um Bischof Ludger und die Schriftstellerin Annette von Droste Hülshoff dreht, liegt die Gemeinde etwas abseits der Wege, die von den meisten Touristen gewählt werden. Zu Unrecht.

In Nottuln lässt sich im historischen Ortskern oder bei einer Waldwanderung zum Longinusturm gut Ruhe finden. Rund um die Kirche fällt es nicht schwer, sich in die Zeit der Existenz des Stifts zu versetzen. Wie archäologische Funde belegen, war das Gebiet aber schon um 4000 v. Chr. besiedelt – ältere Siedlungsspuren hat man im gesamten Münsterland bislang nicht gefunden.

Im 11. Jh. wurde das Damenstift gegründet. Danach drehte sich das dörfliche Leben um die Versorgung des Stifts. Bei einer Wanderung lassen sich die Baumberge am Longinusturm entdecken, die Steverberge dagegen vom Ortsteil Schapdetten aus.

Longinus-Turm über Nottuln

Anschauen und unternehmen

Stiftsbezirk: Die Ortsmitte ist geprägt vom ehemaligen Stift, die Pfarrkirche St. Martinus war gleichzeitig Stiftskirche. Ein Brand zerstörte den Stiftsbezirk 1748. Er wurde zwei Jahre später nach Plänen von Johann Conrad Schlaun neu errichtet. Als Baumaterial fand an herausragenden Stellen Bamberger Sandstein Verwendung. Auch wenn Schlauns Pläne nicht vollständig umgesetzt werden konnten, stellt sich der Stiftsbezirk immer noch als ein beeindruckendes Ensemble barocker Bauten dar. Die Pfarrkirche wurde nach dem Brand ebenfalls saniert und erhielt dabei eine barocke Haube in Zwiebelform.

Stiftskirche St. Martinus: Das Gotteshaus gilt als die neben der St.-Lamberti-Kirche in Münster schönste spätgotische Hallenkirche Westfalens und ist wohl der dritte bzw. vierte Bau an dieser Stelle. Bei einer Renovierung im Jahr 1956 kam die ursprüngliche Ausmalung der Gewölbe gut erhalten zum Vorschein. Sie wurde z. T. ergänzt. Auch die farbige Fassung der Gewölberippen konnte aufgedeckt und erhalten werden. Die sakrale Ausstattung stammt aus dem 18.–20. Jh. Die siebte Station des Kreuzwegs zeigt ein Porträt des Reichskanzlers Otto von Bismarck als römischen Legionär, der Christus nach Golgatha führt. Eine Anspielung auf den viele Jahre im Münsterland besonders heftig geführten Kulturkampf (→ S. 26).

Hof Schulze-Westerath: Auf der idyllisch am Rand von Nottuln im Stevertal gelegenen Hofanlage findet sich das vor einigen Jahren aufwendig restau-

Fabulierfreudiger Kaplan

Manche Klostergründungen gehen auf Marienerscheinungen zurück, andere auf wundersame Ereignisse, die Gott oder Heiligen zugeschrieben werden, wieder andere auf Spender. Auf das Stift Nottuln träfe das alles nicht zu, wenn man dem Nottulner Geistlichen Albert Wilkens(1790–1828) folgen würde, was seriöse Wissenschaftler seit 1962 aus gutem Grund nicht mehr tun. Da wurde klar, dass vieles von dem, was er in seinen kirchenhistorischen Schriften vorgelegt hatte, auf gefälschten Quellen oder rein auf seiner Fabulierfreude fußte. Hauptursache für die Entlarvung von Wilkens waren dessen schlechte Lateinkenntnisse: Seine vermeintlichen Quellen strotzen vor Fehlern.

Allerdings ist seine Gründungsgeschichte des Stifts Nottuln auf der anderen Seite nahezu filmreif. Er behauptete, der hl. Ludger habe das Stift 803 für seine vermeintliche Schwester, die später ebenfalls heiliggesprochene Heriburg von Nottuln, gegründet und sie auch zur ersten Äbtissin bestimmt. Beweisen lässt sich über die authentischen Quellen nur, dass im 11. Jh. in Nottuln ein Stift existierte, in dem eine Heriburg von Nottuln als Heilige verehrt wurde, die Schwester Ludgers war sie aber gewiss nicht. Ihre Gebeine, 1978 bei Ausgrabungen gefunden, sind heute in einem Silbersarg in der Kirche ausgestellt.

Ein Großteil der von Wilkens hinterlassenen Schriften wartet noch auf Auswertung. Sicher ist, dass ein Teil davon für die Geschichtswissenschaft doch von Bedeutung sein könnte. Aber wer will sich schon daran abmühen, zu prüfen, was nun von einem fabulierfreudigen Kaplan mit schlechter Schrift erdacht wurde und was nicht? Wer sich einarbeiten will: Joseph Prinz: „Die Urkunde Bischof Gerfrieds von Münster von 834 – eine Fälschung des Albert Wilkens“. In: Westfälische Zeitschrift 112 (1962).

Südmünsterland → Karte S. 88

rierte Mühlenhaus mit Wohnturm und Wassermühle. Der Bau stammt aus dem Mittelalter und kann zusammen mit der funktionstüchtigen Mühle nach Voranmeldung besichtigt werden.

▪ Steven 37, ✆ 02502-9261, wassermuehle-stevertal.de/muehle_wp.

Longinus: Die höchste Erhebung des Münsterlandes, denn Tecklenburg gehört ja nur indirekt dazu, ist der zwischen Havixbeck, Billerbeck und Nottuln gelegene Westerberg mit seinen knapp 190 Höhenmetern. Der Baumberge-Verein organisierte 1896 den Bau des Aussichtsturmes, der dann den Spitznamen des Vereinsvorsitzenden Fritz Westhoff erhielt: „Dr. Longinius“, im Hauptberuf Geograf und Zoologe, war stattliche 1,92 m groß. Sein Turm misst 32 m und hat einen 24-Meter-Aufstieg, der über 129 Stufen bewältigt wird. Oben angekommen, hat man die 200er-Höhenmarke locker überschritten, höher hinaus kommt man in der Region nur direkt an der Landesgrenze zu Niedersachsen im Tecklenburger Land. Die Einweihung des Turms musste übrigens an einem Sonntag ohne besondere religiöse Bedeutung stattfinden, da der

Klerus gegen den Turmbau war. Dass der Longinus nach dem Zweiten Weltkrieg nicht abgerissen wurde, ist der Deutschen Post zu verdanken, die ihn sanierte und für ihre technischen Anlagen sogar noch zwei Plattformen aufsetzte. 1952 errichte der WDR in unmittelbarer Nähe seinen Sender.

▪ longinusturm.com. Angeschlossen ist ein empfehlenswertes Café (→ Essen).

Darup: Der Ortsteil mit seiner großen Zahl bestens erhaltener Gebäude liefert Einblicke in die ländliche Siedlungskultur auf ganz engem Raum. Knapp 2 km lang ist der Wanderweg vom Alten Hof Schoppmann aus, wo u. a. das Naturschutzzentrum Coesfeld zu finden ist. Das Angebot für Kinder ist exzellent. In der Nähe des Ortes liegt die Wallfahrtskapelle „Zum Heiligen Kreuz" (1753/54), in deren Innerem sich ein lebensgroßes Kruzifix aus Sandstein an einem Baumkreuz (1718) befindet.

▪ **Naturschutzzentrum Coesfeld,** Mo–Fr 10–18 Uhr, Sa/So geschlossen. Am Hagenbach 11, ✆ 02502-9012310, naturschutzzentrum-coesfeld.de.

Im Nottulner Stiftsbezirk

Praktische Infos

Information **Tourist-Information Nottuln,** Stiftsplatz 8, ✆ 02502-9420, nottuln.de.

Verbindungen Mindestens stdl. Züge nach Essen und Münster ab dem Bahnhof im 7 km entfernten Ortsteil Appelhülsen, der werktags vom Bürgerbus angefahren wird. Aus dem Ortskern bzw. aus Darup Regionalbusse nach Havixbeck und zum Stift Tilbeck (→ S. 104), Schnellbus nach Münster und Taxibus nach Billerbeck. In Bahnhofsnähe steht die größte Photovoltaik-Anlage in Nordrhein-Westfalen.

Stadtführungen Ein Dutzend Angebote (auch für Kinder) sind über die Tourist-Info buchbar.

Markt Donnerstag am Nachmittag.

Einkaufen **Blaudruckerei Kentrup,** an mehreren Orten im Münsterland wird das inzwischen zum immateriellen Kulturerbe zählen Handwerk noch betrieben. Die Firma Kentrup, 1833 gegründet, ist die älteste Blaudruck-Manufaktur in Nordrhein-Westfalen. Es werden nicht nur Produkte zum Kauf angeboten, sondern auch Führungen. Kirchplatz 8, ✆ 02502-9347, kentrup.eu.

Hausladen Gasthaus Stevertal, u. a. Schinken, Forellen, Wurst und Stuten. Stevern 36 (→ Essen).

Bioland Gärtnerei Neiteler, Di/Fr 9–13 Uhr und 14–18 Uhr. Baumberg 68, ✆ 02543-336, bioland-gaertnerei-neiteler.de.

Schwimmen **Hallenbad und Wellenfreibad,** Rudolf-Harbig-Str. 16–20, ✆ 02502-6339.

Wandern Insgesamt 14 Wanderwege in Nottuln und seinen Ortsteilen sind ausgeschildert, darunter mehrere **Touren zum Longinusturm.**

Radfahren Eine tolle Tagestour für Trainierte ist die 74 km lange **SteverLandRoute** des Naturschutzzentrums Kreis Coesfeld. Sie kann aber auch in bis zu vier Etappen aufgeteilt werden. Start ist in Nottuln oder am Bahnhof Appelhülsen. Die Strecke führt über Senden, Lüdinghausen, Selm und Olfen nach Haltern. Je nach Fitness geht es schon ab Lüdinghausen, Selm (via Dülmen) oder Haltern (direkt) mit dem Zug zurück nach Appelhülsen oder es wird übernachtet. 14 interaktive Stationen samt Begleitbuch für Erwachsene und Entdeckerkarte für Kinder runden das Angebot ab. steverlandroute.de.

Drei GPS-Rundtouren hält die Tourist-Information bereit. Radverleih im Hotel-Gasthof Kruse, Hagenstr. 50, ✆ 02502-7377.

Reiten **Reitschule Altrogge-Terbrack,** Am Südhang 4, ✆ 02502-25052, reitschule-altrogge-terbrack.de.

Bauerngolf Am **Hotel Marienhof,** Baumberg 19, ✆ 02502-2288990, marienhof-baumberge.de.

Essen **Café Blumenkränzchen,** dieses Gartencafé der besonderen Art lohnt einen Nachmittag mit Wanderung in Darup. Mai–Oktober Do 14–18 Uhr und Fr 14–20 Uhr. Daruper Str. 40, ✆ 0177-4768255, cafe-blumenkraenzchen.de. €

MeinTipp **Gasthaus Stevertal,** Gasthaus in vierter Generation mit eigener Schinkenherstellung, Forellenräucherei und Backstube, auch Hotelzimmer. Di–So 12–21 Uhr, Mo Ruhetag. Stevern 36, ✆ 02502-94010, gasthaus-stevertal.de. €€

MeinTipp **1897 Café am Longinusturm,** im Winter lässt sich drinnen gut Wärme tanken, im Sommer draußen bei Speisen vom Grill die Aussicht genießen. Im Sommer Di–Sa ab 14 Uhr geöffnet, So ab 11 Uhr (bei gutem Wetter bis mindestens 19 Uhr, teilweise bis 21 Uhr), Mo Ruhetag. Im Winter Fr/Sa 14.30–18 Uhr, So 12.30–18 Uhr. Betriebsferien im Januar. Baumberg 45, ✆ 02502-4837190. €

Martini, Speisen im Stiftsbezirk, westfälischer geht es eigentlich nicht. Mi–Fr und So 11.30–14.30 Uhr und 18–22 Uhr, Sa nur 18–22 Uhr, Mo/Di Ruhetag. Stiftsplatz 3, ✆ 02502-226707, restaurant-martini.de. €€

Ratsschänke Böcker-Menke, seit über 250 Jahren am Ort, regionale Küche mit einigen Extras. Mo/Di und Di/Do–Sa 16.30–1 Uhr, So 11.30–1 Uhr, Mo/Mi Ruhetag. Kirchstr. 2, ✆ 02502-9308, boecker-menke.de. €€

Übernachten **Hotel Gasthof Kruse,** so stellt man sich Hotellerie auf dem Lande vor. Hagenstr. 50, ✆ 02502-7377, hotel-kruse.de. €€

MeinTipp **Marienhof Baumberge,** nach Sanierung wieder wach geküsstes (Tagungs-)Hotel mitten in den Baumbergen. Baumberg 19, ✆ 02502-2288990, marienhof-baumberge.de. €€€

Jugendherberge Nottuln, frisch modernisiertes Haus, das auch für Tagungen genutzt werden kann. Sankt-Amand-Montrond-Str. 6, ✆ 02502-7878, jugendherberge.de. €

Südmünsterland → Karte S. 88

Senden

20.000 Einwohner

Direkt an Stever und Dortmund-Ems-Kanal sowie am Rand von zwei Naturschutzgebieten gelegen, eignet sich die Gemeinde für alle, die in der Natur aktiv sein wollen oder nah an Münster ihr Quartier im Grünen haben möchten.

Die historische Bausubstanz im Ortskern ist überschaubar – auch einmal ganz angenehm nach einem Besuch in den Nachbarorten, die voll davon sind. Fans pittoresker Idyllen wird das Schloss Senden nicht gefallen – wer einfach mal zusammen mit anderen anpacken will, hilft bei seiner Sanierung mit. Vom Schloss lohnt ein Abstecher zu Kanalpromenade und Hafenplatz.

Anschauen und unternehmen

Schloss Senden: Die Anlage mit von der Stever gespeistem Wassergraben befindet sich unweit des Dortmund-Ems-Kanals und konnte erst kürzlich vor dem Verfall gerettet werden. Zunächst gehörte das Schloss der Familie von Senden, danach durch Heirat der Familie Droste zu Kakesbeck, sodass der Name „Droste zu Senden" entstand. Im Zweiten Weltkrieg wurde das Schloss von britischen Soldaten besetzt, teilweise zerstört und geplündert. 1957 verkaufte die freiherrliche Familie Droste zu Senden das Schloss, nicht jedoch den Gutsbesitz. Das Gebäude beherbergte danach ein Internat, eine Seniorenresidenz und ein Hotel. Nach einem Brand Ende der 1990er-Jahre wurde es zur Ruine, da der Besitzer nicht in die Sanierung investieren wollte. Ab 2007 sorgte bürgerschaftliches Engagement dafür, dass er die Immobilie 2015 endlich verkaufte und so die längst überfällige Sanierung in Gang kam. Das Dach wurde erneuert, der weitere Verfall von Gebäude und Park durch die Arbeit der Mitglieder des Schlossvereins und des Projekts „Jugendbauhütte" verhindert, auch Vandalismus ausgebremst. Durch Veranstaltungen und öffentliche Zuschüsse wird die weitere Sanierung finanziert. Der Mix aus sanierten und verfallenen Gebäudeteilen lohnt den Besuch, denn er zeigt augenfällig den Aufwand, der betrieben werden muss, um eine solche Anlage dauerhaft zu erhalten. Geklärt ist inzwischen auch der Schiefstand einzelner Gebäudeteile: Die Pfähle, auf denen die Anlage errichtet wurde, sind falsch, aber nicht austauschbar. Der Außenbereich ist als Bürgerpark mit Naturlehrpfad öffentlich zugänglich. Hinzu kommen die Veranstaltungen des Schlossvereins.

- Holtrup 3, schloss-senden.de.

Haus Ruhr: Die Schlossanlage in Bösensell stammt aus dem 16./17. Jh. und wurde ab 1742 von Johann Conrad Schlaun umgestaltet. Bis heute ist sie weitgehend in diesem Zustand erhalten geblieben. Von Firmen und Privatpersonen kann Haus Ruhr als Tagungs- und Eventlocation angemietet werden.

- Brock 12, haus-ruhr.de.

Venner Moor: Das ehemalige Hochmoor hat eine Fläche von 148 ha. Es ist heute ein Regenmoor und wurde weitgehend abgetorft. Im Zentrum, das über einen Wald- und Bohlenweg umrundet werden kann, liegen waldfreie Reste des ehemaligen Torfkörpers. Die Renaturierung in den vier inzwischen wassergefüllten ehemaligen Torfstichen schreitet nur langsam voran, denn es

Ehrenamtliche retteten Schloss Senden vor dem Verfall

Tour 4: Von Senden zum Venner Moor

→ S. 361

Vom Dortmund-Ems-Kanal geht es hinein in ein kleines Moor- und Waldgebiet im Norden von Senden.

gibt noch immer Abflüsse in den Kanal. Das übrige Gebiet ist weitgehend mit Birken und Kiefern bewaldet. Einige Naturschützer möchten, dass sich das Moor ohne hindurchspazierende Menschen entwickelt, und werben für eine Schließung.

Venner Kirche: Die kleine Kirche St. Johannes der Täufer am südöstlichen Ende des Moors lohnt einen Abstecher vom Rundweg. Das 1249 geweihte Gotteshaus verfügt über eine in Westfalen einzigartige ornamentale Deckenbemalung. Ein Sakramentshäuschen aus dem 16. Jh. ist das bedeutendste Inventar.

Praktische Infos

Information **Tourist Information,** Anton-Aulke-Ring 1 (Nebengebäude 3 des Rathauses), ✆ 02597-699799, senden-westfalen.de.

Verbindungen Halbstdl. Züge nach Essen und Münster ab dem Bahnhof im 6 km vom Ortskern entfernten Ortsteil Bösensell. Schnellbus nach Münster und Lüdinghausen sowie werktags Bürgerbus.

Stadtführungen Der Heimatverein Senden (heimatverein-senden.de), der Schlossverein und der Heimatverein Ottmarsbocholt (über Stefan Frie, ✆ 02598-308, und Reinhard Schmink, ✆ 02598-1406, nur Venner Moor) bieten Führungen an.

Markt Donnerstag am Vormittag.

mein Tipp **Einkaufen** **Hofladen Grothues Potthoff,** eigene Erzeugnisse (Erdbeeren, Spargel) und Produkte von Erzeugern aus der gesamten Region. Außerdem werden hier Torten etc. aus dem Café außer Haus verkauft.

Schwimmen **Allwetterbad Cabrio,** Bulderner Str. 15, ✆ 02597-9391810, cabriosenden.de.

Wandern Es sind Wanderwege von der Ortsmitte an ausgeschildert, ebenso am Venner Moor und hinüber in die Davert (Ascheberg).

Radfahren Fünf Touren zwischen 20 und 40 km Länge können in Senden gestartet werden.

Reiten **Landhof Große Hellmann,** Brock 7, ✆ 02536-341140, grosse-hellmann.de.

Kanu **Sportbox Senden,** ✆ 0160-91527939, sportbox-senden.de.

Klettern **Kletterzentrum Münsterland,** Im Südfeld 2, ✆ 02536-341168, bigwall.de.

Essen **Gasthof Niemeyers 1886,** nach Schließung 2021 und behutsamer Modernisierung 2022 wiedereröffnet. Di–Sa 11.30–22 Uhr, So ab 12 Uhr, Mo Ruhetag. Herrenstr. 4, ✆ 02597-963111, niemeyers-1886.de. **€€**

Gaststätte Kallwey, Dorfgaststätte in Ottmarsbocholt. Burger, Steaks und Münsterland-Klassiker, gleich nebenan befinden sich die Pizzeria und die Lounge-Bar, also alles an einem Platz. Mo/Di und Do–So 17–22 Uhr, Mi Ruhetag. Neustr.1, ✆ 02598-1393, kallwey.info. **€€**

mein Tipp **Übernachten** **Hofhotel Grothues Potthoff,** am Anfang stand ein Erdbeer- und Spargelhof, seit einigen Jahren ist nun das Tagungshotel mit Wellness-Angeboten und der Möglichkeit zur Durchführung von Team-Events auf dem großen Außengelände der nächste Schritt einer Entwicklung, bei der irgendwie kein Ende abzusehen ist. 2023 kam für eines der Hotel-Restaurants ein Stern dazu. Es hat einfach alles Hand und Fuß, was die Familie seit dem Start der Direktvermarktung 1989 angepackt hat. Der Hof existiert mindestens seit 1253 an dieser Stelle. Hof Grothues Potthoff 6, ✆ 02597-69640, hof-grothues-potthoff.de. **€€€**

mein Tipp **Hotel und Restaurant Venner Moor,** der Lage wegen in den Abendstunden sicher etwas für alle, die Moore als Landschaftsmotiv in Krimis schätzen. Schöne Zimmer, gute Küche und ein idyllischer Biergarten, aber kein Kaffee und Kuchen. Venne 3, ✆ 02598-409, venner-moor.de. **€€**

Camping **KranenCamp,** Anlage direkt am Jachthafen beim Dortmund-Ems-Kanal. Industriestr. 14, ✆ 02597-239, kranencamp.de.

Südmünsterland → Karte S. 88

Dülmen

47.000 Einwohner

Die aus wirtschaftlicher Sicht wichtigste Stadt zwischen dem Ruhrgebiet und Münster ist auch Ziel vieler Tages- und Wochenendausflügler. Als Folge von Kriegszerstörungen gibt es kaum sehenswerte historische Bausubstanz, dafür die Chance auf ganz besondere Naturerlebnisse im Wildpark und bei den Wildpferden im Merfelder Bruch.

Hinzu kommt, dass Dülmen Wallfahrtsort ist. Der Grund ist die „Mystikerin des Münsterlands", Anna Katharina Emmerick, die mehrere Wissenschaften bis heute beschäftigt und so manchem auch als eine Art Muse des Dichters Clemens von Brentano gilt.

Geschichte

Die Stadt wurde 889 erstmals im Heberegister des Klosters Werden erwähnt und erhielt 1311 die Stadtrechte. Unmittelbar danach wurde die Stadtmauer errichtet, eines ihrer Bestandteile, das Lüdinghauser Tor, ist heute Wahrzeichen der Stadt.

Ein Stadttor blieb nach 1945

Dülmen erlebte durch intensive Beteiligung örtlicher Kaufleute an den Aktivitäten der Hanse einen wirtschaftlichen Aufschwung, was der Bevölkerung einen im Vergleich zu anderen Orten im Münsterland höheren Wohlstand einbrachte. Im 19. Jh. sorgte die Ansiedlung von Industriebetrieben für Prosperität, darunter waren die Eisenhütte Prinz Rudolph und die Spinnerei & Weberei Bendix, die noch in den 1950er-Jahren zu den größten Arbeitgebern im Kreis Coesfeld gehörte.

Im Zweiten Weltkrieg wurde Dülmens Stadtkern nahezu vollständig in Schutt und Asche gelegt. Der Wiederaufbau erfolgte weitgehend im Stil der Nachkriegsarchitektur, lediglich die noch verbliebenen Stadttürme und Teile der mittelalterlichen Befestigung wurden in das neue Zentrum integriert. In den Wirtschaftswunderjahren entwickelte sich Dülmen zum wichtigsten Industriestandort zwischen Münster und dem Ruhrgebiet, sodass sich die Einwohnerzahl vervierfachte.

Anschauen und unternehmen

Heilig-Kreuz-Kirche: Die Kirche wurde 1936–38 errichtet, sie war der letzte Kirchenneubau in Deutschland vor dem Zweiten Weltkrieg. Konzipiert wurde sie als Wallfahrtkirche für die Mystikerin Anna Katharina Emmerick, deren Grab sich damals auf dem benachbarten Friedhof befand. 1975 wurden ihre Gebeine in die Krypta der Kirche überführt. Angeschlossen ist eine Gedenkstätte.

Anna Katharina Emmerick wurde 1774 nahe Coesfeld geboren und fiel früh durch tiefe Religiosität auf. 1802 trat sie als Novizin ins Dülmener Kloster Agnetenberg ein, wo sie bis zu dessen Auflösung im Jahr 1811 blieb; danach führte sie den Haushalt eines aus Frankreich emigrierten Priesters. Schon während ihrer Klosterzeit war sie oft krank und litt unter Schmerzen, periodisch auftauchende Wunden an ihrem Körper deutete sie als Stigmata. In ihrer Haushälterinnenzeit kamen regelmäßige mystische Visionen hinzu, in denen sie u. a. die Passion Christi durchlitt. Aufgeschrieben und literarisch verarbeitet wurden diese Visionen von Clemens von Brentano, der ab 1818 in Dülmen lebte und dort in engem Austausch mit Anna Katharina Emmerick stand.

Die Visionen und vermeintlichen Stigmata der Emmerick waren schon zu deren Lebzeiten Anlass lebhafter Debatten, selbst der preußische Staat schaltete sich ein und gab ein entsprechendes Gutachten in Auftrag. Das kam zu dem Schluss, dass die Wundmale der Emmerick nicht übernatürlichen Ursprungs seien.

Anna Katharina Emmerick starb 1824. 2004 wurde sie seliggesprochen.

▪ An der Kreuzkirche 2–10 / Lüdinghauser Str. 65, ✆ 02594-2126, anna-katharina-emmerick.de. Gedenkstätte Sa 15.30–17 Uhr oder nach Vereinbarung.

Stadtbefestigung: Die Stadt erhielt im 15. Jh. eine Stadtmauer, die an gefährdeten Punkten mit Türmen verstärkt wurde. An der Innenseite verliefen Ringstraßen, durch die noch heute der Verlauf der Stadtmauer nachvollzogen werden kann. Als einziges Stadttor überstand das Lüdinghauser Tor die Schleifung der Wälle und den Abbruch der Tore und Türme zwischen dem 17. und 19. Jh. und die Bombardements im Zweiten Weltkrieg. Neben dem doppeltürmigen Tor sind noch der Lorenkenturm und der Nonnenturm erhalten.

Bahnhof: Den Bahnhof Dülmen sollten Eisenbahnfans ansteuern. Er ist einer der wenigen verbliebenen Turmbahnhöfe im Netz der Deutschen Bahn. Dies bedeutet, dass sich zwei Stecken übereinanderliegend kreuzen. Im Gegensatz zu anderen Turmbahnhöfen, wie z. B. dem Hauptbahnhof Osnabrück, existieren in Dülmen keine Verbindungskurven von der einen zur anderen Strecke. Deren Wiederaufbau wird zusammen mit den Plänen zur Schaffung einer Münsterland-S-Bahn diskutiert.

Wildpark: Nicht weit vom Dülmener Stadtkern entfernt gestaltete der englische Landschaftsarchitekt Edward Milner in den 1860er-Jahren im Auftrag der Herzöge von Croy die zunächst 120 und heute 250 ha große Parkanlage. In ihr wurde in den 1920er-Jahren, nachdem der Mischwald hoch und dicht genug war, auch heimisches Wild angesiedelt. Der Eintritt mit der steten Chance zur zaunfreien Wildbeobachtung ist frei. Dem langen Wanderweg ist gegenüber den kurzen Radwegen eindeutig der Vorzug zu geben. Im östlichen Teil lassen sich noch Reste der englischen Parkanlage finden.

▪ Rund um die Uhr geöffnet, Eintritt frei. Zugang am Abzweig Hinderkingsweg/An der Ziegenweide.

Schloss Buldern: Die zunächst in der Ortsmitte lebende Familie von Buldern errichtete das Schloss im 16. Jh., im 18. Jh. ging es an die Familie von Romberg über. Nach dem Zweiten Weltkrieg wurde hier das Max-Planck-Institut für Verhaltensforschung unter der Leitung von Konrad Lorenz eingerichtet, an dem auch Irenäus von Eibl-Eibesfeldt forschte. Ermöglicht hatte das eine großzügige Spende des damaligen Schlossherrn Gisbert von Romberg III. Nach dessen frühem Tod im Jahr 1952 musste das Institut nach Seewiesen umziehen, da die Familie rund um das Schloss wieder Tiere bejagen wollte. Zur literarischen Figur brachte es ein anderer Hausherr von Schloss Buldern:

Südmünsterland → Karte S. 88

Die Wildpferde im Merfelder Bruch

Die Herzöge von Croy richteten vor mehr als 150 Jahren bei Dülmen ein Reservat für Wildpferde ein und betreiben seitdem das einzige Wildpferdegestüt Europas. Zur Gründungszeit gab es in Mitteleuropa praktisch kein Gebiet mehr, in dem Wildpferde frei leben konnten. Mittelpunkt der Anlage ist die letzte verbliebene Wildpferdebahn Europas. Höhepunkt des Jahres ist die Hengstparade im August, wenn die einjährigen Hengste von jungen Männern eingefangen werden. Jenseits des Spektakels ist die Wildpferdebahn aber auch geöffnet. Auf 400 ha Fläche (ursprünglich waren es im Merfelder Bruch mal mehrere Tausend) sind etwa 400 Pferde sich selbst überlassen. Das weitläufige Gebiet besteht aus Moor, Heideflächen, Nadelwäldern und Eichenbeständen und bietet den Wildpferden ein abwechslungsreiches Nahrungsangebot. In den Wintermonaten werden die Tiere an einigen Futterstellen mit Heu versorgt. Das ist neben dem Einfangen der einjährigen Hengste der einzige Eingriff in die natürlichen Abläufe. Geschlechtsreif werdende Hengste sind ständig versucht, einem Rivalen Stuten abzujagen, um eine eigene Herde zu bilden und um damit letztlich einen neuen Lebensraum zu besiedeln. Genau das ist heute aber nicht mehr möglich. Der Wildpferdefang findet seit 1907 alljährlich am letzten Samstag im Mai statt. Die einjährigen Hengste werden eingefangen und dann zu einem Teil durch Versteigerung zum Kauf angeboten. Sie verlieren schnell ihre Scheu vor dem Menschen. Ihnen wird ein kluger, gutmütiger, genügsamer, vor allem aber ein gelassener Charakter nachgesagt. Daher sind sie als Reitpferde für Kinder oder auch als Kutschpferde sehr beliebt. Der Merfelder Bruch ist Naturschutzgebiet mit der Herde als wesentlichem Schutzzweck. Beste Besuchszeit ist in Verbindung mit einer geführten Tour der Sonnenaufgang.

■ Von Ostern bis 1. Nov. Sa/So/Feiertage 10–18 Uhr. Eintritt 4 €, erm. 2€, Gruppenführungen ab 40 €. ✆ 0170-3478005, wildpferde.de.

Gisbert von Romberg II. (1839–1897), der dem Schriftsteller Josef Winckler als Vorlage für den Protagonisten seines 1923 erschienenen Schelmenromans „Der tolle Bomberg" diente. Tatsächlich soll sich von Romberg II. im wahren Leben eine ganze Reihe von schrulligen Eskapaden geleistet haben; so wird kolportiert, er habe bei seinen Bahnreisen im Zug zwischen Münster und Dülmen immer auf Höhe des damals bahnhofslosen Buldern die Notbremse gezogen, um schnell nach Hause ins Schloss zu kommen. Die Bahnverwaltung hatte schließlich ein Einsehen und Buldern erhielt den Bahnhof. Schloss Buldern ist seit 1958 ein Internat.

▪ Dorfbauerschaft 22

Tierklinik Karthaus: Aus einem ehemaligen Kartäuserkloster – die einzige Kartause in Westfalen – ist eine Tierklinik geworden. Die denkmalgeschützten Gebäude sind erhalten geblieben und sorgen durch die Verbindung mit modernster veterinärmedizinischer Technik für eine ganz besondere Atmosphäre. Führungen sind über die Tourist-Info buchbar. Die Gastronomie (Klosterschänke) mit Biergarten ist Fr–So geöffnet, der Hofladen Mo–Sa.

▪ Weddern 16–18

Praktische Infos

Information **Dülmen Marketing,** Lüdinghauser Str. 1a, ✆02594-12345, duelmen-marketing.de.

Verbindungen Mindestens halbstdl. Nahverkehrszug nach Münster, Essen sowie stdl. nach Dortmund, Coesfeld und Gronau/Enschede, Busse in die Umlandgemeinden, Stadt- bzw. Bürgerbussystem.

Stadtführungen Vielfältiges über Dülmen Marketing buchbares Angebot.

Markt Dienstag und Freitag am Vormittag.

Einkaufen **Confiserie Bittersüß,** hochwertige Pralinen aus der Fertigung einer sehr kreativen Chocolatierin. Mo–Fr 10–13 Uhr und 15–18 Uhr, Sa nur 10–13 Uhr. Marktgasse 4. Außerdem: Laden der Werkstätten Karthaus, Weddern 14a. Mo–Fr 9–18 Uhr, Sa 9–14 Uhr.

Bontrup's Hofladen, Mi 8–18 Uhr, Sa 9–13 Uhr. Dernekamp 51, ✆02594-88923, hof-bontrup.de.

Schwimmen **Freizeitbad düb,** mit Textilsauna, Nordlandwehr 99, ✆02594-91490, dueb.de.

Sauna Insel, hüllenlose Wellness, mit fünf Sternen ausgezeichnete Anlage. Mo–Do 9–23 Uhr, Fr 9–24 Uhr, So/Feiertage 9–22 Uhr, Mi bis 14 Uhr Damensauna. Wielings Busch, ✆02594-3014, sauna-insel.de.

Radfahren Fahrradstation von Dülmen Marketing am Bahnhof. Wer eine Urlauber-Card erwirbt, erhält eine Ermäßigung. Mehrere Routen stadtnah oder durch den Naturpark Hohe Mark.

Wandern Wildpark und Merfelder Bruch, nach Süden hin Wegenetz des Naturparks Hohe Mark.

Essen **Große Teichsmühle,** Restaurant im Ortsteil Hausdülmen unweit des Silbersees III (→ S. 136) mit schmackhafter Regionalküche, auch einige modern eingerichtete Hotelzimmer. Haus und Umgebung strahlen alles aus, was das Münsterland ausmacht. Mi–So 12–20 Uhr, Mo/Di Ruhetag. Borkenbergestr. 78, ✆02594–94350, grosse-teichsmuehle.de. **€€**

Bock auf Wok, wer die asiatische Küche liebt, sollte auch eine längere Anreise in Kauf nehmen. Mi–So 11.30–22 Uhr, Mo/Di Ruhetag. Borkener Str. 17, ✆02594-7009988, bockaufwok.com. **€€**

Übernachten **Merfelder Hof,** Traditionshaus zwischen Innenstadt und Wildpark. Hinderkingsweg 1, ✆02594-9700, merfelder-hof.de. **€€**

Hotel van Lent, kleines, aber feines Frühstückshotel in Buldern. Weseler Str. 61, ✆02590-505, hotel-van-lendt.de. **€€**

Weberei Bendix, aus einer ehemaligen Weberei wurde ein stylisches Hotel, inzwischen auch mit Restaurant. Lüdinghauser Str. 70–74, ✆02363-377377, hotel-bendix.de. **€€€**

Camping **Freizeitpark Dülmener See,** Zum Dülmener See 51, ✆02594-2125, duelmener-see.de.

Tannenwiese, kleine Anlage am Naturschutzgebiet Borkenberge. Borkenbergestr. 217, ✆02594-991759, camping-tannenwiese.de.

Südmünsterland → Karte S. 88

Lüdinghausen

25.000 Einwohner

Die ehemalige Kreisstadt mit ihrem mittelalterlichen Stadtkern ist das Zentrum der Südschleife der 100-Schlösser-Route, denn gleich drei Wasserburgen sind nahe der Altstadt zu finden, mehr als ein halbes Dutzend in nicht so weiter Entfernung. Zudem wird Lüdinghausen wegen seiner Einkaufsmöglichkeiten geschätzt.

Das kleine Flüsschen Stever wurde im Mittelalter teilweise umgeleitet und weiter ausgegraben, um den Stadtkern und die Burgen Lüdinghausen und Vischering zu sichern. Durch Renaturierungsprojekte ist heute eine überaus abwechslungsreiche, stadtnahe Parklandschaft entstanden. Rad- und Wanderwege führen in die von weiteren Schlössern und kleinen Hofstellen geprägte Landschaft. Vor einigen Jahren ist Lüdinghausen dem Verbund „Cittaslow" beigetreten. Und das ist jederzeit spürbar, weil der Durchgangsverkehr komplett um den Stadtkern geleitet wird.

Geschichte

Es war natürlich auch im Fall von Lüdinghausen Ludger, dem der Ort die erste urkundliche Erwähnung verdankt. Um 800 wurde dem Missionar auf dem Gebiet von „Ludinchusen" ein Hof übereignet, auf dessen Gelände er eine Kirche errichten ließ. 974 erhielt die Siedlung um die zur Abtei Werden gehörende Kirche das Markt- und Münzrecht. Die Stadtrechte gaben sich dann 1309 die Herren von Lüdinghausen selbst. Ab Mitte des 15. Jh. gehörte der Ort zum Fürstbistum Münster. Unter dessen Herrschaft kam es im frühen 17. Jh. im Zuge der Gegenreformation zu einer auffällig hohen Zahl von Hexenprozessen, allein für das Jahr 1624 sind zwanzig solcher Prozesse aktenkundig, die tatsächliche Zahl dürfte noch höher gelegen haben.

Das Ortsbild mit nur wenigen Fachwerkhäusern ist einem Brand am 10. Oktober 1832 geschuldet, bei dem fast die gesamte Innenstadt und das Rathaus zerstört wurden. Einige Zerstörungen am Ende des Zweiten Weltkriegs kamen noch hinzu.

Anschauen und unternehmen

St.-Felizitas-Kirche: Bistumsgründer Ludger bekam von einer Lüdinghauser Familie ein Grundstück geschenkt, das in etwa dem Standort der heutigen Kirche entsprach. Auf diesem Gelände ließ er eine Holzkirche errichten. 1037 folgte der zweite Kirchbau, und etwa 500 Jahre später wurde dann das heutige Gotteshaus aus Baumberger Sandstein geweiht: eine beeindruckende gotische Hallenkirche mit drei Schiffen von identischer Höhe. Sie kam bei den fünf großen Stadtbränden zwischen 1568 und 1832 kaum zu Schaden, die modifizierenden Umbauten stammen insbesondere aus dem letzten Viertel des 19. Jh. Beeindruckend sind die großen Bleiglasfenster, die u. a. das Weltgericht und Kirchengründer Ludger zeigen und bei Sonnenschein für ein faszinierendes Lichtspiel sorgen. Ältester Ausstattungsteil ist der Taufstein aus dem 13. Jh.

▪ Mühlenstr. 7. So nur Gottesdienste, keine Besichtigung, ebenso tägl. 12–15 Uhr.

Altstadt: Die Mühlenstever und die B 235 begrenzen den historischen Stadtkern mit dem Marktplatz als Mittelpunkt. Auf dem Weg zur Burg Lüdinghausen liegt mit der Borgmühle eine sehr stilvoll rekonstruierte alte Wassermühle, an ihrer Seite steht die Bronzestatue des Spökenkiekers Caspar Winkelsett. Der lebte von 1778 bis 1847 in Lüdinghausen, war an sich Branntweinbrenner und wohnte in dem Haus, das heute den „Burgkeller" beherbergt. Als Spökenkieker (in etwa „Geisterseher") war er mit dem zweiten Gesicht ausgestattet, konnte also in die Zukunft schauen, und soll z. B. den Stadtbrand von 1832 und den Tod eines Kindes im Mühlenkolk vorausgesehen haben.

Schräg gegenüber vom Rathaus befindet sich das 1648 erbaute Hakehaus, das älteste erhaltene weltliche Gebäude der Stadt, auf der anderen Seite der Mühlenstever der letzte noch erhaltene Teil der Burg Wolfsberg.

Burg Lüdinghausen: Die Burg wurde im 12. Jh. als Stammsitz der Herren von Lüdinghausen als Ministerialen der Bischöfe von Münster errichtet und im 16. Jh. unter Gottfried von Raesfeld zu einer typischen Renaissanceburg umgebaut. Naturschutz und Arterhaltung stehen heute im Mittelpunkt der Wallgärten und der Wasser- und Grünflächen des Landschaftsparks hinüber zur Burg Vischering. In der Burg befinden sich inzwischen die Räume der Volkshochschule. Bis zu ihrem Umbau für die VHS im Zuge des Strukturförderprogramms „Regionale 2016" gab es praktisch keine baulichen Veränderungen.

▪ Amthaus 14

Burg Vischering (Münsterlandmuseum): Der Bischof Gerhard von der Mark und sein Ritter Albert errichteten die Burg 1270 als Folge eines Streits mit den Herren von Lüdinghausen. Sie wurde 1521 zerstört und durch Heidenreich Droste zu Vischering in Teilen neu errichtet. Stammsitz der Familie blieb aber Schloss Darfeld (→ S. 94). Die Ringmantelburg mit ihren Renaissancebauten wurde kürzlich behutsam renoviert und dabei sogar barrierefrei gemacht. Sie ist der Prototyp der münsterländischen Wasserburg und Sitz des Münsterlandmuseums, das inzwischen mit Multimediatechnik ausgestattet und einem Award prämiert wurde. Im Zentrum steht die Begleitung der Adelsfamilie vom Hochmittelalter bis zum Ende des 18. Jh. In der Küche des Schlosses werden Veranstaltungen zu Speis und Trank jener Zeit angeboten. Neben der Dauerausstellung gibt es wechselnde kulturhistorische Ausstel-

Südmünsterland → Karte S. 88

In Burg Vischering ist das Mittelalter zum Greifen nah

lungen, Ausstellungen zeitgenössischer Künstler sowie Musik- und Kulturveranstaltungen. Im Backhaus und im Café bekommt man schmackhafte Brote und Torten.

▪ Di–So 10–18 Uhr, Mo geschlossen. Eintritt 3,50 € bzw. 7 €, erm. 2/5 €, bis 6 J. frei, Familienkarte 8,50/20 €, Gruppenführungen 35/52,50 €; das jeweils teurere Ticket beinhaltet den Besuch der jeweiligen Kunstausstellung in der Vorburg. Berenbock 1, ✆ 02591-79900, burg-vischering.de.

Wasserburgenlandschaft/Biologisches Zentrum: Was die einst verfeindeten Burgherren dazu wohl sagen würden? Das die Burgen trennende Sumpfland ist heute eine Parkanlage, in der sich Wildblumen frei entfalten können und die Bienen noch reichlich Nahrung finden. Hinzu kommen eine Schafweide, Storchennester und Kunstwerke („Poesie am Steverwall“, „Skulptouren“, „Landschaftsfenster“). Ein kleines Stück vom Klutensee entfernt liegt das Biologische Zentrum mit einem vielfältigen Angebot zur Umweltbildung für Kinder, Jugendliche und Erwachsene.

Rohrkamp 29, ✆ 02591-4129, biologisches-zentrum.de.

Burg Kakesbeck: Die etwas außerhalb von Lüdinghausen gelegene Wasserburg wurde im 9. Jh. erstmals erwähnt; was heute zu sehen ist, entstand im Wesentlichen zwischen dem 14. und 16. Jh. Burg Kakesbeck beeindruckt vor allem durch ihre Größe. Zur Zeit ihrer maximalen Ausdehnung beanspruchte die Anlage knapp einen Quadratkilometer Fläche, auf denen neben dem Kerngebäude allein fünf Vorburgen verteilt waren. Ihr bekanntester Hausherr war Lambert von Oer, der um 1520 in eine der damals üblichen Adelsfehden verstrickt war. Anlass der Fehde war ein Streit um Besitztümer und Eigentumsrechte, der mit juristischen Ränkespielen und handfester Gewalt ausgetragen wurde. Bei einem dieser Gewaltakte wurde dem damals schon 80-jährigen Grafen von seinem sinistren Kontrahenten ein eisernes Band mit innenseitigen Dornen um den Hals geschnallt, das seine heimischen Schmiede trotz aller Versuche nicht aufbrechen konnten. Der alte Herr setzte sich daraufhin aufs Pferd und ritt unter peinigenden Schmerzen nach Münster, wo ein ausgewiesener Experte auf dem Gebiet Abhilfe schaffen konnte. Das originale Halsband wird heute im Münsterlandmuseum in der Burg Vischering ausgestellt, eine originalgetreue Replik befindet sich auf der Burg Kakesbeck. Das gesamte Burggelände wurde ab 1971 vom 2020 verstorbenen Burgherrn Wilfried Grewing umfassend saniert und renoviert. Es ist seit 2015 im Besitz einer nach seiner Frau und ihm benannten Stiftung. Der Legende nach sollen in der Burg drei kopflose Kälber spuken – die verwunschenen Söhne des Lambert von Oer, der nie drei Jungfrauen fand, um sie zu erlösen.

▪ Bechtrup 63, burg-kakesbeck.de.

Rosengarten: Engagierte Bürger machten vor knapp 50 Jahren den Vorschlag, die ehemalige Mülldeponie im Ortsteil Seppenrade in einen Garten zu verwandeln. Das Angebot nahm die Stadt gerne an, denn die Initiatoren wollten den Garten nach Gründung eines Vereins auch betreuen. Heute sind über 700 verschiedene Rosenarten zu sehen.

▪ Tägl. 8–20 Uhr. Eintritt frei (Spenden erwünscht). Am Rosengarten 6, ✆ 02591-987233, seppenrade.de/rosengarten.

Tour 5: Von Lüdinghausen zum Klutensee → S. 363

Kurz dem Touristen-Trubel an den Burgen zum kleinen See am Südrand der Stadt entfliehen.

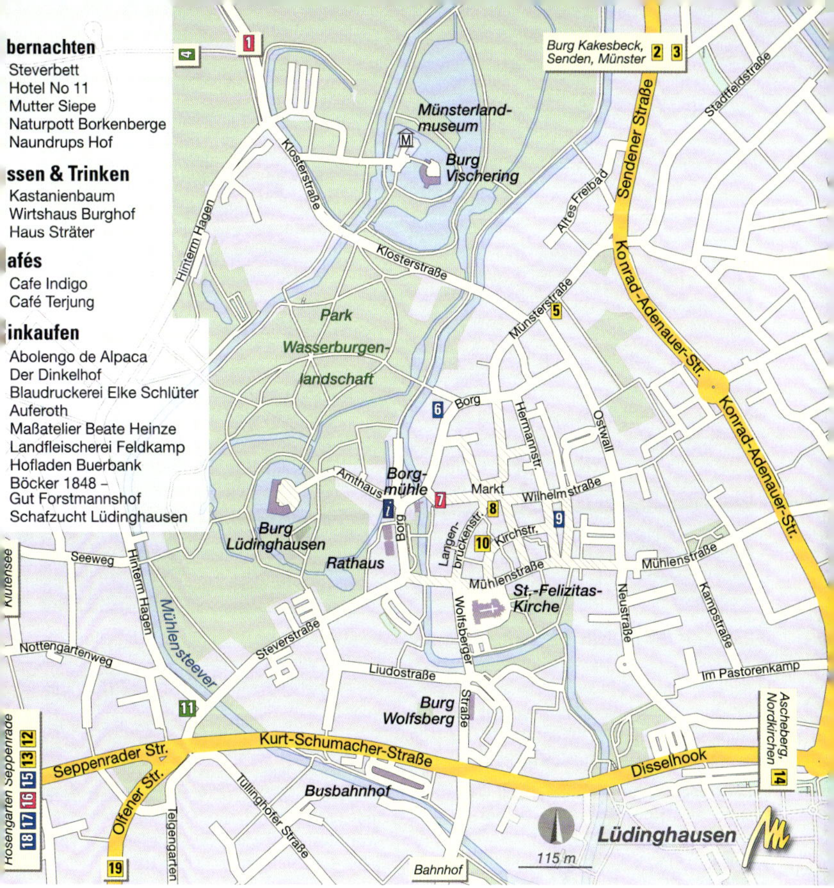

Praktische Infos

→ Karte S. 119

Information **Lüdinghausen Marketing,** Borg 4, ✆ 02591-78008, lhmarketing.de.

Verbindungen Stdl. Züge nach Dortmund und Gronau/Enschede (via Dülmen/Coesfeld), Busverbindungen in alle Umlandgemeinden, Schnellbusse nach Münster und Datteln. Achtung! Der Busbahnhof liegt am Rand der Altstadt, der Bahnhof 2 km südlich des Stadtkerns.

Stadtführungen Sechs verschiedene Angebote für Lüdinghausen, zwei für Seppenrade sowie eine Bustour, buchbar über die Tourist-Info.

Markt Dienstag und Freitag am Vormittag Wochenmarkt, Samstag Bauernmarkt. Der Markt am Samstag erinnert sehr an Märkte in der Provence, bei denen das Angebot eine Mischung aus Flohmarkt und Lebensmittelmarkt mit Produkten von kleinen Erzeugern aus der näheren Umgebung ist.

Einkaufen **Auferoth 8,** sehr stilvoller Inneneinrichter direkt am Marktplatz, großes Angebot an Leuchtgloben. Kleine Münsterstr. 12, ✆ 02591-799890, auferoth-inneneinrichtung.de.

Maßatelier Beate Heinze 10, exzellente und kreative Maßschneiderei unweit vom Marktplatz. Kirchstr. 10, ✆ 02591-9685233, beateheinze.de.

Blaudruckerei Elke Schlüter 5, Verkauf (über 800 Muster), eigenes Keramikstudio, Workshops und Führungen. Mi–Fr 10–12 Uhr und 15–18 Uhr. Münsterstr. 51, ✆ 02591-1759, gemalt-wie-gedruckt.de.

Böcker 1848 – Gut Forstmannshof 14, aus einem Bullenmastbetrieb wurde ein Spargelhof, der nicht nur um den Anbau von

Die Stever fließt um und durch den Stadtkern

Beerenfrüchten, sondern auch um Brennerei, Hofladen und Hofcafé erweitert wurde. Saisonal variierende Öffnungszeiten. Westrup 10, Tel. 02591-91550, forstmannshof.de.

Landfleischerei Feldkamp 12, alle Wurstspezialitäten der Region im Ortsteil Seppenrade. Di–Fr 8–18 Uhr, Sa 8–13 Uhr. Ondrup 49 (an der B 474), ✆ 02591-989910, landfleischerei-feldkamp.de.

Hofladen Buerbank 13, Eier, Käse, Fleisch- und Wurstspezialitäten (Bentheimer Schweine, Lammfleisch) aus dem Automaten. Leversum 8, ✆ 0177-4921301, hofladen-buerbank.de.

Abolengo de Alpaca 2, seit 2005 werden hier Alpakas gehalten (mittlerweile knapp 100 Tiere), deren Wolle zu diversen Textilien verarbeitet und Wanderungen angeboten. Mi/Fr 15–17 Uhr oder nach Vereinbarung. Aldenhövel 63, ✆ 02598-918645, abolengo-alpaka.de.

Der Dinkelhof 3, der Name ist Programm. Mi/Do 15–18 Uhr, Fr 9–12 Uhr und 15–18 Uhr, Sa 10–16 Uhr und nach Vereinbarung. Elvert 4, ✆ 02591-7367, der-dinkelhof.de.

Schafzucht Lüdinghausen 19, Bio-Lammfleisch aus Hofschlachtung und Lammfelle auf Vorbestellung (Texelschaf und Geflecktes Bergschaf). Mo/Di/Do/Fr 15–18 Uhr. Tetekum 42, ✆ 0176-29575204.

Schwimmen **Klutenseebad**, Hallenbad mit Saunalandschaft. Rohrkamp 23, ✆ 02591-799320, klutensee-bad.de. Das Bad liegt direkt am namensgebenden Klutensee, der sich selbst nicht unbedingt als Badegewässer empfiehlt, sondern eher als Angelrevier.

Wandern Wer will, kann alle Sehenswürdigkeiten inkl. Klutensee über einen knapp 8 km langen Wanderweg ablaufen. Auch nach Seppenrade lässt sich wandern, was aber zwischendrin nicht so idyllisch ist, da es an einem Gewerbegebiet vorbeigeht.

Radfahren Zusammen mit dem Biologischen Zentrum Kreis Coesfeld sind von der Stadt Lüdinghausen die **Kleeblatt-Touren** erarbeitet worden, vier 26–57 km lange Radtouren durch die unmittelbare Umgebung. Für die Stadt selbst gibt es die **Lüdinghauser Acht** (22 km). Leihräder gibt es über die Tourist-Information. Wer mal ins Kanu umsteigen möchte: Die Tourist-Info bietet eine Kombi-Reise an.

Essen **Café Terjung 11**, Stammhaus etwas abseits des Stadtkerns Richtung Bahnhof, Filialen nahe des Marktplatzes und auf Burg Vischering. Sehr schmackhaftes Angebot. Di–Fr und So 7–17 Uhr, Sa 7–12 Uhr. Steverstraße 6, ✆ 02591-5954, cafe-terjung.de. **€**

MeinTipp **Kastanienbaum 1**, ein Biergarten wie im Bilderbuch und dazu nicht nur schmackhafte Regionalküche und Biergarten-Snacks. Do–Fr 17–22 Uhr, Sa 11.30–14 und 17–22 Uhr, So 11.30–21.30 Uhr, Mo–Mi Ruhetag. Elvert 6, ✆ 02591-940300, kastanienbaum.de. **€€**

Haus Sträter 16, verlässliche Regionalküche, auch Wild im Rosendorf Seppenrade. Do–So 11–14 Uhr und 16–20 Uhr. Seppenrader Str. 59, ✆ 02591-4002, haus-straeter.de. **€€**

MeinTipp **Cafe Indigo 4**, in Blaudruck-Ambiente nahe dem Klutensee nach Herzenslust die Highlights der westfälischen Küche genießen. Di–Do u. Sa/So 11.30–19 Uhr, Mo/Fr Ruhetag. Klutendamm, ✆ 02591-792929, cafeindigo.de. **€€**

Wirtshaus Burghof 7, die Wirtshaustradition der Region wird hier durch Interieur und Bierkarte vorbildlich gepflegt, dazu moderne Fusion Kitchen. Mo und Mi–Sa 17–24 Uhr, So bis 22 Uhr, Di Ruhetag. Burgstr. 8, ✆ 02591-3446, burghof-luedinghausen.de. **€€**

Übernachten Steverbett 6, zwischen Altstadt und Wasserburgenlandschaft direkt am Fluss gelegen, mit schönem Restaurant und Gartenterrasse. Borg 26, ✆ 02591-9490300, steverbett.de. **€€**

MeinTipp **Hotel No 11 9**, 2013 in ein modernisiertes Altstadthaus eingezogen, interessantes Innendesign. Hermannstr. 11, ✆ 02591-7949176, no11hotel.de. **€€**

Mutter Siepe 15, wer das Jagd-Ambiente im Restaurant- und Barbereich aushält, der kann im historischen Gebäude von 1840 perfekte westfälische Gastlichkeit genießen. Im historischen Hotel sind die Bäder modernisiert, der Rest interessante Zeitreise. Träppken 1, Seppenrade, ✆ 02591-8191, muttersiepe.de. **€€**

Hotel Naundrups Hof 18, frisch renoviertes und neu um ein Hotel mit Tagungs- und Wellnessbereich erweitertes Traditions-Restaurant in den Feldern südlich von Lüdinghausen (OT Seppenrade). Naundrups Hof, Dülmener Str. 24, ✆ 02591-800259348, naundrupshof.com. **€€€**

Camping Naturpott Borkenberge 17, Camping und Glamping an der Stadtgrenze zu Haltern. Leversum 85, ✆ 02594-7979561, naturpott-borkenberge.de.

Südmünsterland → Karte S. 88

Ascheberg/Nordkirchen

Ein Hauch von Frankreich ist auf der Schlösserachse wahrnehmbar, der Landschaft rund um Ascheberg mit 18 Adelssitzen. Touristischer Mittelpunkt ist Schloss Nordkirchen, ein Meisterwerk barocker Baukunst des Architekten Johann Conrad Schlaun. Das „Westfälische Versailles" zieht jedes Jahr über eine halbe Million Besucher an.

Nordkirchen (10.000 Einwohner) ist durch und durch vom Tourismus geprägt. Der hat noch einmal zugenommen, seit das Schloss 2022 als Kulisse für die Dreharbeiten an „Spencer", einem Film über Lady Diana, diente. Im Ortskern ist die Infrastruktur voll und ganz auf die Ausflügler eingerichtet. Die deutlich bessere Hotellerie und Gastronomie findet sich aber in Ascheberg (15.000 Einwohner).

Die Orte wurden im 9. Jh. (Ascheberg) bzw. 11. Jh. (Nordkirchen) erstmals urkundlich erwähnt. Bereits 890 gab es in Ascheberg einen ersten Kirchbau, sodass der Ort bis zum Beginn der „Schloss-Zeit" in Nordkirchen der wichtigere von beiden war. Die heutige St.-Lambertus-Kirche mit dem 89 m hohen Turm wurde 1524 gebaut, den Chorraum gestaltete 1740 Johann Conrad Schlaun. Mit Vollendung von Schloss Nordkirchen gerieten Burg Davensberg, Haus Ittlingen und Schloss Westerwinkel, allesamt sehenswerte Adelssitze, etwas aus dem Blickfeld.

Anschauen und unternehmen

Heimathaus Ascheberg: Neben der Besichtigung der Kirche sollte die Ausstellung im Heimathaus angeschaut werden. Sie gibt Einblicke in die münsterländische Wohnkultur der sog. kleinen Leute etwa zur Zeit des Ersten Weltkriegs – ein deutlicher Kontrast zum Prinzip „Schöner wohnen" in den Adelssitzen der Umgebung.

▪ Altenhammstr. 20. Sa/So 15–17 Uhr oder nach Vereinbarung über die Tourist-Info. Eintritt frei.

Davensberg: Von der etwa um 1260 erbauten Burg Davensberg sind nur noch der Turm und die Burgkapelle erhalten geblieben, denn nach schweren Beschädigungen im Dreißigjährigen Krieg kümmerte sich niemand mehr ausreichend um die Anlage, zu wichtig war inzwischen Nordkirchen geworden. Der Burgturm ist 30 m hoch und hat 2 m dicke Mauern. Früher wurden im 6 m tiefen Verlies des Turms Missetäter mit eisernen Halsbändern und Ketten an die Mauer gefesselt. Heute befindet sich im Turm das Heimatmuseum mit dem Folterraum als Teil der Ausstellung. Die inzwischen aus zwei Teilen bestehende St.-Anna-Kirche Davensberg (1510/1973) ist wegen des von Johann Brabender (1498–1561) geschaffenen Sandsteinaltars im alten Teil des Gotteshauses sehenswert. Brabender war einer der bekanntesten Bildhauer des späten Mittelalters.

▪ Burgstraße 22 Buchung von Führungen über die Tourist-Info Ascheberg.

Emmerbachaue: Gut 200 Jahre wurde das Gebiet zwischen Davensberg und Münster-Amelsbüren sehr intensiv landwirtschaftlich genutzt. Vor etwas mehr als zehn Jahren entstand die Idee, ein Gebiet entlang des Emmerbachs naturnäher zu gestalten. Seit Anfang 2012 leben hier Konik-Pferde und Heckrinder. Die Emmerbachaue ist nach 200 Jahren so renaturiert, dass sie u. a. wieder ein Schmetterlingsparadies ist (Startpunkt Wanderparkplatz Zum Klosterholz). Die Idylle trübt nur die je nach Windrichtung nicht zu überhörende A 1. Die längere Wanderung startet in der Ortsmitte von Davensberg. Vom Burgturm geht es auf die Deipe Wiese am Bahnhof und dann weiter über Mühlendamm und Frieport Richtung Emmerbachaue.

Schloss Ittlingen: Im zweiten Ascheberger Ortsteil Herbern liegt die älteste Anlage der Region, die von Johann Conrad Schlaun im 18. Jh. erweitert wurde. Sie war Sitz der Herren von Herbern und ist heute im Besitz der Familie des Freiherrn von Nagel. Das Gut ist Heimat der Graf-Stauffenbergschen Pferdezucht. Eine Innenbesichtigung ist nur zu ausgewählten Terminen möglich.

▪ Forsthövel-Merschstr. 125, stauffenberg.com.

Schloss Westerwinkel: Als Burganlage vor 1225 errichtet, wechselte Westerwinkel mehrfach den Besitzer und entzog sich durch Umbauten immer wieder einer klaren Einordnung als Burg oder Schloss. Die heute zu sehende Anlage, die im 17. Jh. auf die Grafen von Merveldt überging, hat mit der ursprünglichen Burganlage nichts mehr gemeinsam. Ein Flügel der Anlage ist einem Brand zum Opfer gefallen. Der einstige englische Landschaftspark rund um das Schloss ist heute in einem Teil Naturpark mit Wanderwegen, im anderen ein Golfplatz.

▪ Im Sommerhalbjahr Fr–So 14–17 Uhr nach Voranmeldung für Gruppen ab acht Personen. Horn-Westerwinkel 1, ✆ 02599-98878, ascheberg.de.

Schloss Nordkirchen

Baugeschichte: Die erste urkundliche Erwähnung eines Hofes Nordkirchen datiert aus dem 11. Jh., sie trägt das Siegel des Bistums Münster. Mitte des 14. Jh. wird der Hof an die Familie von Morrien verpachtet. Nach Aussterben der Familie erwarb der Münsteraner Fürstbischof Friedrich Christian von Plettenberg den gesamten Familienbesitz und legte 1703 den Grundstein zum Bau des heutigen barocken Wasserschlosses, das 1734 fertiggestellt war, Jahre nach seinem Tod. 1733 verlor sein Neffe

Schloss Nordkirchen trägt den Beinamen „westfälisches Versailles“

Ferdinand von Plettenberg, neuer Herr von Nordkirchen, die Unterstützung des neuen Fürstbischofs. Er floh 1736 hoch verschuldet nach Wien, wo er bereits 1737 starb. Ferdinand von Plettenbergs Sohn Franz Joseph übernahm die Verwaltung Nordkirchens, lebte aber mit seiner österreichischen Frau in Wien. Mit Mühe konnten sie das Gebäude im Familienbesitz halten, bis die Dynastie mangels eines männlichen Nachkommens 1813 ausstarb. Der Garten war inzwischen zu einem der berühmtesten Gärten Europas geworden.

Durch die Hochzeit von Maria von Plettenberg mit dem ungarischen Grafen von Esterházy Galantha gingen die Besitztümer Nordkirchens an dessen Familie über. Doch die verkaufte den gesamten Besitz 1903 an den Herzog Engelbert von Arenberg, Mitglied eines Adelsgeschlechts aus der Eifel. Das inzwischen unbewohnte Schloss war zu diesem Zeitpunkt in einem bedenklichen Zustand, doch von Arenberg ließ es sanieren und nahm sogar Erweiterungen an Schloss und Gartenanlage vor. Seine Familie nutzte das Schloss im Zweiten Weltkrieg als Wohnsitz, verließ es aber unmittelbar nach Kriegsende. Die Erben gaben das inzwischen wieder ziemlich verfallene Schloss – das Dach war marode und es bestand Einsturzgefahr – 1958 für 3,5 Millionen DM an das Land Nordrhein-Westfalen. Schloss und Park wurden inzwischen von der UNESCO als „Gesamtkunstwerk von internationalem Rang“ für schutzwürdig erklärt.

Weil das Land NRW direkt nach dem Krieg nicht direkt an Tourismus dachte, ist im Schloss die Fachhochschule für Finanzen untergebracht. Angehende Mitarbeiter der Landesfinanzverwaltung erhalten dort den theoretischen Teil ihrer Ausbildung. Wie in einem Internat leben sie dann für einige Wochen im Schloss und haben dort auch ihre Vorlesungen und Seminare.

Schlossbesichtigung: Das „Westfälische Versailles“ entstand auf der Grundlage von Plänen des Architekten Gottfried Laurenz Pictorius und seines Schülers Johann Conrad Schlaun, Baubeginn war 1703. Fürstbischof Friedrich Christian von Plettenberg hatte sich ein Schloss mit angelegtem Park und breitem Wassergraben nach französischem Vorbild gewünscht. Er starb, noch bevor es endgültig fertiggestellt war. Sein Neffe Ferdinand, nun Hausherr in Nordkirchen, überließ die weiteren Arbeiten an Schloss und Garten allein Schlaun. Der änderte einige Pläne und stellte das Schloss zwischen 1723 und 1725 fertig, danach widmete er sich noch knapp zehn Jahre dem Park.

Südmünsterland → Karte S. 88

Die Prunkseite des Schlosses liegt Richtung Ortsmitte, und es sollte unbedingt der Weg über die Hauptzufahrt gewählt werden, um gleich zu Beginn des Besuchs die Größe der Anlage erfassen zu können. Es braucht schon einige Minuten, um von der am Schlossgelände vorbeiführenden Straße (auch Bushaltestelle) in den Innenhof des Schlosses zu gelangen. Wer durch die Gartenanlagen läuft und die verschiedenen Skulpturen ansehen will, benötigt noch einmal länger als über den äußeren Weg, der direkt zu den drei Übergängen Richtung Innenhof führt. Der Innenhof sollte dann unbedingt Richtung Süden verlassen werden, um auch von der anderen Seite die gesamte Anlage auf sich wirken lassen zu können. Die Seiten des u-förmigen Gebäudes sind eher unspektakulär.

Das Schloss kann nur über bei der Tourist-Info gebuchte Führungen von innen besichtigt werden. Der Rundgang dauert zwischen 45 und 60 Minuten. Treffpunkt ist der Innenhof des Schlosses vor der Schlosskapelle. Dann lassen sich der Jupitersaal, das Paradies sowie das Olympzimmer in Augenschein nehmen. Über die imposante Freitreppe geht es zur Venusinsel des Schlossparks. Am Ende der Besichtigung könnte der Nacken etwas schmerzen, denn die reichhaltige Verzierung der Decken wird bei den Führungen umfassend thematisiert. Der Park ist frei zugänglich.

Schlosspark: 1704 begannen die Arbeiten im Westen der Schlossinsel. Dieser Gartenteil bezog sich mit seiner Zentralachse auf die Westbrücke und mit den seitlichen Begrenzungen auf die Turmpavillons der Schlossinsel. Der erste Ab-

Johann Conrad Schlaun – Versailles imitieren und mehr

Johann Conrad Schlaun, 1695 nahe Warburg geborenen, dann in Paderborn aufgewachsen und schließlich in Münster sesshaft geworden, gilt als der bedeutendste westfälische Baumeister des Spätbarocks. Sein großer Einfluss auf das Bauen im Münsterland ergab sich durch seinen Wechsel aus dem Infanterieregiment des Fürstbistums Paderborn zum Militär nach Münster. Der Landesherr, der Kölner Kurfürst Clemens August I. von Bayern, der die Bistümer Paderborn und Münster in Personalunion führte, machte ihn zum Landingenieur und Generalmajor der Artillerie. Eine Anstellung beim Militär bei gleichzeitiger Tätigkeit als Architekt war zur damaligen Zeit keine Seltenheit. Anregungen für seine Bautätigkeit holte sich Schlaun in Bayern, Italien und Frankreich, wo es barocke Prachtbauten en masse gab, und durch die Zusammenarbeit mit Johann Balthasar Neumann, dem Baumeister der Würzburger Residenz. Doch Schlaun vermochte es, seinen Gebäuden eine eigene, unverwechselbare Note zu geben. Sein Markenzeichen war die Kombination von Sandstein mit rotem Klinker und weißen, mehrfach unterteilten Fenstern, „Westfälische Sinfonie" genannt. Neben den Bauten in Münster sind auch das Schloss Augustusburg in Brühl bei Köln und Schloss Clemenswert in Sögel nahe Meppen im Emsland von ihm geplant worden. Johann Conrad Schlaun lebte bis zu seinem Tod 1773 in dem von ihm entworfenen Stadthaus an der Hollenbecker Straße in Münster, das dem Zweiten Weltkrieg zum Opfer fiel.

Impressionen von Schloss Nordkirchen

schnitt dieses Gartens lag vertieft und hatte an der westlichen Begrenzung eine Quermauer und ein kreisförmiges Fontänenbecken. Mit Beginn der Regentschaft Ferdinands von Plettenberg kam es zu einer Änderung der Planungen durch Johann Conrad Schlaun, der sich weitgehend an Gartenanlagen im Stil des französischen Barock orientierte. An einigen Stellen war Schlaun seiner Zeit sogar voraus, denn er realisierte nicht mehr einen primär repräsentativen Garten, sondern eine vereinfachte Anlage mit intimen Bosquetträumen und Rokoko-Elementen. Ab 1728 folgte ein Irrgarten, bei dem einer der noch unter Gottfried Laurenz Pictorius entstandenen Gartentürme als Zugang in die aufwendige neue Gestaltung einbezogen wurde. Hieran anschließend wurde 1727–34 eine Fasanerie mit Freigehege errichtet. Außer Fasanen wurden dort ägyptische und englische Hühner, Tauben und Kanarienvögel gehalten. Die Orangerie diente zur Unterbringung von über hundert Orangenbäumen und anderen Kübelpflanzen, darunter Lorbeer, Granatapfel, Limette, Oleander und Rosmarin. Besonderer Anziehungspunkt des Schlossparks ist heute die 1732 entstandene (rekonstruierte) Venusinsel mit über 380 Skulpturen. Der Sinnesgarten und der Streichelzoo sorgen dafür, dass sich auch Kinder beim Schlossbesuch nicht langweilen.

Die letzten Rechnungen für die Gartengestaltung stammen von 1735, die Forschung geht davon aus, dass Schlaun sie danach nicht weiter fortgesetzt hat. Zuletzt pflanzten die Gärtner Hunderte von Apfel- und Birnenbäumen aus Holland. Danach verfiel die gesamte Anlage, und der Park wurde erst 1835 umfangreich wiederhergerichtet. Der Herzog von Arenberg veranlasste 1903 nach dem Kauf der gesamten Anlage die neobarocke Umgestaltung, die mit Beginn des Ersten Weltkriegs eingestellt wurde. Das Ergebnis dieser Arbeit des französischen Landschaftsarchitekten Achille Duchêne war noch in Teilen erkennbar, als in den 1980er-Jahren die gartendenkmalpflegerische Sanierung geplant und von 1989 bis 1991 durchgeführt wurde. Die Grundstrukturen des Schlaunschen Gartens, wie z. B. die Kastanienalleen, die Oranienburg, die Mauern der Fasanerie, die Orangerie und einige der Wege, sind noch heute erkennbar. Wenn Sie das komplette Gelände kennenlernen wollen, wird es eine 11 km lange Tour.

Schlaun-Bauten: Neben dem Schloss gibt es in Nordkirchen 13 Bauten, an denen der letzte bedeutende Architekt des Barock mitgearbeitet hat. Die eindrucksvollsten sind die ehemalige

Küsterei (Mauritiusplatz 4), das ehemalige Armenhaus (Mauritiusplatz 6), die achteckige Johannes-von-Nepomuk-Kapelle und die ehemalige Rentei (Schloßstr. 23, jetzige Nutzung als Arztpraxis und Wohnhaus).

Praktische Infos

Information **Ascheberg Marketing,** Katharinenplatz 1, ✆ 02593-6324, ascheberg-touristinfo.de.

Tourist Information Nordkirchen, Schloßstr. 11, ✆ 02596-917500, nordkirchen.de.

Verbindungen Stdl. Nahverkehrszug nach Münster und Dortmund ab Ascheberg (knapp 1 km vom Ortskern entfernt), Davensberg oder Capelle (6 km von Nordkirchens Ortsmitte entfernt, Regiobus als Zubringer); an Werktagen Bürgerbussystem von Ascheberg nach Senden und von Nordkirchen in den Ortsteil Südkirchen.

Stadtführungen Neben der Schloss- und Parkführung gibt es viele weitere Führungen, nicht nur zur Schlösserachse, buchbar über die Tourist-Information.

Markt Donnerstag am Vormittag.

Einkaufen **Frollein Muh (Milchtankstelle Südkirchen),** Verkauf von Milchprodukten, auch Käse. Auf Bestellung Suppenhühner und Grillware, u. a. von eigenen Rindern in Südkirchen. Tägl. 5–21 Uhr. Cappenberger Str. 40, ✆ 02596-9391550.

Davert, der Stammsitz des populären Bioanbieters samt Werksverkauf liegt am Ortrand von Ascheberg. Mo–Fr 9–15.30 Uhr und zweiter Sa im Monat 9–13 Uhr. Zur Davert 7, ✆ 02593-92800, davert.de

Walnuss Manufaktur, in einem ehemaligen Forsthaus in Davensberg lässt sich allerlei Wissenswertes über die Walnuss erfahren; Verkauf von Walnussprodukten. Byinkstrasse 27, ✆ 02593-951711, walnuss-manufaktur.de

Schwimmen Aktuell kein Schwimmbad, doch die Gemeinde Nordkirchen hat einen Neubau genehmigt.

Wandern Fünf Wanderwege zwischen 2,8 und 12 km Länge in Nordkirchen sowie sechs Wanderwege mit ähnlichen Längen in Ascheberg. Der längste Weg führt vom Schloss Nordkirchen zum Schloss Westerwinkel. Hinzu kommen die fünf Wege der „Schlösserachse" (schloesserachse.de), einem von den Gemeinden Nordkirchen und Ascheberg mit dem Naturschutzzentrum Kreis Coesfeld realisierten naturkundlichen und kulturhistorischen Wanderprojekt (inkl. Führungen und Projekten, auch für Kinder). Die Boomerang-Touren sind Rad- und Wandertouren, ggf. auch mit Führung, zu ausgewählten Schlössern rund um Ascheberg.

Radfahren Acht GPS-Radtouren zwischen 23 und 50 km Länge ab Nordkirchen und vier Kleeblattrouten mit 26 bis 51 km Länge ab Ascheberg. **Fahrradverleih Hans Hübner,** Am Bahnhof 3 (Ortsteil Capelle), ✆ 02599-1090 und -1702. Nach Voranmeldung über die Tourist-Info auch Leihfahrräder ab Nordkirchen bzw. dem eigenen Quartier.

Essen/Übernachten In Nordkirchen ist Übernachten aktuell noch ein Problem, hier wäre ein Tagesausflug besser, in Ascheberg gibt es dagegen gute Hotels.

Hotel Clemens-August, schöne Zimmer und gute Küche in Davensberg. Der Weg ins Grüne ist nach wenigen Schritten geschafft. Burgstr. 54, ✆ 02593-6040, hotel-clemens-august.de. **€€**

Hugo im Dahl, kleines Restaurant der angeschlossenen Forellenzucht in Ascheberg, das sich fast vollständig auf den in Deutschland so beliebten Süßwasserfisch konzentriert. Do–Sa 18–21.30 Uhr, sonn- und feiertags 12–14 Uhr und 18–21.30 Uhr, Nordick-Dahlweg 7, ✆ 02599-98903, hugo-im-dahl.de. **€€**

Gasthaus Eickholt, Restaurant mit Schwerpunkt auf Wild und regionalen Gerichten in moderner Interpretation in Davensberg, Biergarten und Swingolf-Platz am Rand der Emmerbachaue bei Davensberg. Auch Gästezimmer. Restaurant Do/Fr 14–23 Uhr, Sa/So 11–23 Uhr, Mo–Mi Ruhetage. Frieport 22, ✆ 02593-7565, gasthaus-eickholt.de **€€**

Landhotel Jagdschlösschen, in die gastronomische Gegenwart transferiertes Traditionshaus in Ascheberg mit Restaurant, das auf seiner kleinen, aber feinen Karte den Schwerpunkt auf Saisonales, Wildgerichte und moderne Fusion Kitchen setzt. Himmelstraße 2, ✆ 02593-8378780, landhotel-jagdschloesschen.de. **€€€**

Schlaun Café, schon seit 1870 (inzwischen in sechster Generation) gibt es den Gastronomiebetrieb mit Produkten aus eigener Bäckerei und Konditorei in einem Schlaun-Bau im Ortskern, der viel Atmosphäre ausstrahlt, auch einige Gästezimmer. Di–So 12–18 Uhr, Mo Ruhetag. Mauritiusplatz 5, ✆ 02596-97120, schlaun-cafe.de. **€**

Camping Wohnmobilstellplatz, Am Gorbach 10a, ✆ 0171-4367707.

Werne an der Lippe

30.000 Einwohner

Bei der Gebietsreform 1975 wurde die Stadt, die sich immer als Teil des Münsterlandes sah, dem Kreis Unna zugeschlagen und so zum Norden des Ruhrgebiets. Insbesondere der Stadtkern steht für Münsterland pur.

Der Ort wurde schon 834 erstmals erwähnt und entwickelte sich im Mittelalter schnell zu einem wichtigen Handelsplatz, was auch die Größe des Rathauses aus dem Jahr 1561 unterstreicht. 1873 wurde im Zusammenhang mit dem Bergbau eine Solequelle entdeckt, ein Jahr später nahm das erste Thermalbad seinen Betrieb auf. Heute wird die Bädertradition in der nach jahrelanger Schließungsdiskussion 2018/19 doch sanierten Anlage mit einem Solegehalt von 6% fortgeführt. An den Bergbau, den es in der Stadt bis 1975 gab, erinnert noch das Verwaltungsgebäude der Zeche.

Anschauen und unternehmen

Stadtkern: Die St.-Christophorus-Kirche und die umliegenden Wärmehäuschen bilden ein Ensemble, das zu sehen sich lohnt. Das Gotteshaus existiert seit dem Jahr 803. Der heutige Bau entstand Mitte des 15. Jh. Rings um den Kirchhof wurden im 16. Jh. Wärmehäuschen errichtet, die die Bauern der Umgebung als Speicher nutzten. Im Winterhalbjahr diente das Erdgeschoss als „Aufwärmstation" nach dem langen Weg zur Kirche.

Altes Rathaus: Das Rathaus am Marktplatz wurde im Kern 1512–14 gebaut und 1561 endgültig fertiggestellt. Auch die gotischen Laubengänge wurden als Warteraum genutzt.

Stadtmuseum: Das Alte Amtshaus ist vor 30 Jahren das Domizil des Museums geworden. Neben der Stadtgeschichte werden Sonderausstellungen zu unterschiedliche Themen präsentiert.

▪ Di–Fr 10–12 Uhr und 14–17 Uhr, Sa 10–13 Uhr, So 14–17 Uhr, Mo und an Feiertagen geschlossen. Eintritt frei, Spenden erwünscht. Führungen und Workshops über die Tourist-Info buchbar. Kirchhof 13, ✆ 02389-780773, werne.de.

Kapuzinerkloster: Die in sich geschlossene Barockanlage wurde zwischen 1671 und 1680 erbaut. Während Kloster- und Kirchengebäude in ihrer strengen Schlichtheit den Anforderungen eines Bettelordens entsprechen, präsentiert sich das Innere der Kirche prächtiger. Der Grund für diese Abweichung vom franziskanischen Armutsideal ist, dass die drei Altäre nach

Typische Baustile der Region in Wernes historischer Altstadt

Wunsch ihrer Stifter gestaltet wurden. Ein Verein unterstützt die Patres.

▪ Südmauer 5, ☏ 02389-989660.

Gradierwerk: Die 50 m lange und 9 m breite Anlage wurde 1991 in unmittelbarer Nähe zum Stadtsee errichtet, damit die Heilwirkung der Sole auch über Inhalation genutzt werden kann. Zum Salinenpark gehört auch ein sehr schöner Kinderspielplatz.

▪ Am Hagen 21

Freilichtbühne: Seit 1959 werden in der 1.100 Zuschauer fassenden Anlage von Mai bis September zwei Kinder- und Familienstücke aufgeführt.

▪ Südring 2, ☏ 02389-534789, freilichtbuehne-werne.de.

Praktische Infos

Information **Werne Marketing,** Markt 19, ☏ 02389-534080, werne.de.

Verbindungen Stdl. Züge nach Dortmund und Münster, Busverbindungen in die benachbarten Orte.

Stadtführungen Verschiedene Angebote sind über die Tourist-Info buchbar.

Markt Dienstag und Freitag am Vormittag.

Schwimmen **Solebad,** nach langen Diskussionen entschied sich der Rat der Stadt gegen eine Schließung und für eine umfassende Sanierung der Anlage mit einem 50-Meter-Freibadbecken und 560 m² Wasserfläche. Der Solegehalt beträgt 6 %. Achtung! Das Solebad Werne ist im Gegensatz zu anderen Thermen im Saunabereich keine textilfreie Anlage. Am Hagen 2, ☏ 02389-98920, solebad-werne.de.

Radfahren Die Stadt liegt an den Radfernwegen **Lippe-Radweg, Römer-Lippe-Route** und **Radroute historische Stadtkerne NRW,** deren Etappen aber alle nicht ins Münsterland hineinführen. Fahrradverleih bei der Radstation Werne, Am Bahnhof 9.

Essen/Übernachten **Hotel Ickhorn,** kleines Hotel mit Gasthaus-Restaurant (große Bierauswahl) direkt am Markt. Die Gaststätte öffnet samstags nur noch auf Anfrage. Markt 1, ☏ 02389-98770, hotel-ickhorn.de. **€€**

Hotel am Kloster, familiengeführtes Vier-Sterne-Hotel, über dessen Fassadenfarbe man sich streiten kann. Moderne Zimmer und reichhaltiges Frühstück. Kurt-Schumacher-Str. 9, ☏ 02389-526140, hotel-am-kloster.de. **€€€**

Bleckmanns Hof, urige Frühstückspension vor den Toren der Stadt mit Möglichkeit zur Übernachtung in einem umgebauten Schäferwagen. Auch Hofladen. Wesseler Str. 8, ☏ 02389-3142, hof-bleckmann.de. **€€**

Camping Wohnmobilstellplatz am Solebad.

Selm

25.000 Einwohner

Die Kleinstadt Selm hat sich, obwohl nördlich der Lippe gelegen und so historisch Teil des Münsterlandes, im Gegensatz zu Werne gegen ein aktives Mitwirken im Münsterland-Tourismus entschieden.

Erst mit der Gebietsreform 1975 wurde Selm zusammen mit Werne in den Kreis Unna eingegliedert, vorher hatte es zum Kreis Lüdinghausen gehört. Die Stadt soll hier aber wegen ihrer einen Besuch lohnenden Sehenswürdigkeiten sowie der Naturschutzgebiete an der Lippe und rund um Schloss Cappenberg nicht unerwähnt bleiben.

Anschauen und unternehmen

Schloss Cappenberg (LWL-Museum für Kunst und Kultur): Der Besitz der Grafen von Cappenberg ging 1122 per Schenkung an den gerade im Entstehen begriffenen Prämonstratenser-Orden über. Aus der ursprünglichen Burg wurde ein aus einem Männer- und einem Frauenkonvent bestehendes Doppelkloster. Der Klosterbetrieb wurde für knapp 700 Jahre aufrechterhalten, wobei das Frauenkloster wohl schon im 14. Jh. aufgegeben werden musste. Nach dem Dreißigjährigen Krieg war ein Neubau großer Teile der Anlage nötig. Bei seinen weltlichen Aktivitäten war das Kloster sehr

Schloss Cappenberg – nach umfangreicher Sanierung in neuem Glanz

erfolgreich und hatte nicht nur Besitzungen in Westfalen und am Niederrhein. Die Ausstattung der Stiftskirche wäre ohne den ökonomischen Erfolg nicht möglich gewesen. 1803 gelangte das Schloss an Preußen. 1816 erwarb es der Verwaltungsreformer Reichsfreiherr Karl vom und zum Stein, der es als Altersruhesitz bis zu seinem Tod 1831 bewohnte. Die Anlage ging in weiblicher Erbfolge an den heutigen Besitzer, den Grafen von Kanitz, über. Das Archiv des Freiherrn verblieb in Cappenberg. Die weiträumige Dreiflügelanlage, beherrschend über der Lippeniederung in einem Buchenwald gelegen, ist ein typischer Barockbau. Vom großen Altan an der Südseite hat man einen schönen Ausblick. Am Haupteingang befinden sich vier Torpfeiler, die den Endpunkt einer Allee markieren, an deren Beginn zwei Freipfeiler mit Wappen stehen. Bis zum 900. Geburtstag des Freiherrn wurde die gesamte Anlage über mehrere Jahre aufwendig renoviert.

In einem Teil des Schlosses präsentiert das LWL-Museum für Kunst und Kultur hochrangige Ausstellungen zu ständig wechselnden Themen, teils eigens für Cappenberg konzipiert, teils Wanderausstellungen. Hinzu kommt die Stein-Dauerausstellung. Zusammen mit dem 1999 eröffneten Schlosstheater, in dem 235 Zuschauer Platz finden, wurde ein überregional viel beachtetes Kulturzentrum geschaffen.

Unterhalb des Schlossgeländes befindet sich der seit einigen Jahren für die Öffentlichkeit geschlossene Wildpark. Von der Süd- und Westseite sind durch Zaun und Hecke aber Wildbeobachtungen gut möglich. Eine vor Ort befürwortete Wiederbelebung im Jubiläumsjahr ergab sich leider nicht.

▪ Museum: Di–So 10–17.30 Uhr, Mo geschlossen. Eintritt 9 €, erm. 4,50 €. Schlossberg, ✆ 02306-71170, lwl-museum-kunst-kultur.de (Außenstelle Schloss Cappenberg).

Vom-Stein-Denkmal: Das vom slowenischen Künstler Marko Pogaknik geschaffene Denkmal besteht aus acht Sandsteinblöcken, die in Form eines Megalith-Steinkreises aufgestellt sind. Eingearbeitete Tiefenreliefs erinnern an das staatspolitische Wirken des Freiherrn, eines ist seiner Person selbst gewidmet und mit einer bronzenen Porträtbüste versehen. Dieser Teil wurde 2013 entwendet und 2018 neu gegossen. Der Skulptur musste Anfang der 1990er-Jahre ein Kaiser-Wilhelm-Denkmal weichen, was nicht allen Selmern passte.

Stiftskirche St. Johannes Evangelist: Am Schloss liegt die 1122 erbaute ehemalige Stifts- und Klosterkirche mit

Südmünsterland → Karte S. 88

dem Cappenberger Barbarossakopf, einem Geschenk Friedrich Barbarossas an seinen Taufpaten Otto von Cappenberg, einem 500 Jahre alten Chorgestühl und weiteren bedeutsamen Kunstwerken wie einem Flügelaltar aus dem frühen 16. Jh. Das Gotteshaus wurde einst durch den Freiherrn vom Stein vor dem Verfall gerettet und ist durch die hier veranstalteten Orgelkonzerte überregional bekannt.

Friedenskirche Selm: Sie steht für die ersten Spuren des Christentums in der Region. Der Turm weist Spuren eines frühromanischen Kuppelgewölbes aus der Zeit um 1000 auf. Von 1962 bis 1965 wurde die Kirche umfassend restauriert. Dabei fand man dekorative Gewölbemalereien aus der Zeit um 1530.

Werkssiedlung Alte Kolonie: Von 1909 bis 1923 ließ das von 1907 bis 1927 betriebene Bergwerk in Beifang eine Werkssiedlung anlegen. 514 Häuser mit Bezügen zur Gartenstadt-Architektur wurden in konzentrischen Kreisen um die nahe mittelalterliche Burg Botzlar (heute zusammen mit dem Amtshaus Bork Sitz der Stadtverwaltung) angeordnet. Mit Schließung der Zeche wurde die Siedlung zum sozialen Brennpunkt, sodass in den 1960er-Jahren die Selmer Verwaltung zusammen mit einem Investor die großräumige Sanierung mit flächendeckenden Abrissen plante. 1966 konnte das eine Bürgerinitiative verhindern. Die „Gemeinschaft der Heimstätter e. V." brachte die Gebäude bis 1980 in ihren Besitz und so den langfristigen Erhalt auf den Weg. Ein Besuch lohnt für alle, die an Architektur und Industriekultur interessiert sind.

Zeche Hermann: Die Zeche im Ortsteil Beifang war in den 1910er-Jahren die tiefste Förderanlage mit den schwierigsten Betriebs- und Abbauverhältnissen im Ruhrgebiet. Die Grube in 1100 m Tiefe war sehr heiß und feucht, was für extreme Arbeitsbedingungen und den Beinamen „Zeche Elend" sorgte, und wurde schnell unrentabel. Das imposante Verwaltungsgebäude im Stil einer dreiflügeligen barocken Schlossanlage mit Bezügen zu Klassizismus und Jugendstil konnte erhalten werden.

Synagoge Bork: Die ehemalige Synagoge wurde in der ersten Hälfte des 19. Jh. errichtet und bis zur Reichspogromnacht genutzt. Danach wurde sie zu einem Kohlelager und nicht weiter umgebaut, sodass die Rundbogenfenster erhalten geblieben sind. Bei einer Renovierung (1990–93) konnte die aufwendige Schablonenmalerei der Wände restauriert werden. Die Decke zeigt einen in Gold gehaltenen Sternenhimmel vor blauem Hintergrund. Von 2000 bis 2010 war die Synagoge Bork wieder Heimat einer jüdischen Gemeinde, seit deren Auszug steht sie leer.

Eine Besichtigung kann über die Volkshochschule Selm vereinbart werden: ✆ 02592-9220.

Praktische Infos

Information **Tourist-Info/Bürgerbüro,** Adenauerplatz 2, ✆ 02592-690, selm.de.

Verbindungen Stdl. Züge nach Dortmund und Dülmen (weiter nach Gronau/Enschede), Busverbindungen nach Lüdinghausen und Lünen.

Stadtführungen Gibt es leider nicht, nur eine Tourismusbroschüre und Erklärungen zu den Sehenswürdigkeiten auf der Internetseite der Stadt.

Markt Dienstag und Freitag am Vormittag am Bürgerhaus Selm.

Schwimmen **Freibad Selm,** Badestr. 26, ✆ 02592-1838, freibadselm.de. **Waldstrandbad Ternscher See,** Strandweg 103, ✆ 02592-917210.

Wandern Die Ortsgruppe Lünen-Selm des Sauerländischen Gebirgsvereins (SGV, sgv-luenen-selm.de) hat in allen Ortsteilen eine Reihe von Wanderwegen ausgeschildert. Zu empfehlen sind die Wege A 4 ab Schloss Cappenberg (u. a. durch den Ruheforst) und A 2 ab SGV-Hütte Hölterweg.

Radfahren Rundkurse aus allen Ortsteilen bzw. von allen Bahnhöfen (Selm, Borg, Beifang) aus in die nähere Umgebung. Weitere Infos über die Ortsgruppe Selm des ADFC (selm.adfc.de).

Essen **Mutter Stuff,** frisch renoviertes, über den schönen Rundweg A4 ab Schoss Cappenberg erreichbares, uriges Ausflugslokal, das noch auf Werner Gebiet liegt. Mo–Mi 12–14 u. 17–22 Uhr, Fr 17–22 Uhr, Sa 12–22 Uhr, So 10–21 Uhr, Do Ruhetag. Selmer Landstraße 206, ✆ 02389-2214, mutter-stuff.de. €

MeinTipp **Café Alte Kegelbahn,** Café und Restaurant am Schloss Cappenberg, das auf Bio-Produkte vom eigenen und befreundeten Höfen setzt. Do–Sa 12–20 Uhr, So/Feiertage 12–19 Uhr sowie nach Vereinbarung. Freiherr-vom-Stein-Str. 1, ✆ 02306-9593211, cafe-kegelbahn.de. €

Übernachten **an hotel,** funktional eingerichtetes Garni-Hotel mit Bar. Kreisstr. 63, ✆ 02592-3773, an-hotel.de. €€

Camping **Camping am Ternscher See,** Strandweg 7, ✆ 02592-917210, ternschersee.de.

 → Karte S. 88

Olfen

13.000 Einwohner

Die Gemeinde am äußersten Südrand der Region ist ideal für alle, die viel Trubel nicht mögen, hat sie doch in Sachen Naturerlebnisse zwischen Stever, Lippe und Dortmund-Ems-Kanal viel zu bieten.

Aufs oder ins Wasser zu gehen sollte bei einem Besuch in Olfen auf jeden Fall dazugehören. Im Naturbad kommt im Sommer Strandfeeling auf. Auch Archäologen sind seit Jahren gerne vor Ort: Zunächst wurden Siedlungsspuren aus der Jungsteinzeit und dem Mittelalter entdeckt, 2008 beim Bau des Naturbades Spuren aus der Bronze- und Eisenzeit und 2011 schließlich ein Römerlager aus der Zeit um 10 v. Chr. Es war 5,4 ha groß und wohl Quartier von bis zu tausend Legionären.

Anschauen und unternehmen

Schloss Sandfort: Die Anlage im Ortsteil Vinnum wurde im 13. Jh. erstmals erwähnt und befindet sich im Besitz des Grafen Hagen-Plettenberg. Die Baugeschichte der ursprünglich umwallten Wasserburg ist etwas nebulös, das Herrenhaus stammt aus dem 17. oder frühen 18. Jh. Hinzu kommt ein Gebäude mit zwei Rundtürmen auf der Vorburginsel. Das Herrenhaus ist Wohnsitz der gräflichen Familie und kann nur von außen besichtigt werden. Im Bauernmarkt am Schloss gibt es in der Saison einen Spargelverkauf.

▪ Sandforter Str. 2a, ✆ 02595-1059, spargel.schlosssandfort.de.

Steveraue: Das 120 ha große Gebiet wurde 2002 renaturiert. Lassen Sie sich vom Steverfloß über den Fluss chauffieren, damit die volle Konzentration auf die Beobachtung der Raub- und Wasservögel, Heckenrinder, Konik-Pferde und Riesenesel gelenkt werden kann. Einfach mal den Blick schweifen lassen und still beobachten, wie sich Natur entwickelt, wenn sie nicht vom Menschen beeinflusst wird. An der Füchtelner Mühle wurde in historischer Bausubstanz ein Wasserkraftwerk errichtet. Zusammen mit den Windkraft-

Naturbeobachtung vom Floß – in Olfen geht das

anlagen im Ort ist die Stadt Vorreiter bei erneuerbaren Energien.

▪ Führungen durch die Steveraue sind über die Tourist-Info buchbar, ebenso die Floßfahrten. Der Anlegeplatz ist ab der Füchtelner Mühle, Kökelsumer Str. 66, ausgeschildert.

Lippeaue: Nach den guten Erfahrungen an der Stever soll nun unter dem Namen „Stromland" das gesamte Gebiet zwischen Haltern am See, Olfen und Datteln neu gestaltet werden, orientiert am Hochwasserschutz, Naturschutz und dem Bemühen, weitere Räume für Naherholung zu schaffen.

Alte Fahrt: Einst wurde der Dortmund-Ems-Kanal auf einem Damm fast durch den Ort geführt. Nach zwanzig Jahren Betriebszeit musste diese Wasserstraße aufgrund des ständig wachsenden Schiffsverkehrs erweitert werden. Dazu wurde das Kanalbett an den Stellen, an denen es tiefer als das Erdniveau lag, ausgebaggert. Schwieriger war es dort, wo das Kanalbett weit über dem sonstigen Gelände lag. Um den Kanal nicht über Jahre schließen zu müssen, wurden hier „Neue" oder „Zweite" Fahrten mit größerem Querschnitt gebaut, so auch in Olfen. Außerdem konnte dabei das Kanalbett begradigt werden. Von Datteln aus wurde 1929–37 eine neue Strecke Richtung Lüdinghausen gebaut. Der Gemeinderat sprach sich aber für einen Erhalt des alten Kanalbetts aus und ermöglichte so die Entstehung eines ganz besonderen Naturraums.

Kanalbrücken: Drei Brücken wurden errichtet, damit der Kanal eine Straße, die Lippe und die Stever überqueren konnte. Die Dreibogenbrücke ist Teil der Alten Fahrt und geht über die Stever, die Lippebrücke natürlich über die Lippe. Beide sind Teil des Fahrradweges, von dem aus sich bestens beobachten lässt, was die Natur im und am Wasser aus dem ehemaligen Kanalbett gemacht hat. Für die „Schiefe Brücke" über die Straße nach Lüdinghausen wurde der leicht rötliche Sandstein aus dem Eichsfeld bzw. Nordhessen genutzt.

Praktische Infos

Information **Stadt Olfen Tourismusbüro,** Kökelsumer Str. 64 (Naturparkhaus), ✆ 02595-3890, olfen.de.

Verbindungen Stdl. Schnellbus nach Münster, Datteln und Lüdinghausen, werktags Bürgerbus.

Stadtführungen Führungen, u. a. durch die Steverauen, sind über die Tourist-Info buchbar.

Markt Freitag am Nachmittag.

Einkaufen **Kökelsumer Bauernladen und Hofcafé,** Münsterländer Produkte in ihrer ganzen Vielfalt genießen. Im Sommer tägl. 9–18 Uhr, zwischen Herbst- und Osterferien Mo Ruhetag. Kökelsum 2, ✆ 02595-1073, koekelsumer-bauernladen.de.

Hof Vinnemann, der auf Kartoffeln und Heidelbeeren spezialisierte Betrieb liegt am Orts-

Die Dreibogenbrücke überspannt die Alte Fahrt

Hohe-Mark-Steig und -Radroute

Seit 2021 gibt es auch im Münsterland endlich einen Premium-Wanderweg, der es 2023 erstmals in die Top Ten der schönsten Wanderwege Deutschlands schaffte, den Hohe-Mark-Steig. Mit dem Hohe-Mark-Steig hat das Südmünsterland 2021 einen Premium-Fernwanderweg bekommen. Über 150 km geht es in Etappen von 19 bis 27 km Länge von Olfen nach Wesel. Hinzu kommen Zubringerwege in die Orte und ortsgebundene Nebenwege, die sog. Landstreifer, die immer ein Teilstück des Steigs einbeziehen und so einen Aufenthalt von einer weiteren Nacht an einigen Etappenorten möglich machen. Die Wege führen durch Wälder, verträumte Moore und die Auenlandschaft entlang der Lippe. Von Olfen bis Haltern kann direkt am Wasser gewandert werden oder durch die Haard. Der Steig hat zur Saison 2022 ein Pendant für Radtouren erhalten, die Hohe-Mark-Radroute durch 17 Städte und Gemeinden mit 280 km Gesamtlänge. Sie ist aufgeteilt in zehn Etappen von 20 bis 40 km Länge. Drei Rundkurse von 113 bis 130 km Länge und Tagestouren von rund 50 km Länge erweitern das durchdachte Angebot.

Naturkundliche Info-Ausstellungen gibt es in den Naturparkhäusern Olfen und Raesfeld.

■ ✆ 02865-60910, hohe-mark-steig.de und hohemarkradroute.de.

Südmünsterland → Karte S. 88

rand Richtung Hullerner Heide, also beste Bedingungen für Knolle und Beere. Mo–Fr 9–12 Uhr u. 13–17 Uhr, Sa 9–14 Uhr, zu Erntezeit auch So und am Wochenende länger geöffnet. Zur Schafsbrücke 2, ✆ 02595-223, hof-vinnemann.de.

Schwimmen **Naturbad Olfen,** fast 5 ha Fläche mit Strandatmosphäre und ein 1400 m² großer Schwimmbereich, der ganz ohne Chemie auskommt. Alleweg 4, ✆ 02595-389700.

Wandern Der **Rundweg durch die Steveraue** ist 8 km lang, die geführte **Kräuterwanderung** kürzer. Beides buchbar über die Tourist-Information.

Radfahren Die lokale Radrunde ist 33 km lang. Es gibt aber auch vier Touren von 33 bis 72 km Länge in die Nachbarorte im Ruhrgebiet und im Münsterland. Das Tourismus-Büro verleiht E-Bikes.

Reiten **Hof Münsterlandtor,** Dattelner Str. 79, ✆ 02595-5167, hof-muensterlandtor.de.

Minigolf Kanalstr. 9, ✆ 02595-9144.

Essen **Füchtelner Mühle,** Ausflugslokal ganz so, wie es sein sollte, am Rand der Steveraue. Mi–Fr 14–21 Uhr, Sa/So/Feiertage ab 12 Uhr, dann auch Mittagstisch, Mo/Di Ruhetag. Kökesumer Str. 66, ✆ 02595-430, fuechtelner-muehle.de. **€€**

Ratsschänke Olfen, das frisch renovierte Traditionslokal (1841) bietet Crossover-Küche mit einigen pfiffigen Ideen und einem gesonderten Bar-/Kneipenbereich. Mi–Sa 17–22.30 Uhr, So 17–20 Uhr, Mo/Di Ruhetag. Kirchstr. 4, ✆ 02595-3866789, ratsschaenkeolfen.de. **€€**

Leo's, Gastronomie im von einer Bürgerstiftung betriebenen ehemaligen Gemeindehaus der katholischen Kirchengemeinde. Mo/Mi/Do 12–22 Uhr, Sa/So 12–23 Uhr, Di Ruhetag. Bilholtstr. 37, ✆ 02595-3855370, cafe-leos-olfen.de. **€€**

Übernachten **Hotel zum Steverstrand,** im Landhausstil eingerichtet, mit schönem Biergarten, besser kein Zimmer zur Straße buchen. Lüdinghauser Str. 31, ✆ 02595-3077, zum-steverstrand.de. **€€**

Hotel Mutter Althoff, schönes Landhotel im Ortsteil Vinnum mit guter Küche, auch Wildgerichte. Hauptstr. 42, ✆ 02595-3879551, mutter-althoff.de. **€€€**

Camping **Burbank,** Kökelsumer Str. 72, ✆ 02595-98324, campingplatz-burbank.de. **Große Heide,** Heideweg 5, ✆ 02595-4766, grosseheide.de.

Die Römerzeit wird im Römermuseum hier und da auch lebendig

Haltern am See

38.000 Einwohner

Die Römer ließen sich einst hier nieder, heute im Sommer Sonnenhungrige satt an den Badestränden der durch den Sandabbau entstandenen Seen. Auch die Heideflächen, die inhabergeführten Geschäfte in der Altstadt und natürlich das Römermuseum ziehen Gäste aus dem Ruhrgebiet und dem südlichen Münsterland an.

Wenn eine Stadt daran leidet, bei der großen nordrhein-westfälischen Gebietsreform 1975 gegen alle Historie dem Kreis Recklinghausen und damit dem Ruhrgebiet zugeordnet worden zu sein, dann ist es Haltern, das seit einigen Jahren den Namenszusatz „am See" trägt. Die Innenstadt liegt unmittelbar nördlich der Lippe, also im historischen Gebiet des Hochstifts Münster, die Ortsteile südlich des Flusses aber gehörten historisch zum Vest Recklinghausen. Dass die Ostausläufer des Höhenzugs Hohe Mark naturräumlich zum Westmünsterland gezählt werden, ist dabei eine fast schon nebensächliche Facette. Politik und Bevölkerung versuchen jedenfalls seit Jahren Fürsprecher in der Landespolitik zu finden, die den Wunsch nach einem Wechsel in den Kreis Coesfeld erfüllen. Das ländliche, von Mittelstand und Handwerk sowie viel Natur geprägte, politisch mehrheitlich konservative Haltern fremdelt mit den anderen Städten und Gemeinden im Kreis, den ehemaligen Bergbaustädten mit inzwischen heftig bröckelnder SPD-Tradition.

Geschichte

Die Römer hatten sich das Ziel gesetzt, ihr Reich vom Rhein aus in Richtung Nordosten zu vergrößern, und waren so einige Jahre nach Christus die Lippe entlang losgezogen. In regelmäßigen Abständen errichteten sie Kastelle, gleich mehrere auf dem heutigen Stadtgebiet Halterns, eines davon sogar mit einem Hafen an der Lippe. Das in Quellen erwähnte Kastell Aliso wird im Römerlager Haltern vermutet. Viele Funde aus dieser Zeit sind im Römermuseum ausgestellt. Die Verbindungen der Haltener Römerlager mit der Varusschlacht, welche die Römer gegen die Germanen verloren, beschäftigt die historische Forschung bis heute.

Mit Verleihung der Stadtrechte 1289 durch den Fürstbischof von Münster erhielt Haltern Wallanlagen als Stadtmauern, an die heute noch die ringförmige Straßenführung rund um die Innenstadt erinnert. Ein schweres Hochwasser zum Jahreswechsel 1569/70 formte die Landschaft und den Verlauf der Lippe südlich des Stadtkerns. Trotz seiner Lage am Fluss blieb Haltern von Zerstörungen durch die kriegerischen

Immobilienspekulation zerstört ein Schloss

Eigentlich, ja eigentlich könnte Haltern mit dem Schloss Sythen über einen Schlossbau verfügen, der den Vergleich mit anderen Anlagen nicht scheuen müsste. Doch leichtfertige Manager und Vertreter der Immobilienbranche sorgten dafür, dass heute nur noch Kapelle, Torhaus und Park erhalten sind.

Schloss Sythen ist hervorgegangen aus einer germanischen Wallburg. Die erste urkundliche Erwähnung von „Sitina“ datiert aus dem Jahr 758, zu dieser Zeit war die Burg in die Kriege des fränkischen Königs Pippin gegen die Sachsen involviert. Unter Pippins Nachfolger Karl dem Großen ging sie in den Besitz des Bistums Münster unter dessen erstem Bischof Ludger über.

Nach dem Ende der Ära der Fürstbischöfe war die Anlage von 1821 bis 1965 im Besitz der Familie von Westerholt und Gysenberg. Da man mit Schloss Westerholt bereits einen Familiensitz hatte und bewohnte, verkaufte Egon Graf von Westerholt Schloss Sythen 1965 an den Caritasverband Recklinghausen. Der erweiterte zunächst das seit 1946 dort von Ordensschwestern betriebene Kinder-Genesungsheim um einige Neubauten. Doch dann ließ die Geschäftsführung der Caritas 1971 das Herrenhaus sowie das Wirtschaftsgebäude in der vorbildlich gepflegten Anlage abreißen, um ein Familienerholungsheim zu bauen. Realisiert wurde der Plan allerdings nie. Wegen finanzieller Probleme wurde das Anwesen 1979 an einen Immobilienmakler verkauft, der Hoffnung auf eine Teilrekonstruktion machte, letztlich aber auch nichts umsetzte. Vielmehr verfielen die verbliebenen Gebäude immer mehr und die Natur eroberte den Park zurück. Seine Rettung verdankte der verbliebene Rest der Anlage schließlich ideenreichen Vertretern von Politik und Verwaltung: Im Tausch gegen Bauland sicherte sich die Stadt Haltern am 27. Januar 1989 die Eigentumsrechte und ließ in der Folge Torhaus, Kapelle und Park sanieren.

▪ Stockwieser Damm 25, Besichtigungen buchbar auf schloss-sythen.de. Vom Schloss aus können die Borkenberge und der Silbersee III im Nachbarort Dülmen erwandert werden (16 km).

Südmünsterland → Karte S. 88

Auseinandersetzungen vom Mittelalter bis zum Wiener Kongress weitgehend verschont. Dass Napoleon seine Beamten vom südlich der Lippe gelegenen Ortsteil Flaesheim regieren ließ, ist dabei eine interessante Randnotiz.

Die Industrialisierung erreichte Haltern erst ziemlich spät, hatte doch einzig der Sandabbau Bezüge zu dem, was wenige Kilometer südlich im Ruhrgebiet unter Tage passierte. Ab 1908 wurde die Wassergewinnung für den gesamten Umkreis das, was Menschen in der Region mit Haltern verbinden. Erst 1985 mit der Fertigstellung des Stausees endete die Expansion der Aktivitäten der Gelsenwasser AG. Die Nordwanderung des Steinkohlenbergbaus machte Haltern 1963 zur Bergbaustadt, denn das Abbaugebiet der Marler Zeche Auguste Victoria hatte Haltern erreicht. Bis 2015 wurde dort Kohle gefördert. Durch geschickte Ansiedlungspolitik sowie Profilierung als Wohnstadt für Menschen, die im nördlichen Ruhrgebiet arbeiten, gelang Haltern fast problemlos der Strukturwandel. Heute ist die Stadt eine der einkommensstärksten Kommunen Nordrhein-Westfalens.

Anschauen und unternehmen

St.-Sixtus-Kirche: Im Inneren der 1879 errichteten neugotischen Backstein-Hallenkirche befinden sich einige ältere Ausstattungsstücke, darunter ein Gabelkruzifix aus Eichenholz aus dem 14. Jh., ein Anfang des 16. Jh. entstandenes Antwerpener Retabel sowie das Epitaph von Wilhelm Goswin Anton von Galen (1710).

Innenstadt: Das von 1575 bis 1577 errichtete Alte Rathaus wurde im Zweiten Weltkrieg schwer beschädigt. Der Wiederaufbau erfolgte von 1948 bis 1952 in vereinfachter Form. Der ehemalige Ratssaal im Obergeschoss wird für kulturelle Veranstaltungen genutzt.

Da in der Stadt mehrere bildende Künstler von Rang leben und im Künstlerhof Lavesum (Am Friedhof 25, ✆ 02364-108422) arbeiten und ausstellen, wollte die Stadt der Kunst im Ort weiteren Raum geben. Sechs Skulpturen sind inzwischen in der Innenstadt aufgestellt.

Siebenteufelstum: Der aus Ziegeln bestehende Rundturm mit Spitzbogenfries (1502) ist das letzte Zeugnis der im 18. Jh. abgetragenen Stadtbefestigung.

Wallfahrtskapelle St. Anna: Das am Südausläufer des Naturparks Hohe Mark gelegene kleine Gotteshaus (1653) und sein Vorgängerbau sind seit Mitte des 16. Jh. das Ziel von Wallfahrern. Die Kapelle ist der heiligen Anna gewidmet, angeblich die Großmutter Jesu. In der Nähe der Kapelle befindet sich eine Quelle, der im Mittelalter eine heilkräftige Wirkung nachgesagt wurde. Für Heimatvertriebene aus Schlesien, die sich im Ruhrgebiet und im Münsterland eine neue Existenz aufbauen mussten, ersetzt die Wallfahrt zu dieser Kapelle die traditionelle Annaberg-Wallfahrt.

▪ Annaberg 21

Katharinenkapelle: Die am Wesel-Datteln-Kanal gelegene kleine Kapelle stammt aus karolingischer Zeit (8. Jh.) und ist eines der ältesten Gebäude in Nordrhein-Westfalen und der älteste Massivbau im näheren Umkreis.

Seenlandschaft: Bis heute ist Haltern einer der deutschlandweit wichtigsten Standorte des Quarzsand-Abbaus. Durch den Abbau des für die Glasherstellung so wichtigen Rohstoffs sind die sog. Silberseen entstanden, die das größte Badeparadies zwischen Münster und dem Ruhrgebiet bilden. Für die Wasserversorgung des nördlichen Ruhrgebiets und südlichen Münsterlandes sind der Halterner und Hullerner Stausee zuständig.

▪ silbersee-haltern.info

Heidelandschaften: Man muss nicht in die Lüneburger Heide fahren, um auf wunderschöne Heideflächen zu schauen und an den in Münster geborenen

Die Westruper Heide ist die größte Heidefläche in der Region

Heimatdichter Herrmann Löns zu denken. Die Westruper und Hullerner Heide können da bestens mithalten. Alte Messtischblätter von Haltern weisen um 1840 rund 50–60 % der Flächen um Haltern als Heidegebiete aus, die von Heidebauern als Weidegründe für ihre Schafe genutzt wurden. Die Westruper Heide ist zwar inzwischen auf nur noch 63 ha Fläche geschrumpft, aber dennoch die größte Zwergstrauchheide Westfalens. Mehrere Wanderwege, darunter auch ein barrierefreier (4 km ab dem Wanderparkplatz Hotel Seehof), durchziehen das Gebiet.

Römermuseum: Archäologen sorgten dafür, dass Haltern in den Blick aller Freunde der Römer und ihrer Geschichte geriet. Im Jahr 1896 wurde in Münster die Altertumskommission für Westfalen gegründet, die sich unter der Leitung von Carl Schuchhardt intensiv mit der Siedlungsgeschichte der Römer befasste und auf dem Weg die Lippe entlang 1899 in Haltern angekommen war. Im Römerlager Haltern gab es so viele Funde, dass Kaiser Wilhelm II. den Bau eines ersten Museums finanzierte. Heute ist die Geschichte der Römerlager bestens erforscht, in Haltern werden über 1.200 Exponate gezeigt. Diverse Funde legen nahe, dass der größte Teil der Soldaten, die an der Varusschlacht teilnahmen, bei Haltern stationiert waren. Sie wurden so vernichtend geschlagen, dass die Römer den Germanien-Feldzug beendeten. Das Römermuseum bereitet die Sache vortrefflich auf, sodass Familien problemlos einen halben Tag hier verbringen können. Die Erwachsenen können mit dem Marschgepäck eines Legionärs loslaufen, kleine und große Kinder römische (Militär-)Geschichte mittels Lego-Figuren kennenlernen u. v. m. Mit Abschluss neuer Grabungen 2021 hat sich die archäologisch erschlossene Fläche um zwei Drittel vergrößert. Parallel wurde die Ausstellung (auch technisch) neu gestaltet. Um die Attraktivität für junge Besucher zu steigern, ist ein Escape Room eingerichtet worden. „Eingesperrt im Wachhaus, mitten in einer Schlacht", lautet das Szenario. Wer fliehen will, muss Rätsel lösen und Prüfungen bestehen.

▪ Di–Fr 9–17 Uhr, Sa/So/Feiertage 10–18 Uhr, Mo geschlossen. Eintritt 6 €, erm. 3 €, bis 17 J. frei, Audioguide 2 €, Gruppenführungen ab 30 €. Weseler Str. 100, ✆ 0252-111111, lwl-roemermuseum-haltern.de.

Südmünsterland → Karte S. 88

Holzkohlenmeiler: Der Regionalverband Ruhr (RVR) hält unweit des Wesel-Dattel-Kanals im Ortsteil Flaesheim am Rand der Haard das Handwerk des Köhlers wach. Mit dem Trinkspruch „Gut Brand" wird jedes Jahr am Mittag des 1. Mai traditionsgemäß der Holzkohlenmeiler entzündet. Etwa zwei bis drei Wochen dauert es, bis das aufgeschichtete Holz verkohlt ist. Das Ergebnis: Holzkohle mit einem sehr hohen Kohlenstoffgehalt und hervorragenden Brenneigenschaften. Bis es so weit ist, muss der Köhler vor Ort Tag und Nacht Wache halten und die Luftzufuhr regeln. Gleich nebenan liegt ein sehr schöner Kinderspielplatz.

▪ Ausgeschildert ab dem Wanderparkplatz „Zum Dachsberg" in Flaesheim.

Wildpark Granat: Sie haben die Wahl. Entweder schauen Sie sich zu passender Uhrzeit in der After Mark und dem Dämmerwald zwischen Dorsten und Schermbeck um oder sie beobachten viele der dort lebenden Tiere einfach im Wildpark Granat.

▪ Tägl. 10–18 Uhr. Eintritt 5 €, Kinder (2–12 J.) 3 €. Granatstr. 626, ✆ 0175-3767386, naturwildpark.de.

Ketteler Hof: Zwischen 1954 und 1969 entstand in Lavesum einer der ersten Freizeitparks zwischen Ruhrgebiet und Münsterland. Er wurde seitdem immer wieder modernisiert, zuletzt durch die Einrichtung eines Indoor-Parks. Den Prinzipien der Gründungszeit fühlt man sich noch heute verpflicht: freies Spielen und die motorische Entwicklung fördern und Einblicke in die regionale Tierwelt vermitteln. Klassische Fahrgeschäfte gibt es dagegen nicht.

▪ Tägl. 9–18 Uhr. Eintritt 15 €, unter 2 J. frei. Rekener Str. 234, ✆ 02364-3409, kettelerhof.de.

Prickings Hof: Der auch unter dem Namen „Bauer Ewald" geläufige Schaubauernhof mit dem Schwerpunkt auf Rinder- und Schweinemast besteht seit 1958 und bedient so ziemlich alle Klischees, die es über das Münsterland und die Münsterländer, aber auch (insbesondere ältere) Menschen aus dem Ruhrgebiet gibt. Er ist Schlachthaus und Streichelzoo, Probierstube und Tanzschuppen, Hofbäckerei und Museum. Der Besuch sei all jenen empfohlen, die Spaß an Sozialstudien haben und über Humor und Selbstironie verfügen.

▪ Tägl. 9–17 Uhr, Sa/So bis 18 Uhr. Eintritt 5 €, erm. 2,50 €, unter 6 J. frei. Niehuser Weg 14, ✆ 02364-6588, prickings-hof.de.

In der Umgebung: Einer von zwei auf der Südseite der Lippe gelegenen Teile des Naturparks Hohe Mark ist die Haard, ein leicht hügeliges, 5.500 ha großes, geschlossenes Waldgebiet, sozusagen die grüne Lunge am Nordrand des Ruhrgebiets. Wanderwege ab Flaesheim.

Praktische Infos

Information **Tourist-Information,** Markt 1, ✆ 02364-933365, haltern-am-see.de.

Verbindungen Halbstdl. Nahverkehrszug nach Münster und Essen (über Gelsenkirchen), stdl. S-Bahn nach Essen und Wuppertal (über Bottrop). Buslinien in alle Nachbarorte, Bürgerbus im Ort.

Stadtführungen Fast zwei Dutzend Angebote sind über die Tourist-Information buchbar, darunter auch Besichtigungen des Wasserwerks am Stausee.

Markt Dienstag und Freitag am Vormittag.

Einkaufen **Stiel und Blüte,** das Trio Café, Wohnaccessoires und Blumen schlüssig in den Räumen einer ehemaligen Gärtnerei eingerichtet. Mi–Fr 9–18 Uhr u. Sa 9–17 Uhr. Hellweg 216, ✆ 02364-504877, stiel-bluete.com.

Schwimmen **Freizeitbad Aquarell,** Lippspieker 20, ✆ 02364-924027, freizeitbad-aquarell.de. **Sport- und Freizeitzentrum Sythen,** Mooskamp 30, ✆ 02364-6648, freibad-sythen.de. Freibäder am **Halterner Stausee** und am **Silberssee II** (dort auch die beliebteste Nacktbademöglichkeit der Region).

Wandern Der Altstadtrundgang ist 3 km lang, mehrere Wanderwege in den Naturpark Hohe Mark, zu den Heideflächen sowie an Lippe und Wesel-Datteln-Kanal sind ausgeschildert. Die **Umrundung des Halterner Stausees** und der Weg durch die **Westruper Heide** sind besonders empfehlenswert. Wer bei guter Kondition ist, wandert vom Bahnhof Haltern auf dem Hohe-Mark-Steig (Waldvariante) bis zu Mutter Wehner und ab dort über den Landstreifer „Haard an der Grenze" bis nach Marl, wo es mit dem Zug zurück nach Haltern geht.

Radfahren Sechs steigungsarme und selten an Straßen verlaufende Touren mit einer Länge von 18 bis 81 km sind neben den Regional- und Fernradwegen ausgeschildert. Radstation und Info-Punkt befinden sich am Bahnhof.

Reiten **Reiterhof Budde,** Reiterferien im nordwestlich gelegenen Ortsteil Lavesum. In der Groll 12, ✆ 02364-15518, reiterhof-budde.de.

Klettern **Kletterwald Haltern,** Hullerner Str. 107, ✆ 02364-6084047, kletterwald-haltern.de.

Segeln Auf dem Halterner Stausee ist eine beschränkte Zahl von Segelbooten zugelassen. Anfragen von Gastbooten bei der Stadt Haltern am See unter ✆ 02364-933180.

Essen **Ratsstuben,** Sterne-Restaurant mit großer Weinkarte im Ratshotel. Di–Sa 18–22 Uhr, So/Mo Ruhetag. Mühlenstr. 3–5, ✆ 02364-3465, hotel-haltern.de/restaurant-ratsstuben. **€€€**

Landhaus Föcker, Ausflugslokal im Ortsteil Lippramsdorf, das schon zur Frühstückszeit öffnet. Mi/Do und Sa/So/Feiertage 9–22 Uhr, Fr 17–22 Uhr, Mo/Di Ruhetag. Lembecker Str. 12, ✆ 02360-791, landhaus-foecker.de. **€€**

Jupp, der Biergarten im Wald am Rand von Stausee und Heide wird in dritter Generation betrieben und ist eine Institution in der Seestadt. Kulinarisch treffen sich Bayern und Ruhrgebiet. Es werden für Radler- und Wanderer auch Picknickkörbe gepackt. Bei schönem Wetter 10–20 Uhr. Hullerner Str. 107, ✆ 02364-5216, juppamsee.de.

Übernachten **Seehotel,** großes Hotel zwischen Stausee und Westruper Heide mit Wellnessbereich und Pool. Hullerner Str. 102, ✆ 02364-9280, wellnesshotel-seehof.de. **€€€**

Hotel am Turm, in zweiter Generation betriebenes Hotel mit Restaurant im Stadtzentrum. Turmstr. 4, ✆ 02364-96010, hotel-amturm.de. **€€**

Ratshotel, kleines Haus mitten in der Altstadt mit modern gestalteten Zimmern. Mühlenstr. 3–5, ✆ 02364-3465, hotel-haltern.de. **€€**

Pfeiffer's Sythener Flora Hotel, kleines Haus mit zweckmäßig eingerichteten Zimmern im Ortsteil Sythen. Am Wehr 71, ✆ 02364-96220, hotel-pfeiffer.de. **€€**

Jammertal Resort, eines der besten Wellness-Hotels von Nordrhein-Westfalen und nur einen Steinwurf von der Halterner Stadtgrenze entfernt. Opulentes Außengelände inkl. FKK-Bereich, insgesamt sehr gediegen, Tagesgäste im Wellnessbereich begrenzt möglich. Redder Str. 421, ✆ 02363-3770, jammertal.de. **€€€€**

Jugendherberge Haltern am See, die Lage am Ostufer des Stausees sowie das umfassende Sportangebot machen sie für Aktivurlauber attraktiv. Stockheiser Damm 255, ✆ 02364-2258, haltern.jugendherberge.de.

Könzgenhaus, Pilgerherberge und Tagungshaus im Ortsteil Annaberg. Annaberg 40, ✆ 02364-1050, koenzgenhaus.de. **€**

Camping Haltern ist bei vielen Campern aus dem Ruhrgebiet beliebt, die zwischen den Oster- und Sommerferien ihr Equipment oder Fahrzeug gerne durch einen Aufenthalt in Haltern auf Herz und Nieren überprüfen. Rechtzeitige Buchung besonders im Frühsommer empfehlenswert.

Hoher Niemen, nahe der Jugendherberge gelegen, genau zwischen Stauseen und Naturschutzgebiet Borkenberge. Stockwieser Damm 263, ✆ 02364-2511, hoher-niemen.de. €

Campingplatz Flaesheim, direkt am Jachthafen. Flaesheimer Str. 600, ✆ 02364-15037, freizeit-oasen.de.

Drügen Kamp, bietet neben Spielplätzen für Kinder auch ein Tiergehege und Wohnmobilstellplätze. Sythener Str. 284, ✆ 02542-7517, camping-druegenkamp.de.

Weitere **Stellplätze für Wohnmobile** gibt es zudem am Schwimmbad Aquarell (Wohnmobilpark, Hullerner Str., 45–49, ✆ 02364-924027, wohnmobilpark-haltern.de) und im Gewerbegebiet am Prozessionsweg (RMS Hellweg 252, ✆ 02364-965222, RMS-Reisemobile.de).

Lippe und Stever sind ein Kanu-Eldorado

Südmünsterland → Karte S. 88

Westmünsterland

Erst mit der Preußenzeit kamen Zölle, bis dahin waren das Westmünsterland und die Niederlande ökonomisch eng verbunden, seit dem Schengen-Abkommen sind sie es wieder. „Euregio" lautet das Stichwort, wenn es um eine der nicht so bekannten Boom-Regionen Deutschlands geht, die aber auch viel Kultur und noch mehr Natur zu bietet hat.

Der Kreis Borken unterhält kein eigenes Tourismus-Büro, sondern setzt auf eine dezentrale Strategie mit einer Tourist-Info in allen Städten und Gemeinden des Kreises und auf den Münsterland e. V. mit seinem zentralen Tourismus-Büro.

Münsterland e. V., Airportalle 1, 48268 Greven, ✆ 02571-949392, muensterland.com.

Erfolgreiche Neuerfindung

Etwa ein Jahrhundert war das Westmünsterland von der Textilindustrie geprägt. Ab den 1980er-Jahren war absehbar, dass nur noch spezialisierte Betriebe überleben würden. Doch es wurde rechtzeitig überlegt, wie der Strukturwandel geschafft werden kann. Die Verantwortlichen in Politik und Wirtschaft haben (fast) alles richtig gemacht. Heute werden von europaweit oder sogar global tätigen Mittelständlern in der Region händeringend Arbeitskräfte gesucht. Seit 2010 ist die Zahl der Arbeitsplätze um fast ein Drittel gestiegen. Mit 41 % ist der Anteil an produzierendem Gewerbe besonders hoch. Die Region ist als Folge des Job-Booms geburtenstark und jung. Für auswärtige Gäste zahlt sich das bei den Einkaufsmöglichkeiten aus.

Natur, Kultur, Sport

Von den Baumbergen und der Hohen Mark gleitet die Landschaft langsam ab Richtung Westen in die Ebene, wo es einst große Moor- und Heideflächen gab. Reste konnten erhalten bzw. wiederbelebt werden und stehen mittlerweile unter Naturschutz. Für Radtouristen gibt es ein engmaschiges Wegenetz mit einer Länge von 1250 km. Zwischen den größeren Orten besteht die Wahl: schnelle Strecken entlang von Hauptverkehrsstraßen oder ruhige durch Wälder, Wiesen und vorbei an Feldern.

Das Kulturangebot ist vielfältig. 30 Museen können besucht werden. Konzert, Theater und Kabarett kommen nicht zu kurz. Borken und Bocholt haben Säle für über 600 Personen. Sportanlagen finden sich schnell, denn 40 % der Einheimischen sind in einem Sportverein aktiv.

108 Kilometer Grenze

Das Nachbarland Niederlande ist im Westmünsterland irgendwie immer gegenwärtig. Verkehrsverbindungen führen an vielen Stellen über die Grenze oder zumindest bis zur Grenze. Eingekauft wird in beiden Ländern. Freizeiteinrichtungen werden von Deutschen und Niederländern gerne genutzt.

Was anschauen?

Bei den Burgen und Schlössern fällt es nicht schwer, Empfehlungen auszusprechen, denn zwei stechen heraus.

Burg Anholt: Nach Sanierung erstrahlt alles in neuem Glanz. Im Tierpark sind wieder Bären heimisch. **→ S. 198**

Schloss Raesfeld: Das in sich geschlossenste Ensemble von Schloss, Freiheit und Tiergarten in der Region. **→ S. 184**

LWL-Museum TextilWerk: Hier im Bocholter Museum lässt sich alles über die einstige Industriebranche Nr. 1 in der Region erfahren. **→ S. 194**

KULT: Im Museum des Kreises in Vreden wird die Historie der Region bestens nahegebracht, u. a. auch die der Damenstifte. Hinzu kommen wechselnden Sonderausstellungen. **→ S. 162**

rock'n'popmuseum: Udo Lindenbergs Heimatstadt Gronau erfand sich mit dem vom Panikrocker selbst initiierten Museum und dem Gartenschau-Gelände ein Stück neu. Wen die Ausstellung nicht mitreißt, der hat mit Musik wirklich nichts am Hut. **→ S. 144**

Was unternehmen?

Einfach mal durch die Landschaft fahren und dabei das Angebot von Direktvermarktern sichten. In der Region gibt es Hofläden satt und sie ist ein Eldorado für Genussradler.

Eggerode: Der Wallfahrtsort ist eine schöne Zwischenstation auf einem Radausflug von Schöppingen über Heek nach Legden. **→ S. 158**

Witte Venn: Die beste Gelegenheit, die Landschaftsform zu erfassen, die die Grenze zu den Niederlanden bestimmt. **→ S. 151**

Zwillbrocker Venn: Das Venn-Gebiet, in dem einige Monate im Jahr sogar Flamingos anzutreffen sind, bitte durchwandern. Nur das passt hier zum Takt der Natur. **→ S. 163**

Was mit Kids?

Inselpark in Gronau: Mit seinen Spielflächen für Kinder führt am Park im Schatten des rock'n'popmuseums kein Weg vorbei. **→ S. 145**

Tierbeobachtungen im Venn: Mit dem eigenen Nachwuchs lohnen Tierbeobachtungen in den Venn-Gebieten besonders, wenn der tierische Nachwuchs gerade zur Welt gekommen ist.

Tierparks: In Raesfeld und Reken lassen sich Wild und einige weitere Tiere aus nächster Nähe beobachten, teilweise ohne störende Zäune. **→ S. 184 und 181**

Reiterferien: Im Westmünsterland ist die Landschaft besonders abwechslungsreich und das Angebot für Ferien auf dem Bauernhof/Reiterhof rund um Legden mit einer Vielzahl von Reitwegen groß. **→ S. 154**

Gronau

49.000 Einwohner

Die direkt an der Grenze zu den Niederlanden gelegene Heimatstadt von Udo Lindenberg war lange eine der führenden Industriestädte der Region. Kein Ort im längst wieder prosperierenden Westmünsterland steckte nach dem Niedergang der Textilindustrie länger im Strukturwandel. Bis heute ist er noch nicht ganz beendet, einige Industrieruinen in Sichtweite bestens sanierter und neu strukturierter Flächen und Gebäude verdeutlichen das.

Direkt am Bahnhof kommen Richtung Süden die durchaus sehenswerten Erfolge des Wandels in den Blick: all das, was im Zuge der Landesgartenschau von 2003 realisiert wurde inklusive des Rock'n'Pop-Museums, das auf Initiative von Panikrocker Lindenberg zustande gekommen ist. Zusammengenommen ein lohnendes Programm als Ziel eines Tagesausflugs.

Geschichte

Der erste urkundlich erwähnte Teil der heutigen Stadt (1188) war das 1975 eingemeindete Epe, von Gronau (Grüne Au) war erst im Jahr 1365 die Rede. Eine Zeit lang wurde Gronau von einer Linie des Hauses Bentheim bzw. Bentheim-Steinfurt beherrscht, weshalb sich nach der Reformation zunächst der Protestantismus durchsetzte. Doch 1699 wurde der Ort wieder Einflussgebiet der Fürstbischöfe von Münster. Ab 1806 ging er dann erst an die Grafen Salm-Horstmar, danach an den napoleonischen Satellitenstaat Großherzogtum Berg und 1815 an Preußen. Während der Industrialisierung ab Mitte des 19. Jh. entwickelte sich der ehemals kleine Ort an der Dinkel zur modernen Stadt mit der größten Zahl an Textilfabriken im gesamten Westmünsterland. Tausende von Menschen fanden hier Arbeit und ein neues Zuhause. 1897 brachte das die Stadtrechte. Die Familie des Textilunternehmens van Delden hat dabei wie kaum eine andere die Stadt geprägt und die Entwicklung über Jahrzehnte mitbestimmt. Nach der Liquidation von van Delden 1982 durchlebte die Stadt eine wirtschaftlich schwere Zeit und benötigte für den Strukturwandel länger als Nachbarorte.

Anschauen und unternehmen

Rathausturm: Der Rathausturm ist das letzte Überbleibsel des in den 1890er-Jahren gebauten neogotischen Rathausgebäudes, das beim Bombenangriff am 20. März 1945 zerstört wurde. Als es noch stand, war der Rathausplatz mit den fünf auf ihn zuführenden Straßen sowie der restlichen Bebauung für eine Stadt von der Größe Gronaus sehr beeindruckend. Bis 2024 soll diese Einsamkeit ein Ende haben, ein zweites Rathausgebäude errichtet werden, das in Teilen an das historische Gebäude erinnern und auch wieder Heimat des Drilandmuseums sein wird.

St.-Antonius-Kirche: Die neugotische Basilika ersetzte 1913 den barocken Vorgängerbau. Das katholische Gotteshaus fällt durch seinen massigen Baukörper aus Ibbenbürener Sandsteinquadern auf. Die Rund- und Spitzbogenfenster sowie die Schmuckelemente im Inneren konterkarieren das etwas.

▪ Mühlenplatz

Evangelische Stadtkirche: Die Kirche wurde 1896/97 im neugotischen Stil errichtet und war am Beginn der Planungen als reformierte Predigtkirche gedacht. Die damit verbundene Schlichtheit ergab sich am Ende aber nicht, da über die Fenster, die Rosenfenster im Altarraum und die Form der Strebepfeiler Elemente der französischen Frühgotik aufgenommen wurden. Das Inventar stammt in Teilen aus der Zeit kurz vor und nach der Reformation. Die Sauer-Orgel zieht viele Kirchenmusikkenner an.

▪ Döhrmannplatz 2

Stadtpark: Direkt am Rand der Innenstadt verfügt Gronau über eine sehr schön gestaltete Parkanlage, zu der auch ein kleiner Tierpark gehört, der kostenlos besucht werden kann. Er war ein Geschenk der Industriellenfamilie van Delden an die Gronauer. Der Wasserturm am Rand des Parks ist das Gronauer Wahrzeichen seit 1903 und Fixpunkt in der Silhouette der Stadt. In Kooperation mit den Stadtwerken finden in dem einst zur Weberei van Delden gehörenden Gebäude Kulturveranstaltungen und Führungen statt.

▪ Hermann-Ehlers-Straße/Eschstraße

Van-Delden-Bauten: Die Textilfirma Gerrit van Delden & Co war im Jahr 1875 in Gronau gegründet worden und zählte Mitte der 1970er-Jahre mit rund 7.000 Mitarbeitern zu den größten

Westmünsterland → Karte S. 142

Textilunternehmen Europas. Die Krise in der deutschen Textilwirtschaft führte 1982 zur Insolvenz. Einige Gebäude – einst erstreckte sich die Firma auf beiden Seiten der Bahngleise – sind bis heute erhalten geblieben: die Spinnerei unweit des Bahnhofs, das Verwaltungsgebäude, in dem heute u. a. das Stadtarchiv untergebracht ist, das viergeschossige Fabrikgebäude F in Mischbauweise (Stahl-Beton-Backstein), Beiname „Weiße Dame". Die Stadt und Gronauer Firmen halten in den Veranstaltungs- und Sitzungsräumen der bereits sanierten Gebäudeteile gerne Veranstaltungen ab. Die „Weiße Dame" wird aktuell saniert. Wohl in Kürze werden dort Wohnungen, ein Altenheim und Gastronomie zu finden sein.

▪ Spinnereistraße/Bentheimer Straße

Keine Panik, sondern hören, sehen, fühlen

Rock meets Industriekultur, und über allem schwebt der Panikrocker Udo Lindenberg, gebürtiger Gronauer. Am 21. Juli 2004 wurde das **rock'n'popmuseum** eröffnet. Es ist bundesweit einzigartig für dieses Genre der Musik und befindet sich in der ehemaligen Turbinenhalle des Van-Delden-Stammwerks. Die Dauerausstellung beschäftigt sich multimedial und alle Sinne ansprechend mit der Musikgeschichte seit 1877. Eine Wissensdatenbank erhellt die Hintergründe der Ausstellungsstücke. Die Entwicklung von Jugend- und Subkultur wird mit Musik- und Zeitgeschichte verknüpft. Das ermöglicht, Zusammenhänge zwischen ganz unterschiedlichen Künstlern herzustellen. Wie wäre es da z. B. mit der Dietrich, Elvis und den Stones? Wenn ein Besucher es will, ist das Museum so fordernd wie alles, was Museumsinitiator Udo Lindenberg an Musik und Kunst bisher geschaffen hat. Neben der ständigen Ausstellung präsentiert das Museum Sonderausstellungen, die sich speziellen Themen aus dem vielfältigen Repertoire hundertjähriger Popmusik-Historie widmen. Das Haus wird von einer gemeinnützigen Gesellschaft betrieben, die auch wissenschaftliche Arbeiten unterstützt und in der Lehrerfortbildung tätig ist.

▪ Di–So 10–19 Uhr, 1. Fr im Monat bis 22 Uhr, Mo geschlossen. Eintritt 9,50 €, erm. 7 €, bis 6 J. frei, Familienkarte 25 €. Führungen können unter ✆ 02562-81480 oder rock-popmuseum.de gebucht werden. Eine spezielle Udo-Lindenberg-Führung durch Gronau (19,90 €) ist über Hanspeter Dickel per E-Mail buchbar (kontakt@hanspeter-dickel.de). Udo-Lindenberg-Platz 1.

Panikrocker-Pose

Inselpark (LAGA-Gelände): Die Landesgartenschau 2003 leistete einen wichtigen Beitrag dazu, dass Gronaus erfolgreich eingeleiteter Wandel weg von einer textilen Monostruktur auch für eine breitere Öffentlichkeit sichtbar wurde. Sie fand auf dem ehemaligen Gelände der Van-Delden-Spinnerei statt, auf dem die Städtebauer etwas ganz Besonderes erschaffen hatten: den Inselpark Gronau. Es wurden Grachten eingezogen, sodass einzelne Inseln entstanden, die eine jeweils individuelle Gestaltung erhalten haben. Im Sommer erkundet man den Inselpark am besten mit einem der anzumietenden Ruderboote. Zum Abschluss sollte man noch hoch auf die Pyramide und den Ausblick genießen. Durch die Gronauer Kinderrallye, den großen Piratenspielplatz im Inselparkgelände, den kleinen Tierpark und das Wasserlabyrinth am rock'n'popmuseum lässt sich bei einem Aufenthalt in Gronau übrigens auch der Nachwuchs bestens bei Laune halten.

Mathieu-van-Delden-Platz 1

Morgensternsiedlung: Schon früh zeichnete sich die Firma van Delden & Co durch sozialpolitisches Engagement aus und begann mit dem Bau von Werkswohnungen für ihre Arbeiter, hinzu kam eine Reihe von Angestelltenwohnungen. Mit fast tausend Einheiten wurde van Delden zum größten Wohnungseigentümer am Ort. Die Morgensternsiedlung (u. a. in der Eilermarkstraße und der Straße Im Morgenstern) wurde nach den Prinzipien der Gartenstadtbewegung konzipiert. Mit 202 Gebäuden in einheitlicher Bauweise und den zugehörigen Torbögen gehört sie zu den größten derartigen Siedlungen in Nordrhein-Westfalen. Bis heute ist sie kaum verändert worden und steht daher fast komplett unter Denkmalschutz. Eine weitere denkmalgeschützte Arbeitersiedlung befindet sich am Bahnhof in Epe.

Drilandmuseum: Neuer Standort des bislang direkt neben dem Rathausturm

Ein Park mitten in der Stadt

untergebrachten und derzeit geschlossen Museums wird der Neubau des historischen Rathauses an der Bahnhofstraße, der voraussichtlich Ende 2025 fertiggestellt sein wird. Zum Fundus des Museum gehören u. a. archäologische Fundstücke, historische Gebrauchsgegenstände, Bücher, Dokumente und Münzen sowie landwirtschaftliches Gerät. Zu den thematischen Schwerpunkten zählten bislang die religiösen Konflikte zwischen der Reformationszeit und dem Ende des 17. Jh. und die niederländischen Einflüsse auf die Kultur, die Religion und die Wirtschaft der Stadt.

Öffnungszeiten ab 2025/26 noch offen. Eintritt frei. Sondertermine für Gruppen. Bahnhofstr. 6, ✆ 02562-4419, heimatverein.chayns.net/Drilandmuseum.

Epe: Bis zur Gebietsreform 1975 war Epe eine selbstständige Gemeinde mit 15.000 Einwohnern, und das Ortsbild transportiert das bis zum heutigen Tag. Sehens-, aber auch hörenswert ist die katholische Kirche St. Agatha, mit ihrem 65 m hohen Turm die Landmarke des Ortes. In ihm hängen insgesamt zehn Glocken, vier davon aus einem nach nur 44 Jahren Existenz abgerissenen zweiten katholischen Gotteshaus im Ortsteil. Alle Glocken wurden in Gescher (→ S. 167) gefertigt. Das Inventar stammt größtenteils aus dem 12.–18. Jh. Mit der Rübezahlsiedlung rund um den St.-Georg-Platz gibt es eine bis heute in ihrer Struktur noch sehr gut erhaltene Vertriebenensiedlung aus der Nachkriegszeit. Da die meisten der neuen Siedler aus Schlesien kamen, wurde die Siedlung nach der berühmten schlesischen Sagengestalt benannt.

Gildehauser Venn: Das Dreiländereck Westfalen / Grafschaft Bentheim / Provinz Overijssel wird bestimmt vom Gildehauser Venn, einer von einem Dünenrücken durchzogenen Moor- und Heidelandschaft, die bereits seit 1938 als Naturschutzgebiet ausgewiesen ist. 1996 und zuletzt 2014 zerstörten Brände erhebliche Teile des 740 ha großen Gebiets, doch die Natur konnte sich jeweils schnell wieder erholen. Das Venn ist Heimat vieler Wiesenvögel, allerdings ist die Zahl der Brutplätze aufgrund der Trockenheit der letzten Jahre mittlerweile zurückgegangen. Ein speziell gekennzeichneter Wanderweg führt durch das Gebiet und zu einer Aussichtsplattform. Fahrräder müssen draußen bleiben.

Drilandsee (Dreiländersee): Das 28 ha große Gewässer liegt einige Kilometer nordöstlich der Ortsmitte von Gronau zwar ausschließlich auf dem Gebiet des Kreises Borken, doch die Grafschaft Bentheim und die Niederlande sind jeweils nur 200 m entfernt – daher der Name Drilandsee, der eine seit Mitte des 19. Jh. in allen genannten Regionen geläufige Bezeichnung für das „Dreiländereck" aufgreift. Der See liegt an der Südspitze des Venns und wurde in den 1980er-Jahren in die Landschaft gebuddelt. Schwimm- und Sportbereich sind voneinander getrennt. 3,5 km lang ist der Rundweg, ein Übergang zum Gildehauser Venn möglich.

- driland-see.de

Praktische Infos

→ Karte S. 147

Information **Tourist-Information,** Konrad-Adenauer-Str. 45, ✆ 02562-99006, gronau-inside.de.

Verbindungen Stdl. Nahverkehrszüge nach Münster, Dortmund, Coesfeld und Enschede; Schnellbus nach Vreden und Bad Bentheim, Regional- und Stadtbusse in die Umlandorte.

Stadtführungen Die Tourist-Info hält ein überaus vielfältiges Angebot bereit.

Markt Mittwoch und Samstag am Vormittag in Gronau, Freitag am Vormittag in Epe.

Einkaufen **Söbbeke 10**, der Biomilch-Pionier hat seinen Stammsitz im Ortsteil Epe und dort auch einen Werksverkauf. Amelandsbrückenweg 131, ✆ 02565-93030, soebbeke.de.

mein Tipp **Duesmann 5**, die Bäckerei bietet nicht nur leckere Backwaren mit Regionalbezug, sondern zusammen mit der Gastronomie im rock'n'popmuseum eine Picknick-Kiste an: Verpflegung mit hauptsächlich regionalen Produkten für den gesamten Wander- oder Radeltag. Duesmann betreibt auch das Café Kompass, Ochtruper Str. 222, partyservice-duesmann.de.

Schwimmen **Hallenbad Gronau,** Laubstiege 31, ✆ 02562-717890. **Parkfreibad Gronau,** Brändströmstr. 25, ✆ 02562-717896. **Bültenfreibad Epe,** Alfertring 46, ✆ 02462-717 898, stadtwerke-gronau.de.

Wandern Der Inselpark bietet zusammen mit dem Stadtpark eine schöne Tour in der Innenstadt. Schöne kleine Touren lassen sich im **Amtsvenn** und **Gildehauser Venn** machen.

Radfahren Das Gronauer Original Tönne Speckmann gibt in einer Broschüre 15 Tourentipps, grenzüberschreitende nach Twente und in die Grafschaft Bentheim sind auch dabei. Leihräder bei **Bullys Roller & Fahrradshop,** Vereinsstr. 277, ✆ 02562-1503, wordpress.bullys-fietsenshop.de, sowie **Zweirad Scheipers,** Bahnhofstr. 45, ✆ 02562-8146440, zweirad-scheipers.de.

Reiten **Reiterhof Rüenberg,** Hagelsweg 3, ✆ 02562-24760, reiterhof-rueenberg.de.

Klettern 19 m hoch und ausgestattet mit modernster Sicherheitstechnik ist der vom Alpen-

verein Bocholt betriebene **Kletterturm** hinter dem rock'n'popmuseum.

Skaten Skaterpark am rock'n'popmuseum.

Minigolf Anlagen am **Drilandsee** und in Epe im Park **Elper Bülten** nahe dem Freibad.

Essen Empfehlenswerte Gastronomie und Hotellerie (→ Übernachten) konzentriert sich in Gronau weitgehend auf den Drilandsee und den Ortsteil Epe an der Bahnstrecke Coesfeld–Gronau. Das sollte bei der Planung eines Aufenthalts berücksichtigt werden.

Hotel Driland 2, am gleichnamigen See. Gelungene Mischung aus Ausflugslokal und Hotel im Grünen, gute Regionalküche. Mo u. Mi–Fr 7–21.30 Uhr, Sa/So ab 8 Uhr durchgehend. Gildehauser Str. 350, ✆ 02562-3600, driland.de. **€€€**

Hotel Seeblick 3, ebenfalls am Drilandsee gelegen. Frühstück für auswärtige Gäste bei Vorreservierung. Di–Fr ab 7 Uhr, Café ab 15 Uhr, Sa/So durchgehend, Abendessen 17.30–21 Uhr. Brechter Weg 15, ✆ 02562-5307, seeblick-gronau.de. **€€€**

Schepers Mühle 7, Restaurant des Hotels Schepers in Gronau-Epe, das es schafft, feine Küche und Ausflugslokal zu verbinden. Insgesamt sehr stylisches Hotel mit kleinem Wellnessbereich. Tägl. 18–21.30 Uhr. Ahauser Str. 1, ✆ 02565-93320, hotel-schepers.de. **€€**

Dinkelhof 4, bietet neben einigen wenigen Vorspeisen und Salaten ausschließlich Schnitzel an. Blenden Sie aus, dass auch tellergroße auf der Speisekarte stehen. Einige Kreationen sind echt pfiffig. Mo/Do/Fr 17–21 Uhr, Sa/So 11–21 Uhr, Di/Mi Ruhetag. Alstätter Str. 86, ✆ 02562-4294. **€€**

Kleines Kaffeehaus 6, schmackhafte Kuchen und Torten im Schatten der Eper Kirche. Tägl. 9–18 Uhr. Kirchplatz 1, ✆ 02565-9378928. **€**

Übernachten **Hotel Verst 8**, etwas abseits in Epe gelegenes, modernes Stadthotel mit gutem Restaurant. Gronauer Str. 139, ✆ 02565-1258, hotelverst.de. €€

Hotel Bügener 9, Verbindung von Münsterländer Tradition und zeitgemäßer Hotellerie in Gronau-Epe. Gildehauser Damm 85, ✆ 02565-1207, hotel-buegener.de. €€€

Camping **Camping Dreiländersee 1**, Campingplatz und Mobilheimpark am Drilandsee mit großem Sport- und Freizeitangebot. Hagelsweg, ✆ 0151-15220033, campingplatz-gronau.com.

Ausflug in die Region Twente

Das Leben in Gronau und Umgebung ist geprägt von der Lage direkt an der Grenze zu den Niederlanden. Hautnah erleben lässt sich das im Fischrestaurant Rick's Vis an der Overdinkelstraße, dessen Türschwelle die Staatsgrenze ist. Die Postadresse ist damit deutsch und die Telefonnummer niederländisch.

Mit der 627.000 Einwohner zählenden **Region Twente**, die bis zum Länderdreieck mit Niedersachsen nördlich von Gronau reicht, und ihrer größten Stadt **Enschede** (159.000 Einwohner) bestehen enge Verbindungen. Enschede ist mit dem Zug in wenigen Minuten erreicht. Der Stadtbummel ist wegen interessanter Einkaufsmöglichkeiten und innenstadtnaher Parkanlagen überaus abwechslungsreich. Außerdem findet an einem Wochenende pro Monat mit Ausnahme von Hauptferienzeit und Feiertagen ein großer Flohmarkt statt, der überregional bekannte Wochenmarkt an jedem Dienstag und Samstag. Im Rijksmuseum Twenthe wird eine interessante Kunstkollektion präsentiert. Ein Angebot für die gesamte Familie bietet die MuseumFabriek. Naturgeschichte, Technik und Kunst werden hier auf interessante Weise verbunden. Die Grote Kerk wird immer wieder für Kulturveranstaltungen genutzt. Gerade die Auftritte von Singer-Songwritern ziehen viele Besucher von außerhalb an. Die Synagoge von Enschede zählt zu den beeindruckendsten in Westeuropa. Für Bierfreunde ist die Stadt als Heimat der Grolsch-Brauerei ein Muss.

Durchaus amüsant ist die Beobachtung von Zollkontrollen im Zug, mit denen Drogenschmuggel verhindert werden soll.

Ahaus

40.000 Einwohner

Mit zwei Bauprojekten in den 1960er- und 70er-Jahren sorgten Stadt und katholische Kirche dafür, dass sich alle Augen nicht mehr nur auf das rekonstruierte Schloss richteten.

Der ästhetische Wert eines Kirchenbaus in Warenhausoptik (→ Kasten, S. 150) und einer an die USA erinnernde Supermarkt-Disco-Kino-Kombination standen damals zur Diskussion – in gewisser Weise ist das bis heute so, immer wieder aufs Neue angefacht durch erstaunte Nachfragen von Ortsfremden. Das 1990 errichtete Zwischenlager für schwach radioaktiven Atommüll (TBL) drängte die Diskussionen zweitweise etwas in den Hintergrund.

Neben Schloss und Schlosspark (direkt an der beliebten Fußgängerzone der für einen Einkaufsbummel bestens geeigneten Stadt gelegen) ist das Witte Venn am Rand des Ortsteils Altstätte einen Ausflug wert. Die Moor- und Heidelandschaft Alstätte ermöglicht Wanderungen von der Haarmühle aus bis in die Niederlande hinein.

Geschichte

Im Jahr 1030 ließen sich die Herren von Diepenheim im „Haus an der Aa" nieder, errichteten dort später eine Burg und nannten sich fortan Herren von Ahaus. 1406 – Ahaus hatte inzwischen die Stadtrechte – mussten sie die Herrschaft vollständig dem Fürstbischof von Münster überlassen, dem sie sich bereits 1177 unterworfen hatten. 1688 wurde die alte Burg abgerissen und das Schloss errichtet. Weil der preußische Staat, dem Ahaus 1815 zugeschlagen wurde, keine Verwendung für das Schloss hatte, entstand auf seinem Gelände 1819 eine Tabakfabrik. Nach dem verheerenden Stadtbrand von 1863 lag die Stadt für einige Zeit wirtschaftlich am Boden, den Aufschwung brachten dann Jute-Spinnereien, die sich im Ort ansiedelten. In der Endphase des Zweiten Weltkriegs wurde die Stadt samt Schloss nahezu völlig zerstört, einige historisch bedeutende Bauten wurden nach dem Krieg rekonstruiert, darunter das Schloss.

Den Niedergang der Textilindustrie in den 1980er-Jahren konnte Ahaus mithilfe einer großen Zahl kleiner und mittlerer Betriebe aus anderen Branchen relativ gut abfedern.

Anschauen und unternehmen

Schloss Ahaus: Kurz nach dem Abriss der alten Burg im Jahr 1688 begannen die Arbeiten am Neubau in Form eines barocken Wasserschlosses. Das nach Plänen von Ambrosius von Oelde errichtete Gebäude wurde 1690 fertiggestellt, die Gesamtanlage mit dem Gartenareal erst 1718. Johann Conrad Schlaun ergänzte das Schloss nach dem Siebenjährigen Krieg an der dem Garten zugewandten Gebäudefront um einen Anbau mit ausladender Freitreppe. Bei einem Bombenangriff im März 1945 wurde das Schloss zerstört und nach dem Krieg nach alten Plänen wiederaufgebaut. So präsentiert es sich heute als fast mustergültig zu nennendes Barockschloss. Oberhalb des Haupttorbogens der Vorburg befindet sich ein Glockenspiel, das seit 1954 täglich um 8, 10, 13, 16 und 19 Uhr erklingt. Der Schlosspark auf der von der Innenstadt abgewandten Seite des Burggrabens wurde nach dem Krieg ebenfalls neu angelegt und beeindruckt durch seinen ausgefallenen Baumbestand. Eine Beschilderung gibt nützliche Informationen. Erhalten wurde das um 1900 gebaute Teehäuschen.

Blumenpracht am Schloss

▪ Führungen sind nur im Rahmen einer Stadtführung (bei der Tourist-Info) möglich, da ein Großteil des Schlosses als Bürogebäude genutzt wird.

Torhaus- und Schulmuseum: In den beiden ehemaligen Torhäusern des Schlosses wird die Geschichte von Ahaus präsentiert und der Schulalltag aus den letzten Jahrhunderten lebendig.

▪ Di–Fr 15–17 Uhr, Sa/So/Feiertage 14–17 Uhr, Mo geschlossen. Eintritt frei (Spenden an den Heimatverein erwünscht). Sümmermannplatz 4, schulmuseum-ahaus.de.

Marienplatz: Im Anschluss an die Wirtschaftswunderjahre begaben sich viele

Westmünsterland → Karte S. 142

Städte im Münsterland in einen fragwürdigen Wettbewerb. Es ging um die Realisierung eines möglichst zentrumsnahen Großprojekts mit Alleinstellungsmerkmal, das weit über die Stadtgrenzen hinaus wirken und architektonische Avantgarde darstellen sollte. Die Stadt Ahaus traf in diesem Wettkampf trotz der andauernden Diskussionen um die „St.-Horten-Kirche" für den Marienplatz eine mutige Entscheidung: Ein an Trends in den USA orientiertes Gebäude mit Shopping im Erdgeschoss sowie einer Eishalle (!) in einem Obergeschoss wurde gebaut. Die Sache scheiterte, die Eishalle war schnell wieder dicht und der Komplex ist für viele Einheimische bis heute ein Schandfleck. Das Kulturquadrat von 2013 und der Anbau für das Rathaus von 2015 zeigen, dass es in der Stadt in Sachen Baukunst auch anders geht.

Nicht nur Gernhardt sagt St. Horten

Wer sich in Ahaus dem Marktplatz nähert, stoppt in der Regel kurz seinen Weg und schaut zumindest leicht irritiert. Denn es ist nicht eine Sichtachse auf eine freie Fläche, sondern unweigerlich auch der Blick auf die katholische Kirche St. Mariä Himmelfahrt, deren Glockenturm von 1865 von Ferne die Landmarke der Stadt bildet. Es ist der Moment, wo alle an Horten-Kaufhäuser mit ihrer charakteristischen Vorhang-Wabenfassade denken.

Bereits in der Frühzeit der Ahauser Geschichte stand an dieser Stelle die erste Kirche, 1400 eine zweite und 1865 nach dem vorausgegangenen Stadtbrand eine dritte. Angesichts baulicher Mängel stand das Langhaus der letzteren schon zu Beginn der 1960er-Jahre nicht mehr stabil. 1963 wurden Abriss und Neubau beschlossen, zwei Jahre später der Bau bis auf den spätgotischen Turm niedergelegt und an seiner Stelle eine neue Kirche nach einem Entwurf des Architekten Erwin Schiffer aus Köln errichtet. Diese Kirche setzte das, so die Sicht von Fachleuten, was das Zweite Vatikanische Konzil beschlossen hatte, in umfassender Weise um: „Die Kirche als Versammlungsraum für das Volk Gottes unterwegs zum himmlischen Jerusalem, eine neue Wirklichkeit feiernd", hieß es in einer Erläuterung zum architektonischen Konzept.

Beherrschendes Merkmal ist die Fassade aus rasterartigen Betonelementen mit bunter Verglasung. Doch die fällt draußen nicht so auf wie drinnen, wo sie bei strahlendem Sonnenschein ein wirklich beeindruckendes Lichtspiel erzeugt. Und so blieb hinsichtlich der Außenansicht nur der Bezug zum Kaufhaus Horten, was sogar den Satiriker Robert Gernhardt zu einem Spottgedicht mit dem Titel „St. Horten in Ahaus" inspirierte. Der Spitzname war da in Ahaus längst in aller Munde. „Die Dummheit ist konkret", lautet ein Vers Gernhardts. Noch radikalere Kritiker im Ort entschieden sich gar für die Bezeichnung „Gotteskäfig". Der kubische Bau ist übrigens nicht ganz symmetrisch, weil sonst die Abstände zur restlichen Bebauung am Marktplatz nicht hätten eingehalten werden können. Teile der liturgischen Ausstattung stammen aus den Vorgängerbauten.

Villa van Delden: Einen kurzen Abstecher vom Bahnhof entfernt ist das ehemalige Wohnhaus des Zweigs der Familie van Delden zu finden, der in Ahaus geschäftlich aktiv war und dort die größte Jute-Spinnerei Westeuropas betrieb. 1987 wurde mit der Baumwollspinnerei Gronau fusioniert. Das Werk in Ahaus überlebte die Insolvenz der Gronauer van Deldens immerhin um 17 Jahre. Die Stadt Ahaus wurde 1989 Besitzer des leer stehenden Hauses und richtete ein Standesamt und Tagungsräume ein.

Bahnhofstr. 91

Witte Venn: Das Witte Venn zieht sich am Rand des Ahauser Ortsteils Alstätte bis über die Grenze zu den Niederlanden (dort heißt es Witte Veen) und ist Teil einer alten Natur- und Kulturlandschaft. Lange Zeit gab es westlich von Ahaus-Altstätte nichts als ausgedehnte Moore und Heiden, ab und zu einen versteckten Schmugglerpfad. Die Stadt Ahaus schuf dann zusammen mit der niederländischen Nachbargemeinde Haaksbergen und der Stiftung Natuurmonumenten ein Naturparadies der besonderen Art. Die Witte Venn kann mit dem Rad durchfahren werden, aber Wandern ist hier eindeutig die bessere Wahl. So lässt sich beobachten, wie einst auf Privatgrund angepflanzter Rhododendron dabei ist, den Wald für sich in Beschlag zu nehmen. Zur Pflege von Heide-, Moor- und Grünlandflächen werden auf niederländischer Seite schottische Hochlandrinder eingesetzt. Die robusten Tiere leben als Herde das ganze Jahr über im Freien. Der blau ausgeschilderte Rundweg verläuft ohne Zaun durch die Weideflächen. Oft ruhen die zotteligen, aber harmlosen „Urviecher" mit den großen Hörnern direkt am Wegesrand. Ausgangspunkt auf deutscher Seite ist das Gasthaus Haarmühle. Im Ortsteil Altstätte erinnert das Torfstecherdenkmal von 1996 an die Vorgeschichte des Gebiets.

Das Witte Venn ist zum Teil von Bohlenwegen durchzogen

Westmünsterland → Karte S. 142

St.-Andreas-Kirche (Wüllen): Die Vorgängerbauten stammen aus dem 9. und 12. Jh., 1473 folgte als drittes Gebäude eine zweischiffige Halle. Dadurch ist der Mittelgang der Kirche durch die Pfeiler zwischen den beiden Schiffen bestimmt, sodass die Gläubigen das Geschehen im Altarraum nur begrenzt verfolgen können. Ungewöhnlich.

▪ Am Wehrturm 9, Ortsteil Wüllen.

Praktische Infos → Karte S. 153

Information **Ahaus Marketing und Touristik,** Oldenkottplatz 2, ✆ 02561-444444, ahaus.app.

Verbindungen Stdl. Züge nach Gronau/Enschede, Coesfeld und Dortmund (über Dülmen); Schnellbus nach Münster bzw. Vreden, Busse in die Umlandorte, werktags Bürgerbus in einzelne Ortsteile.

Alter Kirchturm und Neubau „St. Horten"

Stadtführungen Verschiedene Angebote sind über die Tourist-Information buchbar.

Markt Mittwoch und Samstag am Vormittag.

Schwimmen **Kombibad AquAHAUS,** mit Wellenbad. Unterortwick 32, ✆ 02561-82299, aquahaus.de. **Freibad Alstätte,** Runder Berg 20, ✆ 02567-1433.

Wandern Rundgang durch die Innenstadt sowie 13 weitere lokale Wanderwege, Material dazu gibt's in der Tourist-Info. Im **Wandergebiet Haarmühle** besteht Anschluss an mehrere Wanderwege der niederländischen Nachbargemeinde Haaksbergen.

Radfahren Drei Ortsradtouren von 22 bis 66 km Länge sind ausgeschildert.

Essen **Haus im Flör 5,** Fine Dining, bei dem man sich durch das Ambiente etwas in einen Park in Schottland versetzt fühlt. Mo 18–21 Uhr, Di–Do 12–13.30 Uhr und 18–21.30 Uhr, Sa 18–21.30 Uhr, So 12–13.30 Uhr und 18–21 Uhr, Fr Ruhetag. Hörsteloe 49, ✆ 02567-939 990, haus-im-floer.de. **€€€**

Dorfgasthof Wissing 4, westfälisch speisen in Alstätte. Mi–Sa 16–22 Uhr, So ab 12 Uhr, Mo/Di Ruhetag. Kirchstr. 14, ✆ 02567-220. **€**

MeinTipp **The Unbrexit 7,** von klaren Brexit-Gegnern eröffneter Pub in der Innenstadt von Ahaus. Eigentlich betreiben die Besitzer eine Firma, die sich um Digitalisierung kümmert. Der Pub ist ihr Showroom für maximal digitale Gastronomie. Auch sehr stylische Hotelzimmer in einem anderen Gebäude, ebenfalls total digital. Telefon war gestern. Tägl. geöffnet. Hindenburgallee 2, unbrexit-ahaus.de. **€€**

MeinTipp **Haarmühle 3,** in vierter Generation betriebenes Ausflugslokal am Südostende des Witte Venn. Von diesem Betrieb könnten sich viele Ausflugslokale etwas abschauen. Die Mühle aus dem 14. Jh. wurde 1988 so hergerichtet, dass heute immer wieder Schauvorführungen erfolgen. Mi–Mo 9–22 Uhr, Di Ruhetag. Besslinghook 57, ✆ 02567-93190, haarmuehle.de. **€€**

Übernachten **Ahauser Land- und Golfhotel 1,** für alle, die es vom Bett zum Grün nicht so weit haben wollen. Kleiner Wellnessbereich. Schmäinghook 36, ✆ 02567-380, ahauser-land-golfhotel.de. **€€€**

MeinTipp **Schlosshotel Ahaus 6,** modernes Haus mit historischer Bausubstanz.

Regionalküche und feinere Gerichte auf der Speisekarte. Oldenkottplatz 3, ✆ 02561-4495000, schlosshotel-ahaus.de. **€€**

Alter Gasthof Bredeck-Bakker 2, seit 1822 im Ortsteil Alstätte. Der Betrieb ist verteilt auf mehrere Gebäude, auch Tagungen, Wellness- und Fitnessbereich, eigene Brauerei. Kirchstr. 20, ✆ 02567-93130, bredeck-bakker.de. **€€**

Ausflug nach Haaksbergen

Eisenbahnfans sollten im Sommer nicht nur bei der Venn-Wanderung die Grenze überschreiten. Denn von **Haaksbergen** (25.000 Einwohner) nach Boekelo verkehrt – inzwischen auf einer vom Bahnnetz der Niederlande losgelösten Inselstrecke von knapp 7 km Länge – eine Museumsbahn. Einst verband die Strecke Ahaus und Enschede. Angeschlossen ist das Museum Buurtspoorweg. Im pittoresken Ortskern von Haaksbergen lässt sich gut das im nahen Enschede gebraute Bier genießen.

▪ Stationsstraat 3, Haaksbergen, museumbuurtspoorweg.nl.

Tour 6: Durchs Witte Venn in die Niederlande → S. 365
Von einem beliebten Ausflugslokal hinein in unberührte Natur und zu einer Herde Heckenrinder.

Legden

7.000 Einwohner

„Dorf Münsterland", ein Partyareal im inszenierten Fachwerkambiente mit Hotel, Kneipen und Großraum-Disco prägt leider den Ruf des Ortes. An sich bietet er aber beste Münsterland-Idylle.

Wer es schafft, die Party People, die vor dem Discobesuch auf Planwagen mit reichlich Bier und Schnaps durch die Gegend kutschiert werden, einfach auszublenden, kann im Ortskern und besonders im Stiftsdorf Asbeck die besagte authentische Münsterland-Idylle genießen und sich ein gutes Bild davon machen, wie es einst in einem Dorf nahe eines Adelssitzes bzw. in einem Stiftsdorfs zuging.

Anschauen und unternehmen

St.-Brigida-Kirche: Die Kirche liegt inmitten des historischen Ortskerns von Ledgen, der von Handwerkerhäusern mit Werkstätten im Hinterhof, kleinen Ladengeschäften und ein paar Bürger- und Patrizierhäusern geprägt ist. St. Brigida wurde im letzten Drittel des 13. Jh. errichtet und 1905 in seine heutige Form gebracht. Das mittlere Chorfenster ist das älteste in Norddeutschland erhaltene Buntglasfenster mit einer Darstellung des Stammbaums Jesu (Wurzel-Jesse-Fenster). Das Inventar stammt aus dem 14.–19. Jh.

Dahliengarten: Das ehrenamtliche Engagement des Dahlienvereins sorgt dafür, dass über 160 weltweit gezüchtete Dahlien (Wildsorten und historische Sorten), versehen mit umfassenden Informationen zur Pflanzengattung, bei freiem Eintritt zu sehen sind. Ab Juli stehen die Dahlien in voller Blüte. Führungen werden ab dem Frühjahr angeboten. Der Eingang liegt direkt am Kirchplatz. Voll wird es im Park beim Dahlienmarkt am letzten Wochenende im April.

▪ Eintritt frei. Kirchplatz 2, dahliengarten-legden.de.

Haus Egelborg: Das Wasserschloss liegt am Oberlauf der Dinkel, die sich durch den gesamten Norden des Kreises Borken zieht. 1559 wurde es mitten in ei-

Der Dahliengarten liegt direkt am Kirchplatz

nem Waldstück erbaut, 1713 und 1866 erfolgten Erweiterungen. Der Weg führt zunächst über eine Brücke auf eine von einem Wassergraben umschlossene äußere Insel mit einigen Wirtschaftsgebäuden und baumbestandenen Rasenflächen. Führungen, die der Hausherr, der Freiherr von Oer, zu ausgewählten Terminen selbst durchführt, beinhalten auch die Besichtigung der hauseigenen Kapelle.

▪ Vermittlung von Führungen über die Tourist-Info.

Stiftskirche St. Margareta Asbeck: Das Gotteshaus wurde in mehreren Abschnitten im 12. und der ersten Hälfte des 13. Jh. gebaut, 1969/70 dann umfassend renoviert. Im Chor und im Querhaus sind frühgotische Wandmalereien erhalten geblieben. Eine inzwischen vermauerte Türöffnung im oberen Bereich der südlichen Langhauswand bildete den Zugang zur Nonnenempore, die heute nicht mehr vorhanden ist. Über den Kreuzgang ging es zu den Wohnungen der Stiftsdamen und dem Haus der Äbtissin, heute das Geschäft „Im Kreuzgang". Der Taufstein stammt aus dem Jahr 1230, die jüngsten Ausstattungsgegenstände datieren aus dem letzten Viertel des 19. Jh.

Stift Asbeck: Das Stift wurde 1151 von Bischof Hermann II. von Katzenelnbogen gegründet, war seit 1173 ein Frauenkloster und ab 1533 bis zu seiner Auflösung 1811 ein freiweltliches Damenstift. Anschließend verfiel die Anlage und konnte nur dank des großen Engagements des Heimatvereins in Teilen erhalten bzw. restauriert werden, u. a. auch durch den Transfer ähnlicher Gebäude von anderen Orten auf das Stiftsgelände. So existiert heute ein Gebäudeensemble, das das Stiftsleben in besonderer Weise nachvollziehbar macht.

Die Gebäude stehen unter Denkmalschutz, auch die Tanksäule vor der ehemaligen Vogtei. Das einstige Dormitorium ist heute Museum und Veranstaltungsort. Auf zwei Etagen des Gebäudes werden mittelalterliche liturgische Geräte sowie Gegenstände aus dem klösterlichen Alltagsleben präsentiert.

Der Heimatverein stellt auch in den Räumen der Familie van Wüllen, seit 1920 Besitzer des Hauses „Im Kreuzgang", aus. Ein Teil des Hauses, das am Ende des Kreuzgangs des Stifts lag und von der Äbtissin bewohnt wurde, ist der älteste noch im Original erhaltene Fachwerkraum in Nordwestdeutschland (1340). Im Wappensaal mit den Wappen der Stiftsdamen finden Kulturveranstaltungen statt. Die Geschichte der Damenstifte im Münsterland wird anschaulich nachgezeichnet. In der Hunnenporte wurde das Theresenkabinett eingerichtet. Es erinnert an Therese von Zandt, die wohl eine Liaison mit Beethoven hatte.

Blickfang innerhalb der Anlage ist die zweigeschossige Kreuzgang-Galerie. Trotz Intervention von Friedrich Schinkel aus Berlin wurde der Säulengang 1862 abgebaut und in die Fassade des Diözesanmuseums in Münster integriert. Doch als dieses Gebäude wegen Baufälligkeit 1966 abgetragen werden musste, wurden die Säulen gesichert und konnten, als es finanzierbar war, 2005 in Asbeck wiederaufgebaut werden.

▪ Im Sommerhalbjahr Sa/So 14.30–17.30 Uhr, weitere Termine auf Anfrage. Eintritt frei, Spenden erwünscht, Gruppenführungen ab 45 € plus 1 €/Person. Stiftsstr. 20, ✆ 02566-909419, heimatverein-asbeck.de.

Skulptoura: Gemeinde und Heimatverein beließen es 2018 nicht bei einer Renovierung des Dorfteiches. Es wurde ein 3,5 km langer Spazierweg geschaffen, der zu allen kulturell bedeutenden Orten im Stift sowie im Dorf führt und an dem 24 Skulpturen zu finden sind. Sechs von ihnen wechseln – nach Möglichkeit passend zu Künstlern, die im Dormitorium ausstellen.

Westmünsterland → Karte S. 142

Praktische Infos

Information **Verkehrsverein Touristik Legden & Asbeck,** Hauptstr. 17, ✆ 02566-933 990, touristik-legden.de.

Verbindungen Stdl. Züge nach Gronau/Enschede, Coesfeld und Dortmund (über Dülmen); Buslinien nach Ahaus und Coesfeld, werktags Bürgerbus nach Asbeck.

Stadtführungen Ein Dutzend Angebote stehen zur Auswahl, buchbar über die Tourist-Info.

Einkaufen **Im Kreuzgang,** an sich ist das auch vom Heimatverein genutzte Haus Ausstellungsraum des gleichnamigen Geschäfts für Inneneinrichtung: Porzellan und Besteck der Familie van Wüllen. Nebenan restauriert das Besitzerpaar Möbel. Mo Ruhetag. Stiftsstr. 6, ✆ 02566-1231, im-kreuzgang.de.

Regelmäßig **Flohmärkte** in der Audimax-Halle im Dorf Münsterland. Rund um Ledgen gibt es in alle Richtungen eine große Zahl von **Hofläden.**

Markt Mittwoch und Samstag am Vormittag.

Radfahren/Wandern/Skaten 17 Strecken rund um Legden und Asbeck stehen neben den überörtlichen Wegen zur Verfügung.

Reiten Das **Zentrum für Freizeitreiten** bietet ein umfassendes Angebot, auch mehrtägige begleitete Trails durch die Region. Beikelort 85, ✆ 0171-2676188, zentrum-fuer-freizeitreiten.de.

Ballonfahrten 215 €/Pers., Buchung über die Tourist-Info.

Essen **Jugels Düstermühle,** Ausflugslokal in Richtung Heek, seit 2022 unter neuer Leitung. Do 15–22 Uhr, Fr/Sa 15–24 Uhr, So 10–22 Uhr, Mo/Di/Mi Ruhetag. Wehr 252, ✆ 02566-96430. **€**

MeinTipp **Der Grieche unter den Linden,** griechisches Restaurant direkt neben der Asbecker Kirche. Auch schmackhafte Meze, ganz so, wie es die Griechen gerne mögen. Reservierung am Wochenende ratsam. Di–So 11.30–22.30 Uhr (am Nachmittag auch Kaffee und Kuchen), Mo Ruhetag. An der Kirche 9, ✆ 02566-9338131. **€€**

Übernachten **Restaurant Hotel Enseling,** am Ortsrand von Asbeck gelegener Familienbetrieb mit zweckmäßig eingerichteten Zimmern, Biergarten, guter Regionalküche und leckerem Kuchen. Heeker Str. 37, ✆ 02566-1264, hotel-enseling.de. **€€**

MeinTipp **Landhotel Hermannshöhe,** modernes Landhotel mit Wellnessbereich oder Wellness-Suite. Haulingort 30, ✆ 02566-93000, landhotel-hermannshoehe.de. **€€**

Pension Farwerk, zweckmäßig eingerichtete Zimmer und schmackhaftes Frühstück. Lindert 4, ✆ 02566-1841, pension-farwerk.de. **€€**

Schöppingen

7.000 Einwohner

Eine Quelle unter dem Altar der Kirche, Künstler aus aller Welt, zwei wichtige Lebensmittelproduzenten und eine Wallfahrtskirche – das ist viel für eine kleine Gemeinde und macht sie automatisch zum Touristenziel.

Wegen seiner Sehenswürdigkeiten und weil man auf Radwegen abseits der Hauptverkehrsstraßen in den Ort gelangen kann, hat sich Schöppingen fest als Ziel vieler Radtourvarianten etabliert. Ganz beschaulich geht es im Nachbarort Heek zu, dessen Ortsteil Nienborg sich rund um die Reste einer Burganlage gruppiert und ebenso atmosphärisch ist wie der Wallfahrtsort Eggerode – alle Etappenziele der Radtouren.

Geschichte

Schon 838 wurde Schöppingen erstmals urkundlich erwähnt. Der um 1090 errichtete Turm der St.-Brictius-Kirche ist eine der ältesten baulichen Hinterlassenschaften im Münsterland. Ab 1396 stand der Ort unter der Herrschaft der Fürstbischöfe von Münster, wo er bis Anfang des 19. Jh. verbleiben sollte. Den Fürstbischöfen diente Schöppingen u. a. als Garnisonsstandort, eine Tradition, die Jahrhunderte später von der NATO wieder aufgegriffen wurde. Von 1963 bis 1987 war hier eine etwa 1000 Mann starke NATO-Einheit stationiert, bestehend aus Soldaten der niederländischen Luftwaffe. Die wirtschaftlichen Folgen ihres Abzugs blieben begrenzt. Menschen aus dem strukturschwachen Ruhrgebiet zogen in die frei gewordenen Häuser und Wohnungen. Die örtlichen Betriebe hatten Arbeitsplätze für sie.

Schöppingen ist übrigens der Geburtsort von Bernhard Krechting (um 1500), einer der Führungsfiguren des sog. Täuferreichs von Münster (→ S. 24).

Anschauen und unternehmen

Altes Rathaus: Das klassisch mit einem Dreistaffelgiebel versehene Gebäude wurde 1583 errichtet und ist mit seiner rot-weißen Farbgestaltung eines der beliebtesten Fotomotive der Region. Es ist seit 1818 auch durch das Engagement der Bürgerschaft mehrfach saniert worden und wird heute für Veranstaltungen genutzt. 2021 wurde das Gebäude renoviert.

- Hauptstr. 29

St.-Brictius-Kirche: Der erste Bau wurde im 8. Jh. auf einer sächsischen Fliehburg errichtet. Später, besonders im 12. Jh., kam es zu Erweiterungen. Nach einem Brand 1453, den nur der Turm überstand, wurde die Kirche neu gebaut. Die zwischenzeitlich übermalten gotischen Wandmalereien wurden erst 1932/33 wieder freigelegt. Mitte des 15. Jh. schuf der „Meister von Schöppingen" den Klappaltar. Unter dem Altar, so die Legende, liegt eine Quelle, von der die sog. Welle gespeist wird, ein kleiner Bach, der heute das Wasser für den schön gestalteten Park hinter der Kirche liefert. Vor der Christianisierung befand sich hier, so ist es überliefert, eine sächsische Gerichts- und Versammlungsstelle. Der Namenspatron Brictius war ab 327 als Nachfolger des hl. Martin Bischof von Tours.

Künstlerdorf Schöppingen: Aus zwei ehemaligen Schultenhöfen wurde mitten im Ortskern für bildende Künstler, Literaten und Musiker die Möglichkeit geschaffen, in ländlicher Idylle den eigenen Ideen nachzugehen. Mithilfe der „Stiftung Künstlerdorf Schöppingen" wurde die Anlage zu einer internationalen Stipendiatenstätte. Die Stipendien

Westmünsterland → Karte S. 142

Hinter der St.-Brictius-Kirche lässt sich gut Ruhe finden

werden jedes Jahr weltweit ausgeschrieben, die Auswahl trifft eine Expertenjury. Veranstaltungen mit den Künstlern finden im Kraftwerk Schöppingen statt, eine zum Veranstaltungsort umgebaute ehemalige Fabrikhalle direkt neben dem Künstlerdorf. Hier endet auch der am Neuen Rathaus (Amtsstraße) beginnende Wanderweg „3.000 Schritte durch Schöppingen".

▪ Atelierbesuche je nach Künstler(in). Feuerstiege 6, ✆ 02555-93810, stiftung-kuenstlerdorf.de.

Wallfahrtskirche Eggerode: Die Marienfigur in der Eggeroder Gnadenkapelle, eine 70 cm hohe, farbig gefasste Madonnenskulptur im byzantinischen Stil, wurde vermutlich von einem Kreuzzug mitgebracht, an dem Mitglieder der hiesigen Adelsfamilie Stryck teilgenommen hatten. Sie dürfte somit mindestens 800 Jahre alt sein. Die Wallfahrt zum Eggeroder Gnadenbild „Unserer lieben Frau vom Himmelreich" wird in einem päpstlichen Ablassbrief von 1338 zum ersten Mal urkundlich erwähnt. Die Gnadenkapelle selbst, ein sechseckiger Bau mit Haubendach und Laterne, stammt von 1843/44, zwei Vorgängerbauten sind belegt. Sie steht neben der Pfarrkirche St. Mariä Geburt, die im 12. Jh. von der Familie Stryck als sog. Eigenkirche auf privatem Grund erbaut wurde. Der Westturm mit dem Treppengiebel stammt noch aus dieser Zeit. Zum Ensemble zählen neben Pfarrkirche und Gnadenkapelle noch eine Kerzenkapelle, ein Marienbrunnen und ein Kreuzweg. Hinter der Wallfahrtskirche, zu der es auch eine Motorradwallfahrt gibt, vereinigen sich zwei Bäche zum 167 km langen Fluss Vechte, der Richtung Norden und dann in die Niederlande zum Ijsselmeer fließt. Von dem gesamten Ensemble aus den Kirchengebäuden, dem dahinter liegenden Park und den Kunstwerken geht eine meditative Stimmung aus, die auch Nichtkatholiken erfassen dürfte.

▪ Marienplatz 3

Praktische Infos

Information Das **Bürgerbüro** kümmert sich auch um auswärtige Gäste. ✆ 02555-880, schoeppingen.de.

Verbindungen Schnellbus nach Münster bzw und Ahaus/Vreden, Regiobus nach Steinfurt, Taxibus nach Eggerode. Kein Bahnanschluss.

Stadtführungen Das Bürgerbüro vermittelt Kontakte zu Gästeführern in den Ortsteilen.

Einkaufen Die örtliche **Molkerei Wiesehoff,** die sich seit Jahren allen Konzentrationstendenzen widersetzt, hat leider keinen Molkereiladen am Werk oder im Ort.

Die Schlöffken

Am Rand des Marktplatzes von Heek steht sie, die Schlöffkenstatue. Sie gedenkt eines aus dem 18. Jh. stammenden Brauchs, der aus traurigem Anlass begründet wurde. Als im Karneval 1723 ein junger Mann getötet wurde und es auch danach immer wieder zu Gewalt kam, verbot die Obrigkeit jedwede Karnevalsfeiern im Ort. Um die Einhaltung zu kontrollieren, ging ein Mann von Wirtshaus zu Wirtshaus, der sich durch Holzschuhe, schlurfenden Gang und eine dem Kiepenkerl (→ S. 40) ähnlichen Tracht tarnte. Die Einwohner waren pfiffig und verlegten die Feiern einfach. Inzwischen macht der Schlöffke mit. Am Montag nach Dreikönig ziehen junge Männer in Schlöffkentracht los, früher noch mit einem Stock für das Sammeln von Würsten. Heute wird Geld für karitative Zwecke eingeworben.

Bei der **Schnapsbrennerei Sasse** kann aber besichtigt, gekostet und gekauft werden. Düsseldorfer Str. 20, ✆ 02555-99740, sassekorn.de.

Kerzen Frye, in der ehemaligen Küsterei der Wallfahrtskirche in Eggerode begann einst die Geschichte des Unternehmens. Die Expansion führte zum Umzug nach Ahaus. Ein Kerzen-Atelier ist in Eggerode verblieben. Marienplatz 2, ✆ 02545-9998100 und ✆ 02561-9099993, religioese-geschenke.de.

Biohof Hillmann, u. a. Produkte vom Zweitnutzungshuhn und Bentheimer Landschwein. Fr 19–20 Uhr oder auf dem Wochenmarkt Münster (→ S. 35), Sa 10–14 Uhr. Heven 1, ✆ 02555-997928, bauer-hillmann.de.

Schwimmen **Vechtebad Schöppingen,** Natursolebad. Metelener Str. 2, ✆ 02555-984213.

Wandern/Radfahren **„3.000 Schritte durch Schöppingen"** heißt der Ortsrundweg, dazu weitere Strecken, die schönste davon in Eggerode. Die Kunstroute (33 km) führt zu allen religiösen und säkularen Kunstwerken im und um den Ort herum. Drei Radtouren.

Ballonfahrt Kann in Schöppingen über Franz-Josef Gausling, ✆ 02555-8836, und in Heek über die Tourist-Info gebucht werden.

Essen/Übernachten **Akzent Hotel Tietmeyer,** direkt gegenüber vom Alten Rathaus Schöppingen. Setzt in seinem Inneren postmodernes Design gegen den klassischen Münsterland-Stil. Das benachbarte Cornhouse, Stammhaus der Brennerei Sasse, wurde zu einem Boardingshouse umgebaut. Das Speisenangebot im Restaurant verbindet feinere Küche und Regionalküche. Auch Tagungsbetrieb. Hauptstr. 52, ✆ 02555-938750, tietmeyer.de. **€€€**

Hotel Winter, moderne Zimmer, regionstypische Atmosphäre im Restaurant. Dort sollten Sie ein Wildgericht wählen. Sehr ruhig gelegen in Eggerode. Gildestr. 3, ✆ 02545-93090, winter-eggerode.de. **€€**

Camping **Gutshof Schulze-Althoff,** Heven 48, ✆ 02555-93850, SchulzeAlthoff.de. **Ferienhof Wenker,** Ramsberg 76, ✆ 02555-1503, ferienhof-wenker.de. Beide Anlagen stehen für Camping auf dem Bauernhof und Familienfreundlichkeit.

Westmünsterland → Karte S. 142

Heek

9.000 Einwohner

Die Gemeinde Heek entstand 1975 aus einem Zusammenschluss von Heek und Nienborg. Urkundlich erstmals erwähnt wurden beide Orte um 1200.

Durch die Popularität des Künstlerdorfes steht Heek etwas im Schatten von Schöppingen, hat aber mit dem Burggelände in Nienborg selbst einen außergewöhnlichen Ort zu bieten.

Anschauen und unternehmen in Heek

Wer langsam die durch den Ort verlaufenden B 70 entlangfährt, erkennt schnell, dass sich hier kleine Ladengeschäfte und Handwerksbetriebe mit Werkstatt im Hinterhof abwechseln. Die Kombination aus Bäckerei und kleinem Supermarkt sowie einige wenige Einzelhändler erinnert noch an die bis in die 1990er-Jahre typische Szenerie kleiner Landgemeinden in Westfalen. Am Marktplatz sind ebenfalls noch einige Ladenlokale verblieben. Denkmalgeschützt ist die etwas erhöht stehende **St. Ludgerus-Kirche,** die an der Schwelle vom 12. zum 13. Jh. erbaut wurde. Im Chorraum steht das „Gnadenkreuz", ein romanisches Hochkreuz, das vermutlich schon aus der Gründungszeit der Kirche stammt. Im Hinterkopf des Gekreuzigten befindet sich ein Reliquiar, das u. a. Reliquien des Kirchenpatrons enthält.

Anschauen und unternehmen in Nienborg

Die Existenz einer Bauernschaft bei Nienborg konnte schon für die Zeit vor Christi Geburt nachgewiesen werden. Ende des 12. Jh. ließ Hermann II. von Katzenelnbogen als Fürstbischof von Münster eine Burganlage errichten. Sie sollte den Handelsweg zwischen Münster und Deventer sichern. Ab Mitte des 18. Jh. verfiel die Burg immer mehr und wurde schließlich 1812 aufgegeben. Erhalten sind nur das Torhaus, Reste der romanischen Ringmauer sowie die drei Burgmannshäuser Hohes Haus, Langes Haus und Keppelborg. Um auf das historische **Burggelände** zu gelangen, muss man das Torhaus passieren. Das Hohe Haus überragt mit seinem für das Münsterland typischen Dreistaffelgiebel die gesamte Burganlage. Die Nordwestwand wurde auf der Burgmauer errichtet. Der Kern des Hauses, also Keller, Erd- und Obergeschoss, konnte in das 14. Jh. zurückdatiert werden. Es gehört heute einer Stiftung, 2008 sind die Nebengebäude zu Gästehäusern umgebaut worden. Im Langen Haus ist die Landesmusikakademie untergebracht und im Haus Keppelborg ein Hotel garni. Die **St.-Peter-und-Paul-Kirche** liegt mitten auf dem einstigen Burggelände. Sie wurde 1970 innen komplett neu gestaltet. Dabei wurden Teile des Inventars aus Vorgängerbauten integriert (14.–18. Jh.).

Praktische Infos

Information Im **Bürgerbüro** von Heek, ✆ 02568-93000, heek.de.

Stadtführungen Über das Bürgerbüro in Heek können u. a. auch Segway- und Ninebot-Touren durch die Umgebung von Heek und Nienborg gebucht werden, ebenso geführte Radtouren.

Verbindungen Schnellbus nach Münster und Ahaus/Vreden, Regiobus nach Gronau. Kein Bahnanschluss.

Markt Freitag am Vormittag in Heek.

Einkaufen Die mehrfach ausgezeichnete **Fleischerei Laschke** bietet alle Münsterländer Wurst- und Schinkenspezialitäten in Top-Qualität sowie aus der Familiengeschichte heraus auch schlesische Spezialitäten. Der Betrieb verarbeitet das Bunte Bentheimer Weideschwein, eine durch eine Initiative von Slow-Food-Metzgern gerettete Sorte. Bahnhofstr. 25, ✆ 02568-96282, fleischerei-laschke.de.

Einen Stopp lohnt auch das **Ideenreich,** ein Geschäft für Inneneinrichtung und Wohnaccessoires am Ortsausgang von Heek Richtung Ahaus. Schniewindstr. 51, ✆ 02568-38870, ideenreich-heek.de.

Wandern/Radfahren Rundwege zur Ortserkundung per pedes und zwei Radrundwege.

mein Tipp **Übernachten/Essen** **Hotel am Markt,** gutes Hotel in der Ortsmitte von Heek, in dessen Restaurant Burger-Fans wegen der selbst gemachten Buns und Soßen sowie interessanter Kreationen unbedingt Station machen sollten. Markt 3, ✆ 02568-935230, hotel-m3.de. **€€€**

mein Tipp **Haus Keppelborg,** vier Zimmer in einem der noch erhaltenen Gebäude von Burg Nienborg in absolut ruhiger Lage, sehr atmosphärisch. Burg 3, ✆ 02568-964663, keppelborg.de. **€€**

Vreden

23.000 Einwohner

Ein beeindruckendes Museum und eine Stiftskirche am Marktplatz, ein Stadtpark, der gleichzeitig Freilichtmuseum ist, und ein nicht minder faszinierendes Naturschutzgebiet vor den Toren der Stadt – ein Abstecher nach Vreden lohnt.

Allerdings ist es trotz aller Aktivitäten im Rathaus bisher nicht gelungen, Vreden parallel dazu als Einkaufsstadt irgendwie neu zu erfinden. Massive Leerstände sorgen für Tristesse in der Innenstadt, und seit Jahren findet kein Wochenmarkt mehr statt.

Geschichte

Grabungsfunde zeigen, dass das Gebiet des Zwillbrocker Venns bereits vor mehr als 10.000 Jahren besiedelt war. Bodenfunde aus dem Innenstadtbereich gehen bis etwa in das 5. Jh. v. Chr.

In Vreden liegen die Sehenswürdigkeiten dicht beieinander

zurück. Während das reichsunmittelbare Stift zum Erzbistum Köln gehörte, zählte die Stadtgemeinde zum Bistum Münster. 1252 verpflichteten sich der Erzbischof von Köln und der Bischof von Münster, Vreden als Stadt auszubauen und zu befestigen. Mit dem Westfälischen Frieden von 1648 wurde die Grenze zwischen dem Bistum Münster und dem Erzbistum Utrecht zur bis heute bestehenden Staatsgrenze mit den Niederlanden. Nach zwei Stadtbränden im 19. Jh. zerstörten Bombenangriffe am Ende des Zweiten Weltkriegs die Stadt völlig. In der Ortsmitte wurden lediglich Rathaus und Stiftskirche rekonstruiert.

Ein Jahrhundert lang bestimmte die Textilindustrie die Stadt. Von deren Krise in den 1980er-Jahren hat sich Vreden bis heute nicht vollständig erholt. Anders als in Gronau wurde das bedeutendste Spinnereigebäude abgerissen (2020). In der Innenstadt ziehen Ärzte und andere Dienstleister in 1-a-Lagen, weil niemand dort einen Laden eröffnen will. Dabei hätte genau dann der Bereich rund um Rathausplatz und Markt mit den Kirchen, dem Kulturzentrum „kult" und dem Stadtpark noch mehr Radtouristen anziehende Atmosphäre.

Ab 1943 lebte zweitweise der Ökonom Alfred Müller-Armack in der Stadt, weil sein Institut für textile Marktwirtschaft von Münster in den Ortsteil Ellerwick ausgelagert worden war. Teile des 1947 publizierten Buchs „Wirtschaftslenkung und Marktwirtschaft", das ihn zu einem der Väter des Wirtschaftswunders werden ließ, entstanden in Vreden.

Anschauen und unternehmen

Pfarrkirche St. Georg: Die heutige Pfarrkirche ersetzte den beim Bombenangriff am 21. März 1945 zerstörten Vorgängerbau. Vor dem Neubau liefen über zwei Jahre lang archäologische Ausgrabungen, weitere folgten 2001–03. Am Ende waren Spuren von sechs Vorgängerkirchen und 13 Bauepochen gefunden, die ältesten Fundamente stammen aus dem Jahr 820. Um die Funde auf Dauer zugänglich zu machen, wurden die Fundamente und Mauern der Vorgängerbauten gereinigt und gefestigt. Zudem erwartet die Besucher in der Krypta der Kirche eine Präsentation, die 200 Jahre Baugeschichte

Westmünsterland → Karte S. 142

über Lichtinstallationen und Computeranimationen nachzeichnet.

▪ Kirchplatz

Stiftskirche St. Felicitas: Bei der Stiftskirche handelt es sich um eine frühromanische Kirche mit gotischen Elementen aus dem 11. Jh. Das hochadelige Damenstift Vreden selbst wurde bereits im 9. Jh. gegründet. Die Siedlung, die drum herum entstand, wurde zur Keimzelle der heutigen Stadt. Die barocke Ausstattung und die Ausmalung der Stiftskirche gingen beim Bombardement vom 21. März 1945 verloren. Von 1947 bis 1952 wurde die Stiftskirche wiederaufgebaut. Das Nordportal ist das ehemalige Portal der alten Georgskirche. Wichtigster Ausstattungsgegenstand ist das Vredener Hungertuch von 1619 (4,85 × 4,50 m), ganz der westfälischen Tradition entsprechend eine Leinen-Filetstopfarbeit. Das zentrale Motiv des von der damaligen Äbtissin gestifteten Hungertuchs ist eine Kreuzigungsszene, die durch kleinere Darstellungen aus der Leidensgeschichte Jesu ergänzt wird. Verbunden sind die einzelnen Felder durch Leinenstreifen, unterbrochen von den vier Evangelisten und sechzehn Wappen (Vorfahren der Äbtissin). Etliche Bilder sind zusätzlich mit lateinischen Zitaten aus den Evangelien versehen. Besonders sehenswert sind außerdem die ottonische Hallenkrypta, das spätromanische Stufenportal und der gotische Kronleuchter.

▪ Freiheit 1

kult Westmünsterland: „Kultur und lebendige Tradition“, dafür steht die Abkürzung an der Fassade des modernen Sichtbetonbaus zwischen Marktplatz und Stadtpark. Es vereinigt seit 2017 Museum, Forschung und Wissenschaft, löste das Hamaland-Museum ab. Mittelpunkt des Hauses ist die Dauerausstellung „Grenzen“. Sie thematisiert die Geschichte der Grenze zu den Niederlanden und stellt Bezüge zu anderen Grenzen her. Außerdem wird die Geschichte des Stifts dargestellt. Volkskundliche und kunsthistorische Expo-

Freihandel 2.0

Jahrhundertelang war die Grenze zwischen dem Westmünsterland und dem Gebiet, das seit dem Westfälischen Frieden (1648) die Niederlande bildet, im Alltag der Menschen kaum von Bedeutung. Der Handel florierte, nachdem sich der harte Kurs der Calvinisten gegen Katholiken diesseits und jenseits der Grenze nicht mehr durchsetzen ließ. Und wer das auf beiden Seiten der Grenze gängige Platt statt der Landessprache wählte, hatte über die Grenze hinweg keine Verständigungsschwierigkeiten. Erst 1766 wurden Grenzsteine aufgestellt. Der finale Grenzverlauf wurde im nahen Kloster Mariengarden (→ S. 175) im auf deutscher Seite gelegenen Grenzort Burlo in der sog. Burloer Konvention fixiert. Sie beinhaltete auch Bestimmungen über Torfstechrechte in den weiten Moorgebieten der Grenzregion.

Als Folge des Wiener Kongresses von 1815 wurden Zölle eingeführt, zunächst durch die Niederlande, 1818 durch Preußen. Doch mit dem Schengener Abkommen von 1985 hatte die Bevölkerung entlang der Grenze wieder die alten Freiheiten zurück. Interessant ist angesichts fast fließend ineinander übergehender Orte der erkennbare Bruch in Sachen Baustil.

nate lassen in wechselnden Kabinettausstellungen den Blick auf ausgewählte Aspekte des alltäglichen Lebens in der Region in einem Zeitraum von mehr als 1.400 Jahren zu. Wechsel- bzw. Wanderausstellungen sorgen dafür, dass Werke bedeutender Künstler zu sehen sind. Die Archive von Stadt und Kreis sind ebenfalls im Haus untergebracht und werden rege genutzt.

▪ Di–So 10–17 Uhr, Mo geschlossen. Eintritt 4 €, erm. 2 €, bis 6 J. frei, Familienkarte 8 €, jeder 1. Sa im Monat Eintritt frei. Kirchplatz 14, ✆ 02861-68218260, kult-westmuensterland.de.

Scherenschnittmuseum: 1971 ließ sich Hermann Gebing am Montmartre in Paris ein Scherenschnittporträt anfertigen. Rasch besaß er mehr als 14.000 sowohl traditionelle als auch moderne Scherenschnitte von internationalen Künstlern aus aller Welt. Ein Teil davon wird im Museum gezeigt, außerdem wird die Geschichte des Scherenschnitts von ca. 1700 bis heute dokumentiert. Seit Gebings Tod führt die Bürgerstiftung Vreden das Museum weiter.

▪ Di–So 9.30–12.30 Uhr und 14–17 Uhr, im Sommer durchgehend, Mo geschlossen. Eintritt frei, Spenden erwünscht. Markt 6, ✆ 02564-9508927, scherenschnittmuseum.de, buergerstiftung-vreden.de.

Stadtpark: Die von der Berkel durchflossene Parkanlage ist gleichzeitig ein Freilichtmuseum. 1969 wurde das Bauernhaus Früchting aus dem Ortsteil Ellewick in den Park versetzt. Anschließend kamen weitere landwirtschaftliche Gebäude aus dem Umland hinzu, um exemplarisch Gebäudetypen einer Westmünsterländer Hofanlage museal zu erhalten. Ergänzt wird die Anlage durch Skulpturen, die 1977 bei einem Bildhauersymposium der Folkwangschule Essen entstanden sind. Auch hier bietet die Bürgerstiftung Führungen an. Sie kümmert sich heute um den „Freiluftteil" des ehemaligen Hamaland-Museums.

▪ Information unter buergerstiftung-vreden.de.

Barockes Kleinod an der Grenze

Barockkirche Zwillbrock: Nur wenige Meter von der deutsch-niederländischen Grenze entfernt (12 km vom Stadtzentrum) befindet sich die Barockkirche St. Franziskus, ein künstlerisches Juwel aus dem 17. Jh. Von außen eher nüchtern gestaltet, besticht der Innenraum durch seine wunderschöne barocke Baukunst, die als die homogenste, reichste und besterhaltene im Münsterland angesehen wird. Diese Opulenz passte eigentlich nicht zum Zweck der Kirche. Denn sie ist eine der Missionskirchen, die im Grenzgebiet aufgestellt wurden, um niederländischen Katholiken direkt hinter der Grenze die Gelegenheit zu geben, ihren Glauben auszuüben. Weiter weg widersetzten sich katholische Familien durch Geheimkirchen auf Dachböden in den Niederlanden der neuen Staatskonfession. Schreiner bauten Altarschränke, die wie ein Wohnzimmerschrank aussahen.

Zwillbrocker Venn: Direkt an der Grenze zu den Niederlanden liegt ein 200 ha großes Naturschutzgebiet mit Bewohnern, die in Deutschland eigentlich nur in Zoos zu finden sind: Flamingos. Etwa fünfzig von ihnen verbringen das Frühjahr und den Sommer an und in den im ehemaligen Moorgebiet entstandenen Wasserflächen. Balz und Brut finden also Jahr für Jahr hier statt. Durch die seit 2018 äußerst trockenen

Heideteil des Zwillbrocker Venns

Sommer ist der Wasserspiegel so zurückgegangen, dass sich die Flamingos im Juni 2020 von ihrem jahrelangen Brutplatz verabschieden mussten, sich stattdessen Richtung Camargue oder niederländische Südwestküste orientierten. Ostern 2021 landeten zur Erleichterung vieler Flamingo-Fans aber wieder fast fünfzig Tiere in Zwillbrock. Startpunkt aller Rad- und Wanderrouten ist das Besucherzentrum der Biologischen Station Zwillbrock. Empfehlenswert sind der große Rundweg (5,5 km) und das barrierefreie Angebot (1,8 km). Die Ausstellung informiert über die in der Region dominierenden Landschaftsformen und die im Naturschutzgebiet heimischen Tiere.

▪ Infozentrum Mo–Fr 8–16.30 Uhr, Sa/So/Feiertage 12–17 Uhr, im Winterhalbjahr eingeschränkt. ✆ 02564-986000, bszwillbrock.de.

Praktische Infos

Information **Stadtmarketing Vreden,** Tourist-Information im Foyer des kult. Kirchplatz 14, ✆ 02564-9899199, stadtmarketing-vreden.de.

Verbindungen Vreden zählt zu den größten nicht mit der Bahn erreichbaren Orten im Münsterland. Schnellbus aus Münster/Ahaus sowie nach Bocholt, Gronau und Bad Bentheim, Regionalbus nach Gecher und Winterswijk (Niederlande), werktags Bürgerbus.

Stadtführungen Vier unterschiedliche Angebote können über die Tourist-Info gebucht werden.

Markt Seit 2015 abgeschafft, alle Comeback-Versuche scheiterten bisher.

Einkaufen **Ravenbitter,** die Familie Hellental sorgte dafür, dass der im Ort populäre Kräuterbitter und eine Anisette, die zusammen das „Visitenschäpsken" ergeben, weiter produziert werden. Sa 10–17 Uhr, Wassermühlenstr. 3, ✆ 02564-3980451, ravenbitter.de.

Schuh Wessels, seit der Wirtschaftswunderzeit fertigt die Manufaktur Schuhwerk für an Riesenwuchs erkrankte Menschen und ist inzwischen Marktführer in Europa. Einen Kontrapunkt setzt das von der Familie betriebene Miniaturschuhmuseum (Neustr. 16). Ausbachstr. 2, ✆ 02564-4964, wessels-schuhe.de.

Wandern Ausgewiesene Wanderwege in allen **Venn-Gebieten** rund um die Stadt: Zwillbrocker Venn, Schwattet Gatt und Ammeloer Venn.

Radfahren Der Name **NaturTour Vreden** steht für zwei barrierefreie und steigungsarme Fahrradrouten zu allen wichtigen Sehenswürdigkeiten und Naturschutzgebieten. Leihräder über die Tourist-Information.

Schwimmen **Hallenfreibad Vreden,** Ottensteiner Str. 64, ✆ 02564-2719, svs-versorgung.de/baeder/vreden.

Kanu Grenzüberschreitende Kanutouren auf der Berkel sind über die Tourist-Info buchbar.

Bauerngolf **Zwillbrock Irrgarten,** neben Bauerngolf auch Maislabyrinth. Beim Hof Beuting, Zwillbrock 55, zwillbrockirrgarten.de/language/de.

Essen/Übernachten **Hotel Meyerink,** Traditionshaus mit Restaurant direkt am Stadtpark. Up de Bookholt 42–52, ✆ 02564-93160, hotel-meyerink.de. **€€€**

Hotel am Kring, modern eingerichtetes Haus in ruhiger Lage mit empfehlenswertem Restaurant. Kring 8, ☏ 02564-93080, amkring.de. **€€**

MeinTipp **Hotel Kloppendiek,** kleines Hotel direkt am Zwillbrocker Venn. Restaurant mit viel regionaler Küche, Biergarten. Zwillbock 8, ☏ 02564-9120, kloppendiek.de. **€€**

City Pension, einfach eingerichtete Zimmer in Innenstadtlage. Mauerstr. 38, ☏ 02564-999 7030, citypension-vreden.de. **€€**

Camping Kein Campingplatz, nur **Wohnmobilplätze** zentrumsnah an der Rundsporthalle (Parkplatz kult) sowie am Sportpark (Ottensteiner Str. 59). Außerdem in Zwillbrock am Eingang zum Venn.

Das Leben der Stiftsdamen

Das Damenstift Vreden war bei seiner Gründung um 838 eines der ersten Frauenklöster in Westfalen und im Mittelalter zeitweise reichsunmittelbar. Erst 1802/03 fiel die Grenze zum Umland und das Stift wurde Teil des neu geschaffenen Fürstentums Salm. Im Jahr 1810 wurde es als Folge des kurzen Intermezzos Napoleons im Münsterland mit der Auflösung des Fürstbistums Münster aufgehoben.

Das Stift war ausschließlich wohlhabenden Damen mit angemessener Ahnentafel nach einer Probezeit zugänglich und konnte von ihnen auch wieder verlassen werden, wenn aus dynastischen Gründen eine Heirat erfolgen sollte. Sie verloren damit aber das Geld, das sie in das Stift eingebracht hatten. Im Stift sollten sie ausschließlich religiösen Dienst für das Seelenheil ihrer Familie leisten. Jede Dame hatte innerhalb des Stifts eine eigene Wohnung mitsamt Dienerschaft, außerdem waren in den Gebäuden Handwerker und andere Dienstleister ansässig, denn die adeligen Damen wollten ja eben keine Nonnen sein und ein klösterlich bescheidenes Leben führen – in Sachen Mode, Speisen und Getränke hatten einige von ihnen so ihre Ansprüche. Sehr gläubige Stiftsdamen aus besonders vermögenden Familien finanzierten aber auch die sakrale Ausstattung der jeweiligen Stiftskirche.

Das Damenstift war baulich so konstruiert, dass die Stiftskirche auch von der Ortsbevölkerung besucht werden konnte. Die Stiftsdamen nahmen am Gottesdienst teil, indem sie, über einen Kreuzgang geschützt, aus ihren Wohnbereichen zu einer eigenen Empore oder einem abgegrenzten Bereich in der Kirche kamen und in der Regel den Chorgesang versahen. Kontakt zur Bevölkerung gab es nicht. Das Chorgestühl der Stiftsdamen wurde auch für das sieben Mal am Tag erfolgende gemeinsame Gebet genutzt.

Mit der Zeit veränderten sich die Regularien vieler Damenstifte. Am Ende musste eine Stiftsdame in Vreden gerade einmal drei Monate im Jahr vor Ort anwesend sein. Ansonsten konnte sie ihr Leben außerhalb des Stifts frei gestalten, was viele dann auch taten, Affären mit Männern inklusive. Das prominenteste Techtelmechtel wird Ludwig van Beethoven und Therese von Zandt im Stift Asbeck zugeschrieben.

Westmünsterland → Karte S. 142

Das Huesker-Gebäude, einst Textilfabrik, wurde zum Bürokomplex

Gescher

17.000 Einwohner

Gescher muss wie Stadtlohn und Südlohn damit leben, genau im Städtedreieck Ahaus-Borken-Coesfeld zu liegen. Aber viele Reisende kommen bei ihren Planungen darauf, dass sich aus diesem Gebiet perfekt sternförmig Touren durch das Westmünsterland oder sogar herüber in den Westen des Kreises Coesfeld und die Niederlande machen lassen.

Im Stadtkern von Gescher sind viele großzügige Villen und gepflegte Bürgerhäuser zu sehen, aber auch Leerstand bei Geschäften. Mit Glocken- und Torfmuseum wird in Gescher über zwei wichtige Themen der Stadtgeschichte informiert, was auch für Kinder interessant ist. Auch reizvolle Parklandschaft bis in die Niederlande hinein wartet darauf, näher entdeckt zu werden. Wichtig ist, bei der Reiseplanung daran zu denken, dass alle Orte schon 1958 vom Schienenverkehr abgehängt wurden und so eher Ziele für die Mittagspause oder Ausgangspunkt einer längeren Radtour sind, wenn die Anreise mit dem Zug erfolgen soll.

Geschichte

Der Stift Borghorst errichtete um das Jahr 1000 eine Kirche und setzte so die Ortsgeschichte Geschers in Gang. 1570 brannte der Ort nieder, und in der Folgezeit sorgten Kriege dafür, dass die Entwicklung immer wieder gebremst wurde.

Schon früh wurden in Gescher in Heimarbeit Flachs und Leinen verarbeitet. Im 19. Jh. wurde auf industrielle Massenfertigung umgestellt und die Textilindustrie zur bestimmenden Branche des Stadtlebens. Die Krise der Textilindustrie traf die Stadt nicht so hart, weil rechtzeitig nach Alternativen gesucht wurde. Zudem stellte die örtliche Spinnerei Huesker schon vor 1960 auf die Herstellung von Produkten aus synthetischen Fäden und Kunststoffen um (u .a. Filterplanen und Deichsäcke) und wurde so zu einem Global Player.

Der seit 1790 im Ort angesiedelten Glockengießerei Petit & Gebr. Edelbrock verdankt Gescher den Zusatz „Glockenstadt“ und das Glockenmuseum. Die Mehrzahl der Kirchen in Westfalen ist mit Glocken aus Gescher bestückt.

Anschauen und unternehmen

St.-Pankratius-Kirche: Das katholische Gotteshaus wurde zwischen 1490 und 1510 errichtet, seitdem aber mehrfach erweitert und umgebaut. Architektonisch interessant sind die niederrheinischen und niederländischen Einflüsse am Außenbau, die bei anderen Kirchen im Münsterland so nicht zu finden sind.

▪ Kirchplatz

Alte Spinnerei: Das eindrucksvolle Gebäude in der Fabrikstraße ist aufgrund seiner Größe stadtbildprägend. Im Jahr 1994 wurde die Spinnerei entkernt und grundlegend saniert. Seit 2011 nutzt die Firma Huesker ihr einstiges Produktionsgebäude als Bürokomplex. Über den Ort verteilt gibt es noch mehr als ein Dutzend weiterer denkmalgeschützter Gebäude aus der textilen Vergangenheit des Ortes – neben Fabrik- und Verwaltungsgebäuden auch Fabrikantenvillen.

Westfälisches Glockenmuseum: Das Museum ist in einem denkmalgeschützten kleinen Haus im Ortskern untergebracht, welches im Jahr 1902 ursprünglich als Polizeiwache erbaut wurde. Gezeigt wird eine umfassende Schausammlung von Glocken, Glöckchen und Schellen. Da es auch als Mitmach-Museum konzipiert ist, gibt es u. a. einen originalgetreu nachgebauten Arbeitsplatz eines Glockengießers. Auch Kinder können dem Glocken(bau)geheimnis auf die Spur kommen. Eine Führung beinhaltet auch den Besuch der immer noch in Gescher produzierenden Glockengießerei.

▪ Di–So 10–17 Uhr. Eintritt 4 €, erm. 2 €, bis 11 J. frei. Lindenstr. 4, ✆ 02542-7144, museum-gescher.de/museen/westfaelisches-glockenmuseum.

Museen Gescher: Die Stadt Gescher hat aus allen Museen einen Verbund gebildet. Ein über mehrere Tage nutzbares Kombiticket (6 €, erm. 3 €) soll die Gästezahl in den Häusern wachsen lassen, die auf den ersten Blick nicht so spektakulär daherkommen wie das Glockenmuseum. Informationen im Museumsbüro, Lindenstr. 2, ✆ 02542-7144, museum-gescher.de.

Heimatmuseum: Auf dem unweit des Glockenmuseums gelegenen Museumshof „Auf dem Braem“ mit acht Gebäuden, einem Bauern- und einem Kräutergarten, wird die landwirtschaftliche Lebens- und Arbeitswelt der 1920er- und 30er-Jahre wieder lebendig. Nicht nur für Kinder und Jugendliche gibt es im Heimatmuseum Aktionsnachmittage und Mitmachaktionen.

▪ Außengelände jederzeit zugänglich, Mai–Sept. Sa 14.30–17.30 Uhr sowie nach Vereinbarung. Eintritt 4 €, erm. 2 €, bis 11 J. frei. Führungen und museumspädagogische Aktionen können über das Museumsbüro vereinbart werden. Armlandstr. 18, ✆ 02542-7144, heimatverein-gescher.de und museum-gescher.de/museen/heimatmuseum.

Bienenmuseum: In neuen Räumen im Heinrich-Hörnemann-Haus (zwischen Glocken- und Heimatmuseum gelegen) wird bestens über die süßeste Sache

Im Glockenmuseum

der Welt informiert. An zwei Schau-Arbeitsplätzen wird die Bienenkorbflechterei näher erklärt. Über spezielle Vitrinen können lebende Bienenvölker beobachtet werden. Wie der Honig von der Wabe auf den Frühstückstisch kommt, erläutern die Imker auch. Der *Imkerverein Gescher – Stadtlohn – Vreden und Umgebung e. V.* betreut das Museum und bietet Kurse für interessierte Laien an. Hinzu kommt ein spezielles Angebot für Kinder.

▪ Geöffnet nach Vereinbarung einer Führung oder eines pädagogischen Programms über den Imkerverein oder die Tourist-Info. Lindenstr. 2, ✆ 02542-1093, imker-gsv.de und museum-gescher.de/museen/bienenmuseum.

D(T)orfmuseum: Im Ortsteil Hochmoor liegt das vierte Museum. Es verfügt über ein kleines, aber feines Museum in der ehemaligen Dorfschule. Besucher können hier Schritt für Schritt die Umwandlung einer Naturlandschaft in eine Kulturlandschaft und wieder zurück verfolgen. Zudem thematisiert das Museum neben der Nutzung von Torf als Brennstoff und Bodenzugabe im Garten auch seine Verwendung für andere Zwecke. Und das ist gerade im Zusammenhang mit der Klima-Debatte interessant.

▪ Mai–Sept. Sa 14.30–17.30 Uhr (mit Ausnahme der Schützenfestzeit) sowie nach Vereinbarung. Eintritt 4 €, erm. 2 €, bis 11 J. frei. Landsbergstr. 60, ✆ 02863-8578, heimatverein-hochmoor.info und museum-gescher.de/museen/dtorfmuseum.

Weißes Venn: Das Weiße Venn war einst das größte Hochmoor Westfalens. Die Fürstenkuhle und das Kuhlenvenn bei Gescher sind das, was am Ende von Trockenlegung und Torfgewinnung 1959 von ihm übrig geblieben ist. Das Gebiet wurde unter Schutz gestellt, und

Die Wurstaufholer

Nichts verwirrt in Gescher Gäste mehr als die Skulptur „Wurstaufholer". Zwei Männer tragen einen Stock, über den Mettwürste gehängt sind, durch die Gegend, und eine Flasche Schnaps ist auch noch im Spiel. Die Bronzeplastik wurde von Bernd Heinemann entworfen und 1995 in der örtlichen Glockengießerei gegossen. Mit ihr wird an einen Brauch erinnert, der in vielen Orten in Westfalen Teil des Karnevals ist.

Meist im klassischen Gewand des Kiepenkerls ziehen Männer des Ortes am Tag nach Rosenmontag – in Gescher haben sie es auf mehrere Tage ausgedehnt – von Haus zu Haus, um Würste zu sammeln, die dann unmittelbar vor Beginn der Fastenzeit als letztes opulentes Mal verzehrt werden. Viele Wurstaufholer verbinden das Ganze heute mit der Bitte um Spenden für einen wohltätigen Zweck.

Forscher fanden rasch heraus, dass hier noch alles vorhanden ist, um ein – natürlich etwas kleineres – Hochmoor wiederauferstehen zu lassen. Stege und Torfwege führen hindurch. Wer die Laute von Fröschen nicht mag, sollte das Moor meiden, denn der Bestand an Moorfröschen ist besonders groß.

Praktische Infos

Information **Stadtmarketing Gescher,** Armlandstr. 15, ✆ 02542-60500, gescher-erleben.de.

Verbindungen Kein Bahnanschluss, Regiobusse nach Borken, Stadtlohn, Velen und Coesfeld, Bus nach Ahaus.

Stadtführungen Das Stadtmarketing Gescher organisiert individuelle Führungen (auch in den Museen des Ortes).

Markt Donnerstag am Vormittag.

Einkaufen **NaturOH,** Fischzucht, Imkerei, Schafzucht, Wasserpflanzen, Wildkräuter und Obst (hier besonders Mirabellen). Der Wassergarten mit den Wasserpflanzen und Kräutern kann nach Absprache besichtigt werden. Auch Einkauf nach Absprache. Harwick 89, ✆ 01577-3306124, naturoh.de.

Schwimmen **Freibad Gescher,** Auf dem Brink 80, ✆ 02542-1555. **Frei- und Hallenbad Losbergstadion,** Uferstr. 29, ✆ 02563-97654, svs-versorgung.de.

Wandern Ortswege unter Einbeziehung von Berkel, Fürstenkuhle und Kuhlenvenn. Besonders idyllisch ist der Weg von Egberdings Mühle, eine typische Münsterländer Doppelmühle (Getreide und Öl), in Richtung Coesfeld (Berkelaue). Die Mühle kann nicht besichtigt werden.

Radfahren Berkelrouten und andere Verbindungen zwischen Gescher, Stadtlohn, Südlohn und weiteren Orten, auch als Radwege ausgewiesene Teile des Kommiesenpatt (→ S. 172).

Bauerngolf 8-Loch-Anlage beim Maislabyrinth des **Hofs Wehling,** Borkener Str. 4, ✆ 02862-89142, maislabyrinth-suedlohn.de.

Essen/Übernachten In Gescher gibt es gleich drei Hotels in denkmalgeschützten Gebäuden:

Hotel Tenbrock, beeindruckende Verknüpfung von historischer Bausubstanz und modernem Interieur. Zum Hotel gehört auch das 300 m entfernt liegende, empfehlenswerte Restaurant 1905. Hauskampstr. 12–14, ✆ 02542-7818, hotel-tenbrock.de. €€

Naturschutzgebiet Fürstenkuhle

Hotel zur Krone, das 1780 erbaute Hotel hat einen sehr atmosphärischen Altbau, dazu einen Neubau mit kleinem Wellnessbereich im Boutique-Stil. Tagungsbetrieb. Im Restaurant Regionalküche. Hauptstr. 39, ✆ 02542-918600, zur-krone.de. €€

Dom Hotel, historische Bausubstanz trifft in diesem Hotel garni auf Boutique-Stil. Kirchplatz 6, ✆ 02542-93010, dom-hotel-gescher.de. €€

McKiernan's Café, ein Stück Irland im Münsterland, auf Bestellung wird ein Picknickkorb mit Scoones & Co. gepackt. Mi–So 9–18 Uhr, Mo/Di Ruhetag. Lindenstr. 1, ✆ 02542-954 6739, mckiernans-cafe.de. €

Camping **Brinkmanns Hof,** direkt am Naturschutzgebiet Berkelaue. Harwick 52, ✆ 02542-98606, brinkmannshof.de.

Stadtlohn/Südlohn

Die „beiden Lohns“, wie in der Region gerne gesagt wird, haben sich einen festen Platz im Radtourismus geschaffen, meist als Etappen- oder Pausenziel. Eine Tour nach Stadtlohn lässt sich auch gut mit etwas Shopping in der Innenstadt verbinden. Neben Ochtrup ist Stadtlohn der zweite Münsterländer Ort mit enger Verbindung zur Töpferei.

Stadtlohn (21.000 Einwohner) war schon im 10. Jh. Zentrum eines Höfeverbandes des Fürstbischofs von Münster, musste sich aber damit anfreunden, dass später andere Orte bedeutsamer wurden, etwa das benachbarte Ahaus. Südlohn (10.000 Einwohner) entstand 1975 durch den Zusammenschluss von Südlohn und Oeding, beide um 1200 erstmals urkundlich erwähnt.

Bedeutende historische Gebäude in den Orten sind neben den Kirchen die Turmwindmühle Menke in Südlohn (Besichtigung nach Voranmeldung unter ✆02862-898989, Infos: menke-muehle.de) und der alte Turm der 1854 abgerissenen Burg Oeding, in deren erhaltenem Gewölbe heute das Restaurant eines Hotels untergebracht ist (→ Essen).

Anschauen und unternehmen in Stadtlohn

Diorama 6. August 1623: Historisch bedeutsamstes Ereignis der älteren Stadtgeschichte war die Schlacht am Lohner Bruch vom 6. August 1623, die mit einem Sieg der katholischen Truppen unter Graf von Tilly endete und zu den bedeutendsten Schlachten im Dreißigjährigen Krieg gezählt wird. Ein vom Heimatverein geschaffenes Diorama und eine Dauerausstellung im **Eichenhof** erinnern daran.

▪ Sa/So 14–18 Uhr (da die Lokalität aktuell nur noch als Event-Gastronomie existiert; kleines SB-Café für Gäste der Ausstellung), Almsick 43.

St.-Otger-Kirche: Die zwischen 1889 und 1892 im neogotischen Stil errichtete Kirche wurde nach ihrer Zerstörung im Zweiten Weltkrieg nahezu originalgetreu wiederaufgebaut. Ihr erster von insgesamt drei Vorgängerbauten datiert aus dem beginnenden 9. Jh. und war damit eine der ersten Kirchen im Münsterland. Rund um die Stadt liegen mehrere denkmalgeschützte Kapellen.

Hünenburg: Das Bodendenkmal lieferte Archäologen Erkenntnisse über die frühe Siedlungsgeschichte der Region. Die im sog. Bockwinkel gelegene und gut erhaltene Wallburg stammt aus der Zeit der Karolinger (8./9. Jh.).

Hilgenbergkapelle: Sie ist eine von mehreren denkmalgeschützte Kapellen rund um die Stadt. Ein erster Bau wurde vor 1525 errichtet, die heutige Kapelle stammt von 1695/1738. In der Nähe der Kapelle wurde ein spätbronzezeitliches oder jungeisenzeitliches Brandgräberfeld entdeckt. Die heutige Wallfahrtsstätte (2. Juli, Mariä Heimsuchung) war also schon länger ein Ort von religiöser Bedeutung.

Eisenbahnmuseum: Es erinnert im alten Bahnhof an die ab 1902 von der Privatbahn WLE bis 1958/1988 betriebene Eisenbahnstrecke Borken-Vreden. Ein Privatsammler zeigt vor den Toren der Stadt die jeweils weltweit größte **Sammlung von Siku-Autos** und weiteren Modellautos sowie originale Fahrzeuge, hauptsächlich Audi.

▪ **Eisenbahnmuseum:** Außengelände jederzeit zugänglich. Ausstellung im Sommerhalbjahr am Bahnhof am 1. So im Monat 14.30–18 Uhr, Parkbahn auch an Feiertagen. Bahnallee 4, ecsev.de.

- **Siku-Museum:** Mo–Do 14–18 Uhr, So 11–18 Uhr, Fr/Sa geschlossen. Eintritt 6,50 €, ermäßigt 2,50 €, Familienkarte 15 €. Führungen ab 2,50 €/Pers. Von-Ardenne-Str. 42, oldtimermuseum-hoeing.de.

Anschauen und unternehmen in Südlohn

St.-Vitus-Kirche: In der Kirche sind Reste der ursprünglichen Barockausstattung und spätgotische Deckenfresken erhalten geblieben. Die um 1510 entstandenen figürlichen Darstellungen und Rankendekorationen sind die umfangreichsten des Münsterlandes und wurden erst 1961 bei Sanierungsarbeiten entdeckt.

St.-Jakobus-Kirche: Die 1911 errichtete Oedinger Kirche verbindet in ihrem Inneren gleich mehrere Epochen, weist einen ungewöhnlichen Stilmix auf. Das liegt insbesondere an Heinrich Nüttgens. Der Künstler zeichnete für Ausmalung und Fenster verantwortlich und war stark vom Jugendstil beeinflusst. Die sakrale Ausstattung greift dagegen neoromanische Stilelemente auf. Zudem ist die Backsteinkirche die erste im Bistum Münster, die mit ihrem Äußeren den Expressionismus andeutet.

Burg Oeding: Sie wurde 1353 erstmals erwähnt und 1371/72 von Johann von Gemen nach ihrer Zerstörung 1366 wiedererrichtet. Fürstbischof Bernhard von Galen richtete 1674 auf der Burg für die Katholiken aus dem niederländischen Winterswijk eine Missionsstation ein, die 1765 von einer eigenen Kirche im Burgring abgelöst wurde. Die Burg wurde 1839 verkauft, 1854 die Gräften und die Umflut zugeschüttet und bis auf Turm und Teile des Gewölbes alles abgerissen. Ein so tragisches Schicksal mussten in der Region nur wenige Adelssitze erleiden.

Losbergpark Stadtlohn ▲
Burg Oeding ▼

Kommiesenpatt: Der 18 km lange Wanderweg, der aus den Grenz- und Schmugglerpfaden hinüber in die Niederlande besteht, orientiert sich bei der Wegführung an Grenzsteinen von 1766. Der Name stammt von den Grenzpolizisten, die hier patrouillierten. Die Grenze wurde nach der Burloer Konvention geschaffen, mit der sich das Herzogtum Geldern als Provinz der Vereinigten Niederlande und das Fürstbistum Münster endlich auf einen Grenzverlauf einigten. Es gibt auch vier kürzere Rundwege, die interessantesten ab Oeding in der Mitte des Weges und ab Kloster Mariengarden (→ S. 175) am Südende. Der St.-Vitus-Stein am Nordende des Wegs ist der bedeutendste Grenzstein, da es hier auch um die Grenze zu Vreden ging.

Praktische Infos

Information **Stadtmarketing Stadtlohn,** Dufkampstraße 11, ✆02563-87866, stadtmarketing-stadtlohn.de. **Touristinformation Südlohn,** Burgring 29, ✆02862-417 626, touristinfo-suedlohn.de.

Verbindungen Kein Bahnanschluss. Regionalbus nach Ahaus, Vreden, Gescher, Südlohn und Borken, werktags Bürgerbus, der auch nach Winterswijk (Niederlande) fährt. In Südlohn-Oeding hält der Schnellbus Bocholt–Vreden–Gronau–Bad Bentheim.

Mark Donnerstag am Nachmittag und Samstag am Vormittag.

Einkaufen **Weyer Uniformen,** seit über 60 Jahren in der gesamten Region Anlaufstelle für Uniformen und Kostüme. Eschstraße 17, weyer-stadtlohn.de/.

Biohof Lesker, Mo–Fr 9–12.30 Uhr und 14.30–18 Uhr, Sa 9–13 Uhr. Heideweg 52, ✆02563-9005300, biolesker.de.

Wandern/Radfahren In Stadtlohn beginnt an der wieder unreguliert fließenden Berkel die bis Vreden gehende Naturschutzzone, u. a. ist hier der Eisvogel heimisch. Stadtlohn liegt zentral an mehreren Radrouten und wird von vielen Radtouristen gerne als Pausenstation gewählt. In Südlohn Ortswanderwege unter Einbeziehung des Grenzverlaufs zu den Niederlanden (→ Kommiesenpatt, s. o.) sowie die **Hüttentour** (37,5 km), die in Etappen als Wanderung oder Radtour absolviert werden kann. Beide Orte sind ideale Basis für die grenzüberschreitende Radroute **Flusslandschaften Achterhoeck/Westmünsterland.** Das Stadtmarketing hat Tour-Programme ausgearbeitet.

Sport Vielfältige Möglichkeiten im **Losbergpark Stadtlohn.**

Essen **Gasthaus Schlüter,** seit 120 Jahren in Familienbesitz und örtliche Institution in Sachen Regionalküche. Mo/Do/Fr 17–22 Uhr, Sa/So/Feiertage 11–14 Uhr und 17–22 Uhr, Di/Mi Ruhetag. Alte Poststr. 10, ✆02563-1833, gasthaus-schlueter.de. **€€**

Paiko, im Angebot auch griechisches Essen jenseits der Touristen-Grillteller. Di–So 17–24 Uhr, Mo Ruhetag. Grabenstr. 56, ✆02563-2055955. **€€**

Essen/Übernachten **Da Fabio im Südlohner Hof,** klassisches italienisches Restaurant-Angebot, authentisch zubereitet, auch Hotelzimmer. Di–So 17.30–20.30 Uhr, Mo Ruhetag. Kirchstr. 3, ✆02862-99880, hotel-suedlohner-hof.de. **€€**

Gasthaus Nagel, der Gast in Südlohns Ortsmitte hat die Wahl zwischen gemütlicher westfälischer Stube, Restaurant und im Sommer auch dem Biergarten. An Spieltagen von Schalke 04 rappelvoll, da Lokal des örtlichen Fanclubs. Auch Hotelzimmer in verschiedenen Gebäuden. Mo–Sa 17–21.30 Uhr, So 18–20 Uhr. Kirchplatz 8, ✆02862-98040, hotel-nagel.de. **€**

MeinTipp **Café Hüftgold im Turmhaus,** seit Sommer 2020 sind Café und Pralinenmanufaktur in einem Haus vereint. Das Turmhaus wurde einige Jahre von den Gründern des Pralinenclubs betrieben. Di–So 9–18 Uhr (an Sonn- und Feiertagen Reservierung für Brunch erbeten), Mo Ruhetag. Eschstr. 35, ✆02862-980000, cafehueftgoldimturmhaus.de. **€**

Burghotel Pass, familiengeführtes Hotel am einstigen Standort der Burg Oeding, Reste der Burg sind in den Betrieb integriert. Burgplatz 1, ✆02862-5830, burghotel-pass.de. **€€**

LokoMotel, eine besondere Übernachtungsmöglichkeit in einem umgebauten Eisenbahnwaggon und einem umgebauten Lokschuppen direkt am Eisenbahnmuseum. Gäste haben die Wahl zwischen Ferienwohnung und Übernachtung mit Frühstücksservice. Bahnallee 19, ✆02563-9693412, loko-motel.de. **€€€**

Borken

43.000 Einwohner

Die wirtschaftlich prosperierende Kreisstadt hat ihre beeindruckenden Baudenkmäler mit der Wasserburg Gemen und dem Kloster Mariengarden/Burlo in zwei 1969 eingemeindeten Orten. Hinzu kommt bald ein halbes Dutzend weiterer Burgen in den Nachbarorten.

Borken ist Ausgangspunkt für die Touren vieler Radlerinnen und Radler – besonders aller, die gerne in die benachbarten Niederlande fahren. Die Region Achterhoek ist nur einen Katzensprung entfernt. Der genaue Grenzverlauf wurde 1765 im Kloster Mariengarden festgelegt.

Geschichte

Das heutige Stadtgebiet war bereits vor der Zeit Karls des Großen besiedelt, denn schon der Kaiser machte auf seinen Reisen nachweislich in der damals noch kleinen Hofansammlung namens „Burg" bzw. „Burk" Station. 1226 wurden Borken die Stadtrechte verliehen, Ende des 14. Jh. Stadtmauer und Stadttürme errichtet. Davon sind heute fünf Türme und mehrere Mauerreste erhalten. Bis 1803 gehörte Borken zum Fürstbistum Münster, dann kurz zum Fürstentum Salm und zu Napoleons Kaiserreich, ab 1816 zu Preußen. Seitdem existiert auch der Kreis Borken, dessen Zuschnitt sich bei Gebietsreformen im 20. Jh. nur geringfügig veränderte. Weite Teile der Altstadt wurden bei Bombenangriffen am Ende des Zweiten Weltkriegs zerstört, ein kleiner Teil wieder aufgebaut. Erst 1975 bis 1978 fielen die letzten Reste der historischen Bebauung, die den Zweiten Weltkrieg überdauert hatten, im Zuge des Umbaus der südlichen Altstadt. Ein Einkaufszentrum und die Stadthalle befinden sich seitdem dort.

Anschauen und unternehmen

Propsteikirche St. Remigius: Die Familie Walling stiftete ein Kollegiatsstift, zu dem auch das Gotteshaus gehörte, das 1433 zur Pfarrkirche Borkens wurde. Grabungen ergaben Hinweise auf eine karolingische Holzkirche aus dem späten 8. Jh. sowie Nachfolgebauten. Um 1150 folgte eine erste romanische Steinkirche, von der die beiden unteren Geschosse des Turmes stammen. Von 1433 bis 1468 wurden die Gebäudeteile errichtet, die nach der völligen Zerstörung 1945 Anfang der 1950er-Jahre wiederaufgebaut wurden. Bedeutendste Inventarstücke der dreischiffigen gotischen Hallenkirche sind der Taufstein und das Borkener Gabelkreuz aus dem zweiten Viertel des 14. Jh. Unter ihm wurde 2008 eine Reliquie von Bischof Clemens August Graf von Galen platziert.

Remigiusstraße

FARB/Heilig-Geist-Kirche: Ein Stück Backsteingotik im Münsterland. Dafür sorgt die Kapelle des einst an dieser Stelle stehenden Krankenhauses. Im Zusammenhang mit dem Bau des Alten Rathauses wurde das Baudenkmal mit in die Gesamtkonzeption einbezogen und in den Jahren 1952/53 restauriert. Durch die Einbringung einer Decke wurde ein stilvoller Raum für die Ratssitzungen geschaffen. Im Erdgeschoss war bis 1986 das Heimatmuseum untergebracht. Seit 2016 wurde der Komplex zum Kulturzentrum „Forum Altes Rathaus Borken", kurz FARB, umgebaut und erweitert, damit neue Räume für das zum Stadtmuseum aufgewertete Heimatmuseum geschaffen werden konnten. Die stadtgeschichtliche Dauerausstellung wird ergänzt durch wechselnde Ausstellungen zu moderner und zeitgenössischer Kunst mit

Westmünsterland → Karte S. 142

Burg Gemen war einst Mittelpunkt der Region um Borken

Schwerpunkt Druckgrafik sowie zu kulturgeschichtlichen Themen. Das Alte Rathaus ist architekturgeschichtlich bedeutsam, weil es im Heimatschutzstil gebaut wurde. Der war u. a. darum bemüht, regionale Bautraditionen aufzugreifen und kopierenden Historismus zu vermeiden.

▪ Di/Mi und Fr–Sa 10–17 Uhr, Do 10–18 Uhr, So 10–18 Uhr, Mo geschlossen. Bis auf Sonderausstellungen Eintritt frei. Marktpassage 6, ☏ 02861-939344, farb.borken.de.

Burg Gemen: Gemen bietet ein besonders eindrucksvolles städtebauliches Ensemble, bestehend aus der Gemener Freiheit (dort lebten die für die Versorgung der Burg nötigen Handwerker, heute sind hier Gastronomiebetriebe und einige Ladengeschäfte zu finden), dem angrenzenden Waldgebiet Sternbusch sowie der Wasserburg Gemen. Letztere wurde um 900 von den Edelherren von Gemen errichtet und Anfang des 15. Jh. zum Schloss ausgebaut. 1492 ging die Anlange mangels eines männlichen Erben an die Familie Schaumburg-Holstein. Durch die Verwandtschaft mit der Familie Wilhelms von Oranien wurde Gemen nach der Reformation zur ersten protestantischen Gemeinde Westfalens. Nach dem Ende der Dynastie Schaumburg-Holstein im Jahr 1635 folgten eine Reihe von Besitzerwechseln, bis Burg Gemen 1822 an den Grafen von Landsberg-Velen fiel, dessen Familie noch heute der Eigentümer ist. Genutzt wird sie seit 1946 vom Bistum Münster, das sie gepachtet und unter dem Namen „Jugendburg Gemen" zur Jugendbildungsstätte umfunktioniert hat. Abgesehen von der nach Brandschäden 1865 neu errichteten Vorburg stammt die Anlage aus fünf Bauabschnitten zwischen etwa 1350 und 1692.

Zum Gelände der Burg gehörte auch die heute leider an der Hauptstraße von Gemen nach Borken gelegene evangelische Johanniskirche. Sie wurde 1703 als reformierte Kirche erbaut und ist der einzige erhaltene barocke evangelische Kirchenbau im Münsterland. Neben der Kanzel sind Fenster mit den Porträts von König Friedrich I. von Preußen und seiner Frau Sophie Louise zu sehen. Sie erinnern an die seit 1250 bestehende Lehnshoheit der Grafen von Kleve über Gemen, deren Rechtsnachfolger die Kurfürsten von Brandenburg und damit die späteren Könige von Preußen waren. Ebenfalls auf dem Burggelände befindet sich die Klosterkirche St. Marien, in der bis auf die Orgel das komplette Inventar aus der Bauzeit (1705–08) erhalten ist und die Teil eines 1719 gegründeten Franziskanerklosters war.

▪ Die Burg kann nicht von innen besichtigt werden. Frei zugänglich ist das Außengelände mit einem Spazierweg, auf dem das gesamte Bauwerk umrundet werden kann. Zu den weiteren historisch bedeutsamen Gebäuden führt der „Spaziergang durch das historische Gemen", zu dem es in der Tourist-Info einen Flyer gibt.

Kloster Mariengarden: Seit Mitte des 13. Jh. wurde das Kloster abwechselnd von Wilhelmiten und Zisterziensern betrieben und landete durch die dort beschlossene Burloer Konvention (1765) zur Festlegung des Grenzverlaufs mit den Niederlanden in den Geschichtsbüchern (→ Kasten, S. 162). Nach der Säkularisierung von 1803 ging es 1921 wieder an eine Ordensgemeinschaft über, diesmal an die Oblaten der Makellosen Jungfrau Maria, in Deutschland nach ihrer ersten Klosterniederlassung meist „Hünfelder Oblaten" genannt. Knapp ein Dutzend Patres leben heute noch im Kloster. 1951 erwarben die Mönche die ursprünglich nur gepachtete Kirche. Sie wurde 1967 umfassend renoviert und erhielt einen neuen Altar. Zudem kam der hinter dem Außenputz verborgene rote Feldbrandstein wieder zum Vorschein. Das Gotteshaus ist trotz mehrerer Bauphasen eine in sich einheitlich geschlossene Saalkirche. Das Inventar stammt aus der Zeit zwischen 1500 und 1953. Bereits im 19. Jh. wurden Teile des Klosters schulisch genutzt. Bis heute ist im Kloster ein Gymnasium in kirchlicher Trägerschaft beheimatet. Das Kloster bietet auch Gästezimmer an.

Haus Pröbsting und Pröbstingsee: Das Haus Pröbsting im Ortsteil Hoxfeld (3 km von der Innenstadt entfernt) ist heute eine Klinik. Es wurde 1221 erstmals als Rittergut urkundlich erwähnt. Ab 1345 errichteten die Herren von Gemen mit bischöflicher Erlaubnis ein kleines Wasserschloss, das älteste profane Ziegelgebäude der Region. Im 19. Jh. wurde das Gebäude erweitert und umgebaut. Es kam seitdem immer wieder zu Besitzerwechseln, und schließlich verfiel die Anlage, bis sie 1988 wieder in den ursprünglichen Zustand versetzt und umfangreich renoviert wurde.

Neben dem Gut liegt der Freizeit- und Erholungspark Pröbstingsee, bestehend aus dem in den 1970er-Jahren entstandenen größeren Stausee mit

Westmünsterland → Karte S. 142

Ein Besuch des Pröbstingsees lohnt auch im Winterhalbjahr

durch Brückenstege verbundenen Inseln sowie dem Badesee mit Bootsverleih. Rundum gibt es diverse Sportanlagen, Spielplätze und einen Kletterwald. Hinzu kommen drei Wanderwege. Besonders Familien mit Kindern können hier einen sehr aktiven Tag verleben.

Die Religiosität der Region verdeutlicht am Westufer des Sees eine Andachtsstelle. Hier wird eine in einem Buchenstamm abgelegte Replik der Schwarzen Madonna von Jasna Góra, besser bekannt als Schwarze Madonna von Tschenstochau, verehrt.

Josef-Bresser-Sternwarte: Gemeinsam mit den Fachleuten der im Nachbarort Rhede ansässigen Firma für optische Präzisionsgeräte „Meade Instruments Europe" wurde im Dezember 2002 eine Volkssternwarte für Borken geplant und bereits im Mai 2003 eröffnet. Die Sternwarte liegt auf einer Anhöhe in der Nähe des Pröbstingsees und bietet mehrere monatliche Beobachtungstermine sowie den knapp 6 km langen Planetenweg, der umfassende Informationen zu den Planeten liefert. Er startet am See, umrundet ihn großzügig im Uhrzeigersinn und führt dann zur Sternwarte. So werden die Abstände zwischen den Planeten über die Laufstrecke passend abgebildet. Die Sternfreunde Borken bieten ein monatlich wechselndes Beobachtungsprogramm an. Parkplätze gibt's an der benachbarten Grundschule.

▪ Ant Kruse Bömken 21, josef-bresser-sternwarte.de.

Burlo-Vardingholter Venn: Das Naturschutzgebiet umfasst eine Fläche von 148 ha, 110 davon sind EU-Flora-Fauna-Habitat. Hinzu kommen 67 ha auf niederländischer Seite, wo es auch eine Aussichtsplattform gibt. Zusammen mit den Venn-Gebieten der nördlicher gelegenen Orte Vreden, Ahaus und Gronau beherbergt es seit einigen Jahren wieder alle für Hochmoore typischen Entwicklungsstadien einschließlich der Übergangsformen. Einst bildete der Moorgürtel vom Niederrhein bei Emmerich bis zum Emsland eine natürliche Grenze zwischen Deutschland und den Niederlanden. 1983 wurde die Wiedervernässung eingeleitet. Bis heute haben sich angrenzende Handtorfstiche wieder mit Wasser gefüllt, und das Moor beginnt erneut zu wachsen. Im Hochsommer während der Brutzeit kommt es zur Sperrung von Wegen.

Die Volkssternwarte liegt in Hoxfeld mitten auf einem Feld

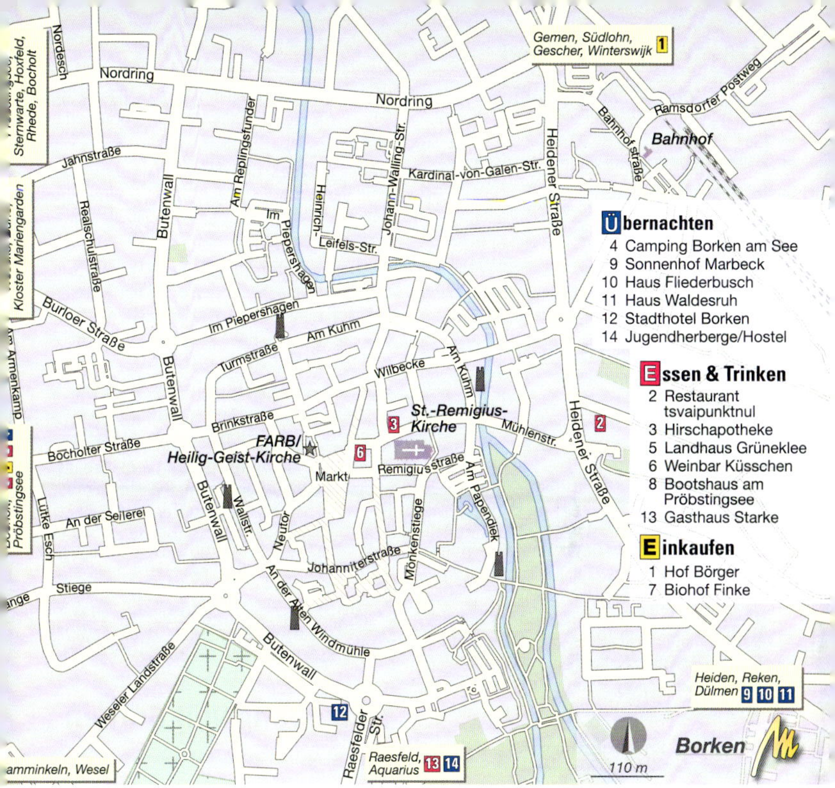

Praktische Infos

→ Karte S. 177

Information **Tourist-Information Borken,** Markt 15, ✆ 02861-939252 borken.de.

Verbindungen Stdl. Nahverkehrszug nach Essen, Schnellbus nach Bocholt und Münster, Regionalbusse nach Ahaus, Busse in die Nachbarorte, werktags Bürgerbus.

Stadtführungen Die Tourist-Info bietet elf verschiedene Führungen an, darunter eine für Kinder.

Markt Dienstag und Donnerstag am Vormittag, Donnerstag im Sommer Abendmarkt mit größerem gastronomischem Angebot.

Einkaufen **Hof Börger 1,** alle regionalen Spezialitäten, auch Wild. Di/So Ruhetag. Börgersweg 4 (Weseke), ✆ 02862-42242, hofboerger.de.

Biohof Finke 7, Komplettangebot an Bio-Ware. Di 13–18.30 Uhr, Mi–Fr 9-18.30 Uhr, Sa 9.30–13 Uhr. Op den Booken 5, ✆ 02861-600 202, finkeshof.de.

Schwimmen **Freizeitbad Aquarius,** Hallenbad, Freibad und Wellnessbereich. Parkstr. 20, ✆ 02861-9350, aquarius-borken.de.

Wandern Drei Wanderwege im Stadtkern von Borken, dazu vier in Gemen sowie einer in jedem weiteren Ortsteil. Ein 20-km-Rundweg zwischen Borken und Velen über die Ramsdorfer Berge ist in Planung (Gipfelsteig Ramsdorfer Berge).

Radfahren Sieben Rundkurse sind ausgeschildert. Die Fahrradstation befindet sich am De-Wynen-Platz, Ecke Brinkstraße.

Fitness **Bewegungspark** in der Parkanlage zwischen evangelischer Kirche und Marien-Hospital.

Rudern/Kanu Bootsverleih am Pröbstingsee.

Klettern **Kletterwald Borken,** am Pröbstingsee. Pröbstinger Busch 16, ✆ 02861-604330, kletterwald-borken.de.

Ballonfahren **Ballonsportgruppe Borken,** Zum Flugplatz 19, Hoxfeld, ballonsportgruppe-borken.de.

Essen **Weinbar Küsschen 6**, zentral am Markt gelegen und mehr als eine Weinbar. Mi–So 15–22 Uhr, Mo/Di Ruhetag. Markt 2, ✆ 02861-8085752, kuesschen-weinbar.de. €€

MeinTipp **Restaurant tsvaipunktnul 2**, junge und innovative Küche in einem Ambiente, das lokale Tradition und Modernität verknüpft. Di–Do 17–23 Uhr, Fr/Sa von 17 Uhr bis open end, So/Mo Ruhetag. Von-Basse-Str. 1, ✆ 02861-2255, tsvaipunktnul.de. €€

Gasthaus Starke 13, Traditionshaus mit Biergarten an der Stadtgrenze zu Raesfeld. Do–Sa 17–22 Uhr, So/Feiertage 11.30–15 Uhr, Mo/Di/Mi Ruhetag. Raesfelder Str. 151, ✆ 02865-601414, gasthaus-starke.de. €€

MeinTipp **Landhaus Grüneklee 5**, Regionalküche und feinere Speisen in modernem Ambiente in der Nähe des Pröbstingsees, auch Biergarten sowie fünf Gästezimmer, die historisches und modernes Mobiliar interessant verbinden. Mi–Fr 18–22 Uhr, Sa 18–23 Uhr, So 12–14 Uhr u. 18–21.30 Uhr, Mo/Do Ruhetag. Schmackhafter Mittagstisch Mi–Sa im Partnerlokal **Hirschapotheke 3** am Remigius-Kirchplatz. Rhedebrügger Str. 16, ✆ 02872-9327400, landhaus-grueneklee.de. €€

Bootshaus am Pröbstingsee 8, idyllische Sommerabende kann dort verleben, wer den manchmal etwas rauen Ton des Personals aushalten kann. Bootsverleih. März bis Oktober bei guter Wetterlage von 10 Uhr bis zur Dämmerung. Pröbstinger Allee 11, ✆ 02861-9029494, bootshaus-proebstingsee.de. €

Übernachten **Stadthotel Borken 12**, sehr modern eingerichtetes Haus im Stadtzentrum mit Bad- und Wellnessbereich. Raesfelder Str. 2, ✆ 02861-8252800, stadthotel-borken.de. €€€

Leider nicht mehr zugänglich: Schloss Velen

Haus Waldesruh 11, familiengeführtes Landhotel mit Restaurant und Biergarten. Dülmener Weg 278, ✆ 02861-94000, haus-waldesruh.de. €€

Haus Fliederbusch 10, Familienbetrieb in dritter Generation mit modern eingerichteten Zimmern und der Regionalküche verpflichtetem Restaurant. Hohe Oststr. 20, ✆ 02861-92250, haus-fliederbusch.de. €€€

Jugendherberge/Hostel 14, Cäcilienhof, Haus für Menschen mit und ohne Handicap. Zum Brook 10, ✆ 02861-8029148, drkborken.de. €

Camping **Camping Borken am See 4**, Camping und Glamping am Pröbstingsee vor den Toren der Stadt. Pröbstinger Buch, ✆ 0221-98885606, campingborkenamsee.de.

Sonnenhof Marbeck 9, großer FKK-Campingplatz und Gelände eines der größten FKK-Vereine Deutschlands, auf dem auch auswärtige Gäste willkommen sind. Fleter Esch 7, ✆ 0157-85689543, sonnenhof-marbeck.de.

Umgebung von Borken

Velen

Die 13.000-Einwohner-Kleinstadt, seit 2023 Luftkurort, entstand aus dem Zusammenschluss der Stadt Ramsdorf und der Gemeinde Velen, wobei der kleinere Partner die Stadtrechte einbrachte, die das neue Gebilde aber erst vor einigen Jahren wieder erhielt.

Schloss und Tiergarten: In Velen wäre bis Ende 2018 sportiver Schlossurlaub möglich gewesen. Doch dann stellte das Sporthotel den Betrieb ein und der Schlossherr Jakob Graf von Landsberg-Velen fand einen neuen Pächter, der seitdem ein Seminarhaus betreibt und die Öffentlichkeit aussperrt. Während das schöne Schloss, das vor über 250 Jahren den Beinamen „Märchenschloss des Münsterlandes" erhielt, nun tabu ist, kann der 1707 erstmals erwähnte Tiergarten weiterhin erwandert werden. Wege, Bachläufe und Fischteiche im ehemaligen Jagdrevier des Adels wurden 2006 nach historischem Vorbild wiederhergestellt.

Burg Ramsdorf: Bischof Heinrich von Moers errichtete 1425 eine Burg, die während der Münsterischen Stiftsfehde (1450–57) zerstört wurde. 1732 sorgten die Gebrüder Anton Heinrich und Alexander Jungeblodt für einen Neubau, der den Turm des Ursprungsbaus integrierte. Heute ist dort das Museum zur regionalen Ur- und Frühgeschichte, Stadt- und Sozialgeschichte sowie Naturkunde untergebracht.

Apr.–Okt. Di–Sa 15–17 Uhr, So/Feiertage 14–17 Uhr, Mo geschlossen; Nov.–März Besichtigungstermine nur auf Vereinbarung. Eintritt 2 €, erm. 1 €, Familienkarte 5 €, bis 5 J. frei, Gruppenführungen ab 20 €. Burgplatz 4, heimatverein-ramsdorf.de.

Information **Marketing und Touristik Velen,** Coesfelder Str. 14, Ramsdorf, ✆ 02863-926219 velen.de.

Verbindungen Kein Bahnanschluss. Bus nach Gescher und Borken, Umstieg nach Coesfeld in Gescher-Hochmoor.

Markt Freitag am Nachmittag in Velen und Mittwoch am Vormittag in Ramsdorf.

Schwimmen **Freibad Ramsdorf,** Velener Str. 47, ✆ 02863-5410. **Freibad Velen,** Landsbergallee 50, ✆ 02863-1356.

Wandern Je ein Spazierweg zu den Sehenswürdigkeiten im jeweiligen Ortsteil – „Ramsdorfer Stadtgeschichten" und „Velener Spazierwege".

Radfahren Die Radtour „Lebendiges Museum" führt zu fünf Orten, an denen bis zu 150 Jahre alte Technikschätze präsentiert und teils ausprobiert werden können.

Essen/Übernachten **Hotel Coesfelder Tor,** Hotel mit Restaurant in Velen, das stark auf regionale Lieferanten setzt. Coesfelder Str. 34, ✆ 02863-4330, coesfelder-tor.de. **€€**

Ausflug ins Achterhoek

Es existieren vielfältige Beziehungen zwischen dem Gebiet um Borken und Bocholt mit dem Achterhoek, dem östlichen Teil der niederländischen Provinz Gelderland. Anziehungspunkt der Region, die sich ganz unbescheiden selbst als „das andere Holland" bezeichnet, ist für Einheimische und Touristen gleichermaßen die Stadt **Winterswijk** (29.000 Einwohner). Im Stadtzentrum kann man auf den Spuren des Malers Piet Mondriaan wandeln, der in Winterswijk aufgewachsen ist. Das Museum Villa Mondriaan ist in seinem Elternhaus untergebracht, in dem er vom 8. bis zum 22. Lebensjahr wohnte. In der Galerie sind Teile seines impressionistischen Frühwerks ausgestellt. Die restaurierte Textilfabrik Tricot, heute De Museumfabrieck, zeigt, dass auch jenseits der Grenze die Textilindustrie die bestimmende Branche war. Der alte Steinbruch (Steen- en Kalkgroeve Winterswijk) ist bekannt für seine Fossilienfunde (Knochen, Saurierspuren usw.) Die Grube ist Teil des nationalen Landschaftsparks Winterswijk. Rad- und Wanderwege führen um sie herum. Profis dürfen rein.

Museum in der Burg Ramsdorf

Am Mittwoch und Samstag findet der Wochenmarkt statt, mehrfach zum besten regionalen Wochenmarkt der Niederlande gewählt. Außerdem gibt es rund um die Stadt inzwischen drei Winzer!

Westmünsterland → Karte S. 142

Reken

15.000 Einwohner

Genau in der Mitte zwischen den Baumbergen und der Lippe im Naturpark Hohe Mark gelegen, ist Reken der ideale Ort für alle, die Radtouren oder Wanderungen mit etwas Auf und Ab und dem steten Wechsel von Wald, Wiesen und Feldern mögen.

Auch wer sich die Sache mit einem E-Bike ein bisschen erleichtern möchte, ist bestens versorgt. Kein Ort im Münsterland hat eine so gute Infrastruktur in Sachen Ladestationen. Außerdem sorgt der Landschaftsschnitt dafür, dass man den besten Rundumblick auf das südliche und westliche Münsterland jenseits der Baumberge hat. Zudem ist Reken der Ort, an dem „der Blubb" in den Spinat kommt. Der und andere Gemüsesorten wachsen in und um Reken, bevor sie den Ort am Ende schockgefrostet verlassen.

Geschichte

Im 9. und 10. Jh. erscheint der Ort als Regnum im Heberegister des Klosters Werden. Der 1173 erstmals genannte Haupthof „Rekene" kam im 11. oder Anfang des 12. Jh. in den Besitz des Münsterschen Domkapitels und wurde 1815 preußisch.

Ökonomisch war die Gemeinde lange von Landwirtschaft und kleinen Handwerksbetrieben geprägt. Das änderte sich, als 1964 durch eine Vorgängerfirma von Iglo eine Produktionsstätte für Tiefkühlgemüse errichtet wurde. Bis zu 1.500 Beschäftigte hatte das Werk in Spitzenzeiten. Nach einer durch Besitzerwechsel und Missmanagement bedingten Krise ist man inzwischen wieder auf Wachstumskurs, hat die Vierstelligkeit bei den Beschäftigten im Blick und verarbeitet etwa 400 t Tiefkühlspinat pro Jahr. Hinzu kam in den letzten 30 Jahren eine Reihe von sehr erfolgreichen kleinen und mittleren Unternehmen.

Anschauen und unternehmen

Kirche St. Simon und Judas: Die zwischen 1200 (Turm) und 1530 errichtete zweischiffige Saalkirche wird seit dem Bau der Kirche St. Heinrich nur noch ab und an für Gottesdienste genutzt und ist sakrales Museum. Sie ist eine der wenigen Kirchen im Münsterland, die baulich nie verändert worden sind. Auch die wesentlichen Ausstattungsstücke (Altäre) sind seit ihrer Errichtung original an ihren Standorten verblieben und fast ausschließlich barocken Ursprungs. Das sakrale Museum präsentiert liturgisches Gerät, Bücher, Paramente und Skulpturen aus verschiedenen Epochen. Sie stammen aus dem Besitz der Kirchengemeinde oder sind Leihgaben des Kreises Borken.

▪ Im Sommerhalbjahr jeweils an einem Sonntag im Monat ab 10 Uhr geöffnet, sonst nach Vereinbarung. Hauptstr. 1, heimatarchiv-reken.de.

Maria Veen: Der Ortsteil ist durch die Gründung der katholischen Version der Bodelschwinghschen Anstalten Bethel Ende des 19. Jh. geprägt. Pfarrer Hermann Harrier und Politiker Max von Landsberg-Velen gründeten zunächst eine Arbeiterkolonie. Auf Vermittlung des Bistums Münster konnten Trappisten für den Betrieb einer größeren sozialen Einrichtung gewonnen werden. Sie bauten bis 1909 ein Klostergebäude samt Kirche, außerdem im trockengelegten Moor den Benediktushof und den Bernardushof. Die Einrichtungen blieben auch nach dem Fortzug der Trappisten 1952 bestehen. Heute ist der Benediktushof europaweit als vorbildlicher Wohn-, Ausbildungs- und Arbeitsort für psychisch kranke sowie körper- und mehrfachbehinderte Menschen bekannt.

Eremitage: Der örtliche Wallfahrtsort besteht aus einer Kapelle und einem Wohnhaus, in dem ein Mönch der Franziskaner bis 1880 als Eremit lebte. Die ursprüngliche Kapelle wurde bereits 1742 im Zusammenhang mit einer inzwischen versiegten heilkräftigen Quelle errichtet und der schmerzhaften Mutter Gottes geweiht. Sie wurde immer wieder erweitert und umgebaut, das heutige Ensemble besteht seit 1850. Vom Ortskern lässt sich die Eremitage über mehrere Wanderwege oder den Waldkreuzweg erreichen. Der Vogelpark Maria Veen (Drosselweg 11) lohnt einen kurzen Zwischenstopp.

Heimatmuseum: Auf einem Hügel erhebt sich weithin sichtbar die Rekener Turmwindmühle mit dem dicken Stumpf aus Bruchsteinen. Die Flügel haben eine Spannweite von 22 m. Von 1807 bis 1945 war sie im Einsatz, 1972 wurde sie zum Heimatmuseum.

▪ Mühlenberg 6. Buchung von Führungen über die Tourist-Information.

Wildpark Frankenhof: Zu sehen sind hauptsächlich einheimische Tierarten, nordamerikanisches Wild und einige wenige Exoten. Hinzu kommen eine Greifvogelschau, ein Streichelzoo, ein Abenteuerspielplatz und ein Märchenwald.

▪ März–Okt. tägl. 9–18 Uhr, Nov.–Feb. 10–17 Uhr. Eintritt 9 €, erm. 8 €, Familienkarte 5 €, bis 2 J. frei, Gruppenführungen ab 40 €. Frankenstr. 32, ✆ 02864-1715, wildpark-frankenhof.de.

Praktische Infos

Information **Tourist-Info Reken,** Kirchstr. 14, ✆ 02864-944035, reken.de.

Verbindungen Über drei Bahnhöfe (nur der in Maria Veen liegt ortsnah) stdl. Züge nach Coesfeld und Essen. Der Schnellbus Münster–Borken–Bocholt hält am Ortsrand von Groß Reken und Maria Veen, deshalb dort Fahrradabstellplätze. Ein Regiobus verbindet die Ortsteile sowie die Bahnhöfe mit Reken und Borken.

Stadtführungen Über die Tourist-Information kann Kontakt zu Heimatvereinen bzw. Gästeführern hergestellt werden. Sie informiert auch über Werksbesichtigungen bei Iglu.

Markt Freitag am Nachmittag im Ortsteil Groß Reken.

Einkaufen **Hof Keil,** Di–Fr 9–18.30 Uhr, Sa 10–14 Uhr. Rindfleisch aus Hausschlachtung und weitere Fleischwaren. Hadenbrok 9, Groß Reken, ✆ 02864-1855, hof-keil.de.

Schwimmen **Frei- und Hallenbad Reken,** im Sport- und Freizeitpark, der keine Wünsche offenlässt. Berge 2, ✆ 02864-944500.

Rund um Reken wird viel Weidewirtschaft betrieben

Westmünsterland → Karte S. 142

Wandern Ab allen Bahnhöfen sind lokale Wanderrouten ausgeschildert. Der **Bewegungspark** am Bahnhof Reken bringt einen zusätzlich in Schwung. Wer länger im Ort bleibt, sollte sich den Wandertourenplaner der Tourist-Info besorgen. Wer plant, die Aussicht vom Melchenberg-Turm zu genießen, der sei vorgewarnt: Es warten 168 Stufen und eine offene Stahlkonstruktion. Der Mast liegt am 1,4 km langen Walderlebnispfad.

Radfahren Die Tourist-Info gibt eine Broschüre mit zehn Tourenvorschlägen heraus (10 bis 26 km lang). Alle Hotels und die Tankstelle Schleunig verleihen Räder. Ladestationen für E-Bikes an den Bahnhöfen, Hotels und vielen Gastronomiebetrieben.

Reiten **Islandpferde-Gemeinschaft,** Frankenstr. 41, ✆ 02864-883663, ipg-reken.de.

Klettern Niedrigseilgarten Groß Reken.

Essen **Alter Garten,** westfälischer Gasthof mit viel Atmosphäre und guter Regionalküche, auch Wild. Mi–Fr 11.30–14.30 Uhr und 17–22 Uhr, Sa/So/Feiertage 11.30–22 Uhr, Mo/Di Ruhetag. Dorfstr. 14, ✆ 02864-1053, altergarten.de. **€€**

Wirtshaus Heiming, lohnt für Freunde schmackhafter Wirtshausküche. Mi/Do 16.30–23 Uhr, Fr–So und Feiertage 11–23 Uhr, Mo/Di Ruhetag. Dorfstr. 11, ✆ 02864-1600, wirtshaus-heiming.de. **€€**

Mein Tipp **Eis Lounge Maria Veen,** was in der vom benachbarten Benediktushof als integratives Projekt auf den Weg gebrachten Eisdiele in Hörnchen und Becher kommt, lohnt auch eine weitere Anreise. Tägl. 12–20 Uhr, im Winter kürzer und Ruhetage. Poststr. 23, ✆ 02864-9508710, eislounge-reken.de. **€**

Übernachten **Altes Amtshaus Reken,** sehr stylisch eingerichtetes Boardinghouse. Wer möchte, bekommt im benachbarten Café Mensing ein schmackhaftes Frühstück. Hauptstr. 23, ✆ 02864-948789, altesamt.de. **€**

Mein Tipp **Hotel Lütkebohmert,** Traditionshaus in Maria Veen, das allem gerecht wird, was ein Gast von einem Landhotel erwarten kann. Landsbergstr. 25, ✆ 02864-1232, hotel-luetkebohmert.de. **€€€**

Jugendherberge Reken, Coesfelder Str. 18, ✆ 02864-1023, jugendherberge.de. **€**

Camping **Campingpark Groß Reken,** direkt an der Sport- und Erholungsanlage Reken. Berge 4, ✆ 02864-4494, campingnrw.de.

Campingplatz und Reiterferien Brockmühle, Zum Heubach 34, ✆ 02864-7759, gerwert-camping.de.

Dazu kommt der **Reisemobilstellplatz** der Gemeinde Reken, Berge 2a, ✆ 02864-944035.

Der etwas andere Naturpark

Der Naturpark Hohe Mark zählt in seiner heute existierenden Form zu den größten der knapp hundert Naturparks in Deutschland. Den Reiz macht nicht seine Größe aus, sondern die Vielfältigkeit der Kultur- und Naturlandschaften, die in besonderer Weise geschützt werden. Im Süden grenzt er an das Ruhrgebiet (Bergbaufolgelandschaft). Der Norden und Osten ist der hügelige und waldreiche Teil mit viel Wild, während es im Westen flach und moorig wird. Auen- und Heidelandschaften gibt es an vielen Stellen, mit der Lippe und den Seen in Haltern dazu noch zwei Gewässer. Das Alleinstellungsmerkmal ist, dass aus dem Kern größerer Städte direkt in den Park hineingewandert oder -geradelt werden kann und das ÖPNV-Netz die unterschiedlichsten Touren von nur einem Ausgangspunkt ermöglicht. Seit 2021 gibt es mit dem Hohe-Mark-Steig einen Fernwanderweg, mit den sog. Landstreifern ortgebundene Rundwege und 2023 folgte die Hohe-Mark-Radroute (→ S. 133).

■ Führungen können über den Naturparkführer Hohe Mark e. V. gebucht werden. naturparkfuehrer-hohe-mark.de, naturpark-hohe-mark.de.

Tour 7: Im Naturpark Hohe Mark → S. 367
Panoramareiche Tour zwischen Reken und Haltern als „Appetitanreger" in Sachen Hohe-Mark-Steig.

Umgebung von Reken

Im Nachbarort **Heiden** (8.000 Einwohner), der 870 erstmals in Urkunden des Klosters Werden erwähnt wurde, lässt sich anschauen, wozu Modernisierungsdrang führen kann. Alle irgendwie kriegsbeschädigten Gebäude im Ortskern wurden Anfang der 1970er-Jahre entfernt, darunter die katholische Kirche. Anschließend entstand auf einem Acker ein völlig neuer Ortsmittelpunkt mit Rathaus und Kirche. Die Bauten am Rathausplatz sind durchweg keine Schönheiten. Weniger Münsterland im Ortskern einer Stadt oder Gemeinde geht nicht. Wahrzeichen des Ortes sind die Düvelsteene (Teufelssteine), ein Steingrab aus der Trichterbecherkultur (Jungsteinzeit) zwischen 3500 und 2800 v. Chr. Knapp 3 km Fußweg (beschildert) sind es aus der Ortsmitte. Im Wellenbad kommen Schwimmer auf ihre Kosten.

Information **Tourist-Info Heiden,** Rathausplatz 1, ✆ 02867-9770, heiden.de.

Verbindungen Schnellbus nach Münster und Borken hält am Ortsrand. Stdl. Zug nach Essen und Borken, der Bahnhaltepunkt liegt 3 km vom Ort entfernt.

Markt März–Sept. einmal im Monat Abendmarkt mit begleitendem Gastro- und Kulturprogramm, genannt **HeiDinner.**

Schwimmen **HeidenSpassBad,** Am Sportzentrum 3, ✆ 02867-8333.

Bauernminigolf Unterhaltsame 12 Bahnen beim Hotel Beckmann.

Reiten **Höings-Hof Heiden,** für Kinder (9–17 J.). Drögen Bokelt 3, ✆ 02867-247, hoeings-hof.de.

Mein Tipp **Essen** **Zum Schwaben,** denn im Münsterland darf auch mal eine andere Regionalküche auf den Tisch kommen. Mi–So 17–24 Uhr, Mo/Di Ruhetag. Borkener Str. 2, ✆ 02867-1538, gaststaette-zumschwaben.de. **€€**

Übernachten **Landhotel Beckmann,** das klassisch westfälisch eingerichtete Hotel ist mit Kinderspielscheune und Tiergarten im Westmünsterland eine gute Basis für Urlauber mit Kindern. Borkener Str. 7a, ✆ 02867-97470, landhotel-beckmann.de. **€€**

Hotel Dunckhöfner, seit 80 Jahren in Familienbesitz, zweckmäßig eingerichtete Zimmer, gute Küche. Rekener Str. 2, ✆ 02867-95151, dunckhoefner.de. **€€**

Raesfeld

11.000 Einwohner

Ein Schlossturm so hoch, dass er zur Landmarke wird, dazu ein Renaissance-Tierpark und eine nicht enden wollende Zahl idyllischer Ausblicke machen Schloss Raesfeld zu einem beliebten Ziel von Brautpaaren und Wochenendausflüglern.

Das Heberegister der Abtei Werden erwähnt den Ort als „Hrothusfelda" erstmals 889. 1458 brannte im Zuge der Münsterschen Stiftsfehde das gesamte Dorf nieder. Der Ort konnte sich nach all den Kriegen erst am Ende des 18. Jh. entwickeln und wurde ab den Wirtschaftswunderjahren beliebtes Ausflugsziel für Familien aus dem Ruhrgebiet.

Westmünsterland → Karte S. 142

Anschauen und unternehmen

Schloss Raesfeld: Im Jahr 1117 wurde hier eine erste Burg gebaut, die 1259 abbrannte. Unter Ritter Siymon von Gemen, der sich fortan „von Raesfeld" nannte, entstand eine neue Burg, die Ende des 16. Jh. in den Besitz derer von Velen kam. Von 1643 bis 1658 ließ Reichsgraf Alexander II. von Velen, der „westfälische Wallenstein", die Anlage zum Residenzschloss ausbauen. In der ersten Hälfte des 18. Jh. starb das Geschlecht der von Velen zu Raesfeld aus, das nur noch unregelmäßig bewohnte Schloss verfiel allmählich. 1822 erwarb es der Freiherr von Landsberg-Velen und richtete dort später einen Gutshof mit landwirtschaftlichem Betrieb ein. In der Zeit der Weimarer Republik war das Schloss Ort vieler Treffen der katholischen Schüler- und Studentenbewegung Bund Neudeutschland, die es kurzzeitig als „Bundesburg" nutzte. Nach dem Zweiten Weltkrieg ließen die Handwerkskammern des Landes Nordrhein-Westfalen als neue Besitzer die Gebäude restaurieren. Heute ist das Schloss mitsamt der Schlossfreiheit ein Schmuckstück und Sitz der Fort- und Weiterbildungseinrichtung der Handwerkskammern. Es wird für Tagungen und Seminare vermietet. Außerdem finden insbesondere im Park immer wieder kulturelle Veranstaltungen statt.

Schloss Raesfeld

Der Schlossturm ist mit seinen 52,5 m der höchste in Westfalen.

▪ Das Schloss kann nur von außen besichtigt werden. Für Gruppenführungen inkl. Schlosskapelle (40 €) muss man sich an die Tourist-Info wenden. Sie ist nebenan im Park in einem Glaskubus untergebracht. Hotel Schloss Raesfeld → Übernachten.

Schlossfreiheit: Brautpaare aus ganz Deutschland und den Nachbarländern sorgen dafür, dass in der Schlosskapelle St. Sebastian in den Sommermonaten am Wochenende bis zu sechs kirchliche Trauungen stattfinden. In der Regel waren die Brautleute vorher im Schloss, denn die Trauzimmer befinden sich dort im Kamin- und Verlieszimmer. Führungen durch das 1658 errichtete Gebäude mit Barockaltar müssen deshalb angemeldet werden. Im „bleiernen Herz", das sich an der rechten Chorseite in einer Wandnische befindet, ruht das Herz des 1733 verstorbenen Reichsgrafen Christoph Otto von Velen.

Museum am Schloss: Um nicht all das zu präsentieren, was es in anderen Heimatmuseen auch schon gibt, ging der Heimatverein Raesfeld einen besonderen Weg. Gezeigt wird eine Dokumentation zu NS-Herrschaft und Weltkrieg in einer kleinen Münsterland-Gemeinde, eine in Westfalen einmalige Ausstellung.

▪ Apr.–Okt. Sa/So/Feiertage 14–18 Uhr. Eintritt frei, Spenden erwünscht, Führungen auf Anfrage. Freiheit 19, heimatverein-raesfeld.de.

Tiergarten: Im Stil der Renaissance angelegt, bietet er unterschiedlichste Naturräume, weitläufige Wiesen- und Waldflächen, malerische Seen und Tiererlebnisgarantie (Wildgatter). Drei Rundwanderwege sind frei zugänglich. Das Naturparkhaus am Eingang gibt einige Informationen zum Tierpark. Für Kinder gibt es das 5.000 m² große Naturerlebnisgelände mit Kletter- und Balancierpfaden, Niedrigseilgarten, Zapfenweitwurfanlage, Astbaustelle u. v. m.

Eine Wanderung in den Ortsteil Erle lohnt die Femeiche, mit 1.500 Jahren nachweislich einer der ältesten Bäume Deutschlands.

Praktische Infos

Information **Tourist-Info im Naturparkhaus,** Tiergarten 1, ✆ 02865-60910, raesfeld.de.

Verbindungen Kein Bahnanschluss. Regiobusse nach Borken, Dorsten und Schermbeck.

Stadtführungen Ein Dutzend verschiedene Angebote sind über die Tourist-Info buchbar. Interessant für Kinder ist die Smartphone-Schnitzeljagd im Tiergarten, gut kombinierbar mit dem Besuch des Naturerlebnisgeländes.

Markt Mittwoch und Freitag am Vormittag.

Einkaufen **Hofladen Vennekenhof,** auch Gastronomie mit Biergarten. Mi–So 11.30–18 Uhr. Vennekenhof 29, ✆ 02865-2989931, vennekenhof.de.

Kornbrennerei Böckenhoff, Lädchen, das auch Beilagen zu den Spirituosen verkauft. Besichtigungen möglich. Mo–Fr 10–18.30 Uhr, Sa 10–14 Uhr. Kirchplatz 2, Erle, ✆ 02865-217, kornbrennerei-boeckenhoff.de.

Gut Böckenhoff, saisonal Spargel, Erdbeeren, Blaubeeren, Haselnüsse. Im Sommer tägl. 9–18 Uhr, im Winter eingeschränkt. Am Bakenhof 1, ✆ 02865-8012, gut-boeckenhoff.de.

Wandern Neben der Tour zu Schloss, Schlosspark und Tierpark sind weitere Ortswege ausgeschildert. Vom Ort aus starten die Etappen des Hohe-Mark-Steigs, die das Münsterland gen Westen verlassen. In Hünxe wartet das Otto-Pankok-Museum auf Besucher, in Wesel der Moorerlebnisweg Diersfordter Wald.

Radfahren Fünf Touren ins Umland mit einer Länge von 40 bis 55 km.

Reiten **Reiterhof Erler Heide,** Alter Postweg 10, ✆ 02865-6136, reiterhof-erler-heide.de.

Essen **Freiheit 24,** Restaurant, das den gesamten Tag über bestens auf Ausflügler eingestellt ist und auch am Abend allen gefallen dürfte, die einer leicht trutzigen Atmosphäre etwas abgewinnen können. Do–Di 11–22 Uhr, Mi Ruhetag. Freiheit 24, ✆ 02865-6094 631, freiheit-24.de. **€€**

Mein Tipp **Adelheids Spargelhaus,** geboten wird von Ende April bis Ende Juni natürlich alles, was sich aus dem Edelgemüse machen lässt, und drüber hinaus schmackhafte Crossover-Küche. Reservierung wird vorausgesetzt. Mo u. Mi–Sa 17–20.30 Uhr, Mi–Fr u. Sa auch 11.30–14 Uhr, So/Feiertage 11.30–20.30 Uhr, Di Ruhetag, außerhalb der Spargelzeit (1. April–24. Juni) Mo/Di/Mi Ruhetag. Rhader Str. 69, ✆ 02865-8011, adelheids-spargelhaus.de. **€€**

Mein Tipp **Mahl und Meute,** die Gastronomie im Schlossinnenhof fühlt sich kulinarisch der modernen Steak-Küche verpflichtet. Mi–So 17–22 Uhr, Mo/Di Ruhetag. Freiheit 27, ✆ 02865-20440, mahlundmeute.de. **€€€**

Übernachten **Hotel am Tiergarten,** kleines Haus am Schloss mit geschmackvoll eingerichteten Zimmern. Freiheit 28, ✆ 02865-6094 632, hotel-am-tiergarten.de. **€€€**

Mein Tipp **Hotel Schloss Raesfeld,** ja, es kann im Schloss genächtigt werden, und das hat viel Atmosphäre, weil die Einrichtung der Zimmer mit der historischen Bausubstanz gut harmoniert. Freiheit 25–27, ✆ 02865-60840, akademie-des-handwerks.de. **€€€**

Westmünsterland → Karte S. 142

Dorsten

75.000 Einwohner

Bergbaustadt im Süden und Osten, Münsterland-Idylle nördlich der Lippe. Wer sich beim Radfahren mit einer Tour in die Hohe Mark (→ S. 182) etwas fordern und lieber einen Tagesausflug nach Essen im Ruhrgebiet als nach Münster machen möchte, ist hier richtig.

Münsterland oder nicht? Diese Frage beschäftigt auch heute noch Einheimische wie Touristiker. Wer ein Formalist ist, weist darauf hin, dass nur die 1975 eingemeindeten Ortsteile nördlich der Lippe Münsterland sein können, also Lembeck, Rhade und Wulfen. Denn Alt-Dorsten war kurkölnisch und eben nicht von Münster aus beherrscht. Wer eine Nähe zu Bergbau und Industrie hat, positioniert Dorsten als Ruhrgebietsstadt, wem Wiesen und Felder näher sind, der spricht vom „Tor zum Münsterland". Für die Zugehörigkeit zum Münsterland spricht, dass die Stadt sehr katholisch geprägt (u. a. durch zwei Klöster) und – bei aller Bergbauromantik – eine Hochburg der CDU ist. Zwei TV-bekannte Sterneköche haben dafür gesorgt, dass sich in der Stadt nicht nur bei ihnen bestens speisen lässt.

Geschichte

Erste Besiedlungsspuren gibt es aus der Bronzezeit. Im heutigen Ortsteil Holsterhausen gab es ein bedeutendes Römerlager. Danach werden einige Höfe erwähnt und in Schriften des Klosters Werden als „Durstinon" verzeichnet. 1176 und 1179 wird der Name „Villa Durstine" in Dokumenten des Kölner Kurfürsten eingetragen. Diese historische Gemeinde Dorsten, welche südlich der Lippe lag, erhielt 1251 die Stadtrechte durch den kurkölnischen Landesherrn. Ab 1334 schützte sich Dorsten mit einer Stadtmauer, von der heute nur noch wenig erhalten ist. Ebenfalls im 14. Jh. wurde die Stadt wegen ihrer verkehrsgünstigen Lage an der Lippe Mitglied der Hanse. Auch als sog. Kleine Hansestadt genoss sie alle damit verbundenen Handelsprivilegien, was ihr einen beträchtlichen Wohlstand einbrachte.

1803 ging Dorsten an das Herzogtum Arenberg und 1816 an Preußen. In all der Zeit gehörte die Stadt zum Vest Recklinghausen, aus dem später weite Teile des Kreises Recklinghausen gebildet wurden. Erst Mitte des 19. Jh. erholte sich die Stadt von den Kriegen und Belagerungen der vorausgegangenen knapp 200 Jahre. Diverse Industriezweige, u. a. Textil- und Metallindustrie, etablierten sich. Erst 1912 begann der Kohleabbau. Dorstens Altstadt war am Ende des Zweiten Weltkrieges zu 80 % zerstört, Folge eines Bombardements am 22. März 1945.

Seit 1990 ist die Stadt mit dem Strukturwandel konfrontiert, auch wenn erst 2001 die letzte Zeche geschlossen wurde und noch bis 2009 der Bergbau unter der Stadt weiterging. Inzwischen hat Dorsten mehr Arbeitsplätze als zu Zeiten des Bergbaus. Auf der Gefühlsebene ist diese Erfolgsstory aber bei vielen Einheimischen noch nicht angekommen.

Anschauen und unternehmen

Schloss Lembeck: Das bedeutendste Bauwerk der Stadt liegt nördlich der Lippe und ist sozusagen die Südspitze des Münsterlandes. Die letzte Lembecker Erbin heiratete im Jahr 1526 in die Familie von Westerholt ein, sodass der Name erlosch. Von 1670 bis 1692 ließ Dietrich Conrad Adolf von Westerholt-Hackfurt die Anlage zu einem der größten Wasserschlösser des Münsterlandes aus- und umbauen. 1730 erfolgte durch Johann Conrad Schlaun mit der Schaffung des Festsaals ein erneuter Umbau. Nach weiteren Umbauarbeiten wurde westlich des Schlosses ein Barockgarten nach französischem Vorbild angelegt. Als Dietrich Conrad Adolf 1702 ohne männliche Nachkommen starb, heiratete seine Erbtochter den Wolbecker Drosten Ferdinand Dietrich Freiherr von Merveldt zu Westerwinkel. Bis heute befindet sich das Schloss im Besitz der Familie von Merveldt.

Das Schloss liegt auf zwei Inseln, umgeben von einer großen Wassergrabenanlage. Die Gebäude sind entlang einer durchschreitbaren Ost-West-Achse von etwa 500 m Länge aufgereiht, was für eine Barockanlage ungewöhnlich ist. Von der 200 m langen Schlossallee kann man über die zwei Zugbrücken durch den Torbogen auf das Tor der Hauptburg schauen. Während die Vorburg eine Dreiflügelanlage ist, hat das Herrenhaus nur zwei Flügel.

Das Schlossmuseum in Teilen des weiterhin von der Grafenfamilie bewohnten Schlosses informiert über die Geschichte der Anlage, das Heimatmuseum über die Lembecker Ortsgeschichte. In der Schlossküche präsentiert die Merveldt-Galerie Werke des Künstlers HH von Merveldt (1901–1969).

Der Park, ursprünglich eine klassische französische Barockanlage, wurde von den Vorfahren der heutigen Besitzer in einen englischen Landschaftsgarten umgewandelt und hinsichtlich seiner Fläche etwas reduziert. Schneisen im Wald deuten noch auf den alten Park hin. Die Anlage heißt heute Heinrich-Nottelmann-Park und bietet 150 verschiedene Rhododendronarten und 70 weitere Baumarten. Der ehemalige Leiter der Schlossgärtnerei hatte den Privatgarten und ein Stück Park ab 1960 entsprechend ausgebaut. Im Schloss-Café können am Ende der Besichtigung verbrauchte Kalorien wieder aufgenommen werden.

▪ Von Ostern bis Ende Oktober Sa/So/Feiertage 11–16 Uhr, Heimatmuseum 13–18 Uhr. Weitere Termine nach Voranmeldung. Eintritt 6 €, erm. ab 3,50 €, bis 3 J. frei, reduzierter Tarif für Parkbesuch ohne Führung. Der Park ist bis 18 Uhr geöffnet. Weitere Besichtigungen nach Vereinbarung. Schloss 2, ✆ 02369-7167, schloss lembeck.de.

Alt-Dorsten: Zentrum der Stadt ist die ehemalige Hansestadt Dorsten, deren Kernbereich vom alten Marktplatz, der St.-Agatha-Kirche und einem erkennbar mittelalterlichen Straßenverlauf geprägt ist. Das Alte Rathaus aus der Zeit der Renaissance dominiert den Marktplatz. Die Grundmauern gehen auf das 13. Jh. zurück. Das heute zu sehende Bauwerk wurde um 1567 errichtet und war auch Stadtwaage. Mit einer Vorhalle versehen und einem zusätzlichen Stockwerk ausgestattet, diente es bis 1902 seinem administrativen Zweck. Zwischen 1935 und 2003 beherbergte es ein Heimatmuseum. Inzwischen ist es Standesamt und Repräsentationshaus der Stadt.

St.-Agatha-Kirche: Im 11. Jh. gründete das Stift Xanten die erste Kirche in Dorsten. Im 13. Jh., also direkt nach der Stadtgründung, wurde die St.-Agatha-Kirche an heutiger Stelle errichtet. Am 22. März 1945 kam es zu ihrer vollständigen Zerstörung. Viele Kunstwerke verbrannten, das Inventar wurde unbrauchbar. Die Gemeinde entschloss sich deshalb zum Wiederaufbau mit „Trümmerbeton“, d. h., Steine und Marmorreste des alten Gebäudes wurden verwendet und sind bis heute sichtbar. Die Kirche wurde so zu einem Sinnbild für unsinnige Zerstörung und unendliches Leid eines jeden Krieges.

Westmünsterland → Karte S. 142

Dorstens ehemalige Wallanlagen sind heute ein Ort zum Verweilen

Barkenberg – ein Irrweg des Städtebaus

Ende der 1950er-Jahre stand zur Diskussion, in Wulfen, das damals noch eine selbstständige Gemeinde war, eine Doppelzeche mit rund 8.000 Beschäftigten zu errichten. Der Wohnraum für die Kumpel sollte aber nicht in Form einer klassischen Zechensiedlung entstehen, sondern als Großwohnsiedlung. 1961 wurde ein Städtebauwettbewerb ausgeschrieben, den der Berliner Architekt Fritz Eggeling gewann. Eggeling verstarb allerdings noch in der Planungsphase, und so waren es seine Mitarbeiter, die die Planung eines der größten Irrtümer in der Wohnungsbaugeschichte der Nachkriegszeit zum Abschluss brachten: die Neue Stadt Wulfen, vor Ort Barkenberg genannt. Bis heute ist sie Gegenstand architektonischer Fachdiskussionen und wissenschaftlicher Arbeiten.

Neben modernen Wohnkomfortleistungen wie dem flächendeckenden Einbau elektrischer Heizungen und neuen Ansätzen bei der Planung von Grünflächen war auch ein innovatives Verkehrskonzept vorgesehen: Man knüpfte ein wabenförmiges Straßennetz, bei dem stets rechts vor links galt, und plante Unterführungen und Fußgängerbrücken, sodass keine Ampeln nötig wären, nur hier und da Zebrastreifen und Verkehrsinseln. Am Ende sollten Wohnungen für bis zu 50.000 Menschen entstehen, inklusive klassischer städtischer Infrastruktur (Rathaus, Krankenhaus, Kaufhaus, Busbahnhof usw.) unter Einbeziehung (Alt-)Wulfens. Doch schnell wurde klar, dass im Bergwerk nur um die 500 Kumpel arbeiten würden, sodass die Kapazitätsplanungen im Jahr 1970 auf 30.000 potenzielle Bewohner reduziert wurden. Die geplante Ringstraße endete als Halbkreis. Auch das vorgesehene Stadtzentrum blieb unvollendet.

Hinzu kamen bauliche Fiaskos. Das erste war die sog. Metastadt, ein experimenteller Gebäudekomplex aus vorgefertigten Stahlbauteilen. Er wurde aufgrund von Baumängeln 1987 wieder abgerissen. Ein Fehlschlag war auch der Versuchsbau Habiflex, dessen Wohnungen mit flexiblen Innenwänden ausgestattet waren, die allerdings wesentlich mehr Probleme verursachten, als sie Vorzüge boten, und heute Abrissruinen sind. Parallel dazu wurde klar, dass auch die 30.000 Einwohner nicht zu erreichen waren. Barkenberg wurde immer mehr zum sozialen Brennpunkt und Verkehrsregeln zu einem Vorschlag - das innovative Verkehrskonzept behagte vielen nicht. Wegen immer größer werdender Leerstände begann die Stadt Dorsten ab 2007 mit einem Stadtumbau. Bis 2015 kam es zu Abbruch, Rückbau auf vier Stockwerke und Modernisierung von Wohngebäuden. Etwas über 8.000 Menschen leben heute in Barkenberg. Leerstände bei Geschäften und Wohnungen gibt es noch immer. Der Abriss der zur Ruine verkommenen Einkaufszeile erfolgte 2023. Acht Jahre nach dem Start des teilweisen Rückbaus wird unter Fachleuten dennoch die Frage diskutiert, ob sich aus der Grundidee heute in Sachen moderner Städtebau nicht doch noch etwas machen ließe.

Wallanlagen: Die ehemaligen Wall- und Grabenanlagen sind heute mit Wasserbecken und Grünbepflanzungen am Recklinghäuser Tor und dem Platz der Deutschen Einheit zu einer innenstadtnahen Erholungszone geworden.

Hafen: Lippe und Wesel-Datteln-Kanal haben das Gesicht der Stadt und ihre wirtschaftliche Entwicklung entscheidend geprägt. Zwar ist die Lippe nicht mehr Lebensader wie zu Zeiten der Hanse, dennoch gehören Schiffe zum Stadtbild. Heute legen Schubschiffe und Schlepper im Kanalhafen vor der Altstadt an. Die alten Treidelpfade an der nicht mehr schiffbaren Lippe sind jetzt Rad- und Wanderwege.

Jüdisches Museum: Die Entstehung des Jüdischen Museums Westfalen geht auf eine Bürgerinitiative und Geschichtswerkstatt zurück, die Forschungsgruppe „Dorsten unterm Hakenkreuz". Aus dieser Gruppe und ihren regionalgeschichtlichen Forschungen entstand 1987 ein Verein, der sich den Aufbau eines Dokumentationszentrums nicht nur zur NS-Zeit, sondern zum jüdischen Leben in Stadt und Region allgemein vornahm. 1992 eröffnete das Museum, 2001 wurde es erweitert. Ein Teil ist in einem Gebäude untergebracht, das die Nazis einst für die Einrichtung einer Haushaltsschule in Besitz nahmen.

▪ Di–Fr 12–12.30 Uhr und 14–17 Uhr, Sa/So/Feiertage 14–17 Uhr. Eintritt 5 €, erm. 2,50 €, bis 10 J. frei, Führungen nach Vereinbarung. Julius-Ambrunn-Str. 1, ✆ 02362-45279, jmw-dorsten.de.

Zechensiedlung Fürst Leopold: Die ab 1911 errichtete Siedlung Fürst Leopold in Hervest ist eine der schönsten Gartenstädte im Ruhrgebiet. Seit 1988 steht sie unter Denkmalschutz. Das Zechengelände heißt heute CreativQuartier und vereint Kunst, Kultur, Literatur, Gastronomie und Handel.

▪ creativquartier-fuerst-leopold.de

Tisa-Erinnerungsgarten: Die Künstlerin Tisa von der Schulenburg (1903–2001)

Jüdisches Museum Westfalen

hatte über ihren Bruder und Onkel Kontakt zur Gruppe um Hitler-Attentäter Stauffenberg und engagierte sich im Widerstand. 1950 konvertierte sie zum katholischen Glauben. Die da schon zweimal geschiedene Frau trat ins Ursulinenkloster in Dorsten ein, wurde Schwester Paula. Sie arbeitete weiter als Künstlerin, außerdem als Lehrerin am St.-Ursula-Gymnasium. Stelen vor dem Kloster erinnern an ihr Leben und Werk. Eine von ihr eingesetzte Stiftung arbeitet im CreativQuartier.

Das Kloster selbst wurde 1699 gegründet und betrieb schon immer eine Mädchenschule.

▪ Ursulastraße (Garten), Ostgraben (Kloster)

Franziskanerkloster: Seit 1488 sind auch Franziskanermönche in Dorsten ansässig, und zwar immer an dem Standort, an dem sich das Kloster heute noch befindet. Es wurde im zweiten Weltkrieg komplett zerstört und mit massiver Hilfe der Bevölkerung schnell wiederaufgebaut. Seit 1977 existiert ein Neubau.

▪ Lippestr. 5

Hervester Bruch: An sich sind die massiven Bergsenkungen als Folge des Steinkohleabbaus das Ärgernis Nummer eins für Hausbesitzer, doch im Fall des unbebauten Hervester Bruchs waren sie ein Segen. So füllte sich das einstige Feuchtgebiet wieder und entstand

Westmünsterland → Karte S. 142

neu. Heckenrinder und Wasserbüffel sorgen neben Wasser- und Wiesenvögeln nicht nur für die Landschaftspflege. Ein kurzer Wanderweg führt in das Gebiet hinein. Über den Naturschutz in der Region informiert die Biologische Station Kreis Recklinghausen auf dem Hof Punsmann am Wanderparkplatz 13 der Stadt.

▪ Besenkamp 12, biostation-re.de.

Praktische Infos

Information **Stadtinfo Dorsten,** Recklinghäuser Str. 20, ✆02362-308080, stadtinfo-dorsten.de.

Verbindungen Mind. stdl. Züge nach Dortmund, Essen, Borken und Coesfeld, Regionalbusse in die Umlandgemeinden, Stadtbusnetz.

Stadtführungen Verschiedene Angebote sind über die Stadtinfo buchbar.

Markt Montag, Donnerstag und Samstag auf dem Marktplatz, Freitag in Holsterhausen, Dienstag und Freitag in Hervest und Wulfen.

Einkaufen **Ziegenkäserei Hof Sondermann,** Michaelisweg 10, ✆02369-77138.

Schwimmen **Atlantis Freizeitbad,** Konrad-Adenauer-Platz 1, ✆02362-95170, atlantis-dorsten.de.

Wandern Sechs lokale Wanderwege mit einer Länge von 3,2–11,7 km sind ausgeschildert.

Radfahren Wer nur durch Dorsten radeln will, kommt an der **Bürgermeister-Radtour,** erhältlich in der Stadtinfo, nicht vorbei; dazu weitere Touren, auch ins Umland, von 25 bis 88 km Länge. Empfehlenswert für Reisende mit Kindern ist eine Fahrt mit dem Rad entlang des Wesel-Datteln-Kanals in Richtung Westen bzw. mit dem Auto bis zum Wanderparkplatz Gahlener Straße in Hünxe. An Kanal und Lippe entlang führt in Hünxe und Schermbeck der 20 km lange Radweg Ku(h)lturlandschaft, wo sich (fast) alles über Milchwirtschaft in Erfahrung bringen lässt (kuhlturlandschaft.de).

Radstation mit Verleih am Bahnhof, ✆02362-952763.

Kanu Diverse Tourenmöglichkeiten auf der Lippe. Infos unter lippe-kanu-touren.de.

Eissport **Eishalle Dorsten,** Crawleystr. 10, ✆02362-27682, eissporthalle-dorsten.de.

Essen **Maas-Timpert,** zwei junge Köche bieten regionale Klassiker und verbinden regionale Zutaten mit Klassikern aus anderen Ländern. Do–So 17.30–22 Uhr, Mo/Di/Mi Ruhetag. Bochumer Str. 162, ✆02362-22630, maas-timpert.de. **€€€**

Mein Tipp **Goldener Anker,** das einst auf gutbürgerliche Küche ausgerichtete Lokal der Familie Freitag in der Innenstadt wurde mit Übernahme durch Sternekoch Björn Freitag zum Treffpunkt von Gourmets, und das lange vor dessen Einstieg ins TV-Geschäft. Mo–Fr 18–24 Uhr, Sa/So Ruhetag. Lippetor 4, ✆02362-22553, bjoern-freitag.de. **€€€€**

Mein Tipp **Rosin,** im Ortsteil Wulfen hat der zweite Sternekoch, Frank Rosin, sein Restaurant. Besonders opulent ist bei ihm die Weinauswahl. Seit 1991 widmet er sich schon der gehobenen Küche, während seine Oma einst einen bei den Bergleuten beliebten Imbiss betrieb (Glückauf-Grill in der Glückaufstraße in Hervest, den Rosin 2022 vor dem Aus bewahrte). Di–Sa 18–24 Uhr, So/Mo Ruhetag. Hervester Str. 18, ✆02369-4322, frankrosin.de. **€€€€**

Mein Tipp **Trattoria Sardegna,** wer die Küche Sardiniens mag, sollte sich auf den Weg in die Trattoria von Bruno machen. Di–Do 17–23 Uhr, So auch 12–14 Uhr und 17–23 Uhr, Mo Ruhetag. Wulfener Str. 12, ✆02369-208733, trattoria-sardegna.de. **€€**

Mein Tipp **Taverna Angelos,** wirklich authentisches griechisches Essen. Fr–Di 17–22.30 Uhr, So ab 12 Uhr, Mi/Do Ruhetag. Gahlener Str. 13, ✆02362-7963670, taverna-angelos.de. **€€**

Zum blauen See, im Windschatten von Rosin und Freitag setzt Thomas Püttmann auf mediterrane Speisen und heimisches Wild. Schöner Biergarten. Mi–So 12–15 Uhr u. 17–23 Uhr, Mo/Di Ruhetag, Luisenstr. 42, ✆02362-62357, thomas-puettmann.com. **€€€**

Curry Station 52, Imbiss in einer ehemaligen, schon lange denkmalgeschützten Tankstelle aus den 1950er-Jahren. Insbesondere bei Dunkelheit hat der Imbiss die Anmutung eines Ufos. Mo–Sa 11.30–20 Uhr, So Ruhetag. Bochumer Str. 52. **€**

Café Schloss Lembeck, kleines, gemütliches Café-Restaurant direkt am Schloss, das sehr leckere Torten herstellt, auch kleine Geschenkstube. Im Frühling/Sommer Di–So 10–18 Uhr, im Herbst/Winter nur bis 17 Uhr, Mo Ruhetag. Schloss 2, ✆02369-76892, cafe-schlosslembeck.de. **€**

Übernachten **Akzent Hotel Albert,** familiengeführter Betrieb etwa 1,5 km vom Stadtzentrum entfernt. Borkener Str. 199, ✆ 02362-94790, hotel-albert.de. **€€**

Das kleine Landhotel, direkt an der Lippe gelegenes Hotel mit eher alpin anmutendem Ambiente. Söltener Landweg, ✆ 02362-94690, das-kleine-landhotel.de. **€€**

Camping **Freizeitpark Tillessensee,** Bestener Str. 252, tillessensee.freizeit-oasen.de.

Bocholt

71.000 Einwohner

Die drittgrößte Stadt der Region ist Einkaufsstadt auch für das Umland bis in die Niederlande hinein. Für Burgen und Schlösser sind ausnahmsweise mal die Nachbarorte zuständig.

Bocholt hält mit dem LWL-Museum Textilwerk die Erinnerung an die Textilindustrie wach, die das gesamte Gebiet knapp ein Jahrhundert lang prägte. Durch geschickte Ansiedlungspolitik hat sich die Stadt bis in die benachbarten Niederlande als Einkaufsstadt einen Namen gemacht und mit einer breit aufgestellten lokalen Wirtschaft den Strukturwandel geschafft.

Geschichte

Geografen zählen das Stadtgebiet schon zum niederrheinischen Tiefland, auch im Sport gibt es teilweise eine Zuordnung zum Rheinland. Politisch-historisch ist die Zuordnung zum Münsterland aber ganz klar. Bereits im 8. Jh. wurde der Ort erstmals als Teil des Frankenreichs erwähnt. 1222 verlieh der Fürstbischof von Münster die Stadtrechte.

Bis zum Ende des 16. Jh. gelangte die Stadt als westliches Bollwerk des Hochstifts Münster zu beträchtlichem Wohlstand, dann folgte ein halbes Jahrhundert voller Katastrophen: Besetzung durch spanische Truppen im Spanisch-Niederländischen Krieg (1598/99), Verwüstungen im Dreißigjährigen Krieg, eine jahrelang grassierende Pestepidemie und schließlich noch der Entzug

Westmünsterland → Karte S. 142

Ein Shopping-Center löste einen Industriebetrieb ab

der städtischen Selbständigkeit durch das Hochstift Münster (1627), dessen Rekatholisierungsbemühungen bei der damals mehrheitlich protestantisch orientierten Bürgerschaft auf erheblichen Widerstand gestoßen waren.

Die Erholung setzte Mitte des 17. Jh. ein, als das von Kriegsflüchtlingen aus den Niederlanden exportierte Gewerbe der Baumwollweberei zu florieren begann. Die industrielle Textilherstellung ab Mitte des 19. Jh. brachte der seit 1816 in die preußische Provinz Westfalen eingegliederten Stadt einen enormen Bevölkerungszuwachs, der sich 1923 mit der Wiedererlangung der Autonomie als nunmehr kreisfreie Stadt auch politisch-administrativ niederschlug. Mit der Gebietsreform 1975 war die Eigenständigkeit zum Entsetzen der Bevölkerung wieder perdu.

Bereits vor dem Zweiten Weltkrieg wurde die Metall- und Elektroindustrie zu einem weiteren wirtschaftlichen Standbein der Stadt, eine große Hilfe nach dem Niedergang der Textilindustrie. Bei einem Bombenangriff am 22. März 1945 wurde Bocholt zu 85 % zerstört, nur einige Gebäude, insbesondere in Rathaus-Nähe, wurden rekonstruiert.

Anschauen und unternehmen

Altes Rathaus: Das Wahrzeichen der Stadt geht auf die Planungen eines bis heute unbekannten Baumeisters zurück. Von 1606 bis 1624 wurde es ganz im Stil der Niederländischen Renaissance errichtet. Seit dem Umzug der Stadtverwaltung in das Neue Rathaus im Jahr 1977 hat es hauptsächlich repräsentative Funktion, dient für Kulturveranstaltungen und als Standesamt. Besonders fällt die reich verzierte Schaufassade auf. Das Gebäude wurde nach der Kriegszerstörung original rekonstruiert.

Stadtmuseum: Das Museum für Geschichte, Kunst und Kultur wurde 1992 eröffnet. Das Art-déco-Gebäude an der Osterstraße 66 markiert die Lage des ehemaligen Ostertores des Bocholter Befestigungsrings. Überregional bedeu-

In Bocholt steht eines der imposantesten Rathäuser der Region

Kein Zug in die Metropole

Aus allen Teilen des Münsterlandes kann die Stadt Münster bequem mit dem Zug erreicht werden, nur nicht aus Borken und Bocholt. Weit vor allen größeren Stilllegungswellen wurde der Zugverkehr schon Mitte der 1970er-Jahre eingestellt. Heute sorgt ein Doppeldecker-Schnellbus immerhin für eine annehmbare Alternative. Dennoch ist die Reaktivierung der Strecke ein Thema. Das Comeback nach der sog. Entwidmung einer Strecke ist allerdings nicht unkompliziert: Das Eisenbahnkreuzungsgesetz schreibt vor, dass der Neubau von Kreuzungen mit dem Straßenverkehr grundsätzlich als Über- oder Unterführung auszuführen ist, ein schlichter ebenerdiger Bahnübergang wie ehedem ist nur im Ausnahmefall möglich. Trotz einer in Gutachten festgestellten erheblichen Nachfrage ist so eine Wiederherstellung zu volkswirtschaftlich sinnvollen Kosten nicht möglich. Nach langen Diskussionen sorgte die seit 2022 amtierende NRW-Landesregierung mit ihrem Koalitionsvertrag dann für Klarheit: Es soll perspektivisch wieder eine direkte Verbindung von Bocholt bzw. Borken nach Münster geben. Im Wahlkreis von Ministerpräsident Wüst hatten lokale Unternehmen zuvor ein Bahnunternehmen gegründet und sich so klar positioniert. Eisenbahnfans, die sich Fahrten von Münster nach Düsseldorf unter Aussparung des Ruhrgebiets vorstellen, stehen rund um den Wüst-Wohnort Rhede aber viele Gegner eines Comebacks der Eisenbahn gegenüber.

tend ist die Sammlung der Werke Israhel van Meckenems, eines der populärsten Kupferstecher des 15. Jh. Seit 1996 sind einige Häuser weiter im Kunsthaus an der Osterstraße 69, einer Villa im Neorenaissancestil, weitere Kunstwerke zu sehen.

Di–So 11–13 Uhr und 15–18 Uhr, Mo geschlossen. Eintritt 1,50 €, erm. 0,50 €, Sonderausstellungen extra. Osterstr. 66, ✆ 02871-184 579, stadtmuseum-bocholt.de.

Neues Rathaus: Das 1977 eingeweihte Gebäude liegt auf einer künstlichen Insel in der Bocholter Aa, ein Stück vom eigentlichen Stadtkern entfernt. Im Gebäudekomplex ist auch das Stadttheater untergebracht. Entworfen wurde das Rathaus vom renommierten Bildhauer und Architekten Gottfried Böhm. Es setzt sich in seiner Gestalt doch deutlich von anderen Bauten der Zeit ab: eine rundum transparente Glasfassade, die durch hellgrüne Stahlelemente horizontal gegliedert ist, im Kontrast dazu in den geschlossenen Bereichen hellroter Klinker.

St.-Georg-Kirche: Die gotische Hallenkirche ist das zweite Wahrzeichen der Stadt. Zu sehen ist heute der vierte Kirchbau an diesem Ort. Der erste war eine Holzkirche, die um 800 auf Initiative des aus Friesland stammenden Missionars Ludger errichtet wurde. Der heutige Bau aus Sand- und Tuffstein entstand ursprünglich zwischen 1415 und 1486 (die barocke Turmhaube kam später hinzu), wurde im Zweiten Weltkrieg zerstört und zwischen 1948 und 1950 originalgetreu wiederaufgebaut. Das Inventar stammt aus der Zeit von Anfang des 14. Jh. bis zum letzten Viertel des 20. Jh., ältestes und bedeutendstes

Westmünsterland → Karte S. 142

Ausstattungsstück ist das Bocholter Kreuz, ein Gabelkruzifix aus dem 14. Jh. In der Schatzkammer ist sakrale Kunst zu bestaunen.

▪ Sankt-Georg-Platz 1

Neutorplatz: Das Ergebnis der Bemühungen, modernem Bauen und Shoppen Raum zu verschaffen und auch überregional attraktiv zu sein, sind in Bocholt der Neutorplatz und die Shopping-Arkaden an der Aa. In Sichtweite befindet sich mit dem Mauerwerksschornstein eine der Landmarken der Stadt. Das 32 m hohe Relikt aus der Anfangszeit der Industrialisierung (1857) ist in achteckiger Form mit Eisenbändern auf quadratischem Sockel erbaut.

Lichtstele: Immerhin 17 m hoch ist das Kunstwerk auf der Ravardistraße. Markant sind die vielfältigen Lichtreflexionen durch einen facettenreichen Schliff der Aluminium-Verkleidung auf dem Betonpfeiler. Die Farbe wechselt je nach Tageszeit und Wetter. Erbaut wurde die Lichtstele 1984 von Heinz Mack.

Eine Landmarke der Stadt

LWL-Museum TextilWerk: Das Museum liegt an inzwischen zwei Standorten links und rechts der Bocholter Aa. Es dokumentiert seit 1989 die Arbeitsabläufe in einem typischen Textilbetrieb aus der Zeit zwischen 1900 und 1960 sowie das Wirken der Textilunternehmer in Westfalen. Kern des Museums ist eine Sammlung von über 30 Webstühlen, die z. T. über 100 Jahre alt sind. Ziel war es, eine voll funktionstüchtige Museumsfabrik zu errichten, die auch vermittelt, was architektonisch typisch war. Deshalb dominieren Shed- bzw. Sägezahndächer (Produktionshalle). Zu sehen sind aber auch Kessel- und Maschinenhaus, Werkstätten, Büros, Lager und ein Ladegleis samt Lokomotive sowie ein Arbeiterhaus mit zeittypischer Ausstattung und Selbstversorgungsgarten mit Kleintierhaltung. Die in der Schaufabrik produzierten Textilien können im Museumsshop gekauft werden. Im Jahr 2004 kaufte der Landschaftsverband Westfalen-Lippe den viergeschossigen Backsteinbau der geschlossenen Spinnerei Herding hinzu und ließ ihn ab 2009 umbauen. Nun ist auch Platz für internationale Textilkunst und Design sowie Kulturveranstaltungen und ein besonderes Angebot für Kinder.

▪ Di–So 10–18 Uhr, Mo Ruhetag. Eintritt 4 €, erm. 2 €, bis 17 J. frei, Audioguide 2 €. Uhlandstr. 50 und Industriestr. 5, ✆ 02871-216110, textilwerk-bocholt.lwl.org/de.

Aasee: Der See ist künstlich angelegt und knapp einen Kilometer von der Innenstadt entfernt. Er hat 32 ha Wasserfläche, dient als Naherholungsgebiet, aber auch dem Hochwasserschutz. Die Anlagen für verschiedene Sportarten sowie eine Freizeithalle mit Bauspielplatz und Tiefseilgarten befinden sich direkt am See. Der Rundwanderweg ist etwa 3 km lang.

Schloss Diepenbrock: Mindestens seit 1326 existieren Teile der heute zu sehenden Anlage im Ortsteil Barlo. Abgeschlossen wurde der Bau erst zum Ende

Einer der zwei Standorte des LWL-Museums TextilWerk – die Spinnerei

Westmünsterland → Karte S. 142

der 17. Jh. Seit 1732 war die Familie des Freiherrn von Graes zu Loburg Eigentümer. Sie ließ die Anlage ab den 1970er-Jahren aufwendig restaurieren und modernisieren. Dabei wurde darauf Wert gelegt, dass die bereits jahrhundertealte Innenausstattung erhalten blieb. Möblierung und architektonische Elemente aus der Zeit des Rokoko waren für Hotelgäste weiter zu sehen. Das Schloss ist von einem weitläufigen Park umgeben, der außerhalb der inneren Schlossgräfte für die Öffentlichkeit zugänglich ist. Von 2012 bis 2022 verfiel die Anlage mangels Hotelbetrieb. Dann beendete ein neuer Eigentümer den zwischenzeitlichen Dornröschenschlaf.

▪ Schlossalle 5, schlossdiepenbrock.de.

Dingden/Dingdener Heide: Am Stadtrand, schon auf dem Gebiet der bis 1975 selbstständigen Gemeinde Dingden (heute Ortsteil von Hamminkeln) gelegen, lassen sich alle Landschaftsformen finden, die für das südliche und westliche Münsterland typisch sind. Weißstorch, Großer Brachvogel und nordische Wildgänse sind hier in großer Zahl heimisch. Die beste Möglichkeit zur Erkundung ist der Landstreifer-Rundweg „Zeitreise" (Nebenweg des Hohe-Mark-Steig) mit Startpunkt an der Klausenhofstraße/Ecke Zum Venn. Der familienfreundliche Rundweg ist 5 km lang (dingdener-heide.de). Unmittelbar nach der Reformation verlief zwischen Alt-Hamminkeln und Dingden die Konfessionsgrenze, denn Dingden als Teil des Fürstbistums Münster blieb katholisch. Bei der Gebietsreform spielte das aber keine Rolle mehr.

Bültenhaus: Mit einer Körperhälfte in dem einen und der anderen Körperhälfte im anderen Staat sein. Das geht in Bocholt-Suderwick, denn die Gemeinschaftsräume des Pflege-Wohn-Projekts Bültenhaus befinden sich genau auf der Grenze und sind auch vom korrespondierenden Projekt auf niederländischer Seite erreichbar.

▪ Hellweg 48

Praktische Infos → Karte S. 197

Information **Tourist-Info Bocholt,** Nordstr. 14, ✆ 02871-5044, bocholt.de.

Verbindungen Stdl. Züge nach Düsseldorf über Wesel, Schnellbusse nach Borken und Münster sowie Vreden/Gronau/Bad Bentheim, Regiobusse in die Umlandgemeinden, Stadtbusse.

Stadtführungen Die Tourist-Info bietet ein breit gefächertes Angebot auch für Familien und Kinder.

Markt Dienstag, Donnerstag, Freitag und Samstag am Vormittag vor dem Historischen Rathaus und auf dem Gasthausplatz, dazu Abendmärkte nach Ankündigung.

Einkaufen **Der Kaffeeladen (Imping Kaffee) 4**, Kaffeekultur in einem Ambiente genießen, das alte Traditionen und moderne Einrichtung verbindet. Wer das klassische Konditorei-Café vorzieht, geht rüber zum Neutorplatz. Mo–Fr 9–18 Uhr, Sa 9–14 Uhr. Nobelstr. 4, ✆ 02871-2369007, imping-kaffee.de.

Hofladen Slütter 2, eigene Rind- und Schweinezucht, Hausschlachtung. Mo–Fr 9–18.30 Uhr, Sa 8–13 Uhr. Bussardweg 17, hofsluetter.de.

Büffelfarm Kragemann 3, Mozzarella und mehr aus dem Münsterland. Fr 14–18 Uhr, Sa 9–16 Uhr. Kotts Stegge 5, Barlo, ✆ 02871-394 27, bueffelhof-kragemann.de.

Theater Das Angebot des Stadttheaters umfasst in allen Sparten Tourneeveranstaltungen für die große Bühne. Meckenemstr 19, ✆ 02871-12309, stadttheater-bocholt.de.

Schwimmen **Sport- und Freizeitbad Bahia**, mit Wellnessbereich. Hemdener Weg 169, ✆ 02871-272660, bahia.de.

Freibad Tonwerke, Naturschwimmbad des Bocholter Wassersportvereins am Rand des Bocholter Stadtwalds. An den Tonwerken, ✆ 02871-226203, bocholter-wsv.de.

Wandern **Rundtour Bocholter Aa** sowie **TOP-Routen**, Pläne gibt es in der Tourist-Info und im Internet. Der **Wanderweg X4** verbindet die Innenstadt von Bocholt mit Schloss Anholt.

Bootstouren Mit dem Schlauchboot über die Bocholter Aa. Buchung über die Tourist-Info.

Radfahren Fünf **Bocholter Sternrouten** führen zu wichtigen Punkten der Stadt und der Nachbarorte. Die Radstation befindet sich am zentralen Busbahnhof Josef-Jakob-Platz 3, ✆ 02871-25131020.

Laufen Mehrere Strecken im Stadtwald und am Aasee.

Klettern **Boulderhalle Kraftraum Bocholt**, Siegstr. 8, ✆ 02871-1896967, kraftraum-bocholt.de.

Essen **Museumsrestaurant Schiffchen 11**, die Gastronomie im LWL-Museum bietet während der Öffnungszeiten des Museums und am Abend alles, was einen Ausflugs- oder Urlaubstag schön abrunden kann. Mi–So 11–23 Uhr, Mo/Di Ruhetag. Uhlandstr. 50, ✆ 02871-7508, schiffchen-bocholt.de. **€€**

Huckleberry's 6, Lokal im Hipster-Style, das nicht nervt. Interessante Fusion Kitchen. Mo–Sa 8.30–18 Uhr, So Ruhetag. Gasthausplatz 3, ✆ 02871-3448931, huckleberrys-cafe.business.site. **€€**

Mussumer Krug 13, ein Lokal weit an Land, bei dem sich die Bestellung eines Fischgerichts lohnt. Ausgezeichnet. Mi–Sa 17–22 Uhr, So/Mo/Di Ruhetag. Mussumer Kirchweg 143, ✆ 02871-13678, mussumerkrug.de. **€€€**

Mamma's Simple Food 14, Pizza aus dem Steinofen steht im Mittelpunkt. Einige leckere Kreationen auf der Karte, die sich nicht überall finden. Di–Fr 12–14.15 u. 17–21.30 Uhr, Sa 16.30–22 Uhr, So 16–21.30 Uhr, Mo Ruhetag. Kaiser-Wilhelm-Str. 43, ✆ 02871-1897478, mammassimplefood.com. **€€**

Konditorei Cafe Voß 8, einfach lecker. Mi–Fr 9–18 Uhr, Sa 9–17.30 Uhr, So 11.30–17.30 Uhr, Mo/Di Ruhetag. ✆ 02871-12667, cafevoss.de. **€**

Cafe Gut Heidefeld 1, besteht aus einem Herrenhaus, in dem Zimmer und Appartements vermietet werden, einem Café und einem 7.000 m^2 großen Park. Mi–Fr 9–12 Uhr, Sa/So/Feiertage bis 17.30 Uhr, Mo/Di Ruhetag. Am Wilbach 7c, ✆ 02871-2749115, gutheidefeld.de. **€€**

Bocholter Strandcafé 10, so lässt sich die Zeit am Aasee auch gut verbringen – es muss nicht immer der Sportbereich sein. Di/Mi/Fr/Sa 11–22 Uhr, So/Feiertage 11–21 Uhr, Mo/Do Ruhetag. Hohenhorster Str. 30, ✆ 02871-2939 290, bocholter-strandcafe.de. **€**

Übernachten **Motel B 15**, modern eingerichtetes Hotel fußläufig zu Bahnhof und Innenstadt, kleines Restaurant. Friesenstr. 13, ✆ 02871-3490100, motel-b.de. **€€**

Cityhotel 5, Haus im Boutique-Stil mitten in der Innenstadt. Rebenstr. 88, ✆ 02871-21430, cityhotel-bocholt.de. **€€**

Hotel Werk II 7, Traditionshaus mit empfehlenswertem Restaurant in der Innenstadt. Gasthausplatz 2, ✆ 02871-185233, hotel-werk2.de. **€€**

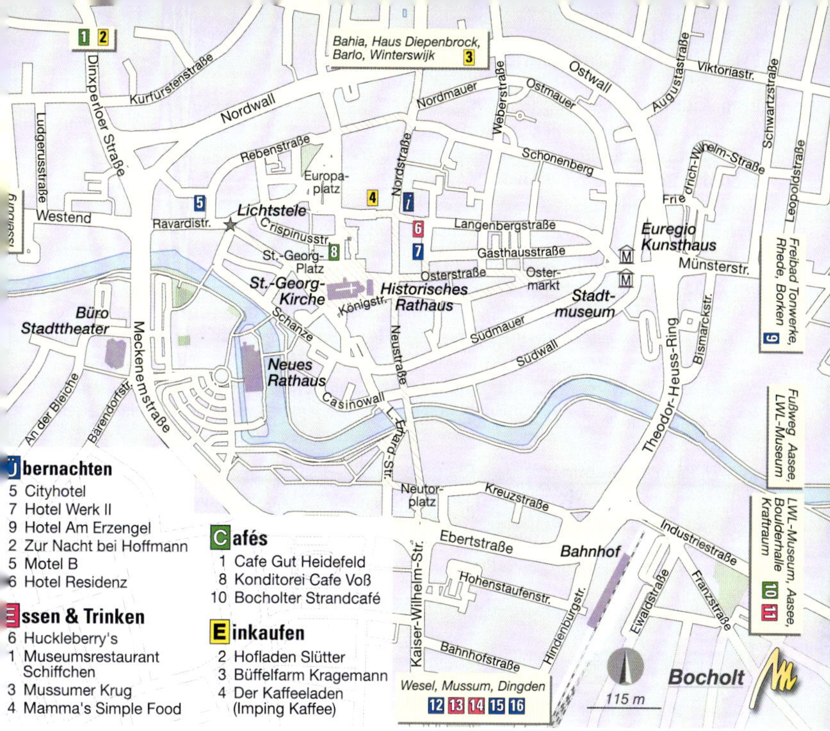

Hotel Residenz 16, Vier-Sterne-Haus mit Wellnessbereich, fußläufig zu Innenstadt und Bahnhof. Kaiser-Wilhelm-Str. 32, ✆ 02871-99750, hotelresidenz.de. €€€

Hotel Am Erzengel 9, Vier-Sterne-Haus an der Ausfallstraße nach Rhede. Münsterstr. 250, ✆ 02871-247700, am-erzengel.de. €€€

Zur Nacht bei Hoffmann 12, Hotel des traditionsreichen Restaurants im Nachbarort Dingden. Am Weden Hoven 4, ✆ 02852-6567, zuhause-bei-hoffmann.de. €€

Camping Nur **Wohnmobilstellplätze** am Aasee, dem Stadtwald sowie am Freizeitbad Bahia.

Rhede

20.000 Einwohner

Die Kleinstadt, in Dokumenten des Klosters Werden als „Rethi" im Jahr 1050 erstmals erwähnt, liegt genau in der Mitte zwischen Bocholt und Borken. Erste Besiedlungsspuren stammen aus der Neandertalerzeit. Anfang des 14. Jh. wurden die Herren von Rehmen die Nachfolger der Herren von Rehde. Von den kriegerischen Auseinandersetzungen bis zur Niederlage Napoleons wurde Rhede aufgrund seiner Lage am zentralen Weg Richtung Münster besonders getroffen. Das Elend trieb hier besonders viele Menschen zur Auswanderung. Von der Industrialisierung profitierte die Gemeinde erst Ende des 19. Jh. mit Eröffnung der ersten mechanischen Weberei.

Das zweiflügelige Wasserschloss **Schloss Rhede** (auch Haus Rhede) wurde in seiner heutigen Form 1564 erbaut, geht aber auf eine Burganlage aus dem 13. Jh. zurück. Der schmalere Südwestflügel wurde 1845/46 auf alten Grundmauern neu errichtet. Schloss Rhede wurde nach der Zerstörung von

Burg Anholt in Isselburg (→ S. 201) im Zweiten Weltkrieg Stammsitz der Familie zu Salm-Salm, die bereits seit 1860 die Besitzer sind. Besichtigungen sind nicht möglich. Die fürstliche Verwaltung ist im Schloss untergebracht.

Das **Medizin- und Apothekenmuseum** präsentiert eine einzigartige Ausstellung über die vielfältigen Aspekte des ländlichen Gesundheitswesens seit 1750.

▪ Di–So 14–17 Uhr und nach Vereinbarung, Mo geschlossen. Eintritt 3 €, erm. 1,50 €. Markt 14, ✆ 02872-7923, heimat-und-museumsverein-rhede.de.

Information **Stadtmarketing Rhede,** Bahnhofstr. 1, ✆ 02872-5930100, rhede.de.

Verbindungen Kein Bahnanschluss. Schnellbusse nach Bocholt/Borken/Münster sowie Vreden/Gronau/Bad Bentheim.

Markt Mittwoch und Samstag am Vormittag. Alle zwei Monate wird der Wochenmarkt um einen Krammarkt ergänzt.

Einkaufen **Biohof Overkämping,** große Auswahl regionaler Produkte. Do 13.30–19 Uhr, Fr 9–12 und 13.30–18 Uhr, Sa 9–12 Uhr. Wochteresch 12, ✆ 02872-23 80, biohof-overkaemping.de.

Schwimmen **Hallen- und Freibad Rhede,** Heideweg 59, ✆ 02872-2420, hallenundfreibad-rhede.de.

Wandern/Radfahren Wer mit Kindern in oder um Rhede Urlaub macht, sollte den Sagenradweg nehmen. Auf 35 km flacher Strecke durch Venn- und Heidegebiete und vorbei an Herrensitzen und Höfen wird an Pausenstationen über verschiedene Sagen, die so oder ähnlich auch in anderen Regionen Deutschland erzählt werden, informiert.

Isselburg

11.000 Einwohner

Anholt als klar dem Schloss zugeordnete Ortschaft gehört ebenso wie Werth erst seit der Gebietsreform von 1975 zu Isselburg.

Das Leben im Hauptort wird seit 1794 von einer Eisenhütte bzw. Eisengießerei (Minerva) bestimmt, das in Werth von Landwirtschaft und Handwerk.

Geschichte

Von Mitte des 14. Jh. bis Ende des 17. Jh. existierte die von den Klever Herzögen errichtete namensgebende Burg. 1725 wurden die letzten Ruinenteile beseitigt, nachdem schon 1609 das Herzogtum Kleve an Brandenburg gegangen war. Im letzten noch erhaltenen Wehrturm wird über die Geschichte Isselburgs als östlichster Vorposten der Herzöge von Kleve informiert (heimatkreis.com). Drei Stadttore, eine Stadtmauer, der Außengraben, der Wall sowie der innere Stadtgraben sicherten ab dem 15. Jh. die Schlossfreiheit Anholt ab, sie wurden durch die Bombenangriffe in den letzten Kriegsmonaten des Zweiten Weltkriegs aber fast komplett zerstört. Nur das historische Rathaus von 1567, etwas Wall und Graben sowie der Eiskeller, Teile der Stadtbefestigung und einige Adelshäuser sind erhalten geblieben.

Nachdem die Stadt 1570 die Lehre Luthers angenommen hatte, gründete sich 1689 eine reformierte Gemeinde und 1785 erneut eine katholische. Diese vielfältigen religiösen Einflüsse prägen neben Anholt auch die anderen Ortsteile. Anziehungspunkt für Touristen ist natürlich die **Burg Anholt,** die zu den Top 5 unter den Schlössern und Burgen der Region zählt (→ Kasten, S. 201).

Anschauen und unternehmen in Anholt

St.-Pankratius-Kirche: Die 1851–85 errichtete Kirche in Anholt ist ein Torso, denn die 57 m hohen Türme wurden 1945 von der Wehrmacht gesprengt (die komplette Zerstörung wurde durch das weitere Kriegsgeschehen verhindert) und nach dem Krieg nicht wie-

Die Farbenpracht im Anholter Dom überfordert das Auge fast etwas

Westmünsterland → Karte S. 142

deraufgebaut. Im Rahmen von Sanierungsarbeiten in den 1980er-Jahren wurden historische Wandmalereien rekonstruiert. Die Farbenvielfalt überfordert den Sehsinn fast etwas. Friedrich Stummel, der auch die Marienbasilika in Kevelaer gestaltete, besorgte die Ausmalung. Das Inventar stammt aus dem 17.–20. Jh.

Evangelische Kirche Anholt: 1787 gewährte der Fürst zu Salm angesichts der Situation in und um Anholt freie Religionsausübung, doch erst 1911 konnte die kleine evangelische Kirche gebaut werden. Über einen Spaziergang von Kirche zu Kirche lassen sich die Reste der im Krieg weitgehend zerstörten anderen Sehenswürdigkeiten im Ortskern besichtigen.

Anschauen und unternehmen in Werth

Torhaus: Die Herrschaft Werth erlebte von ihrer Gründung Mitte des 13. Jh. bis zum Verkauf an die Fürstbischöfe von Münster 1709 eine äußerst wechselvolle Geschichte, da durch das Aussterben im Mannesstamm der Besitz immer wieder wechselte. Heute erinnert daran das mittelalterliche Torhaus der Burg Werth, das im Jahr 1945 stark beschädigt wurde, jedoch wiederhergestellt werden konnte und bis 1975 als Rathaus von Werth genutzt wurde. Nach Jahren des Verfalls wurde es im Jahre 2011 von den neuen Eigentümern zusammen mit mehreren benachbarten mittelalterlichen Gebäuden zum Veranstaltungsort und Standesamt umgestaltet.

Kirche St. Peter und Paul: Dem Begriff Kirchenburg kommt hier in Werth eine ganz besondere Bedeutung zu, denn die 1886 geweihte Kirche befindet sich auf Fundamentmauern der alten Werther Burg. Bei der mit viel Bedacht durchgeführten Sanierung kam es zu einer weitgehenden Wiederherstellung des Originalzustands (u. a. alte Ausmalung mit Quaderung der Wände und Kachelsockel an der inneren Eingangsseite).

Evangelische Kirche: Das sehr atmosphärische Gotteshaus ist das älteste Gebäude von Werth. In Teilen wurde es bereits vor 1350 als katholische Kapelle errichtet, wobei es um 1500 und 1530 Erweiterungen gegeben hat. Seit 1567 wird hier die Lehre Luthers verkündet, abgesehen von einer von 1718 bis 1735 erfolgten Schließung der Kirche als Teil der Gegenreformation durch den Bischof von Münster. Es existieren Fresken aus dem 15. Jh., die aber nicht freigelegt wurden. Mehrere Ausstattungsstücke stammen aus dem 17. und 18. Jh.

Mühle: Sie ist die zweite Landmarke von Werth. Die bis heute erhaltene und funktionsfähige Mühlentechnik stammt aus dem Jahr 1550. Das Gebäude soll ab Anfang des 15. Jh. eine Vorgeschichte als Wehrturm gehabt haben. Die Turmwindmühle kann ebenso wie das Heimathaus, in dem das Leben von einfachen Familien im 19. Jh. nachvollzogen werden kann, in Absprache mit dem Heimatverein besichtigt werden (heimatverein-werth.de/kontakt).

Anschauen und unternehmen in Isselburg

Evangelische Kirche: 1570 waren die damals 250 Einwohner von Isselburg fast geschlossen Lutheraner geworden. 1648 bildete sich eine reformierte Gemeinde. Bereits 1817 regte der Preußenkönig Friedrich Wilhelm III. die Kirchenunion zwischen Reformierten und Lutheranern an, 1828 kam es dann dazu. Das alte lutherische Pfarrhaus wurde daraufhin verkauft, das Bethaus der reformierten Gemeinde zum Pfarrhaus und 1830 die neue Kirche im Schinkel-Stil (Backstein mit Werksteingliederung) erbaut.

Klever Landwehr: Die östlich von Hünxe am Niederrhein beginnende, etwa 60 km lange Befestigungsanlage führt über Schermbeck und Hamminkeln durch alle Ortsteile von Isselburg bzw. an ihnen vorbei. Archäologie und Geschichtswissenschaft sehen sie wahlweise als Erfindung der Römer oder als Grenzwall für die rechtsrheinischen Gebiete des Herzogtums Kleve an. Einige Teile sind noch heute als Wallanlage erhalten, andere werden als Entwässerungsgraben genutzt oder sind oberflächlich verschwunden.

Minerva-Hütte: Von 1794 bis 1998 war sie ein Eisenwerk, heute ist sie Hersteller von Gusswerk aller Art. Die königlich preußischen Briefkästen wurden hier ebenso hergestellt wie die Segmente mehrerer Leuchttürme an der Nordseeküste (u. a. Hörnum und Westerheversand). Entsprechend groß ist weiter die Identifikation der Einwohner mit dem Industriebetrieb.

Praktische Infos

Information **Tourist-Info Isselburg,** Minervastr. 12, ✆ 02874-942344, isselburg.de.

Stadtführung Die Tourist-Info hält ein umfassendes Angebot bereit.

Verbindungen Regionalbus nach Rees und Bocholt. Bahnanschluss im 5 km entfernten Empel (Ortsteil von Rees) an der Strecke Duisburg–Emmerich.

Wandern/Radfahren Kleine Ortswanderungen entlang der vom Heimatverein zusammengestellten historischen Punkte sowie zwei Radtouren (28 und 34 km), Flyer bei der Tourist-Info.

Essen **Wasserpavillon,** Gastronomie im Schloss Anholt. Mo/Fr/Sa 12–21 Uhr, Di–Do 13–21 Uhr, So/Feiertag 12–16.30 Uhr (Mittags- und Kaffeekarte). ✆ 02874-4590, schloss-anholt.de. **€€**

Übernachten **Romantik Parkhotel Wasserburg Anholt,** in ganz unterschiedlich möblierten Zimmern kann hier der Traum von der Nacht im Schloss verwirklicht werden. Schloß 1, ✆ 02874-4590, schloss-anholt.de. **€€€€**

Alte Drogerie, zentral gelegenes Haus in historischem Gebäude in Anholt mit moderner Einrichtung. Nur Übernachtung und Frühstück. Markt 19, ✆ 02874-91350, alte-drogerie.de. **€€**

Camping Fünf **Wohnmobilstellplätze** auf die Ortsteile verteilt, Vollausstattung am Parkplatz Münsterdeich in Isselburg.

Ideenreiche und findige Burgherren

1169 wurde bereits ein Herr von Anholt im Lehnsbuch des Bischofs von Utrecht erwähnt. Seit 1641 ist die Burg Anholt Stammsitz der Fürsten zu Salm (ab 1743 Salm-Salm) und damit einige der wenigen großen Anlagen in der Region in Privatbesitz. Aus dem Jahr 1169 stammt noch der Dicke Turm auf dem Bergfried der Anlage, die auf Holzpfählen in einem Sumpfgebiet errichtet wurde. Erst im 14. Jh. wurde die Burg komplettiert und im 16. Jh. geringfügig erweitert. Die Geschichte der Umbauten zeigt, dass der jeweilige Burgherr immer auch einen eigenen Akzent setzen wollte: an der Burg selbst oder im Park drum herum.

Der erste Burgherr, der sich um die Außenanlagen kümmerte, war Karl Theodor Otto zu Salm. Er ließ um 1700 den Barockgarten anlegen, den Mitte des 19. Jh. ein englischer Garten ersetzte. Ein Teil davon wurde ab 1892 umgestaltet, da Leopold zu Salm-Salm die auf der Hochzeitsreise mit seiner Frau erlebte Landschaft am Vierwaldstättersee en miniature nachgestellt wissen wollte. Dem folgte nach wenigen Jahren die teilweise Umwandlung in ein Wildgehege, den Biotopwildpark Anholter Schweiz, u. a. mit einem Bärengehege.

Das Gebäude wurde am Ende des Zweiten Weltkriegs zu 70 % zerstört, da die Nazis V2-Abschussrampen unweit der Burg installiert hatten. Ab 1950 erfolgte der Wiederaufbau. Viel Inventar konnte durch rechtzeitige Auslagerung in Stollen gerettet werden. Nikolaus Leopold Heinrich zu Salm-Salm entwickelte die Idee, Teile der Burg für die Allgemeinheit zu öffnen, Anholt zu einem Ausflugsziel zu machen und so Geld für den Unterhalt der Burg zu verdienen.

Nicht zuletzt deshalb wurde 1966 in der Burg ein Museum eröffnet. Es vermittelt dem Besucher einen Einblick in das gesellschaftliche Leben und die höfische Kultur auf Anholt. Es kann aber auch die größte private Gemäldesammlung Nordrhein-Westfalens mit zahlreichen Werken bekannter niederländischer Meister angeschaut werden. Die klassizistische Bibliothek ist ebenfalls zu besichtigen. Der „Schweizer Teil" des Parks wurde 1966 wiederhergestellt, heute ist er als „Anholter Schweiz" in der Region ein Begriff. Außerdem gibt es ein Hotel und einen Golfclub im bzw. am Schloss. Kürzlich wurden Park und Schloss umfangreich saniert, die Ausstellung im Museum neu konzeptioniert.

▪ Schloß 1, ✆ 02874-900890, wasserburg-anholt.de. Biotopwildpark tägl. 9–18 Uhr, Nov. bis Mitte März nur am Wochenende 10–16 Uhr. Eintritt 8 €, erm. 4,50 €, unter 3 J. frei (kein Einlass für Hunde, Hundeboxen nutzbar). Pferdehorster Str. 1, ✆ 02874-45355, anholter-schweiz.de.

Nordmünsterland

Viele Menschen im nördlichen Münsterland sehen ihre Heimat als schönsten Teil der Region an, und das nicht nur, weil es ein Paradies für Radler ist. Die Naturschutzgebiete laden eher zu Wanderungen ein, allen voran die Emsauen bei Rheine, Greven und Emsdetten. Aber auch Baudenkmäler und Museen machen die Region touristisch attraktiv.

Die drei größeren Städte (Rheine, Greven, Emsdetten) betreiben ein eigenes Marketing. Alle nutzen den Münsterland e. V. mit seinem zentralen Tourismus-Büro: Airportallee 1, 48268 Greven, ✆ 02571-949392, muensterland.com.

Die weiteren Orte sind verbunden im Steinfurter Land Tourismus, Markt 2, 48565 Steinfurt, ✆ 02551-1383, steinfurter-land.de.

Historie trifft auf Energiewende

Wer bei einer Radtour auch die Höhen bei Altenberge und Steinfurt nicht scheut, kann erkennen, dass inzwischen Windkraftanlagen und nicht mehr Burgen, Schlösser und Burgmannshöfe allein die Region bestimmen. Mit der Gemeinde Saerbeck gibt es sogar einen Ort, der darauf verweist, bereits jetzt mehr als nur die Energiewende geschafft zu haben. Viele idyllisch gelegene Wassermühlen erinnern an eine einstige Form der Nutzung einer regenerativen Energienquelle.

Lohnende Museumsbesuche

Es mag nicht jeden Reisenden interessieren, aber das nördliche Münsterland bietet eine Reihe von Museen, die sich einzelnen Berufen wie der Töpferei und der Holzschuhmacherei oder bestimmten Fachwissenschaften widmen, z. B. der Archäologie. Auch für Kunst- und Architekturfreunde gibt es in der Region viel zu sehen.

Wald und Grün

Die großen Wasserburgen, Schlösser und Herrenhäuser liegen mit Ausnahme von Schloss Steinfurt in den anderen Teilen des Münsterlandes. Doch rund um Fabrikantenvillen und Burgmannshöfe sind kleine Parklandschaften entstanden, die ein ebenso nettes Verweilen ermöglichen wie die großen Anlagen. Dazu bereichert die Auenlandschaft der Ems die Idylle. Insgesamt 15 sehr schöne Wanderwege hat der Tourismusverband Steinfurter Land markiert.

Was anschauen?

Burgsteinfurt: An Burgsteinfurt führt kein Weg vorbei, denn das Schloss, der

Ortskern und der Bagno-Park stellen ein Ensemble dar, das es in der Form nur hier zu sehen gibt. Im Kreislehrgarten lassen sich Anregungen für die Gestaltung des Grüns am eigenen Haus finden. → **S. 224**

Borghorst: Das Bauhaus-Museum und die St.-Nikomedes-Kirche liegen einander gegenüber. Von Burgsteinfurt über den Buchenberg lässt sich eine schöne Rad- oder Wandertour machen. → **S. 229**

Kloster Bentlage: Die Ausstellung im LWL-Museum allein ist es nicht, die neben der in Teilen wiederaufgebauten Saline Gottesgabe beeindruckt, sondern auch die gesamte Landschaft drum herum. Das gilt besonders, wenn bei der Weißstorchkolonie im Zoo die Brutzeit läuft. Wer eine abwechslungsreiche Landschaft liebt, der wählt die Wanderung oder Kanufahrt von Rheine aus die Ems hinunter. → **S. 208**

Museumsinsel Emsdetten: Natürlich alles mehrere Nummern kleiner als in Berlin, aber eine clevere und gelungene Idee, Lokalhistorie aus der Zeit vor 1900 zu präsentieren. → **S. 215**

Eiskeller Altenberge: Ohne Baumaßnahmen an der Grundschule wäre der Lagerraum der ehemaligen Brauerei wohl erst in einigen Jahrhunderten wiederentdeckt worden. → **S. 238**

Was unternehmen?

Emsauen: Die Emsauen laden zum Abschalten ein. Der Fluss mäandert von Greven bis Rheine so dahin und ist ein vortreffliches Revier für Ausflüge in weitgehend unberührte Natur. → **S. 215 und 221**

Bagno-Park: Der Kern des Burgsteinfurter Parks sollte immer nur Ausgangspunkt sein. Wer gut zu Fuß ist, wandert zur Hollicher Mühle. → **S. 225**

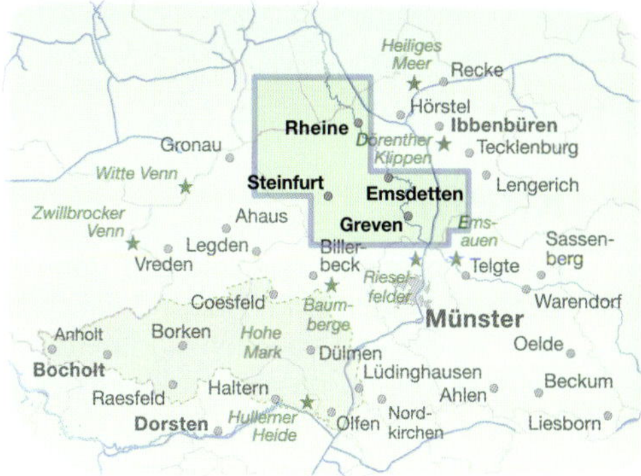

Pferdetour: Eine Tagestour auf Pferderücken sollte in Emsdetten und Umgebung starten. Das Netz der Reitwege ist hier besonders engmaschig. → **S. 217**

Max-Clemens-Kanal: Politische und religiöse Differenzen verhinderten im 18. Jh. den weiteren Ausbau des Kanals, mit dem Münster eine Wasserstraße zur Nordsee beschert worden wäre. Heute ist der Verlauf des damals realisierten Teilstücks eine Rad- und Wanderstrecke durch viel unberührte Natur. Der Kanal selbst ist vielerorts nur noch als Mulde erkennbar. → **S. 211**

DOC Ochtrup: Shopping Queens kommen an einem Besuch im Designer-Outlet nicht vorbei. Wer sich für Architektur interessiert, sollte sich dem Bummel anschließen. → **S. 234**

Was mit Kids?

Kanutour: Das Gebiet zwischen der Ems nahe der Innenstadt von Rheine und dem Kloster Bentlage ist ein hervorragendes Revier, um sich mit dem Nachwuchs einen schönen Tag zu machen. Nicht nur eine Kanutour ist möglich, sondern in Bentlage auch ein Zoobesuch. → **S. 207**

Badeseen: Es muss nicht immer das Meer sein. Die Region verfügt über mehrere schöne Badeseen mit einem großen Sportangebot. → **S. 210, S. 211 und S. 216**

Rheine

76.000 Einwohner

Die Ems bestimmt das Stadtbild, denn sie fließt mitten durch Rheine Richtung Nordsee. Rechts und links vom Fluss lässt sich bummeln oder ruhen und von der Stadtmitte bis zum Kloster Bentlage die Natur genießen. Interessant für Kinder sind Zoo und Saline.

Die zweitgrößte Stadt im Münsterland ist zusammen mit Hörstel im Tecklenburger Land der Ort, an dem die letzten Ausläufer des Teutoburger Waldes für zwei besondere Gewässersituationen sorgen. In Hörstel ist es die Schleuse bei Riesenbeck, die den Dortmund-Ems-Kanal über den Teutoburger Wald hebt, und in Rheine der Emsdurchbruch zwischen Stadt- und Thierberg, wo die Emsaue 50 m schmal wird und 5 m hohe Uferwände dem Fluss ein ganz anderes Bild verleihen, als es über viele Kilometer flussauf, flussab zu sehen ist.

Lange Zeit war Rheine nicht nur Knotenpunkt des Personenverkehrs der Bahn, sondern auch des Güterverkehrs. Der stillgelegte Güterbahnhof ist mit den nun ungenutzten Schienensträngen immer noch im Stadtbild präsent. Zusammen mit der modernen Shoppingcenter-Architektur auf der anderen Bahnhofsseite sorgt er dafür, dass Rheine zumindest bei Bahnanreisen erst einmal nicht punkten kann. Das ändert sich aber spätestens beim Blick flussabwärts an Emswehr oder Emswalzenmühle vorbei Richtung Kloster Bentlage.

Geschichte

Archäologische Funde weisen eine Besiedlung seit der Jungsteinzeit nach. Schon vor den Feldzügen der Römer gegen die Germanen kreuzten sich in Rheine zwei Fernwege, der eine verlief von Zwolle nach Paderborn, der andere die Ems entlang nach Münster. Östlich der Ems entstand im 5. Jh. eine erste Siedlung, die andere Flussseite blieb bis ins 8. Jh. unbesiedelt. Erst um das Jahr 800 entstand dort mit dem Bau des karolingischen Königsguts Villa Reni (heute Falkenhof, → S. 206) die Keimzelle der heutigen Stadt.

1327 setzte sich Fürstbischof Ludwig II. in seinen Bemühungen, Rheine dem Einflussbereich des Hochstifts Münster zuzuschlagen, gegen die Grafen von Bentheim und die Herren von Steinfurt sowie die für die Gerichtsbarkeit zuständigen Grafen von Tecklenburg durch. Rheine erhielt Stadtrechte und wurde befestigt. Mitte des 14. Jh. entstand die erste Emsbrücke, und um 1400 begann der Bau der Dionysius-Kirche, die auch ein Zeichen des erreichten Wohlstands sein sollte.

Im Zuge der Münsterischen Stiftsfehde drohte Rheine aus dem Herrschaftsgebiet des Fürstbischofs zu fallen und wurde trotz eines wenige Tage zuvor abgeschlossenen Friedensvertrages am 29. Oktober 1457 von den Truppen der Herren von Bentheim und Steinfurt überfallen und knapp ein Dreivierteljahr besetzt gehalten. Die Auswirkungen dieses Konflikts waren noch bis ins 18. Jh. hinein spürbar, als die atmosphärischen Spannungen zwischen den Fürstbischöfen und den Grafen von Bentheim den Komplettausbau des Max-Clemens-Kanals verhinderten (→ S. 211).

Um 1550 begannen die Arbeiten zur Schiffbarmachung der Ems. Nicht zuletzt durch den Bau einer Schleuse auf dem Stadtgebiet Rheines war der Fluss ab 1576 bis Emden durchweg für Lastkähne, die sog. Emspünten, befahrbar.

Während die Wiedertäuferjahre nahezu spurlos an Rheine vorbeigegangen waren, entlud sich der religiöse Konflikt zwischen Protestanten und Katholiken im Spanisch-Niederländischen und im Dreißigjährigen Krieg dann heftig. Plünderungen, Brandschatzungen und phasenweise Besetzungen bestimmten den Alltag der Bevölkerung. Die bürgerliche Führungsschicht der Stadt, aus der sich zahlreiche Ratsherren und Bürgermeister rekrutierten, war zweitweise nahezu komplett protestantisch. Die Katholische Liga reagierte 1623 mit dem Einmarsch ihrer Truppen in die Stadt, der Absetzung aller protestantischen Amts- und Würdenträger und der Forderung, sie mögen entweder dem lutherischen Glauben abschwören oder die Stadt verlassen. Ein Jahr vor dem in Münster geschlossenen Westfälischen Frieden flammte der Konflikt erneut auf. Rheine wurde zum Schauplatz knapp einmonatiger Kämpfe zwischen kaiserlichen (katholischen) und schwedischen (protestantischen) Truppen und am 19. Oktober 1647 fast komplett zerstört.

Die vollständige Erholung von den wirtschaftlichen und sozialen Folgen der Religionskriege gelang erst mit der Industrialisierung Mitte des 19. Jh. Nach einem kurzen Zwischenspiel als Haupt- und Residenzstadt des mit dem Ende des Fürstbistums neu entstandenen Fürstentums Rheina-Wolbeck und der ebenso kurzen Napoleon-Zeit stand die Stadt unter der Herrschaft Preußens. Zum wichtigsten Wirtschaftsfaktor wurde die Textilindustrie, deren Aufstieg mit dem Bau einer mechanisch betriebenen Textilfabrik im Jahr 1844 begründet wurde, der ersten ihrer Art im gesamten Münsterland. Die Krise der Textilindustrie ab den 1980er-Jahren und der damit verbundene Strukturwandel beschäftigt Rheine bis heute. Es dauerte lange, bis sich zu einer Vielzahl innovativer kleiner und mittlerer Unternehmen größere gesellten. Als größte Stadt im Kreis hatte Rheine stets eine etwas höhere Arbeitslosenquote als die umliegenden Orte. Erst in den letzten Jahren holten Rheine und das benachbarte Gronau gegenüber ihrem jeweiligen Umland auf.

Anschauen und unternehmen

St.-Dionysius-Kirche: Mit dem Bau der Kirche wurde um das Jahr 1400 begonnen, vollendet wurde sie 1520 mit der Fertigstellung des Turmes und der Weihung der Glocken. Zusammen mit dem Marktplatz bildet St. Dionysius den Mittelpunkt der Altstadt-Silhouette. Während aller Kriege nahm die Kirche keinen großen Schaden und stellt sich so seit ihrer Vollendung dem Besucher in großen Teilen unverändert dar. Die Deckenbemalung blieb unvollendet. Die besonders kunstvoll gestalteten Fenster sind bis ins 20. Jh. hinein entstanden. Die Ausstattungsgegenstände stammen aus allen fünf Jahrhunderten der Geschichte der Kirche, im wertvollen Kirchenschatz werden z. T. noch ältere Sakralgegenstände gelagert. In der angeschlossenen Wort-Gottes-Kapelle werden ein wertvolles Evangeliar und die Heiligen Öle aufbewahrt.

▪ An der Stadtkirche

St.-Antonius-Basilika: Die dreischiffige katholische Kirche auf der anderen Emsseite, im neoromanischen Stil von 1899 bis 1905 errichtet, hat mit 102,5 m den höchsten Kirchturm des Münsterlandes und gilt als einer der bedeutendsten Kirchbauten des Historismus. Die Höhe war dem Wunsch von Kirchenvertretern geschuldet, der Turm möge höher sein als die Schornsteine der Textilfabriken. An den vier Ecken des Vierungsturms befinden sich plastische Darstellungen von Personen, die für die Rheinenser Geschichte wichtig waren, darunter Fürstbischof Ludwig II. und Johannes von Grüter, ein in Rheine in der zweiten Hälfte des 15. Jh. populärer Richter. Den vorwiegend weiß gehaltenen Gesamtraum gliedern die im Wechsel rot und grau gefassten Bögen zwischen den Raumteilen und über den Säulen. Dadurch rückt die Ausstattung der Kirche in den Mittelpunkt, die von mehreren populären Sakralkünstlern der Zeit um 1900 geschaffen wurde. Die Klais-Orgel wurde 2002 erweitert. Besonders viel Andrang herrscht seit 1981 in der Weihnachtszeit, wenn bis in den Januar hinein in der Krypta eine aus mehreren Szenen bestehende Krippenlandschaft aufgebaut wird.

▪ Osnabrücker Straße

Falkenhof: Hervorgegangen ist die heute zu sehende Anlage aus dem karolingischen Königsgut Villa Reni, das in einer Schenkungsurkunde Ludwigs des Frommen von 838 erstmals erwähnt wurde. Die Villa war fortan im Besitz des Benediktinerstifts Herford, das sie in der Folge an verschiedene Adelsfamilien verpachtete. Ab dem 14. Jh. war dies die Familie von Valke, von der die

Der Falkenhof ist die Keimzelle der Stadt Rheine

Nordmünsterland → Karte S. 205

sukzessive ausgebaute Anlage bis heute ihren Namen hat. Das Bau- und Bodendenkmal beherbergt heute das Stadtmuseum. Die Ausstellung ist in die Bereiche Stadtgeschichte, Grafikkabinett und Kasimir-Hagen-Sammlung unterteilt. Der Bereich Stadtgeschichte zeigt neben Funden aus der Vor- und Frühgeschichte v. a. Exponate aus der Zeit der Religionskriege und dokumentiert die Wehrgeschichte. Darüber hinaus ist ein Teil der Ausstellung den lokalen Künstlern Carlo Mense (expressionistischer Maler) und Joseph Krautwald (Bildhauer) gewidmet. Zu den vom Kölner Kasimir Hagen gesammelten Kunstwerken zählen Werke von Dürer, Picasso und Liebermann. In Sichtweite liegt der Rheinenser Mühlenturm.

▪ Di–Sa 14–18 Uhr, So ab 10 Uhr. Eintritt 5 €, Kinder und Schulklassen frei. Tiefe Str. 22, ✆ 05971-920610, rheine.de/falkenhof-museum.

NaturZoo: Der Zoo wurde 1936 unter dem Namen „Heimattiergarten Bentlage" gegründet und 1937 eröffnet. Er präsentiert knapp 1.000 Tiere von 100 Arten, darunter die größte Weißstorch-Kolonie in ganz Deutschland. Der Zoo ist ein ideales Ausflugsziel für Familien mit Kindern. Seinen neuen Namen bekam er, weil er durch Naturlehrpfade und Schulungen das Verständnis der Besucher für die Natur und ihre Zusammenhänge schärfen möchte und die Anlage energie- und abwassersparend betrieben wird.

▪ Im Sommer tägl. 9–18 Uhr (So bis 19 Uhr), im Winter bis Eintritt der Dämmerung. Eintritt 9,50 €, erm. 5,50 €, Familienkarte 17 €. Salinenstr. 150, ✆ 05971-1614819, naturzoo.de.

Salinenpark: Seit etwa dem Jahr 1000 wird in Bentlage Salz gewonnen. Den größten Schub verlieh dem Salzsieden Mitte des 18. Jh. der vom Fürstbischof an Barockbaumeister Johann Conrad Schlaun vergebene Auftrag zum Bau eines Gradierwerks. Die beiden 2004 hergerichteten Reste des ursprünglich 300 m langen Gradierwerks sind Blickfang zwischen Kloster Bentlage und Naturzoo. 1890 wurden zusätzlich zum bestehenden Salinenbetrieb die Bade- und Kureinrichtungen eröffnet. Speisesalz wurde bis 1952 gewonnen, Solbäder bis 1975 verabreicht. Das Infozentrum liegt im benachbarten Dreigiebelhaus. Im Salzsiedehaus bietet die Salzwerkstatt Mitmachprogramme für Groß und Klein an. Die frühere Inspektorenwohnung im Salzsiedehaus ist heute ein Museum, das Leben und Werk des in Rheine geborenen Schriftstellers Josef Winckler(1881–1966) präsentiert.

Kloster Bentlage: Das 1437 vom Orden vom Heiligen Kreuz gegründete Kloster bestand bis zur Säkularisation im Jahr 1803. Es ist eine besonders herrschaftliche Anlage und wegen des waldreichen Parks ein beliebtes Ausflugsziel. Im Erdgeschoss werden Kunstschätze und Dokumente der Klostergeschichte gezeigt. Glanzstücke der Sammlung sind die spätmittelalterlichen Reliquiengärten. Im Hauptgebäude ist heute eine Dependance des LWL-Museums Münster untergebracht. In der Westfälischen Galerie sind dauerhaft Werke von Künstlern, die zumindest Teile ihres Lebens in Westfalen verbrachten (Otto Modersohn, August Macke), ausgestellt. Zudem hat in einem Teil der Anlage die Europäische Märchengesellschaft ihren Sitz und arbeitet an der Schaffung der Europäischen Märchenbibliothek. Wer gut zu Fuß ist, kann vom Bahnhof Rheine zur Ems wandern und dort flussabwärts bis zum Klostergelände und, wenn Zeit ist, noch eine Runde durch den Bentlager Wald anschließen. Die Gastronomie, das Klostercafé Bentlage, packt auf Vorbestellung Picknickkörbe.

▪ Di–Sa 14–18 Uhr, So und Feiertage ab 10 Uhr. Eintritt 5 €, erm. 3 €, bis 12 J. frei, Audioguide 2 €, Gruppenführungen ab 30 €. Berntlager Weg 130, ✆ 05971-918400, klosterbentlage.de.

Praktische Infos

→ Karte S. 209

Information **Rheine Tourismus e.V.,** Bahnhofstr. 14, ✆ 05971-800650, rheine-tourismus.de.

Verbindungen IC-Verbindungen nach Emden/Norddeich Mole, Düsseldorf/Köln/Koblenz, nach Frankfurt via Sauer- und Siegerland, Amsterdam, Hannover und Berlin. Außerdem halbstdl. Nahverkehrszug nach Münster sowie stdl. Züge nach Emden, Osnabrück, Hengelo und Braunschweig (über Osnabrück/Hannover). Busse in alle umliegenden Städte sowie Stadtbussystem; Regionalbus via Wettringen und Neunkirchen nach Steinfurt.

Stadtführungen Zwei Dutzend Angebote, auch spezielle Führungen für Kinder, buchbar über die Tourist-Information.

Markt Dienstag bis Donnerstag und Samstag am Vormittag, Freitag am Nachmittag, Donnerstag am Nachmittag im Ortsteil Mesum.

Kloster Bentlage ist ein beliebtes Ausflugsziel

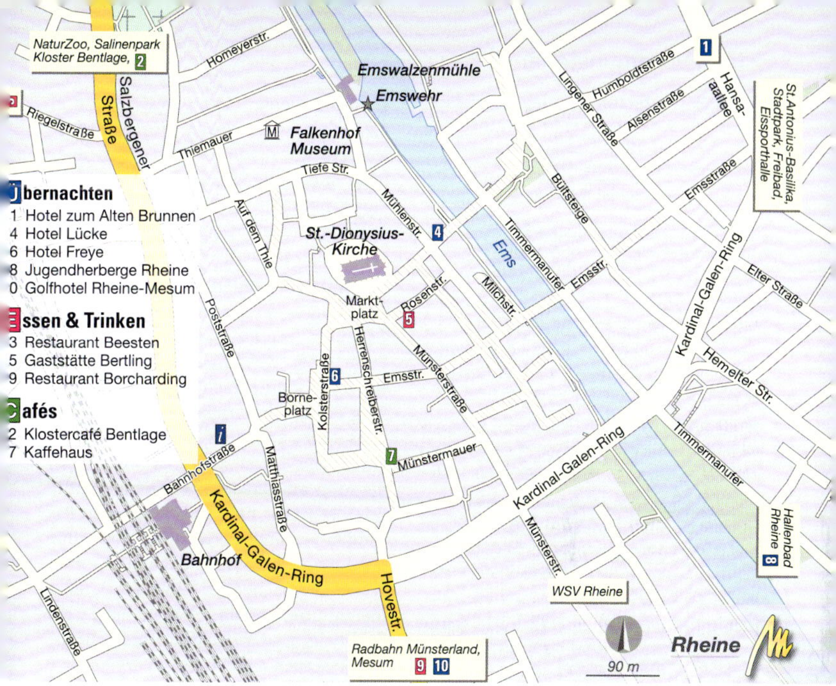

Schwimmen **Aqua Reni,** 2024 neu eröffnetes Kombibad, Kopernikusstraße. **Hallenbad Mesum,** Hassenbrockweg 55. Jeweils stadtwerke-rheine.de.

Kanu & Co. Kanu, Kajak und Stand-up-Paddling auf den knapp 20 km bis Emsdetten. Verleih über den **WSV Rheine,** ✆ 0151-18456243 (Peter Nagelmann), wsv-rheine.de.

Wandern Der ideale Tagesausflug für Familien ist der Weg vom Bahnhof zur Ems und den Fluss entlang mit Abstechern zu Zoo oder Salinenpark bis zum Kloster Bentlage (Kulturrouten). Weitere schöne Wanderwege ab Heimathaus Wettringen (Aa-Strönfeld-Tour). Rheine ist der westlichste Punkt der **Hermannshöhen,** des Wanderwegs über den Rücken des Teutoburger Waldes.

Radfahren In Rheine startet die **RadBahn Münsterland.** Die stillgelegte und für eine Reaktivierung nicht in Betracht kommende Bahnstrecke Rheine–Lutum (Ortsteil von Billerbeck) ist zu einem komfortablen Radweg ausgebaut worden und ein schöner Tagesausflug, wenn die Gruppe in Rheine oder Coesfeld in den Zug zurück zum Ausgangspunkt passt (mehr als ein halbes Dutzend Räder können Radabteile der Nahverkehrszüge nicht aufnehmen). Wer möchte, kann auch in Ochtrup starten. Schöne Rundtouren (8–50 km) sind in den Nachbarorten Neuenkirchen und Wettringen ausgeschildert.

Reiten Kleiner Rundkurs am bzw. im Park des Klosters Bentlage.

Eissport **Eissporthalle Rheine,** die einzige in der Region. Kopernikusstr. 34, ✆ 0178-63252 48 und 0178-2036982, eissporthalle-rheine.de.

Essen **Restaurant Beesten 3,** Fine Dining zu eher moderaten Preisen. Fr–Di 18–24 Uhr. Mi/Do Ruhetag, Eichenstr. 3, ✆ 05971-3253, restaurant-beesten.de. **€€€**

Gaststätte Bertling 5, alle regionalen Klassiker und was gerade so in ist, in einem historischen Gebäude in der Altstadt. Mo–Sa 17–24 Uhr, So Ruhetag. Münsterstr. 1, ✆ 05971-2757, gaststaette-bertling.de. **€€**

MeinTipp **Restaurant Borcharding 9,** Restaurant im historischen Gebäude (1712) des Hotels Borcharding in Mesum mit Schwerpunkt auf regionalen (auch Wild) und mediterranen Speisen. Mo–Sa 18–23 Uhr, So Ruhetag. Alte Bahnhofstr. 13, ✆ 05975-1270, borcharding.de. **€€€**

Kaffehaus 7, Inklusionsbetrieb der Caritas. Mo–Sa 8–18 Uhr, So Ruhetag. Herrenschreiberstraße 17, ✆ 05971-984036, caritas-rheine.de. **€**

mein Tipp **Klostercafé Bentlage 2**, der Freisitz ist im Sommer ein wunderschöner Rastplatz. Di–Fr 14–18 Uhr, Sa/So/Feiertage ab 11 Uhr, Mo Ruhetag. Bentlager Weg 130, ✆ 05971-918402, klostercafe-bentlage.de. €

Übernachten **Hotel Lücke 4**, Vier-Sterne-Haus in zentraler Lage mit Wellnessbereich. Heiliggeistplatz 1a, ✆ 05971-16180, hotel-luecke.de. €€€

Hotel zum Alten Brunnen 1, Zimmer mit antiken Möbeln und Restaurant im historischen Stil. Dreierwalder Str. 25, ✆ 05971-961715, zumaltenbrunnen.de. €€€

Hotel Freye 6, kleines, aber feines Garni-Hotel in der Innenstadt, nur 500 m von der Ems entfernt. Emsstr. 1, ✆ 05971-899260, hotel-freye.de. €€

Golfhotel Rheine-Mesum 10, der Name sagt, für wen es sich lohnt, dort Quartier zu nehmen. Wörstr. 201, ✆ 05975-919560, golf-hotel-rheine.de. €€€

Jugendherberge Rheine 8, ruhig gelegenes Haus in der Nähe des Stadtparks. Kopernikusstr. 82, ✆ 05971-2407. €

Umgebung von Rheine

Wettringen

In die kleine Gemeinde (8.000 Einwohner) zieht es hauptsächlich Sonnenhungrige, die zur Badesaison im Sommer die **Haddorfer Seen** genießen. Ein Teil der Wachholder-Heide-Landschaft

Heimathaus Wettringen

gleich nebenan kann auf 6,5 und 9,7 km langen Wegen durchwandert werden. 2021 wurde der Ort, in dem noch nicht die gesamte Gastronomie Tagesausflügler im Blick hat, als fahrradfreundlichste Gemeinde der Republik ausgezeichnet.

Heimathaus „Ahlers“: Das nach der ehemaligen Besitzerfamilie benannte Gebäude repräsentiert die früheste Form eines westfälischen Bauernhauses. 1984 wurde das im Kern wohl Anfang des 16. Jh. errichtete Zweiständerhaus mit dem tief herabreichenden Satteldach von seinem einstigen Standort am Rand der Gemeinde in die Aa-Niederung nahe der Kirche St. Petronilla versetzt. Inzwischen wurde das Gebäude um einen Schafstall, eine große Kappscheune (Holzlager), eine Bleichhütte, einen Bienenstock, ein Backhaus und zwei gespendete Brunnenattrappen aus Sandstein ergänzt.

▪ Infotafeln an den Gebäuden, denn eine Innenbesichtigung ist nur am Mittwochnachmittag oder auf Anfrage beim Verkehrsverein möglich.

St. Joseph-Kirche („Soccer-Kirche“): Die Kirche St. Joseph des ehemaligen katholischen Kinderheims wurde 1927 errichtet und ist bis heute südliche Landmarke und Wahrzeichen vor den Toren des Ortes. Sie wurde 2009 profaniert. Das Konzept eines Atelier- und Ausstellungshauses scheiterte. Nun ist hier eine Sport- und Soccerhalle eingezogen.

▪ Dorfbauerschaft 30/31, soccer-kirche.de.

Information **Verkehrsverein Wettringen**, Werninghoker Str. 5, ✆ 02557-929676, verkehrsverein-wettringen.de.

Übernachten **Hotel zur Post**, modernes Hotel mit empfehlenswertem Restaurant, in dem Regionalküche und mediterran inspirierte Gerichte serviert werden. Kirchstr. 4, ✆ 02557-93720, zurpost-wettringen.de. €€€

Camping **Campingpark Haddorfer Seen**, Campingpark im Erholungsgebiet am Naturbadesee mit vielfältigen Sportmöglichkeiten. Haddorf 59, ✆ 05973/2742, campingpark-haddorf.de.

Neuenkirchen

Bestens abschalten lässt sich auch nebenan in Neuenkirchen (14.000 Einwohner) am und rund um den **Offlumer See.** Eine Promenade und ein Aussichtspunkt sind Ausgangspunkt zu Wanderungen im Naturschutzgebiet. Im Ortskern sind mehrere historische Herrschaftshäuser (nahezu) unverändert erhalten geblieben und können über die Villentour (2,5 km) abgelaufen werden. Die **St.-Anna-Kirche** lohnt wegen ihrer äußeren Ähnlichkeit zum Mariendom Andernach und der Klosterkirche Maria Laach. Architekt Wilhelm Rincklake(1851–1927) war ab 1896 Mönch im Kloster Maria Laach und orientierte sich bei seinem weiteren Schaffen als Sakralarchitekt im Münsterland immer wieder an einem dieser beiden Gotteshäuser. Die Gastronomie im Ort ist bestens auf Tagestouristen eingestellt.

Information **Verkehrsverein Pro Neunkirchen,** Hauptstr. 39, ✆ 05973-5354, neuenkirchen.de.

Markt Freitag am Vormittag.

Schwimmen **Naturfreibad Neuenkirchen,** Wettringer Str. 76, ✆ 05973-809, freibad-neuenkirchen.de.

Nordmünsterland → Karte S. 205

Gescheiterter Kanalbau

Von Münster bis an die Nordsee auf dem Wasserweg. Seit 1899 übernimmt das der Dortmund-Ems-Kanal. Wäre alles im Sinne von Fürstbischof Clemens August gelaufen, hätte es die Möglichkeit schon um 1730 gegeben. Er hatte sich zum Ziel gesetzt, Münster mit dem holländischen Wasserstraßennetz oder dem Nordseehafen Emden zu verbinden. Ab dem 9. Mai 1724 wurde deshalb in Münster-Kinderhaus mit dem Bau eines Kanals begonnen. 1730 waren 30 km bis Neuenkirchen fertig und wurden 1731 in Betrieb genommen. Unter Clemens Augusts Nachfolger Maximilian Friedrich folgten von 1766 bis 1771 weitere 6 km bis zu einer neu errichteten Siedlung Maxhafen zwischen Wettringen und Neuenkirchen. Von dort waren es nur wenige Kilometer bis zur Steinfurter Aa und der Vechte, die beide schiffbar waren. Doch das Reststück lag auf dem Gebiet des Grafen von Bentheim, mit dem der Fürstbischof nicht über den Weiterbau verhandeln wollte, eine Folge der religiösen Differenzen. Der Kanalbetrieb rentierte sich zwischen 1731 und 1771 nur, weil die Händler in Münster zum Bezug von Waren über den Kanal gezwungen wurden. Ansonsten hatte das ehrgeizige Projekt auch über die schlechte wirtschaftliche Bilanz (1.845 Reichstaler Gewinn in neun Betriebsjahren) hinaus Probleme. Die Konstrukteure mussten permanente Versandung eingestehen. Am 10. Februar 1840 verkehrte daher die letzte Treckschute.

Heute ist der Kanal an vielen Stellen noch als Mulde erkennbar und als „Technisches Bodendenkmal" unter Schutz gestellt. In Münster erinnert die Kanalstraße an seinen Verlauf, außerdem Gasthöfe in Maxhafen (Fr–So) und Clemenshafen (Do–So). Die Aa-Strönfeld-Tour geht am Kanal entlang. Hinzu kommt ein Wanderweg ab Wettringen.

Salzbergen

Zusammen mit dem benachbarten Emsbüren wurde der 8.000-Einwohner-Ort, der seit dem 13. Jh. zum Oberstift Münster gehörte, 1815 nicht Preußen zugeschlagen und gehört als ehemaliger Teil des hannoverschen Emslandes heute zu Niedersachsen.

Der Salzabbau, dem der Ort seinen Namen verdankt, spielt abgesehen von einer kurzen Renaissance zwischen 1959 und 1975 schon seit dem 17. Jh. keine Rolle mehr. Höhepunkt der Industrialisierung des Ortes war 1860 die Gründung einer Erdölraffinerie. Sie ist heute, natürlich in modernisierter Form, die älteste noch aktive der Welt.

Rund um Salzbergen ist viel intakte Natur zu finden, die einen Abstecher lohnt. Auch ein schöner Badesee lockt.

St.-Cyriakus-Kirche: Das nach dem Zweiten Weltkrieg als eines der wenigen Gebäude wiederaufgebaute Gotteshaus beherbergt die Klünersche Madonna und ist daher immer wieder das Ziel von Pilgern. Zwei Brüder sollen sich auf dem Rückweg von einer Wallfahrt nach Jerusalem befunden haben, als einer von ihnen erkrankte und zurückgelassen werden musste. Dem Tode nahe, bat er Maria um Beistand. Es erschien ihm ein Marienbildnis, das er an sich zog. Er schlief ein, und als er wieder erwachte, fand er sich geheilt am Ufer der Ems wieder.

In Salzbergen erreicht der Emsradweg Niedersachsen

Feuerwehrmuseum: Heute ruft man die 112 und in Minutenschnelle kommen die roten Löschfahrzeuge angebraust. Aber wie war das eigentlich vor 300 Jahren? Und wie sahen Feuerwehrleute damals aus? Unterliegen auch Helme und Uniformen dem modischen Wandel? Das Museum blickt auf drei Jahrhunderte Feuerwehrgeschichte im In- und Ausland zurück.

▪ Febr.–Nov. So 10–17 Uhr und nach Vereinbarung. Eintritt 4 €, erm. 2,50 €, bis 6 J. frei, Familienkarte 10 €. Overhuesweg 18, ✆ 05976-94 393, feuerwehrmuseum-salzbergen.de.

Gut Stovern: Auf einer kleinen Anhöhe am Stoverner Wald liegt das erstmals um 1230 erwähnte Rittergut. Es ist für Katholiken wegen seiner Kapelle von besonderer Bedeutung. Das dreiflügelige Herrenhaus ist auf drei Seiten von einer Gräfte umgeben. Das Gut ist bewohnt. Die Termine von Führungen müssen über die Tourist-Information erfragt werden.

Blaue Lagune: Eigentlich heißt der See mit dem feinen Sandstrand Hengemühlensee, wird von den Einheimischen aber selten so genannt, denn an heißen Tagen kommt hier wirklich Tropen-Feeling auf. Der Badeaufenthalt kann mit einer Wanderung ins Landschaftsschutzgebiet Emstal verbunden werden.

Information **Tourist-Information,** Franz-Schratz-Straße 12, ✆ 05976-94790, salzbergen.de.

Verbindungen Stdl. Nahverkehrszug nach Münster (via Rheine) und Emden.

Stadtführungen Über die Tourist-Info kann u. a. eine Führung gebucht werden, die sich mit Erdölraffinerie und Müllverbrennungsanlage beschäftigt. Außerdem kann das Salz- oder Öl-Diplom erworben werden.

Schwimmen **Schwimmhalle Salzbergen,** Steiner Str. 23, ✆ 05976-947913.

Wandern Gleich fünf Naturlehrpfade sind in dem kleinen Ort ausgezeichnet und können allein oder unter fachkundiger Führung abgewandert werden. Die Tourist-Info hält Wegbeschreibungen bereit.

Es lebe die Dampflok!

Die Stadt Rheine hatte zusammen mit Salzbergen aufgrund der Bedeutung beider Orte als Verkehrsknotenpunkt ein eigenes Bahnbetriebswerk. Das gelangte in den 1970er-Jahren zu Berühmtheit, weil dort die letzten im Netz der DB verkehrenden Dampflokomotiven Westdeutschlands beheimatet waren. Sie bedienten die Strecke von Münster/Rheine nach Emden. Vor dem Bahnhof Salzbergen steht deshalb seit dem 9. September 1978 eine Dampflok der Baureihe 043, die hier an den letzten Betriebstagen im Oktober 1977 im Einsatz war. Eisenbahnfreunde aus dem In- und Ausland besichtigen die mit einem Gewicht von 169 t schwerste Güterzuglok, die je für einen Einsatz in Deutschland gebaut wurde.

Die letzte Dampflok

Nordmünsterland → Karte S. 205

Radfahren Wer von Salzbergen aus nur in eine Richtung an der Ems entlangfahren möchte, kann über das **Hotel am Wasserfall** in Lingen, ☎ 0291-8090, eine Fährfahrt mitsamt eigenem Fahrrad buchen. Konditionsstarke nehmen auf dem Hinweg die Fluss- und auf dem Rückweg die Kanalvariante des Emsradweges. Auch eine Kurztour bis Emsbüren ist möglich.

Kanu **Kanu- und Kajakverleih Struckmann,** ☎ 05976-697516, kanuverleihstruckmann.de.

Essen/Übernachten **Hotel Bolte,** modernes, familiär geführtes Hotel in der Ortsmitte, kurzer Fußweg zum Bahnhof. Eisdiele und Restaurant mit mediterranem Touch. Bahnhofstr. 23, ☎ 05976-344480, hotel-bolte.de. **€€**

Emsdetten

36.000 Einwohner

Die Wannenmacherstadt hat es geschafft, Tradition und Moderne sowie Betriebe und Natur so miteinander zu verbinden, dass alles ein nettes Gesamtbild ergibt und Gäste am Ende überrascht sind, was Emsdetten alles zu bieten hat.

Da die Bundesstraße nach Rheine das Ortszentrum nur tangiert und auch die Ems nicht mitten durch die Stadt fließt, neigen Reisende dazu, achtlos an Emsdetten vorbeizufahren. Zu Unrecht, denn die Emsaue und die Museumsinsel sind ideale Orte, um abzuschalten, zur Ruhe zu kommen und gleichzeitig doch den Geist anzuregen.

Geschichte

Bereits für 1200 v. Chr. konnte eine Besiedlung der Emsniederung nachgewiesen werden. 1178 wurde Emsdetten erstmals urkundlich erwähnt und machte sich im Mittelalter als Ort des Flachsanbaus samt Leinenweberei und der Wannenmacher einen Namen. Die Stadtrechte erhielt Emsdetten aber erst in der Nazi-Zeit.

Für einen der dunkelsten Momente der Ortsgeschichte war 1580 die Pest verantwortlich, der fast alle Bewohner der Stadt zum Opfer fielen. Von den Zerstörungen des Spanisch-Niederländischen und des Dreißigjährigen Krieges blieb die Stadt dagegen weitgehend verschont. Ein Stadtbrand bremste 1688 abermals die Entwicklung.

Als Teil des Fürstbistums Münster kam Emsdetten zusammen mit Nordwalde 1816 zu Preußen und zum Kreis Steinfurt, vorausgegangen waren ein kurzes Intermezzo unter der Herrschaft des Fürstentums Rheina-Wolbeck und einige Jahre unter napoleonischer Besetzung.

Durch die Mechanisierung der Leinenspinnerei und den Bau einer entsprechenden Fabrik im Jahr 1856 wurde Emsdetten ein wichtiger Standort der Textilindustrie, dessen Geschäfte bis in die Wirtschafswunderjahre des 20. Jh. hinein relativ reibungslos verliefen. Dann, auf dem Höhepunkt der wirtschaftlichen Prosperität, bewiesen Kommunalpolitik und lokale Unternehmer den richtigen Riecher und setzten konsequenter als andernorts auf den Strukturwandel. Auf diese Weise entstanden schon früh viele neue Arbeitsplätze in alternativen Branchen mit Folgen bis heute. Wegen der großen Zahl mittelständischer Betriebe zählt Emsdetten zu den wirtschaftlich potentesten Orten der Region, derzeit sind ein Frottierwaren- und ein Haushaltswarenhersteller mit zusammen etwa 600 Arbeitsplätzen die wichtigsten Unternehmen der Stadt.

Die Erfolgsgeschichte der Textilindustrie ist aber bis heute im Stadtbild sichtbar geblieben. Dokumentiert wird sie durch die vergleichsweise hohe Zahl an denkmalgeschützten Stadtvillen, die vom Wohlstand der einstigen Textilbarone zeugen. Für Architekturinteressierte lohnt ein Stadtspaziergang.

Anschauen und unternehmen

St.-Pankratius-Kirche: Die Pfarrkirche ist der Mittelpunkt der Stadt und zugleich die älteste Kirche in Emsdetten. An diesem Platz entstand um 850

Stege machen den Gang durch die Emsauen wetterunabhängiger

zuerst eine Holzkirche, die dann um 1170 durch eine romanische Steinkirche ersetzt wurde. Nach einem zweifachen Blitzeinschlag in Turm und Kirche im Jahr 1840 wurde sie geschlossen. Nach dem erneuten Aufbau im neugotischen Stil wurde sie im Jahr 1848 mit dem heute dreischiffigen Kirchenraum eingeweiht. Der Kirchturm entstand 1906. Besonders zu erwähnen sind der Josefsaltar und der Marienaltar. Das Inventar stammt z. T. aus den Vorgängerbauten.

▪ Kirchstr. 2–6

Herz-Jesu-Kirche: Das katholische Gotteshaus mit den Doppeltürmen wurde 1922–24 nach Plänen des bekannten Sakralarchitekten Ludwig Becker gebaut und verbindet, wie im Historismus üblich, mehrere Stile. Ein Umbau des denkmalgeschützten Gebäudes ist angedacht.

▪ Karlstr. 31

Gustav-Adolf-Kirche: Das Gotteshaus der evangelischen Kirchengemeinde ist ein Jugendstil-Kleinod aus dem Jahr 1912, bei dem die Innenausmalung in den 1960er-Jahren aber unwiederbringlich zerstört wurde. Zudem wurde sakrales Mobiliar aus Sandstein eingebaut. 2003 konnte der Innenraum bei einer Renovierung wieder etwas dem ursprünglichen Zustand angenähert werden.

▪ Kirchstr. 37–39

Emsauen: Seit 1998 sind weite Teile der Emsauen vor, hinter und in Emsdetten als ein zusammenhängendes Naturschutzgebiet von ca. 4.000 ha Fläche ausgewiesen. Es ist damit eines der größten in Nordrhein-Westfalen. Im Gebiet zwischen der Emsbrücke und dem östlichen Stadtrand sind mehrere Wege ausgeschildert.

▪ Weitere Informationen unter biologische-station-steinfurt.de.

Museumsinsel: Bereits in der Nachkriegszeit wurde in Emsdetten die kluge Entscheidung getroffen, alle Museen an einem Ort zusammenzubringen und mit einer Parkanlage einen zusätzlichen Erholungsraum am Rand der Innenstadt zu schaffen. Am anderen Ende des Parks befinden sich die Emshalle, Heimat der Handballer, die sogar einmal in der Bundesliga spielten, und das Kulturzentrum Stroetmanns Fabrik. Mittelpunkt des Geländes ist der Hof Deitmar, ein ehemaliger Schulzenhof, der 1913 zum repräsentativen Wohnhaus der Eigentümerfamilie umgebaut wurde. Hinzu kommen das August-Holländer-Museum in einem ursprünglichen Stallgebäude des Hofes Deitmar, das Wannenmacher-Museum und das Museum im Speicher.

Die Gustav-Adolf-Kirche

1956 kaufte die Stadt Emsdetten das gesamte Hofareal und entwickelte in mehreren Etappen das Museumskonzept mit dem August-Holländer-Museum, das sich vorrangig der Geschichte der örtlichen und regionalen Textilherstellung widmet, als Zentrum. Das Haus des jetzigen Wannenmacher-

Nordmünsterland → Karte S. 205

Museums wurde 1875 vom Wannenmacher Hermann Löbbel an der Wilhelmstraße 17 errichtet. 1927 kam dann das zugehörige Nebengebäude, das sog. Spleithüesken, hinzu. 1982 wurde alles von der Stadt Emsdetten erworben, abgetragen und am Hof Deitmar wiederaufgebaut. Die Ausstellung präsentiert das Handwerk in seiner ganzen Breite inklusive des Familienlebens, da alles eng beieinanderliegend stattfand.

Der Speicher auf dem Gelände von Hof Deitmar wurde nach der Zerstörung eines Vorgängerbaus durch einen Brand 1689 errichtet und ist nachweislich das älteste Gebäude Emsdettens. Im Museum im Speicher sind landwirtschaftliche Geräte aus der Zeit der kompletten Selbstversorgung der Bauernfamilien zu sehen.

1998 wurde in der Parkanlage noch ein Backhaus errichtet, wie es für Höfe dieser Größe im Münsterland üblich war.

▪ Mi–So 15–18 Uhr, Mo/Di geschlossen. Eintritt frei, Führungen buchbar über den Heimatbund Emsdetten. Mühlenstr. 28–30, ✆ 02572-941316, heimatbund-emsdetten.de.

Galerie Münsterland: Der örtliche Kunstverein schafft es durch die Unterstützung lokaler Sponsoren, Jahr für Jahr mehrere Ausstellungen mit Werken bedeutender Künstler zu präsentieren. Die Räume des Vereins sind seit 1990 das Maschinen- und Kesselhaus der ehemaligen Textilfabrik B. W. Stroetmann. Auch das Kulturzentrum Stroetmanns Fabrik und die Ems-Halle befinden sich auf dem Gelände, das zwischen den Gebäuden parkähnlich gestaltet ist.

▪ Do/Fr 16–19 Uhr, Sa 15–18 Uhr, So 11–18 Uhr. Eintritt frei. Friedrichstr. 3, ✆ 02572-89007, galeriemuensterland.de.

Früher Fabrik, heute Galerie

Emsdettener Venn: Das Emsdettener Venn ist eines der letzten noch intakten Hochmoorgebiete, 325 ha groß und 1941 als erstes Gebiet im Kreis Steinfurt unter Naturschutz gestellt. Der Rundweg ist 8 km lang. Ein Radererlebnisweg führt über Wirtschaftswege, befestigte Fahrradwege und einen Sandweg rund um den Kernbereich. Aussichtstürme stehen am Nord- und Südrand.

Praktische Infos

Information **Verkehrsverein Emsdetten,** Friedrichstr. 2, ✆ 02572-93070, vvemsdetten.de.

Verbindungen Halbstdl. Züge nach Münster und Rheine, Busse in die Nachbarorte, Bürgerbus.

Stadtführungen Der Verkehrsverein Emsdetten hält in der Tourist-Info ein breit gefächertes Angebot bereit.

Markt Mittwoch und Samstag am Vormittag.

Einkaufen **Münsterländer Speisekammer,** regionale Feinkost. Elbersstr. 8.

Schwimmen **Waldbad Emsdetten,** Blumenstr. 131, ✆ 02572-2480, waldbad-emsdetten.de.

Wandern Rundweg (8 km) durch die Emsaue, mehrere Wege am Emsdettener Venn, auch dort ein 8-km-Rundweg.

Radfahren Die fünf **Emsdettener Rundwege** haben eine Länge von 17 bis 42 km.

Stoffe für Christo

Sie trennten nicht nur die Kunstwelt in Freunde und Gegner, sondern auch die Bevölkerung an den Orten, an denen sie ihre Großinstallationen verwirklichten, das Künstler-Ehepaar Christo und Jean-Claude. Hinter den Projekten steckte immer auch eine große logistische Herausforderung, und bei der half die bis 2013 existierende Emsdettener Weberei Schilgen. Sie lieferte das Spezialgewebe für die Verhüllung des Reichstags 1995. Auch 1998 waren die „Wrapped Trees" in der Schweiz mit Stoffbahnen aus Emsdetten verhüllt. 2005 folgte nach 26 Jahren Planung im Central Park von New York die Installation „The Gates". So zahlte sich aus, dass bei Schilgen einst eine Spezialwebmaschine angeschafft worden war. Wenig später wurde das Unternehmen verkauft, mit der Firma Setex in Greven zusammengelegt und die Produktion in Emsdetten eingestellt. Die Stoffe für „The Floating Piers" kamen also aus der Nachbarstadt. Eine andere Handweberei, Gönner, überstand alle Krisen, weil sie sich auf Kirchentextilien spezialisierte. Papst Johannes Paul II. wurde zum prominentesten Träger eines Gewandes aus Emsdetten. Standhaft ist auch Frottierwarenhersteller Cawö.

Kanu Die Ems ist für Anfänger ein hervorragendes Revier. Buchungen über den Verkehrsverein Emsdetten.

Reiten Reitwege mit einer Gesamtlänge von etwa 22 km verbinden zwischen Emsdetten und Nordwalde (→ S. 218) fünf barrierefreie Stationen mit Aufstiegsrampen und Leihrollstühlen. Dies und ein Team von Begleitern sorgt dafür, dass auch Menschen mit Behinderung einmal auf dem Rücken eines Pferdes sitzen können. Infos unter wegbereiter.org.

Essen **Zurmühlen,** Traditionslokal mit Biergarten im Ortsteil Hembergen, klassische Münsterländer Speisekarte. Mo und Mi–Sa 15–24 Uhr, So/Feiertage ab 10 Uhr, Di Ruhetag. Dettener Str. 9, ✆ 02572-7126, restaurant-zurmuehlen.de. €€

meinTipp **Altes Gasthaus Lanvers,** seit knapp 400 Jahren finden auswärtige Gäste hier schon Tisch und Bett. Regionalgerichte und etwas gehobenere Küche, auch Hotelzimmer. Mo/Di u. Do–Sa 16–24 Uhr, So schon ab 12 Uhr. Dorfstr. 11, ✆ 02572-15090, hotel-lanvers.de. €€€

meinTipp **Byblos,** libanesisches Restaurant, auch Mäsa-Essen möglich. Mo und Mi–So 17–23 Uhr, Di Ruhetag. Hengeloplatz 9, ✆ 02572-9670073, byblos-emsdetten.de. €€

Isendorfer Hausbrauerei, Brauhausküche in uriger Kottenatmosphäre. Do–So 14–23 Uhr, Mo/Di/Mi Ruhetag. Isendorf 49, ✆ 02572-7692, restaurant-dieckmann.de. €€

Übernachten **Hotel Pötter,** der seit 1953 existierende Familienbetrieb bietet großzügige, modern eingerichtete Zimmer und ein Restaurant mit kleiner, abwechslungsreicher Karte sowie schönem Biergarten. Grevener Damm 50, ✆ 02572-84242, hotelpoetter.de. €€€

Hotel Lindenhof, der inzwischen auf sechs Gebäude verteilte Traditionsbetrieb hat moderne Zimmer (z. T. in historischer Bausubstanz) und ein 2023 mit einem Stern dekoriertes, empfehlenswertes Restaurant mit großer Weinkarte. Alte Emsstr. 7, ✆ 02572-9260, lindenhof-emsdetten.de. €€€

Waldhotel Schipp-Hummert, kleines Hotel im Grünen mit angeschlossenem Ausflugslokal und Biergarten direkt am Emsauenweg. Veltrup 17, ✆ 02572-6098370, waldhotel-schipphummert.de. €€

Camping **Wohnmobilstellplätze** an der Emshalle.

Umgebung von Emsdetten

Nordwalde

In der benachbarten Gemeinde (10.000 Einwohner) ist in der katholischen **St.-Dionysos-Kirche** eine inzwischen denkmalgeschützte Barockorgel von Mencke/Bensmann zu finden. Immer wieder gastieren zu Konzerten auch ausländische Organisten.

Gleich mehrere Kleriker aus Münster hatten einst in Nordwalde ein Domizil. Im bis heute komplett erhalten gebliebenen Bispinghof residierte der Bischof. Vom Pröbstinghof, dem Quartier des Dompropstes, ist noch ein Speicherhaus zu sehen. Die Höfe sollen Teil des Projekts **Schaufenster Heimatmuseum** werden, mit dem voraussichtlich ab 2024 lokale und regionale Geschichte im Ort in besonderer Weise erlebbar sein wird.

- Bispingallee 3, buergerstiftung-bispinghof.de.

Information **Gemeinde Nordwalde,** Bispingallee 15, ✆ 02573-9290, nordwalde.de

Verbindungen Stdl. Züge nach Münster und Gronau/Enschede, Busse in die Nachbarorte.

Markt Samstag am Vormittag.

Einkaufen **Feinkostfleischerei Hidding,** Bahnhofstr. 5. (auch Filialen in Emsdetten und Münster), **Schäferei Reckfort,** Westerode 33.

Radfahren Zum Rundkurs **Vogelstangenrunde** hat jeder Schützenverein eine Wegmarkierung beigesteuert.

Essen **Zur Krone,** portugiesische Spezialitäten, authentisch und schmackhaft zubereitet, auch Hotelzimmer. Di–Sa 17–24 Uhr, So ab 12 Uhr, So/Mo Ruhetag. Kirchstr. 2, ✆ 02573-9829822, krone-nordwalde.de. **€€**

Übernachten **Parkhotel Nordwalde,** das 2017 renovierte Haus verbindet westfälische Tradition und moderne Hotellerie, auch Restaurant. Bahnhofstr. 121, ✆ 02573-93843, parkhotel-nordwalde.de. **€€€**

Saerbeck

Die 7.000-Einwohner-Gemeinde ist seit 2013 energieautark und daher „Klimakommune". Wie sie das wurde, wird auf dem Energielehrpfad und an der Gläsernen Heizzentrale thematisiert (saerbecker-energiewelten.de).
Windkraft- und Solaranlage stehen im Bioenergiepark, einem ehemaligen Militärgelände. Einige der 74 Bunker des einstigen Munitionsdepots, auf denen Photovoltaikanlagen installiert wurden, sind heute Kunst- und Kulturorte (Bunker 2, Bunker 11; Internetseite in Planung).

Naturschutz wird rund um Emsdetten großgeschrieben

An das Heimatmuseum ist ein kleines **Brennereimuseum** angeschlossen, mittlerweile das einzige in der gesamten Region. Untergebracht ist es in der von 1812 bis 1876 aktiven Brennerei an der Grevener Straße nahe der Ortsmitte. Das unter Denkmalschutz stehende Gebäude mitsamt technischem Interieur wird vom Heimatverein unterhalten und kann regulär sonntags von 10.30 Uhr bis 12.30 Uhr besichtigt werden (ansonsten auf Anfrage, heimatverein-saerbeck.de).

In der **St.-Georg-Kirche** (1896) wurden 1980 neugotische Malereien freigelegt. Im Ortsteil Sinnigen steht weithin sichtbar eine von drei noch erhaltenen **Holländerwindmühlen** im Kreis Steinfurt. Inzwischen nutzt die Freiwillige Feuerwehr das Gebäude.

Richtung Ladbergen liegt das **Wildfreigehege Nöttler Berg,** wo 40 Arten Hoch- und Niederwild Zuhause sind.

Geöffnet ist das Wildgehege im Sommerhalbjahr Di/Sa 9–18 Uhr, So/Feiertage 9–19 Uhr, im Winterhalbjahr bis zum Einbruch der Dunkelheit. Eintritt 5 €, erm. 3 €. Westladbergen 30a, ✆ 02574-474, wildfreigehege-saerbeck.de.

Information **Tourist-Info Saerbeck** (Rathaus), Ferrières-Straße 11, ✆ 02574-890, gemeinde-saerbeck.de/Freizeit-und-Touristik.htm.

Verbindungen Schnellbus Ibbenbüren-Münster, Busse nach Greven und Emsdetten.

Markt Freitag am Vormittag.

Schwimmen **Badesee Saerbeck,** Naturfreibad, in der Badesaison bis Einbruch der Dunkelheit geöffnet.

Radfahren Die **Brachvogelroute** ist eine schöne Tagestour von Saerbeck ins Tecklenburger Land (40 km).

Essen **Hotel Stegemann,** das Haus konzentriert sich auf Tagungsgäste und Gruppen, kleiner Wellnessbereich. Westladbergen 71, ✆ 025 74-9290, hotel-stegemann.de. **€€€**

Gasthof Waldesruh, der Landgasthof empfängt seit 1828 Gäste. Zweckmäßig eingerichtete Zimmer und klassische westfälische Speisekarte. Westladbergen 85, ✆ 02574-88860, gasthofwaldesruh.de. **€€€**

Café Liesenkötter/Eisdiele Lieschen, wer Torten und/oder Eis mag, sollte im Herzen von Saerbeck eine Pause einlegen. Di–Fr 11–18 Uhr, So 9.30–17 Uhr, Sa/Mo Ruhetage (Café), Di–So 11.30–18 Uhr (Eisdiele und Confiserie). Café-Filialen in Greven und Emsdetten. baeckerei-liesenkoetter.de und lieschen-eis.de. **€**

Greven

38.000 Einwohner

Gerade in den Sommermonaten lockt Greven durch ein vielfältiges Sport- und Kulturangebot direkt an der Ems, eignet sich aber auch hervorragend als eher ruhig gelegener Ausgangspunkt für Radtouren in den Norden des Münsterlandes.

Trainierte Radfahrer können die Nachbarstadt von Münster gut als Quartier nutzen, wenn sie die Münsterland-Metropole besichtigen, aber auch auf Kilometer mit dem Drahtesel kommen wollen. Der Weg führt gleich an mehreren Naturschutzgebieten vorbei in die Bischofsstadt.

Archäologische Funde zeigen, dass das heutige Stadtgebiet Grevens seit der mittleren Steinzeit besiedelt ist. Die eigentliche Ortsentwicklung begann um etwa 800 n. Chr. durch das Wirken von Missionar Ludger.

Aktuell wächst die Stadt stark, weil die Immobilienblase in Münster viele junge Familien nach Greven treibt.

Anschauen und unternehmen

St.-Martinus-Kirche: Der Taufstein im romanischen Untergeschoss des Turmes von 1680 ist das älteste Inventarstück im Gebäude, an dessen Stelle die Kirchengeschichte Grevens um 800 mit einer Holzkirche begann, der im 12. Jh. das erste Steinbauwerk folgte. Das gotische Hauptschiff wurde um 1500 erbaut und zwischen 1890 und 1892 um das Querschiff erweitert. Bis 1962 wurden Kriegsschäden beseitigt. Bedeutendster Ausstattungsgegenstand des Gotteshauses ist die Groninger-Kreuzigungsgruppe hinter der Altarinsel. Nahe der am Marktplatz gelegenen Kirche sind noch einige Ackerbürgerhäuser sowie eine große Zahl von Fabrikantenvillen aus dem 19. und frühen 20. Jh. zu finden, die einen innenstadtnahen Spaziergang lohnen.

▪ Kirchstr. 5

St.-Josefs-Kirche: Für die heutige Zeit Ungewöhnliches vollzog sich auf dem Gelände der in der Nachkriegszeit gebauten Kirche, die 2019 abgerissen wurde: Es entstand ein Kirchenneubau, mit 240 Plätzen deutlich kleiner, aber durch die Gesamtgestaltung des Gebäudekomplexes architektonisch eine Ortsmarke.

▪ Ruhe Rott 9

Rathaus: Der Abriss ist beschlossen, aber vielleicht wird die Erinnerung an den hochgradig mit PCB belasteten, denkmalgeschützten Bau im Heimatmuseum wachgehalten. Es wäre wichtig, denn das Rathaus Greven ist der Nachweis, dass es brutalistische Architektur der Extraklasse in den 1970er-Jahren auch bis in den ländlichen Raum geschafft hat. Ein Neubau soll auf einer nahe gelegenen Freifläche entstehen.

Kulturzentrum GBS: Industriekultur bleibt in Greven durch das in der 1993 stillgelegten Baumwollspinnerei untergebrachte Kulturzentrum präsent. Ne-

Millionengrab FMO

Als sich Mitte der 1960er-Jahre abzeichnete, dass Flugzeuge zu einem relevanten Verkehrsmittel für den Personen- und Gütertransport werden würden, entstand in Westfalen der Wunsch, einen eigenen Airport zu haben und nicht Düsseldorf und Köln/Bonn das Feld zu überlassen. Doch Westfalen ist groß und Einigkeit war schwer herzustellen. Am Ende gab es mit Dortmund, Paderborn und Münster/Osnabrück drei Regionalflughäfen genannte Airports und keiner schaffte es, (dauerhaft) ökonomisch erfolgreich zu sein. Der FMO (Flughafen Münster/Osnabrück) in Greven, an dem knapp ein Dutzend meist kommunale Gesellschafter beteiligt sind, sah sich mehrfach an der Schwelle dazu, doch dann ging jeweils die Anker-Airline, auf die man gesetzt hatte, in die Insolvenz, erst Air Berlin, später Germania. Dann kam auch noch die Corona-Pandemie.

2011 hatte das Oberverwaltungsgericht Münster bereits die Pläne zu einem großzügigen Ausbau der Start- und Landebahn kassiert, weil es die Vorstellung, dass ab dem FMO Interkontinentalflüge starten würden, für abwegig hielt. Zuletzt wurde die Sanierung von Start- und Landebahn sowie Gebäuden beschlossen, bevor bei der letzten Kommunalwahl Parteien Zugewinne erreichten, die eher gegen den Flughafen sind und nicht länger durch Ausgleich von Verlusten am FMO Steuergelder vergeudet sehen wollen. Zuletzt wurde der Zubringerbus nach Osnabrück eingestellt.

Von Warendorf bis Rheine sind viele Emsabschnitte renaturiert

ben Konzertveranstaltungen ist besonders der Gebäudeteil interessant, in dem der Kunstverein seine Räumlichkeiten hat.

▪ Friedrich-Ebert-Str. 3–5

Emsauen, Wentruper Berge und Bockolter Berge: Ein 2,5 km langer Naturlehrpfad führt von den Emsauen nordwestlich der Stadt in die Wentruper Berge. Vor 150 Jahren überzogen noch weitgehend offene Heideflächen und niedriges Gebüsch die Dünen, deren Sand der Westwind in den letzten 3.000 Jahren aus dem Emstal heranwehte und eine natur- und bodenkundlich interessante Oberfläche formte. Die Bockolter Berge sind das Pendant im Südosten.

▪ Am Hallenbad 3 und Zum Wasserwerk 76

Alte Kanalüberführung: Das technische Kulturdenkmal befindet sich östlich der bewaldeten Sanddünen an den Bockolter Bergen und wurde 1899 beim Bau des Dortmund-Ems-Kanals errichtet. Inzwischen wird der Trog der „Neuen Fahrt" ein weiteres Mal erweitert. Von der „Alten Fahrt" ist der Yachthafen geblieben.

Nur an der Überführung sowie im Ortskern ist die Ems nicht renaturiert. Der Emsdeich bietet „ersatzweise" einen 2,5 km langen Skulpturenpfad (emsdeich-skulpturen.de)

▪ Fuestruper Str. 37

Freilichtmuseum Pentrup: In der Bauernschaft vor den Toren Grevens steht der sog. Sachsenhof, die Nachbildung eines Gehöfts aus der Zeit um 800 n. Chr. Hier wird u. a. auch der Anbau von frühen Nutzpflanzen gezeigt und deren Verarbeitung dargestellt. Der Nachbau geht auf Ausgrabungen im Sandabbaugebiet Münster-Gittrup zurück, die vom Westfälischen Museum für Archäologie durchgeführt wurden. Der Heimatverein betreut zudem das Heimathaus Alte Post (Alte Münsterstr. 8).

▪ Tägl. von 9 Uhr bis Einbruch der Dämmerung. Eintritt frei. Pentruper Mersch 5, ✆ 02 571-5699261, heimatverein-greven.de.

Reckenfeld: Der Ortsteil, der im Ersten Weltkrieg militärisch wichtiges Munitionsdepot war, entwickelte sich erst in der Zwischenkriegszeit. Die alten Depot-Strukturen, wie etwa die blockartige Bebauung und das Straßen- und Grabensystem, sind noch heute erkennbar. Umfassende Informationen liefert das vom Heimatverein betriebene Haus der Geschichte in der Lennestraße 17.

Freilichtbühne Reckenfeld: Mit 720 z. T. überdachten Plätzen ist die von einem örtlichen Verein mit Laiendarstellern bespielte Bühne eine der größeren in der Region und über die Stadtgrenzen hinaus bekannt. Mindestens ein Stück für Kinder und eines für Erwachsene werden aufgeführt.

▪ Zur Freilichtbühne 36, ✆ 02575-1566, reckenfeld-freilichtbuehne.de.

Gimbte: Der Ortsteil an der Stadtgrenze zu Münster ist das Ausflugsziel vieler Einheimischer aus Greven und Münster, die einfach ein Stück die Ems entlangfahren oder durch die Emsauen und die verbliebenen Heideflächen wandern wollen. In der Dorfkirche St. Johannes Baptist, die Mittelpunkt des überaus idyllischen Ortskerns ist, befindet sich der älteste Taufstein des Münsterlandes (12. Jh.). Am Wochenende hat nachmittags der Museumshof Averkamp geöffnet, im Winterhalbjahr nur am Sonntag (Grevener Str. 32, ✆ 0257-153155). Viel Gastronomie im Ort, Obst- und Spargelhöfe in Gelmer-Gittrup (→ S. 84).

Praktische Infos

Information **Greven Marketing,** Alte Münsterstr. 23, ✆ 02571-1300, greven.net.

Verbindungen Halbstdl. Züge nach Münster und Rheine, Busse in die Nachbarorte, Stadtbusse. Die Marina „Alte Fahrt Fuestrup" bietet 150 Bootsliegeplätze. ✆ 02571-3896, fuestrup.de.

Stadtführungen Die Tourist-Information hält ein vielfältiges Angebot bereit. Besonders interessant ist für technisch Interessierte die Führung zum Kanalbau.

Markt Mittwoch und Samstag am Vormittag, Donnerstag am Vormittag in Reckenfeld.

Einkaufen Mit dem Dorfladen **Gimbte** brachten der Kreis Steinfurt und engagierte Einheimische einen Supermarkt zurück ins Dorf, der lokale landwirtschaftliche Betriebe bei der Direktvermarktung unterstützt.

Nahrups Hof Spargel, an der Stadtgrenze zu Münster. Neben Spargel auch selbst gebackenes Brot, hausgemachte Wurst, Kartoffeln usw.; auch Hofcafé. Tägl. 8–19.30 Uhr, Postdamm 4, ✆ 02571-3011 (Hof) und ✆ 02571-549608 (Café), nahrups-hof.de.

Schwimmen **Grevener Hallenbad** und **Freibad Schöneflieth,** Am Hallenbad 3 und Am Freibad 27, ✆ 02571-509500, stadtwerke-greven.de. Im Sommer wird die Fläche am Freibad zur Festival-Location Greven Beach mit Kulturveranstaltungen und Biergarten (greven-beach.de).

Wandern Die empfehlenswertesten Ortswanderwege sind der an der Ems entlang nach Gimbte mit Rückweg durch die **Aldruper Heide** und vom Yachthafen Fuestrup via Kanalüberführung durch die **Bockolter Berge.**

Der Sachsenhof Greven zeigt die Frühgeschichte der Region

Radfahren Die Radstation wird von der Tourist-Info betrieben. Es lassen sich individuelle Touren in Greven und den Nachbarorten planen. Empfehlenswert ist die Tagestour **Zu den Ufern der Ems,** bei der u. a. auch die Rieselfelder am Rand von Münster eine Station sind.

Kanu Auch dieses Angebot auf der Ems wird über die Tourist-Info organisiert.

Reiten Greven ist zusammen mit Emsdetten (→ S. 217), Nordwalde (→ S. 218) und Altenberge (→ S. 238) aufgrund eines engmaschigen Netzes von Reitwegen und einer Vielzahl von Höfen für Reitsportbegeisterte interessant. Zwischen Greven und Münster ist der **Rundweg Bockholter Berge** markiert. Das Reitroutennetz um Greven umfasst knapp 150 km.

Essen **Harveys,** guter Ort für alle, die eine Pause von der Regionalküche einlegen möchten, mediterran inspirierte Fusion Kitchen. Di–Sa 17–22 Uhr, So/Mo Ruhetag. Kirchstr. 1, ✆ 02571-5038777, harveys-greven.de. €€

meinTipp **Altdeutsche Gaststätte Wauligmann,** nahe der Autobahnausfahrt Greven Richtung Münster gelegener Familienbetrieb (seit 1841), der sich auf Regionalküche versteht, auch Wildgerichte. Mi–So 11.30–21 Uhr, Mo/Di Ruhetag. Schifffahrter Damm 22, ✆ 02571-2388, gaststaette-wauligmann.de. €€

meinTipp **Altdeutsche Schänke Gimbte,** durch neue Betreiber aus einem Dornröschenschlaf wachgeküsstes Traditionshaus. Die regionale Küche wird hier modern interpretiert; Reservierung ratsam. Mi–So 11.30–14 Uhr und 17.30–22 Uhr, Mo/Di Ruhetag. Dorfstr. 18, ✆ 02571-2261, altdeutsche-schaenke.de. €€€

Altes Wirtshaus Kaltefleiter Gimbte, zweites Traditionsgasthaus im Ort mit großer Wildkarte, auch einige zweckmäßig eingerichtete Hotelzimmer. Mo/Di und Fr–So ab 11.30 Uhr, Mi/Do Ruhetag. Alter Fährweg 6, ✆ 02571-95 420, gimbte.de/kaltefleiter. €€

Niemeyer's Restaurant im Hotel Wermelt, empfehlenswertes Restaurant mit viel Regionalküche und wechselnder Saisonkarte. Nordwalder Str. 160, ✆ 02571-9270, hotel-wermelt.de. €€

Übernachten **Hotel zur Kroner Heide,** alteingesessener Familienbetrieb, der in seinem Haus historische Bausubstanz und moderne Hotellerie zu verbinden versteht. Restaurant nur für Hotelgäste. Kroner Heide 7, ✆ 02571-93960, kronerheide.de. €€

meinTipp **Hotel Hoecker Hof,** das Hotel in einem ehemaligen Industriegebäude aus der Wende vom 19. aufs 20. Jh. verbindet gekonnt moderne Hotel-Architektur und ursprüngliche Funktion des Gebäudes. Münsterstr. 44, ✆ 02571-5788310, hotel-hoeker-hof.de. €€

Camping **Camping Westheide,** Teil eines Ferienparks am Westeroder See zwischen Greven und Nordwalde, Altenberger Str. 23, ✆ 02571-560701, campingplatz-westheide.de.

Wohnmobilstellplätze am Yachthafen Fuestrup am Dortmund-Ems-Kanal.

Nordmünsterland → Karte S. 205

Steinfurt

35.000 Einwohner

Entschleunigung lässt sich rund um das Schloss sowie in der scheinbar nicht enden wollenden Münsterländer Parklandschaft jenseits des künstlich angelegten Parks Bagno problemlos finden. Eine Wanderung von Burgsteinfurt ins Grüne kann mit einem Besuch im Bauhaus-Museum Borghorst bereichert werden.

Stark evangelisch geprägt, Gründungsort der ältesten Hochschule Westfalens, Bürgerhäuser aus mehreren Epochen und ein Wasserschloss – Burgsteinfurt hebt sich klar von den Nachbarorten ab. Hinzu kommt die reizvolle Landschaft, allem voran das Bagno, ein grüner Vergnügungspark aus dem 18. Jh. mit einer der ältesten frei stehenden Konzerthallen Europas. Das katholische Borghorst punktet ebenfalls mit einem historischen Ortskern, einem bedeutenden, nach Diebstahl und Auffindung nun sehr gut gesicherten Kirchenschatz und dem Werk von Bauhaus-Künstler Heinrich Neuy.

Geschichte von Burgsteinfurt

Die um 890 erwähnte Villa Seliun in Akten des Klosters Werden ist das erste schriftliche Zeugnis einer Besiedlung des Burgsteinfurter Stadtgebiets. Der Name leitet sich vom Begriff Furt ab, einer Stelle, an der ein Fluss mit Gespannen durchquert werden konnte, in diesem Fall die Steinfurter Aa. Wer die Furt kontrollierte, hatte Macht und konnte Wegezoll einfordern. Bereits im 12. Jh. übernahmen das die Edelherren „de Steinvorde", Ahnen der Familie Bentheim-Steinfurt, die bis heute auf Schloss Steinfurt ansässig ist.

Der Ort war ab 1230 von großer Bedeutung für den Johanniterorden. Der Edelherr Rudolf II. von Steinfurt hatte an einem Kreuzzug teilgenommen. Zugunsten seiner Kriegskameraden gründete er 1230 eine Stiftung, die sog. Dreizehn-Armen-Stiftung. Die Johanniter erhielten einige Güter in der Umgebung mit der Auflage, zum Seelenheil des Grafen und seiner Familie dreizehn Arme täglich zweimal mit Speis und Trank zu versorgen. Unmittelbar neben der Großen Kirche gründete der Orden 1244 eine Kommende, deren alte Gebäude noch erhalten sind.

Die Grafen von Steinfurt wechselten früh zum reformierten Glauben, später zum Calvinismus, und machten ihr Territorium so zu einer religiösen Enklave im katholisch dominierten Müns-

Zwei Orte wie ein altes Ehepaar

Als das Land Nordrhein-Westfalen Ende der 1960er-Jahre seine Gebietsreform umsetzte, wurde der Kreis Steinfurt aus dem Altkreis Steinfurt, dem Kreis Tecklenburg und einigen Orten des Landkreises Münster gebildet. Städte und Gemeinden mit einer insbesondere konfessionell ganz unterschiedlichen Historie fanden zusammen. Ein Teil des Altkreises war katholisch geprägt und stand bis 1803 unter der Herrschaft der Fürstbischöfe von Münster. Die Grafschaft Steinfurt war hingegen wenige Jahre nach der Reformation calvinistisch geworden, wie auch Teile des Tecklenburger Landes. Und das „falsche Gesangbuch" hatte im Münsterland auch noch um 1970 Gewicht. Nun sollte Rheine Kreisstadt werden, und das behagte den Burgsteinfurtern gar nicht. 1963 hatten sie durch den Bau eines etwas überdimensionierten Kreishauses schon eine erste Gegenmaßnahme ergriffen. Als klar wurde, dass dies nicht genügte, weil eine Kreisstadt 30.000 Einwohner haben sollte, boten die protestantischen Burgsteinfurter den katholischen Borghorstern eine Fusion an. Gutachten rieten auch aus den religiös-kulturellen Gründen davon ab, doch am Ende wurde es so beschlossen, eben damit der Kreissitz bleiben konnte. Probleme und Spannungen blieben nicht lange aus. Schon 1976 wollten die Borghorster die Scheidung. Man scheiterte aber vor Gericht. Bis heute ist das Verhältnis schwierig, und es ist lokal weiterhin von erheblicher Bedeutung, aus welchem Teil der Stadt man kommt, denn die lokalpolitischen Diskussionen verlaufen immer noch entlang alter Orts- und Konfessionsgrenzen. Es passt ins Bild, dass die B 54 genau zwischen den Ortsteilen verläuft ...

Tour 8: Schloss Steinfurt und Umgebung → S. 369
Große Runde, die an allen Sehenswürdigkeiten von Burgsteinfurt vorbeiführt und die Option zu einem Abzweig nach Borghorst hat.

terland. Als Folge davon litt die Stadt bis zum Westfälischen Frieden sehr unter Plünderungen und Besetzungen. 1660 ließ der damalige Fürstbischof von Münster, Christoph Bernhard von Galen, die Stadt widerrechtlich besetzen. Er erzwang auch die Mitbenutzung der Großen Kirche für Katholiken. Erst durch einen Vergleich im Jahr 1716 wurde die Besatzung beendet. Unmittelbar danach wurde die katholische Kirche errichtet. Mit einer sehr liberalen Religionspolitik sicherte sich die Grafenfamilie ihre Machtposition, das Schleifen aller Befestigungsanlagen wurde verfügt. Steinfurt erlebte anschließend ruhige Jahre.

Im Zweiten Weltkrieg wurde die Hälfte der Stadt zerstört, viele Gebäude wurden danach aber wiederaufgebaut. Da der Ort durch das Schloss und die administrativen Einrichtungen des Kreises Steinfurt sowie das Bagno immer Stadt der Verwaltung und Kultur war, gibt es bis heute in Burgsteinfurt keinen nennenswerten Industriebesatz.

Anschauen und unternehmen in Steinfurt

Schloss Steinfurt: Westfalens älteste Wasserburganlage steht auf einer nahezu kreisrunden, von der Steinfurter Aa umschlossenen Insel. Der Stammsitz des Fürstenhauses Bentheim-Steinfurt, der einmal im Monat besichtigt werden kann, besteht aus drei Gebäudekomplexen: der Oberburg, der Unterburg und der Schlossmühle. Die Anlage wurde im Laufe ihrer wechselvollen Geschichte immer wieder umgebaut und erweitert. Eine erste Burg findet 1129 Erwähnung, wird jedoch schon 1164 wieder zerstört. Das dann wiederaufgebaute Gebäude (13. Jh.) wurde zur Keimzelle der heute zu sehenden Anlage. Die wurde im Dreißigjährigen Krieg erheblich beschädigt. Erst ab 1706 erfolgte der vollständige Wiederaufbau, der bis 1729 mit den Neubauten im barocken Stil abgeschlossen wurde. Die letzte umfassende Renovierung erfolgte von 1877 bis 1898.

Hinsichtlich Führungen bitte beim Aufenthalt vor Ort in der Tourist-Info nachfragen.

Bagno: Der in der zweiten Hälfte des 18. Jh. errichtete Landschaftspark galt einmal als eine der schönsten Parkanlagen Europas. Graf Karl Paul Ernst von Bentheim-Steinfurt entwickelte die Idee, an seinem Schloss einen Vergnügungspark nach französischem Vorbild anzulegen, ein Bagno. So sollten Ausflügler in den Ort gelockt werden. Sein Sohn Ludwig vergrößerte den anfänglich sehr kleinen See und baute den Garten zu einem englischen Garten um. In der Folge entstanden viele exotische Bauten, darunter ein chinesisches Palais, ein gotisches Haus und eine Insel mit künstlicher Ruine. Von diesen Gebäuden existieren nur noch die Konzertgalerie, die Ruineninsel und die Neue Wache. Das Steinfurter Bagno wurde rasch zu einem Publikumsmagneten und ist es bis heute geblieben, inzwischen zusammen mit dem angrenzenden Naturschutzgebiet Buchenberg. Bauliche Relikte aus der „Parkära" konnten bewahrt werden. An das Kerngebiet des Parks grenzt ein artenreicher Laubwaldkomplex und Auwald. Wer im Park bleiben möchte, nimmt den kürzesten Wanderweg (3,4 km).

Als Folge der napoleonischen Besatzung konnte die Grafenfamilie den Unterhalt des Parks nicht mehr finanzieren. Nach und nach mussten verfallene Gebäude abgerissen und Teile der Anlage sich selbst überlassen werden. 2004 wurden die drei noch erhaltenen Gebäude und die gesamte Anlage aufwendig saniert.

- Eintritt frei.

Konzerthalle: Das wohl 1774 vollendete Gebäude ist einer der ältesten erhaltenen frei stehenden Konzertsäle Europas. Vorbild ist das Grand Trianon im Park von Versailles. Welche Architekten und Künstler bei der Gestaltung des Baus mitwirkten, lässt sich nicht mehr rekonstruieren. Mit der Säkularisierung und der napoleonischen Zeit begann der Verfall der Anlage. Die Konzerthalle wurde nur vom Abbruch verschont, weil 1924 die Allgemeine Bürger-Schützen-Gesellschaft für 20 Jahre das Recht zur Nutzung für ihre Schützenfeste erhielt. Bedingung war die Instandsetzung des Innenraums durch die Schützen, während das Fürstenhaus für die Sanierung von Dach und Außenwänden aufkam. Nach dem Zweiten Weltkrieg wurden die Räumlichkeiten als Lagerhalle genutzt oder standen leer. Der Innenraumschmuck verfiel zum großen Teil. Es dauerte lange, bis Grafenfamilie, Denkmalschützer, Land und Stadt auf einen Nenner in Sachen umfassende Renovierung kamen. Erst 1997 wurde sie abgeschlossen. Als Folge der langen Zeiträume ohne Nutzung konnten viele Elemente der Rokokoarchitektur nicht erhalten werden. Sie sind nur in wenigen Fragmenten noch sichtbar. Zur Blütezeit im 18. Jh. bestand die gräfliche Hofkapelle aus 35 Mitgliedern und war über die Region hinaus bekannt. Heute finden unter dem Namen „Bagno Konzertgalerie Steinfurt" wieder Konzerte mit teilweise weltbekannten Künstlern statt.

- Hollich 156b, Tickets unter ✆ 02551-186900, bagno-konzertgalerie.de.

Markt: Der Marktplatz mit dem 1561 erbauten Rathaus und seinen Bürgerhäusern, auch aus Renaissance und Biedermeier, lädt mit einer Vielzahl von Gastronomiebetrieben zum Verweilen ein. Auch lokale Spezialitäten sind jenseits der Markttage in angrenzenden Geschäften zu erwerben. Ganz am Rand des Platzes wird in einem kleinen Lädchen durch eine ehrenamtlich tätige Gruppe des Heimatvereins Blaudruck betrieben (heimatverein-burgsteinfurt.de). Der kurze Spaziergang vom Bagno am Schloss vorbei zum Markt lohnt auch ohne Einkehr. Der Flyer „Historischer Stadtrundgang" der Tourist-Info weist den Weg vom Markt zu allen bedeutenden Gebäuden im Ort.

Die Konzertgalerie wurde noch rechtzeitig vor dem Verfall gerettet

Eine ganz besondere Schule

Heute ist das Arnoldinum eines der Gymnasien der Stadt Steinfurt, doch die 1558 von Graf Arnold III. zu Bentheim gegründete Lehranstalt brachte es zwischenzeitlich zur Universität mit überregionalem Ansehen, weil bedeutende Wissenschaftler an ihr wirkten. 1591–1593 ließ Arnold IV. die Schule zur Hohen Schule Steinfurt ausbauen. Als Vorbild diente die Straßburger Akademie, ab 1621 Universität Straßburg. Der Fürst war ein baufreudiger, humanistisch gebildeter Renaissancefürst und überzeugt, im Besitz der „reinen unverfälschten Apostolischen Lehre" zu sein. Jedenfalls war das sein Fazit nach der Reformation. Er führte als einer der ersten Fürsten das reformierte Bekenntnis ein, genauer die calvinistische Konfession. In der neunjährigen *schola classica* erhielten die Schüler eine schulische Ausbildung, daran schloss sich die fünfjährige *schola publica* an, die von freieren wissenschaftlichen Vorlesungen geprägt war. Anfangs war die Lehranstalt eine Trivialschule, an der Grammatik, Rhetorik und Dialektik unterrichtet wurden. Doch 1591 machte Graf Arnold sie zur akademischen Lehranstalt mit den Fakultäten Theologie, Jurisprudenz, Physik/Medizin und Philosophie. Zum Lehrpersonal zählten u. a. der Jurist Johannes Althusius (1592–1594), der für Volkssouveränität und das Widerstandsrecht gegen Tyrannei eintrat, und Christoph Ludwig Hoffmann (1756–1764), der den optischen Telegraphen erfand und auf dem Buchenberg ausprobierte. Ab etwa 1720 nahm die Bedeutung des akademischen Unterrichts stark ab: War 1677 noch von 300 fremden Studenten die Rede, gab es schon kaum fünfzig Jahre später praktisch keine mehr. Grund dafür war die erfolgreiche Gegenreformation, die Steinfurt zur reformierten Enklave im ansonsten wieder von den Fürstbischöfen von Münster beherrschten Gebiet gemacht hatte. Niemand wollte sich mehr an einer Hochschule einschreiben, an der in der Philosophie der Cartesianismus und in der Theologie der Calvinismus im Mittelpunkt standen. Mit der Besetzung durch Napoleons Truppen 1807 wurde das Gebäude der Hohen Schule zur Kaserne, die Lehranstalt selbst 1811 aufgelöst. Das Gebäude verfiel langsam und musste 1851 wegen Baufälligkeit geschlossen werden. 1867 wurde es saniert und ab 1869 als Amtsgericht genutzt. Später war es lange Zeit Bibliothek. Heute beherbergt es die Musikschule und die Volkshochschule. An die Arbeit der Hohen Schule knüpfte ab 1853 das Gymnasium Arnoldinum in einem Gebäude an der Wasserstraße an.

Das Erscheinungsbild des repräsentativen Gebäudes ist seit seiner Errichtung Ende des 16. Jh. nahezu unverändert geblieben. Die mit Schiefer gedeckten Welschen Hauben der Türme mit den offenen Laternen für die Schulglocken und den schmiedeeisernen Wetterfahnen sind Wahrzeichen der Stadt.

Auch das Heimatmuseum gegenüber lohnt einen Besuch. Die Ausstellung vermittelt einen guten Eindruck der Entwicklung von Wirtschaft und Gesellschaft vom Mittelalter über die Reformationszeit und die Etablierung als Residenz- und Kreisstadt bis in die Gegenwart.

▪ Heimatmuseum Di–Fr 8–13, So 14.30–17 Uhr und nach Vereinbarung, Sa/Mo geschlossen. Eintritt frei. An der Hohen Schule 13, heimatverein-burgsteinfurt.de.

Große Kirche: Die älteste Kirche Steinfurts liegt außerhalb der Stadt auf freiem Gelände. Sie steht auf Fundamenten aus vorromanischer Zeit. Eine Holz- und eine Steinkirche, Letztere vom Johanniterorden auf den Weg gebracht, waren die Vorgängerbauten. 1564 wurde der Bau vollendet. 1990 beschädigte Orkan Vivian die Kirche schwer, der Turm fiel auf das hölzerne Tonnengewölbe. Innerhalb von etwas mehr als einem Jahr kam es zum Wiederaufbau. Der Altar steht, wie auch häufig in Niedersachsen zu finden, quer zum Kirchenschiff.

▪ Friedhof 41

Johanniterkommende: Die Edelherren von Steinfurt hatten nach dem dritten Kreuzzug ihren Besitz zur Verfügung gestellt, damit eine Kommende als Domizil für die Johanniter in Westfalen errichtet werden konnte. Neben einem Wohnhaus existieren noch das 1606 erbaute Torhaus und das 1670 errichtete Gebäude der Komturei. Die Kapelle, heute ebenfalls Wohnhaus, entstand 1687. Ein weiteres Gebäude kam 1721/22 hinzu. Im Dreißigjährigen Krieg verlagerten die Johanniter ihren Sitz nach Münster. Der Besitz in Steinfurt diente noch zur Versorgung der Ordensangehörigen und wurde von einem Rentmeister verwaltet. Nach dem Westfälischen Frieden 1648 machten die Johanniter Münster zu ihrem offiziellen Sitz, doch erst mit der Säkularisierung 1811 endete die Geschichte der Kommende. Ab 1816 nutzten die Grafen von Steinfurt die Gebäude als Wohnungen für ihre Bediensteten.

St.-Johannes-Nepomuk-Kirche: Die Kirche geht zurück auf ein Kirchengebäude, das in den Jahren 1721–24 nach Planungen der Baumeister Gottfried Laurenz und Peter Pictorius errichtet worden war. Damit endete das Simultaneum, die gleichzeitige Nutzung der Großen Kirche durch Katholiken und Reformierte. Von 1883 bis 1885 wurde die Kirche nach Plänen von Hilger Hertel vergrößert, von der Saal- zur Kreuzkirche umgebaut und neoromanisch bzw. neogotisch gestaltet. Wichtigster Ausstattungsgegenstand sind die aus der Johanniterkommende übernommene Steinfurter Madonna und der barocke Taufstein.

▪ Friedhof 4

Kleine Kirche: Das im Gegensatz zu den anderen Kirchbauten im Ort wirklich kleinere Gotteshaus ist der Nachfolger einer Kapelle, die an ein Armenhaus bzw. die Kommende des Johanniterordens angegliedert war, bevor die Kommende vor die Tore der Stadt zur Großen Kirche umzog. Der einschiffige spätgotische Bau wurde 1471–77 errichtet und brannte nach einem Bombenangriff im Zweiten Weltkrieg vollständig aus. Bei der Restaurierung wurden Schwamm- und Tuffstein benutzt.

▪ Flintenstr. 2

Kreislehrgarten: Auf 3 ha Fläche werden unterschiedlichste Mustergärten (Steingarten, Kräutergarten und Bauerngarten) präsentiert. Besucher finden in der 1914 errichteten Anlage Tipps und Anregungen für die Pflege und Gestaltung ihrer eigenen Gärten. Kurse vermitteln u. a. unter Nutzung des Garten-Erlebnis-Pfads alles Wissenswerte über umweltbewusstes Gärtnern. Alte und neue Obstsorten werden hier auf ihre Eignung für den Anbau im Münsterland geprüft. Das ist neben der Arbeit mit Schulklassen in Form von Projekttagen und der Beschulung von GaLaBau-Auszubildenden in der Fachrichtung Obstanbau der Hauptzweck der Einrichtung, die über die Grenzen der Region hinaus geschätzt wird.

▪ Tägl. von Sonnenauf- bis Sonnenuntergang, Eintritt frei, Obstverkauf (saisonal) Mo–Do 7.30–16.30 Uhr, Fr 7.30–12.30 Uhr. Wemhöferstiege 33, ✆ 02551-833388, kreis-steinfurt.de/kv_steinfurt/Kreisportrait/Kreislehrgarten.

Hollicher Windmühle: Die Kappenwindmühle wurde 1859 errichtet und im Lauf der Geschichte zusätzlich zur Windkraft mit Dampfmaschinen und später Diesel- und Elektromotoren betrieben. 1985 gründete sich ein Förderkreis, der die Mühle in liebevoller und zeitintensiver Handarbeit restaurierte. Seit der Fertigstellung können Besucher sie besichtigen. Von der Hollicher Windmühle lässt sich schön auf den Bürgerwindpark schauen. Er sorgt dafür, dass Steinfurt seit 2016 seinen Energiebedarf bilanziell durch die Produktion von regenerativen Energien decken kann. Die Mühle ist im Sommer am Samstagnachmittag geöffnet.

■ Mühlenbesichtigungen in Absprache mit Hans Knöpker vom Förderkreis. Hollich 146, ✆ 0171-2735791, hollicher-muehle.de.

Geschichte von Borghorst

Der Ort wurde am 23. Oktober 968 erstmals in einer Urkunde von Kaiser Otto I. erwähnt, in der er die Gründung einer klösterlichen Lebensgemeinschaft von Frauen in einer befestigten Burg gestattete. Damit war das später freiweltlich-adelige Damenstift Borghorst aus der Taufe gehoben. In den Religionskriegen vor 1648, besonders in der Zeit von 1578 bis 1603, hatten Borghorst und das Damenstift schwer unter dem Kriegsgeschehen zu leiden. Es dauerte einige Jahre, bis der Ort danach wieder einen gewissen Wohlstand erreicht hatte. Mit der Industrialisierung bestimmte die Textilindustrie das Leben der Menschen in Borghorst. Zwischen 1850 und 1950 waren bis zu 2600 Webstühle im Einsatz, geblieben sind heute wenige hochgradig spezialisierte Betriebe. Der Schornstein der Borghorster Warps-Spinnerei erinnert noch an diese Epoche. Heute hadern die Einheimischen mit dem Leerstand an der Haupteinkaufsstraße und damit, dass der Fokus vieler Touristen ausschließlich auf Schloss und Bagno liegt.

Anschauen und unternehmen in Borghorst

St.-Nikomedes-Kirche: Das Gotteshaus ersetzte 1885 die Stiftskirche Borghorst.

St.-Nikomedes-Kirche Borghorst

Bedeutendstes Ausstattungsstück ist das Borghorster Stiftskreuz, eine ottonische Goldschmiedearbeit aus dem 11. Jh. mit unbekanntem Entstehungsort. Das Kreuz hat einen Holzkern und ist auf der Vorderseite mit Goldblech, auf der Rückseite mit Kupferblech beschlagen und mit Halbedelsteinen besetzt. Es wurde 2013 aus der Kirche gestohlen, konnte aber 2017 wiederbeschafft werden. Aufgrund seiner besonderen Bedeutung für die Sakralkunst wird es weltweit bei zahlreichen Ausstellungen von historischen Kirchenschätzen gezeigt. Zwischen 1885 und 1985 wurden die verschiedenen Kirchenfenster von unterschiedlichen Glaskünstlern gestaltet. Vor knapp 20 Jahren ließ die Gemeinde ein Hungertuch anfertigen, das von der in Westfalen üblichen Filetstopfarbeit abweicht und farbig gestaltet ist. Es ist konsumkritisch und thematisiert auch die Textilkrise im Münsterland.

▪ Kirchplatz

Heimathaus (Altes Rathaus): Das Museum im ehemaligen Rathaus von Borghorst (1887) lohnt einen Besuch, weil es viele Einblicke in das Alltagsleben im Münsterland früherer Jahrhunderte ermöglicht. Ausgestellt sind das ehemalige Bürgermeisterzimmer, ein Tante-Emma-Laden, eine Webstube, ein altes Schlafzimmer, Teile der Tenne eines Bauernhauses, eine Näherei, eine Schuhmacherwerkstatt, eine Schulklasse und ein Teil einer Apotheke.

▪ Leider nur an ausgewählten Sonntagen, nach Vereinbarung und zu anderen Veranstaltungen des Heimatvereins geöffnet. Münsterstr. 7. heimatverein-borghorst.de.

Heinrich-Neuy-Bauhaus-Museum: Das Museum im ehemaligen Stiftskurienhaus gegenüber der Nikomedes-Kirche wurde im Juni 2011 zum 100. Geburtstag seines Namensgebers eröffnet, der von 1932 bis zu seinem Tod 2003 in Borghorst lebte. Zu sehen sind u. a. Gemälde Neuys, ein Zeichentisch, einige seiner Tischlerarbeiten sowie bauhaustypische Einrichtungsgegenstände und Utensilien, darunter verschiedene Sessel und Stühle, die von Besuchern auch ausprobiert werden dürfen. Zudem wurden der Familienstiftung Neuy Werke aus dem Nachlass anderer Mitglieder des Bauhauses zur Ausstellung überlassen. Kurzum, eine interessante Ausstellung fernab der drei klassischen Bauhaus-Standorte Dessau, Weimar und Berlin.

▪ Mi–Fr und So 11–17 Uhr. Eintritt 4 €, erm. 2 €, bis 12 J. frei, Gruppenführungen ab 35 €. Kirchplatz 5, ✆ 0252-9958309, heinrichneuy bauhausmuseum.de.

Praktische Infos

Information **Steinfurt Marketing und Touristik,** Markt 2, ✆ 02551-1383, steinfurt-touristik.de.

Verbindungen Stdl. Züge nach Münster und Gronau/Enschede (Bahnhöfe in Burgsteinfurt und Borghorst), Busse in die Nachbarorte, werktags Bürgerbus im Ort.

Stadtführungen Abwechslungsreiches Angebot (auch für Kinder), buchbar über die Tourist-Information.

Markt Dienstag und Freitag am Vormittag in Burgsteinfurt; Mittwoch und Samstag am Vormittag in Borghorst.

Einkaufen **Camphill Sellen,** Hofcafé und Hofladen. Mo/Di und Do/Fr 8.30–18 Uhr. Sellen 101, ✆ 02551-936621, camphill-steinfurt.de.

Hof Stegemann, klassische regionale Spezialitäten aus eigener Produktion. Mo–Fr 8–13 und 14–18 Uhr, Sa 8–15 Uhr. Fleigenweg 129, ✆ 02552-97775, hof-stegemann.de.

Biohof Overesch, u. a. Eier, Suppenhühner, Hähnchen und Rindfleisch aus eigener Produktion. Mi–Fr 9–18.30 Uhr, Sa 9–15.30 Uhr. Hollich 20, ✆ 02551-919513, biohof-overesch.de.

Kornbrennerei Sallandt, seit 1739 im Dienste Münsterländer Spirituosen tätig. Mo–Do 8.30–13 Uhr und 14.30–17 Uhr, Fr 8.30–13 Uhr. Ruhenhof 11, ✆ 02551-1371, sallandt.de.

Der **Denkmalpflege-Werkhof e. V.** in Hollich (Hollich 145) packt Mo–Do von 8 bis 16.45 Uhr, Fr bis 13.45 Uhr im Hofladen Präsentkörbe mit regionalen Köstlichkeiten zusammen. Die Körbe firmieren unter dem Namen „Münsterland-Botschaft".

Schwimmen **Kombibad Borghorst,** Gräfin-Bertha-Str. 13, ✆ 02552-2115. **Freibad Bagnomare,** Tecklenburger Str. 48, ✆ 02551-241, swst.de/baeder.

Wandern Der **Mühlenrundweg** führt, wenn man ihn zwischen Hollich und dem Buchenberg um den Abstecher nach Borghorst ergänzt, an allen wichtigen Sehenswürdigkeiten beider Stadtteile vorbei. Das ist dann eine Tagestour mit etwas über 15 km Wegstrecke, der Mühlenweg selbst ist 10,2 km lang. Der 4,2 km lange Spazierweg **Borghorst im Wandel der Zeit** führt an allen wichtigen Sehenswürdigkeiten in Borghorst vorbei.

Radfahren Die abwechslungsreiche Landschaft kann durch die Tagestour **Rund um Steinfurt** (50 km) bestens erfahren werden. Auf dem **Milchradweg** kann man die Produkte von Milchhöfen und Hofläden kosten. Startpunkt ist der Bahnhof St. Arnold in Neuenkirchen an der RadBahn Münsterland (→ Rheine, S. 209), doch viele Höfe liegen auf Steinfurter Gebiet.

Essen **Café-Restaurant Bagno „Mitten im Park",** schon zum Frühstück geöffnete Gastronomie im Bagno-Park, die alles auf der Karte hat, was dieser Tage Standard ist, dazu einige regionale Spezialitäten. Mi–Sa 11–18 Uhr, So 9.30–18 Uhr, Mo/Di Ruhetag. Hollich 156, ✆ 02551-3365, bagno-restaurant.de. €€

meinTipp **Ristorante Locoselli in der Schlossmühle,** bester Sommerplatz in Burgsteinfurt, da Außenbereich mit Burgblick. Italienische Küche der gehobenen Kategorie, lohnt auch eine längere Anreise. Mo/Di und Do/Fr 12–14 Uhr und 17–22 Uhr, Sa/So/Feiertage durchgehend, Mi Ruhetag. ✆ 02551-9333344, ristorante-locoselli.de. €€€

Eppings Biercafé, große regionale Bier- und Schnapsauswahl, Burger und Flammkuchen direkt am Marktplatz von Burgsteinfurt. Di–So 17–24 Uhr, Mo Ruhetag. Markt 20, ✆ 02551-2229, eppingsbiercafe.chanys.net. €€

meinTipp **Su Nuraghe,** alle Gerichte, welche die echte italienische Küche ausmachen, schmackhaft zubereitet. Di–So 18–22.30 Uhr, Mo Ruhetag. Emsdettener Str. 27, Borghorst, ✆ 02552-60683, sunuraghe.de. €€€

Café am Markt, leckerer Kuchen in historischem Interieur. Mo/Di/Fr 9–18 Uhr, Sa/So 9.30–18 Uhr, Mi/Do Ruhetag. Markt 11, ✆ 02 551-7045716, cafe-am-markt-steinfurt.de. €

Übernachten **Hotel Schünemann,** Borghorster Traditionshaus mit Sauna und Pool sowie gutem Restaurant. Altenberger Str. 109, Borghorst, ✆ 02552-702480, hotel-schuenemann.de. €€€

meinTipp **Posthotel Monegro,** im denkmalgeschützten Haus im Zentrum von Borghorst lässt sich in hohen Räumen trefflich ruhen. Münsterstr. 8, Borghorst, ✆ 02552-99510, posthotel-monegro.de. €€€

Camping **Wohnmobilstellplätze** an der Polizeistation Steinfurt (Burgsteinfurt) und dem Rathaus Steinfurt (Borghorst).

Nordmünsterland → Karte S. 205

Ochtrup

20.000 Einwohner

Die Stadt im Dreiländereck gehört zu denen, die den Strukturwandel nach dem Ende der Textilindustrie ziemlich gut gemeistert haben. Auch jenseits von Outlet-Shopping lohnt sich ein Besuch.

In Ochtrup ist es etwas trubeliger als in vergleichbar großen Orten des Münsterlandes, weil ziemlich viele Gäste zum preisgünstigen Einkauf in die Stadt kommen und auch ganz schnell wieder fahren. Dabei eignet sie sich nicht zuletzt wegen ihrer Lage im Radwegenetz ideal als Ausgangspunkt für Touren im Dreiländereck Nordrhein-Westfalen / Niedersachsen / Provinz Overijssel (Niederlande).

Geschichte

Die frühesten Besiedlungsspuren im Ortsgebiet stammen aus der Jungsteinzeit. Die erste urkundliche Erwähnung datiert von 1143, in den Jahren 1593/94 erhielt Ochtrup eine Stadtbefestigung. Um 1820 wurden die Stadttore abgetragen, etwa 80 Jahre später dann die Wälle, die als Grünanlage gestaltet wurden. Lediglich ein kleiner Teil des Westwalls blieb erhalten.

Ochtrup kam nach dem Westfälischen Frieden (1648) zu bescheidenem Wohlstand, weil sich das Töpfergewerbe gut entwickelte. Kiepenkerle verkauften die Produkte in der gesamten Region und bis nach Münster. Mit der Mechanisierung der Webstühle wurde die Textilindustrie ab Mitte des 19. Jh. das wichtigste Gewerbe. Noch in den Wirtschaftswunderjahren des 20. Jh. waren in den Webereien der Gebrüder

Laurenz über 4.000 Menschen beschäftigt. Nach einer Reihe von Besitzerwechseln wurde Ende 2011 der letzte Betriebsteil geschlossen. Erhaltene Fabrikgebäude sind Teil des Outlet-Centers, das jährlich eine Million Menschen nach Ochtrup zieht.

Anschauen und unternehmen

St.-Lamberti-Kirche: Ein Gotteshaus gab es im Ort seit dem 13. Jh. Mit wachsendem Wohlstand und steigender Bevölkerung durch die Expansion der Textilindustrie wurde von 1866 bis 1873 der heutige Kirchbau errichtet, dessen etwa 75 m hoher Turm die weithin sichtbare Landmarke des Ortes ist. Ältestes Ausstattungsstück ist der Taufstein aus dem 12. Jh., besonders sehenswert sind die Fenster, die sich den acht Seligpreisungen der Bergpredigt widmen und im Stil der Nazarener gehalten sind.

- Kirchplatz 4

Bergwindmühle: Die Kornwindmühle von 1848 auf dem Ochtruper Berg ist eine der letzten im holländischen Stil erbauten Windmühlen vom Typ „Wallholländer", die die seinerzeit üblichen Bockwindmühlen in Westfalen ablösten, und ein weiteres Wahrzeichen der Stadt. Besichtigungen sind über die angrenzende Gaststätte Nobbenhuis möglich.

- Turmstr. 24

Beltman- und Böhm-Bau: In Ochtrup sind zwei imposante Gebäude der Firma „Gebrüder Laurenz" erhalten geblieben, der Beltman- und der Böhm-Bau. Beltmans von einem Turm gekrönter Verwaltungsbau im flämischen Neobarock stammt aus den Jahren 1893/94, der Turm wurde 1909 hinzugefügt. Im Kontorgebäude gab es auch Badegelegenheiten und einen Supermarkt. Im Jahr 2008 wurden eine Streichung des Bauwerks aus der Denkmalliste und ein Abriss diskutiert. Das gilt

Der Beltman-Bau wurde durch Integration ins Designer-Outlet erhalten

auch für das 1942 errichtete Böhm'sche Empfangs- und Lagergebäude, einen Rundbau aus Ziegelmauerwerk und Fensterbändern. Die Betreiber des Outlet-Centers entschieden sich aber zur Integration in ihr Bauprojekt. Die Eingangshalle des Rundbaus ist mit einem Mosaik von Hubertus Brouwer geschmückt, das einen Apokalyptischen Reiter zeigt.

▪ Laurenzstr. 51–55

Park Villa Winkel: Die Villa wurde 1899 im niederländischen Renaissancestil nach Plänen des Architekten Hubert Holtmann erbaut und diente der Industriellenfamilie Laurenz als Wohn- und Gästehaus. Auffallend sind die aufwendigen Jugendstilfenster und der Wintergarten. Die Villa ist von einer 11 ha großen Parkanlage mit wertvollem Baumbestand umgeben. Das Gelände wurde 1969 von der Stadt Ochtrup erworben. Der Park ist heute frei zugänglich, in der Villa sind Räume der Volkshochschule und eine Altenbegegnungsstätte untergebracht.

▪ Winkelstr. 1 / Parkstr. 49

Töpfereimuseum: Das Töpfereimuseum befindet sich im Wohnhaus der Töpferfamilie Eiling von 1678, einem Ackerbürgerhaus in Dreiständerbauweise. Aus dem Besitz der Familie war Mobiliar aus der Zeit der Wende vom 19. zum 20. Jh. vorhanden, das zum Ausgangspunkt für die Gestaltung des Museums wurde. Anfang des 20. Jh. produzierten 23 Töpfereien im Ort. Das Museum vermittelt einen interessanten Überblick über das Schaffen der Töpferbetriebe. Die ältesten Objekte, restaurierte Schwarzirdenware (im Feldbrand hergestellt), stammen aus dem 14./15. Jh. Mit der „Ochtruper Nachtigall" und dem „Siebenöhriger" gibt es zwei Töpferstücke, die von Ochtrup aus zu Fachbegriffen in der Töpferkunst wurden.

▪ Di–Fr 9–12 Uhr und 15–17 Uhr, Sa/So 15–17 Uhr, Nov.–April nur So. Eintritt 1 €, Kinder und Jugendliche frei. Töpferstr. 10, ✆ 02553-80854.

Stift Langenhorst

Stift Langenhorst: Im Jahr 1178 wurde auf Betreiben des damaligen Burgherren Franko von Wettringen auf den Ruinen der ehemaligen Burg Langenhorst ein Augustinerinnenkloster gegründet. 1576 wurde es freiweltliches Damenstift und 1806 unter der Herrschaft Napoleons aufgelöst. Das ab 1180 erbaute Gotteshaus ist wohl das bedeutendste des Kreises Steinfurt. Denn die Gewölbe aller Kirchenschiffe besitzen die gleiche Scheitelhöhe, das quadratische Joch des Mittelschiffs wird in den Seitenschiffen durch zwei quadratische Joche flankiert. Der Gesamtgrundriss der drei Schiffe entspricht fast dem eines Goldenen Rechtecks.

▪ Stift 1

Haus Welbergen: Die umgräftete Anlage liegt im Ortsteil Wellbergen und wurde im 13. Jh. erstmals erwähnt. Sie besteht aus Herrenhaus, Vorburg und Nebengebäuden. Die Herren von Welleberghe residierten von 1298 bis 1330 auf dem Gut. Das Wohnhaus steht in einem erweiterten Abschnitt der Hauptgräfte frei im Wasser. 1560–70

Nordmünsterland → Karte S. 205

und um 1731 gab es Umbau- bzw. Neubauten. Rund um die 1802 errichtete Wassermühle wurde 1965 durch die inzwischen das Schloss unterhaltende Stiftung die Parkanlage gestaltet.

■ Park und Innenhof sind von 9 bis 19 Uhr frei zugänglich, das Gebäude selbst wird als Tagungshaus genutzt. Bökerhook 6.

Praktische Infos

Information **Ochtrup Stadtmarketing und Tourismus GmbH,** ✆ 02593-98180, touristinfo.ochtrup.de.

Verbindungen Stdl. Züge nach Gronau/Enschede und Münster, Busse in alle Nachbarorte, werktags Bürgerbus.

Stadtführungen Kleines, aber feines über die Tourist-Information buchbares Angebot.

Markt Donnerstag und Sonntag am Vormittag.

Einkaufen Das **Designer Outlet Ochtrup** liegt keinen Kilometer von der Innenstadt entfernt und ist auch vom Bahnhof problemlos per pedes zu erreichen.

Hofladen Janning-Vobmert, saisonal wechselnde Öffnungszeiten. Weiner 287, ✆ 02553-973158, hofjanningvolbert.com.

Schwimmen **Freibad Ochtrup,** Am Freibad 3, ✆ 02553-719389, stadtwerke-ochtrup.de.

Wandern Ortsweg mit neun Info-Stationen (Smartphone) im Kernbereich von Ochtrup; schönster Wanderweg ist die Dorfrunde Langenhorst–Wellbergen (6,5 km).

Radfahren Vier Rundtouren von 21 bis 32 km Länge sind ausgeschildert.

Essen **Brinckwirth,** klassisches westfälisches Gasthaus, auch Hotelzimmer. Tägl. 11.30–14 Uhr u. 17–20.30 Uhr. Bahnhofstr. 41, ✆ 02553-98585, hotel-restaurant-brinckwirth.de. **€€**

Übernachten **Hotel im Wigbold,** modern eingerichtetes Business-Hotel in der Innenstadt. Kirchplatz 3, ✆ 02553-726400, wigboldhotel.de. **€€**

MeinTipp **Althoffs Landhotel,** kleines Hotel, bei dem historische Bausubstanz und moderne Gastlichkeit in schöner Weise zueinander finden, empfehlenswertes Restaurant. Metelener Damm 14, ✆ 02553-1500, landhotel-althoff.de. **€€**

Camping **Wohnmobilstellplatz** am Stadtpark (Piusstraße).

Metelen/Horstmar

jeweils 6.000 Einwohner

Abwechslungsreicher als rund um Metelen und Horstmar ist das Landschaftsbild nirgendwo in der Region. Naturschutz und lebendige Stadtgeschichte hat sich Metelen auf seine Fahnen geschrieben. Der Nachbarort Horstmar hat den einzigen Ortskern mit viereckigem Grundriss im Münsterland zu bieten. Vom Schöppinger Berg hat man einen Panorama-Blick über das nördliche Münsterland.

Beide Orte regen Gäste dazu an, Radtouren mit einer Wanderung oder anderen Aktivitäten zu unterbrechen, einfach mal zu verweilen und die Natur zu genießen. Wer mit kleinen oder großen Eisenbahnfans reist, muss in Metelen Geduld aufbringen, denn die lockt das örtliche Eisenbahnmuseum. Dass Haus Alst heute die populärste Sehenswürdigkeit Horstmars ist, liegt am Schicksal der Horstmarer Burg, bis ins 16. Jh. ein Lieblingssitz der Münsteraner Fürstbischöfe und seit dem 15. Jh. zur Landesfestung gegen die Grafschaft Steinfurt ausgebaut. Sie wurde 1635 völlig zerstört. Eine unbebaute Fläche erinnert heute an sie.

Metelen und Horstmar waren lange von der Textilindustrie geprägt. Nach der Schließung des letzten Betriebes 1973 konnte der Strukturwandel durch Ansiedlung kleinerer und mittlerer Betriebe aus anderen Branchen geschafft werden.

Anschauen und unternehmen

Kloster und Stiftskirche: Im 9. Jh. verlief nahe Metelen ein wichtiger Heerweg, weshalb hier 889 ein Kloster gegründet wurde. Zunächst war es ein reichsunmittelbares Nonnenkloster, später ein Kanonissenstift. Am Ende des 15. Jh. erfolgte die Umwandlung in ein freiweltliches Damenstift. Nach der Säkularisierung 1803/1810 wurden alle Gebäude verkauft, sodass heute nur noch die Stiftskirche existiert, eine zweijochige romanische Stufenhalle mit gerade geschlossenem Chor, die auf einem baumumstandenen Kirchplatz steht. In der Stiftskammer wird ausgestellt, was von Kloster und Stift geblieben ist.

Eisenbahnmuseum Metelen Land: Mit der Gründung des Museumsvereins konnte 1986 der Abriss des aus dem 19. Jh. stammenden ehemaligen Bahnhofsgebäudes verhindert werden. Der Verein zeigt im Museum u. a. eine Uniform- und Mützensammlung, eine voll funktionsfähige mechanische Stellwerkeinrichtung, ein etwa 100 m langes, mit einer Draisine befahrbares Schaugleis mit Weiche sowie mehrere Wagen und eine Industriediesellok. Im Dach des Gebäudes konnten erfolgreich Fledermäuse angesiedelt werden.

▪ Apr.–Okt. So 14–18 Uhr. Eintritt 1,50 €, Kinder frei, Sonderöffnungen nach Absprache über die Tourist-Info. Naendorf 74, bahnhofsmuseum.de.

Mühlenmuseum: Eine der vielfältigen Aktivitäten des Heimatvereins Metelen ist Erhalt und Pflege von Plagemanns Mühle, einer Kornwassermühle mit intakter Vollgattersäge, die nach Restaurierung nun Museum ist. Im Ackerbürgerhaus betreibt der Verein ein Café. Lohnenswert ist der kurze Spaziergang zur Fischtreppe „Neue Vechte". Heute erscheint es kaum nachvollziehbar, dass Fische, die in Süß- und Salzwasser beheimatet sind, sich einst auf den Weg von der Nordsee zu ihren Laichgebieten in den kleinen Flüssen des nördlichen und westlichen Münsterlandes begaben. Mit der Fischtreppe soll daran wieder angeknüpft werden.

Die Mühle in Metelen ist auf Radtouren ein beliebter Ort zum Rasten

▪ Apr.–Sept. jeweils am dritten So im Monat 14–17 Uhr oder nach Vereinbarung über die Tourist-Info. Spenden erwünscht. Plagemanns Mühle/Mühlentor 22, heimatverein-metelen.de.

Dino Zoo Metelen: Investoren aus den Niederlanden haben einen ehemaligen Vogelpark zu einer Art „Park der lebenden und toten Tiere" umgestalteten lassen. Zu sehen sind dort neben Kängurus, Shetlandponys, Alpakas usw. auch lebensgroße Modelle von Dinosauriern. Ein Freizeitangebot, das man nutzen wollen muss …

▪ Tägl. 10–18 Uhr. Eintritt 10 € (davon 6 € Gutschein zum Einlösen in Restaurant bzw. Shop). Samberg 60, dinozoo-metelen.com.

Burgmannshöfe: Sechs Burgmannshöfe sind in Horstmar bis heute erhalten geblieben, vier im Ortskern. In Metelen kann mit Haus Tendyk, heute Ackerbürgerhaus Hans Tietmeyer (der ehemalige Bundesbank-Chef blieb seinem Heimatort stets eng verbunden), ein solcher Hof besichtigt werden. Die Burgmannen zählten zu den Ministerialen der Fürstbischöfe, d. h., ihnen unterlag die Hofhaltung und Verwaltung. Sie wurden zu Verteidigungs- sowie Kriegsdiensten hergezogen und der Hof war ihr Wohnhaus. Insgesamt acht Höfe umgaben einst den quadratischen Stadtkern von Horstmar. Die besondere Atmosphäre lässt sich beim ausgeschilderten Rundgang vom historischen Rathaus aus erspüren.

▪ Ausstellung im Ackerbürgerhaus Hans Tietmeyer März–Dez. jeweils am dritten So im Monat 14–17 Uhr oder nach Vereinbarung über die Tourist-Info. Spenden erwünscht. Mühlentor 11, heimatverein-metelen.de.

Haus Alst: Der Burgmannshof im Weiler Leer wird erstmals in einer Urkunde von 1217 erwähnt. Vom Stift Vreden ging Haus Alst 1559 an die Herren von Westerholt über, die es 1624 in die heute existierende Form bringen ließen und nach einer Pause zwischen 1832 und 1935 bis heute Besitzer der Anlage sind. Sie ist sehenswert, weil der Ringwall noch bestens erhalten ist und die Mauern des Gebäudes in sog. Specklagentechnik gehalten sind, einem typischen Merkmal der Niederländischen Renaissance. Haus Alst wird heute privat und als Außenstelle des Standesamts Horstmar genutzt.

In der Nähe von Haus Alst sind zwei Mühlen erhalten und in der Pfarrkirche ist ein Kruzifix aus dem 13. Jh. zu sehen.

Praktische Infos

Information **Tourist-Information Metelen,** Sendplatz 18, ✆ 02556-8941, metelen.de. **Stadtmarketingverein Horstmar,** Schöppinger Str. 4, ✆ 02558-9979481, horstmarer leben.de.

Verbindungen Stdl. Zugverbindung nach Gronau/Enschede und Münster (Achtung, der Bahnhof Metelen Land befindet sich 4 km

Haus Alst mit markanter Fassade

nördlich von Metelen, angebunden über die Buslinie Metelen–Burgsteinfurt. Schnellbus nach Vreden/Ahaus bzw. Münster ab Horstmar, Busse in die Nachbarorte.

Stadtführungen Die Tourist-Informationen machen auf Anfrage ein individuelles Angebot.

Wandern In Metelen empfehlen sich der **Wallweg** und der 13 km lange Weg **Metelner Heide.** Die Wanderung auf den **Schöppinger Berg** in Horstmar lohnt für den Panorama-Blick ins Westmünsterland. Ein kurzer Gang ist im Ortskern der **Burgmannshöfe-Weg.** Der Haus Alst einschließende Rundweg zu allen Adelssitzen in Horstmar ist 11 km lang.

Radfahren Die Tourist-Info Metelen hilft gerne bei der Planung einer individuellen Tagestour. Auch in Horstmar, das ebenfalls an der RadBahn Münsterland von Rheine nach Coesfeld liegt, werden Tourentipps gegeben.

Reiten Reitwege in der Metelener Heide.

Minigolf **Minigolfanlage Metelener Heide,** Samberg 61, direkt an der Heide gelegen.

Essen **Landhaus Leuters,** so muss Münsterlandküche sein. Do–Sa 11.30–14 Uhr und Di–Sa 17–23 Uhr, So 10.30–21 Uhr, Mo Ruhetag. Mühlentor 19, Metelen, ✆ 02556-394. €€

Übernachten **Hotel Holskenbänd,** familiengeführtes Hotel in ruhiger Lage mit gutem Restaurant. Schulstr. 14, Horstmar, ✆ 02558-7290, holskenbaend.de. €€

Nordmünsterland → Karte S. 205

Altenberge

10.000 Einwohner

Wer Münsternähe möchte und dabei wenig Trubel, der sollte Altenberge wählen. Weil die Zahl der Sehenswürdigkeiten überschaubar ist, reisen Touristen eher nur durch.

In Altenberge geht das Kleinstadtleben unaufgeregt seinen Gang, und es zu beobachten, kann sehr entspannend sein. Die Lage auf einem Hügelrücken ermöglicht Rundumsicht auf das nördliche Münsterland. Zwei Umgehungsstraßen sorgen dafür, dass es in der Ortsmitte recht ruhig und beschaulich zugeht. Einblicke in die Zeit vor der Erfindung des Kühlschranks verschafft der Abstieg in den Eiskeller, dem verbliebenen Rest einer Brauerei.

Anschauen und unternehmen

Kirche St. Johannes Baptist: Die ersten Teile des Baus stammen aus der Mitte des 14. Jh., zwischen 1882 und 1884 kam ein Joch hinzu, ebenso ein neuer Kirchturm, der mit seinen 75 m Höhe die Landmarke des Ortes ist. Das Innere der Kirche kann durchaus mit den großen Kirchen in Münster konkurrieren. Wie die dortige Lamberti- und die Überwasserkirche hat sie Rundpfeiler mit vier schlanken, runden Vorlagen. Für den Bau des Gotteshauses wurde hauptsächlich Altenberger Kalkstein verwendet. Bei genauerem Blick auf das Mauerwerk kann nachvollzogen werden, dass bei Renovierungsarbeiten nach Bränden – allein fünf sind überliefert – auch Steine anderer Herkunft verwendet wurden. Bei Wiederaufbau und Restaurationen dominierten regionale Gesteine, u. a. im Fundamentbereich Sandstein aus Ibbenbüren. Das Inventar stammt aus der Zeit zwischen 1447 und 1979.

In der zur Gemeinde gehörenden St.-Johannes-Nepomuk-Kirche im Ortsteil Hansell wurde 2008 ein Hungertuch erworben, um in der Fastenzeit an die Hungertuchtradition in vielen Teilen der Region zu erinnern. Optisch sieht das Gotteshaus wie ein Schlaun-Bau aus, ist es aber nicht.

Marktplatz: Als ein großes lokales Unternehmen, das LKWs ausrüstet, sich aus dem Ortskern verabschiedete, entschied sich die Kommune für die Schaffung eines neuen Ortsmittelpunkts. Orientiert an der Metropole Münster sollte eine Art moderner Prinzipalmarkt im Kleinformat entstehen.

Was daraus wurde, kann durchaus als gelungen bezeichnet werden.

Heimathaus: Das Haus diente von 1889 bis zur Nazi-Zeit als Wohnstube des Dorfpolizisten und Arrestlokal. In den 1990er-Jahren wurde das Gebäude vom Heimatverein restauriert und am 10. Mai 1997 als Heimathaus eingeweiht. Später wurde auf dem Gelände noch ein Bauerngarten angelegt, außerdem ein typischer Speicher (2003) und ein Backhaus (2006) errichtet, die andernorts abgetragen worden waren.

▪ Abwechslungsreiches Veranstaltungsprogramm, das teilweise auch für Gäste interessant ist. Friedhofstr. 9, heimatverein-altenberge.de.

Eiskeller: Die bis 1927 in Altenberge ansässige Brauerei Beuing nutzte den Landschaftsschnitt und errichtete einen Gewölbekeller, in dem das gebraute Bier kühl gelagert werden konnte. Dazu wurden im Winter auf umliegenden Feldern aus sog. Eisteichen Eisblöcke gewonnen und in das Gewölbe gebracht. Schon ohne Eis gab es im Keller eine Temperatur von 8 bis 12 Grad. Nach Konkurs der Brauerei dachte niemand mehr an den unterirdischen Teil des Firmengeländes. Erst 1996 wurde der Eiskeller bei Bauarbeiten für die benachbarte Grundschule wiederentdeckt. Seit Errichtung eines Informationspavillons und dem Bau von Stegen 2004 kann er im Sommer besichtigt werden, während ihn im Winter Fledermäuse als Winterquartier nutzen. Eindrucksvoll.

▪ Mai–Sept. Sa 13–16.30 Uhr, So 11–16.30 Uhr. Eintritt 2 €, bis 16 J. frei, Infopavillon Eisscholle kostenlos. Gooiker Platz 1, ✆ 02505-8232, eiskeller-altenberge.de.

Museum Zurholt: Das Museum wurde 2010 durch den privaten Sammler Eugen Zurholt(1931–2016) gegründet. Es präsentiert auf ca. 100 m² Fläche in einem typischen Münsterländer Werkstatthaus eine umfangreiche Sammlung von seltenen Fossilien und Findlingen vom Altenberger Höhenrücken. Neben dem Naturkundemuseum in Münster ist es damit das einzige Museum, das sich auf Geologie und Klimageschichte des Münsterlandes spezialisiert hat. Entsprechend intensiv ist die Kooperation mit Geologen der Uni Münster. Auch für Kinder und Schulklassen wird ein gesondertes Programm angeboten, um sie für das Thema Geologie zu begeistern.

▪ Apr.–Okt. jeweils erster So im Monat 11–17 Uhr oder nach Vereinbarung. Eintritt frei. Lindenstr. 8, ✆ 02505-820, museum-zurholt.de.

Praktische Infos

Information **Bürgerbüro Altenberge,** ✆ 02505-820, altenberge.de.

Verbindungen Mind. stdl. Züge von Altenberge nach Gronau/Enschede und Münster, Busse in die Nachbarorte, u. a. nach Laer.

Stadtführungen Die Tourist-Information hält ein vielfältiges Angebot bereit.

Markt Mittwoch am Nachmittag in Altenberge, Donnerstag am Vormittag in Laer. Zudem findet in Altenberge von März bis Oktober an jedem zweiten Samstag im Monat der Gemeindeflohmarkt statt.

Schwimmen **Hallenbad Altenberge,** Gooiker Platz 2, ✆ 02505-2200.

Wandern Mehrere lokale Rundwege starten ab Heimathaus Kittken und versuchen, möglichst viele Elemente der Münsterländer Parklandschaft zu integrieren. Zu empfehlen sind Speicherrunde (7 oder 10,2 km) und Kirchblick-Runde (8,6 oder 10,5 km). Eine schöne überörtliche Tour ist der **X-Weg 13** ab Kirchplatz bis zum Kirchplatz in Nordwalde (ggf. Rückfahrt mit Zug oder Bus).

Radfahren Vier Rundwege von 11 bis 34 km Länge.

Reiten Der Ferienhof Rustemeier ist eine der fünf Stationen mit Aufstiegsrampen des 22 km langen integrativen/barrierefreien Reitwegs Nordwalde–Altenberge–Greven, der so einmalig in Deutschland ist.

Ferienhof Rustemeier, Entrup 169, ✆ 02505-1285, ferienhof-rustemeier.de. **Hof Mersmann,** Altenberger Str. 3, ✆ 02554-94086, hofmersmann.de.

Essen **Ratsschänke Bornemann,** seit über 110 Jahren in Familienbesitz. Typisch westfälische Küche in moderner Einrichtung, Biergarten. Fr–So 12–14 Uhr und Mi–So 17–22 Uhr, Mo/Di Ruhetag. Bahnhofstr. 1, ✆ 02505-1404, bornemann-altenberge.de. **€€**

meinTipp **Penz am Dom,** feinere Küche in historischem Ambiente, Reservierung empfehlenswert. Mo/Di u. Do/Fr 12–14 Uhr und 18–22 Uhr, Sa 18–22 Uhr, Mi/So Ruhetag. Kirchstr. 13, ✆ 02505-9399530, penz-am-dom.de. **€€€**

Übernachten **Hotel Stüer,** Traditionshaus in der Ortsmitte, das aus mehreren Gebäudeteilen besteht und entsprechend unterschiedlich gestaltet ist. Regionalküche im Restaurant. Laerstr. 6, ✆ 02505-93310, hotel-stuer.de. **€€€**

Umgebung von Altenberge

Wer ein Musterbeispiel für Münsterländer Dorfidylle sehen will, sollte einen Abstecher nach **Laer** (7.000 Einwohner) machen. Das Rathaus ist in einem alten Schulzenhof (1599) untergebracht, ein alter Speicher, eine Windmühle sowie eine großzügige Parkanlage liegen gleich nebenan. Die Kirche St. Bartholomäus, deren Turmsockel um 1448 errichtet wurde (Vorgängerbauten vor 1180), ist ebenfalls sehenswert. Ein Großteil des Inventars stammt aus dem 13.–15. Jh. Rund um die Kirche wechseln sich historische und neue Bebauung ab, doch die klassische Struktur eines Münsterländer Kirchplatzes ist trotz Durchgangsstraße noch erkennbar. Das Holskenmuseum informiert über das, was eigentlich immer nur mit den Niederlanden verbunden wird, die Herstellung von Holzschuhen. Die ehemalige Holzschuhmacherei Bäumer kann nach Vereinbarung mit der Tourist-Info besichtigt werden. Unweit der RadBahn Münsterland, die westlich des Orts verläuft, steht die Kapelle „Zu den fünf Wunden" am Fünf-Wunden-Kreuz, an dem einst Wanderarbeiter in die Niederlande verabschiedet wurden. Das kleine Gebäude, dessen Eingang einst eine Tür im Schloss Münster war, wurde 2010 in Eigenleistung von einem Verein errichtet.

Information **Dorfmarketing Laer,** Alter Speicher am Rathaus, ✆ 02554-910610, laer.de.

Verbindungen Der Schnellbus Vreden–Ahaus–Münster hält in Laer.

Stadtführungen Die Tourist-Info hält ein vielfältiges Angebot bereit.

Wandern Ortsweg, der an allen wichtigen Sehenswürdigkeiten vorbeiführt.

Radfahren Vier Rundwege von 45 bis 65 km Länge.

Nordmünsterland → Karte S. 205

Aus einem Schulzenhof wurde in Laer das Rathaus

Tecklenburger Land

Zum Tecklenburger Land zählen alle westfälischen Gebiete zwischen dem Mittellandkanal und den letzten Ausläufern des Teutoburger Waldes. Die Region ist bis auf die Bergbaustadt Ibbenbüren und Lengerich ein landwirtschaftlich geprägter Landstrich, der viele tolle Ausblicke und Naturerlebnisse zu bieten hat.

Tecklenburger Land Tourismus e. V., Markt 7, 49454 Tecklenburg, ✆ 05482-929182, tecklenburger-land-tourismus.de.

Das Münsterland im Blick

Begriffsstrenge Münsterländer würden immer wieder darauf verweisen, dass das Tecklenburger Land eine eigenständige Landschaftsbezeichnung sei und der hügelige Landstrich rund um die Tecklenburg dazu noch religiös abweiche, da hier die Reformation im Gegensatz zum Rest des Münsterlandes dauerhaft Wirkung gezeigt habe. Tecklenburg und Umgebung sind protestantisch geprägt. Doch da die nordrhein-westfälische Gebietsreform Mitte der 1970er-Jahre auf so etwas keine Rücksicht nahm, gehört der alte Landkreis Tecklenburg seitdem als Teil des Kreises Steinfurt zum Münsterland dazu.

Positiver Nebeneffekt ist, dass das Münsterland auf diese Weise an seiner Nordspitze mit den Westausläufern des Teutoburger Waldes eine Art Aussichtskanzel erhalten hat. Von vielen Punkten auf dem Kamm des Mittelgebirges, das hier in die Tiefebene Richtung Niederlande ausläuft, lässt sich bei gutem Wetter Richtung Süden bis zur Skyline von Münster (v. l. n. r.: Fernsehturm, LVM-Gebäude, Uni-Klinik) schauen. Auf der Nordseite, hinter dem Becken, in dem Ibbenbüren liegt, reicht der Blick weit in das Emsland und die niedersächsische Tiefebene hinein sowie auf die westlichen Ausläufer des Wiehengebirges und Osnabrück.

Berge, Bergbau, Bauernidylle

Das Tecklenburger Land umfasst die westfälischen Gebiete der alten Grafschaft Tecklenburg, die 1707 an Preußen verkauft wurde. Angesichts zu hoher Kosten für eine Renovierung entschlossen sich die Preußen zum Schleifen der Tecklenburg, von der heute nur

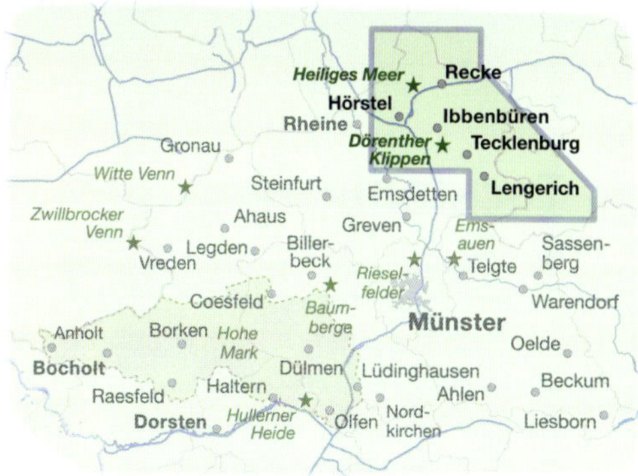

noch Reste zu sehen sind. Sie stellt mittlerweile eine schöne Kulisse für die Freilichtbühne Tecklenburg dar.

Eher ungewöhnlich für die Region sind mit Ibbenbüren und Lengerich zwei Städte, bei denen abseits eines historischen Stadtkerns Industrie dominierte bzw. dominiert. Kohle wurde bis 2018 in Ibbenbüren gefördert. In Lengerich bestimmen bis heute drei Großbetriebe das Stadtbild: eine Zementfabrik, eine Maschinenfabrik und ein Verpackungshersteller. Der Rest des Tecklenburger Landes ist von Wald geprägt oder wird landwirtschaftlich genutzt. Gelungener Strukturwandel mit der Ansiedlung vieler mittelständischer Betriebe sorgt bis heute für Wohlstand in der Region.

Wasser aus allen Richtungen

Im Norden des Tecklenburger Landes spielt das Wasser eine wichtige Rolle. In Hörstel treffen sich im „Nassen Dreieck" der Mittellandkanal und der Dortmund-Ems-Kanal, in Steinbeck sprudelt eine Schwefelquelle, und mit dem Heiligen Meer kann ein Erdfallsee bestaunt werden.

Was anschauen?

Altstadt Tecklenburg: Auch wenn die Burg nur noch eine Ruine ist, lohnt der Besuch. Der Ortskern mit seinen bestens erhaltenen Fachwerkhäusern und die Lage auf einer Kuppe ist Idylle pur. → S. 242

Lengericher Canyon: Ein ehemaliger Steinbruch hat sich mit Wasser gefüllt, sodass ein einmaliges Landschaftspanorama entstanden ist. → S. 251

Heiliges Meer: Eine geologische Störung sorgt seit langer Zeit immer wieder für Erdsenkungen und lässt kleine Seen entstehen, ein faszinierendes Naturschutzgebiet. → S. 265

Was unternehmen?

Dörenther Klippen: Um die 4 km lange Sandsteinformation dreht sich (fast) alles in der Mythen- und Sagenwelt der Region. Wanderer und Kletterer sind hier bestens aufgehoben. → S. 269

Teutoburger Wald: Wanderer können das Mittelgebirge, das hier bis zu 236 m Höhe erreicht, über eine der Teutoschleifen erkunden. Ein schönes Exemplar ist z. B. die Teutoschleife Holperdorper bei Lienen. → S. 254 und S. 373

Was mit Kids?

Nasses Dreieck: Zwei Wasserstraßen kreuzen sich, dazu eine große Schleusenanlage. Besonders für kleine und große Jungs, die von Schiffen fasziniert sind, ein Muss. → S. 256

Märchenwald: Im Schatten der sagenumwobenen Dörenther Klippen gibt es eine historische Sommerrodelbahn samt Märchenwald. Für Erwachsene ist es eine kleine Zeitreise zu den Anfängen der Freizeitparks. → S. 269

Baumwipfelpfad Bad Iburg: In der Nachbarstadt von Lienen, schon in Niedersachsen gelegen, blieb nach der Landesgartenschau 2018 eine Attraktion erhalten, die Kinder und Erwachsene begeistert. Hinzu kommt der Natur- und Geopark Terra-Vita. → S. 255

Tecklenburg

9.000 Einwohner

Die ehemalige Residenzstadt, deren Sommerattraktion die 2.700 Gästen Platz bietende Freilichtbühne in der Burgruine ist, hat inzwischen neben der Generation 60 plus auch Familien und Aktivurlauber für sich entdeckt.

Ein umfangreiches Wanderwegenetz gehört ebenso dazu wie vielfältige Angebote für Kinder. Die Modernisierung bzw. Neuausrichtung der Gastronomie schreitet voran. Jetzt muss nur noch das über 20 Jahre geschlossene und im Frühjahr 2023 abgebrannte Hotel Burghof endlich abgerissen und durch einen Neubau ersetzt werden. Es wird Zeit für ein Ende der unzähligen kommunalpolitischen Scharmützel.

Der weithin sichtbare historische Stadtkern ist denkmalgeschützt. Er ist geprägt von Fachwerkhäusern aus dem 16.–18. Jh. und einer der wenigen im Münsterland, die fast komplett erhalten geblieben sind. Mittendrin liegt der Marktplatz, von dem aus alle Sehenswürdigkeiten der Stadt in wenigen Fußminuten zu erreichen sind.

Einen besonderen thematischen Zugang und gleichzeitig den besten Weg zur Erkundung des Stadtkerns liefert der Spazierweg „Auf Modersohns Spuren". Er gehört zu den Teutoschleifchen, wie kurze Spazierwege entlang des Höhenrückens des Teutoburger Waldes im Tecklenburger Land genannt werden; die längeren Wanderungen heißen Teutoschleifen. Der Weg stellt Bezüge zum bekannten Landschaftsmaler Otto Modersohn (→ Kasten, S. 244) her, der sich Ende des 19., Anfang des 20. Jh. immer wieder in Tecklenburg aufgehalten und dort auch Bilder gemalt hat.

Geschichte

Tecklenburg wird 1226 erstmals urkundlich erwähnt. Die Ansiedlung entstand um die etwa im Jahr 1100 von Graf von Zütphen errichtete Burganlage herum. Der niederländische Graf wollte die wichtige Passstraße über den Osning (so heißt der Teil des Teutoburger Waldes südlich von Osnabrück) zwischen Münster und Osnabrück kontrollieren und Zölle und Abgaben kassieren. Nach seinem Tod ging die

Burg an einen Sohn des Hauses Saarbrücken, der sich fortan „Graf von Tecklenburg" nannte. Die Grafenfamilie schloss sich früh der Reformation an, sympathisierte mit einem der damals wirkmächtigsten Gegner der Hexenverfolgung, dem aus Brabant stammenden Arzt Johann Weyer (auch Jan Wier genannt), und machte ihr Territorium zu einem der ersten, auf dem die Hexenverbrennung abgeschafft wurde. Weyer, der 1588 während eines Aufenthaltes in Tecklenburg starb, ist der 1884 errichtete Wierturm am Schloss gewidmet. Heute ist der Turm eine Station auf dem am Markt startenden Hexenpfad. Das Thema wird vom Stadtmarketing umfassend „bespielt".

Tecklenburg erhielt 1388 vom Tecklenburger Grafen das Stadtrecht. Nach dem Verkauf der Grafschaft an Preußen im Jahr 1707 verfiel die Burganlage, nicht aber die Stadt. Und da sie auch im Zweiten Weltkrieg von Zerstörungen weitgehend verschont geblieben ist, verfügt sie bis heute über eine überdurchschnittlich gut erhaltene historische Bausubstanz. Der weithin sichtbare historische Stadtkern ist gemeinsam mit den Sichtachsen seit vielen Jahren denkmalgeschützt. Dass sich für die Stadt der Beiname „westfälisches Rothenburg ob der Tauber" etabliert hat, erscheint dann aber doch etwas zu hoch gegriffen. Seit 1974 ist Tecklenburg Luftkurort, seit 1999 Kneipp-Kurort. Über die Teutostadtschleife kann jede Sehenswürdigkeit im Ort erwandert werden.

Anschauen und unternehmen

Evangelische Stadtkirche: Die 1566 fertiggestellte Kirche (Gründungsinschrift an der seitlichen Brauttür) am Rand der Altstadt ist der einzige Sakralbau im Kirchenkreis Tecklenburg, der noch aus der Reformationszeit stammt. Sie war die Keimzelle der kleinen protestantischen Enklave im Einflussgebiet der Fürstbischöfe von Münster. Die Ausstattung ist - wie für viele protestantische Kirchen in der Nordhälfte Deutschlands typisch - extrem schlicht. Das Holztonnengewölbe aus dem 18. Jh. ersetzte die ursprüngliche flache Balkendecke.

▪ Kirchpfad 1

Perfekte Fachwerkidylle

St. Michael-Kirche: Nachdem die Preußen 1707 die Grafschaft gekauft hatten, bildete sich durch die gewährte Religionsfreiheit wieder eine katholische Gemeinde. Bis zum Bau einer Kirche vergingen aber noch einmal weit über hundert Jahre, der Grundstein für St. Michael wurde 1845 gelegt, die Einweihung erfolgte ein Jahr später. Erbaut wurde die Kirche mit großen Sandsteinblöcken, gekrönt ist sie von einem Dachreiter, die ursprünglich geplanten Türme wurden nicht realisiert. Im hellen Saal dominieren klassizistische Formen. Die Ausstattung ist für eine katholische Kirche überaus schlicht, dies jedoch erst seit 1978, als im Zuge einer Renovierung alle „Gestaltungssünden", die sich angesammelt hatten, beseitigt wurden.

▪ Brauerstraße 5

Tecklenburger Land → Karte S. 242

Maler des Münsterlandes – Otto Modersohn

Otto Modersohn zählt zu den bekanntesten deutschen Landschaftsmalern. Er wurde 1865 in Soest geboren, 1874 zog die Familie um nach Münster. Ab 1884 studierte er an der Kunstakademie Düsseldorf, 1888 folgte ein Wechsel an die Kunstakademie Karlsruhe. Besondere Aufmerksamkeit erlangte er als Mitbegründer der Künstlerkolonie Worpswede, der er von 1889 bis 1899 angehörte. Modersohn und seine dortigen Mitstreiter waren „Akademieflüchtlinge“, die sich in der Moorlandschaft nördlich von Bremen ganz der Freilichtmalerei in der Natur widmen wollten.

In seiner Zeit als Akademiestudent hatte er seine Sujets bevorzugt im Münsterland gesucht, und auch während und nach seiner Schaffensperiode in Worpswede zog es ihn immer wieder hierher. Standorte für seine Streifzüge durch die Landschaften waren Münster, wo er aufgewachsen war, und Tecklenburg, wo sein Bruder Wilhelm längere Zeit als Amtsrichter tätig war. Bei seinen Aufenthalten in Münster malte er z. B. eine „Sommerlandschaft an den Aa-Wiesen“ (1888) und widmete ein Bild den „Sommerfreuden vor Haus Kump“ (1889). An sein Münsteraner Werk erinnert heute der am Ufer der Aa und des Aasees entlangführende Modersohnweg, Schautafeln informieren dort über die Orte, an denen er seine Motive auf die Leinwand übertrug. In Tecklenburg und Umland sind u. a. seine Ölgemälde „Tecklenburg im Frühling (nach dem Regen)“ (1888) und „Landschaft bei Tecklenburg“ (1892) entstanden. „Auf Modersohns Spuren“ kann man sich in Tecklenburg auf dem gleichnamigen Teutoschleifchen oder im 2015 eröffneten Otto-Modersohn-Museum begeben. Nach einem Rechtsstreit mit den Erben muss das Otto-Modersohn-Museum Tecklenburg seit Ende 2023 als Kunstmuseum nahezu ohne Bilder von ihm auskommen. Bei seinen Erkundungen der Münsteraner und Tecklenburger Landschaft wurde er zwischen 1901 und 1907 oft von seiner zweiten Ehefrau Paula Modersohn-Becker begleitet, die als Vertreterin des frühen Expressionismus künstlerisch andere Wege beschritt als ihr Mann.

Kunstmuseum und Legge

In den 1920er- und 30er-Jahren verlagerte sich Modersohns Arbeit in den Frühjahrs- und Sommermonaten mehr und mehr nach Süddeutschland, wo er 1930 in der Nähe von Bad Hindelang im Allgäu ein Bauernhaus kaufte. Einen deutlichen Schatten auf seine Biografie wirft seine indifferente Haltung gegenüber dem nationalsozialistischen Staat, der ihm 1940 die Goethe-Medaille für Kunst und Wissenschaft verlieh und ihn so für seine Zwecke vereinnahmte.

Otto Modersohn starb im März 1943 in Rotenburg, Wümme.

Kunstmuseum Tecklenburg: Von 2015 bis zu einem sogar gerichtlich ausgetragenen Streit mit den Erben von Otto Modersohn 2023 hieß das Haus am Marktplatz *Otto-Modersohn-Museum Tecklenburg* und präsentierte ausgewählte Werke des Künstlers. Obwohl das Konzept der korrespondierenden Ausstellung und Schaffung eines Werkdialogs zwischen Modersohn und anderen Künstlern stets viel Lob erhielt, wollten die Erben die konzeptionellen Ideen des Trägervereins nicht mehr mittragen und es kam zum Bruch. Nun muss sich das Museum neu erfinden, da der Zugriff auf Modersohn-Werke beschränkt ist. Eine weitere Namensänderung des Museums ist möglich.

▪ Apr.–Okt. Mi–Fr 14–18 Uhr, Sa/So 11–18 Uhr, Nov.–März Fr 14.30–18 Uhr und Sa/So 11–18 Uhr. Eintritt 5 €, erm. 3 €, unter 14 J. frei. Markt 9, ✆05482-9262160, kunstmuseum-tecklenburg.de.

Legge: Das alte Torhaus ist Nachbar des Modersohn-Museums. Gebaut wurde es 1577 als Tordurchfahrt zur neu angelegten Straße zum Schloss. Zur Legge wurde es rund 80 Jahre später: Das im Tecklenburger Land auf Hauswebstühlen hergestellte Leinen kam hier auf den sog. Leggetisch (von ndt. *leggen* = „auslegen"), um vermessen und auf seine Qualität geprüft zu werden. Ohne diese Qualitätskontrollen kam nichts in den Verkauf. Die Tecklenburger Legge war bis 1843 in Betrieb, danach gab es keinen Bedarf mehr: Neue industrielle Fertigungsverfahren und neue Rohstoffe für die Tuchherstellung (Baumwolle, Jute) hatten den Leinenhandel im Tecklenburger Land unrentabel gemacht. Heute finden in der Legge immer wieder Ausstellungen lokaler Künstler statt. In der Regel wird nur um eine Spende als Eintritt gebeten. Einfach mal reinschauen, wenn geöffnet ist.

▪ Markt 9. Informationen zu Ausstellungen bei der Tourist-Information zwei Häuser weiter.

Burg: Die Burg Tecklenburg wurde um 1100 als Zollburg errichtet und mit Beginn der Unterstützung der Reformation durch Graf Konrad ab 1527 zur Wehrburg und später durch seine Tochter Anna zu einem kleinen Schloss umgebaut. Mit Ende der Unabhängigkeit und Souveränität Tecklenburgs verfiel die Anlage immer mehr. Die neuen preußischen Machthaber gaben die Burg 1744 auf, erklärten sie zum Steinbruch. Erst ab 1884 wurde konserviert, was noch erhalten werden konnte: der Eingang zur Bastion, Teile der Burgmauer, einige Türme sowie unterirdische Gewölbe. Seit 1924 gibt es in der Burgruine jeden Sommer Theateraufführungen. Die Freilichtbühne Tecklenburg bietet 2.400 Sitzplätze und ist landesweit populär, da jedes Jahr ein Musical mit ein, zwei Stars aufwendig in Szene gesetzt wird. Bis 2025 soll alles so umgestaltet werden, dass eine Besichtigung auch jenseits der Aufführungen der Freilichtbühne möglich ist und öffentliche Toiletten sowie Picknickplätze zur Verfügung stehen.

▪ Schlossstr. 7, ✆05482-220. freilichtspiele-tecklenburg.de.

Bastion: In Eigeninitiative begannen die Tecklenburger im Zweiten Weltkrieg mit dem Bau eines praktisch unter der Mauer der alten Burg liegenden Luftschutzstollens. Im Juli 1944 war die Bastion fertig und 1.000 Einwohner konnten Schutz finden. Der Kuppelbau kann im Sommer besichtigt werden, sonst ist er Winterquartier für Fledermäuse. Führungen sind über die Tourist-Info buchbar.

Puppenmuseum: Das Museum liegt etwas unterhalb der Altstadt und präsentiert in einem Fachwerkhaus von 1684 eine der wertvollsten Puppensammlungen in Westfalen sowie bäuerliche Wohnkultur und ein Biedermeierzimmer.

▪ Sa/So 14–18 Uhr, Nov.–März nur Sa/So. Eintritt 2,50 €, erm. 1 €, Familienticket 5 €. Wellenberg 1, ✆05482-703700, puppenmuseum tecklenburg.ev.ms.

Tecklenburger Land → Karte S. 242

Haus Marck: Das Wasserschloss liegt südlich von Tecklenburg in einer Talaue. Die Gräfte wird vom Wechter Mühlenbach gespeist. Haus Marck wurde im 14. Jh. als Sitz der Familie von Horne errichtet und ist mittlerweile seit 200 Jahren Stammhaus der Familie des Freiherrn von Diepenbroick-Grüter. 1643 fanden im Haus die Vorverhandlungen für den Westfälischen Frieden statt. 1831 wurde hier der Pastor und Theologe Friedrich von Bodelschwingh geboren.

Teile des Schlosses können für Seminare und Hochzeiten genutzt werden. Die Öffentlichkeit kann es ansonsten nur bei Kulturveranstaltungen oder auf Anfrage von innen kennenlernen.

▪ Haus Marck 1, ✆ 05482-925773, hausmarck.de.

Die Goldene Treppe

Goldene Treppe: Vom Hermannsweg zweigt westlich der Altstadt über 131 Stufen der Weg zum Waldlehrpfad ab. Die Künstlerin Sigrun Menzel hat diese Stufen in ihrer Mitte mit Blattgold versehen.

Brochterbeck: Unterhalb von Tecklenburg liegt der Ortsteil Brochterbeck mit seinem idyllischen Ortskern rund um den Dorfteich. Nahe dem Teich liegt die katholische Kirche St. Peter und Paul, die 1860 geweiht wurde, aber Inventar aus dem 15.–17. Jh. hat. Der Altarraum wurde 1963 mit Werken von Bildhauer Heinrich Lückenkötter neu gestaltet. Der Turm der Evangelischen Dorfkirche wurde im 13. Jh. errichtet. Von 1809 bis 1860 war die Zeit des Simultaneums, der gemeinschaftlichen Nutzung der Kirche durch Katholiken und Protestanten. Neben dem Parkplatz Münsterlandblick in Tecklenburg gibt es in Brochterbeck auch einen Aussichtspunkt mit diesem Namen. Er ist aus dem Ortskern nach kurzem Aufstieg zu erreichen und etwas für alle, denen es in Tecklenburg bei Sonnenwetter zu voll ist. Das Bocketal, über dem die Felsformation Königsstuhl liegt, ist das abwechslungsreichste Wanderrevier. Das Teutoschleifchen „Dreikaiserstuhl" führt hinein. Der Hermannsweg führt direkt zu den Dörenther Klippen (→ S. 269).

Tour 9: Rundtour Tecklenburg–Brochterbeck → S. 371

Steile Auf- und Abstiege, Fachwerk-Romantik und Panoramablicke im Herzen des Tecklenburger Landes.

Leeden: Die Stiftskirche und das angrenzende Heimatmuseum sind das, was vom 1240 durch Graf Otto I. von Tecklenburg gegründeten Zisterzienserinnenkloster übrig geblieben ist. Von 1538 bis 1812 war es ein freiweltliches Damenstift und wurde dann aufgehoben. Nach dem Zweiten Weltkrieg wurde die Kirche 1954 ebenso wie ein Teil der Gebäude wiederaufgebaut. Heute ist der Ort Ziel vieler Tagestouristen. Ruhe lässt sich vor der Kirche nicht finden, wenn die Terrassen der benachbarten Gastronomiebetriebe voll sind.

Brombeerweg 3, ✆ 05481-37843, heimatverein-leeden.de.

Praktische Infos

→ Karte S. 248

Information Die **Tourist-Information Tecklenburg,** Markt 7, ✆ 05482-93890, tecklenburg-touristik.de, organisiert auch Stadtführungen.

Verbindungen Busverbindungen nach Ibbenbüren (Zugstrecke Osnabrück–Rheine) sowie Lengerich (Zugstecke Osnabrück–Münster). Comeback des Museumsbahnbetriebs Ibbenbüren–Tecklenburg–Lengerich ab Sommer 2024 geplant.

Stadtführungen Gäste können aus elf bei der Tourist-Info Tecklenburg buchbaren Angeboten wählen.

Markt Dienstag am Vormittag in der Altstadt von Tecklenburg und nachmittags in Leeden.

Einkaufen Neben den kleinen Geschäften in der Altstadt gibt es rund um Tecklenburg eine große Zahl von Hofläden, darunter:

Bauernhof Freude 12, Hof mit Forellenverkauf. Mo–Fr 8–18 Uhr, Sa 8–12 Uhr, tägl. 8–18 Uhr in der Spargelsaison. Wallen-Lienen 1, ✆ 05455-607, bauernhof-freude.de.

Windmühlenhof 2, Biohof mit Hühnern, Rindern und Schafen sowie Obst von Streuobstwiesen in Ledde. Neyer Windmühlenstr. 42, ✆ 05482-6377, windmuehlen-hof.de.

Hofladen des Naturschutzzentrums Sägemühle 13, die Arbeitsgemeinschaft Naturschutz Tecklenburger Land (ANTL) verkauft Fr 15–17 Uhr und Sa sowie vor Feiertagen 10–12 Uhr u. a. heimisches Lammfleisch. Bahnhofstr. 5, ✆ 05482-929290, antl-ev.de.

Schwimmen **Waldfreibad Tecklenburg,** Handal 51, ✆ 05482-288, bwg-baeder.de.

Wandern Mehrere Wanderwege starten am Marktplatz Tecklenburg, aber auch zentral in allen Ortsteilen von Tecklenburg. Besonders empfehlenswert ist die **Teutoschleife Tecklenburger-Bergpfad** (Laufen im Uhrzeigersinn ist ratsam, da sind die Steigungen angenehmer zu gehen). Wer sich nicht so anstrengen will, nimmt die **Teutoschleife Brochterbecker Landpartie.**

Radfahren/Fahrradverleih Der Tourismusverband Tecklenburger Land arbeitet mit **MünsterlandRad** zusammen (✆ 02573-697 970, muensterlandrad.de). Zu den Dienstleistungen der „Systemfahrradvermietung für die gesamte Region Münsterland" zählt u. a. der Transport von Gepäck und Mieträdern zur jeweiligen Unterkunft. Die am Haus Marck startende 26,3 km lange **Waldroute** ist eine schöne Tagestour.

MeinTipp **Minigolf** **Abenteuergolf Tecklenburg** ist angesichts seiner ungewöhnlichen Bahnen weit weg vom sonst bekannten Einerlei. Königstr. 4, ✆ 0160-3046935, abenteuergolf-tecklenburg.de.

Essen **Restaurant Fabula 14,** Crossover-Küche in nettem Ambiente. Mo–Sa 17–24 Uhr, So 10–22 Uhr. Bahnhofstr. 41, ✆ 05482-7798, fabula-te.de. **€€**

MeinTipp **Café Rabbel 3,** wer Torten liebt, wird an diesem Café nicht vorbeigehen können. Tägl. 9–18 Uhr. Markt 6, ✆ 05482-219, cafe-rabbel.de. **€**

Stiftsschänke Schwermann 8, exzellente Regionalküche in der Ortsmitte von Leeden; auch Hotelzimmer. Mi–Sa 16–22 Uhr, So 10–22 Uhr, Mo/Di Ruhetag. Stift 1, ✆ 05481-6341, stiftschaenke-schwermann.de. **€€€**

MeinTipp **Historische Gaststätte Franz 9,** nach langem Dornröschenschlaf durch ein Genossenschaftsprojekt wiederbelebtes Gasthaus in Brochterbeck, das saisonal geprägte Regionalküche bietet. Mi–Fr 18–21.30 Uhr, Sa/So 11.30–21.30 Uhr, Mo/Di Ruhetag. Dorfstr. 22, ✆ 05455-5569386, gaststaette-franz.de. **€€€**

Übernachten **Hotel Drei Kronen 4,** außen Fachwerk, innen rustikal oder Belle Epoque, die Zimmer im Landhausstil. Ein Facelift für alles wäre nicht schlecht. Der eloquente Wirt liebt seinen Porsche und die SF Lotte. Panoramablick ins Münsterland. Landrat-Schultz-Str. 15, ✆ 05482-225, star-of-tecklenburg.com. **€€€**

MeinTipp **Ringhotel Teutoburger Wald 7,** Premium-Hotel mit großem Wellnessbereich, der auch Tagesgästen offensteht. Sehr gute Küche. Tagesausflügler sollten das Hotel ansteuern, wenn sie gerne Kuchen und Torte mögen. Dem Buffet in der Lobby lässt sich schwer ausweichen. Im Bocketal 2, ✆ 05455-93000, rhtw.de. **€€€€**

Tecklenburger Land → Karte S. 242

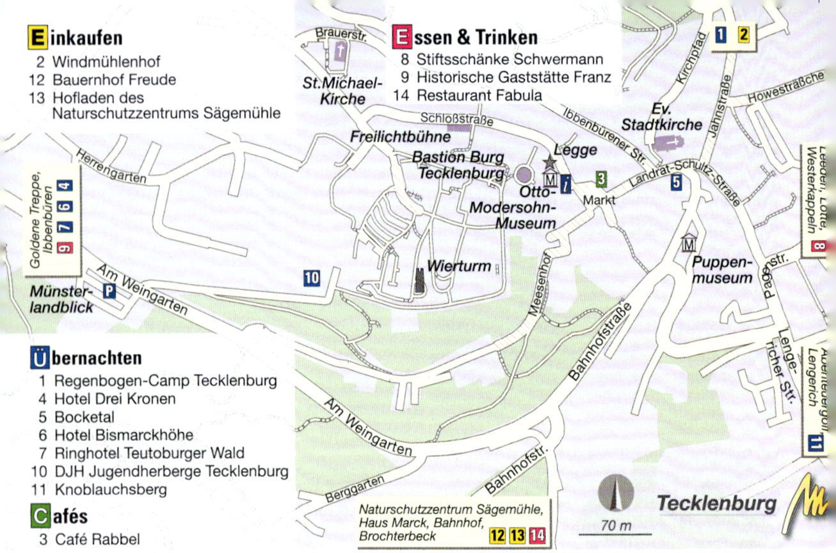

Hotel Bismarckhöhe 6, etwas abseits der Altstadt gelegenes Hotel garni. Ebenfalls Panoramablick ins Münsterland. Am Weingarten 43, ✆ 05482-233, bismarckhoehe.de. €€

DJH Jugendherberge Tecklenburg 10, Am Herrengarten 5, ✆ 05482-360, tecklenburg.jugendherberge.de. €

Campingplätze Knoblauchsberg 11, familienfreundliche Anlage mit Pool und großem Sportangebot. Königstr. 8, ✆ 05482-396, knoblauchsberg.de.

Bocketal 5, Anlage in kurzer Wanderdistanz zu den Dörenther Klippen (→ S. 269). Im Bocketal 12, ✆ 05455-1760, campingplatz-bocketal.de.

Regenbogen-Camp Tecklenburg 1, Anlage mit Innen- und Außenpool, Sportanlagen und Ritter-Spielplatz. Grafenstr. 31, ✆ 05405-1007, regenbogen.ag.

Umgebung von Tecklenburg

Lotte

Der 14.000-Einwohner-Ort ist vielen durch die Staumeldungen im Verkehrsfunk ein Begriff. Fußballfans kennen die Gemeinde durch die Sportfreunde, die einst in der Dritten Liga spielten. Der Turm der 1312 bis 1315 erbauten evangelischen Kirche steht leicht schief. Auf dem Friedhof des idyllischen Mühlendorfs Wersen ist der aus dem Ort stammende Pastor Martin Niemöller, Führungsfigur der Bekennenden Kirche, begraben. Mit den **Sloopsteinen** liegen zwei Megalithgräber im Grenzgebiet zur Nachbargemeinde Westerkappeln (Wanderweg Teutoschleife „Sloopsteener Seerunde“).

Information **Bürgerbüro Lotte**, Westerkappelner Str. 19, ✆ 05404-8890, lotte.de.

Golf **Golfplatz Lotte-Wersen**, Wersener Str. 17, ✆ 05404-998610, golf-duetetal.de.

Westerkappeln

Wer mag, kann in der 11.000-Einwohner-Gemeinde beim Blick auf den „Brunnen mit Hase und Blumen“ von Heinrich Brummack über die Frage „Was ist Kunst?“ streiten. Am Ortsrand liegt die Düsterdieker Niederung, größtes Feuchtwiesen-Schutzgebiet von Nordrhein-Westfalen. Auf dem Teutoschleifchen „Schachselwiesen“ können Kinder Geocaching kennenlernen.

Information/Stadtführungen **Bürgerbüro Westerkappeln**, Große Str. 13, ✆ 05 404-8870, westerkappeln.de.

Golf **Golfplatz Velpe**, Industriestr. 16, ✆ 05 456-96013, golfclub-habichtswald.de.

Lengerich

24.000 Einwohner

Wie die Bergbaustadt Ibbenbüren fällt Lengerich in die Kategorie „Industriestadt auf dem Lande". Kalk- und Zementindustrie sowie Metall- und Papierverarbeitung bestimmen bis heute das Ortsbild.

Einen Eindruck von diesem wirtschaftlichen Markenkern des Ortes bekommt man direkt am Bahnhof mit dem Blick auf das große Zementwerk. Neben etwas Fachwerk in der Innenstadt gibt es auch Arbeiterquartiere.

Eine andere Perspektive bietet sich vom Hermannsweg, der auf dem Höhenrücken des Teutoburger Waldes verläuft und immer wieder wechselnde Ausblicke auf den Ort bietet. Da ist einmal die durchaus reizvolle Industrie-Silhouette der Stadt mit ihren teilweise stillgelegten und teilweise noch aktiven Anlagen. Aber es öffnet sich eine Lichtung weiter der Blick in die Münsterländer Parklandschaft oder auf die stillgelegten Steinbrüche der Stadt. Industriegeschichtlichen Wandel hautnah erleben kann man auf dem Teutoschleifchen „Canyon-Tour". Der Weg führt durch ein ehemaliges Kalkabbaugebiet, das sich zu einem artenreichen Biotop mit „Blauer Lagune" entwickelt hat.

Anschauen und unternehmen

Evangelische Stadtkirche: Das Gotteshaus ersetzte 1497 einen Vorgängerbau aus der Mitte des 13. Jh. Eine heilkräftige Margaretenstatue hatte den Neubau der gotischen Hallenkirche mit nur einem verkürzten Seitenschiff nötig gemacht. Lengerich war ein wichtiger Wallfahrtsort geworden. Mit der Reformation wurden bis zum Ende des 16. Jh. alle Bildwerke entfernt. Von der ehemaligen Ausstattung konnte bis heute nur ein Weihwasserbecken wiederentdeckt werden. 1956 erfolgte eine umfassende Neugestaltung der Kirche, die sich damit dem Zustand in der Anfangszeit der Reformation, also vor dem Bildersturm, angenähert hat.

Kirchplatz

St.-Margareta-Kirche: Erst 300 Jahre nach der Reformation wurde wieder eine katholische Kirche errichtet, die mit ihrem Namen den Anschluss an die Zeit vor dem Übertritt der Grafen von Tecklenburg zum Protestantismus herstellt. Aus dem Jahr 1928 stammt der Turm. Das heute existierende Kirchenschiff wurde 1971 gebaut. Bei Fenstern und Ausstattung wurde im Gegensatz zu vielen anderen katholischen Kirchen der Region geklotzt und nicht gekleckert.

Bahnhofstr. 113

Römer: Torhaus und Wahrzeichen der Stadt, das im zweiten Viertel des 13. Jh. erbaut wurde. Es beherbergt schon länger einen Gastronomiebetrieb.

Gempt-Gelände: Die Gempthalle ist seit 2004 das Kultur- und Bürgerzentrum der Stadt, nachdem es von 1917 bis 1957 eine Drahtseilfirma beherbergte und danach bis 1991 von einer Maschinenbaufirma als Gießerei genutzt wurde. Ein Turm mit Wasserbehälter erinnert an die Firma „Gempt Drahtseile". Der 60 m hohe Schornstein mit umlaufendem Wasserbehälter wurde im Jahr 1919 errichtet. Der 150.000 l fassende Behälter diente zur Kühlung der Glühofenhalle. Die Halle selbst misst heute 740 m². Beim Umbau wurde ein Teil des Stahlbetonskeletts mit einer Ausfachung aus Cortenstahl und Bleitafeln geschlossen, der vordere Teil blieb offen und bildet so eine Art Loggia.

Gemptplatz 1, ✆ 05481-30500, gempthalle.de.

Tecklenburger Land → Karte S. 242

Museumsbahner mit langem Atem

Was es bedeuten kann, Museumsbetrieb auf einer Eisenbahnstrecke zu bereiben, die einem nicht gehört, musste der Verein „Eisenbahn Tradition" ab 2010 schmerzhaft erfahren. Seit 1977 hatte er unter dem Namen „Teuto-Express" Museumsbetrieb auf der Teutoburger-Wald-Eisenbahn eingerichtet. Die Strecke verläuft von Ibbenbüren nach Gütersloh bzw. Hövelhof und ist eine der längsten nicht bundeseigenen Eisenbahnstrecken in Deutschland. Knapp 45 km verlaufen von Ibbenbüren bis zur Landesgrenze zu Niedersachsen bzw. als Stichbahn von Brochterbeck zum Hafen Dörenthe im Tecklenburger Land. Bei der Beseitigung der Kriegsschäden wurde offenbar, dass es erheblichen Sanierungsbedarf gab. Der damalige Besitzer der Strecke investierte aber lieber in Omnibusse und stellte den Personenverkehr 1968 ein. Seitdem gab es Güterverkehr und die Museumsbahn. Ab 2010 bremsten Erdrutsche jedweden Schienenverkehr aus. Die Firma Captrain, inzwischen Eigentümerin der Strecke, kündigte wegen zu hoher Sanierungskosten für Oberbau und Brücken die Beantragung der Stilllegung an. Doch der Verein fand Mitstreiter im Kampf um die Strecke und konnte sich mit Fahrten abseits der Stammstrecke finanzieren. 2015 kam die Rettung in Gestalt der Lappwaldbahn-Unternehmensgruppe. Sie übernahm die Strecke 2017 und nach abgeschlossener Sanierung könnten ab 2024 wieder Museumszüge nach Plan zwischen Ibbenbüren und Bad Laer fahren. Eine Machbarkeitsstudie für die Einrichtung einer Nahverkehrslinie von Ibbenbüren nach Münster ist auf den Weg gebracht, ebenso für Personenverkehr auf der Strecke über Bad Iburg nach Harsewinkel. Seit 2018 gab es eingeschränkten Verkehr. In der Weihnachtszeit verlassen die Museumszüge die Stammstrecken zu Nikolausfahrten. Eine Reihe weiterer Fahrten kommt hinzu. Das Durchhaltevermögen und Engagement haben sich ausgezahlt.

- eisenbahn-tradition.de und teuto-express.eu.

Der Teuto-Express sehnt das Ende der Streckensanierung herbei

Die Farbtöne des Wassers im Lengericher Canyon sind zuweilen karibisch

Canyon: Mit seinem türkisblauen, kristallklaren Wasser ist der Canyon ein echtes Juwel der Region. In dem ehemaligen Kalksteinbruch, der sich nach seiner Stilllegung 1977 mit Wasser füllte, finden heute viele seltene Tier- und Pflanzenarten optimale Bedingungen. Es wurde 1989 als Naturschutzgebiet ausgewiesen. Insgesamt drei Aussichtspunkte bieten einen traumhaften Blick auf die „Blaue Lagune". Das Teutoschleifchen „Canyon-Tour" führt vorbei. Das Baden ist inzwischen aus Naturschutzgründen verboten.

Hortensia Garden: Ein ehemaliger Friedhof mit altem Baumbestand etwas oberhalb der Innenstadt wurde zu einem Hortensienpark umgestaltet. 300 verschiedene Sorten sollen einmal in dem 2018 eröffneten Park gedeihen. Bei den Recherchen machte er allerdings einen leicht verwahrlosten Eindruck.

- **Lengericher Skulpturenpark,** Am Kleeberg. Eintritt frei.

Praktische Infos

Information **Tourist-Information Lengerich,** Rathausplatz 1, ✆ 05481-82422, lengerich.de.

Anfahrt/Verbindungen Halbstdl. Nahverkehrszug nach Münster und Osnabrück, Busverbindungen in die Nachbarorte, u. a. Ladbergen, Lotte und Westerkappeln.

Stadtführungen Neben einer Ortsrunde mit App-Begleitung können in der Tourist-Info auch traditionelle Führungen gebucht werden.

Markt Mittwoch und Samstag am Vormittag.

Einkaufen **Weidenhof,** Di–Fr 10–18 Uhr, Sa 9.30–15 Uhr. Wechter Str. 42, ✆ 05482-6367, weidenhof.net.

Schwimmen **Hallen- und Freibad Lengerich,** In den Rietbroken 8–10.

Wandern Eine schöne Tour mit vielen Auf- und Abstiegen ist die **Teutoschleife Canyon Blick** (11 km). Das kürzere **Teutoschleifchen Canyon Tour** ist im Sommer oft überlaufen.

Radfahren/Fahrradverleih Fünf Ortsradwege mit einer Länge von 13 bis 33 km. **Zweirad Tiemann,** Lienener Str. 31, ✆ 05481-6971, **Fahrradverleih Schroer, Zur Sandgrube 21,** ✆ 05481-94400

Reiten **Reiterhof Westerfeld,** ✆ 05485-2440, tegelmann.de.

Essen **Hinterding,** Restaurant mit fünf Hotelzimmern, in dem Klaus Weingartz seine Gäste perfekt zu verwöhnen weiß. Mi–So ab 18 Uhr, So auch 12–15 Uhr, Mo/Di Ruhetag. Bahnhofstr. 72, ✆ 05481-94240, hinterding-lengerich.de. €€€

Bergcafé Egbert, leckeren Kuchen essen und eine Zeitreise in die 1980er-Jahre machen. Mo und Mi/Do/Sa/So 10–18 Uhr, Di/Fr Ruhetag. Heckenweg 6, ✆ 05481-5738, bergcafe-egbert.de. €

Übernachten **Hotel zur Mühle,** einfaches Drei-Sterne-Haus mit Fahrradverleih. Tecklenburger Str. 28, ✆ 05481-94470, lengerich-hotel.de. €€

Hotel-Café Maxx, kleines Hotel garni in zentraler Lage mit umfassendem Service für Radtouristen. Bahnhofstr. 27, ✆ 05481-903960, hotel-cafe-maxx.de. €€

→ Karte S. 242

Camping **Campingplatz Auf dem Sonnenhügel,** einer von zwei Campingplätzen am kleinen privaten Badesee. Zur Sandgrube 40, ✆ 05481-6216, sonnenhuegel-camping.de.

Camping Lengerich, Kiefernheide 36, ✆ 05481-3055072, sonnenhuegel-camping.de.

Umgebung von Lengerich

Die benachbarte 6.000-Einwohner-Gemeinde **Ladbergen** wurde im Zweiten Weltkrieg durch Bombenangriffe schwer getroffen. Eine Zerstörung des Dortmund-Ems-Kanals hatten die Alliierten hier als besonders geeignet angesehen. Das für das Münsterland typische Ortsbild verschwand. Nur ein Teil der Fachwerkhäuser wurde rekonstruiert. Bedeutendstes Bauwerk ist die von 1856 bis 1865 gebaute evangelische Kirche. Mit ihr fühlt man sich irgendwie nach Berlin versetzt. Ursache ist, dass König Friedrich Wilhelm IV. von Preußen mehrere Kirchen in der Region mitfinanzierte. Für die Kirche in Ladbergen wählte er mit Friedrich August Stüler einen Architekten der Schinkel-Schule. Bis heute wurde der Bau nur minimal verändert und ist in der Region ein Unikat.

Evangelische Kirche Ladbergen

Etwas außerhalb, postalisch zu Lengerich gehörend, liegt das Gut Erpenbeck, ein vollständig erhaltener Gräftenhof. Neben dem exzellenten Hofladen lohnt die 1840 fertiggestellte Öl-, Boke- und Zichorienmühle den Besuch.

- **Gut Erpenbeck,** Erpenbecker Str. 128, ✆ 05485-96090, gut-erpenbeck.de. Hofladen Mo–Fr 9–12.30 und 15–18 Uhr, Sa 9–12.30 Uhr.

Information/Stadtführungen **Tourist-Information Ladbergen,** Alte Schulstr. 1, ✆ 05485-3635, ladbergen.de.

Stadtführungen Buchbar über die Tourist-Information.

Anfahrt/Verbindungen Bus nach Greven und Lengerich sowie zum Bahnhof Lienen-Kattenvenne (Strecke Münster–Osnabrück).

Markt Freitag am Vormittag.

Wandern Das **Teutoschleifchen Ladbergener Pättken** führt durch den Ortskern und zur Alten Wassermühle.

Schwimmen **Buddenkuhle,** Badesee der Ferienanlage Regenbogen (→ Camping).

Übernachten **Hotel op de Birke,** im Grünen zwischen Ladbergen und Tecklenburg gelegenes Hotel mit funktional eingerichteten Zimmern. Guter Ausgangspunkt für Sternfahrten mit dem Rad. Tecklenburger Str. 50, ✆ 05 485-93920, updebirke.de. **€€**

Waldhaus an de Maiwälken, Traditionshaus am Südrand des Ortes mit teilweise historisch eingerichteten Zimmern und Restaurant, das schmackhafte Regionalküche und Gerichte mit mediterranem Einschlag bietet. Grevener Str. 43, ✆ 05485-93990, waldhaus-ladbergen.de. **€€**

Camping **Regenbogen Camp,** direkt am Badesee Buddenkuhle. Buddenkuhle 1, ✆ 0431-2372370, regenbogen.ag.

Camping Waldsee, Waldseestr. 81, ✆ 05485-1816, waldsee-camping.de.

Lienen

8.500 Einwohner

Die nordöstlichste Gemeinde der Region ist der „Aktivposten" des Tecklenburger Landes. Zu bieten hat sie ein tolles Wanderrevier, einen über 2,5 km langen Barfuß-Pfad und im Ortsteil Kattenvenne ein außergewöhnliches Kulturangebot.

Lienen liegt direkt am Fuß des Teutoburger Waldes, nach Norden, Nordosten und Nordwesten gibt es also nur eine Richtung: bergauf. Nach Süden und Westen beginnt die klassische Parklandschaft, die im Kreis Warendorf dominiert. Im südöstlich gelegenen Glandorf, das zu Niedersachsen gehört, wird Spargel angebaut. Zur passenden Jahreszeit ist Lienen mit den niedersächsischen Nachbarorten ein perfekter Ausgangspunkt für aktive Tage in der Region.

Anschauen und unternehmen

Evangelische Kirche: Wie könnte diese Kirche wirken, wenn sie nur einen frischen Anstrich hätte, innen wie außen? Der Turm wurde im 12. Jh. errichtet, die weiteren Teile ab 1350. 1875/76 erhielt das Gotteshaus im Wesentlichen seine heutige Gestalt. Aus allen Bauphasen sind Elemente erhalten worden. Außen am Turmhelm ist eine Uhrschlagglocke zu sehen. In den 1990er-Jahren wurde in Form einer Stahl-Glas-Konstruktion ein Gemeindesaal eingefügt und der eigentliche Kirchraum verkleinert, um Heizkosten zu sparen.

- Kirchplatz 10a

Evangelische Kirche Kattenvenne: Die 1887/88 entstandene Kirche im neogotischen Stil ist etwas für auch technisch interessierte Kenner der Kirchenmusik. Sie hat eine aus dem Jahr 1892 stammende, bis heute nahezu unveränderte pneumatische Orgel. Seit 2012 wird die Kirche von der kleinen katholischen Gemeinde mitbenutzt, weil deren Gotteshaus abgerissen wurde.

- Buchentorstr. 8

Kath. Kirche Maria-Frieden: Das 1953 geweihte Gotteshaus ist ein Musterbeispiel für eine Diasporakirche, die nicht in Form einer einfachen Notkirche errichtet wurde. Evakuierte, Vertriebene und Flüchtlinge sorgten nach dem Zweiten Weltkrieg im gesamten Tecklenburger Land für eine nennenswerte Zahl an Gläubigen. Die regten den in positivem Sinne bescheidenen Kirchbau an.

- Bergstraße

Fachwerkidylle im Ortskern

Barfuß-Park: Darauf muss man erst einmal kommen: Mitglieder des Heimatvereins Lienen hatten die Idee, einmal alles zusammenzubringen, was die gesundheitsfördernde Wirkung des Barfußlaufens und Wassertretens hautnah vermittelt. Ergebnis ist der aktuell knapp 2,5 km lange Barfußpfad, der sich vom Dorfteich aus in ein Wohngebiet hineinschlängelt. Die Pflege führt der Verein ehrenamtlich durch. Von Mai bis Oktober sind die Anlagen am Dorfteich mit Wasser gefüllt. Der parallel dazu errichtete Spielplatz rundet ein tolles Freizeitangebot für Kinder und Erwachsene ab.

Westerbecker Berg: Er ist mit 236 m die höchste Erhebung im Tecklenburger Land. Der Hermannsweg verläuft über die Bergkuppe, und eine Aussichtsplattform gibt es natürlich auch.

Barfuß über jeden Untergrund

Duvensteine: Der aus Sandstein bestehende Bergrücken liegt auf der Nordseite des Holperdorper Tals. An einigen Stellen treten Teile des Gesteins an die Oberfläche und bilden Felsformationen, welche einst das mystische Denken der Bevölkerung herausforderten. Der Name lässt auf uralte Plätze schließen, an denen Gottheiten verehrt wurden.

Holperdorper Tal: Der in einer kleinen Senke gelegene Weiler Holperdorp ist Dorfidylle pur. Die Künstler Wendelin Gräbener und Franz Winkelkotte haben hier ihr Atelier eingerichtet und stellen Anfang August eine Woche lang zeitgenössische Kunst aus, auch von anderen Künstlern.

▪ Holperdorp 24, ✆ 05483-1575, holperdorp.de.

Heckentheater Kattenvenne: Rolf Kötterheinrich und Erhard Piech haben seit den 1980er-Jahren an einem Fachwerkhaus mehrere Themengärten geschaffen und sie um einen Veranstaltungsort für Musik und Theater ergänzt, der von Mai bis September Programm bietet. Zahlreiche Eiben bilden die Hecken, welche die Kulisse und eine Arena für Zuschauer formen. Das runde Theater wird durch Stufen und Absätze für Aufführungen gegliedert und durch vier Charakterköpfe des Künstlers Stephan Dornhauser akzentuiert. Sie stellen einen Intellektuellen, einen Aufschneider, einen Kämpfer und einen Spitzzüngigen dar. Von außen markieren vier Lindenbäume das Heckentheater, das antiken und barocken Vorbildern nachempfunden ist.

▪ Jagdweg 6, ✆ 05484-961596, Gartenführung (90 Min.) 10 €, heckentheater.de

Praktische Infos

Information **Tourist Information – Haus des Gastes,** Diekesdamm 1, ✆ 05483-739650, lienen.de.

Verbindungen Regiobus nach Lengerich. An Werktagen Bürgerbus nach Glandorf (Niedersachsen) sowie in den Ortsteil Kattenvenne, wo mind. stdl. Züge nach Münster und Osnabrück starten. In Lienen ab 2024 voraussichtlich wieder Museumsbahnverkehr (Teuto-Express).

Stadtführungen Buchbar über die Tourist-Information.

Einkaufen **Hollands Voßhof,** Demeter-Hof, Di/Fr 9–12 und 15–18 Uhr, Sa 9–12 Uhr. Baggerien 4, ✆ 05483-77053.

Schwimmen **Hallenfreibad Lienen,** Holperdorp 46, ✆ 05483-74298, bwg-baeder.de/lienen.

Wandern Mit der **Teutoschleife Holperdorper** lässt sich der hügelige Teil des Ortes bestens entdecken. Vom Wanderparkplatz Holperdorper Tal ist ein Einstieg in den Ahornweg möglich. Der 103 km lange Rundweg erschließt weite Teile des Natur- und Geoparks Terra-Vita. Wem die 40 km der kleinen Schleife als Tagestour zu viel sind, startet in Bad Iburg und übernachtet in Hagen am Teutoburger Wald (geopark-terravita.de).

Radfahren Wer Steigungen scheut, hat in Lienen keine Freude, eher ein Revier für Mountainbiker.

Reiten **Lienener Reitroute** (34 km). **Reiterhof Hunsche,** Reiterweg 5, ✆ 05483-574, reiterhof-hunsche.de.

Essen **Gasthaus Altes Farmhaus,** rustikales Restaurant mit Schwerpunkt auf Steak und Schnitzel, auch Hotelzimmer. Mi–Sa 17–23 Uhr, So bis 22 Uhr, Mo/Di Ruhetag. Zum Teich 1, ✆ 05483-8363, altes-farmhaus.de. **€€**

Mein Tipp **Holperstübchen,** urige Gemütlichkeit eines Berggasthauses in Kombination mit Lounge-Atmosphäre. Mi–Fr 17–22 Uhr, Sa 14–22 Uhr, So 12–20 Uhr, Mo/Di Ruhetag. Holperdorp 46, ✆ 05483-7548988. **€**

Mein Tipp **Malepartus,** ein Stück Bayern im Tecklenburger Land und eine regionale Institution. Die Küche muss sich vor Gasthäusern hinterm Weißwurstäquator nicht verstecken. Im Sommer tägl. 12–22 Uhr, im Winter kürzer und zwei Ruhetage, zuletzt Mi/Do. Malepartusweg 6, ✆ 05483-8337, waldwirtschaft-malepartus.de. **€€**

Roadhouse Pellemeier, Regionalküche trifft Burger. Do–Sa 17–22.30 Uhr, So 17–22 Uhr, Mo/Di/Mi Ruhetag. Thieplatz 1, ✆ 05483-310, opa-joes.de. **€€**

Übernachten **Hotel Waldschlösschen,** der Name ist Programm, Rehe vor dem Zimmerfenster durchaus möglich. Rustikal eingerichtetes Restaurant, kostenlose Nutzung des benachbarten Hallenfreibads samt Sauna. Holperdorper Str. 31, ✆ 05483-1081, waldschloesschen-lienen.de. **€€**

Camping **Campingplatz Lienen,** überaus idyllisch gelegener Campingplatz am Südhang des Holperdorper Tals. Holperdorp 44, ✆ 05483-290, camping-lienen.de.

Umgebung von Lienen

Wer eine landschaftlich reizvolle Fahrt ins benachbarte Niedersachsen machen möchte, fährt von Lienen über Holperdorp nach Bad Iburg. Die knapp 10.000 Einwohner zählende Kurstadt hatte, wie viele andere Kneip- und Moor-Kurorte entlang des Teutoburger Waldes, schon einen leicht morbiden Charme entwickelt, als die niedersächsische Landesgartenschau 2018 nach Bad Iburg vergeben wurde. Dies sorgte für den dringend benötigten Modernisierungsschub. Besonders interessant für Kinder sind die Spielplätze und der Baumwipfelpfad. Schloss und Schlossmuseum sind eher etwas für die Erwachsenen.

▪ **Baumwipfelpfad,** Apr.–Okt. 9.30–17.30 Uhr, sonst 10–16 Uhr. Familienticket 22 €, sonst Erw. 8 €, 6–17. J. 4 €, bis 5 J. frei. Philipp-Sigismund-Allee 4, ✆ 05403-404 801, baumwipfelpfad-badiburg.de. **Schlossmuseum,** Fr–So 14–17 Uhr.

Tecklenburger Land → Karte S. 242

Tour 10: Von Lienen zum Malepartus → S. 373

Stetes Auf und Ab mit diversen Ausblicken auf den höchsten Punkt des Tecklenburger Landes.

Hörstel

20.000 Einwohner

Wer viel in Bewegung sein will, und das auf entspannte Weise und mit einem schönen Hotelbett, ist in Hörstel genau richtig. Kunstfreunde können im Kloster Gravenhorst interessante Entdeckungen machen. Wer eine Weile einfach nur Binnenschiffen nachschauen möchte, legt sich am Nassen Dreieck ans Kanalufer.

Die Stadt Hörstel entstand mit der Gebietsreform 1975 aus den Gemeinden Bevergern, Hörstel, Dreierwalde und Riesenbeck. Die Stadtrechte brachte Bevergern mit, das diese schon 1366 erhalten hatte. Wer hier unterwegs ist, sollte immer berücksichtigen, dass der alte Ortsname zählt, denn die Einheimischen identifizieren sich stark mit dem jeweiligen Ortsteil. Eine Rangfolge lässt sich dabei schwerlich treffen, denn es hängt ganz davon ab, ob die Interessen im technischen, künstlerischen oder naturkundlichen Bereich liegen. Angesichts der kurzen Wege zwischen den Ortsteilen kann man sich als Gruppe oder Familie aber auch leicht für einen halben oder ganzen Tag aufteilen.

Anschauen und unternehmen

Altstadt Bevergern: Der Ortskern hat Sandstein- und Fachwerkgebäude aus der Zeit vom 15. bis 18. Jh. zu bieten, die auf einem 4,5 km langen Rundgang besichtigt werden können. Die katholische St.-Marien-Kirche verfügt über prachtvolles barockes Inventar. Drei Fachwerkhäuser fungieren als Ortsmuseum und schließen die lokale Geschichte schlüssig auf.

▪ So/Feiertage 14.30–18 Uhr oder nach Vereinbarung, Kirchstr. 4, heimatverein-bevergern.de.

Das Nasse Dreieck

Nasses Dreieck: Einen sehr anschaulichen Namen trägt die nach Minden und Magdeburg drittwichtigste Kanalkreuzung. Der Mittellandkanal zweigt hier vom Dortmund-Ems-Kanal ab, um durch die Gravenhorster Schlucht, die einige Touristiker gerne mit einer Hängebrücke für Wanderer versehen würden, in Richtung Nordosten zu gehen. Die Begegnung der Kanäle erfolgt ohne Schleuse, die liegt ein Stück entfernt am Dortmund-Ems-Kanal in Bevergern. Die in Form einer Schleuse angelegte „Red Box" informiert über die Binnenschifffahrt und den Kanalbau sowie deren Bedeutung für Bevergern und Riesenbeck. Eine Aussichtsplattform rundet die Sache ab. Die 6,5 km lange Uferparkpromenade verbindet die Schleuse mit Riesenbeck. Dort gibt es einen ruhig gelegenen Aussichtspunkt unterhalb der 2022 profanierten Versöhnungskirche. Mit einem goldenen Segelschiff als Wetterfahne und dem im Kirchgarten stehenden Glockenturm erinnerte sie an die 2009 aufgegebene Binnenschiffermission. Das Nasse Dreieck ist beliebtes Motorrad-Ziel. Wer sich dort aufhält, muss den Lärm von Posing-Aktionen aushalten.

Torfmoorsee: Der 24 ha große See entstand Ende der 1970er-Jahre durch Erdaushub für den Bau der Autobahn Osnabrück–Rheine (A 30) und wurde um

Ruhe in der Kirche, viel Trubel auf dem Außengelände von Kloster Gravenhorst

Tecklenburger Land → Karte S. 242

ein Feuchtbiotop erweitert. Das gesamte Areal ist 57 ha groß und heute Badesee, Tauchrevier und beliebtes Wandergebiet (u. a. 2,5 km langer Rundweg, geologischer Lehrpfad und 4,9 km langer Wanderweg zum Kloster Gravenhorst).

DA, Kunsthaus Kloster Gravenhorst: Das Kloster mit der Kirche St. Bernhard war eine Zisterzienserinnen-Abtei und ist seit 2004 das DA-Kunsthaus. Gegründet wurde das Kloster 1256 von einer Adelsfamilie, erste Äbtissin war eine Tochter des Hauses. Neben der Kirche sind noch zwei Konventsflügel und Wirtschaftsgebäude erhalten. 1808 wurde das Kloster nach dem Verkauf Tecklenburgs an Preußen aufgehoben. Es folgten verschiedene profane Nutzungen: Steinbruch, Zuckerrübenfabrik, Dampfmaschinenwerkstatt, Jagdschloss eines Konsuls, Zwangsarbeiter- und Kriegsgefangenenlager, Wohnstätte für Flüchtlinge und Vertriebene und letztendlich landwirtschaftlicher Betrieb. Dabei blieb die historische Bausubstanz praktisch komplett erhalten. Dann wurde das Kloster von einem Trägerverein und dem Kreis Steinfurt als erbbauberechtigter Projektträger übernommen. Ziel war, eine kulturelle Nutzung für das Gebäudeensemble zu finden, da Klöster immer Orte der Bildung, der Kunst und der Spiritualität waren und sind.

Das Kürzel DA ist die Abkürzung für „DenkMalAtelier". Diese drei Begriffe sollen von Künstlern als Anregung genommen werden, auf dem „platten Land" neue Werke zu schaffen und so Globalisierung und regionale Identität zu verknüpfen. Parallel dazu gibt es neben den klassischen Ausstellungen auch historische Projekte sowie Informationen zur Klostergeschichte. Workshops für Kinder, Jugendliche und Erwachsene runden ein umfassendes Angebot der Kunstpräsentation und -vermittlung ab.

Vom Kloster Gravenhorst lässt sich via Nasses Dreieck eine schöne Wanderung zum Torfmoorsee und zurück machen (7,3 km). Der Lärm der Autobahn beeinträchtigt leider den Aufenthalt im Außenbereich. Ruhig ist es im Klosterinnenhof.

▪ Di/Sa 14–18 Uhr, So 11–18 Uhr. Eintritt i. d. R. frei. Klosterstr. 10, ✆ 02551-694200, da-kunsthaus.de.

St.-Kalixtus-Kirche Riesenbeck: Der fünfjochige klassizistische Saalbau wurde 1807–09 an der Stelle eines romanischen Vorgängerbaus errichtet. Eine Grabplatte im Inneren erinnert an Reinhild von Riesenbeck (auch: von Westerkappeln), die der Legende nach im 12. Jh. in der Gegend lebte, dort als Märtyrerin starb und von der katholischen Kirche als Heilige verehrt wird.

▪ Kalixtusstr. 11

Schloss Surenburg: Sie ist eine der kleineren Wasserburgen in der Region und wurde 1474 erstmals urkundlich erwähnt. Die Familie Heereman von Zuydtwyck bewohnt das Anwesen noch heute, weshalb es nicht besichtigt werden kann. Ursprünglich war der Park als Französischer Garten gestaltet, später als Englischer Garten. Die Reitanlage gleich nebenan hat sich als „Fahrsport-Mekka" und als Sitz des international erfolgreichen Springreiters Ludger Beerbaum, der 2023 seine aktive Karriere beendete, einen Namen gemacht.

Landmaschinenmuseum: Der Heimatverein Riesenbeck sammelte alte Landmaschinen und besaß irgendwann so viele, dass ein Museum mit mehreren Gebäuden nötig wurde, um sie präsentieren zu können. Anhand der alten Maschinen kann der Jahreszyklus der Landwirtschaft nachvollzogen werden.

▪ Apr.–Okt. jeweils den 1. So im Monat 14–18 Uhr oder nach Vereinbarung. Eintritt 2,50 €, Kinder und Jugendliche frei. Im Vogelsang 75, ✆ 05454-7619, lm-museum-riesenbeck.de.

St.-Antonius-Kirche Hörstel: Die Gemeinde reagierte auf die Beschlüsse des Zweiten Vatikanischen Konzils Anfang der 1970er-Jahre mit einer umfassenden Umgestaltung des Gotteshauses, die zu einer ungewöhnlichen Raumaufteilung führte.

▪ Ibbenbürener Str. 1

Praktische Infos

Information **Tourist-Information Hörstel,** Kalixtusstr. 6, ✆ 05454-911112, hoerstel.de (liegt im Ortsteil Riesenbeck).

Stadtmarketing Hörstel, Am Markt 8, ✆ 05459-9069348, stadtmarketing-hoerstel.de (liegt im Ortsteil Bevergern).

Verbindungen Stdl. mindestens ein Zug nach Rheine und Osnabrück. Ein Taxibus verbindet werktags die Ortsteile, sonst nur Busse nach Hopsten, Rheine und Ibbenbüren, die nicht in allen Ortsteilen halten.

Stadtführungen Ein halbes Dutzend Führungen, darunter auch Radtouren, sind im Angebot.

Einkaufen **Hof Junge-Bornholt,** lohnt besonders in der Kürbis-Zeit. Mo–Fr 8–18.30 Uhr, Sa/So 8–18 Uhr. Emsdettener Str. 115, Riesenbeck, ✆ 05454-1230, junge-bornholt.de.

Schwimmen **Hallenbad Riesenbeck,** Sünte-Rendel-Straße 18.

Wandern In Riesenbeck ermöglicht die **Wanderung zur schönen Aussicht** einen Panoramablick auf die Umgebung. Sie ist enthalten in der **Teutoschleife Waldauenweg,** die knapp 6 km lang ist und über die Himmelsleiter führt, eine 256-Stufen-Treppe. Weniger Aufstieg gibt es im Nachbarort beim **Bevergerner Pättken.** Von Kloster Gravenhorst aus kann dem **Nonnenpättken** gefolgt werden. Bei allen Wanderungen nahe Bevergern und Kloster Gravenhorst ist immer wieder mal der Lärm der A 30 zu hören.

Radfahren Die **Mühlenroute** führt auch zur Klostermühle Gravenhorst. Es ist eine Tour für alle, die nicht nur am Kanal entlang radeln wollen. **Radstation** in der Bahnhofstr. 18, ✆ 05452-98383.

Reiten **Riesenbecker Reit- und Fahrtroute** (24 km) mit Anschluss an den Reitweg nach Saerbeck und Surenburg, beides ab Parkhotel Surenburg.

Hof Gehring und Reitanlage Birkenhof, Saerbecker Damm 261, ✆ 05454-7630, landgasthaus-birkenhof.de.

Essen/Übernachten **Gaststätte Feldmann,** Landgasthaus in Hörstel mit ambitioniertem neuen Küchenchef. Mi–Fr ab 17 Uhr, Sa ab 14 Uhr, So ab 11.30 Uhr, Mo/Di Ruhetag. ✆ 05454-7104, gaststaette-feldmann.de. **€€**

mein Tipp **Hotel Sasse,** modernes Haus mit rustikaler Bierstube als Reminiszenz an die Vorzeit und guter Küche in Dreierwalde. Hauptstr. 12, ✆ 05978-236, hotel-sasse.de. €€€

MeinTipp **Hotel Riesenbeck,** frisch renoviertes Haus in Riesenbeck mit interessantem Innendesign und ungewöhnlichem, aber womöglich bald zum Standard werdenden Bar- und Gastrokonzept. Sünte-Rendel-Str. 5, ✆ 05454-3969895, hotel-riesenbeck.de. €€€

MeinTipp **Hotel zur Post,** Hotellerie in Riesenbeck, die in jeder Hinsicht auf der Höhe der Zeit ist. Kleiner Wellnessbereich, dazu sehr gutes Restaurant und Bar. Hospitalstr. 2, ✆ 05 454-9330433, hotelzurpost-riesenbeck.de. €€€

Parkhotel Surenburg, Vier-Sterne-Haus mit großem Spa-Bereich in ruhiger Lage. Im Restaurant sind Fine Dining und der Genuss regionaler Spezialitäten möglich. Surenburg 13, ✆ 05 454-93380, parkhotel-surenburg.net. €€€€

Hotel Saltenhof, frisch renoviertes Haus in Bevergern mit Garten und kleinem Wellnessbereich. Kreimershoek 71, ✆ 05459-805000, saltenhof.com. €€€

Hotel Xtra Gleis, der aus dem 19. Jh. stammende Bahnhof wurde zu einem schmucken Hotel umgebaut. Im Restaurant trifft die Küche des Münsterlandes auf die fränkische Küche. Das Schäufele schmeckt auch im Tecklenburger Land. Bahnhofstr. 52, ✆ 05459-80490, xtragleis.de. €€

Wandern auf Nonnenspuren

Die Eisdiele, klein, aber fein in Riesenbeck mit schönem Freisitz. Mo–Mi 13.30–20 Uhr, Sa 13–20 Uhr, So 12–20 Uhr, Do Ruhetag, Heinrich-Niemeyer-Str. 32, ✆ 05454-9058889. €

Camping **Hertha-See,** Teil der Erholungsanlage mit Naturbadesee und Indoor-Spielhalle. Herthaseestr. 70, ✆ 05459-1008, hertha-see.de.

Tecklenburger Land → Karte S. 242

Mettingen

12.000 Einwohner

Die Gemeinde ist einer von drei Orten, aus denen sich „Tüötten" (Tuchhändler, auch „Tüödden" oder „Tödden") auf den Weg durch Teile Europas machten. Typische Fachwerk- und Sandsteinbauten zeigen, wo sie einst ihr Zuhause hatten. Mit der Industrialisierung wurde Mettingen zudem Bergbaugemeinde.

Der Teutoburger Wald endet in seinem Westen mit zwei Hügelrücken, zwischen denen die Stadt Ibbenbüren liegt. Mettingen befindet sich an der Nordseite des von Süden aus gesehen zweiten Rückens und ermöglicht zusammen mit allen Ortsteilen von Hörstel sowie dem Recker Ortsteil Steinbeck viele schöne Aussichten ins Emsland, die norddeutsche Tiefebene und die Westausläufer des Wiehengebirges. Es lohnt, die ländliche Szenerie auf sich wirken zu lassen und zu überlegen, warum gerade hier die Geschichte von zwei Unternehmen begann, die heute (fast) jeder kennt: C&A und Coppenrath & Wiese (→ Kasten, S. 261). Mit der Draiflessen Collection gibt es zudem ein sehenswertes Kunstmuseum samt Bibliothek.

Geschichte

Mettingen wird erstmals 1088 in Dokumenten des Bistums Osnabrück urkundlich erwähnt. Die Lage an der Grenze zu Hannover führte immer wieder zu religiösen Konflikten. Von 1551 bis 1702 lag Mettingen im Einflussgebiet der Oranier. Dies änderte sich erst, als die Grafschaft Lingen als Erbe der Oranier 1707 an Friedrich I. von Preußen ging. Preußisch blieb Mettingen, abgesehen vom kurzen napoleonischen Intermezzo, bis zur Weimarer Republik und war stets Teil des Kreises Tecklenburg. Die Oranier und später die Preußen schützten die Protestanten in Mettingen, Recke, Ibbenbüren und dem heutigen Tecklenburger Ortsteil Brochterbeck, damit sie ihren Glauben leben konnten. Im Gegensatz zu anderen Orten im Tecklenburger Land dominiert in diesen Orten die katholische Bevölkerung. Mit dem Dreißigjährigen Krieg entstand der Tüöttenhandel, ein von den heutigen Niederlanden bis ins Baltikum existierendes Handelssystem, an dem sich Männer aus Mettingen, Recke und Hopsten durch den Handel mit Tuch beteiligten, später auch mit Metallwaren. Mit dem Ende der Kontinentalsperre im Jahr 1813 endete die Zeit des Tüöttenhandels, und nicht allen Familien gelang es, andere Geschäfte an seine Stelle treten zu lassen. Unter den Auswanderern nach Übersee und den Arbeitsmigranten in die gerade entstehenden Industriereviere in Westfalen und Niedersachsen waren viele Familien aus den drei Dörfern. Erst der industrialisierte Bergbau sorgte für eine Wende.

Anschauen und unternehmen

Evangelische Kirche: Sie ist die ursprüngliche Dorfkirche des Ortes, hat in ihrer Geschichte unmittelbar nach der Reformation eine Vielzahl von Konfessionswechseln erlebt und ist erst seit 1674 ununterbrochen die evangelische Kirche. Bis auf das 1830 errichtete Südportal und den Putz sowie dessen teilweise Bemalung ist das im Spätmittelalter entstandene Gebäude unverändert. Bei Renovierungsarbeiten wurden Fresken freigelegt. Durch zu häufige Übermalungen waren nur einige zu retten. Das Inventar der Kirche stammt aus verschiedenen Epochen.

- Westerkappelner Str. 1

St.-Agatha-Kirche: Von 1891 bis 1894 wurde das Gotteshaus nach Plänen des im Münsterland für viele Kirchenbau-

Die Draiflessen Collection nutzt eine ehemalige Produktionshalle im Sheddach-Stil

ten verantwortlichen Architekten Wilhelm Rincklakeerbaut. Er griff den Übergang von romanischen zu gotischen Elementen auf und schuf so eine Verbindung zum historischen Inventar aus den Vorgängerbauten. Der Michaelisbrunnen erinnert an die abgerissene Vorgängerkirche.

▪ Kardinal-von-Galen Str. 1

Draiflessen Collection: Das im Jahr 2009 eröffnete Kunstmuseum wurde auf private Initiative der Unternehmerfamilie Brenninkmeijer (→ Kasten) gegründet. Der Komplex besteht aus einem Neubau sowie einer ehemaligen Produktionshalle in Sheddach-Bauweise, dem Herrenhaus der Familie sowie einem Veranstaltungssaal und einem großzügigen Park. Der Museumsname ist aus der Sprache der Tüöttenhändler abgeleitet: *flessen* heißt „Flachs" bzw. „Leinen", *drai* steht für „Dreifaltigkeit" und soll Ausdruck sein für die tiefe Verwurzelung der Familie im katholischen Glauben. Zu sehen sind Ausstellungen zu gesellschaftlich relevanten oder religiösen Themen, die aus künstlerischer und wissenschaftlicher Perspektive beleuchtet werden, dazu immer auch etwas zu den Mettinger Tüöttenhändlern, zur Firmengeschichte von C&A und zur Geschichte der Mode. Die Bücher- und Grafiksammlung im Haus ist eine der bedeutendsten Spezialbibliotheken Europas.

▪ Mi–So 11–17 Uhr (1. Do im Monat bis 21 Uhr) sowie an ausgewählten Feiertagen, Mo/Di

Mit Tuchwaren und Torten zu Millionen

Die Vorfahren von Clemens und August Brenninkmeyer zogen Ende des 18. Jh. von Mettingen aus als fliegende Händler (Tuötten) mit ihren Tuchwaren los, um den Lebensunterhalt ihrer Familien zu sichern. Geworden ist daraus das Textilunternehmen C&A. Und obwohl die Brenninkmeijers nun längst in aller Welt leben und in der Öffentlichkeit als niederländische Familie bezeichnet werden, daher die veränderte Schreibung, hat die Familie immer noch Immobilienbesitz im Ort und stiftete ein Kunstmuseum. Das „Tüottenmuseum" Mettingen würdigt umfassend die Familiengeschichte. Der Brenninckhof im Ortsteil Wiehe wurde 2006 aufwendig renoviert und ist Teil des Heimatmuseums.

Josef Wiese hielt Mettingen hingegen die Treue. Nach dem frühen Tod des Vaters war klar, dass er die elterliche Bäckerei schnellstmöglich übernehmen musste. Mit 20 wurde er der neue Chef, absolvierte nach Feierabend die Meisterschule. Voller Tatendrang und neuer Ideen gründete er 1968 eine Frischkuchenfabrik, verkaufte sie aber rasch an eine britische Firma. Denn zusammen mit seinem Vetter Aloys Coppenrath tüftelte er längst an der Idee, mit der Produktion gefrorener Sahnetorten eine Marktnische zu besetzen. Am Ende fand er einen Weg, Sahne so zu schlagen, dass sie auch eingefroren werden konnte. Coppenrath & Wiese eroberte deutsche Kaffeetafeln. Die Produktionsstätte wurde zwar im benachbarten Westerkappeln errichtet, doch Josef Wiese lebte bis zu seinem Tod 2009 in Mettingen und war der Gemeinde als Förderer und Mäzen sehr verbunden.

Tecklenburger Land → Karte S. 242

geschlossen. Eintritt 9 €, erm. 6 €, Kinder und Jugendliche frei. Das Museum liegt 10 Minuten Fußweg vom Ortskern entfernt. Georgstr. 18, ✆ 05452-91683500, draiflessen.com.

Tüöttenmuseum: Nahe dem Hotel Telsemeyer erinnert seit 1962 der Heimatverein an die Tüöttenzeit. In drei Fachwerkhäusern, eines davon ein Nachbau des Heuerhauses des Brenninckhofs, ist eine umfangreiche Sammlung zu sehen, die mit Franz Brenninkmeyer 1969 ein Nachfahre der Gründerfamilie konzipierte. Neben der Erinnerung an die Tüötten wird auch der Wandel zum Textilhandel heutiger Zeit thematisiert sowie die Ortsgeschichte. Dafür steht die aus einem Tüötten, einem Bergmann und einer Bäuerin bestehende Skulpturengruppe vor dem Haus.

▪ Di–So 11–20 Uhr, Mo geschlossen. Eintritt frei. Clemensstr. 2, ✆ 05452-5213, heimatverein-mettingen.de.

Schultenhof: Hier ist zu sehen, was ein ehemaliger Mettinger Schulleiter über die Geschichte von kleineren Schulen auf dem Lande und ein ehemaliger Postbeamter an Sammlerstücken aus dem Postwesen sowie der Postgeschichte zusammengetragen haben. Darunter ist auch die erste Briefmarke der Welt, eine One Black Penny der Royal Mail, die ab Mai 1840 in Verwendung war.

▪ Sa/So 16–18 Uhr. Eintritt frei. Burgstr. 9, ✆ 05452-5213.

Nordschacht: Da das Gelände von Bäumen umringt ist, ist der über dem Ort liegende Förderturm des in der Nachkriegszeit errichteten zweiten Abbaugebiets des Bergwerks Ibbenbüren nur von einigen Straßen und Wegen aus zu sehen. Seit 2018 wartet das Gelände nach dem Ende des Bergbaus auf eine mögliche Nachnutzung. Nicht weit entfernt befindet sich das Heimathaus. Es steht auf dem Gelände des Hofes „to Wede", dem Stammhof der Familie Brenninkmeyer, und ist heute Veranstaltungsort.

Recker und Mettinger Moor: Das EU-Schutzgebiet ist knapp 430 ha groß und eines der besterhaltenen Moorgebiete in Nordrhein-Westfalen. 50 km² groß war das Vinter Moor, so die historische Bezeichnung, vor etwa 5.000 Jahren und um 1970 fast vollständig

Sonnenuntergänge in den Mooren im Tecklenburger Land sind spektakulär

verschwunden. Teile wurden 1971 und 1986 unter Naturschutz gestellt. Auf einem Rundweg mit zwei Aussichtstürmen können Besucher das wieder zum Leben erweckte Moor kennenlernen.

Praktische Infos

Information **Tourist-Information Mettingen,** Clemensstr. 2, ✆05452-5213, mettingen-tourismus.de.

Verbindungen Buslinien nach Osnabrück, Ibbenbüren und Recke, Bürgerbus im Ort. Die Reaktivierung der Tecklenburger Nordbahn nach Recke und Osnabrück wird frühestens 2026 erfolgen.

Stadtführungen Ein Dutzend Führungen können über die Tourist-Info gebucht werden, auch spezielle Angebote für Kinder und die „Süße Tour" für die Tortenfans.

Markt Donnerstag am Nachmittag.

Einkaufen In der Region ist man der Meinung, die besten Pumpernickel, den besten Korn und die besten Kartoffelpfannkuchen herzustellen. In der Weihnachtszeit werden „Klaushähnchen" angeboten: mit Anis versehener und Zucker bestreuter Hefekuchenteig, der in die Form eines Hähnchens gebracht wird – warum auch immer.

Marias Hoflädchen, Mi 9–12 Uhr, Do/Fr 9–12 und 15–18 Uhr, Sa 8–12 Uhr. Neuenkirchener Str. 204, ✆05452-4283.

Schwimmen **Hallenbad Mettingen,** Bahnhofstr. 18, ✆05452-98377, und **Freibad Mettingen,** Neuenkirchener Str. 69, ✆05452-98388.

Wandern Sieben Ortswege stehen zur Auswahl sowie das gut beschilderte **Teutoschleifchen Köllbachtal,** Start ab der kath. Kirche und dort bergan über die Kardinal-von-Galen-Straße.

Radfahren Vier Kleeblatttouren, die durch das Tecklenburger Land gehen, führen durch Mettingen (27 bis 39 km). Die 122 km lange Runde des **Töddenland-Radwegs** startet in Ibbenbüren, was aber dem Bahnanschluss geschuldet ist.

Ballonfahren Starts von April bis Ende September, 150 €/Pers. Terminabsprachen nur telefonisch unter ✆05452-935493 bzw. ✆0151-11851867. Informationen unter ballonteam-mettingen.de.

Essen/Übernachten **Montecelli,** schöne Osteria-Atmosphäre mitten im Tecklenburger Land, ideal, wenn es dann doch mal nicht die Regionalküche sein soll. Di–Sa 17.30–22 Uhr, So 12–14 Uhr u. 17.30–21 Uhr, Mo Ruhetag. Muckhorster Weg 8, ✆05452-2915, pizzeria-montecelli.de. **€€**

Hotel Bergeshöhe, mittelgroßes Haus im klassischen Stil der Region mit einem Restaurant, das eine umfangreiche Wildkarte bereithält. Ibbenbürener Str. 78, ✆05452-3936, hotel-bergeshoehe.de. **€€€**

Haus Telsemeyer, Hotel mit gutem Restaurant (So am Abend sowie Mo/Di Ruhetag) mitten im Ortskern; 2024 Betreiberwechsel. Sunderstr. 2, ✆05452-9110, hotel-telsemeyer.de. **€€**

Camping Zur schönen Aussicht, idyllisch gelegener Campingplatz mit Schwimmbad. Schwarze Str. 73, ✆05452-606, camping-schoene-aussicht.de.

Tecklenburger Land → Karte S. 242

Recke/Hopsten

12.000 Einwohner / 8.000 Einwohner

Recke und Hopsten sind die weiteren Tüöttendörfer, die später ebenfalls zu Bergbaugemeinden wurden. Hopsten, das mit einer Figur im Ortskern daran erinnert, ist durch seine Lage an der Landesgrenze das „Tor zu Westfalen."

Moor- und Heidelandschaften laden in Hopsten zum Radeln und Wandern ein. Das Heilige Meer, ein Erdfallsee, ist ein sehenswertes Naturphänomen in Recke. Im Recker Ortsteil Steinbeck begann die Bergbaugeschichte der Region, Fachwerkidylle bieten beide Orte.

Anschauen und unternehmen

Kirche St. Georg (Hopsten): Gotische Hallenkirche trifft Barock. Das 1550 errichtete Gotteshaus wurde in den folgenden zwei Jahrhunderten mehrfach erweitert und verändert, zuletzt unter

Beteiligung von Johann Conrad Schlaun. Die barocke Einrichtung verschwand 1955 komplett aus der Kirche, wurde wenige Jahre später aber wieder eingebaut. Der Wandanstrich blieb allerdings weiß, sodass der barocke Hochaltar mit dem Auge Gottes die Hauptverbindung zu gotischen Stilelementen darstellt. Berühmtester Pfarrer von St. Georg war Wilhelm Emmanuel von Ketteler (1811–1877), der 1848/49 Mitglied der Nationalversammlung in der Frankfurter Paulskirche war und 1850 zum Bischof von Mainz ernannt wurde. Seine Alltagsbeobachtungen in Hopsten trugen ihren Teil dazu bei, dass er zu einem der prominentesten Vertreter der katholischen Soziallehre in der zweiten Hälfte des 19. Jh. wurde.

▪ Marktstr. 4

Haus Nyland: Mit Haus Nyland, der früheren Poggenburg, ist ein Tüöttenhaus komplett erhalten geblieben. Es war 1912 Gründungsort des Künstlerbunds Werkleute. Das Gebäude kann auf Vermittlung der Tourist-Info in Teilen besichtigt werden.

Wallfahrtskapelle St. Anna: 1677 war beim Fällen einer Eiche ein figurähnliches Gebilde übrig geblieben und wurde zur Dekoration einer Bauerndiele. Als dann bei einer Feier ein Mann das Stück Holz nahm, kam es zu Blitz und Donner, und man war sich einig, dass das Stück Holz wie eine Darstellung der Mutter Anna aussah, die ihre Tochter Maria hielt und die wiederum Jesus. Als zwei Hopstener Bauernsöhne aus Seenot gerettet wurden, errichteten sie eine Segensstation zur Verehrung der Mutter Anna, 1728 wurde daraus die heutige Kapelle. 1972 folgte der Wallfahrtsplatz, 1986 kamen Kreuzweg und Biotop hinzu. Die Wallfahrtswoche beginnt am Sonntag nach dem 15. August.

▪ Hörsteler Str. 6

Dorfkern Schale: Mehrfach errang Schale für die Gestaltung des Ortskerns rund um die evangelische Kirche, einst Kirche eines Zisterzienserklosters, beim Wettbewerb „Unser Dorf soll schöner werden" vordere Plätze. Einen meditativen Spaziergang ermöglicht der am Wildgehege beginnende Zitateweg (2,5 km). Im Gasthaus zur Post haben einst Friedrich der Große und Napoleon genächtigt, Letzterer weil sein Pferd erkrankte und verendete.

Koffituten: Drei Naturschutzgebiete umrahmen Schale. Eines davon, Koffituten genannt, hat einen etwa 0,5 ha großen Hochmoorkern und ist nach Einleitung seiner Regeneration 1991 eines der letzten noch lebenden Hochmoore Nordrhein-Westfalens. Viele vom Aussterben bedrohte Tier- und Pflanzenarten sind hier heimisch. 13 km lang ist der nahe dem Gasthaus startende Naturlehrpfad, der erwandert oder erradelt werden kann.

Halverde: Im Ortsteil von Hopsten steht mit der Öl- und Kornmühle Overmeyer eine der letzten erhaltenen Doppelwassermühlen Westfalens. Halverde ist außerdem der Geburtsort der 2001 seliggesprochenen Schwester Maria Euthymia. Ihr ist eine Gedenkstätte in der Kirche St. Peter-und-Paul gewidmet, in der in der Weihnachtszeit eine über drei Ebenen gehende Krippenlandschaft präsentiert wird. Zwischen der Kirche und ihrem Elternhaus wurde der Euthymia-Gedenkweg eingerichtet. Verehrung findet die „Volksheilige des Münsterlandes" außerdem im Euthymia-Zentrum am Mutterhaus der Clemensschwestern in Münster (clemens schwestern.de/euthymia).

Dionysios-Kirchen Recke: Die Religionsgeschichte hat dazu geführt, dass es im Ort gleich drei Kirchen mit diesem Namen gibt. Die erste wurde während der Reformation die evangelische Kirche. Sie ist eine der bedeutendsten romanischen Kirchen des Tecklenburger Landes, Anfang des 12. Jh. errichtet und danach mehrfach erweitert. Die zweite war der Ersatzbau der Katholiken, heute ein Jugendheim. Die dritte, die heutige katholische Pfarrkirche, ist ein wuchtiger Bau aus lokalem Sandstein mit einem Streifen aus rotem Wesersandstein. Der Rokoko-Hochaltar mit dem Auge Gottes setzt einen interessanten Kontrapunkt. Das interessanteste der drei Gebäude ist die Saalkirche aus Bruchstein, in der heute die evangelische Kirchengemeinde Gottesdienst hält.

Hopstener Str. 3 (Jugendheim), Vogteistr. 10 (kath. Kirche) und Wieboldstr. 5 (ev. Kirche).

Schwefelbad: 1823 wurde die einzige staatlich anerkannte Heilquelle im Münsterland vor den Toren von Recke entdeckt. Das privat betriebene Bad strahlt eine schlichte Eleganz aus, die etwas für alle ist, die große Wellness-Anlagen nicht so mögen.

Schwimmen inkl. Sauna Erw. 21 €, bis 16. J. 13 €, So nur für Gäste ab 16 J., Do nur Damensauna, dazu wechselnde Öffnungszeiten, weshalb auf die Homepage verwiesen sei. Bad 40, ✆ 05453-8155, schwefelbad-steinbeck.de.

Steinbecker Stollen: Südlich des Ortskerns liegt im Buchholzer Forst der Steinbecker Stollen, der den Bergbauhistorikern wichtige Hinweise auf den Bergbau im Ibbenbürener Revier lieferte. Denn bereits 1650 kartierten die Experten der Oranier die Dinge nahezu in Perfektion und etablierten den Stollenbergbau. Der Bergbaulehrpfad informiert über die Geschichte der Kohleförderung in der Region. Ein Aussichtsturm ermöglicht Richtung Norden den Blick in die abwechslungsreiche Landschaft. In alle anderen Himmelsrichtungen sind inzwischen die Bäume zu hoch gewachsen. Das Teutoschleifchen „Steinbecker Runde" ist ein hervorragender Weg, um Natur und Industriegeschichte näherzukommen. Zudem lohnt im Sommer am Sonntagnachmittag ein kurzer Abstecher ins Korbmuseum in der Alten Ruthemühle (Steinbecker Str. 70) und eine Einkehr an der Marina Recke.

Die erste Recker Dionysios-Kirche

Heiliges Meer: Der größte natürliche See Westfalens ist ein Paradies für Tiere und Pflanzen und bietet zusammen mit den Heidegebieten und benachbarten Gewässern ein einzigartiges Landschaftserlebnis. Das Heilige Meer bilden Erdfallseen. Ihren Ursprung verdanken sie einer tektonischen Störung: In etwa 100 m Tiefe bricht als Folge von Auswaschungen salzhaltiges Gestein ein und lässt Hohlräume entstehen. Diese Erdfälle füllen sich dann mit Wasser. Die Legende ist blumiger: Sie erzählt von einem einst hier existierenden Kloster, dessen Mönche so sehr gegen die Gebote verstoßen hätten, dass Gott das Kloster zur Strafe im Wasser versinken ließ – noch heute könne man nachts die Glocken der versunkenen Klosterkirche läuten hören. Das Infozentrum ist leider nicht täglich geöffnet. Es bleibt ein extrem laut abgespielter Film in Endlosschleife.

Ibbenbürener Str. 32 und Außenstelle des Museums für Naturkunde in Münster, Bergstr. 1, ✆ 05453-99660, biologische-station-steinfurt.de und lwl.org.

Tecklenburger Land → Karte S. 242

Von dichtem Wald umschlossen, das legendenumwobene Heilige Meer

Praktische Infos

Information **Tourist-Information Hopsten,** Bunte Str. 35, ✆ 05458-93250, hopsten.de. **Tourist-Information Recke,** Hauptstr. 28, ✆ 05453-91012, recke.de.

Verbindungen Busse nach Rheine, Mettingen und Ibbenbüren. Bahnverbindung von Recke über Mettingen nach Osnabrück frühestens ab 2026. Die Marina Recke ermöglicht auch die Anreise mit dem Boot. ✆ 05453-9668322, marina-recke.com.

Stadtführungen Sechs verschiedene Angebote können über die Tourist-Info Hopsten gebucht werden. In Recke können u. a. Führungen im Heimatmuseum Alte Ruthemühle (Steinbecker Str. 40) gebucht werden.

Markt Donnerstagvormittag in Recke.

Einkaufen **Dorfladen mit Café** in Schale. Das soziale Projekt des Kreises Steinfurt können Einheimische und Gäste durch den Kauf von Backwaren und lokalen Produkten unterstützen. Bodelschwingstr. 3.

Schwimmen **Hallenbad Recke,** Brookweg 11, ✆ 05453-932084; **Waldfreibad Recke,** Auf der Haar, ✆ 05453-8717, baeder-recke.de.

Wandern Die Gemeinde Hopsten hat ein eigenes Wegenetz ausgeschildert. Die neun Touren haben eine Länge von 12 bis 35 km. Die **Teutoschleife Heiliges Meer** ist allen zu empfehlen, die verschiedene Naturräume auf engem Raum in den Blick nehmen wollen. Sehr abwechslungsreich ist das **Teutoschleifchen Steinbecker Runde.**

Radfahren Zehn Radtouren von 19 bis 81 km Länge, die z. T. bis nach Niedersachsen führen, bietet die Tourist-Info Recke an.

Swinggolf **Töddengolf Hopsten,** Recker Str. 21, ✆ 04954-5898337, hotel-zhf.de.

Essen **Kerssen-Brons,** griechische Küche in Fachwerk-Ambiente, Biergarten. Di–Sa 17–22.30 Uhr, So 11.30–14 Uhr u. 17–21.30 Uhr, Mo Ruhetag. Marktplatz 1, Hopsten, ✆ 05458-9332199, kerssen-brons.de. €€

mein Tipp **Café Dorfladen Schale,** nach der Wanderung durch die Koffituten kann ein nachahmenswertes Projekt des Kreises Steinfurt unterstützt werden. Mo–Fr 5.45–18 Uhr; Sa 7–13, So 8–11 und 14–17 Uhr. Bodelschwinghstraße 3a, ✆ 05457-5219188, dorfladen-schale.de. €

mein Tipp **Landhaus Bad Steinbeck,** schön gestaltetes Restaurant mit Gartenterrasse, wechselnden Menüs, interessanter Crossover-Küche (auch Wildgerichte). Mi–So 17–23 Uhr, Mo/Di Ruhetag. Bad 14, Steinbeck, ✆ 05453-8280, restaurant-bad-steinbeck.de. €€€

Übernachten **Altes Gasthaus Greve,** traditionell eingerichtetes Haus mit großem Garten in der Ortsmitte von Recke. Markt 1, ✆ 05453-3090, hotel-greve.de. €€

Ibbenbüren

52.000 Einwohner

Zwischen zwei Höhenzügen des Teutoburger Waldes gelegen, lädt Ibbenbüren auf der einen Seite zu vielfältigen Aktivitäten ein, auf der anderen Seite zum Blick auf die Industriegeschichte der Region.

Auch wenn der Steinkohlenbergbau im heutigen Recker Ortsteil Steinbeck begann, ist es Ibbenbüren, das wie kein anderer Ort der Region für Kohleförderung und Schwerindustrie steht. Erst im August 2018 wurde das Steinkohlebergwerk geschlossen und abseits des historischen Stadtkerns lassen sich viele Bezüge zu anderen vom Bergbau geprägten Regionen herstellen. Einige Wohnquartiere finden sich so auch im Saarland. Beeindruckend ist in der Stadt die vielschichtige Kirchenarchitektur.

Geschichte

Erstmals urkundlich erwähnt wurde die Stadt im Jahr 1146, als Philipp von Katzenelnbogen, damals Bischof von Osnabrück, dem Osnabrücker Gertrudenkloster einen Teil der Steuereinnahmen aus „Hibbenburen" schenkte. Die Stadtrechte erhielt Ibbenbüren aber erst 1724, als es bereits preußisch war (seit 1702). Zuvor hatte es wechselnde Herrscher gegeben, darunter die Edelherren von Ibbenbüren, zweimal die Grafen von Tecklenburg, die Habsburger und nach dem Westfälischen Frieden die Oranier. Trotz dieses Wechselspiels der Mächte und der damit verbundenen Kriege blieb die Stadt von Zerstörungen und Plünderungen verschont.

Ibbenbüren wurde stark vom Steinkohlenbergbau geprägt, der im Norden der Stadt bzw. in den Gemeinden nördlich der Stadt bereits in der zweiten Hälfte des 16. Jh. begann. Deshalb erhielt das gesamte Gebiet den Namen Ibbenbürener Revier. Im 17. Jh. erfolgte auch Eisenerzabbau. Erst 2018 endete die Bergbaugeschichte mit der Schließung des Bergwerks Ibbenbüren.

Anschauen und unternehmen

Altstadt: Fachwerk und Sandstein im steten Wechsel machen die Altstadt mit ihren bis zu 900 Jahre alten Gebäuden aus. Dass an mancher Stelle schmucklose Neubauten historische Gebäude ersetzt haben, trübt die Sache nicht so sehr wie in manch anderer Stadt der Region.

Christuskirche: Am Platz dieses Gotteshauses stand bereits in vorromanischer Zeit eine Kirche. Zwischen 1523 und 1535 folgte der heutige Kirchbau als spätgotische Hallenkirche. Sie wurde immer wieder baulich verändert, sodass sich bei Baukörper und Inventar verschiedene Epochen und Stile mischen. 1674 mussten die Katholiken

Vielfältige Fassaden in der Innenstadt

Tecklenburger Land → Karte S. 242

ihre Kirche, die heutige Christuskirche, der evangelischen Gemeinde überlassen. Mit Wirkung vom 6. März 1675 verboten die Oranier als Landesherrn, katholische Gottesdienste zu feiern.

▪ Kanalstr. 11a

St.-Mauritius-Kirche: Als Folge des Dreißigjährigen Krieges war die ursprüngliche Mauritius-Kirche zur evangelischen Christuskirche geworden. Doch erst 1831 verfügte die Gemeinde über die Mittel, einen aufwendigeren Kirchbau zu finanzieren. Zuvor war St. Mauritius eine Holzkirche. Das klassizistische Gebäude mit seiner an sich schlichten Formensprache verfügt in seinem Inneren mit der „Himmelfahrt Christi" über eines der größten Deckengemälde Deutschlands (20 x 10 m) und eine monumentale Säulenhalle.

▪ An der Mauritiuskirche

St.-Marien-Kirche: Dank erheblicher Eigenleistung der Gemeindemitglieder konnte trotz der Folgen der Weltwirtschaftskrise 1928 diese Kirche geweiht werden. Sie zählt zu den wenigen Gotteshäusern im Münsterland, bei denen umfassend auf Elemente des Jugendstils zurückgegriffen wurde.

▪ Uffeln Mitte 1

St.-Michael-Kirche: Eng verknüpft mit der Zuwanderung von Heimatvertriebenen, der Expansion des Bergbaus und dem Wirtschaftswunder sind die etwa zehn Jahre nach Kriegsende in Bergbaustädten bzw. in unmittelbarer Nähe von Zechen entstandenen Kirchbauten. Sie zeichnen sich durch eine enorme Wuchtigkeit sowie Bezüge der Kirchenausstattung zum Bergbau aus. Das gilt auch für St. Michael: 1954 erbaut und 1966/67 erweitert, erhielt die Kirche 1982 Bronzetüren, die an ein Grubenunglück im Bergwerk am 26. August 1981 erinnern, bei dem acht Kumpel starben. Ein interessanter Kontrapunkt ist die in dieser Zeit gängige Praxis beim Bau evangelischer Kirchen, zu sehen besonders bei der Lukas- und Matthäuskirche.

▪ An der Michaelkirche 8

Der rote Punkt: Der Maler Rupprecht Geiger (München) schuf 1971 an der Chorwand der St.-Ludwig-Kirche (1950-52) zunächst eine Kreisfläche in einem warmen Rotton („Gerundetes Rot"). 1996 erneuerte er sie in fluoreszierendem Pink. Die riesige, monumentale Farbfläche schafft für Betrachter einen geheimnisvollen Bildraum. Das Chorfenster lässt reines Tageslicht auf den Punkt fallen. Plexiglas, Edelstahl und eher in einem Schwimmbad oder einem OP gewohnte Fliesen im Altarraum korrespondieren auf interessante Weise mit dem Punkt und dem restlichen Inventar. Konditionsstarke können die Kirche vom Hermannsweg aus erwandern.

▪ Groner Allee 63

Stadtmuseum: Das Bergbaumuseum erinnerte einige Jahre an 500 Jahre Bergbautradition. Mit der Corona-Pandemie fiel der Entschluss zur Schließung. Inzwischen ist das nicht nur die Steinkohle berücksichtigende Museum der Bodenschätze projektiert und Fördergelder beantragt. Die Erinnerungskultur in Sachen Bergbau in Ibbenbüren muss bis dahin das Stadtmuseum in der Villa Többen zusammen mit den Bergbaurouten sicherstellen (Flyer über die Tourist-Info).

▪ So 15–18 Uhr, Sondertermine für Gruppen. Eintritt frei. Breite Str. 9, ✆ 05451-5047795, stadtmuseum-ibbenbueren.de.

Motorradmuseum: Es werden ausschließlich fahrbereite Fahrzeuge im Originalzustand präsentiert. Das Spektrum reicht vom 1882 hergestellten Hochrad bis zum schwersten Motorrad deutscher Fertigung, der Münch Mammut 1200 TTS.

▪ Apr.–Okt. Sa 14–18 Uhr und So 10–18 Uhr, Gruppen nach Absprache. Eintritt 4 €, erm. 2 €. Markweg 26, ✆ 05451-6454, motorrad-museum-ibbenbueren.de.

Dörenther Klippen: Mittelpunkt der knapp 4 km langen Klippen im Süden der Stadt ist das „Hockende Weib", eine Felsformation, die aussieht wie eine Frau mit Kindern auf den Schultern. Der Sage nach musste sie vor einer Flut auf den Berg flüchten und erstarrte dort zu Stein.

Direkt an den Klippen ist seit 1926 die Sommerrodelbahn zu finden, Idee eines Bergmanns. 1958 wurde sie um den Märchenwald sowie weitere Angebote für Kinder ergänzt. Mit seinen nostalgischen Anlagen wirkt der Freizeitpark herrlich aus der Zeit gefallen.

■ Im Sommerhalbjahr tägl. 10–18 Uhr. Eintritt je Rodelfahrt (50 Cent/Pers.) oder Nutzung eines anderen Angebots (Märchenwald 5 €/Pers.). Münsterstr. 265, ✆ 05451-3226, sommerrodelbahn.de.

Das Ibbenbürener Kohlerevier

Ibbenbüren hatte zeitweilig die mit 1545 m europaweit tiefste Steinkohlezeche und förderte Anthrazitkohle. Das Abbaugebiet befand sich hauptsächlich unter der Stadt Ibbenbüren und dem benachbarten Mettingen, wo nach dem Zweiten Weltkrieg der Nordschacht des Bergwerks Ibbenbüren errichtet wurde. Aber auch Hopsten, Hörstel und Recke sind Bergbaugemeinden – auch wenn sie sich heute als ehemalige Tüöttendörfer vermarkten –, ebenso Westerkappeln.

1846 wurde aus zwei Gruben das Bergwerk Ibbenbüren, das bis zur Übertragung an die Preußag 1924 in preußischem Staatsbesitz blieb und ab 1999 Teil der RAG bzw. Deutsche Steinkohle AG wurde. Somit erlebte nur dieses Bergwerk Anfang und Ende des Kohleabbaus in der Region. In der Zwischenzeit gab es im Revier bis zu hundert Kleinzechen. Mit Schälschrapper und Kohlenhobel wurden zwei für den Bergbau überaus bedeutende Maschinen in Ibbenbüren erfunden und weiterentwickelt.

Die im Revier zu findende Anthrazitkohle ist das hochwertigste Kohlegestein, das es auf der Welt gibt. Ein Großteil der abgebauten Steinkohle wurde in dem direkt neben der Zeche angesiedelten Steinkohlekraftwerk verfeuert.

Da die Ibbenbürener sich bereits in den 1990er-Jahren sehr genau mit der Entwicklung des Steinkohlebergbaus im Ruhrgebiet beschäftigt hatten und auch der Niedergang der Textilindustrie im Kreis Steinfurt nicht lange zurücklag, wurden schon vor 20 Jahren Überlegungen zur Gestaltung des Strukturwandels angestellt. Davon profitiert die Stadt heute sehr, denn nach der Zechenschließung ist es nur zu einem sehr moderaten Anstieg der Arbeitslosenzahl bekommen. In der Endphase mussten sogar Kumpel aus dem Saarland und dem Ruhrgebiet quasi als Zeitarbeiter in Ibbenbüren beschäftigt werden, da sich viele Einheimische für den frühzeitigen Wechsel auf einen neuen Arbeitsplatz entschieden hatten. Der Knappenverein Tecklenburger Land erinnert an die Bergbauzeit mit den von ihm gestalteten Bergbaurouten, vier 10 bis 18 km lange Wanderwege.

Tecklenburger Land → Karte S. 242

NaturaGart / Loismanns Garten: Nicht nur die Klippen lohnen die Fahrt nach Dörenthe. Aus der Schaufläche eines Garten- und Landschaftsbauers mit Schwerpunkt Teiche ist ein Ort entstanden, der die Herzen von Tauchern, Pflanzenliebhabern, Teichbauern und Landschaftsgestaltern höherschlagen lässt. Der deutschlandweit einmalige Park ist Heimat des größten Kaltwasseraquariums in Deutschland und Taucherparadies fern der Meere. Störe, die weltgrößten Süßwasserfische, leisten beim Tauchen Gesellschaft. Im Frühjahr verwandeln knapp 300.000 blühende Tulpen, Narzissen und andere Frühlingsblumen den Park in ein buntes Farbenmeer. Direkt hinter dem Gelände liegt der privat angelegte botanische Garten Ibbenbürens. Aus dem Erdaushub für den Dortmund-Ems-Kanal gestaltete ein Landwirt die Anlage, die deshalb Loismanns Garten heißt.

▪ NaturaGart tägl. 9–20 Uhr, Tageskarte Mo–Fr 25 €, Sa/So 35 €; Riesenbecker Str. 63, ✆ 05 451-59340, naturagart.de. Loismanns Garten Mo–Fr 10–17 Uhr, Sa 10–13 uhr, So geschlossen, Eintritt frei.

Hafen Dörenthe: Der Warenumschlag ist nicht überwältigend, aber hier lässt sich das Prozedere mal wirklich aus nächster Nähe verfolgen. In einem alten Speichergebäude hat die freie Kulturszene der Stadt einen Platz gefunden, außerdem in der Ibbenbürener Innenstadt in der Schauburg.

▪ Hafenstr. 14, ✆ 05455-960094, kultur speicher-doerenthe.de. Das Quasi-So-Theater spielt in der Schauburg, Brunnenstr. 6, ✆ 05451-543856, quasiso.de.

Praktische Infos

Information **Tourist-Information Ibbenbüren,** Bachstr. 14, ✆ 05451-5454540, stadt marketing-ibbenbueren.de.

Verbindungen Mindestens stdl. Nahverkehrszüge nach Rheine und Osnabrück, Mo–Sa einmal am Tag IC nach Amsterdam bzw. Berlin (über Hannover). Schnellbus nach Münster, Regionalbusse in alle Nachbarorte, außerdem Stadtbusse.

Stadtführungen Über die Tourist-Info buchbar, alternativ gibt es ein Audio-Guide-Angebot.

Markt Mittwoch und Freitag am Vormittag.

Einkaufen **Holtkamps Deele,** Hofladen (u. a. Wurstwaren aus eigener Herstellung) und Hofcafé. Di–Fr 14.30–20 Uhr, Sa 14–20 Uhr, So 10–20 Uhr. Bocketaler Straße 155, ✆ 05451-88811, holtkamps-deele.de.

Moriss Obstplantagen, Äpfel, Birnen, Fruchtsäfte u. v. m. Mo–Fr 8.30–12.30 Uhr und 14–18 Uhr, Sa 8.30–13 Uhr. Schlickelder Straße 275, ✆ 05451-3874, moriss.de.

Obstbau Dellbrügge, Spargel und diverse Obstsorten sowie regionale Spezialitäten Mo–Fr 9–18 Uhr, Sa/So 9–17 Uhr. Sandweg 9, ✆ 05451-73704, obstbau-dellbruegge.de.

Hof Löbke, Bauernhof mit Hofladen, Gastronomie, Spielpark und kleinem Tierpark. Im Sommer Mo–Sa 7–18 Uhr, So 12.30–17.30 Uhr, im Winter Mittagspause. Alstedder Str. 148, ✆ 05451-5058300, loebke.com.

Schwimmen **Aaseebad,** Hallen- und Freibad, An der Umfluth 99, ✆ 05452-14770, aaseebad-ibbenbueren.de. **Freibad Laggenbeck,** Tecklenburger Str. 11, ✆ 05451-8208, freibad-laggenbeck.de.

Wandern Der **Familienweg zu den Dörenther Klippen** ist ideal für alle, die dort länger verweilen oder zum Freizeitpark weiter wollen (5,5 km). 16 km lang ist der **Rundweg** von den Dörenther Klippen auf den Kamm des Teutoburger Waldes nach Westen bis zum Nassen Dreieck, 9,3 km die **Teutoschleife Dörenther Klippen** und 9 km die in Ibbenbüren-Uffeln startende **Teutoschleife ans Heilige Meer.** Auf 10 km kommt die **Rundtour** über Tecklenburg-Bochterbeck. Wer eine Flachstrecke vorzieht, läuft vom Hafen Dörenthe am Kanal entlang nach Riesenbeck bzw. Bevergern.

Radfahren/Fahrradverleih 19–61 km sind die beschilderten Radtouren lang. Wegbeschreibungen gibt es bei der Tourist-Information. Die **Ibbenbürener Radelrunde** ist ideal für Familien.

Reiten Kleiner Rundkurs des RV Ibbenbüren am Dörenther Berg.

Kanu Kanu-Camp in Uffeln (paddelhelden.de).

Ballon Lautlos mit Gasballons starten Fahrten nahe dem **Hotel Mutter Bahr** in Uffeln. Infos im Hotel (Nordbahnstr. 39, ✆ 05459-80360).

Segeln **Aasee Ibbenbüren,** am Ufer zudem Tretboot-Verleih, ein Beach-Club, eine Skating-Strecke sowie eine Strecke für Dirt Bike.

Klettern Der **Kletterwald** ist in einem alten Buchenwäldchen angelegt und bietet 120 Kletterelemente und verschiedene Parcours von einem bis 14 m Höhe an. Die Seilbahn ist 180 m lang, und aus 14 m ist der Sprung in ein Fangnetz möglich. Ledder Str. 110, ✆ 05407-3469210, kletterwald-ibbenbueren.de.

Swingolf Mi–Fr ab 14 Uhr, Sa/So und Feiertage ab 10 Uhr. Eintritt 10 €, erm. 7 €. Münsterstr. 222, ✆ 05451-941083, swingolf-ibbenbueren.de.

Essen **Ledigs Anna,** kleine, aber feine Karte, direkt in der Innenstadt, auch Frühstücksbuffet. Tägl. 11.30–23.30 Uhr. Unterer Markt 8, ✆ 05451-5417145, ledigs-anna.com. **€€**

meinTipp **Il Gabbiano,** Eis-Diele und Restaurant in einem ehemaligen Kino im Ortsteil Laggenbeck, sehens- und schmeckenswert, in der Eisdiele manchmal Bar Musik live. Eisdiele tägl. 11.30–22 Uhr, Restaurant Mi–Mo 17–23 Uhr, Di Ruhetag, Tecklenburger Str. 14, ✆ 05451-8204, ilgabbiano.de. **€€€**

meinTipp **Almhütte,** die Gastronomie an den Dörenther Klippen ist in positiver Hinsicht ein Fall für sich. Da sollte man einfach mal Station machen. Mi–So 11–18 Uhr, Mo/Di Ruhetag. Dörenther Berg 60, ✆ 05451-16203. **€**

Übernachten **Hotel Hubertushof,** stilvoll eingerichtetes Vier-Sterne-Haus abseits vom Zentrum Richtung Dörenther Klippen. Münsterstr. 222, ✆ 05451-94100, hotelhubertushof.de. **€€€**

Hotel Dickenberg/Gasthof Antrup, das im Nordwesten der Stadt gelegene Hotel im Landhausstil verfügt über ein großes Gartengelände mit Außenpool, dazu noch einen Innenpool und einen Saunabereich. Schmackhafte Küche, nicht nur Regionales im Restaurant. Rheiner Str. 234, ✆ 05451-74463, gasthof-antrup.de. **€€**

Hotel Leugermann, Vier-Sterne-Haus mit mehreren unterschiedlich eingerichteten Gebäudeteilen und Wellnessbereich. Osnabrücker Str. 33, ✆ 05451-9350, hotel-leugermann.de. **€€€**

meinTipp **Hotel Mutter Bahr,** etwas außerhalb in Uffeln gelegenes Hotel mit eigenem Pferdestall. Wer Braun- und Beigetöne liebt, ist hier gut aufgehoben. Nordbahnstr. 39, ✆ 05 459-80360, mutterbahr.de. **€€€**

Camping **Camping Dörenther Klippen,** Münsterstr. 419, ✆ 05451-2553, doerenther-klippen.de. **Camping zum Eichengrund,** Im Brook 2, ✆ 05455-521.

Aasee Ibbenbüren ▲
Kulturspeicher im Hafen Dörenthe ▼
Kanal-Panorama bei Uffeln ▼▼

Ostmünsterland

Pferde bestimmen an vielen Orten im östlichen Münsterland den Takt. Es ist nicht nur wegen des Landgestüts in Warendorf das Paradies für Reiterinnen und Reiter. Aber auch radeln, wandern und golfen lässt sich hier vortrefflich. Hinzu kommen mehrere Museen, die in Sachen Präsentation der Exponate auf der Höhe der Zeit sind.

Im Kreis Warendorf hat sich die Touristische Arbeitsgemeinschaft Parklandschaft Kreis Warendorf gegründet und sich die Förderung des Tourismus in der Region auf die Fahnen geschrieben.

AG Parklandschaft Kreis Warendorf, Waldenburger Str. 2, 48231 Warendorf, ✆ 02581/53-6111, parklandschaft-warendorf.de.

Langes Warten auf Entwicklung

Das östliche Münsterland war noch länger als andere Teile der Region von der Landwirtschaft geprägt. Die Industrialisierung erfasste das Gebiet äußerst spät, mit der Baustoff-Industrie in Beckum und Ennigerloh aber so, dass sie dort bis heute das Ortsbild prägt. Später entstanden viele mittelständische Unternehmen, die heute deutschlandweit bekannt sind. Feuerlöscher aus Wadersloh oder Schlösser aus Telgte sind nur zwei Beispiele.

Parklandschaft komplett

Parallel dazu blieb die Land- und Viehwirtschaft wichtig. In Everswinkel steht eine der größten Molkereien Deutschlands. Mit Gründung des Landgestüts in Warendorf wurden die Pferdezucht und Reiterei wichtig. Spätestens Wunderstute Halla, die ihren Reiter Hans-Günther Winkler 1956 praktisch ohne dessen Zutun zu Olympiagold trug, ist Warendorf auch vielen Menschen bekannt, die mit Reiten wenig am Hut haben. In jedem Ort gibt es Punkte, an denen der Blick in die Parklandschaft mit allen bekannten Elementen genossen werden kann.

Kirchliche Tradition

Der Katholizismus spielt in der Region eine sehr große Rolle. Es gibt mehrere Wallfahrtsorte. Die damit verbundenen religiöse Riten und Mythen sind weiter Teil des lokalen und regionalen Lebens. Besonders beeindruckend sind die Bistumswallfahrt nach Telgte und die Mariä-Himmelfahrt-Prozession am 15. August in Warendorf. Die dann in der Innenstadt aufgebauten Lichtbögen beeindrucken auch nichtreligiöse Menschen.

Lukullische Genüsse

Bier und Schnaps, Pflaumen und Äpfel, Wurst- und Brotspezialitäten. Noch schwerer als anderswo im Münsterland fällt es hier, den Verlockungen von Speis und Trank zu widerstehen. Zu viele Produzenten verstehen sich im Kreis Warendorf exzellent auf Direktvermarktung in Hofläden und oft auch Hofcafés.

Was anschauen?

Warendorf: Eine ausgeprägte Liebe zu Pferden und dem Pferdesport muss nicht vorhanden sein, um gerne in der Kreisstadt zu sein. Der historische Stadtkern mit seinen vielen denkmalgeschützten Gebäuden und den kleinen Museen, die zusammen das Stadtmuseum ergeben, sind mit dem Stift im Ortsteil Freckenhorst einen Stopp wert. **→ S. 274**

Religio Telgte: Ausgerechnet die katholische Kirche schuf im Bistum Münster ein Museum, das nicht nur die Geschichte der Religionen und besonders der drei monotheistischen Weltreligionen, sondern auch Mystik und Spiritualität an sich in beeindruckender Weise präsentiert. **→ S. 308**

Kloster Liesborn: Ganz im Osten des Landkreises befindet sich das Kreismuseum. Wer sich für Sakralkunst interessiert, darf die umfangreiche Kruzifix-Ausstellung, die Teil der Sammlung ist, nicht versäumen. Im Mittelpunkt steht aber das etwa 1000 Jahre alte Liesborner Evangeliar. **→ S. 291**

Was unternehmen?

Wanderspaß in Füchtorf: Direkt an der Landesgrenze zu Niedersachsen führen vom Doppelschloss Harkotten aus Wanderwege durch Naturschutzgebiete, Wirtschaftswälder, Spargel- und Erdbeerfelder sowie an Pferdekoppeln und Weiden vorbei. Doch eine Sache ist noch entscheidender: die Ruhe. Einige Stunden „off", das geht hier mit etwas Proviant im Rucksack vortrefflich. **→ S. 282 und S. 375**

Badespaß in Beckum: Ja, es ist nur ein Baggersee, und wenn man in die falsche Richtung schaut, sieht man das Zementwerk. Doch das Farbenspiel des Wassers und die Sportmöglichkeiten am Tuttenbrocksee machen das mehr als wett. **→ S. 295**

Was mit Kids?

Telgter Emsauen: Die Emsauen im Dreieck Münster-Telgte-Westbevern sowie Richtung Warendorf bieten mit der vielfältigeren Landschaft und Tierwelt (Heckenrinder, Konik-Pferde) noch etwas mehr Natur als die Schutzgebiete bei Greven und Emsdetten. Die Ausschilderung ist perfekt, und spezielle Angebote für Kinder sind bei Führungen auch im Programm. **→ S. 309**

Vier-Jahreszeiten-Park Oelde: Die Pflanzen waren auch interessant bei der Landesgartenschau 2001, aber für alle unter 12 Jahren eher die Spielmöglichkeiten. Nicht zuletzt deshalb ist alles seitdem in weiten Teilen erhalten geblieben, und gegen ein überschaubares Eintrittsgeld kann zu jeder Jahreszeit im Park gespielt, getobt und gelernt werden. **→ S. 286**

Warendorf

37.000 Einwohner

Die Kreisstadt zählt rund um den Globus zu den bekanntesten Orten Deutschlands, wenn eine Affinität zu Pferden und dem Pferdesport besteht. Keimzelle der Warendorfer Pferde(sport)begeisterung ist das 1826 gegründete Landgestüt, das bis heute besteht.

Die Stadt hat es aber schon vor vielen Jahren geschafft, sich auch jenseits des Pferdetourismus zu positionieren. Eine große Hilfe war dabei die umfassend erhaltene historische Bausubstanz in der Innenstadt, eine kluge Idee bei der Planung eines Stadtmuseums und gelungene Naturschutzprojekte unweit des Stadtkerns sowie in der näheren Umgebung.

Geschichte

Warendorf geht auf den uralten sächsischen Oberhof Warantharpa („Das Dorf am Uferdamm“) zurück, der wahrscheinlich schon vor dem 8. Jh. bestand. Zwischen 1197 und 1201 erhielt der Ort Stadtrechte. 1404 und noch einmal 1741 ereigneten sich verheerende Stadtbrände, denen insgesamt nahezu tausend Häuser sowie die „alte Kirche“ (St. Laurentius) und die „neue Kirche“ (St. Marien) zum Opfer fielen. Von 1500 bis 1803 gehörte Warendorf zum Einflussbereich der Fürstbischöfe von Münster. Die daran anschließende Preußenzeit brachte der Stadt 1826 die Einrichtung des Landgestüts, in der Nazi-Zeit wurde sie zur Garnisonsstadt (ab 1937). Die Bundeswehr nutzt das Gelände heute für ihre Sportschule, außerdem ist das Sportmedizinische Institut dort angesiedelt.

Sehr frühzeitig entstand in Warendorf eine nicht nur auf Betrieben einer Branche beruhende mittelständisch geprägte Wirtschaftsstruktur, die den Ort krisenfester machte als andere. Bis heute hat sich daran nichts geändert. Allerdings ist die Stadt mangels Großindustrie nie prominent an den Straßen- und Schienenverkehr angebunden worden. Mangels Umgehungsstraße quält sich der Verkehr durch die Stadt, und eine Bahnfahrt Richtung Warendorf vermittelt noch immer Bummelzugfeeling. Das sorgt seit Jahren für Konflikte.

Anschauen und unternehmen

St.-Laurentius-Kirche: Die Geschichte der ältesten Kirche der Stadt – deswegen auch „alte Kirche“ genannt – geht bis ins späte 8 Jh. zurück, als sie in Form einer einfachen hölzernen Missionskirche errichtet wurde. Der heutige Bau, eine dreischiffige gotische Hallenkirche, entstand im Kern kurz nach dem Stadtbrand von 1404, bei dem der unmittelbare Vorgängerbau (um 1150 fertiggestellt) in Flammen aufgegangen war. Sehr viel jüngeren Datums (1913/14) ist lediglich die Turmgruppe mit dem 61 m hohen Hauptturm. Bedeutendstes Ausstattungsstück von St. Laurentius ist der Warendorfer Altar, ein allerdings nur noch fragmentarisch erhaltener Flügelaltar aus dem frühen 15. Jh. Noch original ist das Mittelteil, bei den Seitenflügeln handelt es sich um Reproduktionen.

■ Kirchstraße

St.-Marien-Kirche: Seit etwa 1200 gab es eine zweite Kirche in Warendorf, im Vergleich zur Gründungskirche St. Laurentius war sie die „neue Kirche“ und wird bisweilen heute noch so genannt. St. Marien wurde beim Stadtbrand von 1741 weitgehend zerstört, lediglich die

Die „Schwarze Madonna“.

Für viele Katholiken aus dem Münsterland ist die St.-Laurentius-Kirche auch Wallfahrtskirche. Objekt der Verehrung ist eine bekleidete Gliederpuppe aus dem 17. Jh., die die Jungfrau Maria mit Kind darstellt. Mitte des 18. Jh. soll ein blindes Mädchen nach Berühren des Gnadenbilds eine wundersame Genesung erfahren haben. Daraufhin setzte ein starker Pilgerstrom ein. Wichtigster Tag des Jahres ist der 15. August, an dem das Hochfest Mariä Himmelfahrt gefeiert wird. Dann findet eine Prozession statt, und am Vorabend wird ein Brauch gepflegt, der einen auch packt, wenn man mit Marienverehrung nichts am Hut hat. Neun sog. Bogengemeinschaften errichten zu dem Fest entlang des Prozessionsweges bunt geschmückte und durch Lampions illuminierte Bögen mit Marienbildern, kurz Bungen genannt.

Ostmünsterland → Karte S. 274

Außenmauern und der Turm blieben damals erhalten. Die nach dem Brand zügig wiederaufgebaute Kirche blieb bis Anfang des 20. Jh. bestehen, dann wurde sie durch den heutigen Bau, eine dreischiffige neuromanische Basilika, ersetzt. Letztes Überbleibsel der alten „neuen Kirche" ist der Turm, dessen spitzer Helm 1927 gegen eine flache Pyramide ausgetauscht wurde. Die auffällige Optik macht ihn zu einem Wahrzeichen der Stadt.

▪ Marienkirchplatz

Marktplatz: Stattliche Bürgerhäuser, deren Architekten unterschiedliche Baustile bevorzugten, säumen den Platz, fast alle stammen aus dem 17. Jh. Sehenswert ist auch das Haus Temme in der angrenzenden Emsstraße. In der östlichen Altstadt stehen hingegen mehrere sehr schöne Fachwerkhäuser. Die Zahl denkmalgeschützter Häuser am Markt und in der Altstadt ist mit über hundert aus sechs Jahrhunderten ungewöhnlich hoch und ein längerer Spaziergang durch den Stadtkern nicht nur für Architekturinteressierte lohnend. An den Fassaden und Giebeln lassen sich immer wieder interessante Entdeckungen machen.

Stadtmuseen / Historisches Rathaus: Stadtbummel und Museumsbesuche lassen sich in Warendorf hervorragend verbinden, denn die Stadt besitzt ein dezentrales Stadtmuseum. Seit vielen Jahren existieren verschiedene Museumsstandorte innerhalb der historischen Altstadt. Das „Gadem Zuckertimpen 4" repräsentiert die Wohnsituation zweier einfacher Arbeiterfamilien in der Zeit um 1925. „Haus Bispinck" und „Klosterstraße 7" bieten einen Einblick in das Lebensumfeld zweier Fabrikantenfamilien. Aufwendig gestaltete Decken, französische Bildtapeten sowie ein Biedermeier-Salon sind dort zu sehen. Das „Torschreiberhaus" am Osttor zeigt den Lebens- und Arbeitsbereich des letzten Warendorfer Torschreibers, der u. a. das für die Nutzung der Verkehrswege fällige Pflaster- und Brückengeld einzog. Ausgangspunkt der Museumstour ist das Historische Rathaus am Markt. Das Gebäude wurde nach dem Stadtbrand 1404 neu errichtet und erst 1970 mit einem neugo-

Der Warendorfer Marktplatz ist einer der schönsten im Münsterland

Das klassizistische Bürgerhaus ist Teil der städtischen Museen

tischen Risalit versehen. Neben dem historischen Ratssaal kann man sich im Rathaus wechselnde Ausstellungen mit zeitgenössischer Kunst oder zu kulturgeschichtlichen Themen aus Stadt und Umland anschauen.

Historisches Rathaus: Di–Fr 15–17 Uhr, Sa/So/Feiertage 14–17 Uhr, Mo geschlossen. Eintritt frei. Markt 1, ☏ 02581-541410. Die anderen Gebäude nur an Sonn- und Feiertagen zwischen 15 und 17 Uhr geöffnet, auch dort ist der Eintritt frei, Spenden erwünscht (warendorf.de).

Westpreußisches Landesmuseum: In einem ehemaligen Franziskanerkloster ist das Museum untergebracht, das der Pflege der Erinnerung vieler Heimatvertriebener dient. Westpreußen sind im Bereich Münster-Warendorf die größte Gruppe, während im südlichen und östlichen Münsterland viele Familien zu finden sind, deren Wurzeln in Schlesien liegen. Das Äquivalent für Ostpreußen und Deutschbalten befindet sich in Lüneburg.

Die ersten Franziskaner kamen 1628 nach Warendorf, um den katholischen Glauben wieder zu festigen. Die Fürstbischöfe Christoph Bernhard von Galen und Ferdinand von Fürstenberg unterstützten die Mönche umfassend, finanzierten Kirch- und Klosterbau. Besonders sehenswert ist das barocke Klosterportal.

Di–So 10–18 Uhr, Mo geschlossen. Eintritt 4 €, erm. 2,50 €, Familienkarte 7 €, Führungen ab 2,50 €. Klosterstr. 21, ☏ 02581-92770, westpreussisches-landesmuseum.de.

Bentheimer Turm: Er ist der letzte von fünf Türmen der ehemaligen Stadtmauer, die um 1300 gebaut wurde. Zu Füßen des runden Wehrturms mit meterdickem Mauerwerk liegt der alte jüdische Friedhof, der allerdings nicht zu besichtigen ist.

Theater am Wall: Als seinerzeit drittes Kino der Stadt wurde das Theater am Wall nach nur dreimonatiger Bauzeit am 9. November 1950 eröffnet. Ende Dezember 1986 wurde der kommerzielle Kinobetrieb eingestellt, für den Gang in die Multiplexwelt gab es keine wirtschaftlich sinnvolle Perspektive. Ein Verein verhinderte den Abriss, und es gelang bis 2004 mehr als nur die Wende, denn Warendorf hatte auf einmal statt des Kinos ein Theater, bei dem sich Tourneeproduktionen und Solokünstler die Klinke in die Hand geben. Der rechtzeitige Erwerb von Karten ist zu empfehlen.

Wilhelmsplatz 9, ☏ 02581-910612, theateramwall.de.

Ostmünsterland → Karte S. 274

Das Nordrhein-Westfälische Landgestüt

Bereits 1826 gründete Preußen auf Wunsch der Pferdezüchter Westfalens und der Rheinprovinz das Landgestüt in Warendorf. Ziel war es, die Zuchtqualität zu erhöhen. Die preußische Regierung nutzte für die Umsetzung der Pläne ab dem Ende des 19. Jh. ein schön gelegenes Areal nördlich der Ems. Nach Ende des Zweiten Weltkriegs ging das Gestüt in den Besitz des Landes Nordrhein-Westfalen über und wurde dem Landwirtschaftsministerium unterstellt. Zudem sind in Warendorf die Deutsche Reiterliche Vereinigung (FN), das Deutsche Olympiade-Komitee für Reiterei (DOKR), das Bundesleistungszentrum Reiterei und die Deutsche Akademie des Pferdes ansässig.

Die denkmalgeschützten Stallungen des Landgestüts sind die Heimat von über 100 Hengsten (Kaltblüter, Warmblüter und Vollblüter). Die Aufgabe des Gestüts ist seit seiner Gründung klar umrissen. Den Pferdezüchtern sollen qualitätsvolle und genetisch interessante Hengste gegen ein Deckgeld zur Verfügung gestellt und so der Zuchtfortschritt gewährleistet werden. 19 Deck- bzw. Besamungsstellen in NRW unterstützen die Arbeit. Längst reisen auch Züchter aus Übersee an.

Ans Gestüt angegliedert ist die Deutsche Reitschule. Sie ist das „Zentrum der Berufsreiterei" und bietet Fortbildungs- und Prüfungslehrgänge für Berufsreiter, Amateure und Turnierfachleute an. Außerdem ist das Landgestüt ein sehr prestigeträchtiger Ausbildungsort für Pferdewirte.

An drei Sonntagen und einem Mittwoch – jeweils Ende September/ Anfang Oktober – lädt das Landgestüt Warendorf zu den Hengstparaden ein. Besonders beliebt ist Mitte August das Open-Air-Festival, bestehend aus der „Symphonie der Hengste", dem Familientag und einem Live-Konzert. Hinzu kommt das Traditionsfahrturnier, das von den Fahrsportfreunden Ostenfelde ausgerichtet wird. Mehr als drei Dutzend Gespanne aus ganz Europa sind dann in Warendorf zu Gast. Führungen können über die Tourist-Information oder das Gestüt vereinbart werden.

Zum 100. Geburtstag des Deutschen Olympiade-Komitees für Reiterei wurde ein „Walk of Fame" errichtet. Ab der Emsstraße Richtung Emsbrücke sind alle Olympiasieger und Goldmedaillengewinner aus den Reitsportarten verewigt. An Wunderstute Halla erinnert eine Skulptur an der Einfahrt zum Gebäude. Kein Pferd darf mehr ihren Namen tragen.

Eine ungewöhnliche Würdigung erhalten Reitsport und Landgestüt seit vielen Jahren durch die Warendorfer Pferdeäppel, von der lokalen Konditor Hülsmann **10** kreierte Pralinen. Die sind so schmackhaft, dass die Sache von Reiterinnen und Reitern mit Humor genommen wurde.

▪ Sassenberger Str. 11, ✆ 02581-63113, landgestuet.nrw.de.

Wibbelt-Ausstellung: Das Münsterländer Platt in Schrift und Ton lebendig halten und erfahrbar machen – dieses Ziel gab der Kreis Warendorf aus, und Museumsdesigner Robert Ward entwickelte für Räume des Kreisarchivs im Kreishaus „Wibbelts Welt". Sie ist außerschulischer Lernort und Anlaufstelle für viele Heimat- und Plattdeutsche Vereine. Augustin Wibbelt(1862–1947) gilt als bedeutendster Mundartdichter des Münsterlandes und lebte im Kreis Warendorf.

Mo–Do 8–17 Uhr, Fr bis 14 Uhr, Sa/So geschlossen. Waldenburger Str. 2, ✆ 02581-531040.

Emssee: Wo früher Ödland und Warendorfs Bleichwiesen lagen, erstreckt sich nun ein rund 1,4 km langer See, der von der Überlaufschwelle der Ems bis zum Lohwall reicht und hier den Altarm des Flusses einbezieht. Angelegt wurde der Emssee, der unmittelbar an die Altstadt grenzt, 1974 aus Gründen des Hochwasserschutzes. Der See ist Teil einer Parklandschaft, die sich zu einem beliebten Naherholungsgebiet der Warendorfer entwickelt hat. Seit 2023 wird eine Umgestaltung und Erweiterung diskutiert.

Stift Freckenhorst: Fast tausend Jahre umfasst die Geschichte des Stiftes zu Freckenhorst, das, als Kloster gegründet, am Ende des 15. Jh. in ein freiweltliches Damenstift umgewandelt und 1811 im Zuge der Säkularisation aufgelöst wurde. Das Ensemble im 1975 eingemeindeten Ortsteil ist der größte erhaltene ehemalige Klosterkomplex in der Region. Die eigentliche Klosteranlage lässt sich im parkartig gestalteten Gelände rund um die Stiftskirche nur noch erahnen, da lediglich Reste des Kreuzgangs an der Südseite der Stiftskirche erhalten sind. Besser erkennbar ist der Stiftsbezirk, also die Gebäude der für den Stift arbeitenden Handwerker und Bauern an der Nord- und Westseite des Geländes. Wer alles etwas weniger wuchtig mag, schaut sich Stift Asbeck in Legden (→ S. 155) an.

Stiftskirche: Die Stiftskirche St. Bonifatius wird von den Einheimischen auch „Bauerndom" genannt. Über die Zeit von etwa 1000 bis 1500 zogen sich die drei großen und einige kleinere Bauabschnitte. Der burghafte, fünftürmige Bau aus unbearbeiteten Bruchsteinen dominiert klar das Ortsbild und gilt als

Stift Freckenhorst

einer der bedeutendsten romanischen Sakralbauten Westfalens, das Taufbecken als besterhaltenes in Deutschland. Als Kirchenstifterin gilt eine gewisse Geva, deren Grabmal in der Krypta zu sehen ist. Bei einer der Inschriften auf der Grabplatte handelt es sich um eines der ältesten bekannten Zeugnisse der niederdeutschen Sprache, kurioserweise hat sich in ihr der Bildhauer verewigt: *AI GOT / MINNE GERBOTEN / DE DIT BILETHE SCOP / ALLE DELE = O Gott, liebe den Gerbot, der dieses Bild schuf, alle Teile.* Sehenswert sind zudem das Gröninger-Gabelkreuz im südlichen Seitenschiff, die „Marienklage" des Meisters von Osnabrück im nördlichen Querschiff, das Freckenhorster Kreuz, ein in Silber eingefasstes Steinkreuz, und der Thiatildis-Schrein zu Ehren der ersten Äbtissin.

Petrikapelle: Das 2001 in der unmittelbar neben der Stiftskirche gelegenen Kapelle eingerichtete Museum Stiftskammer ist die bedeutendste Schatz-

Ostmünsterland → Karte S. 274

kammer kirchlicher Kunst im Ostmünsterland und veranschaulicht die tausendjährige Kloster- und Stiftstradition. Zu sehen sind liturgische Gegenstände, Bücher, einzigartige Handschriften, ungewöhnliche Reliquien, Messgewänder und das berühmte Freckenhorster Hungertuch von 1628.

▪ So/Feiertage 15–16.30 Uhr. Eintritt frei, Spenden erwünscht. Stiftsmarkt, ✆ 02581-980077, bonifatius-lambertus.de.

Schloss Freckenhorst: Der 1740 entstandene Barockbau wurde vom Paderborner Hofarchitekten Franz Christoph von Nagel für die Äbtissin Clara Franziska von Westerholt-Lembeck entworfen. Er befindet sich in unmittelbarer Nähe der Stiftskirche Freckenhorst. Noch immer wird das gut erhaltene Gebäude von der Familie von Westerholt bewohnt und ist deswegen nur von außen zu besichtigen. Im Sommer finden Konzerte im Schlosspark statt.

▪ Everwordstr. 10

Kloster Vinnenberg: Integriert in das ehemalige Zisterzienserkloster aus dem 13. Jh. ist die Kloster- und Wallfahrtskirche Mariä Geburt. Das alte Klostergebäude im Ortsteil Milte wurde umgebaut und wird heute als Tagungs- und Veranstaltungsstätte sowie Exerzitienhaus genutzt. Sehenswert ist neben dem praktisch komplett erhaltenen Gebäudeensemble auch die historische Klostermühle mit ihrem Mühlteich in unmittelbarer Nähe.

▪ Beverstrang 37, ✆ 02584-919950, klostervinnenberg.de.

Praktische Infos

→ Karte S. 281

Information **Tourist-Information,** Emsstr. 4, ✆ 02581-545454, warendorf.de.

Verbindungen Mindestens stdl. Nahverkehrszüge nach Münster und Bielefeld (über Gütersloh), Schnellbus nach Münster und Buslinien in alle Umlandorte.

Stadtführungen Über die Tourist-Information können 15 verschiedene Angebote, darunter auch eines für Kinder, gebucht werden.

Markt Dienstag, Freitag und Samstag am Vormittag in Warendorf sowie Donnerstag am Vormittag in Freckenhorst.

Hofladen Austermann 6, alle Spezialitäten der Region aus eigener Produktion oder der von Partnern, auch Hofcafé. Mo–Sa 9–18 Uhr, So 10–18 Uhr. Neuwarendorf 24, ✆ 02581-61941, hofladen-austermann.de.

Biohof Schulze-Schleppinghof 13, Demeter-Betrieb mit eigener Schlachtung und Hofcafé in Freckenhorst. Mo–Fr 8–18 Uhr, Sa 8–14 Uhr, Café ab 9 Uhr. Gronhorst 6, ✆ 02581-4301, biohof-warendorf.de.

„Der Laden" – Hof Lohmann 14, Laden der Freckenhorster Werkstätten. Mo 8–16 Uhr und Di–Fr 8–14 Uhr (Klingelservice). Gronhorst 10, ✆ 02581-92894240, freckenhorster-werkstaetten.de.

Schwimmen **Hallenbad Warendorf,** Von-Ketteler-Str. 32, ✆ 02581-633239. **Freibad Warendorf,** Breuelweg 5, ✆ 02581-3569. stadtwerke-warendorf.de.

Wandern Die Wanderwege **Spurensuche im Münsterland** (11a und 11b) des Westfälischen Heimatbunds gehen durch die Emsaue und das Gebiet zwischen Warendorf und Sassenberg. Spezielle Ortswege sind nicht ausgeschildert. Empfehlenswert sind Touren rechts und links der Ems zwischen Warendorf und Telgte.

Radfahren Ein halbes Dutzend Radrouten kreuzen in Warendorf. Eine schöne Tagesrundtour ist die aus der Warendorfer Altstadt durch die Felder über Telgte nach Münster, an der Pleistermühle in Münsters Osten dann über den Werseradweg bis zur Mündung der Werse in die Ems und schließlich über den Emsradweg zurück nach Warendorf. Radstation Bahnhofstraße 11, ✆ 02581-7899770.

Reiten Die **Reitroute Kreis Warendorf** hat eine Rundkurs-Länge von 130 km. Zehn lokale Runden ergänzen sie (9–68 km). Idyllisch sind die zwei Emsauen-Schleifen (zusammen 17 km lang). Und auch durch die Innenstadt verläuft ein Teil der Stadtrunde (10 km). Infos unter reitroute.de.

Wassersport **Segeln bzw. Surfen** auf dem Emssee nahe der Innenstadt und dem Kottrupsee im Ortsteil Neuwarendorf. Am Lohwall (nördlich der Altstadt) befindet sich eine **Kanueinsatzstelle,** kein Verleih. Die Strecke bis Telgte ist bestens für den Einstieg in den Kanusport geeignet.

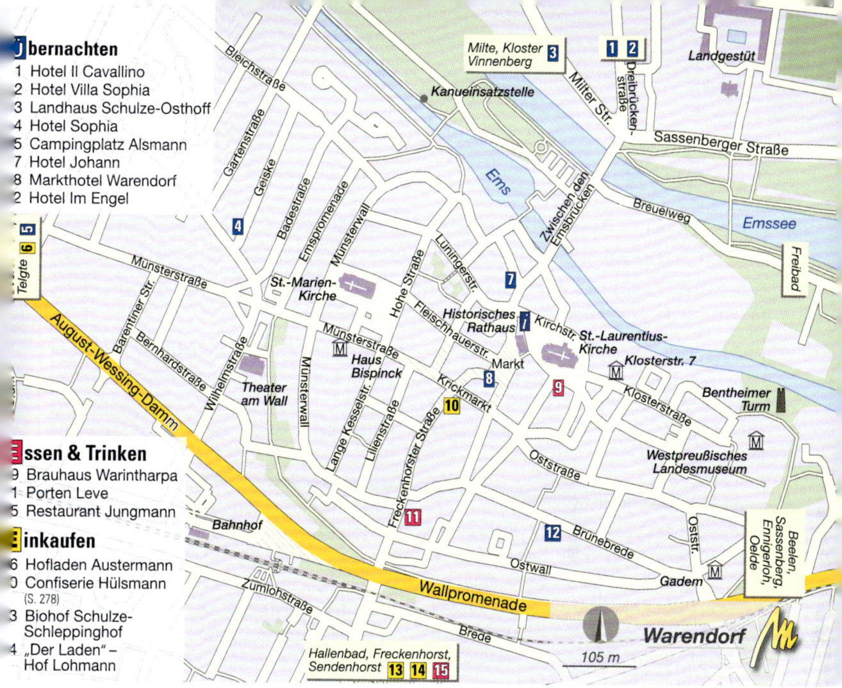

Essen **Brauhaus Warintharpa 9**, hier dreht sich alles um Bier und Speisen aus der Region, also westfälische Gasthaustradition. Tägl. 12–14 Uhr und 18–22 Uhr. Kirchstr. 14, ✆ 02581-633966, warintharpa.de. **€€**

Porten Leve 11, eines der traditionsreichsten Restaurants der Stadt, geboten wird nicht nur schmackhafte Regionalküche. Mi/Do 18–23 Uhr, Fr/Sa 18–1 Uhr, So 18–22 Uhr, Mo/Di Ruhetag. Freckenhorster Str. 33, ✆ 02581-1618, porten-leve.de. **€€€**

Restaurant Jungmann 15, wer Fischgerichte mag und Süßwasserfische nicht verschmäht, sollte bei Jungmann einkehren. Mi/Do 17–21.30 Uhr, Fr–So 17–21.30 Uhr, So auch 11.45–14 Uhr Mo/Di Ruhetag. Lentrup 25, ✆ 02585-429, fischrestaurant-jungmann.de. **€€€**

Übernachten **Hotel Im Engel 12**, Vier-Sterne-Haus in der Innenstadt mit 300-jähriger Tradition, empfehlenswertes Restaurant. Ostwall 8, ✆ 02581-93020, hotel-im-engel.de. **€€€**

Markthotel Warendorf 8, näher lässt sich dem historischen Flair Warendorfs nicht kommen, bei einigen Zimmern grandiose Aussicht auf den Marktplatz. Markt 11, ✆ 02581-7893 283, markthotel-warendorf.de. **€€**

Landhaus Schulze-Osthoff 3, die Landvariante des Markthotels. Zum historischen Ambiente innen gesellen sich eine kleine, schön gestaltete Parkanlage draußen sowie schmackhafte Regionalküche im Restaurant. Einener Dorfbauerschaft 14, ✆ 02584-1029, landhaus-schulzeosthoff.de. **€€**

Hotel Sophia 4, zweckmäßig eingerichtete Zimmer in einem Gebäude, das den Baustil einiger Häuser in der Altstadt aufnimmt, die fußläufig zu erreichen ist. Brinkstr. 6, ✆ 02581-1444, hotel-sophia-warendorf.de. **€€€**

Hotel Il Cavallino 1, auf Tuchfühlung mit den Pferden des Landgestüts nächtigen und italienische Restaurantküche genießen. Binsenweg 1, ✆ 02581-7832944, hotel-il-cavallino.de. **€€**

Hotel Villa Sophia 2, Traditionshaus mit kleinem Wellnessbereich vor den Toren der Stadt (Ex-Ringhotel), nun unter neuer Leitung. Dreibrückenstr. 66, ✆ 02581-63730, hotel-villa-sophia.de. **€€€**

Hotel Johann 7, familiengeführtes Hotel garni in der Altstadt. Emsstr. 15, ✆ 02581-63800, hotel-johann.de. **€€€**

Camping **Campingplatz Alsmann 5**, ruhig gelegene Anlage an einem privaten Badesee. Die Ems ist fußläufig erreichbar. Neuwarendorf 22a, ✆ 02581-62557, campingplatz-alsmann.de.

Wohnmobilstellplätze am Emssee.

Sassenberg

14.000 Einwohner

Die zeitweilige Residenzstadt der Fürstbischöfe von Münster präsentiert sich heute als idyllisch gelegene Landgemeinde, der im Zuge der kommunalen Gebietsreform im Jahr 1969 noch das Spargeldorf Füchtorf zugeschlagen wurde.

Ein Hauptverkehrsweg verläuft in gebührendem Abstand zu den Ortskernen von Sassenberg und Füchtorf. Entsprechend ruhig geht es zu. Erholung und Freizeit stehen im Mittelpunkt, und insbesondere an Wochenenden zieht es viele Familien aus umliegenden Großstädten oder sogar dem Ruhrgebiet hierher. Besonders lockt der Feldmarksee mit vielfältigen Sportmöglichkeiten. Die Landschaft um die Doppelschlossanlage Harkotten ist ein lohnendes Ziel, wenn Ruhe und Radfahren miteinander verbunden werden sollen.

Anschauen und unternehmen

Landesburg: Die dem Ort den Namen gebende Landesburg Sassenberg wurde 1305 erstmals urkundlich erwähnt. Ende des 18. Jh. wurde die Hauptburg abgetragen. Von der ab 1698 durch Bischof Friedrich Christian von Plettenberg neu errichteten Vorburg blieben nur geringe Reste erhalten, die im 19. Jh. Teil eines Spinnereigebäudes wurden. Weil Sassenberg in der zweiten Hälfte des 17. Jh. Residenzstadt der Fürstbischöfe von Münster wurde, erhielt der Ort die Stadtrechte, auf die bis heute mit Stolz verwiesen wird.

Kirche St. Johannes Evangelist: Die dreischiffige Hallenkirche wurde von 1670 bis 1678 errichtet, der Nordturm folgte erst 1914, ursprünglich hatte die Kirche nur einen kleinen Dachreiter. Bedeutendste Einrichtungsgegenstände sind zwei barocke Seitenaltäre aus der zweiten Hälfte des 17. Jh., die Fürstbischof von Galen gestiftet hat. Insgesamt lohnt der genaue Blick auf das Inventar aufgrund vielfältiger für die Sakralkunst des Barock üblicher Symbolik.

Haus Schücking: Der kleine, eingeschossige Backsteinbau mit Walmdach wurde 1754 gegenüber der Kirche für den bischöflichen Kanzler Engelbert Schücking erbaut. Das auf Planungen von Johann Conrad Schlaun beruhende Gebäude wurde 1882 baulich verändert. Kürzlich wurde bei einer Sanierung der Originalzustand nahezu wieder erreicht. Nun erfolgt die Herrichtung des historischen Gartens. Das Haus ist in Privatbesitz und nicht zugänglich.

▪ Von-Galen-Str. 2

Tiergarten und Schachblumenwiese Sassenberg: Die Residenz der Fürstbischöfe verfügte natürlich auch über einen Tiergarten. Er ist heute Naturschutzgebiet, in dem etwas Außergewöhnliches geschaffen wurde: eine Schachblumenwiese. Die Pflanze ist sehr selten und geschützt. In Sassenberg wurden in den 1960er-Jahren über 50.000 Exemplare gezählt. Zusammen mit der durch das Naturschutzgebiet fließenden Hessel bilden die Wiesen in der Blütezeit eine perfekte Idylle. 7 km lang ist der Wanderweg, der auch den Feldmarksee einbezieht.

▪ Zugang über die Brookstraße (schräg gegenüber der Kirche).

Füchtorf: Voll wird es hier von Ende April bis Ende Juni, wenn mehr als ein Dutzend Spargelhöfe im Ort und in den Nachbargemeinden das Edelgemüse zum Verkauf anbieten. Auch wer sich für Schlösser interessiert, kann Füchtorf nicht auslassen – mit Schloss Harkotten steht dort ein ganz außergewöhnlicher Adelssitz, eine Doppelschlossanlage.

Schloss Harkotten: Keimzelle des Doppelschlosses war eine zu Beginn des 14. Jh. von Heinrich von Korff errichtete Wasserburg, die nach dessen Tod an seine zwei Söhne überging, die sich die Anlage teilten. Der Burgherr im östlichen Bereich der Anlage nannte sich fortan Korff-Smiesing und begründete damit eine eigene Linie, die allerdings 1655 in Ermangelung eines männlichen Erben erlosch. Über die Eheschließung der letzten Erbtochter des Hauses kam der Burganteil der Korff-Smiesings in den Besitz der Familie von Ketteler. Beide Besitzerfamilien, die von Korffs im Westteil und die von Kettelers im Ostteil der Anlage, ließen später ihre Teile der ursprünglichen Wasserburg abreißen und durch je eigene Herrenhäuser ersetzen: Das barocke Schloss von Ketteler war 1767 fertiggestellt, sein klassizistisches Pendant Schloss von Korff folgte 1816; die genaue Baugeschichte veranschaulicht ein Modell in der Nähe des Korff'schen Schlosses. Im Zuge der Neubaumaßnahmen wurden die Gräften um Schloss von Korff komplett zugeschüttet, die um Schloss von Ketteler sind dagegen teilweise erhalten geblieben.

Schloss von Ketteler ist der Öffentlichkeit nicht zugänglich und dient seit den 1990er-Jahren der Design-Agentur Sieger als Firmensitz; vorher hatte hier einige Jahre Stardesigner Luigi Colani an seinen Produkten getüftelt. Schloss von Korff kann dagegen besichtigt werden, obwohl das Gebäude noch heute von Nachfahren der Gründungsfamilie bewohnt wird. Anlass der Öffnung des Hauses waren die bei Renovierungsarbeiten im Jahr 2004 zufällig freigelegten Wandmalereien des Rietberger Hofmalers Philipp Ferdinand Ludwig Bartscher (1749–1823), die Schloss von Korff den Rang eines „Denkmals von überregionaler Bedeutung" eingebracht haben. Die Führungen geleiten die Besucher durch das gesamte Untergeschoss des Gebäudes und durch die Parkanlagen. Darüber hinaus sind in ehemaligen Wirtschaftgebäuden ein Schlossladen und das Café Wappensaal mit Außenbereich eingerichtet worden.

Der Korff'sche Teil von Schloss Harkotten, einer der Drehorte des ersten Münster-Tatorts

Bei der Erkundung des Geländes bitte genau auf Hinweisschilder achten! Der Bereich rechts vom Schloss Richtung Kapelle darf nicht betreten werden. Tatort-Fans dürfte das Schloss bekannt vorkommen. Szenen der ersten Folge des Münster-Tatorts, die bis heute sehr oft wiederholt wird, wurden hier gedreht. Vier Wanderwege sind ausgeschildert.

Führungen Mi und So zwischen 14 und 18 Uhr. 10 €/Pers. ✆ 05426-2638, harkotten.eu.

Feldmarksee: Der See ist Teil des Erholungsgebiets Feldmark mit mehreren Campingplätzen und kleineren Ferienhausparks. Sonnenhungrige zieht es ins Strandband. Auch Segeln, Surfen und Bootsfahrten sind möglich. Wem das zu trubelig ist, der nutzt die Wandermöglichkeiten hinüber nach Füchtorf.

Tour 11: Rund um Schloss Harkotten → S. 375

Von der einmaligen Doppelschlossanlage durch viel Wald und Spargelfelder bei Füchtorf und Glandorf.

Praktische Infos

Information **Tourist Information Sassenberg,** Schürenstr. 17, ✆ 02583-3093030, sassenberg.de.

Verbindungen Es gibt kaum einen Ort im Münsterland, der schlechter mit öffentlichen Verkehrsmitteln angebunden ist als Sassenberg. Busse fahren hauptsächlich Schüler in die Nachbarorte. Taktverkehr gibt es nur nach Warendorf und Glandorf (Niedersachsen).

Stadtführungen Ortsführungen durch Sassenberg (2 km) und Füchtorf inkl. Schloss Harkotten (5 km) sind als selbstständige Wanderungen durch Nutzung einer App möglich (platzhirsch-app.de).

Markt Donnerstag am Vormittag auf dem Mühlenplatz.

Schwimmen **Freibad Brook,** Graffelder Esch 5, ✆ 02583-1251. **Strandbad Feldmarksee,** Feldmark 3–7, ✆ 02583-1812.

Wandern Das Wanderangebot konzentriert sich auf den Weg an der Schachblumenwiese und die vier am Schloss Harkotten, die Kreis und Heimatverein Füchtorf ausgeschildert haben. Zudem verlaufen drei X-Wege durch den Ort.

Radfahren **Route 72** der Radrouten Münsterland führt ausschließlich durch Sassenberg und Füchtorf und ist knapp 30 km lang – mit Besichtigung der diversen Sehenswürdigkeiten eine schöne Tagestour.

Reiten Die Runde durch die **Füchtorfer Heide** ist 17 km lang, der **Rundkurs Sassenberg-Warendorf** 40 km. Reitferien sind bei der **Pension Buschkotten** möglich: Elve 6, ✆ 05426-2324, pension-buschkotten.de.

Essen **Café Thumann,** schmackhafte Back- und Konditoreiwaren in Füchtorf. Ausflügler müssen die Mittagspause beachten. Mo–Fr 5.30–13 Uhr und 14.30–18 Uhr, Sa 5.30–12.30 Uhr, So 8–12 Uhr und 14.30–16.30 Uhr. Glandorfer Str. 11, ✆ 05426-2282, baeckerei-thumann.de. **€**

Café Wappensaal, auch die Torten und kleinen Snacks in der ehemaligen Rentei von Schloss Harkotten können sich sehen lassen. So/Feiertage 12–18 Uhr und auf Anfrage. Harkotten 2, ✆ 05426-2638, harkotten.eu. **€**

Leider mangelt es Sassenberg an Gastronomie, die mehr als nur (z. T. dürftigen) Standard der jeweiligen kulinarischen Richtung bietet. Wer es deftig-rustikal mag, wird insbesondere am Feldmarksee fündig.

Übernachten **Hotel am Feldmarksee,** sehr ruhig gelegenes, modern eingerichtetes Hotel mit Restaurant, fußläufig zum Feldmarksee gelegen. Fichtenstr. 24, ✆ 02583-300506, hotel-am-feldmarksee.de. **€€€**

Pension Butterpatt, kleine Pension vor den Toren Sassenbergs mit zweckmäßig eingerichteten Zimmern. Die Rezeption befindet sich im Hotel Il Cavallino (Binsenweg 1, 48231 Warendorf). Gröblingen 69, ✆ 02581-7832944, pension-butterpatt.de. **€€**

Camping **Campingpark Heidewald,** bietet neben traditionellem Camping auch Glamping an. Versmolder Str. 44, ✆ 02583-1394, campingpark-heidewald.de.

Campingpark Eichenhof, weitläufige Anlage am Feldmarksee. Feldmark 3, ✆ 02583-1585, campeichenhof.de.

Wohnmobilstellplätze am Feldmarksee und an der Tankstelle Liebmann.

Umgebung von Sassenberg

Der Nachbarort **Beelen** (6.000 Einwohner) ist die kleinste Gemeinde im Kreis Warendorf und bietet im Ortskern einige wenige Reste von Fachwerkromantik und eine erst 1969 geweihte katholische Kirche. Ein 2,3 km langer Kulturpfad führt zu den wichtigsten Punkten im beschaulichen Ort. In die Parklandschaft rundum führt der 22 km lange Kerkherrenweg, der das Kloster Clarholz im Kreis Gütersloh mit den Kirchen in Beelen und Oelde-Lette verbindet. Der Ort gehörte zum Besitz des Klosters, bevor er in den Einflussbereich des Fürstbistums Münster fiel.

Fachwerkhaus in Beelen

Information **Gemeinde Beelen,** ✆ 02586-8870, beelen.de.

Verbindungen Ab Beelen verkehrt stdl. der Nahverkehrszug Münster–Bielefeld über Warendorf bzw. Gütersloh, dazu Regionalbusse.

Oelde

30.000 Einwohner

Ganz im Osten der Region gelegen, ist die Soester Börde bereits im Blick. In der Stadt dreht sich viel um Genuss: Brauerei, Schnapsbrennerei, weitere Produktionsstätten schmackhafter regionaler Spezialitäten, dazu eine berühmte Pflaumensorte.

Das Gute an Oelde mit all seinen kulinarischen Verführungen ist, dass Rad- und Wanderwege mit gewissen Steigungen beim schnellen Abtrainieren der gesammelten Kalorien helfen können. Und der Vier-Jahreszeiten-Park ist ein Angebot für Familien mit Kindern ,das in ähnlicher Form nur wenige andere Städte zu bieten haben.

Geschichte

Lange Zeit war Oelde, das bereits 890 erstmals erwähnt wurde, ein Ort der Land- und Viehwirtschaft, des Handwerks und der kleinen Betriebe. Erst mit der Eröffnung der wichtigen Eisenbahnlinie von Dortmund nach Hannover mit Oelde als Zwischenstation ergab sich ab 1847 ein wirtschaftlicher Schub. Die Stadtrechte erhielt Oelde 1804 mit der Säkularisation. Bis dahin war es der östlichste Punkt im Einflussbereich der Münsteraner Fürstbischöfe. Das nördlich gelegene Rheda gehörte bereits zum Hochstift Osnabrück. Drei Großfeuer und Bombenangriffe am Ende des Zweiten Weltkriegs beschädigten die Bausubstanz in der Stadt erheblich.

Anschauen und unternehmen

Innenstadt: Die Wege in Oelde sind kurz. Richtung Norden und Osten ist es vom Marktplatz nicht weit bis zu den

Ostmünsterland → Karte S. 274

ersten Industriebetrieben, die sich einst innenstadtnah angesiedelt haben. Wenige Schritte vom alten Brauereigebäude am Markt entfernt liegt die Schnapsbrennerei Schwarte. Wegen Kriegszerstörungen sind nur einige Fachwerkgebäude erhalten geblieben. Interessant macht die Fußgängerzone der Mix verschiedener Baustile. Klassizistische Bauten sind ebenso dabei wie Retro-Giebelhäuser oder Gebäude mit Bauhaus-Bezug. Der Weg vom Markt über die Lange Straße zum Vier-Jahreszeiten-Park führt an den wichtigsten denkmalgeschützten Gebäuden im Stadtkern vorbei, u. a. an der seit dem Bau 1880 nahezu unverändert gebliebenen evangelischen Stadtkirche, einer neogotischen Saalkirche.

Landmarke St.-Johannes-Kirche

St.-Johannes-Kirche: Das Gotteshaus ist aufgrund seiner fehlenden Turmhaube Landmarke und Wahrzeichen der Stadt, auch vielen Bahnreisenden dürfte es bei Vorbeifahrten im IC oder ICE schon aufgefallen sein. Der kleine Gebäudeteil, der den Brand von 1457 unbeschadet überstanden hatte, wurde in den Neubau integriert. 1736 und 1864 folgten die Erweiterungen zum heute zu sehenden Gebäude. Wer sich der Kirche von Nordwesten nähert, kann die Baustufen gut am Mauerwerk erkennen. Die Ausstattungsgegenstände stammen angesichts der bewegten Baugeschichte aus dem 13.–20. Jh.

Brauerei Pott: Sieht man von einer Reihe kleiner Craft-Brauereien ab, ist das 1769 gegründete Oelder Brauhaus neben der Brauerei Pinkus Müller (→ Kasten, S. 337) in Münster die letzte in Familienbesitz befindliche Brauerei der Region. Die Ur-Brauerei steht in der Innenstadt gegenüber der St.-Johannes-Kirche. Der kluge Schachzug, 1996 ihre „Gläserne Erlebnisbrauerei" an der Autobahnausfahrt in unmittelbarer Nähe zum Vier-Jahreszeiten-Park entstehen zu lassen, verschaffte dem Traditionsunternehmen jede Menge Publicity. Im Gegensatz zu anderen Brauereien hatte die Familie Pott über Generationen immer einen guten Blick für Trends, Produktpräsentation sowie Kundenansprache und kann, wie auch Pinkus Müller, nicht ohne Stolz davon sprechen, eine der erfolgreichsten konzernunabhängigen Brauereien der Republik zu sein.

- In der Geist 120, ✆ 02522-93770, potts.de.

Vier-Jahreszeiten-Park mit Kindermuseum: Mit über 2,2 Millionen Besuchern war die 2001 in Oelde veranstaltete Landesgartenschau ein außerordentlicher Erfolg. Grundstock des Geländes waren der alte Stadtpark und umliegende Grünflächen, die u. a. durch eine Seenlandschaft mit einem renaturierten Bach neu gestaltet wurden. Das

Bierdeckel ohne Ende

Georg Lechner schlief in einem Bierfass und lebte im Museum, wenn er nicht gerade in der Brauerei Pott arbeitete. Inzwischen ist der aus Baunach bei Bamberg stammende Braumeister im Ruhestand und in seine Heimat zurückgekehrt. Was er seit Jugendtagen gesammelt hat, ist zu einem Teil in Oelde geblieben und wird weiterhin ausgestellt. Seine Wohnung, um im Bild zu bleiben, erstreckt sich auf drei Ebenen mit über 300 m^2 Ausstellungsfläche. Zu sehen ist im Georg-Lechner-Brauereimuseum eine beachtliche Sammlung an historischen Brauereikrügen, Relief-Bierflaschen, Emaille-Schildern und Etiketten sowie alle Ausgaben einer Brauereifachzeitschrift ab dem Jahr 1884. Auch die Geschichte des Bierbrauens in den Münsterland-Landkreisen und der Stadt Hamm wird aufgearbeitet. Es geht dabei um über 500 ehemalige, aber auch noch aktive Brauereien. Zu sehen ist zudem das originale und noch funktionsfähige Sudwerk einer fränkischen Brauerei aus dem Jahr 1900.

▪ Tägl. 9–22 Uhr. Eintritt 1 €. In der Geist 120, ✆ 02522-93770, potts.de.

Hauptthema der Gartenschau hieß „Blütenzauber & Kinderträume", und insbesondere die Kinderträume dürften nach wie vor in Erfüllung gehen: Im Park gibt es mehrere Spielplätze, eine Vogelvoliere, eine Erlebnisfarm, einen Lehrbienenstand, ein Freibad und das Kindermuseum Klipp Klapp, in dem man u. a. erfährt, wie Schleusen funktionieren, wie das Wetter entsteht und wie Getreide gemahlen wird. Der vergleichsweise bescheidene Eintrittspreis lohnt in jedem Fall, wenn man sich mit seinem Nachwuchs auf einen eben nicht Kirmes-Feeling verbreitenden Freizeitpark einlassen kann.

▪ Mai–Okt. tägl. 9–19 Uhr, im übrigen Jahr 10/11–16/17 Uhr. Die Preise für eine Familienkarte (2 Erw. / 2 Kinder bis 17 J.) variieren je nach Saison zwischen 4 und 8 €, Kinder bis 6 J. sind grundsätzlich frei. Konrad-Adenauer-Allee 20, ✆ 02522-72820, vier-jahreszeiten-park.de.

Stromberg: Der kleine Hügel begrenzt das Münsterland nach Westen hin zur Soester Börde, dem Lippetal und nach Ostwestfalen. Unterhalb der Burg Stromberg, heute eine Ruine, liegt eines der größten Anbaugebiete für Pflaumen in Deutschland. Der Stromberg ist in der Erntezeit ein herrliches Wanderziel.

▪ burgdorf-stromberg.de

Burg Stromberg / Kreuzkirche: Die einzige Höhenburg des Münsterlandes soll der Legende nach um 800 von Karl dem Großen gegründet worden sein, die erste urkundliche Erwähnung erfolgte allerdings erst 1177. Obwohl die Burg in ihrer 1344 geweihten Kirche mit dem „Heiligen Kreuz von Stromberg" einen der wichtigsten sakralen Gegenstände des Münsterlandes verwahrte, befahl Fürstbischof Maximilian Franz 1780 ihren Abriss. Die Ruinen lassen noch heute erahnen, welch mächtige Ausmaße die Burganlage einst hatte.

Die vom Abriss verschont gebliebene Kreuzkirche ist bis heute eine der wichtigsten Wallfahrtskirchen Westfalens, etwa 40.000 Pilger kommen jährlich. Das im Zentrum der Wallfahrt stehende Kruzifix wurde um 1100 erschaffen, ist 115 cm hoch und aus Eichenholz, ursprünglich war es mit Silber beschlagen.

Ostmünsterland → Karte S. 274

Von der ursprünglichen Skulptur sind Kopf und Rumpf einschließlich des Lendenschurzes erhalten. Im Rücken befindet sich eine Nische mit Reliquien von 23 Heiligen. Nach mehreren Diebstählen wird in der Kirche nur noch eine Nachbildung gezeigt. Religiöser Höhepunkt der Stromberger Wallfahrtstradition ist eine Prozession über den 10 km langen Kreuzweg.

Zugang zum Burggelände ist der Paulusturm aus dem 15. Jh. Einst sicherten hier Graben und Zugbrücke den Burgbezirk. Seit 1965 ist er der Glockenturm der Kreuzkirche. Das spätgotische Mallinckrodthaus, ein ehemaliges Burgmannshaus, besitzt im Kellergeschoss Schießscharten zur Talseite und vom Kaminraum Zugang zum Wehrgang. Zudem sind der Burgbrunnen, Reste der alten Burgmauer und weiterer Gebäude des Burgbezirks erhalten geblieben.

Die Treppe zur Wallfahrtskirche und der vor der Kirche liegende Burgplatz werden seit 1925 als Freilichtbühne genutzt. An den Wochenenden ab Anfang Mai steht am frühen Nachmittag ein Stück für Kinder und am Abend ein Stück für Erwachsene auf dem Programm. Wer sich den Aufstieg zur Burg sparen will, parkt sein Auto auf den Parkplätzen in der Ortsmitte und gelangt ohne nennenswerte Steigung in die Burgruine. Unterhalb der Burg im Gaßbachtal befinden sich Sport- und Freizeitanlagen sowie ein schöner Park.

Lambertikirche: Gegenüber der örtlichen Schnapsbrennerei liegt in Unterstromberg das im 14. Jh. errichtete bäuerliche Gegenstück zur Kreuzkirche. Gelber Baumberger Sandstein und Anröchter Dolomit bilden einen interessanten Kontrast.

▪ Kirchstr. 5–11

Museum für Westfälische Literatur Haus Nottbeck: Das aus dem 14. Jh. stammende Rittergut vor den Toren des Ortes wurde dem Kreis Warendorf von seiner letzten Besitzerin 1987 vermacht. Knapp 15 Jahre später öffnete dort das Literaturmuseum, das aber erst nach viel beachteten Projekten im Zuge der „Regionale 2004" überregional bekannt wurde. Es will, angelehnt an Hans Magnus Enzensbergers „Museum der modernen Poesie", die Geschichte der Literatur Westfalens präsentieren.

Die Ausstellung im Erdgeschoss, die man durch die „Literatür" betritt, widmet sich unter verschiedenen thematischen Schwerpunkten der westfälischen Literatur bis ins Jahr 1900, in größerem Umfang werden dabei auch ihre Ikonen Annette von Droste Hülshoff und Christian Dietrich Grabbe gewürdigt. Das Obergeschoss setzt die Zeitreise bis zur Gegenwartsliteratur fort, auch neuere Genres wie etwa Poetry-Slam werden dabei berücksichtigt. Hörstationen bieten kleine literarische Kostproben oder Features mit Informationen zu einzelnen Werken, literarischen Strömungen usw. Eine Videoinstallation gibt darüber hinaus Einblicke in die Schreibmotive von 36 westfälischen Gegenwartsautoren. Die Ausstellung im Untergeschoss befasst sich mit der regionalen Kinder- und Jugendliteratur.

Das Konzept entwickelte der preisgekrönte Museumsdesigner Robert Ward. Neben der Dauerausstellung gibt es Wechselausstellungen, ein umfassendes pädagogisches Angebot für Kinder und vielfältige weitere Veranstaltungen für Erwachsene (Lesungen, Workshops usw.).

▪ Di–Fr 14–18 Uhr, Sa/So 11–18 Uhr, Mo geschlossen. Eintritt kann selbst bestimmt werden. Landrat-Predeick-Str. 1, ✆ 02529-9497900, kulturgut-nottbeck.de.

Praktische Infos

→ Karte S. 290

Information **FORUM Oelde,** Ratsstiege 1, ✆ 02522-72800, oelde.de.

Verbindungen Halbstdl. Nahverkehrszüge von Oelde nach Dortmund und Bielefeld,

Die ganz besondere Pflaume

Stromberg ist die Heimat des einzigen Produkts aus Nordrhein-Westfalen, das mit dem Zusatz „geschützte Ursprungsbezeichnung" versehen werden darf (seit 2013). Auf dem Ortsgebiet von Stromberg zuzüglich einer 500 m umfassenden Zone jenseits der Ortsgrenzen darf die Stromberger Pflaume angebaut, geerntet und verarbeitet werden. Alljährlich im April bezaubern die Pflaumenbäume mit einem schmückenden Blütenflor, bevor Anfang September das „goldene Blau", wie die Stromberger die Pflaumen liebevoll nennen, geerntet wird.

Die Stromberger Pflaume ist eine sehr alte, mittelspäte Zwetschgensorte. Sie wurde um 1790 von dem Amtsschreiber und Reisenden Ludwig Niedieck aus Südfrankreich und Spanien in die Region mitgebracht und nach ihrer neuen Heimat benannt. Die mergelhaltigen Böden und das milde Klima in der schützenden Hanglage der Münsterländer Bucht sorgten dafür, dass sie prächtig gedieh und schnell über die Grenzen des Münsterlandes hinaus bekannt wurde.

15.000 Pflaumen- und Zwetschgenbäume sorgen jährlich für etwa 650 t Ernte durch die 25 beteiligten Betriebe. Das ist ein eher geringer Anteil an der deutschlandweiten Pflaumenernte, weshalb die Stromberger Früchte auch fast ausschließlich regional vermarktet werden, sodass in den Erntewochen in und um Stromberg viel los ist. Die besonderen Eigenschaften sind der fürs Backen attraktive niedrige Wasseranteil und die gute Steinlöslichkeit. Schnapsbrenner lieben sie wegen ihrer außerordentlichen Süße.

Die Ernte ist ein Schauspiel für sich. Der Greifarm einer Erntemaschine rüttelt sanft Baum für Baum. Die Pflaumen fallen auf einen nach oben geöffneten Schirm und von dort gleich durch einen trichterförmigen Auslass auf ein Förderband, wo Erntehelfer die Sortierung und Abfüllung erledigen. Die Schilder am Pflaumen-Wanderweg informieren ausführlich (der Wanderweg ist in diesem Reiseführer als Tour 12 näher beschrieben, → S. 377).

▪ Eine Liste aller Höfe und Verkaufsstellen findet sich unter stromberger-pflaume.de.

Umstieg nach Münster in Hamm oder Rheda-Wiedenbrück. Busse in die Umlandorte.

Stadtführungen Fast ein Dutzend Führungen bietet die Tourist-Info an. Hinzu kommen das Angebot der Brauerei Pott und der Schnapsbrennerei Schwarte. Hinzu kommt das Angebot der Brauerei.

Markt Dienstag und Freitag am Vormittag.

Einkaufen Neben den Hofläden in Stromberg, wo sich alles um die Pflaume dreht, sind auch Bäcker und Metzger mit Pflaumen-Sahne-Torte, Pflaumenbrot und Pflaumen-Bratwurst im Thema. Weitere regionale Spezialitäten sind in der Brauerei erhältlich.

Brennerei Druffel 6, die Manufaktur stellt in einem alten Hofgebäude direkt neben der Kirche in Unterstromberg Edel-Obstbrände, Liköre und Single Malt Whisky her, selbstverständlich mit regional produzierten Zutaten. Do/Fr 9–12 Uhr und 15–18 Uhr, Sa 9–12 Uhr. Kirchstr. 12, ✆ 02529-284, brennerei-druffel.de.

Ostmünsterland → Karte S. 274

Schwimmen **Hallenbad Oelde,** kleines Bad im Sportpark der Stadt. Weitkampweg 1, ✆ 02522-72740. **Parkbad Oelde,** Freibad im Vier-Jahreszeiten-Park. Konrad-Adenauer-Allee 20, ✆ 02522-72820. **Freibad Gaßbachtal,** äußerst idyllisch gelegenes Freibad am Fuße der Stromburg im Ortsteil Stromberg. Das von einem Verein betriebene Bad ist von Anfang März bis zum ersten Advent geöffnet. Biogas heizt das Wasser auf 28 Grad. Am Hang 20, freibad-gassbachtal-stromberg.de.

Wandern Wandern konzentriert sich voll und ganz auf den Ortsteil Stromberg. In Oelde bleibt das Flanieren durch Innenstadt und Vier-Jahreszeiten-Park.

Radfahren Am Bahnhof Oelde oder am Haus Nottbeck kann die 43 km lange Radtour **„Rittergüter und Wasserburgen"** begonnen werden. Sie führt auch in den Nachbarort Rheda-Wiedenbrück, der bereits zum Kreis Gütersloh gehört. Radstation am Bahnhof Oelde.

Klettern Niedrigseilgarten im Vier-Jahreszeiten-Park.

Essen **Oelder Brauhaus 1,** das Restaurant am Markt bietet hauptsächlich Steaks, Burger und Bowls zum Bier. Mo, Mi/Do und Sa/So 12–14 und 18–23 Uhr, Di/Fr 9.30–14 Uhr und 18–23 Uhr. Am Markt 3, ✆ 02522-8329630, oelder-brauhaus.de. **€€**

meinTipp **Heinrichs 7,** in einer umgebauten Scheune lassen sich äußerst leckere Torten oder ein Frühstück und kleine Snacks genießen. Mi 14–17 Uhr Sa/So 9–17 Uhr, Fr Aktionstag mit Abendbrot bis 20 Uhr (Reservierung sinnvoll), Mo/Di/Do Ruhetag. Die Bäckerei, wo auch der leckere Kuchen verkauft wird, hat nur Mo Ruhetag. Zudem betreibt die Familie inzwischen das Restaurant Heinrichs Enkel im Vier-Jahreszeiten-Park. Daudenstr. 7, ✆ 02529-9498 850, cafe-teeke.de. **€**

Café Stutenbäumer 3 / Kaffeehaus E. vom Kolke 4, am Ende der Langen Straße Richtung Vier-Jahres-Zeiten-Park liegen die zwei Cafés an der Geiststraße einander direkt gegenüber und bieten beide schmackhafte Kuchen und Torten. Das Kaffeehaus setzt eher auf ein junges Publikum. Stutenbäumer: Di–Sa 8.30–18 Uhr, Sa 8.30–17 Uhr So/Feiertage 13–17 Uhr, Mo Ruhetag, ✆ 02522-62220, Geiststr. 2. Kaffeehaus: Mo–Fr 9–18.30 Uhr, Sa 9.30–18 Uhr, So 14–18 Uhr, ✆ 02522-4108, Geiststr. 1. **€**

Übernachten **Mühlenkamp 5,** Hotel garni in historischer Bausubstanz. Die Hotelbar wird an Spieltagen zur Fußballkneipe. Geiststr. 36, ✆ 02522-93560, hotelmuehlenkamp.de. **€€€**

Hotel Engbert 2, Vier-Sterne-Haus in teilweise historischer Bausubstanz direkt in der Fußgängerzone, mit kleinem Wellnessbereich und Gartenterrasse. Lange Str. 24/26, ✆ 02522-93390, hotelengbert.de. **€€€**

Landhotel Meier-Gresshoff 8, Abtauchen in die Zeit der Burgherren ist auf dem Anwesen aus dem 15. Jh. durchaus möglich. Wellnessbereich mit Außenpool. Gresshoffweg 6, ✆ 02522-9130, meier-gresshoff.de. **€€€**

Camping **Wohnmobilstellplätze** bei der Brauerei Pott sowie dem Freibad Gaßbachtal in Oelde bzw. Stromberg, dazu am Rathaus Wadersloh, am Kloster Liesborn und am alten Kirchplatz in Wadersloh-Diestedde.

Tour 12: Pflaumenrundweg Stromberg → S. 377
Wandern und dabei (fast) alles über Pflaumenanbau erfahren, in der Saison mit Verzehr in Hofcafés.

Umgebung von Oelde

Die bereits zum Kreis Gütersloh gehörende Fusionsstadt **Rheda-Wiedenbrück** (50.000 Einwohner) lohnt einen Abstecher. Schloss Rheda ist seit dem 16. Jh. Stammsitz des Hauses Bentheim-Tecklenburg. Es wurde als Wasserburg auf einem künstlich aufgeworfenen Hügel errichtet, markantester Gebäudeteil ist der romanische Torturm mit integrierter Kapelle. In den Sommermonaten werden sonntags Führungen angeboten (12 €/Pers., erm. 6 €; schloss-rheda.de). Die Flora Westfalica liegt auf dem Gelände der Landesgartenschau von 1988 und erstreckt sich auf 3 km zwischen den Ortsteilen (flora-westfalica.de). Der Bahnhof liegt in Rheda. Die historische Bausubstanz fiel dort einer Neugestaltung des Ortskerns zum Opfer. Wiedenbrück bietet dagegen Fachwerkidylle satt.

Information **Tourist-Info Rheda-Wiedenbrück**, Rathausplatz 13, ✆ 05242-9630.

Verbindungen Stdl. Nahverkehrszug Münster-Bielefeld sowie halbstdl. ins Ruhrgebiet und nach Bielefeld.

Wadersloh

13.000 Einwohner

Wadersloh bildete einst mit den seit 1975 als Ortsteilen integrierten Orten Diestedde und Liesborn den östlichen Vorposten des Fürstbistums Münster, der von drei Seiten von den Territorien anderer Herrscher umgeben war. Heute bestimmt gute Nachbarschaft den Gang der Dinge, wird gemeinsam für touristische Ziele geworben.

Die Gemeinde liegt östlich des Strombergs und bildet den Übergang zur Soester Börde, die hier mit der Lippe quasi eine natürliche Grenze zum Münsterland hat. Erste Besiedlungsspuren führen bis in die Steinzeit zurück. Im Mittelalter entstanden mehrere Adelssitze, die in Kriegen immer wieder verteidigt und nach mancher Niederlage auch neu aufgebaut werden mussten. Das bedeutendste Bauwerk im Ort ist die Abtei im Ortsteil Liesborn, heute Museum des Landkreises. Viele Deutsche haben ein Stück Wadersloh in Form eines Feuerlöschers im Keller. Schauen Sie mal nach!

Kloster Liesborn: Die Abtei im gleichnamigen Ortsteil wurde um 815 als Damenstift gegründet. Im Jahr 1131 wurde

Ostmünsterland → Karte S. 274

dieses aufgehoben, an seine Stelle trat eine Benediktiner-Abtei, die 1803 säkularisiert wurde. Heute ist im Gebäude das Museum des Kreises Warendorf untergebracht. Wichtigster Ausstattungsgegenstand der ehemaligen Klosterkirche St. Cosmas und Damian direkt nebenan ist die doppelseitige Strahlenkreuzmadonna von 1250.

Von kunstgeschichtlich hoher Bedeutung war und ist der einstige Hochaltar von Johann von Soest, auch Meister von Liesborn genannt, ein Hauptwerk der westfälischen Spätgotik. Er wurde um 1807 nach der Säkularisation unter der französischen Besatzung zu mindestens 14 Einzelgemälden zersägt und verkauft. Acht wesentliche Teile gelangten 1854 in den Besitz der National Gallery London. Weitere Teile spürten das LWL-Museum Münster und der Kunstverein Münster auf. Auch Sakralgegenstände und Bibliotheksbestände wurden verkauft. Heute lagern die wertvollsten davon in der Universitäts- und Landesbibliothek Münster.

Historisches Gebäude der Abtei

Das Museum nahm 1966 in nur zwei Räumen seinen Betrieb auf, nutzte später alle erhaltenen Räume der ehemaligen Abtei und hat nach einer Erweiterung 2004 eine Fläche von 3.000 m². Es zeigt neben Exponaten zur regionalen Kunst- und Kulturgeschichte eine bedeutende Kruzifix-Sammlung, zu der auch Werke von Marc Chagall und Salvador Dalí gehören. Hinzu kommen Sonderausstellungen und Musikveranstaltungen. Mit über 20.000 Gästen zählt es zu den meistbesuchten Museen in Nordrhein-Westfalen, Tendenz steigend, denn seit 2023 wird das um 980 entstandene Liesborner Evangeliar nach Ende einer Weltreise durch verschiedene Museen dort wieder ausgestellt.

- **Museum Abtei Liesborn:** Di–Fr 9–12 und 14–17 Uhr, Sa/So 14–17 Uhr, Mo geschlossen. Eintritt frei, Spenden erwünscht, Gruppenführungen ab 40 €. Abteiring 8, ✆ 02523-98240, museum-abtei-liesborn.de.

St.-Margareta-Kirche Wadersloh: Durch die schwierige Lage – im Osten grenzte die Pfarrei an das Gebiet der Herren von Lippe und im Süden an das Gebiet des Kölner Erzbischofs – kam es immer wieder zu Krieg, Brandschatzungen und Plünderungen. Bei einer solchen verschwand Ende des 16. Jh. der wertvolle Margaretenschrein aus dem 12. Jh. Das neugotische Gebäude mit Bezügen zum Historismus wurde 1892–94 nach Plänen von Wilhelm Rincklake aus Münster geplant. Das Inventar stammt aus dem 15.–20. Jh.

Schloss Crassenstein: Die Anlage ist ein Bau von 1570 im vereinfachten Stil der Lipperenaissance, der 1840–45 im klassizistischen Stil umgebaut wurde. Das Schloss wird seit 1951 als Internat genutzt und kann nur umrundet werden. Es ist von einem doppelten Graben umgeben, ein dritter Graben umschließt den Garten. Einst als Vierflügelanlage geplant, besteht das Schloss aus einem Hauptgebäude mit seitlichen Pavillonbauten und zwei halben Seitenflügeln. Am Eingang zur Hauptinsel stehen zwei Pavillons. Innerhalb des Wassergrabens liegen Gartenhäuser und Wirtschaftsgebäude. Ein erster Bau wurde erstmals 1177 erwähnt und gehörte den Herren von Stromberg.

Haus Heerfeld: Ein ebenso schönes Ensemble, das die heutigen Besitzer vor knapp 25 Jahren erwarben und mustergültig sanierten.

■ Göttinger Str. 5

Information **Gemeinde Wadersloh,** ✆ 02523-950-1050, wadersloh.de.

Verbindungen Wadersloh ist nur mit dem Bus aus Oelde und Beckum erreichbar.

Stadtführungen Die Tourist-Info hält ein vielfältiges Angebot bereit.

Wandern Kunstpfad zwischen den Ortsteilen Liesborn und Wadersloh, der auch einige Blühwiesen passiert, die von der Gemeinde errichtet wurden.

Radfahren 20 Radtouren von 13 bis 60 km, die teilweise auch die Nachbarorte passieren und in einigen Fällen mit einem E-Bike besser zu fahren sind.

Essen In jedem der Ortsteile gibt es zumindest ein Bäckerei-Café, einen Imbiss und eine Gaststätte, die alle auf Radtouristen eingestellt sind. Das Hotel Karger am Wadersloher Kirchplatz ist das einzige Hotel im Ort. Die angeschlossene Eisdiele genießt im Ort und der Umgebung Kult-Status (hotel-karger.de/)

Camping **Wohnmobilstellplätze** am Rathaus Wadersloh, am Kloster Liesborn und am alten Kirchplatz in Wadersloh-Diestedde.

Umgebung von Wadersloh

Lippetal

Die aus elf Dörfern bestehende Gemeinde (12.000 Einwohner) gehört zum Kreis Soest. Die beiden Wasserschlösser, **Haus Assen** (Lippborg) und **Schloss Hovestadt,** sind von innen nicht zu besichtigen. Ersteres wird von der Gemeinschaft der Diener Jesu und Mariens als Ordenshaus genutzt, Letzteres wird von der Eigentümerfamilie bewohnt, öffentlich zugänglich ist nur die barocke Parkanlage (schlosshovestadt.de).

Wallfahrer zieht es nach Herzberg zur **St.-Ida-Kirche,** zu den Reliquien der ersten Heiligen aus Westfalen, Naturfreunde lockt der Zusammenfluss von Lippe und Ahse, um auf dem Auenland-Radweg immer wieder Stopps zur Naturbeobachtung einzulegen. Auf dem Gemeindegebiet befindet sich der östlichste Kreuzungspunkt von 100-Schlösser- und Römer-Lippe-Route.

Information **Gemeinde Lippetal,** ✆ 02923-980228, lippetal.de.

Verbindungen Lippetal ist nur mit dem Bus von Soest und Beckum aus erreichbar. Von Hamm fährt im Sommer an mehreren Tagen eine Museumseisenbahn nach Lippborg (museumseisenbahn-hamm.de).

Stadtführungen Die Tourist-Info hält ein vielfältiges Angebot bereit, auch zu Rad- und Wandertouren.

Essen/Übernachten In fast jedem der Ortsteile gibt es zumindest ein Bäckerei-Café und einen Imbiss bzw. eine Gaststätte. Die Hotels in den größeren Ortsteilen sind bestens auf Radtouristen eingestellt.

Camping **Wohnmobilstellplätze** in Lippborg, Herzfeld und Oestinghausen.

Bad Waldliesborn

Wer Wassersport mag, den zieht es auf den Fluss oder ins benachbarte Bad Waldliesborn, seit der Gebietsreform 1975 Ortsteil von Lippstadt. Dort wurde im Jahr 1900 in 912 m Tiefe bei Kohlebohrungen eine 38 Grad heiße Solequelle mit hohem Jod-, Eisen- und Kohlensäuregehalt entdeckt. Ab 1904 erfolgte eine kommerzielle Nutzung, staatlich anerkanntes Heilbad wurde der Ort aber erst 1974. Im Kurpark befindet sich ein Skulpturenpfad mit Werken des Bildhauers und Skulpturengießers Bernhard Kleinhans aus Sendenhorst (→ S. 302). Der Baumentdeckerpfad informiert über exotische Arten im Kurpark (u. a. Ginkgo-, Mammut- und Trompetenbäume).

■ **Walibo-Therme,** Quellenstraße 60, Lippstadt, walibo-therme.de.

Ostmünsterland → Karte S. 274

Beckum

37.000 Einwohner

Steinbrüche, Zementindustrie und durch den Rohstoffabbau entstandene Wasserlandschaften prägen die Stadt. Das Flüsschen Werse macht sich von hier auf den Weg Richtung Münster, und Karnevalisten sind sich ganz sicher, dass Beckum die jecke Nummer eins im Münsterland ist.

Die mächtigen Zementwerke prägen die Silhouette der Stadt und fallen auch von der Zugstrecke und der Autobahn aus auf. Drei ihrer Hinterlassenschaften sind inzwischen renaturiert und interessante Beispiele für Landschaftsgestaltung und Naturschutz nach Rohstoffabbau.

Geschichte

Der Ort wird 1134 erstmals erwähnt, sein ursprünglicher niederdeutscher Name „Beckhem" spielt auf die drei Quellbäche Kollenbach, Siechenbach und Lippbach an, die sich hier zum Flüsschen Werse vereinen.

Wegen seiner strategisch günstigen Lage an der Kreuzung zweier Handelswege kam Beckum bereits früh zu Reichtum und wurde Mitglied der Hanse. Mit der Eröffnung des ersten Zementwerks 1872 begann die Industrialisierung der Stadt, kurz darauf kam der Abbau von Strontianit (→ Kasten, S. 298) als weiterer Wirtschaftszweig hinzu.

Im Zweiten Weltkrieg blieb Beckum nahezu unbeschadet. Aufgrund dreier Stadtbrände (1655, 1657 und 1734) sind in der Innenstadt dennoch nur wenige sehr alte Gebäude erhalten geblieben.

Anschauen und unternehmen

Altes Rathaus / Stadtmuseum: Das zentral am Marktplatz gelegene Alte Rathaus, das durch Umbauten und Sanierungen seine seitlichen Treppengiebel einbüßte, wurde 1879 um ein Geschoss erhöht, dabei entstand der neugotische Schaugiebel. An der Fassade des im Kern aus dem 15. Jh. stammenden Gebäudes sind die Stadtpatrone St. Stephanus und St. Sebastian zu sehen. Es handelt sich dabei um Kopien, die originalen Sandsteinfiguren werden im Inneren aufbewahrt, wo seit 1986 das Stadtmuseum untergebracht ist. Dessen Dauerausstellung präsentiert die Entwicklung Beckums von der fränkischen Siedlungsgeschichte (mit dem „Fürstengrab von Beckum", um 600 n. Chr.) über die bedeutende Rolle als Hansestadt im Mittelalter bis zur Industriegeschichte im 19. Jh. Hinzu kommt ein Karnevalszimmer, in dem 500 Jahre närrische Tradition präsentiert werden.

▪ Di–Fr 9.30–12.30 Uhr und 15–17 Uhr, Sa nur 15–17 Uhr, Mo geschlossen. Eintritt frei, Markt 1, ✆ 02521-29264, beckum.de/de/kultur/stadtmuseum.html.

Propsteikirche St. Stephanus: Die hinter dem Rathaus gelegene größte Kirche der Stadt stammt aus dem 13. Jh. und beherbergt mit dem Prudentiaschrein einen bedeutenden sakralen Schatz. Es handelt sich dabei um ein von der Beckumer Bürgerschaft um 1230 in Auftrag gegebenes goldenes Reliquiar von etwa einem Meter Länge, gut 40 cm Breite und knapp 70 cm Höhe. Der Schrein enthielt ursprünglich Reliquien der Beckumer Kirchenpatrone Stephanus und Sebastian und des hl. Fabian, die Anfang des 19. Jh. im Zuge der Säkularisation entfernt werden mussten. Mit den Reliquien seiner heutigen Namensgeberin, der hl. Prudentia, ist der Schrein erst seit 1881 bestückt. Sie wurden seinerzeit auf Initiative des damaligen Bischofs von Münster und gebürtigen Beckumers Johann Bernhard Brinkmann von Rom nach Beckum überführt.

■ Clemens-August-Str. 25

Höxberg/Soestwarte: Um 1400 umgab eine etwa 18 km lange Landwehr Beckum. Hinzu kamen Türme an exponierter Stelle, wie etwa der auf dem 160 m hohen Höxberg an der Straße nach Soest. Heute ist die Soestwarte der letzte von ehemals 22 Wachtürmen der 1845 fast komplett abgetragenen Stadtbefestigung. 1889 wurde der Turm umgebaut und auf 23,3 m erhöht. Aktuell ist er ein Sanierungsfall. In Sichtweite steht die Windmühle Höxberg (heimatverein-beckum.de).

Aktivpark Phoenix: Der renaturierte Steinbruch mit 40.000 m² Wasserfläche wurde als Naherholungsgebiet mit umfassendem Freizeitangebot ausgewiesen. Für Kinder und Jugendliche gibt es einen Abenteuerspielplatz, eine Wasserspielzone, einen Spielhang mit Riesenrutsche, eine Seilbahn sowie verschiedene Geräte zum Wippen, Schaukeln, Balancieren und Klettern. 2016 kam noch ein Discgolf-Parcours hinzu, der auch etwas für Erwachsene ist, 2020 eine zweite, turniertaugliche Kletterwand. Zudem sind Beachvolleyball, Badminton, Skateboarding, Minigolf und Angeln möglich.

Eine Naturbegegnungsstätte vermittelt ökologische und botanische Informationen. Eine Steilwand mit den für das Beckumer Kalksteinvorkommen typischen Schichtungen wurde als Einblick in die Erdgeschichte erhalten.

■ Die Kletteranlage kann nur nach Anmeldung genutzt werden (✆ 02521-28273, alpenverein-beckum.de). Der Eintritt zum Discgolf ist frei. Für alle weiteren nur z. T. kostenpflichtigen Aktivitäten dient der Kisok als Kasse und Information. Rheinische Str. / Am Kollenbach (Parkplätze).

Freizeitsee Tuttenbrock: Der zweite renaturierte ehemalige Kalksteinbruch wurde als Badesee angelegt und bietet

Das historische Rathaus und die Mühle auf dem Höxberg

auch hervorragende Wassersportmöglichkeiten. Seit Juli 2013 gibt es die Wasserskiseilanlage „TwinCable Beckum", die für Anfänger und Profis bestens geeignet ist. Wer gerne aufs Wasser schaut, nutzt den 2 km langen Rundwanderweg.

■ Eintritt Strandbad 1 €, Aquapark ab 10 €, Stand-up-Paddling ab 12 € und Wasserski ab 19 €. Am Tutenbrocksee 7, ✆ 02521-8214844, tuttenbrocksee.com.

Blaue Lagune: Der ehemalige Steinbruch West heißt offiziell Dyckerhoffsee. Er befindet sich zwischen Ahlener Straße und Vorhelmer Straße. Das gesamte Gebiet ist ein geschützter

Ist Beckum Schilda?

Der Legende nach soll Beckum identisch mit der Stadt Schilda sein, Heimat der Schildbürger und ihrer Streiche. So wollen es zumindest die „Beckumer Anschläge", eine Sammlung von närrischen Geschichten, die in der Stadt spielen und den Streichen der Schildbürger ähneln. Sie entstammen ursprünglich dem sog. Lalebuch (= Narrenbuch), das 1597 erstmals in gedruckter Form erschien und ähnlich wie die Schwankgeschichten um Till Eulenspiegel schnell deutschlandweit verbreitet wurde.

Die Beckumer Narreteien, z. B. die vom Rathausbau und wie dabei die Fenster vergessen wurden, sind in der Stadt mit der Zeit so populär geworden, dass man in den 1920er-Jahren sogar Notgeld mit entsprechenden Motiven bedruckte. Neben Beckum nehmen übrigens acht weitere Orte für sich in Anspruch, Schilda zu sein …

Bereich mit einem Biotopsee und einem Landschaftssee. Die Blaue Lagune setzt einen schönen Kontrapunkt zum trubeligen Tuttenbrock-See und dem Aktivpark Phoenix.

Zementmuseum: Der Eigeninitiative von vier Männern ist es zu verdanken, dass das Zementmuseum 2010 in Köttings Mühle eröffnet werden konnte. Es zeigt anschaulich die Entwicklung des Beckumer Zementreviers von seinen Anfängen bis hin zur industriellen Produktion.

■ Mai–Okt. am 1. So im Monat 14–17 Uhr. Eintritt frei, Spenden erwünscht. Hammer Str. 12, ✆ 02521-5567, zement-museum.de.

Spannbetonbrücke Vellern: Ein Erbe der Nazi-Zeit im Osten des Münsterlandes ist die heutige Autobahn 2. Sie wurde 1938 zwischen Beckum und Oelde gebaut. Um den Ortsteil Vellern nicht von Beckum abzutrennen, musste eine Überführung her. Es wurde die erste Spannbetonbrücke über eine Autobahn in Deutschland. Sie ist nach heftigen Protesten im Jahr 2012 abgebaut und auf dem nahe gelegenen Rastplatz Vellern als Denkmal wiederaufgebaut worden. Angesichts der Kosten von 310.000 Euro fand sie Erwähnung im Schwarzbuch des Steuerzahlerbundes.

Praktische Infos

Information **Stadtmarketing Beckum,** Weststr. 46, ✆ 02521-29172, beckum.de.

Verbindungen Bahnhof in Neubeckum (6 km vom Zentrum entfernt), dort halbstdl. Nahverkehrszüge nach Dortmund und Bielefeld, Busse in die Nachbarorte. Schnellbus nach Münster.

Stadtführungen Ein halbes Dutzend Angebote können über die Tourist-Info gebucht werden.

Markt Mittwoch und Samstag am Vormittag.

Schwimmen **Hallenbad Beckum,** Paterweg 4, ✆ 02521-950361. **Freibad Neubeckum,** Graf-Galen-Str. 122, ✆ 02525-2962, freibad-neubeckum.de.

Wandern Wege sind in den oben beschriebenen Naherholungsgebieten ausgeschildert, etwas mehr Strecke lässt sich aber nur im Waldgebiet im Ortsteil Vellern machen.

Rad Die **Zementroute** (27 km) führt zu verlassenen Städten der Industriekultur und neu entstandenen Landschaftsoasen in Beckum und Ennigerloh (→ S. 297). Zudem ist die **Bildstocktour Beckum** ausgeschildert, eine Runde für alle, die der Volksfrömmigkeit auf die Spur kommen wollen (18 km).

Klettern **DAV-Kletterzentrum Beckum,** am Freizeitgelände Tuttenbrocksee. ✆ 02521-28273, alpenverein-beckum.de/kletteranlage.

Essen **Stiefel Jürgens,** das Lokal nimmt für sich in Anspruch, die älteste Brauerei Westfalens (1680) zu sein, und bietet klassische Brauhausküche. Di–So 17–24 Uhr, Mi/Sa Frühschoppen ab 11 Uhr, Mo Ruhetag. Hühlstr. 6, ✆ 02521-3351, stiefel-juergens.de. **€€**

Pulverschoppen, das ehemalige Gasthaus Hagedorn ist inzwischen ein italienisches Restaurant, doch das westfälische Gasthaus bleibt über die Einrichtung erhalten. Mi–Fr 17.30–22.30 Uhr, Sa/So 11.30–14.30 Uhr und 17.30–22.30 Uhr, Mo/Di Ruhetag. Weststr. 7, ✆ 02521-8212515, pulverschoppen.de. **€€**

Haus Köller, herrlicher Biergarten vor den Toren der Stadt, viele regionale Gerichte auf der Speisekarte. Mi–Sa 17–21.30 Uhr, So/Feiertage 11–14 Uhr und 17–21.30 Uhr, Mo/Di Ruhetag. Holter 36, ✆ 02521-3581, haus-koeller.de. **€€**

Übernachten **Bei Kliewe im Westfälischen Hof,** seit sieben Generationen bestehendes Traditionshaus. In Sachen Interieur derart auf der Höhe der Zeit, dass es in Beckum fast schon etwas fremd wirkt. Empfehlenswertes Restaurant, das viel Regionalküche anbietet. Weststr. 33, ✆ 02521-3369, bei-kliewe.de. **€€€**

Hotel Alt Vellern, im Landhausstil eingerichtetes Haus mit stark auf die Regionalküche ausgerichtetem Restaurant. Dorfstr. 21, ✆ 02521-87170, alt-vellern.de. **€€€**

Camping **Wohnmobilstellplätze** am Hallenbad Beckum. Der **Campingplatz Uentrop Helbach** liegt zwischen Autobahn A2 und stillgelegtem Atomkraftwerk Hamm-Uentrop und sei hier der Vollständigkeit halber erwähnt.

Umgebung von Beckum

Die nicht auf dem Schienenweg zu erreichende Nachbarstadt **Ennigerloh** (20.0000 Einwohner) verdankt ihre heutige Größe der Gebietsreform von 1975, bei der die ehemals selbstständigen Orte Enniger, Ostenfelde und Westkirchen eingemeindet wurden. Einen kurzen Stopp lohnen die Adelssitze Schloss Vornholz und Haus Dieck sowie der „Drubbel" genannte Stadtkern an der denkmalgeschützten St.-Jakobus-Kirche in Ennigerloh mit Häusern aus der Zeit um 1700. Gleich dahinter liegt die Alte Brennerei Schwake, heute ein Veranstaltungsort. Etwas außerhalb steht eine mustergültig sanierte Windmühle (Zur Windmühle 1, muehlenfreunde-ennigerloh.de).

Auch die Ortskerne von Enniger, Westkirchen und Osterfelde haben insbesondere um die ebenfalls denkmalgeschützten Kirchen viel historische Bausubstanz zu bieten.

Haus Vornholz: Die Anlage ist von doppelten Gräben und einem Wall umgeben, auf der Rückseite befindet sich ein

Ostmünsterland → Karte S. 274

Der Drubbel, historischer Ortskern von Ennigerloh

Parkgelände. Seit 1655 ist sie im Besitz der Familie von Nagel. Besonderheit ist, dass das Gebäude nicht auf Eichenpfählen steht, sondern auf einer Tonplatte gebaut wurde. Sehenswert sind der Rittersaal und ein Kavalleriemuseum mit Ausrüstungsgegenständen einstiger Reiterregimente von 1748 bis zum Ersten Weltkrieg. Führungen organisiert die Tourist-Information.

▪ Steinpatt 13, Ostenfelde.

Haus Dieck: Das rechteckige, zweigeschossige Herrenhaus im Barockstil wurde 1771 als Landhaus nach französischem Vorbild errichtet. Es soll eines der letzten Gebäude sein, an dessen Planung Johann Conrad von Schlaun beteiligt war. Große Teile der Gräfte sind versandet bzw. im Laufe der Jahre zugeschüttet worden. Das Gebäude kann für Tagungen und Feiern angemietet werden. Die Außenanlagen sind frei zugänglich. Vom einst angelegten Park ist aber nicht mehr viel zu sehen.

▪ Freckenhorster St. 10, Westkirchen.

Information **Stadtmarketing Ennigerloh,** Marktplatz 1, ✆ 02524-283001, ennigerloh-erleben.de.

Verbindungen Ennigerloh ist nur per Bus erreichbar (Regionalbus Oelde/Beckum).

Stadtführungen Das Stadtmarketing Ennigerlohn hält acht Angebote bereit.

Mark Donnerstag am Vormittag in Ennigerloh.

Schwimmen **Naturbad Stavernbusch,** Am Freibad, ✆ 02524-951897. **Olympiabad Ennigerloh,** Berliner Str. 35, ✆ 02524-951898.

Radfahren Die **Kleeblattroute** führt durch alle Ortsteile. Sie ist mit 45 km eine Tagestour.

Strontianit

Das im Münsterland „Strunz" genannte Strontianit ist ein selten vorkommendes Mineral aus der Klasse der Carbonate und Nitrate. Es hat seinen Namen dem Erstfund in Strontian (Schottland) zu verdanken. Strontianit kann sich in Vulkangesteinen bilden oder, wie im Münsterland, durch Sedimentation. 1834 gab es den Erstfund in der Region in Münster-Nienberge. Von 1874 bis 1945 wurde in etwa 700 Gruben in bis zu 110 m Tiefe abgebaut. 2.200 Bergleute waren in den Gruben beschäftigt.

Das Mineral war seinerzeit bei der Herstellung von Zucker von Bedeutung: Mit seiner Hilfe konnte der Restzucker (bis zu 50 %) aus der dickflüssigen Melasse gewonnen werden, die bei der Zuckergewinnung aus Zuckerrüben als nicht mehr auskristallisierendes Restprodukt anfällt. Allerdings währte der Strontianit-Boom nicht sonderlich lange, denn schon bald wurde das Mineral bei der Melasse-Entzuckerung vom billigeren Coelestin verdrängt, das ab den 1890er-Jahren in großen Mengen in England abgebaut und von dort auf den Kontinent exportiert wurde.

Heute wird Strontianit noch für die Herstellung von Magneten, Bildschirmglas, Pyrotechnik und Medikamenten (als Strontium-90 auch in der Strahlentherapie) genutzt, aber aus China importiert. Zentrum des Strontianitabbaus waren das heute zu Ahlen gehörende Vorhelm, Ahlen und Drensteinfurt. Einige Mergelhalden sorgen seitdem für etwas Abwechslung in der sonst so flachen Landschaft und sind u. a. Habitat von Weinbergschnecken.

Golf Der laut Eigenwerbung schönste Platz im Münsterland befindet sich beim **Schloss Vornholz.** Steinpatt 13, ✆ 02524-5799, golfclub-schloss-vornholz.de.

Essen Hubertus, Gasthaus direkt im historischen Ortskern von Ennigerloh mit Schwerpunkt auf regionalen und saisonalen Gerichten, auch Hotelzimmer. Di–So 17–22.30 Uhr, Mo Ruhetag. Ennigerstr. 2, ✆ 02524-9282373, hotelhubertus.de. **€€**

Landgasthaus Hohen Hagen, Gastronomie auf der Höhe der Zeit vor den Toren von Ennigerloh, die gleichzeitig darum bemüht ist, den Gasthaus-Charme vergangener Tage zu bewahren. Reservierung empfohlen. Mi–Fr 17–21 Uhr, Sa 15–21 Uhr, So/Feiertage 11–21 Uhr, Mo/Di Ruhetag. Zum Hohen Hagen 4, ✆ 02522-2353, hohenhagen.de. **€€**

Übernachten Hotel am Markt, modern eingerichtetes Hotel garni am etwas trist und artifiziell wirkenden Marktplatz von Ennigerloh. Alter Dahlser Weg 6, ✆ 02524-2670500, markthotel.de. **€€**

Hotel Kröger, seit 1870 für die Bewirtung von Gästen in Ostenfelde zuständig. Zweckmäßig eingerichtete Zimmer; im Restaurant stehen etliche Regionalgerichte auf der Speisekarte. Hessenknapp 17, ✆ 02524-93190, kroeger-hotel.de. **€€**

Wohnmobilstellplätze am Freibad Staverburg und am Gasthof Hohen Hagen.

Ahlen

53.000 Einwohner

Ein historischer Stadtkern, Bergbau-Vergangenheit, eine durch Mäzene möglich gemachte überregional anerkannte Museumslandschaft sowie der Kreuzungspunkt von drei Fernradwegen haben Ahlen einen wichtigen Platz auf der touristischen Landkarte gebracht.

Die Industriegeschichte der Stadt und die Zeit als reine Ackerbürgerstadt sind durch kluge Stadtplanung miteinander verbunden worden. Die Achse Innenstadt-Zechengelände verschafft zusammen mit den Museen interessante Eindrücke und Einblicke.

Geschichte

Der erstmals um 850 erwähnte Ort entstand am Schnittpunkt von Handelswegen, die hier die Werse überquerten. Ab dem 13. Jh. war Ahlen von einer Stadtmauer umgeben und hatte als Mitglied der Hanse einen erheblichen Bevölkerungszuwachs zu verzeichnen. Im späten 19. Jh. vollzog sich der Wandel von der landwirtschaftlich geprägten Ackerbürgerstadt zur Industriestadt. Im Mittelpunkt stand zunächst der Strontianit-Abbau, dann folgten Betriebe der metallverarbeitenden Industrie, insbesondere der Emaille-Industrie, deren Betriebsstätten im Volksmund „Pöttkesfabriken" genannt wurden. Der nächste Schub kam mit Gründung der Bergwerksgesellschaft Westfalen 1907 und dem Steinkohlenbergbau, der den massiven Zuzug von Arbeitsmigranten erforderlich machte: Ende der 1920er-Jahre arbeiteten Männer aus 21 Ländern im Bergwerk.

Diese Tradition setzte sich in den Wirtschaftswunderjahren nach dem Zweiten Weltkrieg fort, sodass heute fast die Hälfte der Bevölkerung – und das ist für das Münsterland eine Ausnahme – einen wie auch immer gearteten Migrationshintergrund hat.

Anschauen und unternehmen

Stadtkern: Trotz zweier verheerender Stadtbrände (1668 und 1744) ist noch historische Bausubstanz erhalten geblieben, darunter einige Burgmannshöfe. Sehenswert ist z. B. der als Haus Geisthövel bekannte Bischopinkhof (Freiheit 2), einst Besitz der ritterlichen Familie von und zu Ahlen. Im Oers Hof (Wilhelmstraße 12), dem wohl ältesten Profangebäude der Innenstadt, befindet sich das Heimatmuseum. Schwerpunkte

Ostmünsterland → Karte S. 274

der Ausstellung sind der Ackerbau und das Leben auf den Höfen sowie der Bergbau, der das Bild der Stadt jahrzehntelang prägte. Aus der Zeit des Wiederaufbaus nach den erwähnten Stadtbränden stammen einige Häuser am Marktplatz und am Kirchplatz. Ein Ärgernis ist das denkmalgeschützte Gebäude des ehemaligen Textilkaufhauses Holtermann, weil seit seiner Zwangsversteigerung vor fünf Jahren bis auf eine Fassadensanierung einfach nichts passiert ist.

Kirchen St. Bartholomäus und St. Marien: Nur von der Südstraße voneinander getrennt, gibt es im Zentrum der Stadt mit St. Bartholomäus (der älteren) und St. Marien zwei katholische Kirchen. Beide standen unter der Obhut von Kloster Cappenberg in Selm (→ S. 128).

Bereits seit dem 9. Jh. gab es in Ahlen ein Gotteshaus. Nach dem Stadtbrand von 1483 entstand die bis heute existierende vierjochige Hallenkirche St. Bartholomäus mit kurzem Kreuzjoch. Der Turm des denkmalgeschützten Gebäudes stürzte 1811 ein und wurde 1815–19 im Stil des Klassizismus neu errichtet. Das Inventar stammt aus dem 14.–17. Jh. Die Kirche wurde kürzlich renoviert und Teile des Innenraums neu gestaltet.

St. Marien, die sog. „Neue Kirche", wurde ursprünglich zwischen 1283 und 1289 errichtet. Der heutige Kirchbau (1902–04) ist die Umsetzung von Plänen Ludwig Beckers durch Wilhelm Sunder-Plassmann, 1925–46 Dombaumeister in Münster. Das frühgotische Portal des Vorgängerbaus wurde an der Südseite integriert, die Kirche selbst ist eine dreischiffige neugotische Staffelhalle. Das Inventar des ersten Kirchbaus ist in Teilen noch in der neuen Kirche zu finden.

▪ Kirchplatz 7 / Marienplatz 58

Zechensiedlung Neustadt: Die Stadt Ahlen hat sich sehr frühzeitig darum bemüht, die Erinnerung an die Bergarbeiterkultur wachzuhalten. Ein Beitrag dazu war die Erhaltung der bedeutendsten Bergarbeitersiedlung der Stadt. Die Zechensiedlung Neustadt wurde von 1910 bis 1924 unter der Leitung des von der Gartenstadtbewegung beeinflussten Architekten und Stadtplaners Josef Stübben konzipiert. Sie liegt unmittelbar nördlich der Zeche zwischen Humboldtstraße, Sattelstraße und Förderweg. Es gibt Gebäudegruppen aus Doppel- oder Vierfamilienhäusern. In den rückwärtigen Nutzgärten sind teilweise Ställe angebaut worden. Durch geschickte Staffelung der Gebäude vermittelt die Siedlung den Eindruck von ländlicher Idylle. Bereits ab 1981 wurde das ursprüngliche äußere Erscheinungsbild der Gebäude nach und nach wiederhergestellt und die gesamte Siedlung 1985 unter Denkmalschutz gestellt. Auch der Glückaufplatz als Zentrum der Siedlung mit Lebensmittelgeschäft und Schule sowie die ehemalige Gaststätte Westfalenhof wurden berücksichtigt. Beeindruckend ist auch die als Allee gestaltete Hauptzufahrt. Der Zechenbahnradweg verbindet die Siedlung mit dem ehemaligen Zechengelände und der Innenstadt. 15 Jahre später folgte mit der Beamtensiedlung Neustadt ein zweiter Stadtteil mit – in Behördendeutsch – „objektübergreifendem Ensembleschutz" (u. a. Bergamtsstraße und Schachtstraße). Dies brachte Ahlen wieder einen Platz in Texten und Büchern zur vorbildlichen Denkmalpflege.

Kunstmuseum: Dass Kunstinteressierte sich auf den Weg nach Ahlen machen, ist dem Unternehmer Theodor F. Leifeld zu verdanken. Der ließ Anfang der 1990er-Jahre die Gründerzeitvilla der Freifrau von Kalkstein am ehemaligen Westtor aufwendig renovieren, um sie für museale Zwecke nutzbar zu machen, 1996 kam ein Erweiterungsneubau hinzu. Wechselausstellungen präsentieren moderne und zeitgenössische Kunst, außerdem wird die hauseigene

Kunstmuseum Ahlen

Sammlung präsentiert. Sie wird mit dem vom Stifter zur Verfügung gestellten Kapital beständig erweitert und umfasst aktuell schon über 1.500 Werke von mehr als 200 Künstlern. Schwerpunkte sind die frühe klassische Moderne (ab Spätimpressionismus), konstruktiv-konkrete Kunst und zeitgenössische Kunst. In allen Bereichen spielen die Themen Licht in der Kunst und Licht-Kunst eine besondere Rolle. Das Museum lohnt auch einen Stopp auf der Durchreise.

▪ Mi–Sa 15–18 Uhr, So 15–17 Uhr, Mo/Di geschlossen. Eintritt 6 €, erm. 4 €, Familienkarte 5 €. Museumsplatz 1, ✆ 02382-91830, kunstmuseum-ahlen.de.

Museum im Goldschmiedehaus: Das Museum zeigt historische Instrumente zur Zeitmessung wie Elementaruhren, Sonnen-, Feuer-, Wasseruhren und mechanische Uhren ab 1585. Einen zweiten Schwerpunkt bilden religiöse Gegenstände aus dem Christentum und anderen Weltreligionen. Das Ahlener Museum zählt zu den wenigen interreligiösen Museen in Europa, ein Besuch bietet sich insbesondere als Ergänzung zum Besuch des Religio in Telgte an (→ S. 308).

▪ Besuch auf Anfrage. Eintritt 3 €. Oststr. 69, ✆ 02382-3467, museumimgoldschmiedehaus.de.

Fritz-Winter-Haus: Bauhausschüler Fritz Winter lebte von 1919 bis 1927 in Ahlen. Er zählt zu den bedeutendsten abstrakten Künstlern der Zwischenkriegszeit. Ausgewählte Werke sind in Verbindung mit korrespondierenden Wechselausstellungen in seinem ehemaligen Wohnhaus zu sehen.

▪ Di/Mi/Sa 15–18 Uhr, So 11–18 Uhr, Mo/Do/Fr geschlossen. Eintritt frei Gruppenführung nach Anmeldung 50 €. Südberg 72, ✆ 02382-61582, fritz-winter-haus.de.

Praktische Infos

Information **WfG Ahlen,** Beckumer Str. 34, ✆ 02382-964307, wfg-ahlen.de.

Verbindungen Halbstdl. Nahverkehrszüge nach Dortmund und Bielefeld.
Schnellbus nach Münster, nach Warendorf Umstieg im Ortsteil Tönnishäuschen, Busse in die Umlandorte, Stadtbusse.

Stadtführungen Drei Stadtführungen können in Ahlen gewählt werden.

Markt Mittwoch und Samstag am Vormittag.

Schwimmen **Hallenbad,** Industriestr. 40; **Freibad,** Bürgermeister-Corneli-Ring; **Parkbad Ahlen,** Dolberger Str. 66. ✆ 02382-7880, baedergesellschaft-ahlen.de.

Ostmünsterland → Karte S. 274

Wandern Vier **X-Wege** des Westfälischen Heimatbundes laufen durch die Stadt, eigene Ortswege sind nicht ausgeschildert.

Radfahren Der **Zechenbahnradweg** verbindet die Innenstadt mit dem Zechengelände. Auf einer entspannten Tour lässt sich der Strukturwandel studieren. Drei Ortstouren hält die Tourist-Information Ahlen bereit.

Klettern **Kletterhalle Rockvibes,** Zeche Westfalen 1, ✆ 02382-9698333, rockvibes.de.

Essen **Zur Langst,** gerade im Sommer nette Gastronomie am Stadtwald/Stadtteich. Mo und Mi–So 11–23 Uhr, Di Ruhetag. Am Stadtwald 6, ✆ 02382-8551018, zur-langst.de. **€€**

Haus Wibbelt, fein speisen geht auch in einer von Industrie geprägten Stadt. Mi–Sa 17.30–22 Uhr, So 11.30–14 Uhr und 17.30–22 Uhr, Mo/Di Ruhetag. Warendorfer Str. 255, ✆ 02382-2979, restaurant-wibbelt.de. **€€€**

Lehmofen/Steinofen, es ist wie mit Dortmund und Schalke, Liverpool oder Everton. Man muss sich in Ahlen entscheiden, wo man jenseits von Döner und Türkischer Pizza türkische Restaurantküche genießen möchte. In jedem Fall sollte man sie sich nicht entgehen lassen. Beide Di–So 17.30–23 Uhr, Steinofen auch Mo. Nordstr. 50, ✆ 02382-83601, lehmofen.net; Südstr. 1, ✆ 02382-7601824, facebook.com/SteinofenAhlen/. **€€**

Übernachten **Art Hotel,** ein futuristischer Neubau und ein etwas entfernt liegender Altbau mit Restaurant Chagall bilden zusammen das Vier-Sterne-Haus. Warendorfer Str. 26, ✆ 02382-70650, art-hotel-ahlen.de. **€€**

Hotel Witte, seit 130 Jahren in Familienbesitz befindliches Haus im Ortsteil Vorhelm. Moderne Zimmer, klassische Gaststube, empfehlenswertes Restaurant. Hauptstr. 32, ✆ 02528-9295290, hotel-witte.de. **€€**

Cityhotel, zweckmäßig eingerichtetes Garni-Hotel in Bahnhofs- und Innenstadtnähe. Dolberger Str. 6, ✆ 02382-766690, cityhotel-ahlen.de. **€€**

Camping **Wohnmobilstellplätze** am Parkbad Ahlen.

Umgebung von Ahlen

890 erstmals erwähnt und 1300 mit Stadtrechten versehen, gehörte **Sendenhorst** bis zur Säkularisation zum Einflussbereich der Fürstbischöfe von Münster. Die Kleinstadt (13.000 Einwohner) wartet sehnsüchtig auf 2026, wenn die Bahnstrecke nach Münster reaktiviert sein soll. Dabei hätte die Geschichte des Ortes auch ganz anders verlaufen können. Anfang der 1970er-Jahre sollte am Ortsrand der Flughafen Westfalen entstehen, Interkontinentalflüge inklusive. Bundesregierung und britische Besatzungsmacht hatten etwas dagegen.

Skulpturenpfad: Der Bildhauer Bernhard Kleinhans (1926–2004), 1991 zum Ehrenbürger ernannt, verbrachte weite Teile seines Lebens in Sendenhorst. Mit einem aus 21 seiner Arbeiten bestehenden Skulpturenpfad würdigt die Stadt sein Schaffen. Teil des Pfads ist die autofreie Promenade, ein Fußweg, der durch den Ortskern verläuft. Der Altar, das Bronzekreuz über dem Altar, der Ambo sowie der Taufbrunnen in der St.-Martin-Kirche wurden ebenfalls von Kleinhans geschaffen.

▪ Eine Informationsbroschüre zum Kulturpfad Bernhard Kleinhans hält die Tourist-Information bereit.

Werseaue: Vor den Toren der Stadt wurde die Werse renaturiert und ein Gebiet mit hoher Aufenthaltsqualität geschaffen. Es gibt sogar eine Picknickinsel, die erreichen kann, wer nichts gegen nasse Füße hat.

St.-Joseph-Stift: Es wurde 1889 als allgemeines Krankenhaus eröffnet und ist heute eine bundesweit bekannte Fachklinik. Der Architekt vieler Kirchen im Münsterland, Wilhelm Rincklake, plante auch dieses Gebäude und stattete es mit einem veritablen Kirchturm aus. Münsters Bischof Clemens August Graf von Galen lenkte in den letzten Kriegsmonaten von hier aus das Bistum.

▪ Westtor 7

Information **Tourist-Information Sendenhorst,** ✆ 02526-303323, sendenhorst.de.

Verbindungen Sendenhorst ist nur mit dem Bus aus Münster und Warendorf erreichbar. Zuganschluss frühestens 2026.

Stadtführungen Die Tourist-Information stellt ein individuelles Angebot zusammen.

Markt Freitag am Vormittag.

Einkaufen **Krümels Hofstübchen,** in Albersloh gibt es nicht nur regionale Direktvermarktung, sondern auch leckere Kuchen und Torten, weil eine gelernte Konditorin den Laden übernommen hat. Mi–Fr 8–13 Uhr u. 14.30–18 Uhr, Sa 8–16.30 Uhr, So/Mo/Di Ruhetag. Wolbecker Str. 5, ✆ 02535-9590935, kruemels-hofstuebchen.de.

Schwimmen **Hallenbad Sendenhorst,** Westtor 31, ✆ 02526-2025.

Wandern Der **Brennereipfad** (1,2 km) passiert neben den ehemaligen Schnapsbrennereien die bedeutendsten Gebäude im Ort. Erlebnisbrennereien Sendenhorst, Alter Postweg 36, ✆ 02526-2830, erlebnisbrennereien-sendenhorst.de.

Radfahren Eine wunderbare Tagestour lässt sich im Ortsteil Albersloh beginnen. Von dort geht es die Werse entlang Richtung Mündung. Kurz vor der Mündung links ab nach Münster-Gelmer und dort bis zum Dortmund-Ems-Kanal. Dem wird nun gefolgt bis zum Hiltruper See (Münster-Hiltrup). Durch die Hohe Ward geht es von dort nach Rinkerode und durch die Felder zurück nach Albersloh.

Essen/Übernachten **Landhotel Bartmann,** ehemaliger Bauernhof, der seit 1992 ein Vier-Sterne-Haus ist. Bracht 3, ✆ 02526-1228, landhotel-bartmann.de. **€€€**

Hotel Waldmutter, an den Hardtteichen gelegenes Traditionshaus (1882). Hardt 6, ✆ 02526-93270, waldmutter.de. **€€€**

Wohnmobilstellplatz am Hallenbad.

Hexenverfolgung – allein 20 Prozesse in Ahlen

In Westfalen fanden neben Bayern die meisten Hexenprozesse statt. Erst 1997 gab es durch die Evangelisch-Lutherische Kirche in Bayern eine erste entschuldigende Stellungnahme dazu, denn auch Luther und Calvin redeten Hexenverfolgung das Wort, wobei die Eindeutigkeit ihrer Aussagen in der Forschung umstritten ist. Das lange Zögern der beiden christlichen Kirchen mag auch daran gelegen haben, dass viele Prozesse von der weltlichen Obrigkeit angestrengt wurden. Es ging darum, Schuldige für Missernten und Seuchen zu finden und religiöse Verunsicherung in Zeiten von Reformation/Gegenreformation für eigene Zwecke auszunutzen.

Es war ganz leicht, sich mit entsprechenden Denunziationen persönlicher Feinde/Konkurrenten zu entledigen, wenn der Landesherr ein Hexenjäger war. Unter den Fürstbischöfen Ernst und Ferdinand von Bayern (1582–1612 bzw. 1612–1659) gab es die meisten Hexenprozesse im Münsterland. Begünstigt wurden sie von entsprechend gesinnten Klerikern und Verwaltungsleuten. In Ahlen sind 20 Hexenprozesse aktenkundig, im weit größeren Münster gerade einmal 40. Es begann in Ahlen 1574, als vier Frauen zum Tode verurteilt wurden. Besonders barbarisch war 1615 das Urteil gegen Peter Kleikamp, der als Werwolf angeklagt, gefoltert und lebendig auf dem Scheiterhaufen verbrannt wurde. 1652 wurde als letzte Person in der Stadt Anna Sadelers gefoltert, enthauptet und auf dem Scheiterhaufen verbrannt.

Das Tecklenburger Land war nicht nur bei der Reformation Vorreiter in der Region, sondern auch bei der Beendigung der Hexenverfolgung. Gräfin Anna von Tecklenburg und ihr Leibarzte Johann Weyer (auch Jan Wier genannt) sorgten schon im letzten Viertel des 16. Jh. für ihr Ende (→ S. 242).

Ostmünsterland → Karte S. 274

Haus Bisping ist ein Adelssitz im Drensteinfurter Ortsteil Rinkerode

Drensteinfurt

16.000 Einwohner

Wenige Orte im Münsterland werden dem inzwischen leicht überstrapazierten Begriff der Münsterländer Parklandschaft besser gerecht. Die Werse fließt durch den Ort, waldreiche Naturschutzgebiete laden Richtung Münster zu Wanderungen und Radtouren ein. Dazu kommen Weidewirtschaft und Wasserburgen.

851 wurde der Ort erstmals erwähnt, 1170 die erste Kirche errichtet, Mitte des 15. Jh. entstand eine Stadtbefestigung. Bis weit ins 19 Jh. hinein blieb Drensteinfurt landwirtschaftlich geprägt. Ab 1877 wurde dann Strontianit abgebaut, woran der Strontianitlehrpfad erinnert.

Anschauen und unternehmen

St.-Regina-Kirche: Die dreischiffige Kirche ist vorwiegend aus Backsteinen errichtet worden, Sandsteine dienen zur optischen Auflockerung des Bauwerks. Entstanden ist sie im Kern zwischen 1787 und 1790 auf den Fundamenten eines Vorgängerbaus, 1890 kamen die zwei Seitenschiffe hinzu. 1895 wurde die schlichte Holzdecke durch eine aufwendige Kassettendecke aus gestanztem Blech ersetzt. Die klassizistische Strenge des Kircheninneren wird durch eine Begrenzung der Farbgebung auf die Töne Weiß, Blau und Gold betont.

▪ Mühlenstr. 10

Haus Steinfurt: Das Wasserschloss liegt unmittelbar nördlich der Altstadt am Südufer der Werse. Die Anlage aus Herrenhaus, zwei Nebengebäuden, zwei Torhäuschen, einer Wassermühle und einer Remise sowie einem 2 ha großen Park wurde zwischen 1707 und 1709 gebaut. Es gibt zwei Gräften, in die eine wurde der Flusslauf der Werse integriert. Haus Steinfurt wird heute von der Familie des Grafen von Meran bewohnt. Die Anlage ist an Werktagen tagsüber sowie zu Veranstaltungen geöffnet.

St.-Pankratius-Kirche: Die Kirche in Rinkerode wurde zwischen 1721 und 1724 als Ziegelbau mit Sandsteingliederung errichtet, Baumeister war Gottfried Laurenz Pictorius, der auch an der Entstehung des berühmten Schlosses Nordkirchen (→ S. 122) beteiligt war. Der prominente Architekt schützte die Kirche aber nicht vor Umbauten. Bei der letzten Renovierung (1988) bemühte man sich, historische Strukturen wieder sichtbar zu machen. Dazu gehörten die exemplarische Freilegung der Zwickelmalerei im nordwestlichen Teil der Kirche (oberhalb der Orgelempore) und die farbliche Gestaltung. Das Inventar aus Mittelalter, Barock sowie dem 19. und 20. Jh. ergeben einen interessanten Stilmix.

▪ Sankt-Pankratius-Kirchplatz 3

Haus Borg: Das Schloss in Rinkerode besteht aus einer Vorburg, einer Hauptburg und einem Garten, die umgräftet sind. Die Gebäude, die blockhaft aneinandergereiht und gruppiert sind, wurden zwischen dem 15. und 18. Jh. errichtet. Seit einigen Jahren wurde mit erheblichem Aufwand eine Renovierung vorangetrieben. Die Anlage gehört einem Dortmunder Unternehmer und kann nicht besichtigt werden.

▪ Altendorf 51

Haus Bisping: In Sichtweite von Haus Borg liegt eine weitere Schlossanlage, von der heute nur noch Teile der Gräfte und das Torhaus aus dem Jahr 1651 erhalten sind. Haus Bisping ist Geburtsort und Stammsitz des Fürstbischofs Christoph Bernhard von Galen (1606–1678). Die Familie von Galen nutzte später aber Burgen in Dinklage und bei Lippstadt, sodass die Anlage in Rinkerode verfiel.

▪ K 40, Einfahrt gegenüber dem Hotel an der B 54.

Haus Venne: Das Wasserschloss im Ortsteil Mersch stammt aus dem frühen 18. Jh. Es besteht aus einem Haupthaus aus Backstein und vier symmetrisch zugeordneten Nebengebäuden. Hinter dem Haupthaus breitet sich eine Parkanlage aus, das dortige Gartenhaus stammt von Barockbaumeister Johann Conrad Schlaun. Der Zustand der Schlossanlage hat sich seit 1860 nicht verändert. Durch umfangreiche Restaurierungsmaßnahmen wird seit einigen Jahren der Erhalt der Anlage gesichert. Es befindet sich in Privatbesitz und kann nicht besichtigt werden.

▪ Mersch 84

Praktische Infos

Information **Bürgerbüro Drensteinfurt,** Landsbergplatz 7, ✆ 02508-9950, drensteinfurt.de.

Verbindungen Halbstdl. Nahverkehrszüge nach Münster und Hamm, stdl. ab Mersch und Rinkerode. Werktags Bürgerbus, Bus nach Ahlen.

Haus Steinfurt

Stadtführungen Die Tourist-Info stellt Kontakt zu Stadtführern her, die mit Gästen ein individuelles Programm abstimmen.

Markt Donnerstag am Vormittag auf dem Marktplatz.

Einkaufen **Kornbrennerei Eckmann,** Di–Do 10–14 Uhr, Fr bis 17 Uhr, Sa bis 12 Uhr. Nordholter Weg 2, ✆ 02387-470, brennerei-eckmann.de.

m8 Galerie für Handgemachtes, u. a. Verkaufsstelle für Lupinenprodukte von Hof Eickenbeck. Mehr zur Lupine unter eickenbecks-hofgenuss.de. Do/Fr 10–13 Uhr, Fr auch 14–18 Uhr, Sa 10–13 Uhr, Mühlenstr.8, ✆ 02508-993734, m8-galerie.de.

Biohof Deventer, Rindfleisch, Rohmilchkäse, Äpfel und Apfelsaft aus eigener Produktion sowie Produkte von Partnerbetrieben. Altendorf 56, ✆ 02538-663, biohof-deventer.de.

Schwimmen **Erlbad,** Im Erlfeld 2, ✆ 02508413.

Wandern In Drensteinfurt, Rinkerode und Walstedde sind historische Rundgänge ausgeschildert.

Radfahren Zwei Ortsradwege sind ausgeschildert. Eine schöne Tour ist, von Drensteinfurt über Rinkerode nach Münster-Hiltrup zu radeln, dort dem Dortmund-Ems-Kanal Richtung Norden zu folgen, kurz vor der Schleuse Münster nach rechts auf den Prozessionsweg nach Telgte abzubiegen und ab der Pleistermühle die Werse entlang zurück nach Drensteinfurt.

Essen **Costa Smeralda,** Kulinarik von der italienischen Insel Sardinien in einem Fachwerkhaus aus dem 16. Jh. Natürlich gibt es auch alle italienischen Klassiker. Di–So 17–22 Uhr, Sa/So 12.30–15 Uhr und 17–22 Uhr, Mo Ruhetag. Alte Dorfstr. 1, ✆ 02538-8161, ristorante-costa-smeralda.com. **€€€**

Übernachten **Hotel Lohmann,** Traditionshaus in sechster Generation im Ortskern von Rinkerode, das bestens auf Radurlauber eingestellt ist. Empfehlenswertes Restaurant. Albersloher Str. 25, ✆ 02538-203, hotel-restaurant-lohmann.de. **€€€€**

Hotel Leib und Seele, barrierefreies Haus im Ortskern von Walstedde, fast direkt am Werseradweg. Sankt-Lambertus-Kirchplatz 16, ✆ 02387-91943030, hotel-leib-seele.de. **€€**

Wohnmobilstellplätze am Hallenbad Drensteinfurt.

Jüdisches Kulturgut vor den Augen der Nazis gerettet

Die Synagoge Drensteinfurt von 1872 ist eines der wenigen weitgehend originalgetreu erhalten gebliebenen jüdischen Gotteshäuser in Westfalen. 1939 musste die jüdische Gemeinde das Grundstück samt Gebäude auf Druck der Nazis an den ehemaligen Besitzer verkaufen. Der vermietete das Gebäude an einen Elektriker, der die Synagoge als Werkstatt und Lagerraum nutzte. Wegen der Auflage im Mietvertrag, nichts an der Bausubstanz zu verändern, blieb das Gotteshaus praktisch im Originalzustand. Auch bei einem Bombenangriff 1944 wurde es nur geringfügig beschädigt. 1985 konnte es unter Denkmalschutz gestellt werden. Die Stadt erwarb das Gebäude, um den Erhalt zu sichern. 1990 konnte mit der Restaurierung begonnen werden, nachdem über einen Förderverein private Spenden gesammelt worden waren, aber auch Stadt und Land Zuschüsse gewährt hatten. Der Innenraum wurde nach alten Fotografien rekonstruiert, der Dachstuhl erneuert und die Fassade aufwendig gereinigt. Seit Ende 1992 ist das ehemalige jüdische Gotteshaus „Kultstätte mit erinnerndem und mahnendem Charakter" und Veranstaltungsort. Führungen können über die Tourist-Information angefragt werden.

■ Synagogengasse 11

Die Telgter Innenstadt bietet etwas Fachwerk und viele weitere Baustile

Telgte

20.000 Einwohner

Ostmünsterland → Karte S. 274

Der Wallfahrtsort blickt auf eine mehr als 1200-jährige Geschichte zurück und ist für jeden streng gläubigen Katholiken in der Region von besonderer Bedeutung. Mit dem Religio verfügt die Stadt über ein sehenswertes Museum, dessen Gründung man der katholischen Kirche nicht zugetraut hätte.

Telgte hat sich selbst den Beinamen „großartige Kleinstadt" gegeben. An sich eine Einladung zu Spott oder zumindest spitzen Bemerkungen. Wer sich in Telgte aufhält, merkt aber rasch, dass es wirklich passt. In Telgte, das seinen Ursprung der Gabelung von Handelsstraßen an einer Emsquerung verdankt, 1238 die Stadtrechte erhielt und zur Hanse gehörte, lässt sich qualitätsvoll Zeit verbringen.

Anschauen und unternehmen

Altstadt: Im Ortskern ist eine Menge alter Bausubstanz erhalten geblieben. Fachwerk-Fans drehen eine Runde vom Markt zum Rathaus und zurück. In den anderen Straßen dominieren Häuser aus der Zeit seit der Industrialisierung. Und nicht erschrecken: 2009 waren an über zwanzig Plätzen in der Altstadt die „Alltagsmenschen" zu Gast. Die Ausstellung der Künstlerin Christel Lechner begeisterte die Einheimischen und animierte Stadt und Sparkasse dazu, die Figur Paul anzukaufen und dauerhaft in einem Rettungsring in der Ems treiben zu lassen.

Wallfahrtskapelle: Die Wallfahrtstradition mit einer Prozession von der ehemaligen Stiftskirche St. Mauritz in Münster nach Telgte geht auf das Jahr 1370 zurück. Ihre bis in die Gegenwart reichende Wirkung ist Fürstbischof

Christoph Bernhard von Galen geschuldet. Im Jahre 1651 ordnete er eine Prozession von Münster und Warendorf nach Telgte an. Drei Jahre später, 1654, ernannte er Telgte zum Hauptwallfahrtsort des Bistums Münster und ließ die achteckige Wallfahrtskapelle errichten. Zudem wurde von Münster und Warendorf aus ein Prozessionsweg festgelegt und durch die Jesuiten mit Bildstöcken versehen. Der Wegverlauf entspricht etwa den Bundesstraßen 51 und 64. Gegenstand der Verehrung ist das Telgter Gnadenbild der schmerzhaften Mutter Gottes. Es wurde um 1370 aus Lindenholz gefertigt und zeigt den Leichnam des vom Kreuz abgenommenen Christus im Schoß seiner Mutter Maria. 150.000 Wallfahrer pilgern jährlich nach Telgte.

▪ Kardinal-von-Galen-Platz, wallfahrt-nach-telgte.de.

St.-Clemens-Kirche: Die zwischen 1522 und 1558 erbaute gotische Hallenkirche steht direkt neben der Wallfahrtskapelle. Zu den ursprünglich vier Jochen kam 1868 ein weiteres hinzu, ebenso die Sakristei. Der 65 m hohe Turm ist Wahrzeichen der Stadt. Die Ausstattung der Kirche stammt teilweise aus dem 15. Jh., ist insgesamt aber schlichter als in vielen anderen Kirchen der Region.

▪ Kardinal-von-Galen-Platz

Das Museum Religio

Religio: Offiziell heißt es „Westfälisches Museum für religiöse Kultur – RELiGIO", aber diesen Zungenbrecher mutet sich niemand zu. Das Museum Heimathaus Münsterland und das Krippenmuseum wurden mit einer gemeinsamen Konzeption mehr als nur zusammengeführt. Den Museumsneubau von Josef Paul Kleihues, der dafür 1995 den Deutschen Natursteinpreis erhielt, sollten sich auch religionsferne Gäste der Stadt anschauen. Obwohl von der katholischen Kirche auf den Weg gebracht, setzt sich das Museum allgemein mit Fragen des Glaubens und der Spiritualität auseinander. Es präsentiert im Erdgeschoss am „Tisch der Religionen" verschiedene Formen religiöser Praxis. Um die großen Weltreligionen, die durch markante Objekte in der Mitte des Tisches vertreten sind, gruppieren sich verschiedene Beispiele für Formen moderner Spiritualität. An Medienstationen können Interviews mit Gläubigen abgerufen werden. Die Ausstellung geht auf katholische Osterbräuche im Sauerland ebenso ein wie auf die Erweckungsbewegung in Minden-Ravensberg oder die religiöse Pluralität im Ruhrgebiet. Besonders eindrucksvoll ist die Präsentation der wechselvollen Geschichte der westfälischen Juden, die bereits im 11. Jh. begann.

Im ersten Stock wird die lebensbegleitende Funktion von Religion von der Geburt bis zum Tod anhand zahlreicher Ausstellungsstücke dargestellt (Übergangsriten). Die religiösen Feste im Jahreslauf werden ebenso thematisiert wie die Religionsgeschichte Westfalens.

365 Tage Weihnachten – Krippen und Krippenladen

Die große Telgter Krippenausstellung mit 150 Krippen aus aller Welt findet für gut einen Monat rund um Weihnachten im Museum Religio statt, hervorgegangen aus einer 1934 erstmals präsentierten privaten Sammlung. Dort ausgestellt und womöglich prämiert zu werden, ist in der Krippenbauszene längst von großer Bedeutung. Auf diese Tradition religiösen Lebens bezieht sich neben der Weihnachts- und der Dauerausstellung auch das inzwischen letzte Geschäft im Ort, in dem sich Krippen und deren Zubehör kaufen lassen. Im Straßenzug zwischen Religio und Wallfahrtskirche ist so gewissermaßen 365 Tage im Jahr Weihnachtszeit. Etliche Wallfahrer und Rad-Touristen schauen vorbei und kaufen ein.

Auf der anderen Straßenseite ist neben einer Reihe von sakralen Gegenständen das „Telgter Hungertuch“ von 1623 ausgestellt, eine Filetstopfarbeit aus doppelt gezwirntem Leinengarn, von mehreren adligen Damen aus Ritterfamilien ausgeführt. Die ersten vier Reihen schildern den Leidensweg Christi, die fünfte Reihe zeigt die Symbole der Evangelisten und das „Lamm Gottes“ als Sinnbild für Christus, die sechste Reihe zeigt Motive aus dem Alten Testament.

Außerdem erinnert eine weitere Teilausstellung an Kardinal von Galen. Im Mittelpunkt stehen dabei seine Predigten gegen die Nazis, die ihm den Beinamen „Löwe von Münster“ (→ Kasten, S. 325) einbrachten, und die Situation des Katholizismus in der Nazi-Zeit.

▪ Di–So 11–18 Uhr, Mo geschlossen. Eintritt 5 €, Kinder und Jugendliche frei, Gruppenführungen ab 40 €, für Schulen ab 30 €. Herrenstr. 1–2, ☏ 02504-93120, museum-telgte.de.

Gaststätte Im wilden Mann: „Gestern wird sein, was morgen gewesen ist ...“ – so beginnt die Erzählung „Das Treffen in Telgte“ von Günter Grass. Vorbild für den Gasthof Brückenhof, in dem Grass seine fiktive Dichtergruppe zusammenkommen lässt, war das traditionsreiche Gasthaus in Rathausnähe. Als „Schildwirtschaft“ hatte es in jener Zeit die Pflicht, Gäste zu beherbergen und zu bewirten.

▪ Mi–Fr 17–24 Uhr, Sa/So ab 15 Uhr, Emsstr. 25, ☏ 02504-6600, imwildenmann-telgte.de.

Emsauen: Die Emsauen sind zwischen Telgte und Westbevern ein in Europa einmaliger Naturraum. Eiszeitliche Sandablagerungen sorgen dafür, dass bei Hochwasser Flutrinnen, Kolke und Sandkuppen entstehen, ein Auenrelief mit einer außergewöhnlichen Artenvielfalt. Direkt hinter der Clemens-Kirche macht eine schön gestaltete Parkanlage den Anfang. Wer Zeit hat, wandert nicht nur den kurzen Rundweg nahe des Stadtkerns, sondern flussaufwärts bis nach Warendorf-

Der Emsauenpark

Einen und hat dann einen etwas längeren Flussabschnitt gesehen. In die andere Richtung geht es bis Münster-Handorf durch ein umfassend renaturiertes Gebiet mit Steilufern, Sandbänken und Weidengebüschen, dazu Auerochsen und Konik-Pferden. Aussichtspunkte ermöglichen freie Sicht auf die Tiere.

Haus Langen: Im Ortsteil Westbevern liegt an der gleichnamigen Straße das 1150 entstandene Rittergut, in dessen Nähe sich eine Doppelmühle befindet – ein schönes Ensemble, das zur Rast während einer Radtour einlädt. Das Haus ist umgeben von einer großen Ringwallanlage mit doppeltem, teilweise sogar dreifachem Graben. Zudem gab das Haus dem Naturschutzgebiet, das es umrahmt, seinen Namen.

▪ Haus Langen 1

Wacholderheide/Klatenberge: Zwischen den Straßen nach Westbevern und Ostbevern befinden sich die Wacholderheide und die Klatenberge, ein Kiefernwaldgebiet. Sie sind Relikte einer einst im Münsterland weit verbreiteten Heideflächenlandschaft. Im 18. und 19. Jh. waren weite Teile des heutigen nördlichen Kreisgebiets von Warendorf Heideflächen, die sich wegen der nährstoffarmen und trockenen, zudem kuppig geformten Sandböden nicht für eine Ackernutzung eigneten. Die Einheimischen zieht im Sommer das schön gelegene Freibad ins Gebiet.

Böttcher Garten: Am Waldfriedhof Lauheide (→ Kasten, S. 75) befindet sich auf dem Gelände einer Baumschule ein Kunst- und Heidegarten, mit dem sich Karl-Erich Böttcher seine ganz persönliche Ruhe-Oase geschaffen hat, die er gerne mit interessierten Gästen teilt.

▪ Geöffnet von Sonnenauf- bis -untergang. Lauheide 15, kunstgarten-laudeide.de.

Praktische Infos

→ Karte S. 311

Information **Tourismus und Kultur Telgte,** Kapellenstr. 2, ✆ 02504-690100, telgte.de.

Verbindungen Mindestens stdl. Nahverkehrszüge nach Münster und Bielefeld sowie vom Bahnhof im 8 km entfernten Ortsteil Westbevern-Vadrup nach Münster und Osnabrück. Busse nach Münster und in die Umlandorte.

Stadtführungen Ein Dutzend Angebote für Stadtführungen sowie eine Reihe organisierter Ausflüge umfasst das Programm der Tourist-Information.

Markt Donnerstag am Vormittag am Rathaus Telgte und am Nachmittag in Westbevern-Vadrup sowie Dienstag am Nachmittag auf dem Marktplatz Telgte.

Einkaufen **Böttcherhus 10,** Floristik trifft Raumdesign. So manche Tourenradler machen sich auf den Weg zur Postagentur, um ein Paket nach Hause zu versenden. In einem Teil des Gewölbekellers ist das italienische Restau-

Am Marktplatz geht es im Sommerhalbjahr trubelig zu

rant Fratelli untergebracht. Markt 4, ✆ 02504-3318, boettcherhus.de.

C. Matthey 11, Buchbinderei und Ledermanufaktur. Emsstr. 15–17, ✆ 02504-8803414, c-matthey.de.

Onkel Alex 13, von der Alexianer-Stiftung gegründete Ladenkette, die in Münster und Umgebung ausschließlich Produkte regionaler Produzenten anbietet. Steinst. 8, ✆ 02504-9336979, onkel-alex.de.

Metzgerei Anton Hansen 12, keine westfälische Spezialität fehlt im Sortiment. Steinst. 3, ✆ 02504-1625, fleischerei-hansen.de.

Obst- und Spargelhof Gerbert 4, Anbau von Beeren, Kirschen, Spargel, Äpfeln und Kartoffeln. In der Erntezeit 8–18 Uhr, werktags 13–14.30 Uhr Mittagspause. Automatenverkauf. Mersch 17, Westbevern, ✆ 02504-88289, hof-gerbert.de.

Hof Luetke zu Telgte 8, Produkte aus eigener Herstellung und von Partnerbetrieben, auch in einem Laden am Telgter Marktplatz. Mo/Di und Do/Sa 8.30–13 Uhr, Mi/Fr 8.30–18 Uhr. Wöste 9, ✆ 02504-2947, luetkezutelgte.de.

Auenhof (Birgits Hofkäserei) 5, der Betrieb in Westbevern-Vadrup produziert u. a. 30 Käsesorten und bietet regionale Spezialitäten von Partnerbetrieben an. Di 15–18 Uhr, Fr bis 19 Uhr, Fr/Sa 9–12.30 Uhr. Schultenhook 6, ✆ 02504-8752, auenhof-ms.de.

Schwimmen **Waldschwimmbad Klatenberg,** Waldweg 40, ✆ 02504-1891.

Wandern In Telgte markieren rote Pflastersteine die 2,5 km lange **Kulturspur.** So wird keine Sehenswürdigkeit verfehlt. Der **Prozessionsweg nach Münster** ist eine nette Tagestour, Rückfahrt mit dem Zug. Sechs schöne Ortswege in Westbevern, mit denen sich alle Gebiete entlang der Ems und in den Klatenbergen erwandern lassen.

Radfahren Eine schöne Tour geht entlang der Ems bis zur Wersemündung bei Münster-Gelmer. Von dort kurz die Werse entlang nach Dorbaum, hinüber zum Waldfriedhof Lauheide und zurück nach Telgte. Von Aussichtspunkten können Konik-Pferde und Heckenrinder in den Emsauen beobachtet werden. Zudem ist ein Abstecher in die Wacholderheide möglich. Die Stadt hat sieben Touren ausgearbeitet. Fahrradverleih über die Tourist-Info.

Kanu Die Tourist-Info unterstützt bei Anmietung von Booten und Tourenplanung.

Reiten Ab Telgte startet ein 49 km langer Reitrundkurs. Geeignete Raststation ist u. a.

der Hof Schulze Hobbeling (Grevener Str. 161, ☏ 02504-985070, schulze-hobbeling.de).

Golf **Golfclub Gut Hahues,** Harkampsheide 5, golfclub-telgte.de.

Essen **Böttcher Keller 10,** das Ambiente sorgt für eine Abwechslung von der gewohnten Münsterland-Gaststube. Gute Weinauswahl, auch Verkauf. Di–Sa 18–24 Uhr, So/Mo Ruhetag. Markt 4, ☏ 02504-888644, boettcher-keller.de. **€€€**

Emscafé 14, zwischen Rathaus und Ems verwöhnt ein Konditor aus Münster. Mo–Sa 7.30-17 Uhr, So 8–17 Uhr, Baßfeld 2a, ☏ 02504-4390. **€**

Eiscafé Bussmann 7, direkt gegenüber der Wallfahrtskirche weiß Familie Bussmann zu verwöhnen. Tägl. ab 11 Uhr geöffnet, wenn das Wetter passt. Achtung: Das Café legt immer eine längere Winterpause ein. Kardinal-von-Galen-Platz 5, ☏ 02504-1867, eiscafe-bussmann.de (auch Ballonfahrten). **€**

MeinTipp **Mittendrin 15,** ein junges Team hat die Telgter Gastronomie in Schwung gebracht. Mo und Mi–Sa 16.30–23 Uhr, So 9.30–23 Uhr, Di Ruhetag. Steinstr. 26, ☏ 02504-3037, mittendrin-telgte.de. **€€€**

Alter Gasthof Seiling 9, Traditionshaus am Marktplatz. Mi–Mo 11.30–14.30 Uhr und 17–22 Uhr, Di Ruhetag. Markt 6, ☏ 02504-72268, alter-gasthof-seiling.de. **€€**

Steenpoate 16, Restaurant in einem Fachwerkhaus, auch innen typisch westfälisch eingerichtet. Di–So 17–1 Uhr, Mo geschlossen. Steinstr. 12, ☏ 02504-8888904, steenpoate.de. **€€**

Piesers Gasthaus 3, uriges Gasthaus in Westbevern-Vadrup mit kleiner Karte, bei der regionale und deftige Speisen im Mittelpunkt stehen sowie das, was gerade in ist. Mi–Sa 17–22.30 Uhr, So 11.30–14.30 Uhr und 17–22.30 Uhr, Mo/Di Ruhetag. Grevener Str. 125, ☏ 02504-8201, piesers-gasthaus.de. **€€**

Übernachten **Hotel Telgter Hof 6,** knapp 125 Jahre werden im Haus schon Gäste bewirtet. Modern eingerichtete Zimmer und ein empfehlenswertes Restaurant mit Schwerpunkt auf regionalen und saisonalen Gerichten. Münsterstr. 29, ☏ 02504-8896260, telgter-hof.com. **€€**

Heidehotel Waldhütte 1, die Park- und Wiesenlandschaft rundum macht das Hotel in den Klatenbergen zu einem besonderen Quartier. Ein Facelift für die Zimmer wäre was mit Blick auf die Preise. Empfehlenswertes Restaurant mit kleiner Karte, auch Wildgerichte. Im Klatenberg 19, ☏ 02504-9200, heidehotel-waldhuette.de. **€€€**

Hotel zur Bever 2, familiengeführtes, frisch renoviertes Haus in Westbevern. Stylisch eingerichtete Zimmer, ein Kontrast zur Umgebung. Restaurant mit mediterran inspirierten und regionalen Gerichten. Grevener Str. 26, ☏ 02504-98090, hotel-zur-bever.de. **€€€**

Wohnmobilstellplätze an den Emsauen in Telgte.

Umgebung von Telgte

Everswinkel

Die kleine Landgemeinde (10.000 Einwohner) besitzt als Folge alter Straßenverbindungen einen praktisch quadratischen Ortskern um die St.-Magnus-Kirche und ist ein schönes Pausenziel, gerne bei einer Fahrt zum **Mitmach-Museum** in der Bauernschaft Wester. Neben einer ständigen Sammlung an teilweise denkmalgeschützten landwirtschaftlichen Geräten und Maschinen gibt es ein wechselndes Mitmachangebot. Besuchergruppen können säen, dreschen, buttern, Roggenkaffee rösten, Brot backen, Flachs verarbeiten oder fertigen Leinenstoff einfärben. Auch bei einem geführten Rundgang durch die Dauerausstellung, den Speicher sowie die Backstube erfahren Gäste viele Details aus der bäuerlichen Geschichte vergangener Tage. Der Heimatverein betreibt die Anlage ehrenamtlich, weshalb die Öffnungszeiten beschränkt sind (Wester 31, bshv-everswinkel.de).

Ebenfalls von einem Verein wird im Ortsteil Alverskirchen die **Schatzkammer** in der Turmkapelle der St.-Agatha-Kirche betrieben. Dort werden sakrale Gegenstände aus der langen Geschichte der Kirchengemeinde präsentiert. Sie geben einen interessanten Einblick in die so sehr vom Katholizismus geprägte Region (☏ 02582-273, schatzkammer-alverskirchen.de).

Information Verkehrsverein Everswinkel, Vitusstr. 8, ✆ 02582-669313, verkehrsverein-everswinkel.de.

Verbindungen Schnell- und Regiobus nach Münster und Warendorf.

Einkaufen Kornbrennerei Gerbermann, inmitten von Feldern und Wald gelegene Traditionsbrennerei, die auch Führungen anbietet. Neben klassischen Münsterland-Schnäpsen werden auch Gin und Obstbrände destilliert. Püning 11, ✆ 02582-288, gerbermann.com.

Einkaufen Schulze-Wettendorf (Fleischoase), Fleischproduktion und Kulturveranstaltungen bietet der Hof in Alverskirchen. Dazu Option zum Kauf eines Ferkels, das dann im Hof bleibt, dort gemästet und nach der Schlachtung nach Wunsch verwertet wird. Mi 15–18 Uhr, Sa 9–12 Uhr. Wettendorf 1, ✆ 02506-307822, fleischoase.com.

Schwimmen Vitus-Bad, mit Saunabereich. Alverskirchener Str. 29, ✆ 02582-668518680, gemeindewerke-everswinkel.de/de/vitus-bad.

Reiten Ponyhof Georgenbruch, Müssingen 25, ✆ 02582-1216, ponyhof-georgenbruch.de.

Golf Golfclub Brückhausen, Holling 4, gc-brueckhausen.de.

Essen Gasthaus Diepenbrock, Traditionsbetrieb, der direkt an der Kirche liegt, was im Münsterland immer seltener anzutreffen ist. Mi 17–23.55 Uhr. Vitusstr. 5, ✆ 02582-383, gasthof-diepenbrock.de. **€€**

Übernachten Hotel Landhaus Bisping, Traditionshaus in Alverskirchen, modern eingerichtete Zimmer, rustikale Gaststube mit kleiner Speisekarte, die ganz auf regionale Produkte setzt. Sankt-Agatha-Platz 8, ✆ 02582-7001, landhaus-bisping.de. **€€**

Landmaschinenausstellung im „Mitmach-Museum“

Herrenhaus Brückhausen, bei Familie von Twickel in Alverskirchen kann man in B&B-Zimmern herrschaftlich logieren. Holling 6, ✆ 02 582-277, herrenhaus-brueckhausen.de. **€€**

Wohnmobilstellpätze am Vitus-Bad.

Ostbevern

11.000 Einwohner

Die Gemeinde steht etwas im Schatten der Wallfahrtsstadt Telgte, hat in den letzten Jahren aber viel investiert, um zum Ziel von Familienradtouren und Kunstinteressenten zu werden.

Im Gegensatz zu Westbevern blieb Ostbevern bei der Gebietsreform 1975 selbstständig. Erstmals 1088 urkundlich erwähnt, gehörte der Ort zum Einflussbereich des Fürstbistums Münster. Schwedische Truppen belagerten ihn 1636 und zerstörten große Teile. Historische Bausubstanz aus der Zeit danach verteilt sich über den gesamten Ort, ist aber selten als größeres Gesamtensemble zu finden.

Burg Halstenbeck: In der Beveraue stand einst die Burg Halstenbeck. Im Jahr 2003 wurde das Gebiet renaturiert.

Dabei wurden die Umrisse der Burg durch angepflanzte Baumreihen sichtbar gemacht.

Schloss Loburg: Das Schloss Lohburg, Besitz der Familie von Elverfeldt, genannt von Beverfoerde zu Werries, ist seit 1951 Internat. Seine Geschichte begann 1294 mit einem Bauernhof, der 1412 zum Rittergut umgestaltet wurde. Johann Conrad Schlaun machte daraus 1760 ein Lustschloss, das 1899 komplett niederbrannte und schon ein Jahr später im neobarocken Stil wiederaufgebaut wurde. Beim Brand ging auch die Handschrift einer unveröffentlichten Beethoven-Sonate verloren, von der nie eine Abschrift gemacht worden war. Der Komponist hatte sie 1791 der Tochter des Burgherren aufgeschrieben, die seine Schülerin war. Der Zutritt zum Park ist jederzeit möglich, zum Gebäude nur bei Kulturveranstaltungen. Familien mit Kindern können im Park Bewegung und Bildung miteinander verbinden. Über 28 Stationen kann der Loburger Lehrpfad abgelaufen werden. Zudem ist ein Einstieg ins Thema Geocaching möglich.

St.-Ambrosius-Kirche: Sie ist eine Doppelkirche mit Turm in der Mitte. 1509 wurde der erste Teil der alten Kirche errichtet, ein dreijochiger gotischer Bau. Er blieb zusammen mit dem Turm erhalten, als 1960-62 der Neubau entstand, um der gewachsenen Zahl an Gläubigen gerecht zu werden. Bei Sonnenschein lohnt sich der Besuch besonders, weil sich durch die Symbolfenster zur Mosesgeschichte sowie der Offenbarung des Johannes ein schönes Farbenspiel ergibt. Im Durchgang zum Turm sind zu den kirchlichen Hochfesten Kunstwerke des Bildhauers Stefan Lutterbeck zu sehen.

La Folie: Am Ortseingang aus Richtung Telgte werden im Holzkubus „La Folie" wechselnde Kunstausstellungen gezeigt. Damit korrespondieren elf Skulpturen im öffentlichen Raum.

Herz-Jesu-Kirche: Ein Abstecher zur 1933 geweihten Kirche im Ortsteil Brock lohnt für alle, die sich für Sakralkunst interessieren. Bedeutendstes Inventar ist die 4 m hohe Christus-Figur aus Lindenholz von Ernst Hermanns.

Information **Ostbevern Touristik,** Hauptstr. 43, ✆ 02532-4310350, ostbevern-touristik.de.

Verbindungen Mind. stdl. Nahverkehrszüge nach Münster und Osnabrück. Der Bahnhof liegt aber 5 km Fußweg von der Ortsmitte entfernt, wo die Bahnhofstraße startet/endet. Busse in die Nachbarorte.

Einkaufen **Hofladen Beverdeele,** Mo–Fr 9–13 Uhr und 14.30–18 Uhr, Sa 9–13 Uhr, in der Spargelzeit auch sonntags. Bahnhofstr. 1 (neben der Kirche), ✆ 02532-9583670, luetkezutelgte.de.

Hof Löckener, Beerenfrüchte, Kartoffeln und Honig, Juni–Aug. Mo–Fr 8.30–19.30 Uhr, Sa/So 9–18 Uhr. Brock 24, ✆ 02532-5518, hof-loeckener.de.

Kleiner Hofladen, Produkte von mehr als zwei Dutzend regionalen Produzenten, dazu Café-Bistro. Neben dem Heimathaus (Führungen nach Absprache, heimatvereinostbevern.de). Di–Fr 10–18 Uhr, Sa 9–13 Uhr. Lienener Damm 28, kleinerhofladen.de.

Wandern Sieben Wege stehen zur Auswahl, besonders reizvoll sind während der Heideblüte die **Touren durch die Schirlheide.**

Radfahren An einer Infotafel zwischen Rathaus und Kirche starten die **Biber-Routen,** fünf 18–25 km lange Rad-Rundkurse.

Schwimmen **Beverbad Ostbevern,** Hanfgarten 22, ✆ 02532-1833.

Reiten Reitrundkurs von 19 km Länge.

Camping **Wohnmobilstellplätze** am Beverbad.

Essen **Habichtshof,** Bauernhofcafé und Hofladen direkt an der Biberroute nahe der Schirlheide. Mit den schmackhaften Torten und Kuchen konkurrieren ebenso leckere Schnittchen. Do–So 12–19 Uhr. Schirl 55, ✆ 02532-7921, habichtshof.de. **€**

Anno 1905, regionale und mediterrane Gerichte in modernem Ambiente genießen; Biergarten. Mi–Sa 17.30–22 Uhr, So 17.30–21 Uhr, Mo/Di Ruhetag. Hauptstr. 20, ✆ 02532-9589 350, anno1905-ostbevern.de. **€€**

Taufstein der Ostbevener Doppelkirche

Der Landwirtschaft ein Denkmal gesetzt

Nachlesen

& Nachschlagen

Viele Rad- und Wanderwege führen durch landwirtschaftliche Flächen

Münsterland – Grenzen und Dimensionen

Das Münsterland wird je nach Betrachtungsweise – historisch, naturräumlich, gesellschaftlich oder politisch – unterschiedlich eingegrenzt. Einig ist man sich, dass es um den Nordwesten des Bundeslandes Nordrhein-Westfalen und die Heimat von knapp 1,65 Millionen Menschen geht, die von Südwest nach Nordost eine Ausdehnung von ca. 260 km hat.

Für den Geografen bilden der Landschaftsübergang zum Teutoburger Wald im Nordosten, der Flusslauf der Lippe im Süden, die Staatsgrenze zu den Niederlanden im (Nord-)Westen und der Höhenzug Stromberg im Südosten die Grenzen des Münsterlands. Dieses Gebiet entspricht weitgehend dem Territorium des einstigen Oberstifts Münster, also dem Gebiet, das im Hochmittelalter von den Münsteraner Fürstbischöfen verwaltet wurde und im Gegensatz zum Niederstift nach der Säkularisation 1803 nicht Hannover zugeschlagen wurde, sondern Preußen. Und es entspricht dem Gebiet der heutigen Landkreise Borken, Coesfeld, Steinfurt und Warendorf sowie dem der kreisfreien Stadt Münster. Es fehlen lediglich kleinere Gebiete nördlich der Lippe, die bei Gebietsreformen Städten bzw. Landkreisen zugeschlagen wurden, die hauptsächlich südlich des Flusses im Ruhrgebiet bzw. am Niederrhein liegen. Dies sind der Hamminkelner Ortsteil Dingden, die nördlichen Stadtteile von Dorsten, der historische Kern von Haltern, Teile der Stadt Selm und Werne an der Lippe. Schon lange vorher waren Salzbergen und Emsbüren Teile von Hannover und sind daher nach dem Zweiten Weltkrieg niedersächsische Orte geworden.

Landschaftsgeografisch gehört das Münsterland zur Westfälischen Bucht. Die meist ländliche Struktur sowie das aus der Historie heraus seit dem Spätmittelalter bzw. der Barockzeit vielerorts entstandene parkartige Landschaftsbild und die zahlreichen Wasserburgen stellen die regionalen Eigenheiten dar. Seit jeher bestand und besteht eine starke Ausrichtung auf Münster. Die Stadt bildet in jeder Hinsicht den beherrschenden Mittelpunkt der Region.

Geologie

Es gibt den Fachbegriff Münsterländer Kreidebecken, doch der gilt für ein Gebiet, das einen größeren Bereich als das geografisch definierte Münsterland umfasst. Es reicht von einer Linie Bochum-Wesel im Westen bis zum Eggegebirge hinter Paderborn im Osten sowie vom Teutoburger Wald und Wiehengebirge im Norden bis zum bei Dortmund beginnenden Haarstrang, der Hochebene, hinter der es nach Süden hinab ins Ruhrtal geht.

Die Geschichte des Münsterlandes im Sinne der geografischen Definition lässt sich geologisch rund 400 Millionen Jahre bis ins Erdaltertum zurückverfolgen. Die Wissenschaft fand durch Bohrungen in den Baumbergen Anfang der 1960er-Jahre heraus, dass die Region Sedimentationsgebiet eines urzeitlichen Meeres ist. Über einer devonischen Schicht in 5500 m Tiefe liegt eine Karbonschicht, darüber die Kohle führende Schicht, die bis Ende 2018 Bergbau im Ibbenbürener Revier (Norden des Tecklenburger Landes) und einige Jahre zuvor auch noch in Ahlen, Dorsten, Haltern, Werne und Selm ermöglichte. Während der Kreidezeit senkte sich das Gebiet und das Meer brach in die entstehende Senke bis an den Rand des Sauerlandes ein. Während dieser Epoche sedimentierten im Kreidemeer mächtige Schichten, entstanden u. a. die Baumberge (Kreis Coesfeld) und die Dörenther Klippen (Tecklenburger Land). Ebenfalls aus der Kreidezeit stammen die sog. „Halterner Sande", die nördlich der Lippe zu finden und wichtig für die Glasherstellung sind. Durch die sandigen Böden ist das Gebiet südlich der Lippe auch das größte Trinkwasserreservoir zwischen dem Ruhrgebiet und dem Teutoburger Wald. Gravierenden Einfluss auf das Aussehen der heutigen münsterländischen Landschaft hatten die Kaltzeiten des Quartärs, in denen Eismassen aus Skandinavien bis ins heutige Mitteleuropa trieben. Das Münsterland war mit einer bis zu 300 m mächtigen Eisschicht bedeckt. Nach ihrem Abschmelzen blieb eine Grundmoräne, die in weiten Teilen alle kreidezeitlichen Sedimente überdeckte.

Panorama-Blick ins Münsterland von den Dörenther Klippen

Moore und Aufschlüsse

Im Münsterland ist eine Vielzahl unterschiedlicher Böden anzutreffen, die zum Teil auch vom Menschen schon sehr früh bewirtschaftet und so in ihrer Gestalt verändert wurden. Dazu zählen die besonders im Westteil der Region zu findenden Moore. Die Grenze zu den Niederlanden war praktisch eine große Moorlandschaft. Heute sind die münsterländischen Hochmoore größtenteils abgetorft und kultiviert. Die verbliebenen Reste wurden unter Schutz gestellt, Renaturierungsmaßnahmen durchgeführt. So konnten sie in kleinerer Form für die Nachwelt erhalten werden. Das Torfmuseum in Gescher-Hochmoor (→ S. 168) gibt einen Überblick über die Urbarmachung des ehemals vom Westen von Coesfeld bis in die Niederlande hinein größten zusammenhängenden Moorgebietes der Region.

Eng verbunden mit den Mooren sind die Venn- und Heideflächen, die es ebenfalls an verschiedenen Stellen des Münsterlandes gibt. Ein Grund für die Entstehung dieser sehr kargen (Heide) oder feuchten Gebiete (Moore, Venne) ist der teilweise sehr sandige Boden bzw. der hohe Grundwasserspiegel.

Geologische Sehenswürdigkeiten gibt es an nur sehr wenigen Stellen. Bekannteste Felsformationen aus Osning-Sandstein sind die Dörenther Klippen südlich von Ibbenbüren. Einblicke in die kreidezeitlichen Gesteine geben Steinbrüche im Tecklenburger Land, in den Baumbergen (Kreis Coesfeld) und bei Beckum (Kreis Warendorf). In der Nähe von Ahaus (Kreis Borken) gibt es einen Bodenaufschluss, der die Landschaftsentwicklung über einen außergewöhnlich langen Zeitraum aufzeigt. Hier sind rund 130 Millionen Jahre Erdgeschichte ausgebreitet. Am Hünsberg südwestlich von Coesfeld gibt es mehrere Aufschlüsse, die Einblick in die Gesteinsformation „Halterner Sande" geben. In vielen Orten der Region werden in den Heimatmuseen Fossilienfunde ausgestellt.

Geschichte des Münsterlandes

Die ältesten menschlichen Spuren, die im Münsterland entdeckt worden sind, stammen aus der Zeit um 8000 v. Chr. Sesshaft wurden die Menschen hier um etwa 4000 v. Chr., Überreste eine frühen Siedlung wurden bei Nottuln-Uphoven gefunden. Auf etwa 2000 v. Chr. lassen sich die Steinkistengräber in Beckum datieren.

Römer

Ab etwa 13 v. Chr. zogen die Römer Truppen an der Rheingrenze zusammen, um von dort Vorstöße auf das von germanischen Stämmen besiedelte Territorium östlich des Rheins zu unternehmen. Im Verlauf dieser Vorstöße entstand entlang der Lippe eine Reihe von römischen Militärlagern, das vermutlich wichtigste lag auf dem heutigen Stadtgebiet von Haltern am See. Vom römischen Geschichtsschreiber Tacitus ist überliefert, dass das Gebiet rund um das Römerlager vom Stamm der Brukterer besiedelt war (ob er sich tatsächlich auf den Standort Haltern bezog, ist allerdings unklar).

Die römisch-germanischen Auseinandersetzungen kulminierten in der **Varusschlacht** (9. n. Chr.), deren Lokalisierung bis heute umstritten ist. Die Schlacht endete mit einer vernichtenden Niederlage der römischen Truppen und war gewissermaßen der Anfang vom Ende der römischen Expansionspläne auf germanischem Gebiet rechts des Rheins. Eine große Grabung bei Haltern wurde 2021 beendet. Einige definierte Flächen bei Olfen sind noch nicht erschlossen.

Missionierung

Für die nächsten knapp 500 Jahre können archäologische Funde keinem Volksstamm zugeordnet werden. Um 200 n. Chr. errichteten wohl Franken eine Besiedlung im Bereich der Münsterschen Aa, von der sich aber keine Verbindungen zur sonstigen frühen Siedlungsgeschichte herstellen lassen. Dann wanderten etwa 400 Jahre später von Norden her Sachsenstämme ein. Im Zuge der Sachsenkriege Karls des Großen kam die erste historisch bedeutende Figur in die Region, der Missionar Ludger (auch Liudger bzw. lat. Ludgerus). Er verstarb 809 in Billerbeck, ist der Grund für den Bau des dortigen Doms und gründete in dem sächsischen Dorf Mimigernaford ein Kloster. Aus dessen lateinischer Bezeichnung „monasterium" leitet sich der heutige Stadtname Münster ab. Ludger wurde 805 erster Bischof von Münster. Die Stadt wuchs von da an stetig. Auch in die Region hinein wirkte der umtriebige Bischof und gründete 40 Pfarreien. Die katholische Kirche stellt die bis heute Stadt und Umland prägende Kontinuität dar, war aber auch an allen Bruchstellen in der Geschichte Münsters und des Münsterlands ein entscheidender Faktor.

Turbulentes Mittelalter

Münster erhielt 1170 die Stadtrechte (damit auch seine Stadtmauer) und erlebte wenig später den ersten bedeutsamen historischen Bruch durch die Zerschlagung des Herzogtums Sachsen nach dem Sturz von Heinrich dem Löwen im Jahr 1180. In dessen Folge wurde das Münsterland zu einem eigenen Territorium, dem **Fürstbistum Münster,** das sich in Hoch- und Niederstift aufteilte. Ersteres war nahezu identisch mit der heutigen Region Münsterland, Letzteres umfasste das Emsland und das heute Oldenburger Münsterland genannte Gebiet der niedersächsischen

Omnipräsenter Katholizismus

Landkreise Cloppenburg und Vechta, das immer noch zum Bistum zählt. Der Adel spielte eine große Rolle, auch weil die regierenden Fürstbischöfe großes Interesse an möglichst vielen Statthaltern in der Region hatten. Bistum und Kloster sollten mit Nahrung versorgt sein, der Adel das organisieren. Der Rest war den Klerikern für einige Zeit weitgehend egal. Die zahlreichen Wasserburgen im Münsterland sind die steinernen Zeugnisse dieser Zeit. 1264 wurde der Dom geweiht, vier Jahre später gehörte Münster zur Hanse.

Der münsterländische Adel konnte sich lange Zeit uneingeschränkt entfalten, sodass aus vielen der kleinen Wasserburgen die Schlösser wurden, welche die Region heute so prägen – über hundert Schlösser, Adelssitze und Herrenhäuser sind es zusammen. Münster entwickelte sich derweil zu einem immer bedeutenderen Handelsplatz.

Reformation

Der nächste bedeutsame Bruch folgte mit der Reformationszeit. Die neue Lehre Martin Luthers konnte sich anfangs nur im Tecklenburger Land wirklich durchsetzen, wo der amtierende Graf sich der Bewegung anschloss. Mit etwas Zeitverzug (ab etwa 1530) gewann dann eine die Lehren Luthers radikalisierende Gruppe in der Stadt Münster zunehmend an Einfluss: die Wiedertäufer, die die Stadt 1534 zum fundamentalistischen **Täuferreich von Münster** machten. Niedergeschlagen wurde der Gottesstaat auf dem Stadtgebiet Münsters 1535 durch die Truppen von Fürstbischof Franz von Waldeck. Auch in anderen Städten der Region hinterließen die Wiedertäufer blutige Spuren bzw. legten Brände.

Danach gelangte die katholische Kirche Schritt für Schritt zu ihrer alten Machtposition zurück. Ab 1588 wurde sie dabei von den **Jesuiten** unterstützt, die sich in Münster niedergelassen hatten. 1628 wurden die noch in der Stadt verbliebenen Protestanten ausgewiesen.

Endlich Frieden

Welthistorische Bedeutung erlangte die Region knapp hundert Jahre später im **Dreißigjährigen Krieg** (1618–48). Da das Münsterland eine lange Grenze zu inzwischen zum Protestantismus übergetretenen Gebieten hatte, wurde es immer wieder von den Heeren der verschiedenen Kriegsgegner heimgesucht. Plünderungen und Brandschatzungen standen auf der Tagesordnung, insbesondere im Westmünsterland entlang des Wegs von Gronau nach Nordwalde, da auch hier eine Konfessionsgrenze verlief. Steinfurt war die protestantische Enklave in der Region geworden.

Parallel dazu wurde ab 1643 in Osnabrück und Münster um einen Friedensvertrag gerungen. Genau in der Mitte, in Lengerich und Tecklenburg, fanden Vorverhandlungen statt. 1648 war der **Westfälische Friede** ausformuliert. Er beendete den Dreißigjährigen Krieg und schuf die Grundlage für die Staatenordnung Europas in der Neuzeit.

Die gebeutelte Region benötigte Jahrzehnte, um sich von den Kriegsschäden zu erholen. Für Münster selbst trifft das allerdings nur bedingt zu, denn die Stadt war im Gegensatz zu ihrem Umland von den Kampfhandlungen weitgehend verschont geblieben. Wesentlich härter traf es Münster erst über hundert Jahre später im Sie-

Die Hanse

In der Hanse organisierten sich im Spätmittelalter fast 200 große und kleinere Städte. Der wirtschaftliche Einflussbereich erstreckte sich von Portugal bis Russland und von Skandinavien bis Italien. Die Kaufleute der Hanse versorgten Mitteleuropa mit Rohstoffen wie Holz, Fellen und Getreide aus dem Osten und brachten Tuch- und Metallwaren sowie Waffen dorthin zurück. Heute ist ein Teil der Städte im Internationalen Hansebund der Neuzeit miteinander verbunden. Im Mai ist der Hansetag, bei dem auf dem Prinzipalmarkt in Münster von den Kaufleuten eine überdimensionale Tafel, das Hansemahl, aufgestellt wird, die Verknüpfung zwischen Vergangenheit und Gegenwart. Zudem pflegt die Stadt die für Hansestädte typische Verwendung des Buchstabens C, wenn es um die Ausschilderung des „Stadtcentrums" geht (→ S. 36).

benjährigen Krieg (1756–63), als Teile der Stadt komplett zerstört wurden.

Doch in der Folge dieser erneuten Kriegsereignisse blühten Münster und Münsterland auf. Die von Johann Conrad Schlaun geplanten Gebäude – u. a. Erbdrostenhof und Schloss in Münster – standen für das neue Selbstverständnis in der Region. Viel bedeutsamer war aber die Anordnung von Staatsminister Franz von Fürstenberg, der 1764 die kurz zuvor teilweise zerstörte Stadtmauer von Münster abreißen und zur Promenade umbauen ließ. Der Geist der Aufklärung wehte in einer ganz speziellen Form durch die so katholische Stadt …

Alles an Preußen

Überaus spannend wurde es in den ersten 15 Jahren des 19. Jh. 1803 kam es mit der Säkularisation nach dem Reichsdeputationshauptschluss zum Ende des Fürstbistums. Das Gebiet, das etwa dem heutigen Kreis Borken entspricht, wurde zum Fürstentum Salm, Rheine und Umgebung zum Fürstentum Rheina-Wolbeck, der Südosten des heutigen Kreises Coesfeld Teil des Herzogtums Arenberg. Der Rest einschließlich der Stadt Münster kam als Erbfürstentum Münster zu Preußen, das Münster schon seit 1801 besetzt hielt. In der kurzen napoleonischen Zeit ab 1806 fielen Rheina-Wolbeck und der preußische Teil an das Großherzogtum Berg, einen von Napoleon gegründeten Satellitenstaat mit Hauptstadt Düsseldorf.

1810 begann die kurze napoleonische Zeit, denn der von der Insel Korsika stammende Feldherr eroberte die gesamte Region und etablierte eine eigenständige Verwaltungsstruktur. Nach seiner Niederlage und dem Wiener Kongress fiel schließlich das gesamte Münsterland bis auf die 1803 an Hannover gegangenen Gebiete für 130 Jahre an Preußen, und Münster wurde Hauptstadt der neuen Provinz Westfalen.

Kulturkampf

Der sog. Kulturkampf im letzten Drittel des 19. Jh. stellte den dritten großen historischen Bruch dar. Das bis auf Steinfurt und seine Umgebung sowie das Tecklenburger Land durch und durch katholisch geprägte Münsterland wehrte sich gegen die Eingriffe der preußischen Regierung in verschiedene Lebensbereiche (u. a. in das Schulwesen), die darauf zielten, die Stellung der katholischen Kirche zu schwächen. Der zu dieser Zeit amtierende Bischof Johannes Bernhard Brinkmann wurde sogar verhaftet, was für öffentlichen Aufruhr sorgte. 1884 durfte er unter dem Jubel der Bevölkerung nach Münster zurückkehren.

Der Dortmund-Ems-Kanal lockt viele Einheimische und Touristen

Erst der Anschluss an das Eisenbahnnetz, die Einrichtung des Hafens mit Anbindung an den Dortmund-Ems-Kanal (1899) sowie die Stiftung der Universität (1902) durch Kaiser Wilhelm II. symbolisierte die Abkehr von einem Denken, das die Menschen der Region wenig bis gar nicht achtete.

Industrialisierung

Nach 1850 erreichte die Industrialisierung endlich auch das Münsterland. Die bisher von Landwirtschaft, Handwerk und kleinen Betrieben geprägte Region wurde zum Zentrum der Textilindustrie im Westen des Deutschen Bundes. Mit der Mechanisierung konnten die Stoffe in großer Stückzahl hergestellt und die Spezialisierung vorangetrieben werden. Die Welt schaute auf Produktentwicklungen aus dem Münsterland. Mit der zunehmenden Globalisierung hatte die Region dann aber ab den 1970er-Jahren das Nachsehen. Extrem spezialisierte Betriebe sind heute das, was vom Industriezweig übrig geblieben ist, der die Region etwa hundert Jahre lang prägte und dessen Bedeutung für das Münsterland im LWL-Museum Textilwerk in Bocholt dokumentiert wird (→ S. 194).

Allerdings nahm parallel zum Wirtschaftsaufschwung im letzten Drittel des 19. Jh. die Armut als Folge der steigenden Geburtenzahlen ständig zu, was zu einer großen Auswanderungswelle Richtung Nordamerika führte. Dass sich unmittelbar danach in Münster und allen an den zentralen Verkehrsrouten (Eisenbahnstrecken, Kanäle) gelegenen größeren Orten weitere nennenswerte Industrie ansiedelte, kam für viele zu spät.

Südlich des Hafens wurde in Münster in dieser neuerlichen Boomphase sogar ein Flughafen errichtet. All das sollte wenige Jahre später zur fast völligen Zerstörung der Stadt führen. Zu nah lagen Stadtkern und industrieller Kern beieinander.

Völlige Zerstörung

Die ökonomischen Folgen des Ersten Weltkriegs waren auch in Münster und dem Münsterland zu spüren. Da durch die vorwiegend katholische Bevölkerung die Zentrumspartei die deutlich stärkste politische Kraft war, konnten die Nationalsozialisten lange nicht Fuß fassen. Die Wahl des Münsteraners Heinrich Brüning zum Reichskanzler 1930 lässt sich daher durchaus auch symbolisch deuten. Spätestens in der Reichspogromnacht wurde aber klar, dass auch in Münster der Widerstand weitgehend gebrochen war. Die jüdi-

Das Textilwerk Bocholt ist eines der erhaltenen Industriedenkmäler

schen Bürger emigrierten oder wurden verschleppt, viele davon 1941 nach Riga. Einer der prominentesten Holocaust-Überlebenden aus der Region war Paul Spiegel, viele Jahre Präsident des Zentralrats der Juden in Deutschland. Offenen Widerstand leistete über seine Predigten gegen Euthanasie Bischof Clemens August Graf von Galen, was ihm den Beinamen „Löwe von Münster" einbrachte. In der Tradition derer, die sich gegen Nationalismus und Nationalsozialismus aussprechen, sehen sich auch heute viele Münsteranerinnen und Münsteraner. Das bürgerschaftliche Engagement gegen rechte Gruppen und Parteien ist erheblich. Die AfD erzielte bei der letzten Bundestagswahl im Wahlkreis Münster ihr deutschlandweit schlechtestes Ergebnis.

In der Nacht auf den 2. April 1945 wurde Münster Ziel eines Bombardements

Der Löwe von Münster

Münster war durch die enge Verbindung zur katholischen Kirche für die Nazis ein ganz schwieriges Terrain. Auch heute weiß sich die Stadtgesellschaft gegen neurechte Umtriebe zu wehren. All dies geht zurück auf Clemens August Graf von Galen. Der Spross einer Familie, aus der vor ihm schon mehrere männliche Vorfahren Bischof waren, wurde 1933 zum ersten Mann im Bistum Münster ernannt. Mit drei mutigen Predigten, in denen er sich im Sommer 1941 gegen die nationalsozialistische Rassenideologie und die Euthanasiemorde wandte, erlangte er Berühmtheit über die Stadtgrenzen hinaus und erhielt den Beinamen „Löwe von Münster". Der Rückhalt in der Bevölkerung war so groß, dass die Nazis vor einer Verhaftung zurückschreckten und von Galen viele Tötungen und auch einige Deportationen im Münsterland verhindern konnte. Die NS-Führung war nach den Predigten zunächst uneins, schließlich setzte sich Goebbels durch, der keine katholischen Märtyrer schaffen und Männer wie Galen erst „nach dem Endsieg" aburteilen wollte.

Allerdings weist die Geschichtswissenschaft immer wieder darauf hin, dass von Galen einer am göttlichen Naturrecht orientierten Staatsauffassung das Wort redete, dass er Verfechter der Dolchstoßlegende und einer Revision des Versailler Vertrags war, wenig von der Weimarer Republik hielt, die Wahl von Hindenburg zum Reichspräsidenten unterstützte und den Kriegseintritt als Kampf gegen den Bolschewismus ansah und befürwortete. Unmittelbar nach Kriegsende gehörte von Galen zu den ersten prominenten Deutschen, die die Kollektivschuldthese zurückwiesen. Papst Pius XII. ernannte ihn dennoch am 16. Februar 1946 zum Kardinal. Als Folge eines Blinddarmdurchbruchs verstarb von Galen drei Tage nach seiner Rückkehr am 19. März 1946 in Münster. Eine an den damals zerstörten Dom angebaute Kapelle wurde zu seiner Grabstätte. 2005 kam es zur Seligsprechung durch den Papst und danach zu einer Öffnung des Grabs und der Vergabe von Reliquien und Unterbringung in einem Dutzend anderer Kirchen.

der Alliierten. Die Innenstadt wurde zu 91 % zerstört, ebenso in den Wochen zuvor Teile der Zentren anderer Orte im Münsterland mit großen Industriebetrieben bzw. an zentralen Verkehrswegen, die als kriegswichtig galten. Hierzu zählten insbesondere Bocholt, Coesfeld, Gronau, Oelde und Rheine.

Weise Entscheidungen

Im Gegensatz zu den Kommunalpolitikern anderer deutscher Städte, insbesondere im Ruhrgebiet, fiel in Münster eine Entscheidung gegen einen raschen Neuaufbau der Innenstadt mit Funktionsbauten und für einen Wiederaufbau im historischen Stil. Ohne ihn würde es den Münster-Tourismus, der seit den Wirtschaftswunderjahren Menschen in die Stadt zieht, nicht geben. In einigen anderen Münsterland-Kommunen bedauerte man es, rein funktional wiederaufgebaut zu haben. Heute bekommen aber alle vom Tourismuskuchen genug ab.

Die 1950er- und 60er-Jahre wirkten sich überaus positiv auf alle Städte der Region aus. Durch den Zuzug von Flüchtlingen und Vertriebenen wuchs die Bevölkerungszahl rasch wieder an. Aus gleich mehreren kleineren mittelständischen Betrieben wurden in Stadt und Umland Firmen, die rasch über die Grenzen der Bundesrepublik hinaus ein Begriff waren, darunter Agravis in Münster (landwirtschaftliche Erzeugnisse), Coppenrath & Wiese in Mettingen (tiefgekühlte Backwaren) oder das TK-Gemüsewerk von Iglo in Reken.

Zudem blieb die Region immer auch eine, in der innovative Ideen in Ruhe reifen und dann umgesetzt werden konnten. So überstand nach einigen harten Jahren der Westen des Münsterlandes auch die Krise der Textilindustrie und zählt heute zu den Regionen Nordrhein-Westfalens, in denen die Arbeitslosenquote minimal ist, während sie wenige Kilometer entfernt im Ruhrgebiet Höchstwerte erreicht. Dies ist auch der Führung einer Vielzahl umsichtiger mittelständischer Unternehmen geschuldet, die nicht an maximaler Gewinnausschüttung für Anteilseigner orientiert agiert haben, sondern ganz im Sinne der katholischen Soziallehre immer auch die Arbeitskräfte und den jeweiligen Standort im Blick hatten und haben.

Moderne Kulturregion

In den letzten 25 Jahren ist das Münsterland (und nicht nur die Stadt Münster) auch zu einer modernen Kulturregion geworden, die regionales Brauchtum und Moderne sinnvoll zu verbinden weiß. Dass eine vielfältige (freie) Kunstszene parallel zu Karnevalisten und Wallfahrern existiert, sich beide Seiten an der Kneipentheke oder beim das lokale Geschehen aufs Korn nehmenden Kabarett treffen, stehen dafür.

Sie alle sind nun in Münster aber in besonderer Weise herausgefordert. Die Stadt zählt zu den am stärksten wachsenden Räumen in der Bundesrepublik, hat die 300.000-Einwohner-Marke

Ems-Halle Emsdetten

Schnee- und Regenmassen

Bundesweite Aufmerksamkeit erlangte die Region in den letzten 15 Jahren durch zwei extreme Wetterereignisse. Am 25. November 2005 kam es im Münsterland aufgrund eines Wintereinbruchs zum größten Stromausfall in der Geschichte der Bundesrepublik Deutschland. Teilweise fielen über 50 cm Schnee, der aufgrund der Nässe binnen kürzester Zeit gefror und über 50 Hochspannungsmasten zu Fall brachte. 280.000 Menschen blieben einige Tage ohne Strom, das besonders betroffene Ochtrup fast eine Woche. Am Nachmittag des 28. Juli 2014 gingen bei einem Unwetter in sieben Stunden bis zu 300 Liter Regen pro Quadratmeter nieder und richteten in Münster und Greven erhebliche Schäden an. Einzelne Stadtviertel standen nahezu komplett unter Wasser. Die Kanalisierung von kleinen Bächen und Zuflüssen der Ems war geplant worden, ohne die Hochwasserproblematik im Blick gehabt zu haben. Fünf Jahre später konnten Politik und Verwaltung dann vermelden, dass die Versäumnisse der Wasserwirtschaft nun korrigiert seien und extreme Regenfälle in Zukunft keine so tragischen Folgen mehr hätten. Die Spuren der Orkane Kyrill (2007) und Friederike (2008) sind derweil noch an vielen Waldflächen der Region gut zu erkennen, inzwischen ergänzt von denen der Dürresommer seit 2018.

längst geknackt, und ein Ende ist nicht abzusehen, da nach dem Abzug der britischen Armee im Sommer 2013 nun auf zwei ehemaligen Kasernengeländen neue Stadtteile entstehen werden. Angesichts des schon täglich sichtbaren Verkehrsinfarkts in der Stadt und nicht zu leugnender Probleme im Bereich von Kitas und Schulen erwarten Kommunalpolitik und Stadtgesellschaft spannende Jahre. Das Umland muss parallel dazu schauen, dass es weiterhin als Wohnort attraktiv bleibt. Trotz durch die Decke gehender Immobilienpreise zieht es die Menschen nach Münster und nicht in die Kleinstädte rundum, die frühestens um 2035 oder gar 2040 über ein S-Bahn-System bestens angeschlossen sein werden.

Kirche in der Krise

Die letzten fünf Jahre waren wieder welche, in denen der katholischen Kirche und dem Bischof von Münster, mit denen einst alles begann, eine besondere Bedeutung zukam. Sie markiert die letzte bedeutende historische Bruchstelle, die nun aber auch ganz direkt die Beziehung von katholischer Kirche und Gläubigen in der Region betrifft. Das Bistum Münster wurde vom Missbrauchsskandal in der katholischen Kirche in einer Art und Weise erfasst, die für Fassungslosigkeit bei den Gläubigen sorgte. Es stellte sich heraus, dass u. a. mit Wissen des von vielen Gläubigen hoch verehrten Reinhard Lettmann, von 1980 bis 2008 selbst Bischof von Münster, Priester weiterbeschäftigt wurden, die sexuellen Missbrauch betrieben hatten. Es sind nicht nur die Opfer, die nun laut ihre Stimmen erheben, da ist auch die Bewegung „Kirche von unten", die zudem auf das Finanzgebaren der Kirche schaut, im Münsterland besonders stark. „Maria

2.0", eine Bewegung von katholischen Frauen, die eine veränderte Rolle der Frau in der Kirche fordert, u. a. auch das Frauenpriestertum, hatte eine ihrer Keimzellen in Münster. Ein Teil der Kirchenvertreter hat inzwischen erkannt, was die Stunde geschlagen hat, wenn die so gläubige Münsteranerin, der so gläubige Münsteraner aufbegehrt. Zu ihnen zählen Reinhard Marx, ehemaliger Vorsitzender der Deutschen Bischofskonferenz, und Franz-Josef Overbeck, Bischof von Essen, die beide biografische Bezüge zu Münster haben. Der aktuelle Bischof, Felix Genn, ist zum Ärger derer, die Reformen fordern, zurückhaltender. Aber auch ihm dürfte klar sein, dass es jene im Münsterland seit Ludger existierende enge Verbindung von (Stadt-)Gesellschaft und katholischer Kirche ohne Veränderungen in der Kirche bald nicht mehr geben könnte.

Feste und Veranstaltungen

Kirmes, Schützenfest, Kirchweih, Karneval – jeder Ort, der etwas auf sich hält, hat diese drei bzw. vier Veranstaltungen zu bieten. Während sich die kleineren Städte mit ein oder zwei **Jahrmärkten** begnügen, ist auf dem Schlossplatz in Münster dreimal im Jahr Send. Der **Send,** ursprünglich ein zur Bistums-Synode abgehaltener Markt (seit dem 11. Jh.), ist ein ziemlich familiärer Jahrmarkt mit weit weniger Event-Charakter als die anderen zwei nordrhein-westfälischen Großkirmesverantaltungen in Herne (Cranger Kirmes) und Düsseldorf (Oberkasseler Rheinkirmes).

Schützenfeste werden so terminiert, dass in den einzelnen Regionen von Mai bis September immer irgendwo gefeiert wird. In Münster sind **Ortsteil-** bzw. **Straßenfeste** mit viel Kunst, Musik und Co. das bildungsbürgerliche Alternativangebot zum Schützenfest. Die größeren Orte haben zudem von Mai bis September fast alle an einem Wochenende im Monat eine weitere Großveranstaltung, die Tagesgäste aus dem Ruhrgebiet und dem Rest des Münsterlandes anzieht. Davor und danach bleibt wenig Zeit, um sich kurz zu erholen, denn vom 11. November bis Aschermittwoch ist, nur unterbrochen von einer kurzen Weihnachtspause, **Karnevalszeit.** Anders als im Rheinland ist das jecke Treiben aber nichts, an dem quasi die gesamte Bevölkerung teilnimmt. Die Kinder bekommen Rosenmontag zwar schulfrei, doch die Erwachsenen müssen sich meist einen Tag Urlaub nehmen, wenn sie feiern und an einem der Umzüge teilnehmen wollen. Viele davon finden deshalb auch an den zwei Wochenenden vor dem Altweiber-Donnerstag statt. Daher sollten Karnevals-Muffel auch diese Zeit für einen Besuch der Region meiden. Der **Umzug in Ottmarsbocholt** am Sonntag vor dem Karnevalswochenende und die **Rosenmontagszüge in Münster und Beckum** sind die größten Veranstaltungen.

Vielerorts finden **Kirchweihfeste** statt, und fast überall wird am Sonntag nach Ostern **Weißer Sonntag** (Erstkommunion) gefeiert. Am 1. Mai wird in vielen Orten ein **Maibaum** errichtet. Rund um den 17. September wird mit Sängerfesten des **hl. Lambertus** gedacht und am ersten Sonntag im Oktober das in anderen Regionen nur von Protestanten besonders bedachte **Erntedankfest** gefeiert.

Von Mai bis September werden an mehreren Orten im Münsterland **Freilichtbühnen** bespielt. Überregional bekannt ist seit vielen Jahren die in Tecklenburg, weil sie mit 2.300 Plätzen die größte Musiktheaterbühne Deutschlands ist und dort regelmäßig Musicals mit prominenten Stars der Szene aufgeführt werden. In vielen anderen Orten stehen einheimische Theatergruppen auf der Bühne und zeigen u. a. auch, dass bürgerschaftliches Engagement in der Region großgeschrieben wird.

Alle zwei Jahre findet im Herbst für einen Monat das **Münsterland-Festival** statt, das Musik, Kunst und Gesprächsrunden im Programm hat (muenster land-festival.de).

Sportlich geht es zu beim **Münster-Marathon** (Anfang September) und beim **Münsterland-Giro,** der jedes Jahr am Tag der deutschen Einheit (3. Oktober) ausgetragen wird. Die „Pferderegion Münsterland" präsentiert sich u. a. mit der **Hengstparade in Dülmen** (letzter Samstag im Mai), den Reitsportveranstaltungen am **Landgestüt Warendorf** (→ S. 278), den **Sendenhorster Reitertagen** (Ende April / Anfang Mai)

Open-Air-Konzert in Dülmen

oder dem **Dressur- und Springturnier in Darfeld** (Mitte Mai).

Ein auch überregionales Publikum finden der **Weihnachtsmarkt in Münster** und die allerdings nur alle zehn Jahre (das nächste Mal 2027) ebenfalls in der Regionalmetropole stattfindende internationale Kunstausstellung **„Skulptur Projekte",** die Kunst im öffentlichen Raum präsentiert (→ S. 54).

Münsterländer Mentalität

Es gibt eine humorvolle westfälische Variante der biblischen Schöpfungsgeschichte: Gott und Petrus gingen über die grüne westfälische Landschaft. Da sagte Petrus: „Lieber Gott, erschaff Menschen in dieser Einsamkeit!" Und Gott berührte eine hohe, knorrige und zähe Eiche und sagte: „Werde ein Mensch!" Plötzlich formten sich die Äste zu Armen, die Wurzeln zu Beinen und aus dem Blätterdach entstand der Kopf – der erste Westfale war geboren. Er erhob sich und sagte empört: „Was stößt er mich? Was tut er auf meinem Grund und Boden?"

Diese Szene transportiert viel von dem, was die Mentalität des Westfalen und damit des Münsterländers ausmacht. Ja, er ist stolz auf seine „Scholle" und kann es gut mit sich allein aushalten, benötigt keine Gesellschaft, möchte ungestört sein Tagwerk verrichten. Dieses Bodenständige, Ruhige und Strebsame wurde dann irgendwann mit dem Etikett „Sturheit" versehen und zum Klischee vom Menschen aus Westfalen gemacht. „Man muss erst einen Sack Salz mit denen gegessen haben, bevor man sich mit ihnen versteht", lautet ein anderes Vorurteil.

Die Dinge lassen sich aber auch ganz anders sehen. Eine für Reisende ganz bedeutsame Eigenheit ist, dass der Westfale extrem positionsstabil ist: Wo er auf die Welt kommt, da bleibt er. Dies bedeutet auch, dass sich problemlos nach dem Weg fragen lässt, sofern das Reiseziel sich im selben Ort befindet, ebenso nach einer guten Einkehrmöglichkeit, einem guten Metzger oder Bäcker. Überhaupt kann der Münsterländer sehr redselig werden, wenn es um Speis und Trank geht – vorausgesetzt, der Teller ist noch nicht da oder bereits geleert.

Außerdem sagt der Westfale immer die Wahrheit, wenn auch manchmal im falschen Moment, was so manche Freundschaft auf die Probe stellen kann. Dabei will er nicht unhöflich sein oder den anderen vor den Kopf stoßen. Er möchte seine wertvolle Zeit einfach nicht mit Gerede verschwenden.

Humor hat der Westfale auch, aber eben einen trockenen, einen sehr stark dem Alltagsgeschehen und dem eigenen Erleben verpflichteten. Menschen, die weder in Westfalen aufgewachsen sind noch dort leben, können die Begeisterung der Westfalen für bestimmte regionale Comedians oder Darbietungen im Karneval daher auch nicht immer nachvollziehen. Doch der Münsterländer hat sich da modernisiert. Als der WDR den Karnevalisten in Münster drohte, keine Ausschnitte ihrer Karnevalssitzung mehr zu zeigen, veränderten sie ganz massiv ihr Programm, das dann doch zu viel Fleisch gewordenes Münsterland-Klischee gewesen war.

Was den Westfalen und damit auch den Münsterländer ausmacht, transportieren seit Mitte des vorletzten Jahrhunderts schon zwei von vier Strophen, die Heinrich Heine in „Deutschland – ein Wintermärchen" den Westfalen widmete:

„Ich habe sie immer so liebgehabt,
Die lieben, guten Westfalen,
Ein Volk, so fest, so sicher, so treu,
Ganz ohne Gleißen und Prahlen.

Sie fechten gut, sie trinken gut,
Und wenn sie die Hand dir reichen
Zum Freundschaftsbündnis,
dann weinen sie;
sind sentimentale Eichen."

Kleine Münsterländer Literaturgeschichte

Im Zusammenhang mit Münster und dem Münsterland fällt in Sachen Literatur natürlich sofort der Name **Annette von Droste-Hülshoff** (→ S. 81). Doch die Region hat literarisch weit

Annette von Droste-Hülshoff

mehr zu bieten, weshalb die Ansiedlung des **Museums für Westfälische Literatur** in Oelde-Stromberg ganz passend ist (→ S. 288). Ein wichtiger Zeitgenosse der Droste war **Anton Matthias Sprickmann,** der Kontakte zu Goethe und Büchner pflegte, aber nie überregionale Popularität erlangte. 1964 setzte **Otto Jägersberg** im Alter von gerade einmal 22 Jahren der Region mit seiner Erzählung „Weihrauch und Pumpernickel" ein literarisches Denkmal. Über ein Dutzend weiterer Romane und Drehbücher des in Hiltrup lebenden Autors folgten anschließend.

Ende der 1980er-Jahre etablierte sich der Regionalkrimi in der deutschen Literatur, und zum Kreis der Autorinnen und Autoren, die rasch deutschlandweit populär waren, zählte auch **Jürgen Kehrer.** Sein Privatdetektiv Georg Wilsberg schaffte es sogar, zur Filmfigur der gleichnamigen ZDF-Serie zu werden (→ S. 41). Kehrer steuerte diverse Drehbücher bei. „Wilsberg und die Wiedertäufer" ist das Werk mit dem wohl größten Lokalkolorit. Allerdings ist Kehrer nach minimal kritischen Äußerungen zu Münster und dem Umzug nach Berlin zusammen mit seiner Frau, der Schriftstellerin Sandra Lüpkes, bei einigen Einheimischen etwas in Ungnade gefallen.

Das sieht bei **Burkhard Spinnen,** dem zweiten sehr bekannten Gegenwartsliteraten aus Münster, etwas anders aus. Der langjährige Juror bzw. Jury-Vorsitzende beim Ingeborg-Bachmann-Preis (2000–2014) schaut in Glossen und kleinen Geschichten oder bei öffentlichen Auftritten in Münster immer wieder kritisch auf die Stadt, findet dafür aber in der Regel die Zustimmung vieler Einheimischer. Seine Ehefrau Bernadette leitet die Tourist-Info in Münster.

Quasi im Windschatten des durch die Wilsberg-Krimis so populär gewordenen Jürgen Kehrer verfassen auch Ursula Meyer, Christoph Güsken, Tom Finnek, Helga Streffing und Stefan Holtkötter, um nur einige weitere zu nennen, Kriminalromane, die in Münster und dem Münsterland spielen.

Unter Freundinnen und Freunden zeitgenössischer Lyrik dürfte noch der Name **Thomas Bruns** ein Begriff sein. Prominentester Vertreter plattdeutscher Literatur ist der 2021 verstorbene **Rainer Schepper,** an den der Mundartdichter Augustin Wibbelt einen Großteil seines Nachlasses vermachte. Bei Texten in und zu Münsters Lokalsprache Masematte (→ S. 332) führt an **Wolfgang Schemann,** langjähriger Redakteur der Westfälischen Nachrichten, kein Weg vorbei.

Dank des Engagements des Aschendorff Verlags aus Münster und weiterer kleinerer Verlage in der Region gibt es in allen Städten im Buchhandel, den städtischen Museen und den Tourist-Informationen eine Vielzahl heimatkundlicher Werke von guter und sehr guter Qualität. Eine Reihe von ihnen ist auf Baukunst spezialisiert, besonders auf Kirchen, Burgen und Schlösser – es geht ja immerhin um das Münsterland.

Kleine Münsterländer Sprachgeschichte

Wer an Sprachgeschichte sowie Dialekten und Soziolekten interessiert ist, kann sich in Münster und dem Münsterland darauf freuen, mit dem Niederdeutschen, dem Münsterländer Platt und Masematte in Berührung zu kommen.

Das Niederdeutsche wird in Münster ganz prominent durch die Niederdeutsche Bühne wachgehalten, die in jeder Spielzeit im Theater Münster (→ S. 60) eine Inszenierung präsentiert. Knapp zwei Dutzend Aktive erarbeiten unentgeltlich ein Stück, immer wieder auch humorvolle Umschriften von Klassikern. Die Aufführungen sind stets gut besucht. Wer einen Einblick in die Arbeit der Niederdeutschen Bühne haben will, schaut auf die Homepage (.niederdeutsche-buehne-muenster.de), wo man mit „Hiärtlick willkuomen, leiwe Lüe!" begrüßt wird.

Das Niederdeutsche, das volkstümlich gern auch Plattdeutsch genannt wird, ist keine homogene Sprache, sondern besteht aus einer Vielzahl von miteinander verwandten Dialekten, das Münsterländer Platt ist nur einer davon. Bis in die 1950er-Jahre wurde das Münsterländer Platt in der Region meistens als erste Sprache erlernt, danach setzte sich das Hochdeutsche mehr und mehr durch. Es blieb aber eine typische Sprachfärbung, deren „prominentester Botschafter" aktuell der nordrhein-westfälische Gesundheitsminister Karl-Josef Laumann ist.

Und dann gibt es da noch die Sache mit dem Doppelvokal „ae" und „oe", der im Münsterland gedehnt gesprochen wird. Wer „Cösfeld", „Lär" oder „Särbeck" sagt, fällt im Münsterland gleich als Fremder auf.

Als Sprache des täglichen Lebens wird „dat Mönsterlänner Platt" heute nur noch von älteren Menschen auf dem Lande verwendet. An den Schulen gibt es anders als bei vergleichbaren Fällen in anderen Regionen bzw. Bundesländern keinerlei Bemühungen zur aktiven Mundartpflege, sodass die Zukunft des Dialekts ungewiss ist.

Aus der Verschmelzung des Münsterländer Platt mit Jiddisch bzw. Rotwelsch und Romani ist in Münster die Sondersprache Masematte entstanden (→ „Leezen sind jovel"). Reisende werden einzelne Wörter bei einem Aufenthalt in der Region insbesondere auf Speisekarten lesen können, natürlich mit einer entsprechenden Übersetzung gleich dahinter. Einheimische jeden Alters gebrauchen ein gutes Dutzend Vokabeln als Teil ihrer Alltagssprache.

Leezen sind jovel

Zwischen dem Hafen und der Wolbecker Straße wurden in Münster im 18. Jh. viele kleine Handwerker heimisch, dazu Schausteller, Viehhändler, fahrendes Volk und die Armen der Stadt. Um sich in Gegenwart von Menschen heimlich verständigen zu können, die nicht aus „Klein-Muffi" kamen, ließen die Bewohner die Geheimsprache Masematte entstehen. Durch den Zweiten Weltkrieg ist dieses Milieu zerstört worden, obwohl viele Häuser mit den charakteristischen Werkstätten von Handwerkern im Hinterhof wiederaufgebaut wurden. Heute wird Masematte eher als Spaßsprache angesehen. Mit der Verwendung einzelner Vokabeln soll unterstrichen werden, Münsteranerin oder Münsteraner zu sein. Besonders häufig werden Besucher die Wörter *jovel* (= gut, schön), *Leeze* (= Fahrrad) und *Maimel* bzw. *maimeln* (= Regen, regnen) zu hören bekommen. Sie und eine Handvoll weiterer Begriffe werden auch von den lokalen Medien verwendet. Masematte-Basics sind:

abnippeln – sterben
ambach (Was ist ambach?) – Was liegt an, ist zu tun?
Döppen - Augen
Fleppe - Führerschein
Fluppe - Zigarette
Kabache - Haus, Gebäude
Lowine - Bier
meschugge - dumm
Patte - Brieftasche, Geldbörse
pöhlen - Fußball spielen
poofen - schlafen
schofel - schlecht
tacko - schnell

Schnitzel sind und bleiben eine der Leibspeisen der Münsterländer

Münsterländer Küche: von Töttchen, Panhas und Lagerkorn

Wie es sich für eine bäuerlich geprägte Region gehört, bietet auch das Münsterland eine deftige und eher fleischhaltige Landküche. Mit deren Modernisierung sind seit knapp 30 Jahren diverse Köche beschäftigt, und in fast jedem Ort gibt es ein Gasthaus oder Restaurant, das wegen „modernisierter" oder wirklich traditioneller Zubereitung den Besuch lohnt.

In den Gasthäusern ist das Essen durchweg günstig. Ein preiswerter Mittagstisch ist von Montag bis Samstag nicht zuletzt aufgrund der vielen Tagestouristen eine Selbstverständlichkeit. Am Samstag wird als Tagesgericht gerne ein deftiger Eintopf angeboten, meist mit Mettwurst. In Bäckereien gibt es neben dem üblichen Standard (belegte Brötchen) inzwischen immer häufiger auch Stullen (Butterbrote) und natürlich Blechkuchen und Streuselkuchen (manchmal in Brötchenform als „Schülerbrötchen" im Angebot).

Schon in einer Zeit, als die entsprechende Forderung aus den Kreisen der Grünen noch belächelt wurde, waren regionale Lieferketten im Münsterland längst Realität. Man kennt sich und versichert sich seiner Zusammenarbeit oder seiner Freundschaft durch die Lieferung exzellenter Produkte und ihrer Weiterverarbeitung auf qualitativ hohem Niveau. Gute Gasthöfe und Restaurants haben immer auch eine Seite mit Regionalgerichten auf der Speisekarte.

Wer im Münsterland als Metzger einen guten Ruf haben will, bietet Schinken und Mettwurst aus eigener Produktion an, geräuchert und luftgetrocknet. Auch bratfähige Blut- und Leberwurst dürfen im Winterhalbjahr nicht fehlen. Viele produzieren mit

Blick auf Gastronomie und Tourismus inzwischen sogar ganzjährig. Neben Bauernläden gibt es inzwischen in immer mehr Städten einen oder mehrere Regionalläden in zentraler Lage (z. B. in Münster und Telgte). Hinzu kommen diverse Käseproduzenten, auch Büffel-Mozzarella und Ziegenkäse sind dabei.

Preiskategorien Gastronomie

€	bis 12 Euro
€€	12–20 Euro
€€€	20–28 Euro
€€€€	über 28 Euro

Die Preisangaben bei den einzelnen Restaurants im Buch verstehen sich als Richtwerte für ein Hauptgericht.

Vorspeisen

Der bäuerliche Snack schlechthin sind das **Schmalz-** und das **Mettbrötchen,** hier und da auch ersetzt durch Bauernstuten oder Pumpernickel, ein Vollkornschwarzbrot mit leicht süßer Note, das in der Regel nach dem ersten Bissen im Leben geliebt oder gehasst wird.

Wem Mett nicht fein genug ist, findet in den Speisekarten oft auch Tatar. Äußerst beliebt ist zudem das **Schinkenschnittchen,** deftiges Sauerteigbrot mit mild über Wacholder und Buchenholz geräuchertem Schinken und Gewürzgurke, sowie das **„dröge Endken",** eine dünne, gut abgehangene Mettwurst.

Bei den warmen Vorspeisen hat **Töttchen** im Angebot, wer die regionale Tradition besonders pflegen möchte. Früher wurden alle Rinderinnereien gekocht, mit Zwiebeln und einer Mehlschwitze abgebunden und mit Landbrot gegessen. Die Rinderwahn-Zeit machte dem ein Ende. Heute besteht das Gericht hauptsächlich aus Herz, Lunge und Rinderschulter. Es ähnelt optisch einem Ragout fin, bei dem der Koch die Pastete vergessen, dafür aber umso kräftiger gewürzt hat.

Wirte, die ihre Kundschaft schocken wollen, setzen auch gerne **„Halber Kopf"** auf die Karte. Diese spezielle Form der Schweinskopfsülze war einst besonders auf Bauernhöfen am Ostermorgen das erste stärkende Gericht nach der Fastenzeit.

Kleine Gerichte

Dieser von manchem Spitzenkoch verhasste Begriff muss im Münsterland einfach Verwendung finden, weil es nicht so viele Speisen gibt, die zur Zwischen- oder Hauptmahlzeit so taugen oder einfach dieser Wortverbindung entsprechen wie das **Krüstchen.** Dieses kleine, gut ausgebratene Schnitzel auf geröstetem Weißbrot mit Spiegelei und kleiner Salatgarnitur ist die Leibspeise vieler Einheimischer.

Als Mittagessen werden im Münsterland zusammen mit Bratkartoffeln auch gerne Sülze oder gebratene Blut- und Leberwurst gegessen. Ebenfalls sehr beliebt sind Möpkenbrot, Grützwurst und Panhas. Mehl bzw. Buchweizen werden beim **Panhas** den tierischen Zutaten, hauptsächlich Schweinefleisch (Speck), Knochenbrühe mit Innereien und Schweineblut, beigemischt. Der weitere Teil der Rezeptur kann differieren, hängt von der Metzgerei ab. Roggenschrot und Weizenmehl werden beim **Möpkenbrot** zugesetzt. **Grützwurst** hat eine Nähe zu Knipp aus der Lüneburger Heide, Pinkel aus Nordwestdeutschland und Blutkuchen aus Thüringen. Schweinefleisch, Scheineschwarten und Graupen werden gewolft bzw. vorgekocht, kräftig gewürzt, in Därme gefüllt und in siedendem Wasser etwa 30 Minuten gegart.

Mit den in Westfalen so beliebten Eintopfgerichten ließe sich auch allein eine umfangreiche Speisekarte füllen.

Viele Lokale wechseln daher monatsweise durch. Serviert wird er in einer kleinen oder großen Terrine, je nach Appetit.

Fleisch

Die populärsten Hauptgerichte aus dem Münsterland sind die Westfalisierungen von zwei Klassikern der Küche der Habsburger Doppelmonarchie. Beim **Pefferpotthast** ersetzt Pfeffer das Paprikapulver vom Gulasch, beim **Zwiebelfleisch** die nur ganz leicht angebundene Zwiebelsoße die edle Meerrettichsoße vom Tafelspitz.

Noch beliebter ist bei Ur-Münsterländern der **Hasenpfeffer,** ein dem griechischen Stifado vergleichbares Topfgericht mit Hasenfleisch. Im Frühherbst und im Winter werden gerne Dicke Bohnen und Grünkohl gegessen, mit **Kassler, Mettwurst** und **Rippchen** als Beilage. Der Rheinländer sollte wissen, dass in Westfalen in Sachen Marinade und Soße beim **Sauerbraten** andere Zutaten verwendet werden. Dennoch ist er sehr schmackhaft.

Wildgerichte können im Münsterland in vielen Gasthäusern und Restaurants gegessen werden. Wo kein Acker und keine Besiedlung sind, ist das nächste Waldgebiet nicht weit. Auf den großen Wochenmärkten gehört ein Wildmetzger selbstverständlich dazu.

Fisch

Die Fischküche reduziert sich auf das, was sich einst die Bevölkerung leisten konnte: Hering und Forelle. Der **Heringsstipp** wird mit Bratkartoffeln gegessen, die gebratene **Forelle** mit Salzkartoffeln und grünem Salat. Hinzu kommt Kochfisch, denn in einer Eintopfregion wie dem Münsterland wird Fisch nicht zwingend in der Pfanne zubereitet. **Karpfen blau** ist in vielen Familien noch ein traditionelles Gericht am Heiligabend oder zu Silvester. Am Neujahrsmorgen gibt es gegen den möglichen Kater einen Heringssalat.

Vegetarisch

Das Bauernklischee hält fleischlose Ernährung ja für ausgeschlossen, doch lange Zeit war das Fleisch in der Region den hart arbeitenden Männern auf dem Feld vorbehalten und gab es für den Rest der Familie allenfalls am Wochenende Fleisch. Aus den traditionellen Gerichten des Münsterlandes lässt sich auch ganz hervorragend ein vegetarisches Menü machen, zum Beispiel eine **Blindhuhnsuppe** als Vorspeise, **Pfannkuchen** oder **Reibekuchen** mit Zuckerrübensirup als Hauptgericht und **Pflaumenkompott** als Nachtisch. Keine Sorge, die Blindhuhnsuppe ist, wenn sie nicht mit einer Fleischbrühe als

Kürbisse sind von September bis Dezember in den Hofläden ein Renner

Basis angesetzt wurde, eine schmackhafte Gemüsesuppe. Den Namen hat sie von den vielen Zutaten: Jedes Huhn würde etwas aus ihr herauspicken können, was ihm schmeckt ...

Spargel

Im Mai und Juni dreht sich auf den Speisekarten des Münsterlandes alles um den Spargel. Das edle Gemüse wird traditionell mit luftgetrocknetem Schinken, zerlassener Butter und Kartoffeln gereicht. An vielen Rad- und Wanderwegen sind die Spargelhöfe ausgeschildert, zu denen neben dem Spargelverkauf meist auch ein Hofcafé gehört.

Nachspeise

Drei Desserts sind für die Region typisch: Quarkspeise, Stippmilch und Herrencreme. Bei der **Quarkspeise** werden Sahnequark, in etwas Rum eingelegte Früchte (meist Sauerkirschen) und leicht angeröstete Pumpernickelstreusel übereinandergeschichtet. Für die **Herrencreme** werden Sahne, Pudding, Schokoraspeln oder Kuvertüre, Rum und Haselnüsse verwendet. **Stippmilch** entsteht durch das Verrühren von Sahnequark, Dickmilch, etwas Milch und einer Mischung von Zucker und Vanillezucker. Dazu gibt es frische oder eingeweckte Früchte. Am Nachmittag wird zum Kaffee oder Tee **Blechkuchen** gegessen, gerne auch mit Streuseln und Sahne.

Fastenspeisen

Einst wurde im katholischen Münsterland in der gesamten Fastenzeit der Speiseplan deutlich verändert. Fleisch fiel weg, ebenso üppige Soßen. Übrig geblieben sind davon heute noch die **Struwen,** das traditionelle Karfreitagsgericht. Aus Hefe, lauwarmer Milch und Mehl wird ein Teig angerührt, aus dem nach Zugabe von Korinthen und Rosinen in der Pfanne kleine Küchlein gebacken werden, die abschließend mit Zimt und Zucker bestreut werden. An sich auch jenseits des Karfreitags eine sehr leckere Sache.

Bier

Das Münsterland war einstmals die Bierregion schlechthin. Mit der Pinkus-Brauerei, die ihr Stammhaus in Münsters Kuhviertel hat und inzwischen in Laer braut, und der Brauerei Pott in Oelde gibt es mittlerweile nur noch zwei familiengeführte Betriebe, die ihre Produkte überregional vertreiben. Die Brauerei Rolinck in Steinfurt gehört inzwischen zum Krombacher-Konzern. Hinzu kommen eine Reihe von Hausbrauereien und Craftbeer-Produzenten.

Neben dem Pils wird im Münsterland auch gerne obergäriges Bier getrunken. Hier schauen viele, die Altbier mögen, stets erstaunt auf ihr Glas, wenn sie ein Münsterländer Alt bestellt haben. Das ist nämlich im Gegensatz zur Verwandtschaft vom Niederrhein hell bzw. in der Version Landbier maximal kupferfarben und nicht dunkel.

Das Traditionsgetränk der Region ist im Sommer die Altbierbowle. Erdbeeren aus dem Münsterland werden in Zuckersirup eingelegt, ein, zwei Löffelchen davon kommen dann ins Münsterländer Altbier.

Andere Getränke

Kaffee: „Fahrradfahren oder Kaffeetrinken", lautet ein Bonmot über die in Münster lebenden Menschen, das der Lokaljournalist Klaus Baumeister sogar zum roten Faden in einem Reiseführer zur Altstadt von Münster machte. Doch es stimmt wirklich. Es ist fast egal, wo man sich in der Domstadt umschaut, in der Regel gerät eine Kaffeebar oder Bäckerei ins Blickfeld.

Lagerkorn und Gin: Nicht klar, sondern bernsteinfarben ist der in Fässern gereifte Kornbrand, der im Münsterland zu besonderen Anlässen getrunken wird. Ansonsten genügt auch der einfach hergestellte Korn oder ein Wacholder. Besonders angesagt sind auch im Münsterland inzwischen der Gin sowie hochwertige Kornbrände, gerne auch im Holzfass gereift.

Aufgesetzter: Schwarze oder rote Johannisbeeren ernten, waschen und mit viel Zucker, Roggenkorn sowie Wasser in eine Flasche stecken und einige Zeit lagern – und fertig ist das beliebteste alkoholische Getränk des Münsterlandes, das Barkeeper gerade auf seine Tauglichkeit für die Cocktailbar geprüft haben. Auch manche Nachspeise wird gerne mit einem Schuss Aufgesetztem versehen, der in deutlich milderer und süßerer Form in den Niederlanden als Genever zu bekommen ist. Allerdings verschmäht das Produkt aus dem Nachbarland auf alle Zeit, wer einen guten Aufgesetzten im Münsterland probiert hat.

Liköre und Obstbrände: Gleich mehrere Brennereien im Münsterland haben das große Angebot an Obst dazu genutzt, in die Produktion hochwertiger Liköre und Obstbrände einzusteigen. Produziert werden kleine Mengen, die in der Regel auch nur regional vertrieben werden. Die Liköre und Obstbrände verfeinern inzwischen eine Reihe von Desserts als Konkurrenz zur Herrencreme.

Münsterländer Hofladen-Idylle

Pinkus Müller – öffentliches Urinieren führt zu Biermarke

Einst gab es in Münster 150 Brauereien, übrig geblieben ist nach der Schließung der Germania-Brauerei 1984 nur noch die Brauerei Pinkus Müller, die auf eine knapp 200-jährige Tradition zurückblickt, zu den ersten Bio-Brauereien in Deutschland gehörte, damit sehr erfolgreich wurde und deshalb aus Platzgründen nun auch in Laer braut. Die Biergalerie und das Gasthaus sind weiter am historischen Standort. Dass heute Pinkus-Bier und nicht Müller-Bier getrunken wird, ist Carl Müller, dem Enkel von Gründer Johannes zu verdanken. Als Gymnasiast hatte er mit Freunden mächtig gezecht, und unter dem Einfluss des Alkohols entschlossen sich die enthemmten Pennäler dazu, mit einem selbst erzeugten Strahl eine Gaslaterne auszulöschen. Carl soll es, so die Legende, geschafft haben und wurde fortan von allen „Pinkus" genannt. Da er sich nach dem Abitur nicht nur als Brauer und Gastwirt, sondern auch als Sänger, Karnevalsprinz, also einfach als lokales Original einen Namen machte, war klar, dass auch das Bier fortan so heißen sollte. Ein Denkmal vor dem historischen Brauereigebäude, in dem noch ein Teil der Produktion läuft, erinnert an ihn.

Montgolfieren, also Ballonfahren, ist im Münsterland sehr beliebt

Reisepraktisches von A bis Z

Anreise & Mobilität vor Ort

Münster und die übrigen Orte des Münsterlands sind exzellent an das Straßennetz angebunden, bis auf wenige Ausnahmen gilt das Gleiche für das Bahnnetz. Seit Ende 2021 gibt es in Nordrhein Westfalen eezy.nrw, ein neues Nahverkehrsticket via Handy-App. Fahrten werden über die App gebucht. Abgerechnet werden die Luftlinienkilometer, unabhängig von den Verkehrsverbünden.

Da im Münsterland bisher kein Verkehrsverbund existiert, sind die Fahrpreise für Überlandbusse und Züge vergleichsweise hoch, wenn man von einer Stadt aus ins Umland und wieder zurück fahren will (20,30–31,90 € für das Einzel-Tagesticket und 34,70–47,30 € für das Fünf-Personen-Ticket). Ein Deutschlandticket nutzt einer Einzelperson daher schon ab dem zweiten oder dritten Tag des Aufenthalts, einem Paar oder einer Gruppe von bis zu fünf Personen generell oder ab dem zweiten Tag, an dem Busfahrten über Stadtgrenzen hinweg stattfinden. Kauf online über handyticket.de.

Bis zum Jahr 2040, so die Ankündigungen Mitte 2023, soll es ein mit Ballungsräumen vergleichbares S-Bahn-System geben, deutlich früher schon den Verkehrsverbund. Einheimische vertrauen diesen Zeitangaben aber längst nicht mehr.

Mit der Bahn und dem Bus

Inzwischen halten Züge von fünf IC-Linien im Stunden- bzw. Zwei-Stunden-Takt in Münster, ebenso mehrmals täglich der Flix-Train Köln–Hamburg. Da die Linien des Nahverkehrs sternförmig von Münster aus starten, ist fast das gesamte Münsterland vom endlich renovierten und modernisierten Hauptbahnhof gut zu erreichen. In den Überlandbus muss nur umsteigen, wer in den Süden des Kreises Warendorf oder den Südwesten des Kreises Borken will.

Die Strecken Münster–Beckum und Borken–Bocholt wurden stillgelegt, aber eine Reaktivierung wird diskutiert (→ Kasten S. 193). Dann bliebe in der Region nur noch die Lücke zwischen Borken und Ahaus, durch die Vreden und Stadtlohn aktuell vom Schienenverkehr abgeschnitten sind. Bocholt ist inzwischen direkt von Düsseldorf aus stündlich über eine Nahverkehrsverbindung zu erreichen.

Von den Bahnhöfen aller größeren Städte gehen örtliche Buslinien ab. Einige kleinere Orte betreiben einen Bürgerbus, der in der Regel aber nicht am Sonntag fährt.

Mit dem Auto

Über die Autobahnen 1 (Dortmund–Bremen) und 43 (Wuppertal–Münster) sind Münster und der Kreis Coesfeld exzellent erreichbar. Die Autobahn 31 (Bottrop–Emden) durchläuft die Kreise Borken und Steinfurt. Hauptverkehrsachse nördlich des Teutoburger Waldes ist die Autobahn 30 (Bad Oeynhausen – Osnabrück – Amsterdam). Nahe der östlichen Grenze des Münsterlands verläuft zwischen Hamm und Gütersloh die Autobahn 2 (Dortmund–Hannover). Zwischen den genannten Autobahnen gibt es mehrere zum Teil mehrspurig ausgebaute Bundesstraßen.

Nicht nur sie verführen insbesondere Einheimische zum schnellen Fahren, bis zum nächsten Blitzer ... Gerade am Wochenende kommt es regelmäßig zu „Disco-Unfällen". Überhaupt ist Vorsicht auf den Landstraßen geboten. Im Münsterland sind nicht umsonst für bestimmte Wagen hohe Prämien für die Autoversicherung zu zahlen. Vorsichtige Fahrweise ist auch geboten, sobald ein landwirtschaftliches Fahrzeug in Sicht kommt. Die Ausbuchstabierungen „Bauern ohne Rücksicht" für das Autokennzeichen BOR (Kreis Borken) und „Chaoten ohne Einsicht" für COE (Kreis Coesfeld) sind nicht nur als Spott anzusehen.

Mit dem Flugzeug

Der Flughafen Münster/Osnabrück liegt 20 km vom Stadtzentrum Münsters entfernt am Rand von Greven. Die Lufthansa unterhält Linienverbindungen nach München und Frankfurt am Main (bis zu vier am Tag). Andere vor der Corona-Pandemie existierende innerdeutsche Verbindungen sind bis jetzt nicht wieder aufgenommen worden. Der Rest des Flugangebots unterliegt einem steten Wechsel und ist auf Urlaubsziele am Mittelmeer und die Kanarischen Inseln beschränkt. Seit der Corona-Krise wird stärker als je zuvor über die Zukunft und Existenzberechtigung des Airports diskutiert, der in seiner Geschichte in vielen Jahren ein Zuschussgeschäft für die beteiligten Kommunen und Landkreise war (→ Kasten S. 220).

Ärztlicher Notfalldienst

Die Anrufzentrale des ärztlichen Bereitschaftsdienstes erreicht man unter ✆ **116117.** Dort erhält man auch Informationen über die nächstgelegenen Notfalldienstpraxen. Der hausärztliche Notdienst Münster ist im Franziskus-Hospital und der Raphaelsklinik stationiert. Entsprechende Informationen im Internet erhält man unter **gesundheit-muensterland.de/aerztlicher-notdienst** oder **kvwl.de/patient/notdienste.**

Baden und Wellness

Auch wenn sich genug Leute darüber hinwegsetzen, ist das Baden im Dortmund-Ems- und Mittellandkanal sowie in Sand- bzw. Kiesgruben verboten, sofern nicht ausdrücklich eine Badezone ausgewiesen ist. Viele Seen dienen der Trinkwasserversorgung oder sind Naturschutzgebiet und damit ebenfalls tabu. Ein Dutzend gut auf die Region verteilte Seen mit bester Wasserqualität sind aber als **Badeseen** ausgewiesen Feldmarksee (Sassenberg, → S. 284),

Tuttenbrocksee und Aktivpark Phoenix (Beckum, → S. 295), Bocholter Aasee (→ S. 194), Drilandsee (Gronau, → S. 146), Buddenkuhle und Waldsee (Ladbergen, → S. 252), Pröbstingsee (Borken, → S. 175), Hertha-See und Torfmoorsee (Hörstel, → S. 259 und 256), Offlumer See (Neuenkirchen, → S. 211), Naturbadesee Saerbeck (→ S. 219), Haddorfer Seen (Wettringen, → S. 210), Silbersee (nur dort FKK-Bereich) und Halterner Stausee (→ S. 136) sowie Cappenberger See (→ S. 130).

Alle größeren Orte des Münsterlands haben hübsche **Freibäder.** Größere Wellnessanlagen mit **Saunabereich** gibt es abgesehen von der Eymann-Sauna in Münster-Amelsbüren, dem Schwefelbad in Steinbeck, der Sauna Insel in Dülmen und dem Bahia in Bocholt allerdings nicht. Noch in Münsterland-Reichweite liegen die Anlagen in Gütersloh (Die Welle), Hamm (Maximare), Bad Rothenfelde (Solebad Carpesol) oder Osnabrück (Nettebad). Viele Hotels mit größerem Wellness-Bereich öffnen auch für Tagesgäste.

Ballonfahrten

Im Münsterland lohnt in der Morgen- und Abenddämmerung nicht nur der Sonne wegen der Blick zum Himmel: Hoch oben oder am Horizont wird immer wieder der ein oder andere Ballon zu sehen sein. Das Montgolfieren, so der Fachausdruck, ist im gesamten Münsterland sehr beliebt. Morgens und abends ist die passende Thermik vorhanden, um die Parklandschaft aus der Vogelperspektive zu betrachten. Über die Region verteilt gibt es mehrere Anbieter für Ballonfahrten. Wer gerade Flüge anbietet, verraten die örtlichen Tourismusbüros. Bei Auf- und Abbau darf mit angepackt, unterwegs einfach nur das herrliche Landschaftspanorama aus der Luft genossen werden.

Ein großes „Ballon-Schauschweben" findet jährlich im August in Münster satt: die vom Freiballonsport-Verein Münster und Münsterland veranstaltete **Montgolfiade** auf den Aasee-Wiesen.

▪ Informationen gibt es unter fsv-muensterland.de.

Barrierefreiheit

Die Museen und Kirchen sind in der Regel barrierefrei erreichbar. Der Busverkehr ist inzwischen auch fast vollständig umgestellt. Problematisch ist die Situation noch an einigen Bahnhöfen in der Region. Es läuft aber gerade ein Umbauprogramm der Deutschen Bahn, das auch dort Abhilfe schaffen soll.

Die Altstadt von Münster und die Zentren vieler anderer Münsterland-Städte und -Gemeinden haben Kopfsteinpflasterung. Da ist nicht jeder Weg rollstuhlgerecht, weshalb hier eine Rücksprache mit der jeweiligen Tourist-Information hilfreich sein kann. Die Homepages aller größeren Städte in der Region enthalten inzwischen Info-Seiten für Reisende mit Handicap. Unter dem Titel „WEGBAR – Natur für alle" hat der NABU-Münsterland **14 barrierefreie Wanderwege** in den Naturschutzgebieten der Region zusammengestellt (auch als App verfügbar, Informationen unter wegbar.de). Auch inklusive Reitmöglichkeiten fehlen in der Region nicht (→ S. 217).

Bildstöcke und Kapellen

Das Münsterland ist eine durch und durch katholisch geprägte Region. Nur im Tecklenburger Land konnte sich die Lehre Luthers durchsetzen. Ansonsten entstanden viele der evangelischen Kirchengemeinden in der Region erst durch Heimatvertriebene nach dem Zweiten Weltkrieg. Die Religiosität zeigt sich neben den vielen tagsüber geöffneten Kirchen in der großen Zahl von Bildstöcken und Kapellen. Sie wer-

Bildstöcke gibt es zuhauf

den in der Regel von der nächstgelegenen Kirchengemeinde oder in der Nähe wohnenden Privatpersonen gepflegt und spielen bei Wallfahrten und Prozessionen eine Rolle. Die prominenteste Strecke ist der an der St.-Mauritz-Kirche in Münster startende **Prozessionsweg nach Telgte,** die Fußwallfahrt für viele Gläubige von großer Bedeutung (→ S. 308).

Dorfläden

Bäckereien, Metzgereien und Supermärkte konzentrieren sich immer stärker auf größere Gemeinden, viele Dörfer haben das Nachsehen. Im Münsterland sind über ein halbes Dutzend Dorfladen-Projekte auf den Weg gebracht worden, jeweils von lokalen Initiativen und meist von Gemeinde oder Landkreis unterstützt. Sie finden sich in Dörenthe (Ibbenbüren), Merfeld (Dülmen), Metelen, Rheine-Rodde, Halverde (Hopsten), Schapdetten (Nottuln) und Welbergen (Ochtrup) und haben in vielen Fällen auch ein angeschlossenes Café, in dem man auf einer Rad- oder Wandertour eine Pause einlegen kann.

Ermäßigungskarten

Der Besuch der vom Landschaftsverband Westfalen-Lippe (LWL) betriebenen Museen wird deutlich günstiger, wenn man sich die **LWL-Museumscard** zulegt. Sie kostet 30 € für Erwachsene, 10 € für Schüler/Studierende und 40 € für Familien und Paare und gilt für alle Dauer- sowie einige Sonderausstellungen, ausgenommen ist lediglich das Planetarium in Münster.

▪ Verkaufsstellen der LWL-Museumscard sind alle Museumskassen mit Ausnahme der des Infozentrums Heiliges Meer in Recke und der von Schloss Cappenberg. Weitere Informationen unter lwl-kultur.de.

Fahrradfahren

Im Münsterland ist das Fahrrad Fortbewegungsmittel Nummer eins. Nicht nur die überfüllten Abstellplätze rund um Münsters Hauptbahnhof dokumentieren das eindrucksvoll. Tatsächlich gibt es in Münster mehr Fahrräder, als die Stadt Einwohner zählt.

Die Einheimischen sind innerhalb des Gebiets zwischen der A 1 und dem Dortmund-Ems-Kanal auf die Fortbewegung per Rad eingestellt. Und bei der stören Fußgänger und Autofahrer einfach nur. Die Verkehrsplanung hat dem (unfreiwillig) Rechnung getragen. Motorisiert dauert es im genannten Gebiet lange, um von A nach B zu kommen. Da es in der Innenstadt gleich mehrere Leihstationen gibt, fällt der Verzicht auf das Auto in Münster aber nicht schwer. Halbwegs sicher sind Fußgänger in Münster innerhalb des Promenadenrings, der „Rad-Rundstrecke" auf der ehemaligen Stadtmauer, unterwegs.

Das gesamte Münsterland ist mit Radwegen exzellent erschlossen, inzwischen auch mit einem Knotenpunktsystem. Von Anfang Mai bis Anfang Oktober erweitern vier Überlandbuslinien mit Fahrradanhänger die Möglichkeiten (Strecken und Umsteigepunkte zu Bahnlinien → Karte hinterer Umschlag). Die Fahrradmitnahme auf dem Anhänger ist kostenlos. Gruppen ab fünf Personen müssen verbindlich reservieren.

Alle örtlichen Tourist-Informationen halten Broschüren mit eigenen Tourenvorschlägen bereit. Besonders populär ist die **100-Schlösser-Route,** deren beliebtester Teil im südlichen Münsterland verläuft. Vier Schleifen mit einer Gesamtlänge von 960 km führen durch die Region und sind gerade am Wochenende extrem beliebt. Weitere Radfernwege sind der Münsterland-Teil des **Europa-Radwegs R1,** die **Friedensroute** zwischen Münster und Osnabrück, die **Grenzgängerroute Teuto-Ems** an der Landesgrenze zu Niedersachsen, die **Vechtetalroute** von Rosendahl bei Billerbeck nach Zwolle, der **Ems- und Werseradweg,** die **Steverland-Route** und die **Aa-Vechte-Tour** sowie die **Ems-Werse-Runde.** Im Westmünsterland ist die **Flamingo-Route** zu empfehlen, die kreisförmig das Grenzgebiet zu den Niederlanden abdeckt. Natur und Naturschutz haben die **Kleeblatt-Touren** rund um Lüdinghausen und die **NaTourismus-Routen** im Kreis Steinfurt im Blick. Eine Besonderheit ist der Radtourenführer zu den Kirchen im Tecklenburger Land. Der **Töddenlandweg** verbindet das Tecklenburger Land mit dem Emsland. Entlang der Lippe verläuft die **Römer-Lippe-Route,** durch den Naturpark Hohe Mark die **Hohe-Mark-Radroute.** Die **Radbahn Münsterland** verbindet Ochtrup via Rheine mit Coesfeld.

Radtouristen bei Stadtlohn

14 Radschnellwege werden gerade für Pendlerinnen und Pendler sowie sportlich ambitionierte Reisende sukzessive eröffnet, um rasch von Münster ins Umland zu kommen oder umgekehrt. Die Webseite veloregion.de informiert über den Baufortschritt. Für ein Teilstück durch Münster gab es 2023 den Deutschen Fahrradpreis.

▪ Der regionale Tourismusverband nimmt einem mit seinem umfassenden Radreise-Katalog die Planung ab und bietet darin auch mehrere Stern- und Etappentouren sowie Tagestouren an. Münsterland e. V., Airportallee 1, Greven, ✆ 02571-949392, muensterland.com.

Gärten und Parks

Neben den Parks der Adelssitze, die im Reiseführer näher beschrieben werden, und kommunalen Anlagen gibt es im Münsterland eine Reihe weiterer beeindruckender Privatgärten. Angeregt durch einen Gartenbaubetrieb im Borkener Ortsteil Weseke (Garten Picker, Eschwiese 2, garten-picker.de) haben sich einige Besitzer miteinander vernetzt und unter der Marke Gartenroute Münsterland in Bocholt, Borken,

Velen und Dülmen ein Radwegenetz geknüpft (gartenroute-muensterland.de und offene-gaerten-westfalen.de). Der Münsterland e.V. hat die Broschüre Gärten und Parks aufgelegt. Wer das Gärtnern liebt, sollte eine Gartentour nicht versäumen.

Golf

Die Parklandschaft des Münsterlands ist natürlich prädestiniert für den Golfsport. Die Dichte an Golfplätzen erreicht nicht ganz schottische oder irische Verhältnisse, ist aber in jedem Fall beeindruckend. Aufgrund einer hohen Zahl an Wasserhindernissen ist die Anlage des Golfclubs Tinnen in Münster eine Besonderheit. Sehr edel präsentiert sich der Golfclub Wilkinghege im Nordosten von Münster.

Mit einem Augenzwinkern blicken jene auf den Golfsport, die **Bauerngolf** anbieten: ein netter Familien- und Gruppenspaß mit (großem) Lederball statt (kleinem) Golfball und Schlägern aus Besenstielen, an denen ein Holzschuh befestigt ist. Bauerngolf wird u. a. in Hopsten, Lüdinghausen, Tecklenburg und Vreden angeboten.

Hofläden

In einer Region mit einem so hohen Anteil an Landwirtschaft sowie inhabergeführten Bäckereien und Metzgereien ist die Direktvermarktung in Hofläden eine Selbstverständlichkeit. Aber auch die Betreiber vieler Supermärkte – so sie von einem Inhaber und nicht einem Marktleiter geführt werden – kooperieren mit lokalen bzw. regionalen Erzeugern. Auch viele Gastronomen beziehen ihre Produkte von einem Metzger und einem Bäcker ihres Vertrauens.

Wo es Hofläden gibt, verrät muensterland.com/hoflaeden, und über regionale Produkte informiert muensterland-qualitaet.de.

Hofläden bieten Saisonales

Kanu/Segeln

Die vielen kleineren Gewässer machen das Münsterland zu einem beliebten Revier für Kanuten. Besonders reizvoll sind Teilstrecken auf Ems, Werse, Lippe, Berkel und Bocholter Aa. Wer eine Tour plant, sollte aber genaue Informationen einholen, wo aus Naturschutzgründen Fahrverbote bestehen. Die Binnenseen sind gute Reviere für Segel-Anfänger und -Einsteiger.

Klima und Reisezeit

Böswillige Menschen nähren weiterhin die Behauptung, Münster sei ein Regenloch. Die Statistiken widersprechen dem aber. Das Gerücht mag daran liegen, dass die höchste Niederschlagsmenge ausgerechnet im Sommer zu verzeichnen ist, dann allerdings fast immer in Form eines kurzen und kräftigen Landregens, auf den man sich durch Blick auf eine Wettervorhersage einstellen kann. Sobald längerer Sonnenschein absehbar ist und nicht nur an den knapp 40 Sommertagen, zieht es die Einheimischen ins Freie – oft in einem Outfit, das nicht zu den Temperaturen passt. Auswärtige sind abends zusätzlich irritiert, wenn sie in einem Münsterlandort landen, in dem Heizpilze und Co. in der Außengastronomie verboten sind.

Im Winter wird es in Münster und dem Münsterland selten wirklich kalt. Auf nicht einmal zwei Wochen wirkliches Winterwetter ist die Region in den letzten Jahren gekommen. Die Spuren von Nachtfrösten sind kurz nach Sonnenaufgang meist schnell verschwunden. Deshalb schließt mancher Gastronomiebetrieb in Münster auch nicht seinen Außenbereich, sondern legt Wolldecken aus. Wer etwas auf sich hält, verbringt einige Zeit entsprechend eingehüllt, um beispielsweise beim Kaffee oder Punsch am Aasee gesichtet zu werden. Im Umland sind hingegen die Gasträume der Gasthöfe der Wintertreffpunkt, bei schönem Wetter von Ostern bis Erntedank aber ebenso wie in Münster die Freisitze und Biergärten.

Für Kultururlaub sind die Monate September bis November und Februar bis Mai zu empfehlen. Dann sind die Theater nicht in der Sommerpause und viele Museen bieten Sonderausstellungen an, während der Hochsommer und Winter für deren Auf- bzw. Abbau genutzt werden. Wer Aufführungen in Freilichtbühnen mag, sei es in Form von Theaterstücken oder Musikfestivals, sollte dagegen im Sommer in die Region kommen.

Rad- und Wanderurlaub sind fast immer möglich, da es in jedem Ort interessante Indoor-Alternativen gibt und eine Tagesetappe zur Not auch mit dem Zug absolviert werden kann, sowie im Sommer mit dem Fahrradbus (→ S. 342 und Karte hinterer Umschlag).

Museen und Galerien

In der Stadt Münster und dem Münsterland gibt es eine große Zahl von Museen, die auf die Gründung durch Privatpersonen oder Vereine zurückgehen. Viele von ihnen haben nur am Wochenende bzw. am Sonntag oder nach telefonischer Vereinbarung sowie im Zusammenhang mit einem Treffen der Mitglieder an einem Abend in der Woche geöffnet. Der Eintritt ist oft frei, eine Spende wird gerne gesehen. Das gilt meist auch für das Heimatmuseum, was jede noch so kleine Gemeinde besitzt, die etwas auf sich hält. In der Stadt Münster gibt es fast ein Dutzend Galerien, die Ateliers der Künstler befinden sich in der Regel in kleineren Orten des Münsterlands. Dabei sticht das Künstlerdorf Schöppingen heraus (→ S. 157).

Picknick

Spätestens seit dem ersten Frühjahr und Sommer der Corona-Pandemie hat das Picknick als Teil einer Rad- oder Wandertour in Deutschland eine Renaissance erlebt. In mehreren Kommunen im Münsterland wurden Picknickplätze ausgewiesen. Ob es an einer geplanten Etappenstation einer Radtour einen Picknick-Lieferdienst gibt, weiß die örtliche Tourist-Information.

In der Picknickplatzliste des regionalen Tourismusverbandes Münsterland e. V. stehen u. a. die folgenden in diesem Reiseführer näher beschriebenen Orte: Aasee Münster bzw. Ibbenbüren, Park Burg Hülshoff, Rieselfelder Münster, Kreislehrgarten Steinfurt, Bruder-Klaus-Kapelle Havixbeck, Heidepicknick Klatenberge Telgte, Haus Nottbeck Oelde, kubaai Quartier Bocholt, Bockholter Berge Greven, Burg Vischering Lüdinghausen, Feldmarksee Sassenberg, Inselpark Gronau, Salinenpark Rheine, Steveraue Olfen, Vier-Jahreszeiten-Park Oelde, DA Kunsthaus Kloster Gravenhorst Hörstel, Schloss Sythen Haltern.

▪ muensterland.com/tourismus/themen/erlebnis-region-muensterland/picknick.

Öffnungszeiten

Wer aus einer Metropolregion kommt, wird sich im Münsterland umstellen müssen. Gerade im ländlichen Raum ist die Mittagspause von 13 bis 14 oder 15 Uhr durchaus üblich. Ladenschluss um 18 Uhr ist keine Seltenheit, selbst in Münster sind nach 19 Uhr nicht mehr alle Geschäfte geöffnet. Am Samstag startet auf dem Land um 13 Uhr das Wochenende, in Münster je nach Geschäft zwischen 16 und 18 Uhr. Einheitliche Regelungen lassen sich nur schwer herstellen: Inhabergeführte Betriebe und Filialisten kommen nicht auf einen Nenner.

> Nicht nur in der Stadt Münster, sondern auch in vielen Orten der Region sind in der Gastronomie der Montag und Dienstag aufgrund des Fachkräftemangels inzwischen als Ruhetage weit verbreitet und der Mittagstisch unter der Woche fast überall abgeschafft. Da bleiben nur Bäckereien und Imbissbetriebe. In der Innenstadt von Münster steigt die Zahl der Betriebe mit Ruhetag am Sonntag stetig.

Reiten

Das Münsterland ist die Pferderegion Deutschlands schlechthin. Um die 100.000 Tiere warten in der Region darauf, bewegt zu werden, was bei etwa 80.000 Aktiven, die auf 1.000 km Reitwegen unterwegs sind, auch gut gelingt. Viele Reiterhöfe bieten Reiterferien für Jugendliche und Erwachsene samt Reitschule an oder Ponyferien für Kleinkinder. Eine Infrastruktur für Wanderreiten mit eigenen Pferden fehlt ebenfalls nicht.

▪ Nähere Hinweise liefern die örtliche Tourist-Informationen und die Broschüre des Tourismus-Verbandes (muensterland.com/site/assets/files/707972/web-reitkarte2022_220328.pdf).

Siesta: auch im Münsterland

Schlösser/Burgen

Die Schlösser und Burgen zählen zu den besonderen Merkmalen der Region. Einmal im Jahr, in der Regel am Sonntag nach Fronleichnam, wird der Schlösser- und Burgentag gefeiert, dann öffnen zuweilen auch Häuser, die sonst für das Publikum geschlossen sind (schloessertag.de).

Die neue Schlösser- und Burgenkarte des Münsterland e. V. informiert durch ein Farbsystem, welche Schlösser und Burgen zu besichtigen sind und welche nicht, wo ein Museum zu finden ist und wo Hausherrin oder Hausherr noch selbst die Führung übernehmen, auch online unter muensterland.com/schloesserundburgen. Der Schlösser- und Burgenpass, der in vielen Tourist-Informationen erhältlich ist, wurde erdacht, um mit Kindern möglichst viele Burgen in der Region zu erkunden, genauer gesagt 16. Wer genug Stempel gesammelt hat, erhält ein Präsent.

Schützenvereine

In jedem Ort der Region gibt es natürlich einen Schützenverein. Jeder von ihnen hat über die Jahre bestimmte Riten entwickelt. Erkundigen Sie sich bei

Ihren Gastgebern, damit Ihnen nicht der Schreck in die Glieder fährt, wenn Sie gegen 6 Uhr morgens von Schüssen aus dem Schlaf gerissen werden. Es könnte sein, dass mit Salut ein Schützenbruder geweckt wird, der heiratet.

Sicherheit

Das größte Problem im Münsterland sind – wen wundert's? – Fahrraddiebstähle. Die meisten Unterkünfte bieten deshalb sichere Unterbringungsmöglichkeiten für Räder an. Auf dem Münsteraner Wochenmarkt gibt es eine Gepäckaufbewahrung, damit man im Gedränge nur auf seine Geldbörse achten muss.

Souvenirs

Alle Tourist-Informationen, alle Anbieter von regionalen Spezialitäten und alle Hofläden haben immer eine Reihe von Mitbringseln im Angebot. Auch der in Westfalen für Geburtstagsfeiern gerne bereitete Präsentkorb ist vielerorts zu bekommen. Zusammen mit einem Einkauf auf dem Wochenmarkt lassen sich also noch einige Tage nach Ende der Reise ins Münsterland Speis und Trank aus der Region genießen.

Tourismusabgabe

In Münster werden Reisende durch die Stadt zusätzlich zur Kasse gebeten. 4,5 % beträgt die Beherbergungssteuer.

Tourist-Informationen

Die Stadt Münster unterhält eine üppig ausgestattete Tourist-Information, die keinen Wunsch offen lassen dürfte. Die größeren Städte in den Landkreisen sowie Gemeinden mit einer besonderen Sehenswürdigkeit unterhalten ebenfalls Informationsbüros und geben umfassende eigene Materialien heraus. Dort werden in der Regel auch die gängigen Straßen-, Rad- und Wanderkarten verkauft. Ansonsten stehen der örtliche Buchhandel bzw. der örtliche Supermarkt bereit. Über die offizielle Tourismuszentrale (Münsterland e. V.) wurde angestoßen, dass jeder Ort auch eine App für die Ortserkundung anbietet. Die Internetauftritte sind fast alle gut bzw. sehr gut.

- Münsterland e. V., Airportallee 1, 48268 Greven, ✆ 02571-949392, muensterland.com.

Trinkwasser

Das Trinkwasser in Münster und dem Münsterland ist, je nach Ort, von unterschiedlicher Qualität: Von weich bis eher kalkhaltig, von schwebstoffreich bis glasklar ist alles dabei. Wer seine Trinkflasche gerne mit Leitungswasser füllt, sollte also vorher hinschauen, fühlen und probieren. In vielen Ferienwohnungen stehen Wasserfilter im Küchenschrank.

Übernachten

Preiskategorien für Unterkünfte

€	bis 70 €
€€	70–110 €
€€€	110–150 €
€€€€	ab 150 €

Die Übernachtungspreise verstehen sich als Richtwerte für eine Übernachtung im DZ, zumeist mit Frühstück.

Münster und das Münsterland sind mit Quartieren aller Art bestens ausgestattet. In Münster und allen Landkreisen gibt es mit Wellness-Siegeln geschmückte Fünf- bzw. Vier-Sterne-Hotels, die sich auch für einen längeren Aufenthalt eignen. Pool- und Ausflugstage lassen sich gut mischen. Durch mehrere Hotel-Neubauten kann man in Münster jetzt auch wieder kurzfristig noch Buchungen vornehmen. In den kleineren Orten existieren noch tradi-

In der Nähe von Mooren wird der Wald schnell ein kleiner Dschungel

tionelle Dorfgasthöfe, die Zimmer vermieten. Sie sind bestens auf Rad- und Wandertouristen eingestellt. Hinzu kommen Ferienwohnungen und in Münster gleich mehrere Hostels. Wer in Münster eine Ferienwohnung anmietet, sollte sich bestätigen lassen, dass sie ordnungsgemäß angemeldet ist. So soll eine Zweckentfremdungen von Mietwohnungen vermieden werden.

Für Radtouren empfiehlt sich die Reservierung eines Quartiers, wenn nicht gerade eine der größeren Städte (Ahlen, Coesfeld, Dülmen, Lüdinghausen, Gronau, Rheine, Ibbenbüren, Warendorf, Beckum, Borken, Bocholt) das Tagesziel ist.

Als Folge des Fachkräftemangels haben einige Hotels auf Garni-Betrieb umgestellt oder bieten nicht mehr an sieben Tagen in der Woche Halbpension an bzw. dann bei einem Partnerbetrieb im Ort. Eine Reihe von Hotelbetrieben schließt auch für zwei oder drei Wochen in den NRW-Sommerferien, weil sich aktuell nur so Beschäftigte an das Unternehmen binden lassen.

Wandern

Es sind nicht die langen Touren, sondern die kleinen Wanderungen in den Naturschutzgebieten, in denen Fahrräder verboten sind, die sich auch für alle lohnen, die nicht wanderbegeistert sind. Im Tecklenburger Land liegen einige Etappen bzw. Rundtouren der Premium-Wanderwege **Hermannsweg** und **Teuto-Schleifen.** Zudem haben die Landkreise, in denen Teutoburger Wald, Wiehengebirge oder ihre Ausläufer liegen, den UNESCO-Natur- und Geopark **TERRA.vita** begründet. Im Zuge des Projekts wurden so auch rund um Tecklenburg Rad- und Wanderwege ausgeschildert, die Bezug zur Erdgeschichte, geologischen Phänomenen und Naturdenkmalen haben. Hinzu kommt der **Tecklenburger-Land-Rundweg.** Entlang der Grenze zu den Niederlanden verläuft von Isselburg nach Gronau der **Noaberpad,** von Münster nach Osnabrück der **Westfälische-Friede-Weg.** Die Altertumskommission für Westfalen hat alle **Wege der Jakobspilger** im

Münsterland ermittelt. Fordernder ist als Ein- oder Zwei-Tages-Tour der **Ludgerusweg** vom Stift Tilbeck bei Havixbeck durch die Baumberge nach Coesfeld. Die Etappe von Havixbeck nach Billerbeck ist eine schöne Tagestour. In zwei Tagen kann der **Max-Clemens-Kanal-Wanderweg** von Münster nach Wettringen gegangen werden. Zudem gibt es seit 2021 den **Hohe-Mark-Steig.** Der Begriff „Steig" ist bezogen auf den kleinen Höhenzug an der Nordseite der Lippe etwas euphemistisch, lohnenswert ist die Tour dennoch. Wer kann, sollte zudem den **Canyon-Weg** in Lengerich gehen (→ S. 251). Eine Zeitreise in das Leben der Kiepenkerle ist für alle möglich, die den **Hollandgängerweg** nehmen, der von Münster durch den Kreis Steinfurt in den niedersächsischen Grenzort Gildehaus führt.

▪ Zu Bestsellern in der Region sind die im Droste Verlag erschienenen Bücher „Radeln für die Seele" und „Wandern für die Seele" von Jutta Küdde geworden.

Zeitungen & Zeitschriften

Es gibt nicht wenige Münsteranerinnen und Münsteraner aus dem eher linken und liberalen Milieu, die wehmütig am Frühstückstisch sitzen, wenn Sie bei einem Aufenthalt in vergleichbaren Großstädten der Republik eine Tageszeitung in die Hand nehmen. Sie hadern mit den **Westfälischen Nachrichten (WN)** aus dem Verlagshaus Aschendorff und wünschen sich ein irgendwie der Süddeutschen Zeitung nahekommendes Blatt mit einer gewissen überregionalen Reputation und einer nicht so kompromisslos konservativen Grundhaltung. Das schafft seit langer Zeit nur die **Neue Osnabrücker Zeitung,** die in Teilen des Tecklenburger Landes vertreten ist.

Sonnenuhr am Schlaun-Bau

Zwei Versuche der Etablierung einer journalistischen Alternative in Münster scheiterten. 2001 endete nach wenigen Jahren das Projekt einer Lokalausgabe der **taz** mangels Leserzuspruch. 2014 gab die stets kleinere und nicht ganz so konservative **Münstersche Zeitung** mit diversen Lokalausgaben im nordwestlichen Umland von Münster auf. Ein junges Team hatte am Ende vergeblich versucht, ein interessantes Angebot mit einer öfter von der Sichtweise der WN abweichenden Meinung zu schaffen. Einzig der Betrieb der **Münsterland Zeitung** in Ahaus sowie Lokalberichterstattung im Südosten des Kreises Coesfeld, dem Nordwesten des Kreises Unna und in Haltern erschien dem Medienhaus Lensing aus Dortmund noch lukrativ.

Die der Redaktion der **Westfälischen Nachrichten** in Teilen von Dienstleistern gelieferten Mantelseiten laufen auch bei den Blättern fast aller kleinen Zeitungsverlage in den Landkreisen des Münsterlands mit. Im Südosten des Kreises Coesfeld sowie in Werne ist noch der **Westfälische Anzeiger** aus Hamm, im Osten des Kreises Warendorf die traditionsreiche Zeitung **Die Glocke** aus Oelde vertreten.

In Münster informieren mehrere **Gratis-Hefte** über Veranstaltungen und Kinoprogramm. In Stadt und Region gibt es zudem mehrere monatlich oder quartalsweise erscheinende **Interview-, Stadt- und Regionalmagazine,** ebenfalls mit Veranstaltungshinweisen.

Begriffe rund um Religionen und Adelssitze

Das Bistum Münster wurde im Jahr 805 gegründet. Neben dem Münsterland gehören heute das nördliche Ruhrgebiet, die linksrheinischen Ortsteile Duisburgs, der nördlich davon liegende Teil des Niederrheins, Friesland und die Insel Wangerooge, das ehemalige Großherzogtum Oldenburg und das Oldenburger Münsterland dazu. Das Fürstbistum Münster war ein sog. **geistliches Territorium** im Heiligen Römischen Reich (→ S. 22). Der Bischof war ab 1174 oberster Kleriker und Landesherr. Ab Ende des 12. Jh. wuchs das Fürstbistum zu einem über 10.000 km^2 großen Gebiet heran. Deshalb wurde irgendwann vom **Oberstift,** das etwa dem Gebiet des heutigen Münsterlands entspricht, und dem **Niederstift,** also dem Emsland und dem heute niedersächsischen Teil des Bistums, gesprochen. Das Ende kam 1806 mit dem **Reichsdeputationshauptschluss.** Mit der Säkularisation entstanden das Herzogtum Arenberg, **das Fürstentum Salm,** das **Fürstentum Rheina-Wolbeck** und preußische Gebiete. Als Napoleon die Region besetzte, wurden Teile dem **Großherzogtum Berg** einverleibt, der Rest eigenständige Verwaltungseinheit. Nach seinem Waterloo fiel der Oberstift 1815 komplett an Preußen, der Niederstift an Hannover und Oldenburg.

Durch die Nähe zu den Niederlanden konnten sich in der Reformationszeit gleich zwei Strömungen etablieren. Als **Lutheraner** werden Mitglieder von Gemeinden bezeichnet, die sich an Martin Luther orientierten. Zunächst war dies ein polemischer Begriff von katholischer Seite. Später diente er der Abgrenzung zu den evangelisch-reformierten Gemeinden. **Reformierte** orientierten sich an den Lehren von Ulrich Zwingli und Johannes Calvin. Besonders im Tecklenburger Land gab es an einigen Orten ein Nebeneinander bzw. Konkurrenzkampf zwischen den Strömungen.

Neben den Kirchen sind die Adelssitze die charakteristischsten Bauwerke der Region. Da Berge, auf denen man sich vor Feinden hätte schützen können, fehlten, entstanden Wassergräben, sog. **Gräften** (von niederdt. Graft = Graben). Dafür wurden natürliche Gewässer umgeleitet, die Gebäude meist in moorigem Untergrund auf Eichenpfählen gebaut, selten auf natürlichen **Inseln** in Seen oder Weihern. Bei einigen Burgen war die Gräfte aber auch gleichzeitig der Mühlenteich der herrschaftlichen Mühlenanlage. Für alle von Gewässern umgebenen Teile einer Schloss- bzw. Burganlage wird der Begriff Insel verwendet. Von einer **Doppelinsel** wird gesprochen, wenn zwei Wasserflächen überquert werden müssen, um zum Haupthaus zu gelangen. Der Zugang zum eigentlichen Herrenhaus erfolgte meist vorbei am **Torhaus.** Die Räume im Torhaus dienten als Wohnungen für Bedienstete, als Pferdestall, als Lagerhaus für Maschinen und teilweise auch als Backhaus. Über dem Torhaus waren Speicher untergebracht. Alles kann bestens auf Burg Vischring nachvollzogen werden (→ S. 117).

Die Hermannshöhen sind der populärste Fernwanderweg der Region

Wandern

im Münsterland

GPS-kartierte Touren sind mit dem Symbol GPS gekennzeichnet. Download der GPS-Tracks inkl. Waypoints unter mmv.me/52838

Emden
Nordhorn
Brandlecht
Emsbüren
Tubbergen
Vriezenveen
Denekamp
Wierden
Almelo
Nijverdal
N 343
N 342
A 30
Schüttorf
Salzbergen
A 35
De Lutte
B 403
Rijssen
Oldenzaal
Gut Stovern
Borne
A 1
Bad Bentheim
Haddorfer Seen
A 1
Losser
Hengelo
Gildehauser Venn
Amsterdam
Delden
Goor
Enschede
Drilandsee
Offlumer See
A 35
Wettringen
Gronau
Inselpark
Ochtrup
Niederlande
B 54
B 54
Stift Langenhorst
N 18
Witte Venn
Epe
Haaksbergen
Metelen
ST-Burgsteinfurt
Neede
Tour 6
B 70
Alstätte
B 70
Barculo
Eibergen
Heek
Leer
Wessum
Ahaus
A 31
Schöppingen
Haus Alst
Eggerode
Asbeck
Zwillbrocker Venn
Kreis Borken
Groenlo
Vreden
Wasserschloss Haus Egelborg
Legden
Rosendahl
Darfeld
Lichtenvoorde
N 319
Osterwick
Holtwick
Schloss Varlar
Stadtlohn
Billerbeck
Winterswijk
Kolvenburg
B 70
Berkelaue
Arnhem
Kloster Gerleve
Varsseveld
Südlohn
Gescher
Coesfeld
Nottuln
N 318
Oeding
B 525
Aalten
B 572
Burlo
Velen
Hochmoor
Burlo-Vardingsholter Venn
Kreis Coesfeld
Ramsdorf
Barlo
Kloster Mariengarden
N 317
Schloss Diepenbrock
Gemen
Weißes Venn
B 70
B 67
L 600
Anholt
Borken
Rhede
Bocholt
Isselburg
Merfelder Bruch
Dülmen
Wildpark Dülmen
Arnhem
B 67
Heiden
Reken
Naturpark Hohe Mark
A 43
Raesfeld
A 31
Dingden
Tour 7
B 70
B 224
Haltern am See
Lembeck
Wulfen
Hamminkeln
B 58
Rhein
Hervester Bruch
B 473
Schermbeck
A 3
L 608
B 58
Lippe
Wesel
Dorsten
Marl
Xanten
Datteln
Büderich
B 224
A 43
Hünxe
Friedrichsfeld
B 57
Reckling-hausen
A 52
Kirchhellen
Voerde
Herten
Alpen
A 57
Dinslaken
Gladbeck
Moers
Duisburg, Oberhausen, Bottrop
Essen
Wuppertal

Übersicht der Wanderungen

Kleiner Wanderführer

Auch wenn die Vermarktung als Radregion es nicht vermuten lässt – im Münsterland gibt es eine Vielzahl bestens ausgeschilderter und lohnender Wanderwege. 3000 km umfasst das Wegenetz. Auf fast ein Dutzend zertifizierte Wanderrouten kommt die Region.

Außerdem verfügt das Radlerparadies Münsterland über eine große Zahl von **Naturschutzgebieten,** die nicht mit dem Rad befahren werden dürfen. Die Rundwege in diesen Gebieten sind eher kurz gehalten, oft nur um 2 km lang. Wer per pedes auf Kilometer kommen möchte, kann in vielen Orten gut ausgeschilderte Ortswege nutzen, die in der Regel auf eine Länge von 4 bis 12 km kommen.

Im Tecklenburger Land wurden als Ergänzung zum **Hermannsweg** die **Teutoschleifen** und **Teutoschleifchen** als weiteres Angebot entwickelt, ebenso am **Hohe-Mark-Steig** die **Landstreifer.** Zudem gibt es im Münsterland die **X-Wege,** vom Westfälischen Heimatbund ausgeschilderte Fernwege, die bei den jeweiligen Orten durch dann mit Zahlen versehene lokale Abzweige ergänzt werden (weitere Informationen unter whb.de). Außerdem hat der WHB die App „Wanderwege im Münsterland" entwickelt. Beste Wanderkarte für die Region ist die von KOMPASS (15,99 €), kostenfrei die vom Tourismusverband Münsterland e. V.

Die im Folgenden beschriebenen **12 Touren** sind bis auf die vom Hiltruper Bahnhof zum Hiltruper See (Tour 2) durchweg Rundtouren. Die Hälfte von ihnen verläuft auf Wanderwegen in Naturschutzbereichen, bei denen eine Erkundung mit dem Rad gar nicht oder nur auf einer Teilstrecke möglich ist.

Im Allgemeinen sind es leichte Wanderungen. Nur der Pflaumenweg Stromberg (Tou,r 12), die Touren im Tecklenburger Land (Touren 9 und 10) und in den Baumbergen (Tour 3) bzw. dem Naturpark Hohe Mark (Tour 6) sind in kurzen Abschnitten mittelschwer, aber dennoch für jeden Wanderer geeignet. Mit Kindern sind die 2, 6, 7 und 9 bis 12 zu empfehlen, weil hier durch Schautafeln im Wandergebiet ein Bildungsangebot gleich mitgeliefert wird.

Auch wenn die nächste Ortschaft nicht weit ist, sollte Schutzkleidung gegen Regen und Wind nicht fehlen. Auch sollten Warnungen vor dem Eichenprozessionsspinner unbedingt beachtet werden. Wer sich bei Abstiegen dann sicherer fühlt, sollte die Touren 3, 9, 10 und 12 mit einem Teleskopstock im Gepäck absolvieren. Denken Sie auch an einen ausreichenden Flüssigkeitsvorrat und etwas Proviant und informieren Sie sich unbedingt über Ruhetage der Gastronomiebetriebe am Ausgangspunkt der Wanderung bzw. an der Strecke.

GPS-Tour 1

Altstadtrundgang Münster mit Aasee-Abstecher

Charakter: ein angenehmer Spaziergang durch die Altstadt von Münster. **Dauer/Länge:** ca. 1 Std. (ohne Stopps), 5 km. **Markierung:** keine. **Begehbarkeit:** weitgehend Fußgängerzone bzw. reine Fußwege. **Einkehr:** Gastronomie in der Innenstadt und am Aasee. **Start/Ziel:** Rathaus/Friedenssaal.

Wer sich nicht gerade an einem Samstag zwischen 10 und 15 Uhr auf den Weg macht oder am Sonntag, wenn in der Innenstadt viele Gastronomiebetriebe geschlossen haben, kann mit dieser Tour ein wenig ins Alltagsleben der Münsteraner und Münsteraninnen jeden Alters eintauchen.

Ausgangspunkt ist das **Rathaus am Prinzipalmarkt** 1. Von dort geht es über den Prinzipalmarkt zur **Lambertikirche** 2 und weiter über Roggenmarkt und Bogenstraße hinab zum **Kiepenkerl-Denkmal** 3. Wenig später geht es an der Aa-Brücke links ab auf den **Aaseitenweg** 4 bis zur **Überwasserkirche** 5. Anschließend wird der Aaseitenweg mit Blick auf diverse Uni-Gebäude zur **Petrikirche** 6 genutzt (hier kann, wer nicht zum Aasee möchte, durch den Jesuitengang abkürzen). Am Paulinum, dem ältesten Gymnasium Deutschlands, endet der Aaseitenweg.

Vor der Schule wird die Straße überquert und es geht links am Stadtgraben entlang zum alten **Turnierplatz** 7, anschließend über eine breitere Freitreppe links hinauf zur **Promenade** 8, wo linker Hand schon der Aasee und die **Giant Pool Balls** 9 zu sehen sind. (Wer ganz viel Zeit hat und im Sommerhalbjahr in Münster ist, nimmt am Aasee noch die „Solaaris“, ein kleines Solar-Boot, das einen in den Zoo schippert.

Der Aasee lockt zu jeder Jahreszeit

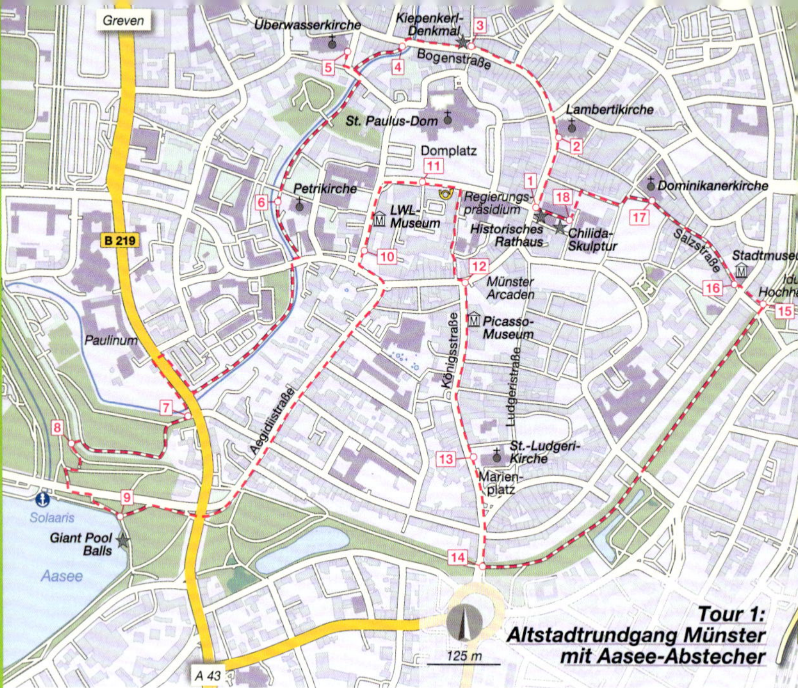

Die große Runde um den Aasee bringt weitere 6 km Strecke.)

Vom See geht es hinauf zur Weseler Straße und hinüber in die Aegidiistraße direkt auf das **LWL-Museum** **10** zu. Jetzt wird links vom Museum die Pferdegasse genommen, an der auch das Geomuseum, das Archäologische Museum und das Bibelmuseum liegen. Am Ende der Straße wird der **Domplatz** **11** erreicht. Wer am Mittwoch oder Samstag unterwegs ist, kann bis 14 Uhr einen Zwischensnack auf dem Wochenmarkt einnehmen. Freitagnachmittags geht dasselbe auf dem Bio-Wochenmarkt.

Zwischen Post und Regierungspräsidium führt der Geisbergweg hinüber zum Picasso-Museum und dem Shopping-Center **Münster Arkaden** **12**. Je nach Ruhebedürfnis können nun die Arkaden und die Ludgeristraße (Einkaufsstraße) oder die Königsstraße bis zum **Marienplatz** **13** genommen werden, hinter dem es dann links über die **Promenade** **14** bis zum Servatiiplatz geht, wo das Iduna-**Hochhaus** **15** die nächste Wegmarke ist. Hier führt der Weg nun links weiter auf die Salzstraße bis zum **Stadtmuseum** **16**. Wer sich dort wieder links hält, kann noch die Servatiikirche und die Clemenskirche besichtigen.

Geradeaus folgt an der Salzstraße die **Dominikanerkirche** **17** mit dem Foucaultschen Pendel von Gerhard Richter. Einmal quer über die Salzstraße sind der Syndikatplatz mit dem Maxi-Sand und von dort aus der Rathaus-Innenhof mit der **Chillada-Skulptur** **18** schnell erreicht und damit die Rückseite des Ausgangspunkts der Wanderung.

Diese Tour ist für alle, die in der Fahrradstadt Münster den Drahtesel einmal stehen lassen und einfach etwas schlendern möchten. Einige Wegteile, wie der Aaseitenweg, sind reine Fußwege.

GPS-Tour 2

Vom Hiltruper Bahnhof zum Hiltruper See

Charakter: Die Wanderung verläuft ohne nennenswerte Steigungen flach erst am Dortmund-Ems-Kanal entlang, dann am Hiltruper See und im Naturschutzgebiet Hohe Ward. Der See ist kein Badegewässer. Direkt am See liegt aber das schöne Freibad Hiltrup. **Dauer/Länge:** mind. 1:15 Std., mind. 6 km. **Markierung:** keine Wandermarkierung, teilweise kann aber der Radwegbeschilderung gefolgt werden. **Begehbarkeit:** festes Schuhwerk sinnvoll, da die Wege nur punktuell asphaltiert sind. **Ausrüstung:** Sonnenschutz. **Einkehr:** Gastronomie an der Marktallee in Hiltrup, außerdem das Bistro Düne am Weg und das Restaurant des Hotels Krautkrämer. **Start/Ziel:** Bahnhof Hiltrup bzw. Hotel Prinzenbrücke.

Vom **Bahnhof Hiltrup 1** geht es Richtung Hiltrup-Ost über die Prinzenbrücke bzw. vom Parkplatz am Hotel Prinzenbrücke eine Treppe hinunter zum **Dortmund-Ems-Kanal 2**. Nun folgt man der Kanalpromenade am Dortmund-Ems-Kanal in Richtung Süden bis kurz hinter der Eisenbahnbrücke. Direkt vor dem **Restaurant Düne 3** geht es links in eine Stichstraße hinein, die in einen Waldweg zum **Hiltruper See 4** übergeht. Im Uhrzeigersinn geht es nun ein Stück am Seeufer entlang. Bald ist eine **asphaltierte Straße 5** zu sehen. (Wer 3 km mehr machen möchte, folgt der asphaltierten Straße an der Südwestseite des Sees knapp 1,5 km vom See weg bis zum Historischen Wasserwerk, einem Jugendstilbau im Waldgebiet Hohe Ward, oder kann auf der vom See abgewandten Seite der asphal-tierten Straße den für Kinder sehr interessanten Wald-Klima-Lehrpfad mit vielen Schautafeln und Aktiv-Stationen abgehen. Den bitte nicht mit dem 13 km langen Naturlehrpfad Hohe Ward

Auch über Blumenwiesen informiert der NABU

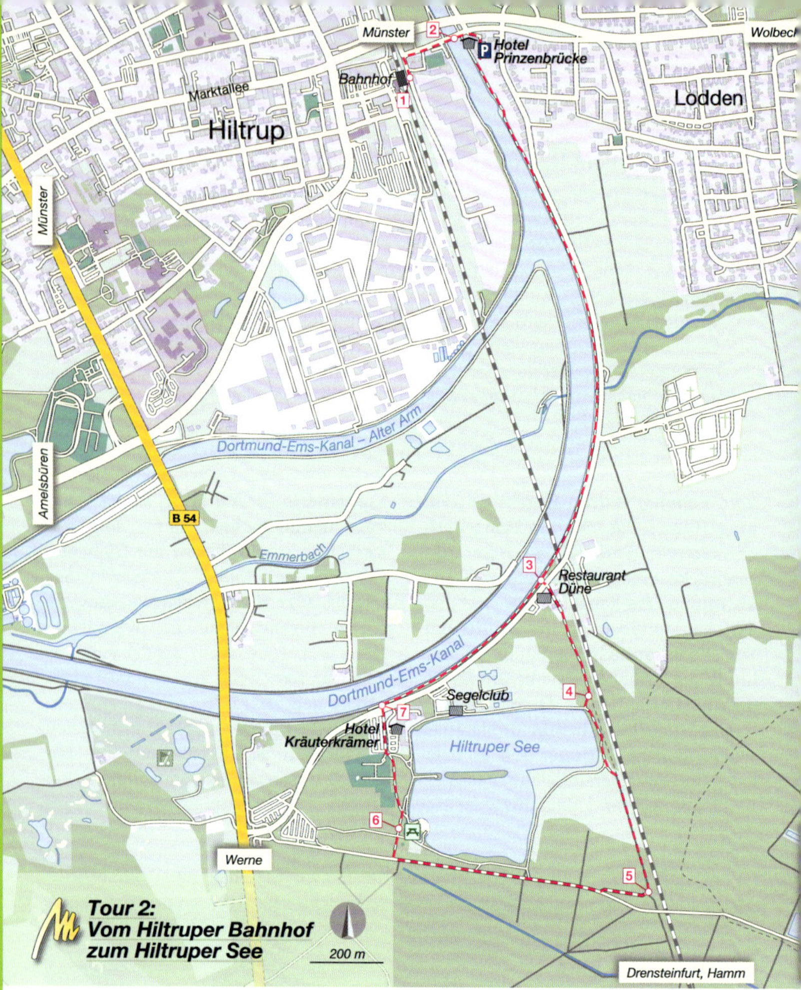

Tour 2: Vom Hiltruper Bahnhof zum Hiltruper See

verwechseln, der ebenfalls vom NABU ausgeschildert wurde.)

Nach dem **großen Spielplatz 6** geht es vor oder hinter dem Gelände vom **Hotel Krautkrämer 7** jeweils links über einen Parkplatz und die Straße „Zum Hiltruper See" zum Dortmund-Ems-Kanal und zurück zum Ausgangspunkt.

Die Tour kann unter Nutzung der entsprechenden Radwege auch mit dem Rad unternommen werden. Sie unterscheidet sich nur im Abschnitt am Hiltruper See, weil der lediglich zu Fuß umrundet werden darf. Die Hohe Ward bis hinüber nach Albersloh und Rinkrode ist ein schönes Revier für eine gemütliche Radtour ins südöstliche Umland von Münster. Bester Einstieg in Innenstadtnähe ist die Kanalbrücke Wolbecker Straße.

Am ersten Parkplatz (an der B 54) finden sich Hinweistafeln zu den NABU-Wegen.

GPS-Tour 3

Durch die Stever Berge

Charakter: Die Wanderung verläuft nur zu Beginn und beim Abstecher nach Havixbeck an Hauptverkehrsstraßen und ansonsten über Zuwege zu Höfen, Verbindungswege zwischen landwirtschaftlichen Flächen sowie auf teilweise unbefestigten Waldwegen. **Dauer/Länge:** ca. 4 Std. (ohne Stopps), 16,5 km (plus 3,6 km für den Ortskern von Havixbeck). **Markierung:** keine durchgängige, in Passagen Ludgerusweg, X, X13, X21, A3. **Begehbarkeit:** Festes Schuhwerk ist unerlässlich. **Ausrüstung:** Sonnenschutz. **Einkehr:** Café im Stift Tilbeck, Gasthaus Lauschig gegenüber vom Stift, Teitekerl (ehm. Waldfrieden) und Gastronomie im Ortskern von Havixbeck. **Start/Ziel:** Stift Tilbeck oder Bahnhof Havixbeck.

Vom **Stift Tilbeck** **1** geht es zunächst entlang der Straße nach Schapdetten. (Wer weniger Straßenlärm möchte, biegt kurz nach dem Mordkreuz links in den Weg zum Schützenplatz Schapdetten ab und geht dann etwa 500 m mehr als an der Straße.) Am Ortsausgang **2** dann links ab in den Hamkamp, der durch das Naturschutzgebiet Hexenkuhle und an Bauernhäusern vorbei wieder zur Hauptstraße führt. Die wird überquert und es geht nach rechts an einer Pferdeweide und einem Wanderparkplatz vorbei. Nun wird der Weg bergauf genommen, an der Gabelung auf halber Höhe links ab und an einem alten Steinbruch vorbei auf den geschlossenen **Gasthof Leopoldshöhe** **3** zu. Noch vor dem Gasthof wieder links ab in einen Waldweg. Nach einem kurzen Ab- und Anstieg geht es ein Stück eben weiter und dann hinunter zu einem weiteren **Wanderparkplatz** **4**. Am Waldende, noch vor dem Parkplatz, rechts ab und am Ende des befestigten Weges auf einem Waldweg hinunter zum **Ausflugslokal Teitekerl** **5**. Dort führt eine kleine Straße am Spielplatz des Lokals vorbei und an der ersten Gabelung links weiter nach Havixbeck. (Wer nicht in den Ort laufen möchte, geht hier geradeaus direkt zur Bruder-Klaus-Kapelle.) An mehreren landwirtschaftlichen Betrieben vorbei verläuft der Weg bergab und nach Erreichen der Hauptstraße rechts weiter Richtung Bahnübergang. Direkt vor der Schranke geht es rechts ab auf den Rückweg in den Wald. Von hier sind es über den Bahnübergang hinweg knapp 2 km bis in den Ortskern von **Havixbeck** **6**, wo sich gut verweilen lässt.

Landmarke Wasserturm Stift Tilbeck

Der Weg, der direkt am Bahnübergang abzweigt, windet sich in zwei Kurven hinauf zur **Bruder-Klaus-Kapelle** **7**. Vom Vorplatz der Kapelle lässt sich die schöne Aussicht auf das Gebiet westlich von Münster genießen. Kurz hinter der Kapelle geht es links ab und nach einem kleinen Aufstieg wieder bergab bis kurz vor den Gasthof Leopoldshöhe **8**. Dort folgt links in den Wald hinein der letzte kleine Anstieg. An dessen Ende wird nach rechts abgebogen und wenig später eine Kreuzung mit dem **Ludgerusweg** **9** erreicht, dem nun bis zum Ende der Wanderung gefolgt werden kann. (Mitten im Naturschutzgebiet sind die Wege nach andauernden Regenfällen nicht immer optimal begehbar. Dann einfach ein Stück vom Hinweg nehmen und über die asphaltierte Straße hinauf zum Ludgerusweg.)

Wenig später ist der Kamm des **Tilbecker Bergs** **10** erreicht mit schöner Aussicht Richtung Nottuln und Billerbeck zur Rechten sowie über das Stift Tilbeck hinweg Richtung Münster und Altenberge auf der linken Seite. Kurz hinter dem **Mordkreuz** **11** wird wieder die Straße Tilbeck–Schapdetten erreicht. Links ab die Straße entlang geht es zum Ausgangspunkt, wo der Barfußpark Entspannung für die müden Füße bringt und das Café oder „Das Lauschig" gegenüber eine kleine Stärkung. Familien können sich auch gut aufteilen, denn in Tilbeck gibt es einen tollen Spielplatz und Streichelzoo.

GPS-Tour 4

Von Senden zum Venner Moor

Charakter: Die Wanderung verläuft nur kurz an Hauptverkehrsstraßen und ansonsten am Dortmund-Ems-Kanal entlang sowie auf Waldwegen, im Moor auch auf zwei Bohlenwegen. **Dauer/Länge:** rund 2:30 Std., 12 km. **Markierung:** zunächst keine, dann Rundweg Venner Moor, X9, X und X8. **Begehbarkeit:** Festes Schuhwerk ist ratsam, da nicht alle Wegstücke befestigt sind. **Ausrüstung:** Sonnenschutz. **Einkehr:** Café-Restaurant Grothues-Potthoff, Hof Grothues Potthoff 6, ✆ 02597-69640. Hofcafé tägl. 9–18 Uhr, So bis 20 Uhr; Restaurant Mo–Sa 17.30–22.30 Uhr, So Ruhetag, hof-grothues-potthoff.de. **Start/Ziel:** Hof Grothues-Potthof bzw. die Haltestelle Wilhelm-Haverkamp-Straße des Überlandbusses von Münster nach Lüdinghausen in Senden; mit dem Auto kann auch der Wanderparkplatz Venner Moor am Kappenberger Damm angesteuert werden.

Es geht über die Hauptzufahrt runter vom Gelände des **Hofs Grothues-Potthoff** **1** und links ab. Etwa 200 m wird an den letzten Gewächshäusern des Hofs die Straße überquert. Es geht in einen Weg, der zunächst ein kleines Waldstück durchquert, bevor eine **Brücke über den Dortmund-Ems-Kanal** **2** und die Zufahrt zum Yachthafen Senden erreicht werden. Um den Yachthafen herum wird nun der Kanalpromenade Richtung Münster bis zur nächsten großen Straßenbrücke gefolgt, obwohl immer wieder Wegweiser zum Abbiegen Richtung Venner Moor einladen. Kurz vor der Brücke geht der Weg rechts ab zum **Wanderparkplatz Venner Moor** **3**, an dessen Ende sich

Am Rand des Venner Moors wartet schattiges Grün

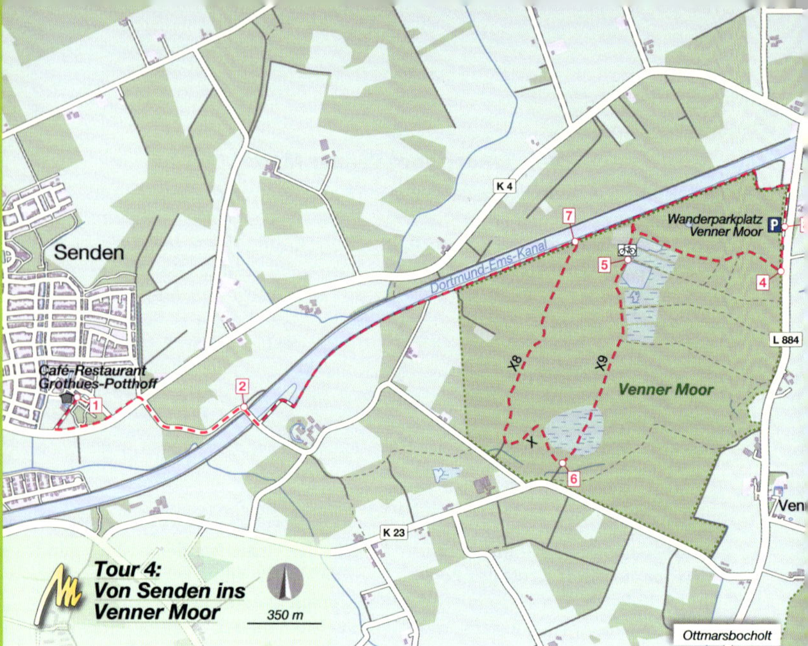

der **Einstieg zum Rundweg durch das Moor** **4** befindet. Nun wird der Weg nach rechts genommen (Markierung X9). Das Moor ist nach kurzer Strecke linker Hand zu sehen und bleibt nun für einige Zeit Wegbegleiter. Am **Fahrradabstellplatz** **5** geht es nach links und über zwei Bohlenwege (Vorsicht bei Nässe), bis eine **Gabelung** **6** erreicht wird. Hier nun nach rechts und kurz auf den X-Weg, der X9 und X8 verbindet, dann schnell wieder nach rechts auf X8. In einigen Kurven geht es durch den Wald zurück zum **Kanal** **7** und dort links ab Richtung Ausgangspunkt.

Wer mehr Kondition hat, absolviert den kompletten Moor-Rundweg, bei dem aber viel Verkehrslärm zu ertragen ist, oder den gesamten Weg X9, der durch die Wald,- Weide-, Acker- und Heideflächen zwischen der Marina und dem Moor führt. Nahe der Marina Senden stößt auch er auf den Dortmund-Ems-Kanal, von wo es zurück zum Ausgangspunkt geht.

Im Moor sind Fahrräder nicht zugelassen. Sie müssen in der Nähe des Zugangs vom Kanal zum Moor abgestellt werden oder am Rand des Wanderparkplatzes.

GPS-Tour 5

Von Lüdinghausen zum Klutensee

Charakter: Die Wanderung verläuft abseits von viel befahrenen Straßen auf gut befestigten bzw. asphaltierten Wegen und es gibt praktisch keine Steigungen. **Dauer/Länge:** rund 1 Std. (ohne Stopps), 5 km. **Markierung:** ab Burg Vischering Beschilderung „Burgweg Lüdinghausen", später „Rundweg Klutensee" und auf dem Rückweg „Lüdinghausen" folgen. **Begehbarkeit:** fast komplett befestigte Wege. **Einkehr:** Café Indigo, Berenbrock 7, ✆ 02591-792929, Di–Do und Sa/So/Feiertage 11.30–19 Uhr, Mo/Fr Ruhetag, gemalt-wie-gedruckt.de. Gastronomie an der Burg Vischering und in der Innenstadt von Lüdinghausen. **Start/Ziel:** Marktplatz Lüdinghausen (bei Anreise mit der Bahn am Bahnhof nach Westen zum Dortmund-Ems-Kanal wandern – Orientierungspunkt Halle des Maggi-Werks – und von dort zum Klutensee und auf ebendiesem Weg zurück zum Bahnhof; bei Anreise mit dem Bus vom ZOB hinüber in die Innenstadt und zum Marktplatz).

Vom **Marktplatz** **1** geht es durch die Hermannstraße und an der nächsten Kreuzung nach links zum Hotel Steverbett. Wir passieren den Durchgang rechts neben dem Hotel, überqueren eine Brücke über einen **Stever-Arm** **2** und halten uns rechts. Der Weg verläuft erst an der Stever entlang bei bestem Panoramablick hinüber zur Burg Vischering mit dem Münsterlandmuseum. Das Schloss liegt nun links und es geht über die **äußere Gräfte** **3** und im Uhrzeigersinn ein Stück zwischen innerer und äußerer Gräfte um die Burg herum, bis schließlich über das Seitentor am Backhaus (hier oder im Burgcafé lässt sich gut Proviant aufnehmen) vorbei das **Burggelände** **4** erreicht wird. Durch das Burgtor hinaus folgt nun eine kurze Passage hinein in die

Die Burgmühle, Idyll mitten in Lüdinghausen

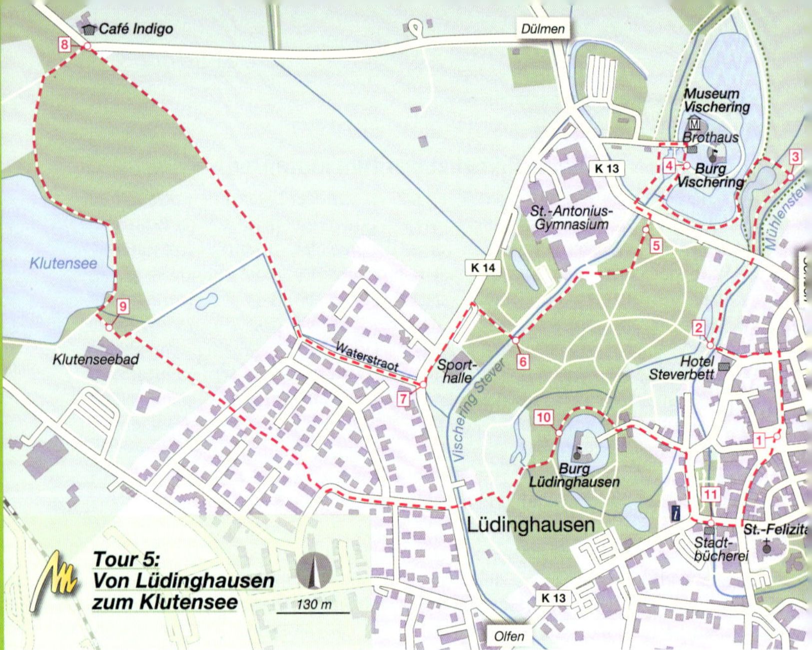

Wasserburgenlandschaft zwischen den beiden Schlössern **5**. Begleiter ist jetzt die Vischering Stever, an der entlang das Gymnasium passiert wird. In Höhe der Schafweide an der **Brücke zwischen Schule und Sporthalle** **6** geht es auf die andere Uferseite und kurz links die Straße hinunter, bevor an der nächsten Gabelung dem Radwegzeichen nach rechts in die **Waterstroat** **7** gefolgt wird. Der Weg läuft wenig später direkt auf das **Café Indigo** **8** zu. Dort biegen wir links ab und wenig später wieder links auf den Klutenseerundweg bis zum **Klutenseebad** **9**. Dort wird linker Hand eine Birkenallee erreicht, die schnurgerade zurück nach Lüdinghausen führt, wo wir ein Stück um **Schloss Lüdinghausen** **10** herumlaufen (mit der Uhr) und durch das Torhaus zur Tourist-Info am Rathaus gelangen. Es geht nach rechts auf die **Stadtbücherei** **11** zu und dann links in die Innenstadt und an der St.-Felizitas-Kirche vorbei zurück zum Marktplatz.

Burg Vischering mit Gräfte

Diese Runde kann unter Nutzung der entsprechenden Radwege auch mit dem Fahrrad absolviert werden. Sie ist sehr flach und deshalb auch ohne E-Bike machbar.

GPS-Tour 6

Durchs Witte Venn in die Niederlande

Charakter: Die Wanderung geht durch den deutschen und niederländischen Teil des Naturschutzgebiets Witte Venn westlich von Ahaus. Nach einem kleinen Stück Asphaltweg verläuft fast die gesamte Wanderung über geschotterte oder unbefestigte Waldwege. **Dauer/Länge:** rund 2 Std. (ohne Stopps), 8,6 km. Sie hat keine nennenswerten Steigungen. **Markierung:** blaues X (großer Venn-Rundweg). **Begehbarkeit:** Festes Schuhwerk ist nötig, besser leichte Wanderschuhe. **Ausrüstung:** Sonnenschutz. **Einkehr:** Ausflugslokal Haarmühle, Besslinghook 57, ✆ 02567-93190, Mi–Mo 9–22 Uhr, Di Ruhetag. **Start/Ziel:** Ausflugslokal Haarmühle (Anreise ohne PKW schwierig, da schlechte Busverbindung; zumindest ein Fahrrad ist nötig).

Ausgangspunkt ist die noch funktionstüchtige Mühle gegenüber dem großen Biergarten des **Gasthauses Haarmühle** **1**, an der die Aahauser Aa überquert wird. Ab hier wird der Beschilderung Richtung Venn gefolgt. Zunächst ist auf dem Weg viel los, doch nach den Abzweigungen des kleinen (gelbe Markierung) und mittellangen (rote Markierung) Rundwegs lässt sich das Witte Venn auf dem großen blauen Rundweg in all seinen Facetten genießen. In einer kleinen, direkt an der Staatsgrenze zu den Niederlanden gelegenen **Schutzhütte** **2** sind die wichtigsten Informationen aufbereitet. Das Venn verdankt seinen Namen dem schmalblättrigen Wollgras und dem Sumpfgras, zwei typischen Hochmoor-Pflanzen, die an renaturierten Stellen des Moors wieder gedeihen.

Nun wechseln sich entlang des blau markierten Weges dichter Laubwald, Heideflächen, Dämme am Rand von Sumpfflächen und lichter Laubwald mit dichten Rhododendron-Büschen ab. Die grüne Landesgrenze zwischen Deutschland und den Niederlanden wird erstmals nahe der Schutzhütte passiert. Auf niederländischer Seite wurden 50 Hochlandrinder aus Schottland als Landschaftspfleger angesiedelt. Sollten sie einmal im Weg liegen: Bitte die Tiere mit Abstand passieren!

Durch Bohlenwege auch sicher nach Regentagen: das Witte Venn

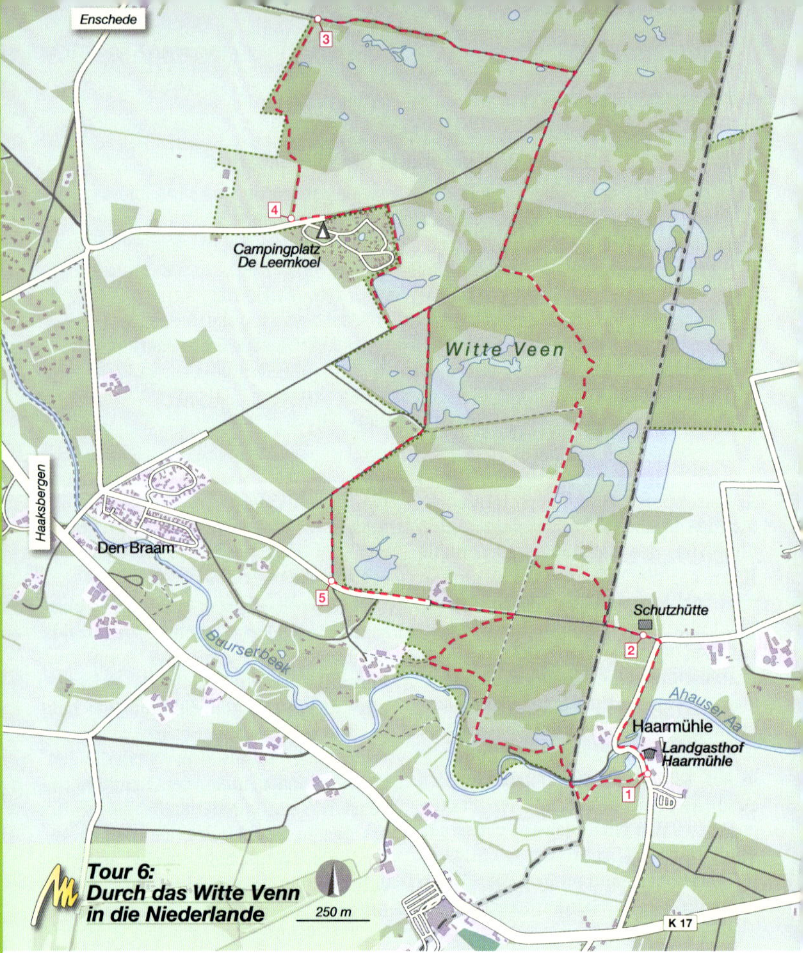

Auch die Gatter zu den Weideflächen bitte immer schließen! Das erste Gatter liegt am Rhododendronwald.

An einer langen **Birkenallee** **3** wird der Umkehrpunkt der Wanderung erreicht und es geht der blauen Markierung folgend links ab. Nach dem zweiten Gatter wird die Straße am **Campingplatz De Leemkoel** **4** erreicht, bevor es um den Campingplatz herum wieder in ein Waldstück geht und am **Markslagweg** **5** noch einmal ein kurzes Straßenstück folgt. Danach wird wieder das Naturschutzgebiet betreten, und von einem kleinen Hügel kommt zwischen den Bäumen neben einer Wasser- und Weidefläche wieder die Haarmühle in Sicht. Mehrere Aussichtspunkte lassen einen genaueren Blick auf die verschiedenen Teile des Venns zu. Nach Überquerung der Ahauser Aa endet der Weg wieder an der Haarmühle.

Rad oder Rind und Rhododendron heißt die Entscheidung, die getroffen werden muss. Durch das Venn ist auch ein Radrundweg ausgeschildert, der weit in die Niederlande hineinreicht, doch die Hochlandrinder und den Rhododendronwald bekommen Sie dann in jedem Fall nicht zu Gesicht.

GPS-Tour 7

Im Naturpark Hohe Mark

Charakter: Die Wanderung verläuft nur kurz an Hauptverkehrsstraßen und ansonsten auf Nebenstraßen sowie Waldwegen. **Dauer/Länge:** rund 3:30 Std. (ohne Stopps), 15,5 km. **Markierung:** zunächst keine, später X, A3, X2 und Hohe-Mark-Steig. **Begehbarkeit:** Auch wenn die meisten Wege geschottert sind, empfiehlt sich festes Schuhwerk. **Ausrüstung:** Sonnenschutz. **Einkehr:** Kiosk/Biergarten „Tante Guste" an der Middelicher Mühle, „Landgericht" kurz vor Klein Recken und Gastronomie in Klein Reken. **Start/Ziel:** Bahnhof Lembeck an der Bahnstrecke Dorsten–Coesfeld oder die Ortsmitte von Klein Reken (großer Wandererparkplatz).

Vom **Bahnhof Lembeck** **1**, der auch ein Etappenziel des Fernwanderwegs Hohe-Mark-Steig ist, geht es über den Bahnübergang knapp 700 m entlang der Lippramsdorfer Straße (K 55) in Richtung Osten bis zur **Midlicher Mühle** **2**. Dort links in den Bessenkamp (Schild „Biologische Station") und schon nach 100 m wieder links in einen schmalen Asphaltweg, der nun immer entlang des Midlicher Mühlenbachs durch das Naturschutzgebiet **Becker Bruch** **3** nach Klein Reken führt. Nach 2,5 km endet der beschauliche Weg und es geht erst links auf den Kaiserweg, dann rechts in die Stegge und auf Klein Reken zu.

Am **Ausflugslokal Landgericht** **4** vorbei geht es in den Ort hinein zur **Kirche** **5**. Von dort laufen wir knapp 200 m auf dem gerade genommenen Weg zurück und links ab in die Straße **Hohe Mark** **6** und hoch durch den Weiler Specking bis zum **Wanderparkplatz** **7**. Dort wird nicht der Aufstieg zum Granatsberg genommen, sondern der Weg rechts ab mit der Markierung A3. Der Abzweig zum Parkplatz Kortenberg wird passiert, am **Abzweig Höltken / Parkplatz Hof Punsmann** **8** geht es links hinauf der Markierung des Hohe-Mark-Steigs folgend bis zum 39 m hohen, begehbaren **Feuerwachturm** **9** am Galgenberg, wo es einen netten Picknickplatz gibt. Leicht bergab führt nun der Weg X2 entlang der **Bäume-des-Jahres-Allee** **10** wieder zur Midlicher Mühle und zum Ausgangspunkt.

Feuerwachtürme sind Landmarken vieler Etappen des Hohe-Mark-Steigs

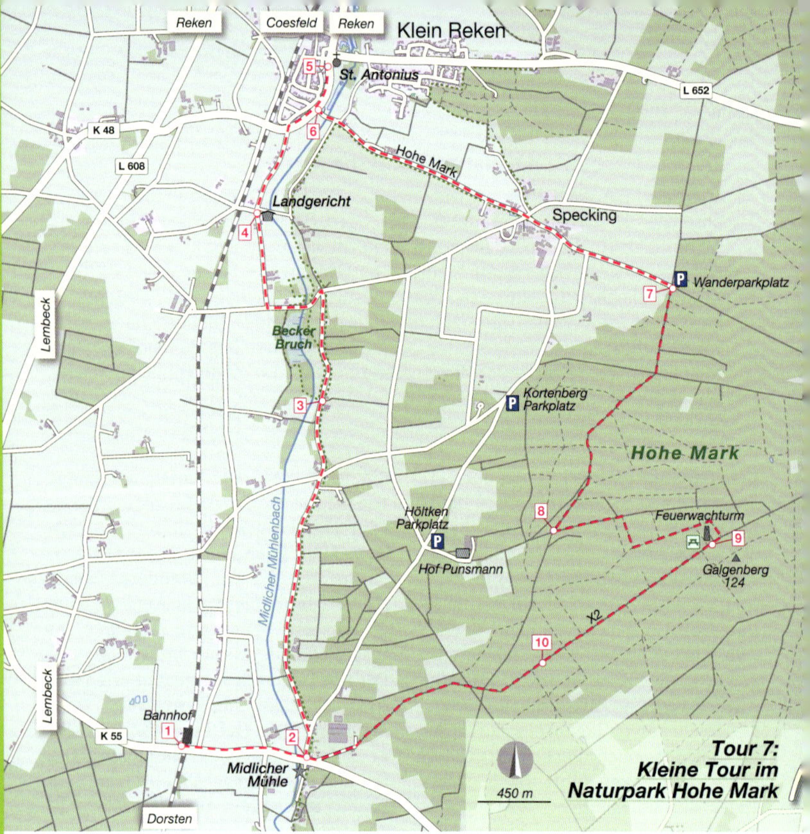

Tour 7: Kleine Tour im Naturpark Hohe Mark

Diese Tour kann auch mit dem Mountainbike oder E-Bike absolviert werden. Bei sehr nassem Boden muss mit normalen Rädern auf die Fahrt zum Feuerwachturm verzichtet werden, da der Weg dorthin in einem Abschnitt dann zu morastig ist. Achtung! Die Treppe des Turms ist aus Lochstahl!

Auch der Ginkgo war mal Baum des Jahres

GPS-Tour 8

Schloss Steinfurt und Umgebung

Charakter: Die Wanderung verknüpft die zwei lokalen Wanderwege vom Burgsteinfurter Bagno aus. Der Weg verläuft zunächst durch den Bagno-Park und dann halbmondförmig vom Schloss aus um den Osten sowie Süden von Burgsteinfurt herum und über den Buchenberg zurück zum Bagno-Park. Ein Abstecher nach Borghorst ist möglich. **Dauer/Länge:** rund 3:30 Std. (ohne Stopps), 14 km. **Markierung:** Erst Rundweg „Konzertgalerie" (blau), dann „Mühlenrundweg" (rot). **Begehbarkeit:** Leichte Wanderschuhe sind sinnvoll, da die Strecke recht lang ist und der Untergrund mehrfach wechselt. **Ausrüstung:** Sonnenschutz. **Einkehr:** Gastronomie am Markt oder im Bagno in Burgsteinfurt, ggf. auch in Borghorst. **Start/Ziel:** Parkplatz des Bagno nahe der Abfahrt Burg Steinfurt der B 54. Wer mit dem ÖPNV anreist, folgt vom Bahnhof Burgsteinfurt aus der Beschilderung zum Schloss und nimmt ab dort ausschließlich den Mühlenrundweg, kommt dann aber nicht am Konzertsaal vorbei.

Vom **Parkplatz** **1** aus wird der Beschilderung zum Konzertsaal gefolgt und der über ein längeres Stück schnurgerade Weg am **Konzertsaal** **2** vorbei stadtauswärts gewählt (blaue Beschilderung Konzertgalerie-Rundweg). An der Unterführung der B 54 trifft der Weg auf den Mühlenrundweg. Wer etwas länger auf Verpflegung warten kann, geht hier links stadtauswärts weiter (rote Beschilderung „Mühlenrundweg"). Wer eine Wanderung lieber gut gestärkt unternehmen will, läuft den Weg im Uhrzeigersinn. Dann geht

Das Bauhaus-Museum lohnt die Verlängerung der Wanderung

es durch den Bagno-Park an der Westseite des **Bagno-Sees** **3** sowie am Golfplatz vorbei bis zum **Schloss Steinfurt** **4**. Hier biegt der Mühlenweg an der Schlossmühle (italienisches Restaurant) gegenüber vom Schlosseingang nach rechts ab und geht nicht in die Innenstadt. Wer sich stärken will, muss die knapp 200 m Meter zum **Marktplatz** **5** und zurück laufen. Es geht nun kurz die Steinfurter Aa entlang, dann über den Fluss und links hoch zum Gelände der **Brauerei Rolinck** **6**, anschließend vorbei an einigen Stadtvillen und durch ein Wohngebiet, bevor es nach Überquerung der B 54 noch ein Stück seicht hinaufgeht. Wenig später kommt bereits die **Hollicher Mühle** **7** in Sicht. Mehrere Bauernhöfe im Weiler Hollich haben Hofläden bzw. Milchtankstellen und müssen zwischendurch ggf. die Verpflegung liefern, da das Ausflugslokal Beckers Jan den Betrieb eingestellt hat. Neben dem Gebäude geht der Weg sofort rechts ab und um ein Hofgelände herum. Hinter dem Hofgelände wird eine Gabelung erreicht, an der es rechts hinauf in das Waldgebiet **Buchenberg** **8** geht. Wer noch Kondition hat, kann hier den Abstecher nach Borghorst zur Stiftskirche und dem **Bauhaus-Museum** **9** machen. Nach dem seichten Auf- und Abstieg am Buchenberg geht es kurz die Straße Steinfurt–Borghorst entlang und dann wieder in den Wald des Bagno-Parks, wo nach wenigen Metern der Kreuzungspunkt mit dem blauen Rundweg erreicht ist, der zurück zum Ausgangspunkt genommen wird.

Im Bagno-Park und auf dem Buchenberg sind nicht alle Wege auch für Fahrräder zugelassen. Ab dem Bagno müsste der Radweg zum Schloss genommen werden und vor dem Buchenberg die Schleife über Borghorst und dann von dort zurück zum Bagno gefahren werden. Inklusive des Besuchs von Kirche und Museum in Borghorst ist es eine schöne Tagestour.

GPS-Tour 9

Rundtour Brochterbeck–Tecklenburg

Charakter: Die Wanderung kombiniert verschiedene Wege, die zwischen Brochterbeck und Tecklenburg verlaufen. **Dauer/Länge:** rund 3:30 Std. (ohne Stopps), 12,5 km. **Markierung:** wechselt zwischen Teutoschleife Tecklenburger Bergpfad, Herrmannsweg, Teuto-Stadtschleife Tecklenburg und Hexenweg. **Begehbarkeit:** Wanderschuhe ratsam, da einige Stellen bei Nässe rutschig sind und Vorsicht bzw. Trittsicherheit erfordern. **Ausrüstung:** Teleskopstock für bei Abstiegen unsichere Wanderer sowie bei nasser Witterung. **Einkehr:** Gastronomie in Tecklenburg oder am Beginn/Ende der Tour in Brochterbeck. **Start/Ziel:** Alter Bahnhof Brochterbeck (Wanderparkplatz am Hotel Teutoburger Wald in Brochterbeck). Wer den Anstieg nicht gleich am Beginn der Tour haben möchte, beginnt auf dem Marktplatz in Tecklenburg. Durchschnittliche Busanbindung, kein Bahnanschluss; Anreise mit dem ÖPNV deshalb bitte genau planen.

Hinter dem Parkplatz wird die Strecke der **Teutoburger-Wald-Eisenbahn** **1** überquert und an der Gabelung hinter dem Bahnübergang dem linken Anstieg in Richtung Tecklenburg gefolgt. Nach kurzem Aufstieg wird an einer weiteren Gabelung ebenfalls der linke Weg gewählt (Beschilderung „Tecklenburger Bergpfad" und „Blücherfelsen"). Im Anschluss an ein Flachstück folgt der Anstieg zum **Blücherfelsen** **2** und der **Waldkapelle** **3**. Von hier geht es auf dem Hermannsweg durch herrlichen Mischwald hinauf auf den Hügelrücken, wo sich rasch Richtung Norden Aussichten auf Ibbenbüren bzw. den zweiten Westausläufer des Teutoburger Waldes ergeben. An einer großen **Wegkreuzung mit Unterstand** **4** wird der Hermannsweg wieder verlassen und erneut nach links dem Tecklenburger Bergpfad gefolgt. An der **Goldenen Treppe** **5** kann durch Aufstieg zum Hermannsweg etwas für die Fitness getan werden. Wenig später gerät erstmals die Wegmarkierung des Hexenpfads in den Blick, kurz danach die Wegstation **Rodelbahn** **6**. Auf der rechten Seite liegt etwas zurückgesetzt der Tecklenburger Bismarckturm. Leider versperrt die Dachterrasse einer Villa etwas den Panoramablick auf das Münsterland. Ein Abstecher lohnt also nicht.

Es geht weiter Richtung Ortskern, wo nach knapp 200 m der **Beschilderung zur katholischen Kirche** **7** gefolgt wird. Auf diese Weise kann ein besonders idyllischer Teil der Altstadt von Tecklenburg durchlaufen werden. An der **Pension Alter Brunnen** **8** geht es nun nach links zur **katholischen Kirche** **9** und nicht geradeaus durch das Stadttor an der Legge zum Marktplatz. Der Brauerstraße, später Ibbenbürener Straße, wird weiter gefolgt bis zur **Evangelischen Stadtkirche** **10**, wo die Fußgängerzone entlanggeht. Von der Kirchentreppe biegen wir rechts ab in Richtung **Marktplatz** **11**, wo das Modersohn-Museum und ggf. eine Ausstellung in der Legge oder die Tourist-Info im Haus des Gastes besucht werden können. An Einkehrmöglichkeiten mangelt es ebenfalls nicht. Der Marktplatz wird an seiner Südwestecke durch das zweite Stadttor in Richtung Stadthalle verlassen. An der Ruine des 2001 geschlossenen und 2023 abgebrannten Hotels Burggraf vorbei geht

es zur Hauptstraße, wo auf der anderen Straßenseite die **Felsformation Hexenküche** **12** liegt und ein Stück bergauf der **Parkplatz Münsterlandblick** **13** mit seiner kleinen Aussichtsplattform.

Knapp 200 m hinter dem Wandererparkplatz ist nun wieder die Kreuzung erreicht, an der es vorhin in die Altstadt ging. Hier jetzt links halten und steil hinab in ein **Waldstück** **14**. Wenn links der Weg zum Parkplatz am Bahnhof Tecklenburg in Sicht kommt, geht es scharf rechts ein Stück bergauf, immer der Beschilderung „Hexenpfad" bzw. „Tecklenburger Bergpfad" folgend. Es geht im Wald zunächst etwas bergauf und dann hauptsächlich bergab, bis erneut die Eisenbahnstrecke überquert und wenig später links der Golfplatz Tecklenburg zu sehen ist. An der **Waldmusik** **15** geht es rechts ein kleines Stück auf asphaltierter Straße weiter und dann **links den vorletzten Anstieg** **16** hinauf zu einem einzeln stehenden Baum. (Wer diesen, einen weiteren Anstieg und den Blick in den Canyon auslassen will, den der Kalksteinabbau hinterlassen hat, geht hier auf asphaltierter Strecke geradeaus weiter direkt zurück zum Ausgangspunkt.)

Nach dem Blick auf die Felder bei **Brochterbeck** **17** wird nach rechts die letzte Steigung genommen und an der **nächsten Kreuzung** **18** der Weg zum alten Kalksteinbruch. Sowohl der Blick in den entstandenen kleinen **Canyon** als auch in das Münsterland lohnen. Bei klarer Sicht ist die Skyline von Münster mit Fernsehturm, LVM-Turm und den Türmen der Uni-Klinik (v. r. n. l). zu sehen. Nach dem **letzten steilen Abstieg** **19** geht es durch eine **Unterführung** **20**, hinter der die Wanderung durch einen Abstecher in den Ortskern von Brochterbeck noch um bis zu 3 km sowie einen weiteren steilen Auf- und Abstieg verlängert werden kann (Weg zum Münsterlandblick Brochterbeck und in den Brochterbecker Ortskern). Wer das nicht mehr möchte, folgt der Beschilderung „Alter Bahnhof Brochterbeck". Hinter einer kleinen **Kapelle** **21** geht es nun unter Nutzung der Querungshilfen zurück zum Ausgangspunkt.

Diese Tour auf zwei Rädern zu absolvieren, kann nur erfahrenen Mountainbikern empfohlen werden, die dann an einigen Stellen auf die ausgeschilderten Radwege ausweichen müssen.

GPS-Tour 10

Von Lienen zum Malepartus

Charakter: Die Wanderung verknüpft die Teutoschleife Holperdorper mit dem Hermannsweg. Es geht nach einem Stück asphaltiertem Feldweg ausschließlich über Wald- und Forstwege hinauf in den Teutoburger Wald und von der Waldgaststätte Malepartus wieder zurück nach Lienen. **Dauer/Länge:** rund 3:30 Std. (ohne Stopps), 13,5 km. **Markierung:** erst Zubringer Hermannsweg, dann Teutoschleife Holperdorper, dann Hermannsweg, dann wieder Teutoschleife Holpedorper. **Begehbarkeit:** Wanderschuhe ratsam. **Ausrüstung:** Teleskopstock für bei Abstiegen unsichere Wanderer. **Einkehr:** Waldwirtschaft Malepartus, Malepartusweg 6, ✆ 05483-8337, im Winter Mo/Di 11–21 Uhr und Fr–So 11–23 Uhr, im Sommer kein Ruhetag, waldwirtschaft-malepartus.de. Alternative ist die Gastronomie in Lienen. **Start/Ziel:** Ausgangspunkt ist der Barfußpark direkt gegenüber der Tourist-Info von Lienen. Wer Strecke sparen will, parkt am Freibad Lienen (beschildert). Durchschnittliche Busverbindungen, kein Bahnanschluss. Die Anreise mit dem ÖPNV bitte genau planen.

Zunächst wird ein Stück dem **Barfußpfad** **1** gefolgt, bevor es rechts ab geht, nacheinander über die Straße Lengerich-Lienen sowie die Strecke der Teutoburger-Wald-Eisenbahn und einen asphaltierten Feldweg zum **Freibad** **2**. Hier wird der Platz vor dem Bad passiert und eine Treppe zu einem Weg genommen, der oberhalb des Schwimmbads Richtung Westen verläuft. Ab jetzt ist die Beschilderung „Teutoschleife Holperdorper" für eine Weile Wegbe-gleiter. Auf dem Hügelrücken des Teutoburger Waldes angekommen,

Der Steinbruch in Lienen ist noch in Betrieb

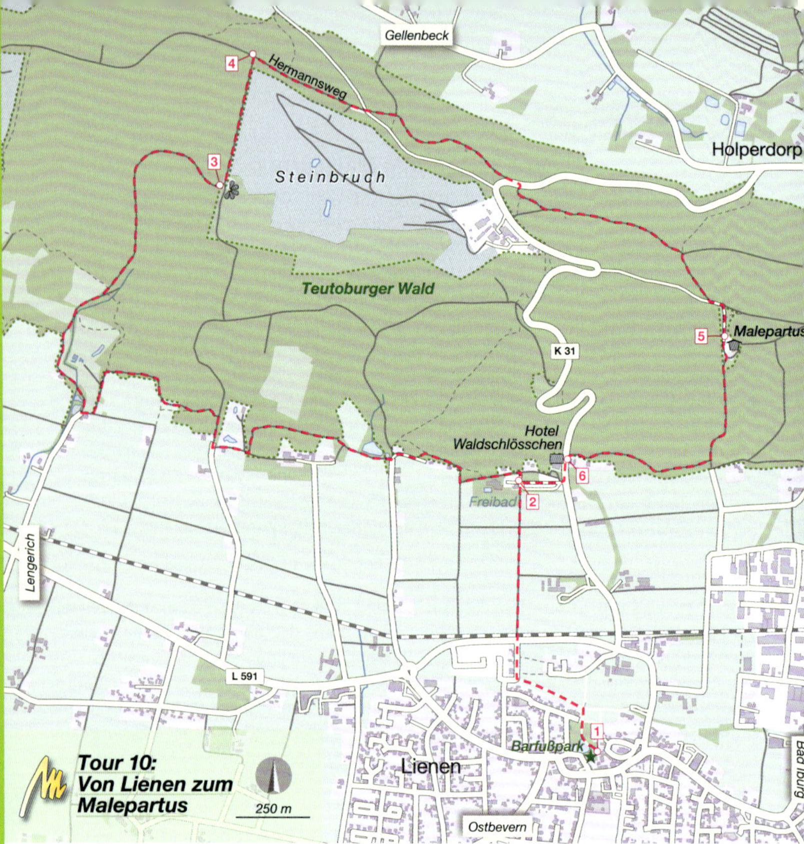

ist u. a. der Panormablick in den **Steinbruch** **3** möglich. Jetzt ist eine Entscheidung fällig. Die Teutoschleife Holperdorper macht hier einen Bogen zum Holperdorper Tal mit seinen Kirschbaumwiesen, was noch einmal knapp 5 km Strecke mehr sind. Wer die Kondition hat, biegt links ab und absolviert die komplette Teutoschleife oder nutzt die Schnittpunkte mit dem Natur- und Geopark Terra-Vita bzw. dem Ahornweg. Der **Hermannsweg** **4** führt in die andere Richtung hingegen direkt zur absolut empfehlenswerten **Gastwirtschaft Malepartus** **5**, dem Alpengasthof, der sich weit nach Norden „verirrt" hat. Vom Malepartus geht es, nun wieder der Teutoschleife folgend, am Waldrand entlang hinunter zum **Hotel Waldschlösschen** **6**. Über den großen Freibad-Parkplatz wird erneut der Feldweg vom Beginn der Wanderung erreicht, der zurück nach Lienen führt.

Diese Tour kann auf zwei Rädern nur mit dem Mountainbike absolviert werden, da zu viele unbefestigte Wege dabei sind und an einigen Stellen Kurven und Gefäll-Passagen nicht für normale Räder geeignet sind.

Bei der Tourenplanung bitte unbedingt auf die Ruhetage der Lienener Gastronomiebetriebe achten, da der Malepartus nur im Sommerhalbjahr täglich und bis in den Abend hinein geöffnet hat.

GPS-Tour 11

Rund um Schloss Harkotten

Charakter: Mit der Wanderung ist eine Erkundung der Wald- und Ackergebiete rund um die Doppelschlossanlage Harkotten möglich. Sie verläuft fast komplett über Wald- und Wiesenwege, es gibt keine nennenswerten Steigungen. **Dauer/Länge:** rund 1:15 Std. (ohne Stopps), 6,2 km. **Markierung:** kurz keine, dann roter und später blauer Punkt. **Begehbarkeit:** Wanderschuhe ratsam. **Einkehr:** „Wappensaal", Harkotten 2, ✆ 05426-2638, So 13–18 Uhr, harkotten.eu. Ansonsten ist ein gut gefüllter Picknickrucksack nötig. **Start/Ziel:** Ausgangspunkt ist der Wanderparkplatz vor der Einfahrt zum Schloss Harkotten von Korff. Unterdurchschnittliche Busanbindung wegen der Randlage an der Landesgrenze zu Niedersachsen, kein Bahnanschluss; ÖPNV-Anreise deshalb bitte genau planen.

Vom **Wanderparkplatz** **1** geht es direkt auf das Korffsche Schloss zu. Da es privat genutzt wird, kann nur linker Hand der Wappensaal mit der aktuell ausschließlich am Sonntag geöffneten Gastronomie besucht werden. Auch die Schlosskapelle ist nicht zugänglich. Deshalb muss noch vor dem Schloss rechts abgebogen werden. Der Weg verläuft kurz am **Mühlenteich** **2** entlang und direkt hinter einer Pferdekoppel links zur **Zufahrt zum Schloss von Ketteler** **3**. Ab hier wird zunächst der roten Rundweg-Markierung gefolgt. (Wer mehr Kilometer machen möchte, wählt die blaue Markierung und läuft ein Stück nach Füchtorf hinein.) Wenn einer der Zuleitungsgräben der Gräfte überquert wird, ist auch die Landesgrenze zu Niedersachsen überschritten.

Vor dem Korff'schen Schloss startet die Wanderung

Der Weg zieht sich jetzt in den Wald hinein. An einer Gabelung nun links ab und der **blauen Wegmarkierung** **4** folgen. Es geht wieder aus dem Wald heraus, an Weiden und Ackerflächen vorbei, bis die zwischen den Feldern verlaufende **Bever** **5** passiert wird. Die Felder gehören zum Füchtorfer Nachbarort Glandorf. Wechselweise wird auf ihnen Spargel angebaut.

Wenn aus den Feldwegen wieder eine asphaltierte Straße wird, geht es links ab in den Alten Schulweg hinein, am **Gelände des TC Glandorf** **6** vorbei und etwas später wieder links in den Wald hinein, wo kurz vor Erreichen des Parkplatzes erneut die Landesgrenze überquert wird und sich ein schöner **Panoramablick auf beide Schlösser** **7** ergibt.

Die Tour ist nicht mit Fahrrädern möglich. Auf dem Rad kann mit wenigen Umwegen die blau signierte Tour absolviert und ein Abstecher nach Glandorf gemacht werden.

Zumindest in der Spargel- und Erdbeerzeit, also von Ende April bis in den Juli hinein, ist die Verpflegung vor oder nach der Wanderung kein Problem, weil auf dem Weg zum Schloss Verkaufsstellen und Hofcafés passiert werden und in Füchtorf ein Konditor kalorienreiche Verführungen anbietet.

GPS-Tour 12

Pflaumenrundweg Stromberg

Charakter: Abwechslungsreiche Tour halbmondförmig durch die Pflaumenwiesen im Norden und Osten von Stromberg, an der Pfarrkirche mit Schnapsbrennerei vorbei und abschließend durchs Gaßbachtal hinauf zur Burgruine. 9 Info-Tafel informieren ausführlich über die Stromberger Pflaume. **Dauer/Länge:** rund 2 Std. (ohne Stopps), 11 km. **Begehbarkeit:** Wanderschuhe ratsam. **Ausrüstung:** Teleskopstock für bei Abstiegen unsichere Wanderer. **Einkehr:** Café Heinrichs, Daudenstraße 7, ✆ 02529-9498850, Mi 14–17 Uhr, Fr 14–22 Uhr, Sa/So 9–17 Uhr, Mo/Di/Do Ruhetag, Bäckerei nur Mo, cafe-teeke.de. **Ausgangspunkt:** Ausgangspunkt ist die Alte Vikarie an der Straße von Oelde nach Wadersloh. Bus vom Bahnhof Oelde nach Stromberg, spärliche Zahl an Verbindungen am Wochenende.

Zunächst geht es von der **Alten Vikarie** **1** ein kurzes Stück die Hauptstraße entlang und am Rand eines Gewerbegebiets sowie einer Siedlung mit Einfamilienhäusern sehr rasch zur ersten **Pflaumenwiese** **2**. Nach dem Passieren von weiteren Wiesen geht es aber erst einmal in den **Wald** **3** hinein und nach Verlassen des Waldes in einem großen Bogen in die **Bauernschaft Nottbeck** **4**, wo die meisten Pflaumenhöfe zu finden sind, die in den Erntewochen auch Hofcafés und Hofverkäufe öffnen. Da zu viele Kundinnen und Kunden mit dem Auto quasi bis vor den Backofen oder Verkaufsstand fahren wollen, ist auf den engen Wegen an den Höfen Vorsicht geboten. Wer viel Kondition hat, kann, wenn an der vierten Infotafel eine Hauptstraße erreicht wird und der Wanderweg rechts hinauf nach Stromberg führt, auch links abbiegen und den Abstecher zum **Haus Nottbeck** **10** mit dem Literaturmuseum machen. Der Aufstieg wird mit der **Aussichtsplattform** **5** belohnt, die einen Blick weit hinein in die Ebene Richtung Gütersloh ermöglicht. Anschließend verläuft der Weg wieder bergab, denn die **Pfarrkirche St. Lambertus** **6** und die Brennerei Druffel liegen unterhalb des Bergs.

In einem weiteren großen Bogen mit einem erneuten Auf- und Abstieg und an Feldern sowie weiteren Obstwiesen entlang geht es ins **Gaßbachtal** **7** mit seinen vielfältigen Sportmöglichkeiten. Das Freibad wird von einer Biogasanlage versorgt und hat deshalb von Anfang März bis zum ersten Advent geöffnet. Die Spielmöglichkeiten sind so umfangreich, dass Familien und Gruppen mit Kindern sich auch problemlos aufteilen können.

Wer abkürzen will, folgt nicht dem Signet des Pflaumenrundwegs, sondern einfach der **Ausschilderung zum Freibad** **8**. Das Gaßbachtal wird nicht

Die Pflaume weist den Weg

komplett durchlaufen, weil sonst der Startpunkt ohne Besichtigung des Burgbergs erreicht würde. Nun also ein letztes Mal hinauf zur **Burg 9** und durch das Burgtor am Marktplatz vorbei zurück zum Startpunkt.

Die Strecke kann nur in Teilen mit dem Rad absolviert werden, da sie auf Teilstücken aus reinen Fußwegen besteht oder das Terrain allenfalls für Mountainbikes geeignet ist. Wer an den Pflaumenplantagen vorbeiradeln möchte, parkt im Ortskern, schaut sich per pedes den Burgberg an und radelt dann vom Eingang zum Burgberg zur Alten Vikarie, durch das Gaßbachtal hinunter zum Parkplatz des Schwimmbads und weiter links ab in die Straße Am Hang. Von dort kann den Signets des Pflaumenwanderwegs bis zur Aussichtsplattform gefolgt werden. Hinter der Kirche St. Lambertus muss das Rad allerdings kurz bergauf geschoben werden. Von der Aussichtsplattform geht es bergab auf der Straße an einigen Plantagen vorbei bis zum Haus Nottbeck oder vom Aussichtsturm einfach zurück in den Ortskern; dann an der kurz zuvor passierten T-Kreuzung rechts abbiegen.

Kartenverzeichnis

Zeichenerklärung für die Karten und Pläne

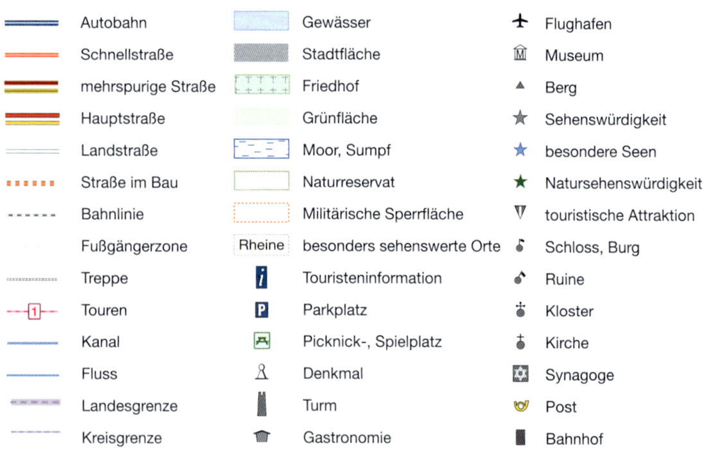

Alles im Kasten

Fotonachweis

Alle Fotos **Markus Terbach** außer: S. 229 (Archiv Südlohn/Oeding) | S. 2 (Leslie Czienienga) | S. 260 (Draiflessen Collection/Henning Rogge) | S. 250 (Ernsting Stiftung/Georg Karlstetter) | S. 220 (Claudia Moensters) | S. 176 (Sternenfreunde Borken e. V./Josef Bresser) | S. 51, 57, 137, 167, 169, 174, 175, 178, 191, 192, 195, 271, 295, 308, 313 (Münsterland e. V./Philipp Fölting/Kai-Marc Pel) | S. 66 (Pixabay/Erich Westendar) | S. 30, 33, 37, 39, 52, 53, 54, 60 (Stadt Münster Amt für Kommunikation) | S. 326 (Stadtmarketing Emsdetten) | S. 319 (Stadtmarketing Ibbenbüren) | S. 91 (Stiftung Alter Hof Hering/Tourist-Info) | S. 184 (Teuto-Express) | S. 329 (Tourist-Info Dülmen) | S. 145 (Tourist-Info Gronau) | S. 134 (Toursit-Info Haltern) | S. 154 (Tourist-Info Haltern/Leonie Buscher-Ciupke) | S. 222 (Greven-Marketing e. V.) | S. 168 (Tourist-Info Oelde) | S. 16, 166 (Tourist-Info Oelde/Sirko Junge) | S. 131 (Tourist-Info Olfen) | S. 262 (Tourist-Info Recke/Felix Büscher) | S. 342 (Tourist-Info Rhede) | S. 171, 342 (Tourist-Info Stadtlohn) | S. 228, 369 (Tourist-Info Steinfurt) | S. 179, 180 (Tourist-info Velen) | S. 110 (Tourist-Info Velen/Ramsdorf) | S. 276, 277 (Tourist-Info Warendorf) | S. 221 (Tourist-Info Warendorf/Tanja Hohwald)

Was haben Sie entdeckt?

Haben Sie ein besonderes Restaurant, ein neues Museum oder ein nettes Hotel entdeckt? Wenn Sie Ergänzungen, Verbesserungen oder Tipps zum Buch haben, lassen Sie es uns bitte wissen!

Schreiben Sie an: Markus Terbach, Stichwort „Münster & Münsterland“

c/o Michael Müller Verlag GmbH | Gerberei 19, D – 91054 Erlangen

markus.terbach@michael-mueller-verlag.de

Impressum

Text und Recherche: Markus Terbach **Lektorat:** Peter Ritter, Carolin Hellwig (Überarbeitung) **Redaktion:** Nathalie Kaufmann **Layout:** D&M Services GmbH: Christiane Bauer, Jana Locker, Heike Wurthmann **Karten:** Annette Seraphim, Judit Ladik, Theresa Flenger **Herausnehmbare Karte:** Annette Seraphim **GIS-Consulting:** Rolf Kastner **Fotos:** siehe Fotonachweis oben **Innentitel:** Schloss Raesfeld, höchster Schlossturm im Münsterland **Covergestaltung:** Karl Serwotka **Covermotiv:** Schloss Itlingen © Münsterland e.V. / Philipp Fölting

ISBN 978-3-96685-283-8

 Druck: Westermann Druck Zwickau GmbH.

Vielen Dank!

Ein besonderer Dank gilt Peter Ritter und Carolin Hellwig für sehr präzises und konstruktives Lektorat, meiner Frau Leslie für die Begleitung auf fast allen Recherchetouren, allen Freundinnen und Freunden, die schon immer oder einfach etwas länger in der Region leben und den strengen Blick des Zugezogenen hier und da etwas abgemildert haben, sowie den Pressestellen der Kommunen und Landkreise der Region und ebenso der Museen und Naturschutzgebiete, die umfangreiches Material, auch Fotos, zur Verfügung gestellt haben.

Haftungsausschluss

Die in diesem Reisebuch enthaltenen Informationen wurden vom Autor nach bestem Wissen erstellt und von ihm und dem Verlag mit größtmöglicher Sorgfalt überprüft. Dennoch sind, wie wir im Sinne des Produkthaftungsrechts betonen müssen, inhaltliche Fehler nicht mit letzter Gewissheit auszuschließen. Daher erfolgen die Angaben ohne jegliche Verpflichtung oder Garantie des Autors bzw. des Verlags. Autor und Verlag übernehmen keinerlei Verantwortung bzw. Haftung für mögliche Unstimmigkeiten. Wir bitten um Verständnis und sind jederzeit für Anregungen und Verbesserungsvorschläge dankbar.

> Aktuelle Infos zu unseren Titeln, Hintergrundgeschichten zu unseren Reisezielen sowie brandneue Tipps erhalten Sie in unserem regelmäßig erscheinenden Newsletter, den Sie im Internet unter **michael-mueller-verlag.de** kostenlos abonnieren können.

Kirchenburg und Park in Werth (Isselburg)

Abruzzen ■ Ägypten ■ Albanien ■ Algarve ■ Algarve ■ Allgäu ■ Altmühltal & Fränk. Seenland ■ Amsterdam ■ Andalusien ■ Apulien ■ Australien – Der Osten ■ Auvergne & Limousin ■ Azoren ■ Bali & Lombok ■ Barcelona ■ Berlin ■ Bodensee ■ Bornholm ■ Bremen mit Bremerhaven ■ Bretagne ■ Brüssel ■ Budapest ■ Chalkidiki ■ Chiemgau & Berchtesgadener Land ■ Chios ■ Cilento ■ Comer See ■ Cornwall & Devon ■ Costa Brava ■ Costa de la Luz ■ Costa Rica ■ Côte d'Azur ■ Cuba ■ Dänemark Nordseeküste ■ Dolomiten ■ Dolomiten ■ Dominikanische Republik ■ Dresden ■ Dublin ■ Düsseldorf ■ Ecuador ■ Eifel ■ Elba ■ Elsass ■ Fehmarn ■ Florenz & Chianti ■ Föhr & Amrum ■ Franken ■ Fränkische Schweiz ■ Fränkische Schweiz ■ Friaul-Julisch Venetien ■ Fuerteventura ■ Gardasee ■ Gardasee ■ Golf von Neapel ■ Gomera ■ Gran Canaria ■ Hamburg ■ Harz ■ Haute-Provence ■ Ibiza & Formentera ■ Irland ■ Island ■ Istanbul ■ Istrien ■ Jerusalem ■ Kalabrien & Basilikata ■ Kanada – der Westen ■ Karpathos ■ Kärnten ■ Katalonien ■ Kefalonia & Ithaka ■ Köln ■ Kopenhagen ■ Korfu ■ Korsika ■ Korsika ■ Kos ■ Krakau ■ Kreta ■ Kreta ■ Kroatische Inseln & Küstenstädte ■ Kykladen ■ Lago Maggiore ■ Lago Maggiore ■ La Palma ■ La Palma ■ Languedoc-Roussillon ■ Lanzarote ■ Latium mit Rom ■ Lesbos ■ Ligurien ■ Ligurien ■ Limnos ■ Liparische Inseln ■ Lissabon & Costa de Lisboa ■ Lissabon ■ London ■ Lübeck ■ Lüneburg & Lüneburger Heide ■ Madeira ■ Madeira ■ Madrid ■ Mailand ■ Mainfranken ■ Mainz ■ Mallorca ■ Malta, Gozo, Comino ■ Marken ■ Marseille ■ Mecklenburgische Seenplatte ■ Mecklenburg-Vorpommern ■ Menorca ■ Midi-Pyrénées ■ Mittel- und Süddalmatien ■ Montenegro ■ Moskau ■ München ■ Münster & Münsterland ■ Naxos ■ Neuseeland ■ New York ■ Niederlande ■ Nord- u. Mittelengland ■ Nord- u. Mittelgriechenland ■ Norddalmatien ■ Norderney ■ Nordkroatien ■ Nördliche Sporaden ■ Nordportugal ■ Nordseeküste – Schleswig Holstein ■ Nordspanien ■ Normandie ■ Norwegen ■ Nürnberg, Fürth, Erlangen ■ Oberbayerische Seen ■ Oberitalien ■ Oberitalienische Seen ■ Odenwald ■ Oslo ■ Ostfriesland – Ostfriesische Inseln ■ Ostseeküste – Mecklenburg-Vorpommern ■ Ostseeküste – von Lübeck bis Kiel ■ Paris ■ Peloponnes ■ Pfalz ■ Piemont & Aostatal ■ Piemont ■ Polnische Ostseeküste ■ Porto ■ Portugal ■ Potsdam ■ Prag ■ Provence & Côte d'Azur ■ Provence ■ Regensburg ■ Rhodos ■ Rom ■ Rügen, Stralsund, Hiddensee ■ Rumänien ■ Rund um Meran ■ Salzburg & Salzkammergut ■ Samos ■ Santorini ■ Sardinien ■ Schottland ■ Schwarzwald Mitte/Nord ■ Shanghai ■ Sizilien ■ Sizilien ■ Slowakei ■ Slowenien ■ Spreewald ■ Sri Lanka ■ St. Petersburg ■ Steiermark ■ Stockholm ■ Straßburg ■ Südböhmen – Böhmerwald ■ Südengland ■ Südfrankreich ■ Südnorwegen ■ Südschwarzwald ■ Südschweden ■ Südtirol ■ Südtoskana ■ Südwestfrankreich ■ Sylt ■ Tallinn ■ Teneriffa ■ Teneriffa ■ Tessin ■ Thailand – der Norden ■ Thassos & Samothraki ■ Thüringen ■ Toskana ■ Toskana ■ Tschechien ■ Türkei ■ Türkei – Lykische Küste ■ Türkei – Mittelmeerküste ■ Türkei – Südägäis ■ Türkische Riviera – Kappadokien ■ Umbrien ■ USA – Südwesten ■ Usedom ■ Valdarno, Casentino & Florenz ■ Vancouver & Seattle ■ Varadero & Havanna ■ Venedig ■ Venetien ■ Wachau, Wald- u. Weinviertel ■ Wales ■ Warschau ■ Westböhmen & Bäderdreieck ■ Wien ■ Zakynthos ■ Zypern

MM-Travel **MM-City** **MM-Wandern**

Prächtiger Blumenschmuck gehört im Münsterland einfach dazu

Register

Die in Klammern gesetzten Koordinaten verweisen auf die herausnehmbare Faltkarte. Die Großbuchstaben (A1) beziehen sich auf die Münsterland-Übersichtskarte, die Kleinbuchstaben (a1) auf den Münster-Stadtplan auf der Rückseite der Faltkarte.

Die Bocholter Aa sorgt für das Wasser in den Gräften von Burg Gemen

Im Frühjahr bestimmen die Rapsfelder das Landschaftsbild